’2002中国广告年鉴

China Advertising Yearbook

新 华 出 版 社

图书在版编目(CIP)数据

'2002 中国广告年鉴/新华社中广联编辑部编.
—北京：新华出版社，2002.6
ISBN 7-5011-5752-9

Ⅰ.'2... Ⅱ.新... Ⅲ.广告—中国—2002—年鉴 Ⅳ.F713.8-54

中国版本图书馆CIP数据核字(2002)第043595号

新华出版社出版
中国广告年鉴编辑部编
北京同力永正图文设计事务所承制

开本：850毫米×1168毫米 1/16 印张：41
彩色插页176页 字数：1000千字
2002年6月第一版 2002年6月北京第一次印刷
ISBN 7-5011-5752-9/Z·682
定价：220.00元（精装）

十载耕耘喜结硕果
与时俱进再铸辉煌

王众孚
二〇〇二年二月十九日

国家工商行政管理总局局长王众孚题词

编辑说明

一、《中国广告年鉴》是一部图文并茂的大型资料工具书，收编了2001年有关广告方面的主要文献资料。

二、“政策法规”、“大事纪要”等，以日期为序。

三、本年鉴收集的2001年资料和数据中，暂未包括我国台湾省、香港特区和澳门特区。

四、为便于读者检索，书末附有“广告经营单位目录索引”和“广告刊户索引”。

五、限于编辑水平和所掌握的资料，缺点和错误在所难免。欢迎读者批评指正。

《中国广告年鉴》编辑委员会

《中国广告年鉴》编辑部人员名单

0
5
10
15
20
乌鲁木齐
西宁
兰州
拉萨
成都
重庆
贵阳
南宁
河内
海防
达卡
吉大港
曼德勒
仰光
孟加拉湾
BURMA

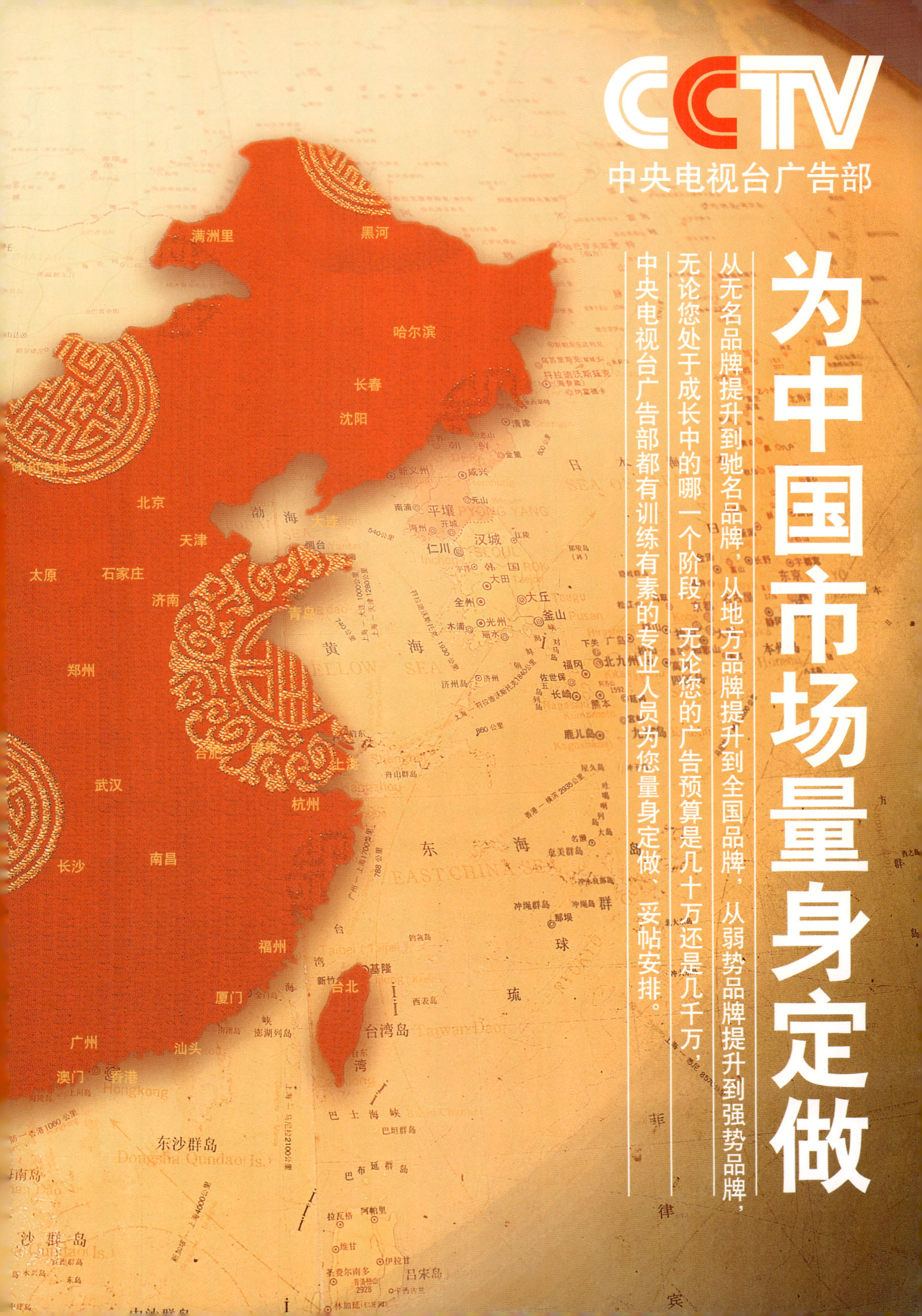
CCTV
中央电视台广告部
为中国市场量身定做
从无名品牌提升到驰名品牌，从地方品牌提升到全国品牌，从弱势品牌提升到强势品牌，
无论您处于成长中的哪一个阶段，无论您的广告预算是几十万还是几千万，
中央电视台广告部都有训练有素的专业人员为您量身定做、妥帖安排。
满洲里
黑河
哈尔滨
长春
沈阳
北京
天津
太原
石家庄
济南
郑州
武汉
长沙
南昌
杭州
福州
厦门
广州
汕头
澳门
香港
台北
台湾岛
东沙群岛

FCB

計算機世界
CHINA COMPUTERWORLD
与中国IT业共同成长
订阅代号：1-28
发行热线：
010-68259401-987
全 球 I T 出 版 品 牌　中 国 I T 媒 体 先 锋
計算機世界
CHINA COMPUTERWORLD
2002年2月4日
封面报道
微软遭遇中国「滑铁卢」？
新中大
国际财务软件
計算機世界
CHINA COMPUTERWORLD
4期
2002年1月28日
封面报道
新“条例”保护了谁？

办大事
要找好地方 — 励富广告有限公司
中国北京市朝阳区建国门外大街21号北京国际俱乐部办公大楼601室
邮编: 100020 电话: (8610)65325511 传真: (8610)65322287 网址: WWW.LOWELIVECHINA.COM
LOWE & PARTNERS/LIVE

EURO RSCG CHINA GROUP
又有了!
只要一拍即合，做啥生意都能生出好创意。有种，就找灵智大洋广告集团，咱们轰轰烈烈地干，一起把品牌搞大!
灵智大洋广告公司 北京 010-6597 5180 上海 021-5396 5666 广州 020-8752 1628 精实灵智整合行销集团 上海 021-6391 7766 北京 010-6597 5471

任凭风浪作起
我自气定神闲
潜力巨大的
财经媒体
通过对央视调查咨询中心“全国读者调查2001”
2001年3月至8月15个城市调查数据的分析,
中国证券报在15个城市的
平均每期阅读率为3.2%。
中国证券報
可信赖的投资顾问
广告热线:010-63077308、63077312、63072603

主办单位/中国建筑设计研究院/中国建筑学会暖通空调专业委员会/中国建筑装饰协会

精 益求精

邮发代号：2-758，全年6期定价30元
地址：北京市西外车公庄大街19号
邮编：100044

电话:(010)68393664 68363186 88361
传真:(010)88373572
E-mail:chvacj@public.bta.net.cn

目 录

1 领导人讲话

2 中国广告业年度发展综述

3 中国广告业年度统计与数字

4 政策、法规

5 广告监管动态

6 大事记

7 中国广告协会

8 地方及专业委员会专栏

9 广告专著与学术论文选登

10 广告优秀作品评选

11 公益广告专栏

12 广告教育

13 广告出版物简介

14 广告经营单位介绍

15 索 引

CONTENTS

1. Speeches by Leaders

2. Annual Survey of the Development of Chinese Advertising Industry

3. Annual Statistics of Chinese Advertising Industry

4. Policies, Laws & Regulations

5. Status of Advertising Control & Management

6. Chronicle of Events

7. China Advertising Association

8. Column for Local and Specialized Committees

9. Selected Monographs & Academic Papers on Advertising

10. Comparision of Advertising Works

11. Column for Public Welfare Advertisement

12. Advertising Education

13. Introduction of Advertising Publication

14. Introduction of Advertising Agencies

15. Indexes

领导人讲话

全力以赴整顿和规范市场秩序

国家工商行政管理总局局长　王众孚

近年来,党中央、国务院对整顿和规范市场秩序工作非常重视,针对一些领域市场经济秩序混乱的突出问题,采取了一系列重大措施,取得了明显成效。但由于多方面的原因,市场秩序混乱的状况还没有得到根本好转,某些方面和领域的问题还相当严重。党中央、国务院把整顿和规范市场秩序作为今年经济工作的重大任务,我们工商行政管理部门要坚决按照党中央、国务院的统一部署,充分发挥职能作用,全力以赴投入到整顿和规范市场秩序的工作中去,确保党中央、国务院的重大决策落到实处。

一、市场秩序中存在的主要问题

目前,市场秩序混乱主要有以下表现。

一是在市场主体准入方面存在的问题比较突出。其一是虚假出资、抽逃出资的行为比较严重。有的企业在领取营业执照后,股东将其出资抽回;有的企业在设立时以实物出资,但不按规定办理财产转移手续,致使出资不到位也办理了变更登记手续,形成虚假出资。其二是资产评估机构、验资机构、登记代理等中介机构弄虚作假,欺骗登记机关,使不具备条件的单位也取得市场主体的合法地位。其三是未经登记注册非法从事经营活动的无照经营现象比较普遍。其四是存在地方政府干预。有的地方政府提出企业发展要“先上车,后买票”,甚至认为登记机关加强监管束缚了企业的手脚,提出简化登记机关的法定登记程序和手续,要求登记机关对法律法规规定应办理前置审批而未办理的企业或申请手续不完备的企业准予登记注册。

二是市场竞争行为无序。随着我国开放范围的扩大和开放程度的加深,市场竞争更加激烈和复杂,不正当竞争行为也日益突出。其一是仿冒、假冒行为十分严重。假冒他人注册商标,仿冒知名商品特有的名称、包装和装潢,以“联营”、“特约经营”、“总代理”等名义假冒他人企业名称的行为屡禁不止。其二是商业欺诈行为比较普遍。有的以“最低价”、“季节降价”、“清仓大甩卖”等名义误导消费者;有的在商品上伪造或者冒用认证标志、名优标志、政府批号,对商品的质量、成分、性能、用途、有效期限、产地作引人误解的诱导;有的以内定中奖号码、不按承诺兑奖等方式进行欺诈性的有奖销售。其三是在药品、旅游、建筑等热点行业,普遍存在给付现金、赠送物品、办理外出旅游、报销单据等商业贿赂现象。其四是限制竞争。一些地方政府以行政手段阻碍外地产品进入本地销售或者以歧视性的质检、准销手续抬高外地产品进入本地的“门槛”;某些保险公司利用行政机关、公用企业、学校、医院强制推销保险;有些大型企业利用合同、协议、决议、会议纪要操纵市场价格或瓜分市场份额。

三是市场交易行为不规范。其一是假冒伪劣商品泛滥,制假、售假活动肆虐,一些地方甚至出现了假冒伪劣商品产、供、销“一条龙”,给国家利益和人民生命财产造成重大损失。其二是走私、贩私等违法犯罪活动已由沿海向内地蔓延,个别地方还出现了内外勾结、上下串通等现象;一些私货市场变相经营继续存在,使国内市场秩序受到巨大冲击。其三是市场主体经营不规范。一些企业骗取出口退税以及逃汇、骗汇,严重扰乱了市场秩序;一些企业法人代表形同虚设;“三假”、“三无”等虚假企业问题突出,注册资金难以发挥确定企业产权制度和财产责任的作用。其四是传销、变相传销等欺诈违法经营活动屡禁不止,已出现多起急敛传销款并携款潜逃事件。其五是未经批准擅自违法违规经营粮食、棉花、成品油等重要商品和国家管制商品的现象突出。其六是中介服务市场秩序比较混乱,利用合同从事商业欺诈活动以及“地下”经纪、违法违规经纪现象时有发生。

二、造成市场秩序混乱的原因

在经济体制转轨过程中市场秩序出现某些混乱有着多方面的复杂原因。

一是经济主体行为短期化。在从计划经济向市场经济转轨过程中,拜金主义、享乐主义、极端个人主义的思潮在一部分人中蔓延。有人错误地认为,讲效益就是唯利是图,讲竞争就可以不要规则,讲发展就可以不择手段;加之造假成本低,相当一部分经济主体为了追逐利润而走入违法经营的误区,干起了损人利己的蠢事。经济主体行为的普遍短期化直接导致了道德水准的下滑和市场秩序的混乱。

二是地方和部门保护主义严重。经济主体行为普遍短期化,影响到经济管理部门,直接产生了地方分割和部门垄断。有的地方把依法守法经营、整顿和规范市场秩序工作与发展地方经济对立起来,甚至把走私、骗税、制假售假当做致富一方的手段;一些地区地方保护主义严重,搞地区封锁,甚至姑息养奸,以地方政府发文形式封锁当地市场。一些行业从局部利益出发,肢解政策、法规,搞部门、行业垄断。

三是市场规则、管理体制、运行制度不完善。党的十四大后,法制建设步伐加快,目前,社会主义市场经济体制条件下的法律框架已初步建立。但是,市场监管法律体系还不完善,对一些扰乱市场秩序的行为还缺乏相应的法律法规予以约束和制裁;有的法律法规过于原则,需要制定实施细则加强可操作性;有的不适应变化了的市场,急需修订和完善。当前市场秩序的混乱,也从深层次上反映了目前的经济管理体制、干部管理体制、分配制度还不能完全适应改革开放和发展社会主义市场经济的需要。

四是生产者、经营者、消费者法律意识淡漠。由于市场经济在我国发展的历史较短,公平竞争、诚信守约、依法经营等法律意识尚未深入人心。如《反不正当竞争法》已颁布 8 年了,但一些企业根本不知道有这一法律,或者对该法律内容了解甚少;还有一些企业则依靠庞大的律师团,将《反不正当竞争法》研究透彻后,有意规避法律,逃避制裁。据辽宁省工商局的一项调查结果显示,全省走访的 934 户企业中,52 家企业不知道什么是商业秘密;164 户企业不知道国家有保护商业秘密的法律;221 家企业虽然知道有法律保护,但不知道国家有具体保护商业秘密的法律;363 家企业对自己的商业秘密是否被侵犯不清楚;298 家企业没有商业秘密保护制度;298 家企业的商业秘密保护制度不健全、不到位。

五是市场管理与执法诸环节工作滞后,执法力度不够。目前市场监管中大量存在有法不依、执法不严、违法不究的现象。一些执法人员的水平低、素质差、纪律松弛,甚至与违法分子相互勾结。政府部门、执法部门、社会中介组织也不同程度地存在行为不规范的问题。有的监管执法部门还存在编制不足、经费紧缺,监管手段和依据不足,削弱了市场监管执法力度。

三、整顿和规范市场秩序的对策与措施

前不久,党中央、国务院就整顿和规范市场经济秩序召开了专门会议,对今年的工作重点和今后的主要任务作了全面的部署,充分体现了党和政府对这一问题的高度重视和解决问题的决心。整顿和规范市场秩序是一项复杂的系统工程,是一项长期而艰巨的任务,必须把加强领导与发动群众结合起来,把转变政府职能与科学管理结合起来,把法治与德治结合起来,多管齐下,标本兼治,综合治理。工商行政管理部门要以高度的政治责任感,以对人民高度负责的精神,按照中央的统一部署,精心组织实施,切实抓出成效,让市场有序,让人民满意放心。当前工商行政管理机关做好整顿和规范市场秩序的工作,着重要抓好以下几点。

(一)以查处违法违章经营为重点,大力整顿和规范市场主体准入行为。要全面完成企业前置审批的复查工作,坚持法定条件,规范市场主体资格,严把市场准入关,特别是对涉及人民群众生命财产安全的烟花爆竹等易燃易爆物品的生产经营企业,以及从事歌舞娱乐、电子游艺、桑拿按摩、录像放映等经营的企业,要重点进行治理和规范。凡未按规定办理前置审批的,要督促其限期补办;逾期未办的,责令其办理变更登记或注销登记。要在基层工商所全面建立企业“经济户口”,掌握企业动态情况,实行县以上登记机关与基层所上下联动的监管模式,及时发现和查处违法违章经营行为。要加大企业年检力度,增加实地检验比例,严厉查处虚假出资、抽逃出资等行为,坚决取缔无照经营,严肃查处“三无“企业。强化对中介机构及中介活动的监管,严厉查处资产评估机构、咨询代理机构出具虚假资信证明、虚假评估等不法行为。加强对合同和经

纪人的监管，严厉打击利用买卖、承揽合同进行欺诈的行为。

（二）以打击制售假冒伪劣商品、欺诈等违法行为为重点，大力整顿和规范市场交易行为。一是要按照国务院的统一部署，坚持“三重一大”（重点地区、重点市场、重点商品和大要案件）的工作方针，继续深入开展打假行动。坚持重拳出击，依法严惩。对违法犯罪分子特别是惯犯和首恶人员，要依法从重从快惩处，触犯刑律的，及时移送司法机关追究刑事责任，绝不允许以罚代刑。要严格实行领导责任制，加强领导，责任到人。对工作不力、失职渎职的，要严肃处理。国家工商局将组织专门力量对重点地区、重点市场、重点商品和重点案件加大查处力度和责任追究。二是以东南沿海为重点，严厉打击走私贩私行为。对已经取缔和转变经营的原私货市场，要继续加强管制，防止死灰复燃；对可能形成的私货交易市场或集散地，要坚决取缔，消灭在萌芽状态。要加大打击私货交易的力度，切断私货流通渠道，取缔私货储藏窝点，依法严惩从事私货交易的违法犯罪分子。三是严厉打击传销、变相传销及其他欺诈违法经营活动。要强化日常监管，把传销等欺诈经营活动消灭在萌芽状态；要加强宣传教育，增强广大群众对传销等欺诈经营活动的识别能力和自我保护能力；要严格执法，依法严惩传销等欺诈经营活动。四是继续加大对虚假违法广告和商标侵权假冒行为的惩治力度，维护广告经营秩序，切实保护商标专用权。五是加强对粮食、棉花、成品油、汽车等重要产品交易活动的监督管理，切实维护重要商品流通秩序。六是进一步强化消费者权益保护工作。今年内实现地级以上城市全部建立“12315”申诉举报指挥中心和三级行政执法网络，加大分割消费者权益案件的查处力度。七是继续密切配合有关部门，严厉打击偷税、骗税、骗汇行为，深入开展“扫黄”、“打非”斗争。

（三）以打破地区封锁和部门、行业垄断为重点，大力整顿和规范市场竞争行为。要破除地方、部门保护主义，坚决打破地区封锁和部门、行业垄断行为。认真贯彻国务院即将发布的《关于禁止在市场经济活动中实行地区封锁的规定》，促进全国统一、公平竞争、规范有序市场体系的建立和完善。今年要重点加强对烟草、酒类、汽车、化肥的监督检查，打破行政壁垒，促进货畅其流。要严厉查处各种不正当竞争行为。重点是严厉查处仿冒知名商品特有的名称、包装、企业名称以及仿冒、伪造产地和产品质量标志的行为；严厉查处利用节日促销、巨奖销售等方式，对商品进行虚假宣传的误导行为；严厉查处建筑工程、旅游、房地产等市场的商业贿赂行为。要加大《反不正当竞争法》执法力度，认真开展垄断性行业限制竞争行为的专项整顿。重点是依法对电力、保险、铁路、邮政、商业银行等具有市场支配地位，且限制竞争行为比较突出的垄断性行业，开展反限制竞争的专项执法行动；加强对供水、供电、供热、供气、电讯等公用事业的经营者滥用垄断特权、强制交易等限制竞争行为的监管。

（四）加强社会主义法制建设，完善市场监管法律体系。要在认真研究我国市场秩序状况的基础上，积极学习和借鉴国外相关规则和经验，有计划、有重点、有针对性地加快法制建设的步伐。今年，国家工商行政管理总局要针对市场监管的迫切需要，修订、完善有关法律法规，使市场行为和市场监管有法可依、有法可究。

（五）正人正己，以惩治执法腐败、查处失职渎职为重点，大力整顿工商队伍作风。整顿和规范市场监管主体自身行为，建设一支高素质的执法队伍，是工商行政管理机关提高执法权威，抓好整顿和规范市场经济秩序各项工作的重要组织保证。近年来，工商行政管理队伍的素质虽然有了一定提高，但执法不严、监管不力、作风不正等问题仍不同程度地存在。各级工商行政管理机关要以这次整顿和规范市场经济秩序为契机，正人先正己，切实抓好队伍整顿。要严厉惩治执法腐败行为。重点是查处利用“案、费、证、照”以权谋私，吃拿卡要，乱收费、乱罚款、乱摊派，甚至滥用职权，内外勾结，贪污受贿等腐败、违法犯罪行为。对执法犯法、徇私枉法的腐败分子，要依法严厉打击，依纪严肃处理，决不姑息。同时，要在全面完成工商行政管理机关与所办市场实行机构、职责、财务、人员“四分离”的基础上，继续做好产权移交工作，继续完善财务“收支两条线”管理，继续推行政务公开制度，继续健全职务权力制约机制，做到从制度上防范腐败，从源头上治理腐败。还要严厉查处失职渎职行为。重点是查处有法不依、执法不严、以罚代管、以罚代刑等玩忽职守的行为，以及监管不力、工作失职、无所作为的行为。要按照从严治政的要求，严格管理，严格监督，严肃处理。在严厉惩治执法腐败、失职渎职行为的同时，要切实加强队伍的教育、培训、管理和建设，进一步纯洁队伍，转变作风，优化结构，提高素质，改变面貌，建设一支与新时期历史任务相适应的高素质市场监管队伍。

法制建设与道德建设相结合，这是以江泽民同志为核心的党中央在深刻总结国内外治国经验的基础上作出的科学论断。我们要在全社会范围内大力展开法治和德治宣传教育，进一步提高生产经营者和消费者的法律意识和道德水平。在整顿和规范市场秩序的工作中，工商行政管理机关还要利用和结合监管执法活动,加强对生产经营者和消费者的思想教育、职业道德教育,不断提高生产经营者和消费者的道德水准。

原载《求是》2001 年第 11 期

在中国广告协会法律咨询委员会成立大会暨第一次会议上的讲话

(二〇〇一年十一月十日)

国家工商行政管理总局副局长　韩新民

在大家的共同努力和大力支持下,中国广告协会法律咨询委员会今天正式成立。借此机会,我代表国家工商行政管理总局对法律咨询委员会的成立表示祝贺,对大家给予工商行政管理工作和中广协工作的支持以及对我们委员会的成立给予的支持表示感谢。

依法治国是党中央、国务院作出的建设现代化的社会主义法制国家的重大治国方略,对我们工商行政管理工作来讲、对广告工作来讲,坚持以法行政,以法治理广告市场和广告行业,有着十分重要的意义。特别是在建立社会主义市场经济体制的过程中,在我国即将入世的时候,更好地贯彻执行依法治国的方略更为重要,更为迫切。改革开放以来,特别是近十年以来,我们国家的广告事业有了长足的发展。去年,我们国家的广告经营单位有 7 万多户,从业人员有 64 万人,广告业的经营收入是 712 亿。广告业收入占国内生产总值的 0.8%,在 91 年占 0.24‰。应该说,这十年发展得很快。人均广告收入去年达到 55 元,也应该说发展得很快,但是和一些发达国家包括美国比,我们毕竟还是少的,无论是总量上还是人均上,这一块占的比率很小,我们人均广告收入相当于美国人均的 1%。从这里可以看出我们国家广告事业的发展潜力是非常广阔的,但同时需要研究和解决的问题也比较多。《广告法》是 94 年颁布的,广告法实施以来对于规范广告行业,推动广告业的发展和治理广告欺诈、虚假广告以维护消费者权益这些方面起到了非常大的作用。但在当前的形势下,我们的广告业提出了一系列新的问题,包括广告业发展中的问题和广告业自身治理方面的问题,以及法律方面的问题都需要认真研究。第一,广告业在整个国民经济社会发展中的进步应该如何解决,因为广告本身不仅是一项经济工作,而且也是精神文明建设的一个重要组成部分,它在经济和社会发展中的地位和作用应该怎么更好地认识,广告业在国内生产总值发展趋势应该占多大比重,才是一个比较合适的比例。第二,广告业如何治理,如何促进广告业健康发展,广告业自身如何更好地保护自己。第三,入世后中国的广告业如何参与国际竞争,在竞争中如何发展自己,更好地走向世界。中国的广告业市场非常大,发展前景也非常广阔,这就给国外的广告公司进入中国提供了一个非常大的市场。但是中国自己的广告业怎么样面对入世,有一个互相学习、借鉴的问题,也有一个中国广告业如何走向世界的问题,这需要我们研究。第四,广告业的方针政策,特别是政策如何调整,我们应该积极地向有关部门提出哪些建议和意见,推动广告业发展。比如说,前一段中广协对广告费在税前的扣除办法,建议由 2% 调到 8%,受到了国家税务总局重视并作出了相应的规定,这对推动广告业的发展起到非常大的作用。类似这样的方针政策还需要做哪些工作。第五,广告业同工商行政管理、同广告协会的关系应该说更近了。广告业作为一个产业,工商行政管理部门对它是执行监督管理,但是如何通过工商行政管理的监督管理来推动广告业的发展,中广协作为中介组织,它是桥梁、是一种协会,它和广告业的关系应该如何更好地衔接。第六,中国广告协会的基本作用,特别是在市场经济发展过程中,在广告业发展过程中,中国广告协会怎么更好地发展、更好地完善,都需要研究。第七,广告市场如何监管、如何规范、如何完善。第八,《广告法》如何进一步地修改完善,特别是随着入世,广告法需要进一步修改完善。国家工商行政管理总局在做着《广告法》修改的工作,这项工作如何做得更好,像这样的问题还有很多,都需要我们认真加以研究,所以成立法律咨询委员会很必要也很适时,这项工作做好了,对于我们中广协的工作,对于中国广告事业的工作来讲都将起很大的推动作用。

成立法律咨询委员会请各位专家、教授参加,大家是完全可以胜任这项工作的。因为各位既从事理论工作又从事实践工作，而且除了我们自身以外还可以把社会各方面的力量组织起来，共同做好这项工作。最后我也希望中广协能够为法律咨询委员会提供更好的服务，创造更好的条件，更好地发挥大家的作用，多做些协调，多做些服务，多做些组织工作，而且对大家的研究成果能够采取各种方式进行宣传，向有关部门反映，以推动我们的工作。过一段时间我们还可以总结我们法律咨询委员会哪些做好了，还需要完善哪些方面，再进一步研究。

再一次感谢大家对法律咨询委员会工作的支持，对中广协、对国家工商行政管理总局工作的支持。谢谢大家！

以高度的责任心和高尚的道德观净化医药广告市场

（二〇〇一年六月九日）

中国广告协会会长　杨培青

各位同志、各位同仁、女士们、先生们，大家好！

中国广告协会和中国非处方药物协会共同主办“新世纪中国医药广告高级论坛”暨第一届媒体、药企、广告公司三方商务洽谈会，我代表中国广告协会，向大会开幕表示热烈的祝贺！向出席会议与洽谈的国内外嘉宾，表示诚挚的欢迎和谢意！

药品本身是一种公益产品，它承担着救死扶伤的神圣职责，所有与药品经营有关的单位（包括生产企业、广告代理、媒体和审查机构等）和个人都有责任，以高尚的个人品格与职业道德，来保证这一职能的行使无误。在我们这样一个社会主义的国家，讲“三个代表”，更应对人命关天的事倍加谨慎。因此即使药品需要进行商品交易，也应当遵循特殊的交易规则；药品广告不能回避特殊的社会职能、社会责任。

目前，医药广告市场的混乱现象已经引起社会各界的强烈反响和极大关注，面对这一严峻的形势，为探讨依法规范药品广告的市场行为，提高药品广告经营的职业素质，发扬诚信自律的职业道德等问题，两个协会共同举办这次“论坛”，为跨行业联合协作开了好头。通过这一活动，推动药品生产单位、药品广告代理单位和媒体共同响应政府治理医药市场的部署，并共同向消费者承诺、发布信得过的医药广告。

让我们进一步学习与掌握有关法律法规和政策，按照医药广告的市场发展需求，不断提高医药广告的质量、水平和效果；让我们将江泽民总书记关于“以德治国”的要求贯彻于实际行动；让我们为祖国医药事业的蓬勃发展和医药广告的健康成长共同勉励！

我国药品广告的现状与展望

国家工商行政管理总局广告监管司司长　屈建民

一、我国药品广告的现状

药品广告是近几年在中国广告市场新崛起的一种广告品种，以前也有药品广告，但是势头没有像现在这样猛，广告的投入量没有像现在这样大。特别是近二、三年，据我们统计，2000 年全国广告总的投放量是 712 亿人民币，其中药品广告的投放量是 74.29 亿人民币，占总的广告投放量的 10.5%。2000 年药品广告的投放量，由于第四季度的药品投放略有下降的原因，比 1999 年总的比例有一点下降，但仍然是所有广告品种的第一位。在中国广告市场上，现在集中做广告的无非就是这样几个，药品、保健食品、医疗产品、家电、房地产等。其中，药品广告近两年一直排第一名。药品广告的发展势头这样火爆是有各种各样的原因的，但是归根结蒂的原因是来源于药品行业自身。一个基本的观点是,观察中国的广告业必须把它纳入中国整个经济发展的大环境中来进行考察。比如考察中国的经济,它的前景,它的现状,首先要把它纳入整个世界经济的大环境进行考察,道理是一样的。所以,考察中国广告业,其中药品广告业的发展,它的现状、它的前景,脱离不了对中国药品行业自身的分析。但是,有几个问题确实促使了中国药品广告的市场出现了一些问题。一是在产业结构上有一些问题,可能药厂太多,全国有六千多家药厂。在某一个省生产感冒胶囊就有 70 个厂家,而且是一个不大的省,这样的产业结构它所面临的竞争是非常激烈的。基于这样一种发展,药品广告市场竞争激烈首先来自于药品行业的竞争激烈,所以药品广告是药品行业竞争的窗口,是药品行业竞争的一个晴雨表。药品行业自身的这种激烈竞争,在广告中有突出的反应。近年来,特别是从 1999 年下半年开始,人民群众对药品行业,药品广告是不满意的。

(一)药品广告中有这样几个问题:

1、药品广告过多过滥:

一是药品广告与发布媒体过于集中。药品广告基本上集中在电视、广播、报纸、杂志,这样几个大众媒体。二是,时段、版面集中。特别是黄金时段,重要栏目,它的前后几乎都是药品广告。包括天气预报,全国各省市自治区的天气预报中有一个小小广告的图片,三十多个标版当中有三分之一以上,几乎都被药品广告所垄断。媒体之中,时段、版面集中,还有品牌集中。最近好像有一点转变,但是前一段时间特别是近一两年来,在重要的栏目,重要的时段,重要的版面的药品广告都是被那几个品牌所占据。

2、药品广告违法现象突出:

经我们统计,2000 年全国工商系统查处广告方面的案件六万多件,其中药品广告所占的比例是 21%,将近一万四千件。

药品广告违法突出,主要有这样几个表现:

第一,广告法、广告管理条例、药品广告管理办法中严格禁止的不允许发布的品种。比如,治疗肿瘤、改善和治疗性功能障碍,这样的药品在《中华人民共和国广告法》中是严格禁止发布的,但是在我们的媒体中时有发现。

第二,宣传的内容严重超出了审查机构批准审查的范围。药品广告的监管在中国还是比较严格的,它属于要经过事先审查的广告品种之一。广告具体内容和样本要经过广告的审查机关进行审查。但是,我们经常发现在实际所发布的广告中,它的内容已经严重超出了药品监管机关所审查的内容,特别是让广大人民群众不满意的,对于药品广告中的审查所必须包括的一些警示语也都统统删除了,或者是变成最小最小最小的字,让你根本就看不清楚,篡改审查内容,甚至虚造审查内容,虚构审查编号。在药品广告中,正常的药品广告应该以正常的文字刊登它的广告审批号,药品批准号,当你发现在某一张报纸上这个药品审查号和广告审批号如果变得最小最小的时候,应该马上警觉起来,它肯定有问题。这个号肯定有问题,或者是过期了,没有重新申请,要么就是干脆自己造的。

第三,违法中比较突出的现象是,以学术机构、科研单位、专家、医生、患者的名义形象做证明,这个现象现在很普遍。广告法、广告管理条例、药品管理办法中明确规定,在进行药品广告宣传过程中,不允许用医疗科研机构、学术机构、医生、患者、专家的名义做广告,但是这种现象时有发生。有的是在编故事,在某些报刊上经常出现新闻形式的药品广告,这种现象最为突出。编故事,编小说,编病例,编群众来信,最近又发现在我们的广播中这种现象更为突出。借咨询的名义,做药品广告,专家、患者,你也不知道真假,有的广告中也看不到人,你只能听到声音,技术也很高,我们现在科学技术都可以做得到,这种现象十分突出,群众反应十分强烈。

第四,问题更为突出、严重。国家工商行政管理总局和国家药品监督管理局根据“药品法”的规定,从今年 4 月 1 日起不允许在大众媒体上做处方药广告。但是有些药品,有些处方药,一段时间以来在大众媒体上仍然在做广告。我们正在让全国的工商行政管理机关进行查处,而且主要涉及到那几个名牌企业。国家已经明确 4 月 1 日起不得在大众媒体做处方药广告。而且这个信息应该说传播了一个半月,在各种媒体上都转载,有些文件也直接见到了,但是还是在那里做广告,视法律为儿戏。药品广告市场中所出现的一些问题,人民群众是非常不满意的,它给社会所带来的危害也是严重的。

(二)药品广告中出现的问题危害是严重的:

1、误导消费者,严重损害消费者的身体健康。

有时候我们中国药品的广告市场也很难琢磨,突然在两三个月之间掀起一个风暴,主导舆论,误导消费者,要不就是太阳黑子就要爆发了,影响你的身体健康,要不就是全民缺钙,都要补钙,都要吃我的药。搞得人民群众、广大消费者有时候心惊胆战,不知道什么地方出了毛病。最近,当然不是药品的事了,又出了一个广告,广告的题目叫做救救孩子,耸人听闻。实际上宣传一个空调,它首先来个断言,90%的败血病来自新装修的家庭,然后告诉这台空调可以过滤空气中的有害气体,采用了新纳米技术,大标题救救孩子,跟空调联得上吗?非常奇怪。我们的广告公司,我们的广告主,我们的媒介怎么能发这样的广告,对我们的消费者还负责不负责,对我们的人民群众还负责不负责。宣传你的产品是正当的,媒介发布广告赚钱也是正当的,但是有一个基本的原则,要为消费者负责,你凭什么通过一个简单的报告做这样的断言,90%的败血病来自新装修的家庭。这些新装修的家庭都面临被救救的危险,莫名其妙。药品广告中也存在这样的问题,为了宣传自己产品的功效,宣传用语耸人听闻。所以,我感觉对消费者极不负责任,补钙渠道是多渠道,凡是有正常医学知识的人都知道,不需要吃你的钙,你为了销售你的产品,你不能把整个中国13亿的人群缺钙的现象就自己加以断言,人人缺钙,所以全民补钙,我们都得了软骨病,这种广告策略极不负责任,是对消费者一种新的损害。

2、干扰了社会主义精神文明建设,损害了人民群众的心理健康。

确实有的药品广告不符合精神文明建设的要求,我也经常在我的自行车筐里接到这样的广告,就是单页广告,在我们的公园门口就亲自接到几份这样的广告,不堪入目,几乎跟黄色小说、黄色新闻是没有两样的。所以,我作为这个岗位的负责人,当我接到这样广告的时候,我内心是非常惭愧的。因为我也是父亲,我也有孩子,家里的孩子看到这样的广告的时候,作为我有什么想法?应该是我的承受能力比一般的群众要多一点,因为管这个事情,人家普通老百姓接到这个东西的时候,人家有什么想法?对你广告机关是一种什么样的看法?这种东西在全国已经发生几次,最近在丰台抄了一卡车,有关人员现在已经移送公安机关。虚假广告在天津已经判了一例,我们的刑法做了规定,所以我感觉到广告要同我们的道德水准相联系,与建设有中国特色的社会主义市场经济制度相联系,要同我们的全民以德治国的要求相联系。

3、破坏了社会主义市场经济秩序。

大家知道,药品市场是党中央国务院决定进行重点整顿的市场之一,其中最核心的问题是药价居高不下和药品销售过程中的层层不健康行为。药品广告市场中所出现的问题,会影响药品行业的进步与发展,进一步有可能影响整个社会主义和整个市场经济秩序的健康发展。所以,党中央国务院提出来,从今年开始用五年时间规范市场秩序,其中药品行业应该是整治重点之一,而从广告的角度,把药品广告进一步规范,应该说是支持和促进药品行业的进一步健康发展,进而贯彻党中央国务院决定的规范社会主义市场经济秩序。所以,我感觉到药品行业的规范应该从药品广告做起。

4、影响了药品行业和新闻媒体在社会公众中的形象。

我不说大家不言自明,再这样做下去,我们药品行业在群众中的形象将受到极大的损害。应该说,随着市场经济的进一步深入和发展,人民群众的这种市场意识越来越浓厚,也进一步趋于成熟。广告在开始发展的时候,应该说做了广告就可以赚钱。为什么?因为人民群众刚刚接触广告,感觉到广告是我们党和政府喉舌所发布的,它的真实可信程度毋庸置疑,所以在八十年代初的时候,凡是敢做广告的,首先投一部分很少资金做广告那些企业应该说都完成了原始积累,大家看一看,现在有几个很著名的企业都是那时候起家的。但是现在广告已经发展到人民群众对于广告的看法更全面更成熟了,大家已经感觉到做了广告不一定是好产品,现在已经进一步发展到在群众的议论中叫做广告做得越多,它的产品越糟。我前两天跟一个挺大的广告公司的老总聊天,他前两天感冒了,他说让他的秘书给他买一点药,秘书说买什么药,这个广告公司的老总他怎么说的,你千万别给我买登那些广告的药。广告公司的老总现在都这样认识,我感觉到影响了药品行业的公众形象。本来做药品行业广告是一种非常正当的经销策略,在国际上也是如此,但是由于你的策略不当,使群众产生一种逆反心理,我觉得得不偿失。所以在见几个药厂老总时候跟他们谈,我说你们应该尊重广告公司的意见,也就是在你做广告策划的时候,不要在那里自己说了算,有钱我就可以做广告,有钱我可以让任何人做广告,有钱我可以编故事,有钱我可以改变任何明星的家庭关系,不行,你要这样做的话,就把你自己的产品做砸了。我当年同这些老总说过的话,现在事实证明完全正确,正确的广告策略应该来自于对市场的科学分析,而不是来自于药厂老总自己的主观意志。现在已经证明,广告投放量越集中,它的效果反而不好。为什么?街道的老大娘算了这样一笔帐,我这包药是2.1元,但是他已经给中央电视台多少钱？所以我吃的药里面大部分钱是给中央电视台的钱，这个药并没有值多少钱。所以这个药并不值钱，也不是好药。如果群众这样算帐，这样产生逆反心理，我觉得很值得广告公司和药厂的老总进一步考虑自己的广告策略。有的广告公司说，我做了策划他也不听我的，为什么？因为药厂的老板觉得自己的感觉是对的。所以，我觉得我们国内有些药厂广告的策略失当，今天来了一部分的药厂，我再一次奉劝我们药厂的老总们，你们要尊重比较有经验的广告公司意见，不要把给广告公司做广告做成一种施舍的关系，我给你钱你这个公司才能活，不是这种关系，而是在商品市场上的战略伙伴关系。当然要找一个负责任的，有经验的广告公司，同时，通过互相的业务往来，逐步熟悉，建立巩固的伙伴关系。

5、影响了广告业的健康发展。

如果说中国广告业发展在一开始还是很健康的，那么现在不得不提出这样一个题目，中国广告业是不是真正能做到以真实合法发布广告，作为自己的行动原则？大家知道，广告法要求广告必须真实合法，那么由于虚假广告的大量泛滥，这样使得广告业在中国民众中的形象大大受损，整个社会声誉严重下降。做广告的没有什么好东西，这个很麻烦。如果要形成这样一个逆反心理的概念，这样很麻烦的。要纠正这样一个逆反心理要经过几年的时间，所以我感觉到，支持中国广告业的进一步发展，其中很重要的一条就是要规范我们自己的广告经营行为，规范广告的经营行为不仅是广告监管部门的事情，它涉及到媒体、广告公司和广告主三家的共同努力。

上面我简单地回顾了一下药品广告的现状和目前所存在的一些问题。我在这里声明一句，我在这里无意贬低中国药品行业的发展，无意贬低中国广告对中国广告业的贡献，但是在今天这个场合，在难得的45分钟里，我讲问题可能更多一点。

二、规范药品广告市场秩序，促进药品行业健康有序发展

如何解决当前的问题？我感觉到首先大家确实要统一和交流一下认识。那就是我们药品广告市场这种混乱的局面必须得到根本的治理。只有药品广告市场进一步规范，才能促进中国药品行业的进一步健康发展，才能树立中国药业经营的良好社会环境。所以：

(一)贯彻党中央、国务院召开的整顿和规范市场经济秩序会议精神，加强自律，严格执法从药品行业的广告做起是十分必要的，因为群众目前对这方面的问题最为关心，议论也是最多的。如果我们要做一些工作，规范起来，应该说收效也是明显的。最近国家工商行政管理总局向全国发出对媒体进行监测的通知，我们对4月10~20日全国41家晚报的药品广告进行了监测和统计，现在看前景不容乐观。药品广告的违法率相当高，特别是在个别媒体，药品广告的违法率很高。所以，我们要加大监管力度，公正执法，统一法规，通过执法到位使得中国药品广告这个市场能够得到进一步的规范，同时也就是贯彻了党中央国务院关于进一步整顿和规范市场秩序的精神。也就是进一步支持了中国药品行业的健康发展，也是进一步支持了中国广告协会今年开展的“真实承诺我先行”这个非常好的活动。从国际上看，广告市场真正的规范是来自于自律，来自于行业的自律，但是，计划经济向市场经济这个过渡时期，建设有中国特色的社会主义市场经济这个过渡时期，我们还应该进一步加大这种行政执法的力度，以回答人民群众对于药品广告市场的关心。

(二)加强自律，认真学习有关药品广告的法律法规，提高守法经营意识

三个环节即媒介、广告公司和药厂应该进一步学习有关的广告法律，加强自律意识。很难想象，一个经常批准广告经费的企业领导，你不懂得或者不了解有关药品广告的一些规定，那是非常容易犯法的。发布药品广告的媒介广告公司，他的创意、设计人员应该懂有关药品广告的一些具体规定。现在我们的工商干部把违法业主请来的时候，他就告诉你，我们不知道，我们不了解，但你应该了解，凡是报纸上公布的法律都视为送达。你作为一个中华人民共和国的公民，特别是你作为一个药厂的负责人，你做为一个媒介广告部门的负责人，你作为一个广告公司的负责人，你既然做这一方面的工作，就应该了解这方面的法律，不了解、不知道不应该成为你的理由。我们现在在执法的过程当中，我们下面的干部经常遇到这种现象，我不知道，我没见过，我没听说，以后这不能成为理由。

(三)严格执行处方药不得在大众媒体发布广告的规定

继续执行国家工商行政管理总局和国家药品监督管理局联合发文精神，不得在大众媒体做处方药广告。大家要清楚，现在允许做处方药广告的只是那一百多家专业杂志，现在我们没有任何一张报纸，允许做处方药广告，就是那一百多家杂志，而且这些杂志在有些媒体已经公布了。凡是在大众媒体做处方药广告

的都视为违法，时间已经过去两个月了，如果你继续做的话，或者是采取一些其它形式来宣传处方药的话，我觉得应该慎重。

(四)加强执法力度，坚决纠正执法不严、违法不纠的现象

可是有些问题也确实很难，作为广告监管部门在处罚的过程当中，我们当然是要以事实为依据，以法律为准绳，依法办事。但是有时一纸处罚决定下去之后，有可能使得这个产品在市场上消失，市场份额减少，所以我们在处罚的过程当中，也首先是先理，先行政告诫，先警告，先整顿，然后再进行处罚，屡教不改再进行处罚。工商行政管理部门据我了解，尤其对广告主很少一次罚死，还是考虑到经营过程当中有一些困难和问题。但是，你不能以此反过来要求工商行政管理部门，不要处罚我了，你不要处理了，为什么？我这一个产品救活一个厂子，有可能救活一个省，这不能成为理由。

另外一个，我觉得我们的媒介现在也应该注意，媒介的经济压力非常大，我是清楚的。你们的一把手跟你要经济指标，今年必须比去年收入增加20%，但是，你不能以削低法律的门槛增加你的收入。现在不是执法不统一的问题，有人跟我讲，上海可以登，北京就不能登，北京能登，广州就不能登，我觉得现在不是执法不统一的问题，它归根结蒂是执法不严的问题，是执法不到位的问题。药品广告审查规定非常明确的那些标准，我们在具体执行过程当中就打了折扣。所以我在这里呼吁我们药厂，我们的媒介，我们的广告公司，当你们发现有违法广告的时候，一天全国大概要发布几十万个上百万条广告，而且广告的基本监管的原则是事后监管，发布了你才能看到，所以我希望你们向我们举报那些违法广告，我看不过来，所以，我在这里进一步地希望，通过我们媒介、广告公司和药厂的共同努力，都各自规范我们自己的经营行为，使得我们药品广告市场能够得到进一步规范，进而促进中国药业的进一步健康发展。

(根据速记整理，未经本人审阅)

转变观念　团结奋斗　共同开创广协工作新局面

(二〇〇一年二月五日)

中国广告协会秘书长　时学志

各位秘书长：

二十世纪刚刚过去，新的千年已经到来，今天我们相聚在福建省泉州市，召开省级、副省级市广告协会秘书长会议，目的是总结2000年度广告协会的工作；交流协会工作经验；贯彻全国工商行政管理局长会议精神，紧紧围绕工商行政管理2001年的中心任务，研究部署广告协会2001年的工作。

一、2000年度工作回顾

(一)搞好会展活动　提高创意制作水平　尽快缩小与国际广告作品的差距

1、全力办好第七届中国广告节，塑造中国广告行业的知名品牌。

第七届中国广告节于2000年10月18日至10月22日在江苏省无锡市举行，历时5天。本届广告节以“创意时代，策划未来”为主题，内容丰富多彩，吸引国内外参观人数达4万余人，展出各类广告作品2800多件。从第七届中国广告节开始，由原来两年一届的“全国广告优秀作品展”改为一年一届的中国广告节，时间将固定在每年10月第三周的星期三。作品展改为广告节，不仅是名称的简单改变，将更加促进质的飞跃。

第七届中国广告节充分体现了以下几个特点：一是增强了权威性。中国广告节经国家工商局批准，手续严格，得到了广告界的重视和认可。二是拓展了广告节的内容。新增有首届全国青年广告设计大奖赛；纪念性地设立了中国广告人大道；探索性地搞了广告主、广告公司和广告媒介洽谈交易活动；试验性地开展了广告书籍交流展。三是评委的组成水平较高。13名评委均是广告界的权威人士，有部分评委曾担任过国际广告节的评委。四是改革了广告节活动的运作方法，如作品评比分段实施，不失悬念；颁奖晚会突出重

点,不失新意;开幕仪式力求淡化,不失气氛。

本届广告节得到了各地广告协会的大力支持,积极组织向广告节选送广告作品,获得广告节组织奖的协会有上海、河北、山西、山东、江苏、安徽、浙江、福建、广东、四川、贵州、新疆、哈尔滨、青岛、南京、厦门、武汉、广州、无锡。上述省市在积极选送作品的同时还积极组织本省的广告从业人员赴广告节观摩和学习。本届广告节充分体现了团结协作,大家的广告节大家办的精神。

2、举办第二届全国广告摄影优秀作品展。

为促进广告业与摄影业的交流与合作,展示当代中国广告摄影现状,促进广告摄影整体水平的提高,成功举办了第二届全国广告摄影优秀作品展。此项活动作为中国广告节的子项目,以后每年举办一次。活动内容包括作品评选、作品展览、全国最佳广告摄影师评选、出版《中国广告摄影年鉴》、举办专题讲座等。

3、组织人员和作品参加第三届"亚太广告节"。

2000年3月15日至3月17日第三届"亚太广告节"在泰国的芭提雅举办。中国广告协会广泛征集广告作品参赛,并组织中国广告界一行16人赴亚太广告节参观学习。

4、组织人员和作品参加第47届嘎纳国际广告节。

6月18日至7月1日中国广告代表团一行40人赴法国参加第47届嘎纳国际广告节观摩学习,收获很大。本届嘎纳广告节是有史以来规模最大的一次,参赛作品共计16000件。我国精信广告上海公司选送的平面广告"伊莱克斯吸尘器《乌龟壳篇》"获得了本届嘎纳广告节铜奖,这对中国广告界产生了较大鼓舞作用。

5、征集广告作品参加联合国国际招贴大赛。

在联合国举办的第十三届(1999年)国际招贴画沙龙大赛上,中广协公司委员会选送的9幅招贴作品有3幅被选中,即:上海中洋广告公司创作的立邦漆招贴《拒绝克隆》、江苏美嘉广告有限公司创作的华芙力减肥胶囊招贴《追求完美体态,何必苦苦节食》、无锡市柏圣广告传播有限公司创作的公益招贴《拆起来容易,织起来难——珍惜环境保护,保护绿色》。这三幅获奖作品将参加有关国家和地区的巡回展。

6、成功举办了"中国成都国际广告周"。

为贯彻落实中央关于西部大开发的战略部署,中国广告协会与成都市人民政府共同主办"中国成都国际广告周"活动,其主要内容为广告技术设备展。该活动于2000年9月5日–9日在成都国际会议展览中心举行。有450余家事业单位、新闻媒体、出版社及大专院校参加了"广告周"各项活动。

(二)加强广告从业人员培训　开展广告理论研讨　提高广告界整体水平

1、2000年2月份与重庆首届国际广告博览会组委会联合举办"中国广告2000年高级研讨会",研讨的主题为《中国广告业二十一世纪发展战略》,并就品牌、媒体及广告公司的经营管理等问题进行了探讨。

2、面对经济全球化带来产业结构、行业结构、企业结构的调整,以及商业模式、营销理论、广告运作等一系列变革的新课题,中广协学术委员会组织了主题为广告主、广告公司、广告媒体面对新世纪的战略思考研讨会。参与人数多,影响较大,研讨后编印了论文集。

3、为进一步提高我国广告从业人员的专业理论水平,适应"入世"以后对广告高级人才的需求,满足广告业对高级专业人才的需要,中广协继续与北京广播学院、厦门大学联合举办研究生课程进修班。

同时积极组织国外培训,赴美培训团一行25人,于2000年10月5月–26日按计划圆满完成在美国的培训考察任务。

赴德国培训团正在操作之中,由于各种原因,该培训团拟在2001年2月份成行。

在培训方面,各地方广告协会也不同程度地开办短期培训班或学历教育。例如:江西省广告协会与江西师范大学联合开办了广告学大专班,现已有300多名学员毕业。江苏省、福建省、陕西省、内蒙古等广告协会与大专院校探索联合办学新路,解决广告从业人员的学历教育。福建省广告协会在行业中率先解决广告人的职称问题。

(三)开展信息交流　拓展服务领域

1、制定并下发了《中国广告协会关于进一步为会员单位服务的具体措施》。中国广告协会是会员的家,提高服务意识,履行"服务"的职能,是中国广告协会的重要工作之一。所以,从2001年1月1日起中国广告协会会员可享受到具体的优惠服务。

2、做好广告发布前的咨询与信息服务工作,不断拓宽服务的领域。截至2000年12月底,仅中广协接待各类广告发布前咨询 1000 多件次。许多地方广协在人手少的情况下也积极开展了咨询服务业务。

3、2000 年《现代广告》杂志实行全彩色印刷，并对栏目设置进行了改革，使其内容更加贴近读者。为了把《现代广告》办成行业的知名品牌杂志，《现代广告》与上海国际机场股份有限公司广告分公司合作举办了 2000 年度《现代广告》"上海空港杯"全国户外、杂志广告创意无限大奖赛，取得了很好的效果。

另外，编辑出版了 18 期《会员通讯》和《2000 中国主要媒介广告价目表》赠送会员单位；正在编辑出版《中国广告业面向二十一世纪》画册，由于资料收集至 2000 年底，所以，该画册预计在 2001 年春节后出书。

在加强广告理论研讨与信息交流方面，新疆、福建省等广告协会将学术理论研究成果编辑成广告论文集。还有山东、安徽、江苏、浙江、福建、广西、贵州、湖北、重庆、新疆、内蒙古、山西、宁夏、西安、厦门、杭州、武汉广告协会及时将本地区行业信息输送给中国广告协会，体现了对行业发展的关心和对中广协工作的支持。

(四)积极探索行业自律　促进广告市场规范

1、2000 年 2 月在京召开了 1998 - 1999 年度"争创广告行业精神文明先进单位"总结表彰大会，向被命名的 109 家"全国广告行业文明单位"和受表扬的 93 家单位颁发了奖牌和证书。"争创"活动开展四年来，得到了各地方广告协会和会员单位的高度重视和支持，促进了广告行业的自律，对广告业发展起到了积极的作用。

2、公交广告在传播信息、美化城市、促进公共交通事业发展方面，发挥了积极作用。但是，公交广告在制作、服务上还存在一些不规范的问题，在一定程度上影响了公交广告的健康发展。为了规范公交广告市场，中国广告协会公交委员会经过几年的调研与探索，起草了自律性《城市公共交通广告发布规范》草案，中国广告协会已会同中国城市公共交通协会颁布了《城市公共交通广告发布规范(试行)》。

各地方广告协会在制定行业规范，树立广告行业形象和企业典型上做了许多积极有效的工作。例如：广州市广告协会成立的广州地区综合性广告代理公司委员会(简称：广州 4A)，在抵制不正当竞争，规范广告经营秩序，促进广州地区广告业向国际惯例的广告代理制方向迈进。天津市广告协会开展的向社会推荐"实力强，服务优"广告经营单位活动，为扶植、宣传天津优秀广告经营单位做出了积极探索。

(五)加强外事工作　拓展国际交往渠道

1、以国际广告协会理事、国际广告协会中国分会会长、国家工商局副局长惠鲁生为团长的中国广告代表团赴英国参加第 37 届世界广告大会。国际广告协会(IAA)第 37 届世界广告大会于 2000 年 6 月 6 日 - 9 日在英国伦敦举行。惠鲁生副局长在大会上作题为《最具魅力的中国广告市场》的演讲，介绍了中国广告业发展和广告市场的情况，资料翔实，有说服力，促进了国际广告界人士对中国的认识与了解，反响强烈。

2、2000 年 10 月 18 日无锡中国广告节期间，中国广告协会邀请并热情接待了前来参加第七届中国广告节的美国广告营销协会董事会当选主席吉姆斯·麦克当威尔先生、美国纽约州立大学时装技术学院终身荣誉教授温特斯先生及夫人、国际广协代表日本电通广告公司资深顾问石川周三先生、亚太广告节工作委员会主席敦伯诚先生以及日本 VR 公司总裁盐幡先生等国际友人。

2000 年工作虽然取得了一些成绩，但也有不足：

1、服务意识不强，工作不够艰苦深入，对企业的困难问题了解少，与企业贴的不紧。因此，为会员单位服务解决实际问题不够。

2、抓行业自律还有较大差距。虽然已制定了《中国广告协会自律》、《广告宣传精神文明自律规则》、《广告市场公平竞争守则》，但抓落实不够，有畏难情绪，缺乏主动性、创造性。

3、由于对"抓自律，促发展"的方针理解贯彻比较薄弱，发挥服务等职能还不到位，所以协会在社会上的影响力还不够，其声誉还达不到形势和行业的需求。

二、关于 2001 年主要工作安排

从新世纪开始，我国将进入全面建设小康社会和加快推进社会主义现代化建设的发展阶段。我们要积极地研究新形势下广协工作面临的新情况、新问题。把握方向，明确定位，抓住重点，扎实工作，团结奋斗，努力促进中国广告行业的建设和发展。

(一)把握方向　明确定位　理清工作思路

1、要紧紧围绕十五届五中全会和中央经济工作会议精神开展广协工作。

“十五”计划把发展作为主题，把结构调整作为主线，把改革开放和科技进步作为动力，把提高人民生活水平作为根本出发点，这些重要思路与广告业的现状和发展有着密切的联系，计划中许多具体内容对广告业的建设有着重要的指导意义。例如，关于“发挥各类中介组织在搞活农产品流通中的积极作用”的论述，关于“现代服务业要提高服务水平和技术含量，大力发展信息服务等行业”的论述，关于“要在全社会广泛应用信息技术，面向消费者，提供多方位的信息产品和网络服务”的论述，关于“要为各类企业发展创造平等竞争的环境，支持、鼓励和引导私营、个体企业尤其是科技型中小企业健康发展”的论述等等，都对广告业的发展关系重大。

改革开放 20 多年，中国的广告业从数量到规模，以及专业化分工、技术水平方面都有了长足发展；广告经营单位的多种所有制结构与市场需求和生产力发展水平相适应；在国民生产总值中广告业所占比重逐年提高；广告已成为联系经营者与消费者不可缺少的钮带，为促进经济发展发挥了巨大作用。但是与发达国家相比，我国的广告业还有一定差距，主要表现为：一是数量多，但规模不大，广告公司平均营业额不足 200 万，有的广告公司年经营额只有几万、十几万；二是资金不足，表现为买调查资料难，垫付能力弱，有的媒介代理公司经营额很高，利润却很低，难以进行资金积累；三是设备技术不足，好的技术设备大多集中在少数公司，特别是少数合资公司手中，西部地区表现的更为明显；四是管理不足，企业的运作方式和竞争行为还有不够科学规范的地方；五是客户不足，缺乏长期的固定客户，有的企业因客户不足而转行搞销售代理。

中国加入 WTO 在即，广告业即将面对的是更多的商务客户，同时也将面对来自国外的同行业间的更多的竞争。中国的广告业要在竞争中克服种种不足求得发展，必须坚持贯彻党的十五届五中全会精神，把结构调整作为主线，把改革开放和科学进步作为动力，各级广告协会要积极学习正确理解中央的精神，用中央的精神指导工作，积极引导企业进行结构调整，帮助企业解决困难，为广告业的稳定发展做出贡献。

2、要紧紧围绕国家工商局的中心工作开展广协的工作。

各级广告协会作为工商局的事业单位，其中心工作要围绕国家工商局的中心工作去部署去开展。今年是市场秩序整顿年。整顿市场秩序是各级工商机关工作的主线，同时也应该是各级广告协会工作的主线。当前我们在肯定广告行业市场秩序主流的同时，也必须看到一些不容忽视的问题。例如：广告代理费比较乱，标准不一，其中还有给回扣等商业贿赂问题；比稿秩序也比较乱，有的客户不付劳务费，甚至剽窃创作人员的作品；各地广告发布前审查的标准不统一，甲地不能播出，乙地可以播出，使广告经营单位无所适从；虚假宣传等不法广告占有一定数量。这些问题的存在既扰乱了市场，也严重影响了广告业的信誉和发展。各级广告协会应该积极地理解贯彻中央关于整顿市场秩序的要求，在各级工商局的领导下，主动配合行政执法部门的工作。同时要努力搞好调查研究，从行业自律的角度，寻求行业自我约束的办法。对原有的精神文明评比等行之有效的办法，要进一步加大宣传的力度，努力加强工作的深度，不断扩大各项活动的成果。

3、要紧紧围绕广告协会的基本方针、基本职能开展工作。

“抓自律，促发展”是广协工作的基本方针。行业协会的重要任务之一是行业自律工作。完善的自律机制，良好的市场秩序，是行业发展的重要前提，因此行业协会始终应把行业自律放在各项工作的首位，抓紧抓好。促发展是协会的工作目标，是协会安排各项工作的着眼点，也是衡量协会工作的标准，对协会的发展起积极促进作用的工作。如“提高广告业素质的工作，结构调整的工作，广告商务交流活动”等等指导、服务、协调的工作，我们应该早安排多安排，并务求抓出实效。

职能是协会的基本作用功能。协会依据职能而成立，依据职能而发展。广协作为广告行业组织，多年来一直承担着指导、协调、服务、监督的职能，为促进广告业的健康发展发挥了重要的作用。

所谓指导，即协会对广告企业的建设、发展的指导；上级协会对下级协会工作的指导。各级广告协会是各级工商局的直属单位，相互之间的关系应等同于各级工商局同类业务部门之间的关系。广告行业的产生、发展是改革开放的产物。广告行为思想前卫，业务没有地域性，封闭的思想很难做好广协的工作。因此，要解放思想，大胆开拓，向会员学习，向实践学习。全国广协是一家，各地广协要加强联系，加强协作，要全国上下团结一心，将行业的工作做好。

所谓协调，即协会作为政府和行业的中介，应发挥其桥梁和纽带的作用，使上情下达、下情上达；协调行业内外各种关系；代表和维护会员单位和行业正当的权益。

所谓服务，即在人才培训、信息咨询、技术推广、对外交流、调解纠纷、法律援助等诸方面建立现代化共享服务体系。服务也可以说是协会各项职能的总称，是协会存在的前提，也是企业对协会最基本的要求。

没有良好的服务,协会就没有生存和发展的空间,服务应该扎根于我们的思想,落实于各项工作的始终。

所谓监督,即依据国家法律和行业自律规则,对行业进行自我教育、自我约束的工作,引导企业不断提高素质,不断提高职业道德水准,促进建立良好的市场经营秩序。

进入21世纪,中国广告业既有良好的发展机遇,也有严峻的竞争,面对加入WTO的新形势,各级广告协会必须坚决贯彻“抓自律,促发展”的工作方针,认真履行指导、协调、服务、监督的职能,不辱使命,促进中国广告业健康发展。

(二)突出重点　合理安排各项工作

1、要切实抓好行业自律工作。

2001年是国务院确定的市场秩序整顿年,国家工商局确定广告市场整治的重点是虚假广告。各级广告协会应积极围绕国务院和国家工商局的工作中心安排工作,狠抓行业自律,将行业自律工作作为重中之重,统领其它各项工作。

一是在全国广告行业(公司、媒介)开展“中国广告信誉年——真实承诺我先行”活动。以整治虚假广告为主要内容,以行业自律为主要手段,采取舆论宣传、自我教育评议等方法,达到最大限度地减少虚假广告的目的。整个活动分为三个步骤;第一步,行业发展,舆论宣传,自我检查,自我约束;第二步,请消费者参与,对信誉好与差的广告进行评议;第三步,检查评比,表彰宣传内容真实,行为守法的典型。整个活动与“争创广告行业精神文明先进单位”活动相结合,形成一体。表彰大会拟定于2002年1月举行。各地方广协要做好宣传工作,造成一定声势,必要时要组织互查、抽查,对有刊播违法、虚假广告和其它扰乱市场秩序行为的单位,必须要严格审查,严格标准。

二是积极严肃地开展广告发布前咨询服务工作。广告发布前咨询服务工作是行业自律制约工作的重要内容之一。合理设置广告咨询服务机构,严格审批手段,规范咨询行为,统一政策口径,不断提高咨询水平,对于促进中国广告市场健康有序地发展具有重要作用。中国广告协会拟与各地广协共同组建广告发布前咨询服务网络,严格质量管理,打破地域界限,加强各级广协和广告经营单位的法制建设,为规范广告市场做出贡献。

三是进一步加大行业自律的力度,中广协拟对原有的自律文件规定进行整理修改,以更加适应当前形势的要求。同时各级广协应该积极设立不法广告举报受理电话,定期进行分类整理。了解掌握不法广告的基本动态情况,以利于广协对行业的监督引导。《现代广告》杂志拟设立曝光台,对违法、违规行为较多或违法、违规情节严重的予以公开曝光。

2、要努力扩展服务范围,提高服务质量。

广告业属于高新技术产业,知识密集、人才密集、技术密集是广告业的重要特点。适应广告业的特点,服务首先应该是知识、人才培训方面的服务。中广协拟与电大合办开放式本科广告专业,2001年进行教材组织等方面的准备,争取2002年正式开始。在职培训拟从3个方面开展工作:一是要组织1至2次较高层次的经理级的培训,讲课内容以企业管理为主,拟聘请跨国广告公司总经理主讲,学习西方先进的经营思想、眼光、方法等。二是适应西部大开发,针对中西部地区广告业的发展状况,与各省广协联合有针对性地开展培训工作,此项培训工作拟开展4至6次。主要内容为:中西部地区广告公司经营的策略思想,现场点评本地区、本公司的广告作品,提高创意水平;三是进行国外短期培训,拟组织5批。

其次是加强对外学术交流与商务服务的结合。继续组团参加国外水平较高的广告展览,学习先进的创意制作技术,引进国外先进设备和工艺,促进中西方学术交流。继续加强与国外广告组织机构的交流。在组团参加广告展览的同时,为适应加入世贸组织扩展广告业务的需要,努力创造条件,开展西方中小广告主与中国本土广告公司的交流活动,增进双方的理解与信任,促进商务的发展,拟组织赴英国、法国、美国3批团组。

再次是加强信息技术的服务。我们要继续办好《现代广告》杂志和《会员通讯》。《会员通讯》作为内部刊物应该及时反映更多更真实的信息,包括地方广协的工作动态。为加强在新的信息技术方面的服务,我们拟在适当的时候成立网络广告研究机构,探讨网络广告的现状、管理及发展。为适应加入WTO,保护知识产权工作的需要,配合市场秩序整顿工作,各级广协宣传引导广告公司积极使用正版软件。中广协已与美国奥多比公司谈妥,拟以5折的价格在广告业推广新版绘图软件,届时将请各地广协共同开展此项工作。

3、要办好中国广告节。

中国广告节是全国各级协会共同的广告节,是中国广告行业的门面,也是向世界展示中国广告业实力的一个窗口。中国优秀广告作品展已经办了六届,去年第七届改为中国广告节。无论从参展的数量、质量,还是内容和组织形式都是越办越好。这既是中广协和举办地的工商局、广协的努力,更是全国广协的参与和支持。第八届广告节已确定在厦门市举办,广度和深度都比以往有新的发展,尤其是广告效果奖的评比有重要的现实意义,但由于该项评比比较复杂,我们又缺乏操作的经验,非常需要在实践中摸索。希望各级协会积极参与,共同努力,将中国广告节办出水平。

4、要加强会员的发展与管理工作,健全组织。

会员的发展与管理是协会的组织基础,关系到行业组织的壮大以及行业组织在整个行业中的影响力。为加强协会对行业指导和监督的力度,应坚持自愿入会与积极发展相结合的方针。多做思想工作引导入会,加强服务工作鼓励入会,最大限度地减少非会员单位由于不遵守市场规则对会员单位产生的负面影响。省以上协会应以骨干企业作为发展的对象,地级协会应面向各类广告经营单位。

对专业委员会工作要加强领导,使各专业委员会围绕协会的工作重点开展工作。为适应加入 WTO 后竞争形势的要求,广协应对专业委员会的工作实行分类指导,组织不同专业的研讨会,加强不同专业的培训。中广协拟成立本土私营企业协作会,每省优选两三家最大的私营企业参加,将他们组织起来,加强交流与合作,促进本土私营企业的发展。同时中广协还拟组建霓虹灯专业委员会、民航专业委员会等。各地方协会可以根据当地的情况和工作需要,建立和完善自己的专业委员会组织,并制定相关的工作条例。

积极开展建设"中国优势广告企业"的工作。为引导和促进广告企业结构的调整,引导广告企业规范化运作,尽快缩小与国际广告业的差距,中国广告协会决定在全国开展建设"中国优势广告企业"的工作。中国优势广告企业的基本内容为:经营条件优,人员素质优,服务业绩优,经营效益优,经营管理优。通过该项工作的开展,拟在全国广告企业中树立一批规模较大、实力强、经营管理好、服务水平高、信誉度好的典范,以带动广告业整体素质的提高。请大家对活动的方案予以讨论,方案确定后,请积极予以支持。

(三)转变观念　振奋精神　团结奋斗

十五届五中全会对政府机构改革和职能转变进一步提出了明确的要求,"十五"计划建议指出:"按照发展社会主义市场经济的要求,进一步转变政府职能,实现政企分开。政府要集中精力搞好宏观经济调控和创造良好的市场环境,不直接干预企业经营活动,减少对经济事务的行政性审批。"当前省、地工商局正在按照中央的精神进行机构调整。调整中部分同志由机关转到广告协会,这是落实中央改革任务的需要,是市场经济发展的客观结果。我们落实江总书记讲政治的要求,首先是要积极理解坚决落实中央的指示精神,愉快地服从组织的决定;其次是要增强使命感、责任感,把组织交给的任务当作生命的重要组成部分,鞠躬尽瘁。

党中央关于政府机构改革、职能转变的要求,从另一个角度说明了行业协会的任务在增加,我们肩上的担子在加重,政府职能的转变为协会的工作提供了更加广阔的舞台。市场经济越发展,协会的作用将会越明显。在市场经济发达国家,从广告业行为准则的制定,到对违规行为的检查、惩处;从对从业人员的培训,到广告发布前的咨询审查等等,都是由协会去做。协会负有管理广告业的实际责任,也有强制执行其决定的权力。当然这种权力,不是来自于政府,而是来自广告业道义和实际的支持。从我国当前的实际情况来看,面对广告业存在的规模小、实力弱、水平低等问题,面对加入世贸组织的激烈竞争的形势,各级协会"指导、协调、服务、监督"的任务非常繁重,局党组、局领导寄希望于我们抓好广告协会的工作,全国的广告企业寄希望于我们抓好广告协会的工作。

同志们,二十一世纪已经到来。在新的世纪里,我们要提高认识、找准定位、增强责任、明确任务,在工商行政管理机关的领导下,全国广告协会团结在一起,各级广协与全国的广告人团结在一起,在新世纪中以辛勤的劳动来创造广告业新的辉煌。

谢谢大家!

中国广告业年度发展综述

2001 年全国广告业发展综述

一、广告业发展情况

2001 年全国广告经营单位比去年增长 10.73%，从业人员增长 10.60%，广告经营额增长 11.54%，广告业持续快速发展。2001 年广告业发展主要呈现以下特点：

1.广告公司持续快速发展。

广告公司占广告经营单位总数的比例逐年上升(详见下表)；广告公司比去年增加 15.90%，达到 46935 家，占广告经营单位总数的 59.91%，经营额达到 370.98 亿元，比去年增长，16.76%，占广告经营单位总数的 46.67%；其它广告媒介中，广播电台广告经营额增长速度最快，增长 20.28%，报社增长 7.67%，电视台增长 6.19%，有线广播增长 4.20%，杂志社增长 4.58%。

项　目	2001 年	2000 年	1999 年	1998 年	1997 年	1996 年
经营单位(户)	78339	70747	64882	61730	57024	52871
广告公司(户)	46935	40497	36162	33290	29010	25726
广告公司占比重(%)	59.91	57.24	55.74	53.93	50.87	48.66

2.广告行业中个体私营企业发展势头最猛，国有企事业单位广告经营有所波动，外商投资企业增长势头比较强劲。

2001 年个体私营广告单位 37906 户，比去年增长 22.58%，占广告经营单位总数的 48.39%，比去年增加近 5 个百分点，经营额 139.51 亿元，增长 35.44%。个体私营企业一直保持较高速度发展，其经营单位数和经营额占总数的份额连年递增(详见下表)；国有企业经营单位户数为 7896 户，比去年下降 1.99%，经营额为 120.23 亿元，减少 18.45%；国有事业经营单位户数 9865 户，比去年下降 1.41%，经营额 316.41 亿元，增长 3.09%；集体企业经营单位 7435 户，减少 6.53%，经营额 45.27 亿元，增长 9.54%；集体事业经营单位 1010 户，增长 11.73%，经营额 8.45 亿元，增长 22.89%；外商投资企业广告经营单位数 329 户，减少 13.42%，经营额 74.36 亿元，增长 64.02%；联营企业经营单位 841 户，减少 14.88%，经营额 6.15 亿元，增长 68.74%。

个体私营企业	2001 年	2000 年	1999 年	1998 年	1997 年	1996 年
1.经营单位(户)	37906	30924	23915	15766	12489	9777
增长率(%)	22.58	29.31	51.69	26.24	27.74	*
占总数的比重(%)	48.39	43.71	36.86	25.54	21.90	18.49
2.经营额(亿元)	139.51	103.01	70.33	43.4	29.24	19
增长率(%)	35.44	46.47	62.05	48.43	53.89	*
占总数的比重(%)	17.55	14.45	11.31	8.07	6.33	5.18

3.广告投放产业格局有所改变,个别产业起伏明显。

药品、食品、房地产、家用电器、化妆品广告投放额仍占据前五位。其中药品投放96.69亿元,比去年增长28.99%,占总额的12.16%;食品为89.95亿元,增长29.90%,占总额的11.32%;房地产为69.48亿元,增长16.59%,占总额的8.74%;家用电器为65.88亿元,减少10.38%,占总额的8.29%;化妆品为63.34亿元,增长33.43%,占总额的7.97%。去年广告投放排名第二的家用电器跌至第四位,去年排名第四位的房地产升至第三位。酒的投放明显上升,比去年增加69.31%,由去年的第八位升至第六位。旅游业投放增长22.59%,是几年来保持快速增长的产业之一。

4.西部地区广告业发展加快,地区间差距依然突出。

从广告业发展看,东、中、西部地区以西部地区发展最快,西部地区广告经营单位15137户,比去年增长14.23%,广告经营额70.87亿元,增长17.78%,增加10.70亿元。西部地区广告经营单位和广告经营额所占比重分别为19.32%、8.92%,比去年略有增长;东部地区持续增长,广告经营单位44639户,比去年增长10.41%,广告经营额640.22亿元,比去年增长10.89%,增加62.85亿元。其中广告经营单位和广告经营额所占比重分别为56.98%、80.54%,比去年略有减少;中部地区稳步发展,广告经营单位18563户,增长8.78%,广告经营额83.80亿元,增长11.56%,增加8.68亿元。其中广告经营单位所占比重为23.70%,比去年略有减少,广告经营额占10.54%,与去年持平。

广告经营额居前十位的省(区、市)依次为上海、广东、北京、浙江、江苏、山东、天津、辽宁、福建、四川,其广告经营额之和占总额的80.54%,其中北京市广告经营额(不含国家总局直属单位)继上海、广东两省(市)后也突破100亿元,三省(市)广告经营额之和占总额的比重为43.75%,比去年增加0.04个百分点,基本持平。2001年广告经营额增长速度超过20%的省(区、市)大部分为我国中、西部地区省份。贵州省广告经营额4.77亿元,增长45.44%;重庆市广告经营额15.81亿元,增长28.12%;陕西省广告经营额13.37亿元,增长25.61%;广西广告经营额7.33亿元,增长24.08%。天津市、吉林省的广告经营额增长速度也超过了20%,分别为27.91%和26.98%。

二、广告监督管理情况

2001年,按照国务院关于整顿和规范市场经济秩序的决定和国家工商行政管理总局的部署,广告监管工作以"反误导、打虚假"为主题,以广告监测和案件查处为手段,围绕广告市场出现的突出问题开展专项整治,净化广告市场环境,规范广告发布行为,整顿广告市场秩序,在维护广告市场秩序方面取得了初步成果,促进广告业的有序发展。一年来,全系统共查处广告违法案件共79236件,罚没款1.58亿元,停业整顿664户,吊销证照860户。截止2001年底,全国实有广告经营单位78339户,从业人员70.91万人,广告经营额794.89亿元。

一年来,全系统共查处广告违法案件79236件,比去年增长18.57%;罚没款1.58亿元,增长57.93%;停业整顿664户,减少4.18%;吊销证照860户,增长228.24%。查处广告违法案件总数上升,处罚力度加大。从以上数据可以看出,罚没款及吊销证照都有较大比例增加,主要原因是2001年工商行政管理部门加强广告监管工作。一是针对与人民群众关系密切并反映强烈的药品、医疗、保健食品广告进行了集中整治,开展"反误导、打虚假"为主题的广告市场专项治理活动;会同药监管理部门制定了停止在大众媒体上发布处方药广告的规定及有关措施并监督执行,对非法发布处方药广告及其他药品违法广告进行了查处,依法规范医疗广告出证,查处利用新闻形式发布医疗广告;会同卫生部门开展打击非法行医广告的专项执法行动,遏制了医疗广告违法蔓延的势头;针对核酸类保健食品广告虚假夸大问题,在全国范围内组织开展了专项检查。二是建立定期统一发布广告监测信息制度,组织了对全国部分主要晚报、卫星电视、主要都市生活类报纸广告发布情况的检测,并向社会公告检测结果,及时提醒社会注意识别违法广告。三是组织查办重点广告违法案件,结合监测在全国曝光了四批严重违法广告。

从查处广告违法案件数分析,主要有以下特点:①从违法行为主体来看,广告主违法案件4.32万件,比去年增长18.48%,占总量的54.53%;广告经营者违法案件1.04万件,比去年增长22.72%,占13.18%;广告发布者违法案件1.24万件,比去年增长12.59%,占15.68%。广告主、广告经营者及广告发布者广告违法案件数所占份额与2000年基本持平。②从违法性质看，查处虚假广告呈现连续增长趋势。查处虚假广告14229件，比去年增长27.68%，继续保持上升势头，所占比重为18.05%，比去年增长1.29个百分点。③从违法媒介看，查处广告违法案件仍以户外、印刷品、报纸、电视广告为主。查处户外广告违法案件28932件，印刷品广告违法案件21961件，报纸广告违法案件5732件，电视广告违法案件2699件，分别比去年增长12.49%、11.94%、22.66%、8.00%。户外、印刷品、报纸、电视广告违法案件数继续名列媒介前四位。户外、印刷品、电视广告违法案件数所占份额比去年略有下降，分别减少1.97、1.64、0.33个百分点；报纸广告违法案件所占份额略有增长，增长0.24个百分点。④从违法广告涉及的商品或服务类别来看，违法案件仍集中于药品、医疗服务、食品广告，违法率分别为19.45%、9.38%、6.50%。与去年同期相比，农兽药广告、房地产广告、金融广告、医疗服务广告、化妆品广告、医疗器械广告违法案件数有较大幅度增长，增长幅度均为20%以上，其中农兽药广告和房地产广告违法案件增长最多，分别增长46.75%、37.04%。

中国广告业年度统计与数字

2001年全国广告经营单位统计表

项目		经营单位(户)		从业人员(人)				广告经营额(万元)	
		小计	经营外商广告	小计	管理人员	业务人员	其他人员	小计	外汇人民币
合计		78339	4877	709076	162924	348110	198042	7948876	15686
其中	1.国有企业	7896	632	83122	19118	39613	24391	1202318	4755
	2.国有事业	9865	893	79834	19762	40575	19497	3164083	2316
	3.集体企业	7435	353	79617	17393	38397	23827	452674	426
	4.集体事业	1010	18	8993	2034	3700	3259	84522	898
	5.个体、私营企业	37906	1791	303280	70649	151654	80977	1395143	780
	6.外商投资企业	329	155	8590	1938	4874	1778	743586	4041
	7.联营企业	841	214	8563	1976	4759	1828	61487	95
	8.其他	13057	821	137077	30054	64538	42485	845060	2375
其中	1.股份有限公司	1046	139	10354	2680	4470	3204	74399	1053
	2.有限责任公司	40764	2814	397672	89146	200040	108486	2956477	3682
其中	1.广告公司	46935	3622	468813	105417	235639	127757	3709758	10101
	2.兼营广告企业	11686	277	95617	21751	43196	30670	429870	2472
	3.电视台	3076	28	29336	7032	14414	7890	1793742	1486
	4.电台	711	12	6892	1559	3629	1704	182760	
	5.报社	2182	169	22301	5194	11686	5421	1576992	502
	6.杂志社	3576	753	25068	6544	13572	4952	118593	836
	7.有线广播	309		1585	376	685	524	5775	
	8.其他	9864	16	59464	15051	25289	19124	131382	289

2001年全国广告经营额统计表

项目		广告经营额(万元)												
		药品	食品	化妆品	医疗器械	医疗服务	家用电器	服饰	房地产	酒类	烟草	旅游	汽车制造	其他
合计		966877	899488	633394	187333	326128	658829	242653	694796	411980	90960	158250	228646	2449534
其中	1.国有企业	166773	114853	85549	28421	45334	98149	31511	101751	65064	22679	24664	39337	378226
	2.国有事业	426329	345140	217836	81762	178582	270773	102186	315177	164220	11109	74996	84060	891908
	3.集体企业	42468	47687	30303	11223	16921	48357	14665	40327	16972	6403	8979	17441	150923
	4.集体事业	8181	15414	3450	3511	6123	8904	2329	5936	2796	1177	1594	1301	23802
	5.个体、私营企业	120475	159455	73739	35344	48167	140884	49109	157699	56665	22339	25748	39034	466481
	6.外商投资企业	114452	136700	145711	7886	5314	37522	11775	18863	50456	1906	5671	29064	178263
	7.联营企业	6662	5863	7010	2839	2175	6417	1836	6972	1960	942	1633	3188	13987
	8.其他	81534	74374	69795	16343	23510	47820	29239	48068	53844	24404	14962	15219	345942
其中	1.股份有限公司	6698	9741	6362	2603	2003	6835	3292	5597	2507	358	1180	2516	24703
	2.有限责任公司	351075	348366	248478	47435	72263	248071	81141	273903	163222	45942	45930	78304	952340
其中	1.广告公司	403074	430659	327523	64446	86724	303125	105173	308736	182224	54116	57825	120567	1265560
	2.兼营广告企业	44311	63408	42306	8502	12477	24882	11207	21154	39961	13950	6750	6503	134454
	3.电视台	296818	262538	158282	42038	81253	154574	65383	81926	124697	10212	23256	25020	467740
	4.电台	27819	17307	11402	11322	19513	15306	4492	16555	7081	963	4450	3506	43038
	5.报社	172188	107961	80329	52866	111708	142282	47127	254336	49600	6396	60801	68122	423269
	6.杂志社	8020	6665	6031	5892	8251	7595	3754	4162	2307	815	2711	2182	60203
	7.有线广播	1411	588	369	124	464	582	82	439	342	44	58	84	1184
	8.其他	13232	10360	7149	2139	5734	10480	5432	7485	5764	4462	2396	2660	54083

2001年全国广告公司情况统计表

项目		合计	按所有制性质划分						其中	
			国有企业	集体企业	私营企业	外商投资企业	联营企业	其他	股份有限公司	有限责任公司
户数(户)		46935	4603	4909	25892	322	588	10621	1046	40764
注册资金(万元)		3179726	774281	256387	1408167	133568	57237	550084	329519	2399513
从业人员(人)	管理人员	111532	11703	12138	59112	1302	2473	24804	2101	86561
	客户媒介业务人员	99976	11743	10450	52603	1912	1936	21332	2057	81538
	调查策划人员	62191	7025	7166	31438	955	895	14712	1525	50966
	设计制作人员	94228	10408	10730	47970	2226	1689	21205	1726	77735
	广告审查人员	67892	8067	7523	34082	584	982	16654	1656	54785
	其他人员	86504	10328	10205	42421	1107	1255	21188	1955	69398
广告经营额(万元)	小计	3709758	752986	368667	1226505	754396	51126	556075	74399	2956477
	广告代理费	1428179	302079	128512	498879	300683	18698	179325	32422	1100414
	广告设计制作费	1325383	227041	134067	452040	317220	20914	174098	25778	1033747
	其他	956195	223865	106088	275586	136491	11513	202651	16198	822315

2001年全国户外广告经营情况统计表

项目		单位	合计
户外广告经营单位数		户	50928
户外广告经营额		万元	803566
户外广告媒体数		个	1442758
户外广告媒体分类	霓红灯	个	80647
	路牌	个	259239
	电子显示屏(牌)	个	12286
	公交载体	个	193730
	灯箱	个	390367
	其他	个	506489

2001年全国查处广告违法情况统计表

项目		合计	项目		合计
查处案件总数（件）		79236	按违法类别分	食品广告	5147
按违法行为主体分	广告主	43210		化妆品广告	1861
	广告经营者	10446		医疗器械广告	1379
	广告发布者	12423		医疗服务广告	7433
	其他	13157		烟草广告	481
按违法性质分	虚假广告	14299		房地产广告	1576
	其他	64937		农兽药广告	744
按违法媒介分	电视	2699		酒类广告	1611
	广播	738		金融广告	298
	报纸	5732		家用电器广告	2383
	期刊	431		其他	40914
	户外	28932	罚没款额（万元）		15800
	印刷品	21961	停业整顿（户）		664
	其他	18743	吊销证照（户）		860
	药品广告	15409			

2001 年全国各地区广告经营情况统计表

地 区	经营单位(户)	从业人员(人)	广告经营额(万元)
合 计	78339	709076	7948876
国家局	150	3750	554179
北 京	5454	57507	1045697
上 海	2656	35975	1300634
天 津	1432	12034	235135
重 庆	1409	15461	158115
河 北	2739	23884	88831
山 西	2116	15390	49856
内蒙古	1068	7056	18186
辽 宁	3150	23355	226100
吉 林	1653	6197	63869
黑龙江	2095	15912	127467
江 苏	5556	52062	513561
浙 江	4574	37525	530650
安 徽	2177	20723	159123
福 建	2174	21377	208158
江 西	1345	13148	85350
山 东	5577	54684	481192
河 南	2637	25483	130914
湖 北	2501	18935	93762
湖 南	2971	28982	109445
广 东	8701	81703	1130997
广 西	1776	16773	73328
海 南	700	9569	13759
四 川	5030	44236	189414
贵 州	853	6351	47729
云 南	1813	12410	85211
西 藏	203	778	211
陕 西	2448	21754	133739
甘 肃	1188	10246	27819
青 海	320	1873	7100
宁 夏	541	4279	9095
新 疆	1332	9664	50251

2000年全国各省、自治区、直辖市和计划单列市电视台广告收入统计表

序号	台名	金额	序号	台名	金额
1	中央台	53.5亿元	20	吉林台	1.3亿元
2	北京台	10亿元	21	江西台	1.25亿元
3	上海台	7.1亿元	22	贵州台	1.2亿元
4	东方台	6.6亿元	23	广西台	1.2亿元
5	山东台	3亿元	24	湖北台	1.15亿元
6	黑龙江台	2.985亿元	25	青岛台	1.1亿元
7	浙江台	2.967亿元	26	云南台	1.08亿元
8	安徽台	2.85亿元	27	重庆台	1亿元
9	广东台	2.6亿元	28	深圳台	9800万元
10	湖南台	2.4亿元	29	山西台	6600万元
11	四川台	2.3亿元	30	厦门台	6100万元
12	辽宁台	2.3亿元	31	新疆台	5500万元
13	天津台	2.28亿元	32	甘肃台	3400万元
14	河南台	2.27亿元	33	内蒙台	3200万元
15	江苏台	2亿元	34	海南台	2800万元
16	河北台	1.85亿元	35	宁夏台	2600万元
17	福建台	1.66亿元	36	青海台	1200万元
18	陕西台	1.6亿元	37	西藏台	350万元
19	大连台	1.5亿元			

2000年部分地级城市电视台广告收入统计表

序　号	台　名	金　额	序　号	台　名	金　额
1	宁波台	1亿元	21	烟台台	1500万元
2	温州台	9100万元	22	蚌埠台	1300万元
3	苏州台	6100万元	23	鞍山台	1000万元
4	汕头台	5300万元	24	抚顺台	1000万元
5	无锡台	5100万元	25	锦州台	900万元
6	南通台	3000万元	26	遵义台	900万元
7	扬州台	2510万元	27	安庆台	800万元
8	徐州台	2500万元	28	湛江台	800万元
9	镇江台	2470万元	29	朝阳台	600万元
10	盐城台	1500万元	30	辽阳台	700万元
11	张家港台	1000万元	31	盘锦台	400万元
12	常熟台	1800万元	32	阜新台	300万元
13	淄博台	3600万元	33	佳木斯台	350万元
14	保定台	2500万元	34	齐齐哈尔台	1450万元
15	秦皇岛台	1800万元	35	本溪台	300万元
16	大庆台	1900万元	36	大同台	1000万元
17	牡丹江台	1900万元	37	包头台	600万元
18	丹东台	1580万元	38	石河子台	400万元
19	洛阳台	1500万元	39	丹阳台	800万元
20	嘉兴台	2500万元	40	新乡台	600万元

2000年部分省会电视台广告收入统计表

序　号	台　名	金　额
1	南京台	1.8亿元
2	广州台	1.2亿元
3	沈阳台	1.4亿元
4	武汉台	1.4亿元
5	成都台	9500万元
6	哈尔滨台	6000万元
7	济南台	5380万元
8	石家庄台	5308万元
9	昆明台	4000万元
10	杭州台	4000万元
11	长春台	4000万元
12	郑州台	3700万元
13	太原台	3100万元
14	南昌台	2170万元
15	南宁台	2100万元
16	乌鲁木齐台	1200万元
17	福州台	5000万元
18	西安台	3100万元
19	长沙台	1100万元
20	海口台	1050万元
21	银川台	100万元

“九五”时期(1996 – 2000 年)中国广告业发展情况统计表

项　目	单　位	1996 年	1997 年	1998 年	1999 年	2000 年
一、全国广告营业额	万元	3666372	4619638	5378327	6220506	7126632
与上年比增长率	%	34.17	26.00	16.42	15.66	14.57
二、国民生产总值	亿元	66850.5	73142.7	76967.1	80579.3	88189.5
广告费所占比重	%	0.548	0.632	0.699	0.772	0.808
与上年比增长率	%	15.37	15.33	10.60	3.29	4.66
三、国内生产总值	亿元	67884.6	74462.6	78345.2	82067.4	89403.5
广告费所占比重	%	0.540	0.620	0.686	0.758	0.797
与上年比增长率	%	15.63	14.81	10.65	10.50	5.15
四、全国总人口	万人	122389	123626	124810	125909	126583
人均广告费	元	29.957	37.368	43.092	49.405	56.300
与上年比增长率	%	32.78	24.74	15.32	14.65	13.96
五、全国广告经营单位	户	52871	57024	61730	64882	70747
与上年比增长率	%	9.96	7.85	8.25	5.11	9.04
六、全国广告从业人员	人	512087	545788	578876	587474	641116
与上年比增长率	%	7.27	6.58	6.06	1.49	9.13
七、广告从业人员人均营业额	元	71597	84642	92910	105885	111160
与上年比增长率	%	25.07	18.22	9.77	13.97	4.98

“九五”时期(1996 - 2000 年)
中国广告经营单位发展情况统计表

项　目	单　位	1996 年	1997 年	1998 年	1999 年	2000 年
一、全国广告经营单位	户	52871	57024	61730	64882	70747
广告从业人员	人	512087	545788	578876	587474	641116
广告营业额	万元	3666372	4619638	5378327	6220506	7126631
二、专业广告公司	户	25726	29010	33290	36162	40497
广告从业人员	人	288675	319092	349953	368638	408250
广告营业额	万元	1567858	1941413	2301138	2778129	3177333
三、报纸广告经营单位	户	2231	2329	2316	2252	2226
广告从业人员	人	19352	20040	21146	20689	21556
广告营业额	万元	776891	968265	1043546	1123256	1464668
四、杂志广告经营单位	户	3825	3812	3908	3943	3835
广告从业人员	人	20520	19543	21040	18129	22506
广告营业额	万元	56096	52709	71328	89232	113400
五、电视广告经营单位	户	2625	2962	2945	2982	3067
广告从业人员	人	22955	24859	26004	26693	28824
广告营业额	万元	907894	1144105	1356380	1561496	1689126
六、广播广告经营单位	户	990	955	906	763	720
广告从业人员	人	7664	9979	7526	6496	6996
广告营业额	万元	87267	105776	133036	125243	151947
七、户外广告经营单位	户	—	—	—	37581	82855
广告营业额	万元	—	—	—	577511	742921
户外广告载体	个	—	—	—	1189039	1914955
八、其他广告经营单位	户	17474	17956	18365	18780	20402
广告从业人员	人	152921	152275	153207	146829	152684
广告营业额	万元	270365	407370	472898	543150	530158

中国广告业二十年(1981 - 2000年)发展情况统计表

年份	全年广告经营额(万元)	广告费占国民生产总值比重(%)	广告费占国内生产总值比重(%)	人均广告费(元)	全国广告经营单位(户)	全国广告从业人员(人)	广告从业人员人均经营额(元)
1981	11800.0	0.024	0.024	0.118	1160	16160	7302
1982	15000.0	0.028	0.028	0.148	1623	18000	8333
1983	23407.4	0.039	0.039	0.227	2340	34853	6916
1984	36527.8	0.051	0.051	0.350	4077	47259	7729
1985	60522.5	0.067	0.068	0.572	6052	63819	9483
1986	84477.7	0.083	0.083	0.786	6944	81130	10412
1987	111200.3	0.093	0.093	1.017	8225	92279	12050
1988	149293.9	0.100	0.100	1.345	10677	112139	13313
1989	199899.8	0.118	0.118	1.774	11142	128203	15592
1990	250172.6	0.135	0.135	2.188	11123	131970	18957
1991	350892.6	0.162	0.162	3.030	11769	134506	26088
1992	678675.4	0.255	0.255	5.792	16683	185428	36600
1993	1340873.6	0.388	0.387	11.314	31770	311967	42981
1994	2002623.0	0.429	0.428	16.709	43046	410094	48833
1995	2732690.0	0.475	0.467	22.562	48082	477371	57245
1996	3666372.0	0.548	0.540	29.957	52871	512087	71596
1997	4619638.0	0.632	0.620	37.368	57024	545788	84642
1998	5378327.0	0.699	0.686	43.092	61730	578876	92910
1999	6220506.0	0.772	0.758	49.405	64882	587474	105886
2000	7126632.0	0.808	0.797	56.300	70747	641116	111160

政策、法规

关于对企业及其产品在境外的市场占有率、排序的内容在广告中使用问题的答复

工商广字[2001]第15号

湖南省工商行政管理局：

你局《关于对市场上销售的境外产品在其商品包装物上标示“销量第一”的广告宣传是否属于违法广告的请示》(湘工商广字[2001]8号)收悉。经商国家经济贸易委员会，现答复如下：

国家经济贸易委员会等六部委《关于整顿营销信息发布秩序，坚决制止乱排序、乱评比行为的通知》和国家工商行政管理局《关于停止发布含有乱评比、乱排序等内容广告的通知》，均不包括企业及其产品在境外的销量、市场占有率、排序以及在广告中的使用。

二〇〇一年一月十二日

关于开展“反误导、打虚假”广告市场治理专项行动的通知

工商广字[2001]第16号

各省、自治区、直辖市及计划单列市工商行政管理局：

为贯彻全国工商行政管理工作会议精神，治理和打击虚假违法广告，维护广告市场秩序，经局领导同意，决定今年在全国范围内开展一次“反误导、打虚假”广告市场专项治理行动(以下简称专项行动)，具体意见通知如下：

一、总体要求和目标

专项行动的总体要求是：深入贯彻落实党的十五届五中全会和中央经济工作会议精神，以规范和整顿广告市场秩序为主线，以严厉打击虚假违法广告为重点，针对广告市场存在的突出问题，集中时间，集中力量，分阶段、有重点地进行规范和整治，从侧重于遏制广告违法现象逐步过渡为标本兼治，从源头上预防和治理虚假违法广告，努力营造统一规范，公平竞争的广告市场环境。

专项行动的基本目标是：通过专项行动，力争用半年到一年的时间，使重点商品(服务)、重点媒介、重点地区违法广告问题得到有效整治，广告违法率大幅度下降，广告市场秩序明显好转，人民群众基本满意。

二、主要内容及措施

(一)坚持查媒介、追根源、促规范的工作方针，对社会反映强烈的特殊商品和服务广告进行集中整治

1、一季度、二季度,集中治理药品、医疗、保健食品广告,总结前一阶段治理经验,巩固和扩大治理成果

在药品广告治理方面,重点查处违反《广告法》的规定,含有不科学地表示功效的断言和保证,严重干扰人们合理、安全用药的行为。清理未经药品监督部门审查和超出审查范围发布广告的行为。在药品监督部门的配合下,切实解决药品广告过多过滥的问题。

在医疗广告管理方面,重点是治理和打击弄虚作假,夸大诊疗效果的"特色门诊"广告。清理未经卫生部门出证和超出出证范围发布广告的行为。继续停止在各类媒介和利用任何形式发布性病医疗广告。继续实施医疗广告格式化。

在保健食品方面,重点清理保健食品广告宣传治疗作用的行为。查处宣传增强和改善性功能的作用,格调低下、庸俗、淫秽的广告。加大对宣传补钙、减肥、增高、益智的保健食品广告的检查力度。

要严肃查处以人物传记、专题报道等新闻报道形式发布药品、医疗、保健食品广告的违法行为。

春节前后,围绕药品、医疗、保健食品广告,通过媒体曝光一批虚假违法广告案件。

2、第三季度,集中治理房地产广告和"致富信息"广告

房地产广告的治理重点是,查处房地产广告误导消费者的行为。清理房地产广告中含有风水、占卜等封建迷信,以及其它有悖社会良好风尚的内容。依法规范和清理对产权、位置、交通、商业和文化设施、建筑面积、物业等表示含糊,引人误解的房地产广告。凡利用房地产广告进行融资或者变相融资的,要从重查处。

"致富信息"广告的治理重点是,查处利用"致富信息"广告行骗的违法行为。包括种植、养殖广告、加工承揽广告、科技成果转让广告。严厉打击通过加工承揽广告设置圈套招引客户,利用合同诈骗的违法活动。凡违反《关于加强加工承揽广告管理的通告》(工商广字[1996]第375号)发布加工承揽广告的,一律停止发布。特别要对"小报、小刊"发布的"致富信息"广告进行集中检查,问题严重的,要停止其发布此类广告的资格。要把日常监管和专项整治结合起来,堵源截流,严查狠打,查处和曝光一批典型案件,惩一儆百,震慑违法分子。

3、第四季度,利用一个月的时间集中整治电视直销广告

重点查处利用演示、现身说法等形式虚假夸大,误导消费者的行为。对含有政治性错误和不符合社会主义精神文明建设的内容的,坚决予以清理和查处。

(二)加大治本力度,从源头上预防和治理虚假违法广告

1、争取宣传、广播电视、新闻出版等部门的支持和配合,进一步规范媒介广告发布内容和经营活动。指导药品广告审查机关,进一步规范药品广告审查;加强对医疗广告出证机构的指导,进一步规范医疗广告的出证行为。

2、层层落实实施广告监测的重点类别和媒介,定期在有关媒介上公布广告监测结果,对违法率居前的单位要予以警告,屡教不改的,责令停业整顿,直至取消其广告经营资格。

3、落实广告审查员"一票否决制",强化广告审查员的责任,督促广告经营单位完善各项规章制度,依法经营和发布广告。对执行"一票否决制"不力,疏于把关的广告经营者和广告发布者要予以通报,并限期整改,对有关广告审查员予以处理,直至取消其审查员资格。

4、加强对广告执法的监督检查,做到执法必严、违法必纠。坚决改变个别地方有法不依,执法不到位的现象。对监管不力,违法广告发布比较集中的省、市和媒介派员督察。加强各地间办案的协调配合,发挥基层工商所广告监管职能作用,使违法的广告主、广告经营者、广告发布者都要受到查处。

5、加大广告法规和典型案例的曝光力度,提高全社会的广告法律意识,扩大教育面,形成全社会共同抵制虚假违法广告,维护广告市场秩序的良好舆论氛围。

6、指导广告协会开展"真实承诺我先行"活动,加强行业自律,提高广告主、广告经营者、广告发布者的自我约束能力。

各地要加强对专项行动的领导,精心组织。结合当地实际,制定具体实施方案,并于1月23日前报国家工商行政管理局广告监管司。专项行动中遇到重大问题,请及时向我局报告。

二〇〇一年一月十二日

关于进一步加强医疗广告管理的通知

工商广字[2001]第32号

各省、自治区、直辖市及计划单列市工商行政管理局、卫生厅(局):

为进一步加强医疗广告管理,从根本上解决医疗广告虚假违法现象突出的问题,依据《广告法》、《医疗广告管理办法》,现就有关问题通知如下:

一、凡未取得《医疗机构执业许可证》的,一律不得发布医疗广告。医疗机构内部科室不得单独以科室或以专科门诊等名义发布广告。

二、医疗广告必须按照省级卫生行政部门出具的《医疗广告证明》中医疗广告格式化内容发布。未实行格式化的医疗广告,一律停止发布。

继续暂停发布性病医疗广告。

三、禁止以新闻报道形式发布医疗广告。有关医疗机构的人物专访、专题报道等文章中不得出现有关医疗机构详细地址、电话、联系办法等广告宣传内容;在发表有关文章的同时,不得在同一媒体同一时间或版面发布有关该服务及其医疗机构的广告。

四、广告经营者、广告发布者必须严格审查《医疗广告证明》并按《医疗广告证明》中医疗广告格式化内容发布。对卫生行政部门核定的医疗广告格式化内容,不得进行任何改动。不得设计、制作、代理、发布未取得《医疗广告证明》的医疗广告。

五、卫生行政部门要严格按照格式化要求,依据《医疗广告管理办法》和本通知的规定,依法出具医疗广告证明,核定医疗广告格式化内容,并向同级工商行政管理部门备案。

六、工商行政管理机关要切实加强医疗广告的监督管理,对未按卫生行政部门核定和备案的医疗广告格式化内容发布的,要依法予以查处。对以新闻报道形式发布医疗广告的,依照《广告法》第四十条规定予以处罚;对超出医疗广告格式化内容发布的,依照《医疗广告管理办法》第十八条规定予以处罚;其他违反本通知规定的行为,依据《广告法》有关规定予以处罚,《广告法》无相应处罚条款的,依据《医疗广告管理办法》有关规定予以处罚。

附件:一、医疗广告证明(式样)

二、医疗广告格式化内容(式样)

医疗广告证明(式样)

医疗机构名称		法定代表人	
执业许可证号		诊疗科目	
发　证　机　关		营业执照号码	
电　　　　话		邮政编码	
医疗机构地址			
广告刊播媒介			
医疗广告格式化内容(见附件二) (盖章) 年　月　日			
县级卫生行政部门审查意见	(盖章) 年　月　日		
地(市)级卫生行政部门审查意见	(盖章) 年　月　日		
省、自治区、直辖市卫生行政部门审查意见	(盖章) 年　月　日		
证　明　文　号	医广证字(或中医广证字)(　)第　　号		
有　效　期	自　　年　　月　　日—　　年　　月　　日止		

注:1.本证明核发数量按照广告客户实际需要确定,并送广告发布地卫生和工商行政管理机关各一份。

2.本证明由省级卫生行政部门统一印制。

3.医疗广告证明文号的统一格式:省(自治区、直辖市)简称、医广证字(或者中医广证字)(年度)第　号。

医疗广告格式化内容(式样)

医疗机构名称及其服务商标	
诊疗科目	
诊疗方法	
从业医师姓名及其技术职称	
诊疗时间	
医疗机构地址和通信方式	
医疗广告证明文号 及有效期截止日	

(盖章)

注:1.广告主、广告经营者、广告发布者必须按照医疗广告格式化内容设计、制作、发布医疗广告,不得进行任何改动。

2.诊疗科目依据《关于实行医疗广告发布内容格式化的通知》中的医疗机构诊疗科目名录的要求填写,不得出现超出该名录的内容。

二〇〇一年一月十九日

关于进一步加强对大众传播媒介广告宣传管理的通知

工商广字[2001]第37号

各省、自治区、直辖市及计划单列市工商行政管理局、广播影视局(厅)、新闻出版局：

近年来,特别是《广告法》施行以来,广告监督管理机关针对各类大众传播媒介存在的虚假违法广告等问题,陆续组织开展了电视、报刊、广播广告专项检查,对净化广告市场,打击虚假违法广告,收到了明显成效。同时,各级广播电视、新闻出版管理部门也认真履行自身职责,加强和改进对大众传播媒介广告宣传的行业管理和内部监督,不断地规范大众传播媒介的广告发布行为。但是,目前广告市场中仍不同程度地存在着广告经营行为不规范、广告发布内容虚假违法等问题,如医疗广告夸大疗效,药品广告擅自更改审查内容,保健食品广告宣传治疗功能,在广告中违法使用医疗机构、医生、专家、患者的名义和形象作证明,或者以人物传记、专题报道等新闻形式发布广告,凡此种种,严重损害了消费者的合法权益和大众传播媒介的良好声誉,破坏了广告市场正常秩序。为了认真贯彻党中央、国务院关于整顿市场的重要决定和从严治政、全面加强管理的要求,确实从根本上解决有法不依、执法不严的问题,依据《广告法》、《广告管理条例》及广播电视、新闻出版等有关法律、法规、规定,现就进一步加强广告宣传管理有关问题,通知如下：

一、在我国,广告是促进经济发展、传播精神文明的重要手段,各类大众传播媒介的广告宣传,要坚持为社会主义"两个文明"建设服务的正确方向,在广告经营发布活动中应严格遵守国家的法律、法规和有关宣传政策,不得为追求经济利益发布虚假违法广告。

二、建立健全广告经营管理制度及领导责任追究制。各类大众传播媒介经营广告要建立健全广告业务承接登记、审核、档案保存等内部广告管理制度,要充分发挥广告审查员的作用,认真实行广告审查员"一票否决制",未经广告审查员签字的广告不得发布;要建立领导责任追究制,对发布虚假违法广告较多的单位,必须追究有关单位领导的行政和经济责任。

三、各类大众传播媒介广告经营部门要切实对本单位发布的广告内容负责,不得因广告经营方式的变化而放松对广告内容的审查和管理。

四、广告发布价格统一部门管理,媒介可根据市场需求制定,明码标价,不得随意抬高或压低广告发布价格。各类大众传播媒介要及时将本单位广告发布价格刊播,并将依法备案后的广告价目表和收费办法悬挂在经营场所。

五、各类大众传播媒介要严格控制广告发布数量,不得随意中断节目插播广告,不得随意扩大广告版面。

六、加强对药品、医疗器械、农药、兽药、医疗、房地产、保健食品、化妆品等广告审查出证及其他证明文件的查验工作,对无出证(批准)文号、证明文件不全或不符合发布规定的广告要坚决禁止发布。

七、不得以任何新闻报道形式刊播或变相刊播广告,媒介内部的非广告经营部门不得经营或代理本单位的广告业务,记者不得借采访名义承揽广告业务,要坚持新闻报道工作与经营活动分开、新闻从业人员与广告经营人员分开的有关规定。各类大众传播媒介有关人物专访、企业专题等报道中不得含有地址、电话、联系办法等广告宣传内容;报刊在发表有关文章的同时,不得在同一媒体同一时间发布有关该商品、服务及其生产经营者的广告。不得以普及科学知识、专家咨询宣传等名义,介绍、推销药品、保健食品以及推荐医生、医疗机构。

各地接到本通知后,应根据本地的实际情况,立即对本地区的大众传播媒介的广告经营和发布行为进行一次清理和检查,督促各类大众传播媒介认真解决广告工作中存在的问题,端正广告经营方向,依法经营和发布广告。各级广播电视、新闻出版部门要加强对广播电视、报刊广告宣传工作的领导。各级工商行政管理机关在继续抓好宣传广告管理法规、严格执法、加大广告执法力度的基础上,要通过建立和完善广告发布监测机构，督促广告经营者、广告发布者建立健全内部广告管理制度，加强广告经营资格检查，依法规范媒介的广告发布和广告经营活动，切实加强对医疗、药品等广告审查(出证)机构的指导。对不顾国家和社会公众利益，继续为追求本单位经济利益发布虚假违法广告的单位，要坚决依法处理。

二〇〇一年二月五日

关于认定利用新闻报道形式发布医疗广告问题的答复

工商广字[2001]第57号

江苏省工商行政管理局：

你局《关于如何认定利用新闻报道形式发布医疗广告的请示》(苏工商广[2001]75号)收悉。经研究，答复如下：

大众传播媒介利用新闻报道形式介绍医疗机构及其服务，如出现医疗机构的地址、电话号码或其它联系方式等内容的；在发表有关医疗机构报道的同时，在同一媒体同一时间(时段)发布该医疗机构广告的，即便发布者声称未收取费用，也应认定为利用新闻报道形式发布医疗广告。

二〇〇一年三月一日

关于户外广告登记管理有关问题的答复

工商广字[2001]第73号

黑龙江省工商行政管理局：

你局《关于对户外广告登记中有关问题的请示》(黑工商函[2001]21号)收悉。经研究，现答复如下：

一、企业(或事业单位)利用自有场地及建筑物发布本单位商品或服务广告，应按《户外广告登记管理规定》、《店堂广告管理暂行办法》等有关规定履行广告发布登记手续，不办理《广告经营许可证》。

二、通过租赁等形式使用他人或单位场地及建筑物发布本企业(或事业单位)商品或服务广告，不属于利用自有场地发布户外广告。

二〇〇一年三月二十二日

关于媒体刊登的“股市行情”是否属于广告问题的答复

工商广字[2001]第92号

山东省工商行政管理局：

你局“关于报纸刊登的证券信息内容是否属于广告问题的请示”(鲁工商广字[2001]82号)收悉。经研究，现答复如下：

“股市行情”是证券交易所依据《证券法》的有关规定，按交易日制作并公布的证券市场行情表。媒体刊登上述证券市场行情表，属转载公布证券交易情况的行为，不符合《广告法》第二条第二款规定的商业广告的特征，不应认定为广告。

二〇〇一年四月十一日

关于规范广告法律咨询服务的通知

工商广字[2001]第103号

各省、自治区、直辖市及计划单列市工商行政管理局：

近来，一些广告法律咨询机构对经有关行政主管部门审查过的药品、医疗器械等广告仍然进行法律咨询时，对有关部门审批的批准文件进行随意修改，造成了不良影响。为进一步规范广告法律咨询机构的咨询服务行为，现就有关问题重申如下：

一、广告法律咨询机构开展法律咨询服务活动，应当遵循广告活动当事人自愿的原则，并对提供的法律咨询意见承担相应的法律责任。

二、广告法律咨询机构出具的法律咨询意见书仅是为广告活动当事人提供的专业性法律咨询意见，不是判定该广告是否合法的法定依据。对经过广告法律咨询机构咨询的广告，如有违法问题，各级工商行政管理机关应当依法查处。

广告主、广告经营者、广告发布者在设计、制作、发布广告时，广告法律咨询机构出具的意见只能做为参考依据。如果广告内容违法，广告活动主体必须对该广告承担法律责任。

三、经过广告法律咨询机构咨询的广告，在发布时不得出现咨询编号。

四、从事广告法律咨询工作的人员，应当经过省级以上工商行政管理机关举办的广告法规知识培训，并取得广告审查员证书。未取得广告审查员证书的，不得从事广告法律咨询工作。

各地应当按照本通知要求，做好广告法律咨询机构的规范工作。在执行中如遇到具体问题，请及时研究解决并报告国家工商行政管理总局。

二〇〇一年四月十七日

关于外商投资企业境内投资广告业有关问题的答复

工商广字[2001]第104号

上海市工商行政管理局：

你局《中外合资企业再投资设立内资广告企业有关问题的请示》(沪工商广[2001]第134号)收悉。经研究，现答复如下：

一、依照《关于外商投资企业境内投资的暂行规定》(对外贸易经济合作部、国家工商行政管理局2000年第6号令)的要求，中外合资企业在境内投资限制类产业须征求同级或国家行业管理部门的管理意见，因此，中外合资企业境内投资广告业应按照《关于设立外商投资广告企业的若干规定》(工商广字[1994]第304号)

的有关规定履行项目报批手续。

二、中外合资企业境内投资广告业一般不限制其投资比例。

二〇〇一年四月十七日

关于对“快可立”、“乐立杯”广告中含有危害国家统一内容查处问题的答复

工商广字[2001]第109号

云南省工商行政管理局：

你局《关于对“快可立”、“乐立杯”广告中含有危害国家统一内容查处的紧急请示》收悉。经研究，现答复如下：

对经营者生产、经销或者在经营活动中使用含有危害国家统一、有损国家主权等违法内容的物品，可由省级工商行政管理机关依据《投机倒把行政处罚暂行条例》（下称《条例》）第三条第二款规定，认定其行为构成了《条例》第三条第一款第（十一）项所指的其他扰乱社会主义经济秩序的投机倒把行为，比照《投机倒把行政处罚暂行条例施行细则》第十五条第一款第（十）项规定予以处理。

二〇〇一年四月二十三日

关于认定利用书信形式发布广告问题的答复

工商广字[2001]第134号

湖南省工商行政管理局：

你局《关于认定利用书信形式发布广告问题的请示》（湘工商广字[2001]57号）收悉。经研究，现答复如下：

当事人通过学校向学生发送“致家长的一封信”的目的是向学生家长介绍其开办学生保险业务的服务内容，其行为符合《广告法》第二条第二款规定的商业广告的特征。国家工商行政管理总局同意你局依照《广告法》及《印刷品广告管理办法》有关规定，将其认定为“利用书信形式发布散页印刷品广告”的意见。

二〇〇一年五月二十三日

关于企业以图书形式发布广告有关问题的答复

工商广字[2001]第162号

上海市工商行政管理局：

你局《关于企业以图书形式发布违法商业广告行为的认定和处理问题的请示》(沪工商广[2001]第228号)收悉。经研究,答复如下:

广告是指商品经营者或服务提供者承担费用,通过一定媒介或形式,直接或间接地介绍所推销的商品或所提供的服务而进行的自我宣传。在社会主义市场经济条件下,广告宣传的内容和形式相当广泛,只要其具备了商业广告的构成特征就可以认定为商业广告。因此,对企业利用图书形式发布商业广告的行为,应依照《中华人民共和国广告法》有关规定予以处理。

二〇〇一年六月二十八日

关于非烟草制品生产者经销者发布含有与烟草有关内容广告问题的认定与处理意见

工商广字[2001]第200号

北京市工商行政管理局:

你局《关于非烟草制品生产者、经销者发布含有烟草有关内容广告是否适用〈烟草广告管理暂行办法〉处理的请示》(京工商文字[2001]73号)收悉。经研究,答复如下:

非烟草制品生产经营者在广告宣传中,如果出现与烟草企业的烟草广告相同、近似的画面、用语,或者与烟草制品商标相同、近似的商标文字图形,属于与烟草制品有关的表示,违反了《烟草广告管理暂行办法》第七条的规定,应依法予以处理。

二〇〇一年七月三十日

关于中国公民因私出入境中介活动广告管理的通知

工商广字[2001]第236号

各省、自治区、直辖市及计划单列市工商行政管理局:

为贯彻落实《因私出入境中介活动管理办法》,加强对因私出入境中介活动广告的管理,现将有关问题通知如下:

一、本通知所称因私出入境中介活动广告,是指含有为中国公民出国定居、探亲、访友、继承财产和其他非公务活动提供信息介绍、法律咨询、沟通联系、境外安排、签证申报及相关服务内容的广告。

本通知不适用于中国公民出国留学、境外就业、劳务输出、出国旅游的广告。

二、因私出入境中介活动广告,发布前必须经中介机构所在地省、自治区、直辖市工商行政管理局或者其授权的地级以上工商行政管理局批准。未经批准,不得发布。

三、申请发布因私出入境中介活动广告,应当提交下列证明文件及材料:

1.申请书;

2.中介机构的《营业执照》、《因私出入境中介机构经营许可证》;

3.经中介机构所在地的地市级以上公安机关确认的中介机构与国外相关服务机构直接签署的合作协议

(中文译本);

4.广告样件;

5.确认该广告真实性、合法性的其他证明文件;

6.委托广告公司代理的,还需该广告公司的《营业执照》和中介活动机构的委托书。

四、因私出入境中介活动广告中宣传的前往国,应当与所签定的合作协议相一致。

五、因私出入境中介活动广告批准文号必须与广告内容同时发布。

六、因私出入境中介活动广告的发布地应当与中介机构所在的省、自治区、直辖市行政区域相一致。

七、因私出入境中介活动广告批准文件的有效期根据合作协议确定,但最长不得超过一年。

八、广告经营者、广告发布者代理、发布因私出入境中介活动广告,应当查验《因私出入境中介活动广告审批表》以及其他证明文件,核实广告内容。

九、违反《因私出入境中介活动管理办法》,未经批准或者未按批准文件发布因私出入境中介活动广告,以及违反本通知规定要求的,依照《因私出入境中介活动管理办法》第三十四条进行处罚。

十、原国家工商行政管理局《关于严禁发布有关移民广告的通知》(工商广字[1995]第184号)即行废止。

附件:一、《因私出入境中介活动广告审批表》

二、公安部、国家工商行政管理总局令第59号

中国公民因私出入境中介服务广告审批表

<table>
<tr><td>中介机构名称</td><td></td><td>联系电话</td><td></td></tr>
<tr><td colspan="2">因私出入境中介机构经营许可证号</td><td colspan="2"></td></tr>
<tr><td>广告经营者</td><td></td><td>联系电话</td><td></td></tr>
<tr><td colspan="2">经办人(单位、姓名、联系电话)</td><td colspan="2"></td></tr>
<tr><td colspan="2" rowspan="3">已签约的外国出入境服务机构
名称(中、英文)及合作协议编号</td><td colspan="2">1.</td></tr>
<tr><td colspan="2">2.</td></tr>
<tr><td colspan="2">3.</td></tr>
<tr><td>拟发布媒体</td><td colspan="3"></td></tr>
<tr><td>审批意见</td><td colspan="3">请按核准的广告样件,并遵守国家有关广告法律、法规发布
________________广告。
(审批机关盖章)
年 月 日</td></tr>
<tr><td>批准文号</td><td colspan="3">______因私出境广审[ ] 号</td></tr>
<tr><td>有限期限</td><td colspan="3">自 年 月 日至 年 月 日有效</td></tr>
</table>

注:签约机构及协议编号如超过三项,可另附纸填写。

二〇〇一年八月二十九日

关于广告经营登记管理有关问题的答复

工商广字[2001]第343号

辽宁省工商行政管理局：

你局《关于广告监督管理中有关问题的请示》(辽工商[2001]第26号)收悉。经研究,现答复如下：

一、依照《中华人民共和国广告法》(以下简称《广告法》)第二十六条和国务院《广告管理条例》(以下简称《条例》)第六条规定,任何需从事广告经营的单位,都应在依法办理公司或者广告经营许可并进行工商行政管理登记后,方可开展广告经营活动。兼营广告发布业务的事业单位应向工商行政管理机关申领《广告经营许可证》。

二、关于广告活动主体的称谓。《广告法》中的广告经营者和广告发布者,即《条例》中的广告经营者。

三、对《广告法》中有关规定无相应法律责任条款,而《条例》有相应处罚条款的,可以适用《条例》的规范性规定和相应的处罚条款。因此,对无证照经营或超越经营范围经营广告的,可依照《广告管理条例施行细则》第二十一条规定予以处罚。

二〇〇一年十一月十七日

关于加强处方药广告审查管理工作的通知

国药管市[2001]14号

各省、自治区、直辖市药品监督管理局,工商行政管理局：

我国自2000年1月1日起已正式实行处方药与非处方药分类管理,这是我国药品监督管理模式的一项重大改革。处方药与非处方药的广告宣传是药品分类管理工作的重要内容。按照实施药品分类管理“积极稳妥、分步实施、注重实效、不断完善”的方针,根据目前我国实施药品分类管理工作的总体步骤和非处方药遴选工作的进展情况,为维护人民身体健康和用药安全有效,现公布第一批停止在大众媒介发布广告的处方药,并就有关问题通知如下：

一、国家药品监督管理局明确的必须凭医生处方才能在社会药店销售、购买和使用的粉针剂类、大输液类和已经正式发文明确的其他品种以及抗生素类的处方药,自2001年2月1日起停止受理和审查在大众媒介发布广告的申请。上述品种广告只能在医药专业媒介发布。(医药专业媒介名单另行公布)

二、上述品种已经取得药品广告审查机关核发的广告批准文号,有效期内在大众媒介发布广告的,在本期合同期限内(以合同文本签署的日期为准)可继续发布,但最终时限不得超过2001年4月1日。

三、各省、自治区、直辖市以上药品监督管理部门是药品广告审查的法定机关,应依法认真履行职能,严格广告审查标准和程序,做到守土有责。非法律授权部门不得进行药品广告内容的审查和签发药品广告批准文号。

四、各省、自治区、直辖市药品监督管理局要严格按本通知要求的时限,做好对处方药广告审查工作的政策调整,加强对药品广告审查工作的管理,及时检查辖区媒介处方药广告发布情况,发现违法发布药品广告的,要及时移送同级工商行政管理部门查处。

五、各级工商行政管理部门要加强对违法药品广告的监督查处,对未经广告审查机关批准或擅自更改批准内容发布药品广告的,按《中华人民共和国广告法》第四十三条处理。

六、请各省、自治区、直辖市药品监督管理部门和工商行政管理部门及时将本通知转发辖区内各有关单位。

二〇〇一年一月十二日

关于公布允许刊播处方药广告第一批医药专业媒体名单的通知

国药监市[2001]39号

各省、自治区、直辖市药品监督管理局,工商行政管理局,新闻出版署:

根据国家药品监督管理局、国家工商行政管理局《关于加强处方药广告审查管理工作的通知》(国药管市[2001]14号)规定,粉针剂、大输液类和已经正式发文明确必须凭医生处方才能销售、购买和使用的品种以及抗生素类的处方药,自2001年2月1日起,停止受理和审查在大众媒体发布广告的申请。上述品种的广告只能在医药专业媒体发布。现就医药专业媒体有关问题通知如下:

一、医药专业媒体是指具有国家新闻出版管理部门批准的具有国内统一刊号(CN号),由医药卫生科研教育机构、学术团体等专业部门主办的,以医药卫生专业技术人员、管理人员为主要读者对象的医药卫生类报刊(不含面向大众的科普刊物);

二、经征求有关部门意见,现研究确定中华内科杂志等164种报刊为第一批医药专业媒体(见附件);

三、凡符合本通知第一条规定,未被列入第一批医药专业媒体目录的,可持样刊和国家新闻出版管理部门批准的国内统一刊号批件原件、广告经营许可证原件,向省、自治区、直辖市药品监督管理局申请。确定同意后,将样刊、批准统一刊号批件复印件及广告经营许可证复印件一并上报国家药品监督管理局。经国家药品监督管理局、国家工商行政管理局、新闻出版署予以审查批准公布。

四、大众媒体禁止发布的处方药广告中必须注明"仅限医药专业媒体发布"字样。

特此通知

附件:第一批医药专业媒体名单

国家药品监督管理局
国家工商行政管理局
新 闻 出 版 署
二〇〇一年二月八日

附件：

第一批医药专业媒体名单

序号	医药专业报刊中文名称	CN号	登记地	广告经营许可证号
1.	中华内科杂志	11-2138/R	北京	京东工商广字第0149号
2.	中华外科杂志	11-2139/R	北京	京东工商广字第0149号
3.	中华妇产科杂志	11-2141/R	北京	京东工商广字第0149号
4.	中华儿科杂志	11-2140/R	北京	京东工商广字第0149号
5.	中华放射学杂志	11-2149/R	北京	京东工商广字第0149号
6.	中华结核和呼吸杂志	11-2147/R	北京	京东工商广字第0149号
7.	中华耳鼻咽喉科杂志	11-2143/R	北京	京东工商广字第0149号
8.	中华眼科杂志	11-2142/R	北京	京东工商广字第0149号
9.	中华病理学杂志	11-2151/R	北京	京东工商广字第0149号
10.	国外医学耳鼻咽喉科学分册	11-2250/R	北京	京东工商广字第0072号
11.	国外医学外科学分册	11-2313/R	北京	京宣工商广字第0038号
12.	中国医学文摘—眼科学	11-2343/R	北京	京东工商广字第0112号
13.	国外医学眼科学分册	11-2344/R	北京	京东工商广字第0112号
14.	中国医学文摘—中医	11-2371/R	北京	京东工商广字第0179号
15.	中国康复医学杂志	11-2540/R	北京	京朝工商广字第0171号
16.	世界医学杂志	11-8445/R	北京	京海工商广字第0403号
17.	中国医刊	11-3942/R	北京	京崇工商广字第0031号
18.	中国临床医生	11-3943/R	北京	京崇工商广字第0031号
19.	国外医学临床放射学分册	12-1079/R	天津	1201014000087
20.	国外医学内分泌学分册	12-1080/R	天津	120101400073
21.	国外医学放射医学核医学分册	12-1083/R	天津	120104400168
22.	国外医学计划生育分册	12-1097/R	天津	120101400087
23.	国外医学妇产科学分册	12-1089/R	天津	120101400087
24.	中国危重病急救医学	12-1189/R	天津	1201014002000
25.	国外医学呼吸系统分册	13-1063/R	石家庄	130102400004
26.	中国医学文摘-儿科学	21-1160/R	沈阳	210100410143
27.	国外医学儿科学分册	21-1201/R	沈阳	(沈阳工字)临广许第2000013号
28.	医师进修杂志	21-1229/R	大连	大临广审字(2000)第018号
29.	中国工业医学杂志	21-1267/R	沈阳	辽工商广字第2101004103013号
30.	实用乡村医学杂志	21-1327/R	沈阳	辽工商广字第01-837号
31.	小儿急救医学	21-1375/R	沈阳	(沈阳工字)临广许第200010号
32.	中国临床医学影像杂志	21-1381/R	沈阳	(沈阳工字)临广许第2000032号
33.	国外医学老年医学分册	22-1118/R	长春	220000420029
34.	国外医学护理学分册	22-1176/R	长春	(95)030号
35.	国外医学遗传学分册	23-1160/R	哈尔滨	230100400003
36.	国外医学免疫学分册	23-1161/R	哈尔滨	230100400003
37.	国外医学寄生虫病分册	31-1249/R	上海	沪工商广字第03056号
38.	国外医学消化系统疾病分册	31-1262/R	上海	310104400020
39.	国外医学心血管疾病分册	31-1263/R	上海	310104400020
40.	中国医学文摘—基础医学	31-1275/R	上海	沪工商广字第04235号

序号	医药专业报刊中文名称	CN 号	登记地	广告经营许可证号
41.	国外医学预防诊断治疗用生物制品分册	31－1294/R	上海	3101054000027
42.	国外医学微生物学分册	31－1370/R	上海	310104000024
43.	国外医学医学教育分册	31－1371/R	上海	沪工商广字第 04235 号
44.	中国医学计算机成像杂志	31－1700/R	上海	3101064000071
45.	国外医学麻醉学与复苏分册	32－1121/R	徐州	徐工商广字第 010 号
46.	国外医学皮肤性病学分册	32－1333/R	南京	宁工商广字第 32011004950030 号
47.	国外医学脑血管疾病分册	32－1359/R	南京	320100494033
48.	国外医学流行病学传染病学分册	33－1125/R	杭州	3301004000097
49.	预防医学文献信息	37－1262/R	济南	鲁工商广字第 01496 号
50.	中国临床医学杂志	31－1794/R	上海	3101044000024
51.	中国医学文摘—护理学	42－1129/R	武汉	武工商广字第 01－24 号
52.	国外医学物理医学与康复分册	42－1186/R	武汉	武工商广字第 176 号
53.	国外医学分子生物学分册	42－1195/R	武汉	武工商广字第 03－1 号
54.	国外医学神经病学神经外科学分册	43－1120/R	长沙	431004000042
55.	国外医学生理病理科学与临床分册	43－1124/R	长沙	4301004000077
56.	国外医学精神病学分册	43－1135/R	长沙	湘长广字第 C－00054 号
57.	国外医学内科学分册	44－1212/R	广州	4400004000108
58.	中国医学文摘—内科学	45－1121/R	南宁	南工商广字第 45－0166 号
59.	国外医学口腔医学分册	51－1135/R	成都	5101034000018
60.	国外医学临床生物化学与检验学分册	51－1298/R	重庆	020921
61.	现代预防医学	51－1365/R	成都	川临广审字第 96(055)号
62.	国外医学妇幼保健分册	61－1259/R	西安	6100004000033
63.	中国医药导刊	11－3557/R	北京	京西工商广字第 0220 号
64.	国外医药—植物药分册	12－1169/R	天津	津工商广字第 1201044000094 号
65.	国外医药—合成药、生化药、制剂分册	31－1242/R	上海	3101064000061
66.	中国医药工业杂志	31－1243/R	上海	3101064000061
67.	医药经济	44－1298/R	广州	粤工商广字第 01091 号
68.	国外医药—抗生素分册	51－1127/R	成都	5101034000058
69.	中医杂志	11－2166/R	北京	京东工商广字第 0164 号
70.	中国中医眼科杂志	11－2849/R	北京	京石工商广字第 0164 号
71.	中国中医药信息杂志	11－3519/R	北京	京东工商广字第 0122 号
72.	中国中医基础医学杂志	11－3554/R	北京	京东工商广字第 0215 号
73.	中国中西医结合杂志(英文版)	11－3690/R	北京	京海工商广字第 0239 号
74.	中国民族医药杂志	15－1175/R	呼和浩特	内工商广字第 1500004000093 号
75.	中国中医急症	51－1398/R	重庆	020933
76.	中华医学杂志	11－2137/R	北京	京东工商广字第 0149 号
77.	中华口腔医学杂志	11－2144/R	北京	京东工商广字第 0149 号
78.	中华医学检验杂志	11－2145/R	北京	京东工商广字第 0149 号
79.	中华预防医学杂志	11－2150/R	北京	京东工商广字第 0149 号
80.	美国医学会杂志(中文版)	11－2153/R	北京	京东工商广字第 0149 号
81.	中华老年医学杂志	11－2225/R	北京	京东工商广字第 0149 号
82.	中国中西医结合杂志	11－2787/R	北京	京海工商广字第 0239 号
83.	英国医学杂志中文版	11－3904/R	北京	京东工商广字第 0149 号

序号	医药专业报刊中文名称	CN 号	登记地	广告经营许可证号
84.	中华核医学杂志	32-1137/R	无锡	锡工商广字第 3202015880024 号
85.	中国医院药学杂志	42-1204/R	武汉	武工商广字第 01-7 号
86.	中华医学遗传学杂志	51-1374/R	成都	5100004000010
87.	中国药事	11-2858/R	北京	京崇工商广字第 0017 号
88.	中国药物滥用防治杂志	11-3742/R	北京	京东工商广字第 058 号
89.	中国药房	51-1337/R	重庆	渝工商广字第 020655 号
90.	中国药学文摘	11-2529/R	北京	京西工商广字第 0220 号
91.	中国新药杂志	11-2850/R	北京	京西工商广字第 0099 号
92.	中文科技资料目录—中草药分册	12-1107/R	天津	津工商广字第 1201044000094 号
93.	中草药	12-1108/R	天津	津工商广字第 1201044000094 号
94.	中成药	31-1368/R	上海	沪工商广字第 01033 号
95.	药学进展	32-1109/R	南京	3200004980176
96.	药物生物技术	32-1488/R	南京	3201001001355
97.	中国药师	42-1433/R	武汉	武工商第 743 号
98.	中药材	44-1286/R	广州	粤 010326 号
99.	中国药业	51-1369/R	重庆	渝工商广字第 020918 号
100.	中国抗生素杂志	51-1126/R	成都	5101034000058
101.	中国药学杂志	11-2162/R	北京	京东工商广字第 0129 号
102.	中国现代药学杂志	33-1210/R	杭州	3301004000070
103.	中国临床药理学杂志	11-2220/R	北京	京西工商广字第 0101 号
104.	药物分析杂志	11-2224/R	北京	京崇工商广字第 0020 号
105.	中国中药杂志	11-2272/R	北京	京东工商广字第 0159 号
106.	中国临床药学杂志	31-1726/R	上海	3101044000024
107.	中国海洋药物杂志	37-1155/R	青岛	青工商广字(兼)第 0064 号
108.	中国新药与临床杂志	31-1746/R	上海	3101064000053
109.	中医研究与信息	11-4019/R	北京	京崇工商广字第 0026 号
110.	中华医学杂志英文版	11-2154/R	北京	京东工商广字第 0149 号
111.	国外医学中医中药分册	11-2382/R	北京	京东工商广字第 0147 号
112.	中国医学文摘—口腔医学	32-1140/R	南京	苏工商广字第 120366 号
113.	中国药物化学杂志	21-1313/R	沈阳	沈临广审字(99)第 006 号
114.	中国医学文摘—卫生学	11-2159/R	北京	京宣工商广字第 0019 号
115.	国外医学卫生学分册	11-2160/R	北京	京宣工商广字第 0004 号
116.	药物流行病学杂志	42-1333/R	武汉	武工商广字第 01-38 号
117.	国外医学情报	11-2211/R	北京	京朝工商广字第 0063 号
118.	中国医学文摘—耳鼻喉科学	11-2249/R	北京	京朝工商广字第 0072 号
119.	中华神经科杂志	11-3694/R	北京	京东工商广字第 0149 号
120.	中华心血管病杂志	11-2148/R	北京	京东工商广字第 0149 号
121.	中华精神科杂志	11-3661/R	北京	京东工商广字第 0149 号
122.	中华肿瘤杂志	11-2152/R	北京	京朝工商广字第 0198 号
123.	中华放射肿瘤学杂志	11-3030/R	北京	京朝工商广字第 0198 号
124.	中华泌尿外科杂志	11-2330/R	北京	京东工商广字第 0493 号
125.	中华医院管理杂志	11-1325/R	北京	京东工商广字第 0093 号
126.	中华神经外科杂志	11-2050/R	北京	京崇工商广字第 0074 号

序号	医药专业报刊中文名称	CN 号	登记地	广告经营许可证号
127.	中华放射医学与防护杂志	11-2271/R	北京	京西工商广字第 0010 号
128.	中华微生物和免疫学杂志	11-2309/R	北京	京朝工商广字第 0132 号
129.	中华流行病杂志	11-2338/R	北京	京昌工商广字第 0006 号
130.	中华整形烧伤外科杂志	11-2287/R	北京	京石工商广字第 0015 号
131.	中华胸心血管外科杂志	11-2434/R	北京	京朝工商广字第 0184 号
132.	中华航空航天医学杂志	11-2716/R	北京	京海工商广字第 0047 号
133.	中华实验和临床病毒学杂志	11-2886/R	北京	京宣工商广字第 0027 号
134.	中华医学科研管理杂志	11-3565/R	北京	京海工商广字第 0670 号
135.	美国医学会眼科杂志中文版	11-1747/R	北京	京海工商广字第 0442 号
136.	中华医学美容杂志	11-3746/R	北京	京东工商广字第 0149 号
137.	中华普通外科杂志	11-3855/R	北京	京西工商广字第 0104 号
138.	中华心律失常学杂志	11-3859/R	北京	京西工商广字第 0280 号
139.	中华围产医学杂志	11-3903/R	北京	京西工商广字第 0804 号
140.	中华肝胆外科杂志	11-3884/R	北京	京海工商广字第 0087 号
141.	中华医史杂志	11-2155/R	北京	京东工商广字第 0149 号
142.	中华理疗杂志	21-1142/R	鞍山	鞍广字第 03-00033 号
143.	中华血液学杂志	12-1090/R	天津	1201014000025
144.	中华骨科杂志	12-1113/R	天津	1201034000027
145.	中华劳动卫生职业病杂志	12-1094/R	天津	津工商广字第 0180 号
146.	中华物理医学与康复杂志	13-1282/R	石家庄	1301024000004
147.	中华超声影像学杂志	13-1148/R	石家庄	1301024000004
148.	中华麻醉学杂志	13-1073/R	石家庄	1301024000014
149.	中华皮肤科杂志	32-1138/R	南京	宁工商广字第 3201004950030 号
150.	中华消化内镜杂志	32-1463/R	南京	宁工商广字第 3201004890053 号
151.	中华内分泌代谢杂志	31-1282/R	上海	沪工商广字第 3101034000082 号
152.	中华消化杂志	31-1367/R	上海	沪工商广字第 3101064000133 号
153.	中华传染病杂志	31-1365/R	上海	沪工商广字第 3101064000133 号
154.	中华手外科杂志	31-1653/R	上海	沪工商广字第 05058 号
155.	中华航海医学与高压氧医学杂志	31-1666/R	上海	(沪杨)工商广临字第 99-10-007 号
156.	中华小儿外科杂志	42-1158/R	武汉	武工商广字第 01-7 号
157.	中华器官移植杂志	42-1203/R	武汉	武工商广字第 01-7 号
158.	中华实验外科杂志	44-1213/R	武汉	武工商广字第 190 号
159.	中华肾脏病杂志	44-1217/R	广州	穗工商广字第 01052 号
160.	中华显微外科杂志	44-1206/R	广州	粤 4400004000350 号
161.	中华创伤杂志	51-1352/R	重庆	020896
162.	中华肝脏病杂志	51-1498/R	重庆	渝工商广字第 020669 号
163.	中华眼底病杂志	51-1434/R	成都	5103400010
164.	中华风湿病学杂志	14-1217/R	太原	1400004000029

关于国家药品监督管理局停止受理药品广告申请的通知

国药监市[2001]171号

各省、自治区、直辖市药品监督管理局,工商行政管理局:

目前,各省、自治区、直辖市药品监督管理机构已组建完毕,药品广告审查人员已基本确定,药品广告审查工作正逐步依法规范。为加强药品广告的审查监督管理工作,经研究决定,国家药品监督管理局自2001年5月1日起,停止保护期内的新药、境外生产的药品及利用重点媒介发布的药品广告的审查工作。现就有关问题通知如下:

一、国家药品监督管理局对2001年5月1日之前已经受理的广告申请应继续严格按规定审查,合格的核发药品广告审查批准文号,批准文号超过一年有效期后自然作废。国家药品监督管理局对经审查发布的在有效期内的药品广告要继续依法检查发布情况,发现违法发布要及时处理,并通知工商行政管理机关依法查处。

二、申请发布境外生产的药品广告,须由进口口岸药品检验所所在地省、自治区、直辖市药品监督管理局受理申请和审查。例如在青岛药品检验所检验进口即在山东省药品监督管理局受理审查,在广州市药品检验所检验进口即在广东药品监督管理局受理审查。

三、原由国家药品监督管理局负责审查的16个药品广告重点媒介,仍不得发布地方药品标准收载的药品的广告。

各地药品广告审查机关必须认真查验药品质量标准文件,对于经批准的地方药品标准收载的品种广告,在审查批准意见和"计划发布媒介"栏中分别注明"不得在重点媒介发布"。

四、《药品广告审查办法》第五条第二款关于异地发布药品广告需换发广告审查批准文号的规定,各地仍应认真贯彻执行。

五、自2001年5月1日起,各省、自治区、直辖市药品监督管理局要将审查批准的广告审查表及该药品标准、说明书一并于15个工作日内上报国家药品监督管理局备案。

六、国家药品监督管理局今后要进一步采取有力措施,加大对各省、自治区、直辖市药品广告审查工作的指导、检查、监督工作力度,对各地审查工作存在问题的,要及时予以纠正。

二〇〇一年三月二十三日

关于停止在大众媒介发布小容量注射剂药品广告的通知

国药监市[2001]415号

各省、自治区、直辖市药品监督管理局、工商行政管理局:

为加强处方药管理工作,国家药品监督管理局《关于做好2001年药品分类管理工作的通知》(国药监办[2001]319号)已决定自2001年10月1日起,零售药店在销售小容量注射剂药品时,必须凭医师处方才能销售。为进一步贯彻落实药品分类管理的政策规定,现决定自2001年11月1日起停止在大众媒介发布小容量注射剂药品广告。各省、自治区、直辖市药品监督管理局自接到本通知之日起,停止受理小容量注射剂药品的广告申请。

各地药品监督管理部门,要加强对小容量注射剂药品广告发布情况的检查,发现违法发布的,要及时移送同级工商行政管理部门查处。

各级工商行政管理部门对违法发布小容量注射剂药品广告的行为要及时查处。

特此通知

二〇〇一年九月十二日

关于加强药品广告审查监督管理工作的通知

国药监市[2001]476号

各省、自治区、直辖市药品监督管理局,工商行政管理局:

新修订的《药品管理法》规定,处方药不得在大众传播媒介发布广告或者以其他方式进行以公众为对象的广告宣传。根据药品分类管理的实施原则和进展的实际情况,为切实贯彻《药品管理法》,现就有关问题通知如下:

一、关于处方药的广告

(一)自2001年12月1日起,各省、自治区、直辖市药品监督管理局停止受理和审批下列药品申请在大众媒介发布的广告,下列药品广告已经审批,且广告审查批准文号在有效期内的,自2002年2月1日起停止在大众媒介发布广告。

1、非抗生素类抗感染处方药。

2、激素类处方药。

3、用于治疗心绞痛、高血压、肝炎、糖尿病的处方药。

(二)国家药品监督管理局和国家工商行政管理总局已确定的粉针剂、大容量注射剂、小容量注射剂、抗生素类处方药和已明确的其它品种仍不允许在大众媒介发布广告。

(三)根据我国首次批准上市的新药五年内不得参加非处方药遴选的规定,国家药品监督管理局对首次批准上市五年内的新药按处方药管理。决定1997年1月1日之后首次批准止市的新药自2001年12月1日起,各省、自治区、直辖市药品监督管理局停止受理和审批大众媒介广告。已经审批,且广告审查批准文号在有效期内的,自2002年2月1日起停止在大众媒介发布广告。上市满五年后,被确定为非处方药品种的,方可申请在大众媒介进行广告宣传。

(四)根据国家对药品分类管理品种的遴选进度,至2002年11月30日止,除已确定为非处方药的品种外,一律不得在大众媒介发布广告。

二、关于地方标准药品的广告

(一)地方标准的中药保健药品、中成药、化学药品正在整顿中,对不能上升为国家标准,已确定被淘汰的品种,要立即撤销药品广告批准文号,停止发布其广告。

(二)对整顿中的地方标准中药保健药品、中成药、化学药品,除已明确规定不得在大众媒介发布广告的处方药,自2002年4月1日起对不能提供上升为国家标准有效证明的品种,各省、自治区、直辖市药品监督管理局停止受理广告申请,对已取得广告批准文号并在有效期之内的广告,允许发布至2002年6月30日。2002年7月1日之后,地方标准品种禁止在任何媒介发布广告。

三、自2001年12月1日起,申请发布经遴选公布的非处方药品广告,广告主必须提供经国家药品监督管理局审定的非处方药药品使用说明书;各省、自治区、直辖市药品监督管理局对非处方药品广告内容的审查,必须以国家药品监督管理局审定的使用说明书为准。

四、各省、自治区、直辖市药品监督管理局要严格按本通知要求的时限,做好药品广告审查工作。2001年12月1日之后,要对辖区内广告发布情况进行检查,发现违法发布广告的,要及时移送同级工商行政管理部门查处。

五、各级工商行政管理部门要加强对违法药品广告的监督查处,对违法发布药品广告的,按《广告法》查处。

二〇〇一年十一月三日

关于部分禁止在大众媒介发布药品广告品种的说明

药监市函[2001]162号

各省、自治区、直辖市药品监督管理局:

为切实贯彻《药品管理法》,根据我局与国家工商行政管理总局下发的《关于加强药品广告审查监督管理工作的通知》(国药监市[2001]476号)规定,部分处方药自2001年12月1日起,各省、自治区、直辖市药品监督管理局停止受理和审批广告。现将该文规定禁止在大众媒介发布药品广告的品种做如下说明:

一、非抗生素类抗感染处方药

1、喹诺酮类药

2、抗真菌类药

3、抗病毒类药

4、抗结核病类药

5、磺胺类药

6、其他化学及天然抗菌类药

二、激素类处方药

1、肾上腺皮质激素类药

2、雌激素及孕激素类药

3、子宫收缩及抗生育类药

4、胰腺激素及其他调节血糖类药

5、甲状腺激素及抗甲状腺类药

6、雄性激素及同化激素类药

7、垂体激素类药

三、用于治疗心绞痛、高血压、肝炎、糖尿病的处方药,无论其使用说明书是否同时标示其它适应症,只要其中标示有以上适应症的,均不得受理大众媒介的广告申请。

二〇〇一年十一月十二日

关于加强卫星电视广播地面接收设施及境外卫星电视节目广告管理的通知

广发社字[2001]247号

各省、自治区、直辖市广播影视局(厅)、信息产业主管部门、工商行政管理局:

根据国务院1993年发布的《卫星电视广播地面接收设施管理规定》(129号令)及其《实施细则》,个人不得安装和使用卫星电视广播地面接收设施;单位安装和使用卫生电视广播地面接收设施接收卫星电视节目,必须持有广播电视行政部门发放的《接收卫星传送的电视节目许可证》,并且只有三星级或国家标准二级以上的涉外宾馆等少数特殊业务需要的单位,方可申请接收境外卫星电视节目。

而最近一段时间,一些报纸、期刊等传媒不断刊登家用卫星电视广播地面接收设施和介绍境外卫星电视节目及其解码器的广告,违反了国家行政法规,助长了一些单位和个人家庭非法安装卫星电视地面接收设施的行为,在社会上对消费者起到了误导作用。为此,现就卫星电视广播地面接收设施及境外卫星电视节目的广告管理问题作如下通知:

一、禁止任何单位、个人通过各种媒介发布境外卫星电视节目专用解码器、境外卫星电视节目接收方法及境外卫星电视节目内容的广告。

二、除信息产业部批准的卫星电视广播地面接收设施生产定点单位,及省级以上(含省级)工商管理部门批准的卫星电视广播地面接收设施销售定点单位外,禁止其他单位和个人发布卫星电视接收天线、卫星电视高频头、卫星电视接收机(包括境内卫星电视节目专用解码器)的广告。

三、发布卫星电视接收天线、卫星电视高频头、卫星电视接收机和境内卫星电视节目专用解码器的广告,须持省级以上(含省级)工商部门发放的、证明该企业具备卫星电视广播地面接收设施销售资格的批准文件,或信息产业部发放的、证明广告中的产品是经批准生产的产品的批准文件,及广告样件,到拟发布广告地区的省级广播电视行政部门办理《卫星电视广播地面接收设施广告证明》(统一式样附后)。广告发布者查验《卫星电视广播地面接收设施广告证明》,核实广告内容后,方可发布广告。

四、经批准发布的卫星电视接收天线、卫星电视高频头、卫星电视接收机和境内卫星电视节目专用解码器广告,必须在广告词中以显著位置加入《卫星电视广播地面接收设施广告证明》文号和“安装和使用卫星电视广播地面接收设施,必须经广播电视行政部门批准”的字句(不得少于广告幅面的10%);广告词中不能含有或隐含有“家用”、“可接收境外电视节目”等方面的内容。

五、未经国家广播电影电视总局批准,不得在各类展览展示会、影视节等活动中推销境外卫星电视节目接收设施及节目。

六、违反本规定发布广告的,由工商行政管理部门依据《广告法》第三十九条予以处罚。

七、自本通知下发之日起一个月内,各有关部门对本辖区内关于卫星电视广播地面接收设施及境外卫星电视节目的广告情况,组织一次全面检查,对不符合上述要求的,予以改正。

附件:《卫星电视广播地面接收设施广告证明》

二〇〇一年三月二十二日

卫星电视广播地面接收设施广告证明

证明文号:卫视广证字(　)第　号　　　核发日期:　年　月　日

<table>
<tr><td>生产/销售
机构名称</td><td colspan="5"></td></tr>
<tr><td>生产/销售
定点证号</td><td></td><td>发证
单位</td><td colspan="3"></td></tr>
<tr><td>定点生产/
销售产品</td><td colspan="5"></td></tr>
<tr><td>营业执照
号　码</td><td></td><td>法　定
代表人</td><td></td><td>电
话</td><td></td></tr>
<tr><td>生产/销售
地　点</td><td colspan="3"></td><td>邮政
编码</td><td></td></tr>
<tr><td>广　告
刊播媒介</td><td colspan="5"></td></tr>
<tr><td colspan="6">广告文字内容(如填写不完,可另外附页)

(盖章)
年　月　日</td></tr>
<tr><td>省、自治区、直辖市广播影视行政部门审查意见</td><td colspan="5">(盖章)
年　月　日</td></tr>
<tr><td>证明有效期</td><td colspan="5">自　年　月　日—　年　月　日</td></tr>
</table>

注:1.本证明核发数量按照广告客户实际需要确定,并送广告发布地广播影视和工商行政管理机关各一份。

2.本证明由省、自治区、直辖市广播影视部门统一印制。

3.卫星电视广播地面接收设施广告证明文号的统一格式:省(自治区、直辖市)简称、收视广证字(…年)第　号,例如,京卫视广证字(2001)第1号。

选择《读者》就是选择了优秀的文化

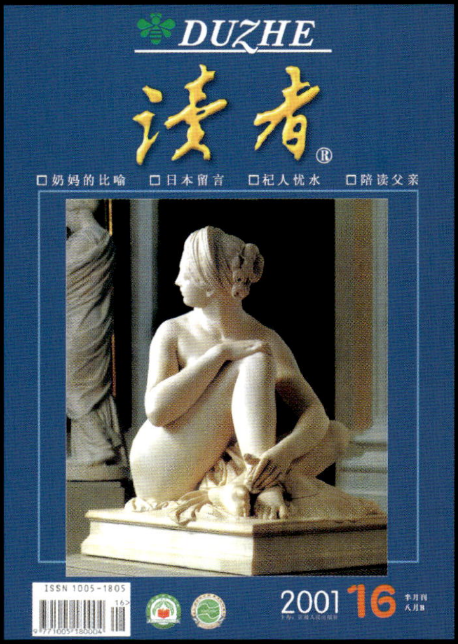

邮发代号:54－17
半月刊
每本 3 元
全年 72 元

《读者》是世界发行量排行第四名的综合性杂志,是中国最畅销杂志。一月两本,每本 16 彩页,64 页内文,每本售价:3.00 元,质优价低。

《读者》内容涵盖文学、艺术、历史、人文、科普、经济、社会等各个领域,清新淡雅,亦庄亦谐,贴近时代,贴近生活。

永远的《读者》,永远的朋友!　《读者》伴你走过最美丽的人生!

《读者》(乡村版)月刊是《读者》的子杂志,该刊聚焦农村,寄情田园。关注农村生活的苦与乐,抒写百姓生活的情与感。

邮发代号:54－25
月刊　每本 3 元
全年 36 元

读者欣赏(月刊)
中国人的美学读本
·艺术　·社会　·人生　·自然

全彩色画刊　100 页
定价:10 元

2002年
永远的《读者》,永远的朋友

1979年8月13日，四川电视台播出了建台近20年来的第一条商业广告，成为继上海、广东电视台后全国第三家开办广告业务的电视台。11月，设立“广告组”，正式对外开展广告业务，当年实现广告收入25万元。

随着我国商品经济的发展和社会主义市场经济的确立，四川电视台广告经营随之而快速发展，广告经营机构经历了广告组、对外经济部到广告部几个不同的发展阶段。特别是近年来，我台的广告经营步入了相对快速的发展时期，2000年广告收入已超过2.3亿元，是1979年的1000倍，2001年可望达到3亿元，就广告收入而言，四川电视台已成为名副其实的西部大台。

今日的四川电视台广告部，已发展成为在全国具有雄厚实力和相当知名度的广告经营单位，也是“全国广告行业文明单位”。

王 均
四川电视台台长
四川神韵传播有限责任公司法人

罗贵生
四川电视台广告部主任
四川神韵传播有限责任公司总经理

今日的四川电视台广告部，拥有各类专业技术人才，具有大专以上学历的员工占员工总数的90%以上，各类中、高级职称员工占有相当比例，为客户提供高质量、高品位的CI形象策划、广告创意和制作奠定了基础；建立了较为完备的广告微机管理系统和广告监播系统，与央视索福瑞、国家统计局美兰德信息公司、AC尼尔森等著名信息咨询服务机构建立了长期合作关系，能够更加有效地为客户提供准确真实的广告评估和广告投放策略，帮助客户取得低成本、高收益的媒介投放效果；广告部拥有当今最先进的非线型编辑系统、数字摄录设备、虚拟演播室和3600多平方米的工作场地，为客户制作各种复杂的广告成品提供了硬件保障。

21世纪伊始，四川电视台广告部为适应市场经济，和新技术带来的变革，迎接全球经济一体化的挑战，拓展了除电视广告以外的其他广告经营业务，“神韵在线”网站脱颖而出。广告部全体同仁正以全新的经营理念和管理模式、更加先进完善的技术手段致力于为广大工商企业开拓市场提供最佳的服务。

四川电视台广告新址局部

四川电视台广告新址局部

地址：四川省成都市西安中路42号

电话：028-7785577

传真：028-7762121

邮编：610072

网址：HTTP://WWW.SCTV.COM

四川电视台广告部

SCTV ADVERTISING DEPARTMENT

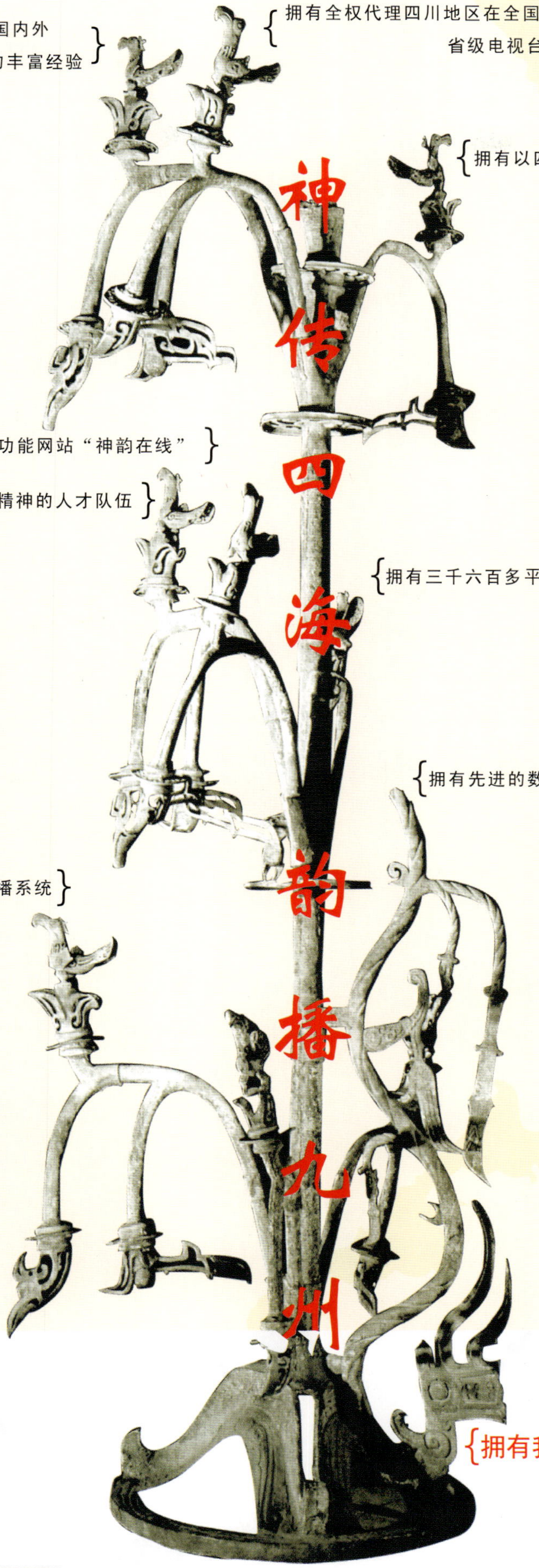

西安沙龙广告装饰有限公司
XI'AN SHALONG ADVERTISEMENT CO,.LTD
户外广告／设计／制作／发布
DEVELOP
2001年获中国优势广告企业称号
均利国际广场
西安国际高尔夫
天泽软件
企业视觉识别系统设计(VIS)／整合营销
全案策划／媒介代理
聚焦户外无限空间打造优势媒体平台
印刷／画册／包装／手提袋／海报／平面广告设计
2000年获陕西省十佳广告公司称号
2000年获陕西省广告界精神文明建设先进单位
西安市广告协会执行理事单位
99年获陕西省广告公司综合实力二十强
97年西安市广告公司实力排序列十八强
96年获西安市户外广告综合第一名
95年获全国广告大赛国家银奖
猎豹汽车
LIEBAOMOTOR
三菱技术
猎豹三菱越野先锋
地 址：西安市长安北路56号高尔夫花园6-9-2
(029)5262588 5262281
传 真：(029)5262281
邮 编：710061

整体运作 当然出色
媒介执行能力覆盖西北各地
们擅长策划西北市场
们能够驾驭西北媒介
们是中国广告协会会员单位
们是陕西省广协常务理事单位
们是西安市广协执行理事企业
全国百强位居西北第一
新疆
宁夏
青海
甘肃
西安
元中广告
最具实力
度中国广告协会百强排序中名列第62位，位居西北第一，
最具实力的广告公司。
有经验
初成立，经过9年的不懈努力，积累了相当丰富的经验。
优秀
业当中，元中已成长为能够为大型客户提供全方位服务的综合性公司。
为全面
，我们为众多的产品拓展了市场，树立了品牌。
造出西北最为科学的管理模式与工作流程
80多位各类英才与您共同进步
我们——西安元中广告有限公司
西安元中广告有限公司
XI'AN YUANZHONG ADVERTISING CO.,LTD.
地址：西安市环城南路西段29号运通大厦3楼
http//www.xian-adv.com
E-mail:yuanzhon@public.xa.sn.cn
电话：(029)8417139 8416923 13909237565
传真：8411180-8003 邮编：710068

迅捷　精益　亲和
大连铁广
整合传播新干线
总经理：杨永植　地址：大连市中山区七七街10号　邮编：116001
电　话：0411-2643289　传真：0411-2658498　E-mail：DLYYZ@sina.com

湖南金果广告有限公司
HUNAN GOLDENAPPLE ADVERTISING CO.LTD
湖南金果广告有限公司
成立于一九九三年，注册资金200万元。
经过近十年的精心运作，
现已发展成为拥有金果装饰分公司、
联合媒体分公司、株洲分公司、深圳金果印务分公司
及与湖南风采合作，
全程操作湖南风采福利彩票相关节目、
媒体广告运营的湖南福通文化传播公司等
多家实体的大型综合广告代理公司。
为适应新经济形势下新广告运作的需要，
和 客 户 一 起
耕耘 & 收获
公司从国际4A、广州本土4A广告公司
引进先进的广告理念和作业模式，
广泛延揽高尖人才，
从传统型的广告策划、制作、媒体代理公司
转变成为能承担品牌战略管理、
市场调研广告策划创意、
影视及户外广告制作、
广告物料设计印制、
营销终端规范、公关活动策划、
顾客关系管理、
多媒体互动推广、网页设计制作、
媒体全程策划实施监控服务的新型广告公司。
基于以上服务功能及与本土媒体良好的合作关系，
我们有幸成为
猎豹汽车、金六福、超世洋服、波士家具、科力远、旺德府等
二十余个知名品牌的广告代理商。
今年通过努力，
与“湖南风采”合作，全程操作“福利彩票”及信息平台。
面对WTO，
面对未来市场的弹性结构，
我们为了提高自己，超越自己，
在湖南师大艺术系、湖南商学院设立了“金果奖学金”，
金果顾问团。
这一切使我们更具备为客户服务的实力，
更具在市场大潮中冲浪的激情。
我们信奉：
和客户一起耕耘、收获
是广告公司最大的幸运。
ADD：湖南省长沙市劳动西路229号凯华大厦六楼
FAX：5825256　TEL：0731-5159898　5153636
http：www.cnhnjg.com E-mail：jinguo@163.com
新经济需要新广告，这是时势所
在积淀上发展，在传承中创新，
这是一个成熟的广告公司的必由

中国百强广告公司
山西省著名商标
巧妙一点
No 1
～
No.1
大有区别
山西博翔国际广告公司
SHANXI BOXIANG INTERNATIONAL AD. CO.,LT
地址:太原市并州东街4号 电话:0351-4182998 4040712 传真:0351-41829

广告监管动态

国家工商局组织开展"反误导、打虚假"广告市场治理专项行动

为贯彻全国工商行政管理工作会议精神,治理和打击虚假违法广告,维护广告市场秩序,国家工商局发出通告,决定今年在全国范围内开展一次"反误导、打虚假"广告市场专项治理行动(以下简称专项行动)。

一、总体要求和目标

专项行动的总体要求是:深入贯彻落实党的十五届五中全会和中央经济工作会议精神,以规范和整顿广告市场秩序为主线,以严厉打击虚假违法广告为重点,针对广告市场存在的突出问题,集中时间,集中力量,分阶段、有重点地进行规范和整治,从侧重于遏制广告违法现象逐步过渡为标本兼治,从源头上预防和治理虚假违法广告,努力营造统一规范、公平竞争的广告市场环境。

专项行动的基本目标是:通过专项行动,力争用半年到一年的时间,使重点商品(服务)、重点媒介、重点地区违法广告问题得到有效整治,广告违法率大幅度下降,广告市场秩序明显好转,人民群众基本满意。

二、主要内容及措施

(一)坚持查媒介、追根源、促规范的工作方针,对社会反映强烈的特殊商品和服务广告进行集中整治

1. 一季度、二季度,集中治理药品、医疗、保健食品广告,总结前一阶段治理经验,巩固和扩大治理成果。

在药品广告治理方面,重点查处违反《广告法》的规定,含有不科学地表示功效的断言和保证,严重干扰人们合理、安全用药的行为。清理未经药品监督部门审查和超出审查范围发布广告的行为。在药品监督部门的配合下,切实解决药品广告过多过滥的问题。

在医疗广告管理方面,重点是治理和打击弄虚作假,夸大诊疗效果的"特色门诊"广告。清理未经卫生部门出证和超出出证范围发布广告的行为。继续停止在各类媒介和利用任何形式发布性病医疗广告。继续实施医疗广告格式化。

在保健食品方面,重点清理保健食品广告宣传治疗作用的行为。查处宣传增强和改善性功能的作用,格调低下、庸俗、淫秽的广告。加大对宣传补钙、减肥、增高、益智的保健食品广告的检查力度。

要严肃查处以人物传记、专题报道等新闻报道形式发布药品、医疗、保健食品广告的违法行为。

春节前后,围绕药品、医疗、保健食品广告,通过媒体曝光一批虚假违法广告案件。

2. 第三季度,集中治理房地产广告和"致富信息"广告。

房地产广告的治理重点是,查处房地产广告误导消费者的行为。清理房地产广告中含有风水、占卜等封建迷信,以及其它有悖社会良好风尚的内容。依法规范和清理对产权、位置、交通、商业和文化设施、建筑面积、物业等表示含糊,引人误解的房地产广告。凡利用房地产广告进行融资或者变相融资的,要从重查处。

"致富信息"广告的治理重点是,查处利用"致富信息"广告行骗的违法行为。包括种植、养殖广告、加工承揽广告、科技成果转让广告。严厉打击通过加工承揽广告设置圈套招引客户,利用合同诈骗的违法活动。凡违反《关于加强加工承揽广告管理的通告》(工商广字[1996]第375号)发布加工承揽广告的,一律停止发

布。特别要对“小报、小刊”发布的“致富信息”广告进行集中检查，问题严重的，要停止其发布此类广告的资格。要把日常监管和专项整治结合起来，堵源截流，严查狠打，查处和曝光一批典型案件，惩一儆百，震慑违法分子。

3. 第四季度，利用一个月的时间集中整治电视直销广告。

重点查处利用演示、现身说法等形式虚假夸大、误导消费者的行为。对含有政治性错误和不符合社会主义精神文明建设的内容的，坚决予以清理和查处。

(二)加大治本力度，从源头上预防和治理虚假违法广告

1. 争取宣传、广播电视、新闻出版等部门的支持和配合，进一步规范媒介广告发布内容和经营活动。指导药品广告审查机关，进一步规范药品广告审查；加强对医疗广告出证机构的指导，进一步规范医疗广告的出证行为。

2. 层层落实实施广告监测的重点类别和媒介，定期在有关媒介上公布广告监测结果，对违法率居前的单位要予以警告，屡教不改的，责令停业整顿，直至取消其广告经营资格。

3. 落实广告审查员“一票否决制”，强化广告审查员的责任，督促广告经营单位完善各项规章制度，依法经营和发布广告。对执行“一票否决制”不力，疏于把关的广告经营者和广告发布者要予以通报，并限期整改，对有关广告审查员予以处理，直至取消其审查员资格。

4. 加强对广告执法的监督检查，做到执法必严、违法必纠。坚决改变个别地方有法不依，执法不到位的现象。对监管不力，违法广告发布比较集中的省、市和媒介派员督察。加强各地间办案的协调配合，发挥基层工商所广告监管职能作用，使违法的广告主、广告经营者、广告发布者都要受到查处。

5. 加大广告法规和典型案例的曝光力度，提高全社会的广告法律意识，扩大教育面，形成全社会共同抵制虚假违法广告，维护广告市场秩序的良好舆论氛围。

6. 指导广告协会开展“真实承诺我先行”活动，加强行业自律，提高广告主、广告经营者、广告发布者的自我约束能力。

通知要求各地要加强对专项行动的领导，精心组织。结合当地实际，制定具体实施方案。

一至六月“反误导、打虚假”广告市场专项行动工作情况

根据国家工商行政管理总局关于开展“反误导、打虚假”广告市场专项行动的文件精神，全国各地广告监管机关将打击虚假广告，规范广告市场秩序作为广告监管工作的重点，在今年第一、二季度，对医疗、药品、保健食品广告进行了集中治理，取得了阶段性成果。据对31个省、自治区、直辖市5个计划单列市不完全统计，今年上半年，全国共立案查处违法广告51143件，罚没款5375.09万元，收缴违法印刷品广告9676.4万份。

一、加大执法力度，遏制虚假违法广告

各地按照国家工商总局的工作部署，把医疗、药品、保健食品广告作为一、二季度广告市场治理的重点，除坚持日常的执法检查工作外，还多次开展药品、医疗、保健食品广告的专项执法检查。四川省工商系统共出动人员23000多人次，车辆2420台次，对城乡主要街道的医疗、药品、保健食品经营点和广告发布点进行多次拉网式清理，对重点媒介进行不间断的监测，先后对50多家媒介单位发出处罚决定通知书130多份，查处虚假违法广告3154条，罚没款25.82万元。湖南省工商系统出动车辆1200台次，出动人员5800人次，共查处违法案件1536件，罚没款504.89万元。上海市工商系统共查处各类广告违法案件472件，罚没款440万元。江西省工商系统共出动人员3800多人次，出动车辆900多辆次，受理消费者投诉举报109件。全省共监测重点媒介药品、保健食品、医疗广告5400余条，收缴违法违章印刷品广告41万份，收缴店堂广告牌匾

670块。发出违法广告书面整改通知书206份,责令停止发布广告180余条,责令停止广告业务5户。吉林省工商系统共检查医疗、药品、保健食品广告3000多条次,对其中不规范的200余条广告责令停止发布。天津市工商局对问题较突出的四家媒体下发了限期整改通知书,对其发布的4件明显违法的广告进行了查处,并暂停了他们的医疗广告发布。乌鲁木齐市工商局对医疗广告违法率较高的都市消费晨报、新疆都市报、乌鲁木齐晚报等三家媒介暂停发布医疗广告。

二、采取有效措施,规范广告市场

1. 上海市工商局建立广告监管工作例会制度。根据广告监测、检查中发现的问题,及时召集涉及违规的新闻媒介单位、广告公司和广告主开会,进行行政告戒。除了暂停违规广告审查员的审查资格、立案查处违法广告外,还暂停了2家报社和一家广告公司发布药品、医疗、保健食品广告的资格。目前,他们正在着手建立违法广告公示制度,定期将查获或查处的违法广告案例向社会公布。

2. 江西省工商局举办主要媒介单位广告审查员学习班,深入宣传广告管理法律法规。江苏省工商局对经广告审查员否决的广告,及时通知相关媒介,对违规首次刊播被有关媒介拒绝的广告,实行“首登违法广告责任追究制”。

3. 内蒙古部分盟(市)局指导广告协会,在广告经营单位中开展“真实承诺我先行”、“拒发虚假广告我先行”等自律活动。

4. 安徽省工商局坚持开展广告监测,实行定期通报制度。

5. 湖南省工商局将监测结果在媒体上予以公布。

三、加强广告监管力量,发挥职能作用,提高工作效率

各地在专项治理工作中,注意发挥工商所职能,加强广告监管力量,提高工作效率。上海市工商局考虑到广告监管一线人手少,办案力量不足的情况,要求有关部门配合,充实广告监管办案力量。同时,要求各分局,凡市局转办的案件,简单案件在20个工作日办结,复杂案件在60个工作日办结,同时建立广告案件办结情况督办制度,大大提高了办案速度。上半年,立案542件,结案数414件,结案率达76.4%。天津市工商局注重加强同市卫生局、药监局的协作,市卫生局取消了21家医院的医疗广告证明,市药监局也撤销了9种药品广告审批号。广东省、湖南省工商局与卫生厅、药监局、建设厅、农业厅、广电局、新闻出版局等部门建立了横向联系议事督察制度,及时协调有关问题。江西省、内蒙古工商系统充分发挥工商所的职能作用,提高治理效果。

四、充分利用新闻媒体,加强宣传

各地在开展“反误导、打虚假”专项治理工作中,始终注意采取多种形式,进行深入广泛的宣传活动。如湖南省利用电视、报纸等媒体刊播稿件4800多件;公布举报电话308台,动员社会各界参与打击虚假违法广告行动;向社会赠发“反误导、打虚假”宣传文件4万份。吉林省工商局对于查处的《长春晚报》以新闻报道形式发布“清华2号”治疗癌症的违法广告,连续六次将查处情况在《吉林日报》等报纸上公开曝光,向社会进行宣传和警示。南宁市工商局将“快可立”饮料的违法广告案在红盾网上进行曝光。黑龙江省工商局将违法印刷品广告涉及的56家经销单位在《黑龙江晨报》进行了公开曝光。

通过整治,广告经营单位的守法意识明显提高了,普遍掀起了学法热潮。如南京市出现了“三多三少”的局面:积极配合广告监管部门工作的新闻媒介单位多了,主动上门咨询的人多了,自觉拒登、拒播违法广告的多了;不服从管理的少了,新闻媒介不规范的广告少了,虚假违法广告案少了。南京日报社、金陵晚报、现代快报等媒体积极主动地将每天的广告发布情况报市工商局备案;南京人民广播电台、南京电视台等全省大部分新闻单位自觉拒登一些虚假误导消费者的广告。

目前,各地正在按照国家工商行政管理总局的统一部署,继续完善和实施广告监测制度,集中清理群众反映强烈的疑难病症医疗、药品、保健食品等方面的误导、虚假广告;严肃查处以新闻报道变相发布广告的行为;继续对广告违法率居高不下的重点媒介、重点地区进行综合治理。

一至五月份报纸广告监测情况

一月份

国家工商行政管理局广告监管司委托全中广告监测中心对全国省级以上60种报纸进行监测。1月份监测数据表明:广告发布量、违法广告发布量均有所下降。报告显示,广告监管机关对医疗服务、药品、保健食品虚假违法广告活动的集中整治去年年底已初见成效。

但药品广告、医疗服务广告在各类违法广告中广告违法率仍然比较高,继续排在第一和第二的位置,分别占全部违法广告总量的25.18%和24.39%。特别是医疗服务广告违法率上升了9.82%。

房地产广告呈上升趋势,广告发布量跃居第一,广告违法数量排在第三位置,占全部违法广告数量的22.41%。

广告违法率、违法量排位前十名的报纸

排 名	报 纸 名 称	违法率(%)	排 名	报 纸 名 称	违法量(条)
1	甘肃日报	22.28	1	羊城晚报	396
2	南方日报	17.76	2	北京青年报	339
3	羊城晚报	16.94	3	新民晚报	220
4	中国体育报	16.88	4	珠海特区报	181
5	青海日报	16.24	5	南方日报	151
6	中国青年报	15.93	6	北京日报	106
7	山西日报	14.22	7	宁夏日报	102
8	宁夏日报	12.77	8	山西日报	87
9	内蒙古日报	12.56	9	甘肃日报	80
10	健康报	11.89	10	深圳商报	60

二月份

二月份监测数据情况:60份报纸广告发布总量35526条。违法广告总量2818条,广告总违法率为7.93%。与一月份相比,违法广告发布量下降了11.52%,广告违法率下降了6.44%。

广告监管机关重点监测查处的医疗服务广告违法量有所增加,药品、保健食品违法广告数量有所下降。

医疗服务广告在各类违法广告中继续排在第一位,占全部违法广告数量的43.08%;药品广告占全部违法广告数量的21.43%;保健食品广告占全部违法广告数量的7.70%;房地产广告占全部违法广告数量的13.06%。

广告违法率、违法量排位前十名的报纸

排 名	报 纸 名 称	违法率(%)	排 名	报 纸 名 称	违法量(条)
1	甘肃日报	32.59	1	羊城晚报	410
2	南方日报	23.34	2	新民晚报	288
3	山西日报	22.74	3	南方日报	197
4	河北日报	22.53	4	北京青年报	185
5	青海日报	16.61	5	山西日报	146
6	内蒙古日报	16.26	6	甘肃日报	131

排 名	报 纸 名 称	违法率(%)	排 名	报 纸 名 称	违法量(条)
7	海 南 日 报	14.34	7	珠海特区报	120
8	宁 夏 日 报	14.16	8	海 南 日 报	106
9	浙 江 日 报	14.00	9	河 北 日 报	105
10	江 西 日 报	13.96	10	北 京 日 报	102

三月份

三月份监测数据情况:60 份报纸共发布 50319 条。违法广告总量 3735 条,广告总违法率为 7.42%。与二月份相比,违法广告发布量上升了 32.54%,广告总违法率下降了 0.51%。

广告监管机关重点监测查处的医疗服务广告违法量继续增加,医疗服务违法广告量比二月份上升了 43.82%;药品违法广告比二月份上升了 48.68%;保健食品违法广告量比二月份下降了 24.42%。

医疗服务广告在各类违法广告中广告违法率仍然比较高,继续排在第一位置。广告发布量 2683 条,违法广告量 1746 条,占全部违法广告量的 46.75%。

房地产广告发布量居第一,广告违法数量仍然排在第三位置。占全部违法广告数量的 15.07%。

广告违法率、违法量排位前十名的报纸

排 名	报 纸 名 称	违法率(%)	排 名	报 纸 名 称	违法量(条)
1	海 南 日 报	28.60	1	羊 城 晚 报	411
2	福 建 日 报	26.87	2	新 民 晚 报	352
3	重 庆 日 报	25.12	3	海 南 日 报	254
4	山 西 日 报	21.23	4	福 建 日 报	234
5	江 西 日 报	19.28	5	山 西 日 报	225
6	河 北 日 报	19.13	6	珠海特区报	212
7	浙 江 日 报	17.74	7	浙 江 日 报	157
8	宁 夏 日 报	15.31	8	北京青年报	157
9	四 川 日 报	15.05	9	重 庆 日 报	155
10	南 方 日 报	14.36	10	南 方 日 报	136

四月份

四月份监测数据情况:60 份报纸共发布广告 58841 条。违法广告总量 4040 条,广告总违法率为 6.87%。与三月份相比,违法广告发布数量上升了 8.17%,广告总违法率下降了 0.55%。

广告监管机关重点监测查处的医疗服务违法广告数量比三月份下降了 12.49%;药品违法广告比三月份上升了 29.06%;保健食品违法广告数量比三月份上升了 34.76%。

医疗服务广告在各类违法广告中广告违法率仍然比较高,继续排在第一位。广告发布量 3604 条,违法广告量 1528 条,占全部违法广告数量的 37.82%。

药品广告违法数量排在第二位。广告发布量 2156 条,违法广告量 1159 条,占全部违法广告数量的 28.69%。

房地产广告发布量居第一,广告违法数量仍然排在第三位置,占全部违法广告数量的 18.22%。

广告违法率、违法量排位前十名的报纸

排 名	报 纸 名 称	违法率(%)	排 名	报 纸 名 称	违法量(条)
1	重 庆 日 报	26.78	1	羊 城 晚 报	501
2	福 建 日 报	26.64	2	新 民 晚 报	296
3	中国妇女报	24.56	3	福 建 日 报	215
4	浙 江 日 报	24.39	4	浙 江 日 报	189
5	四 川 日 报	20.62	5	天 津 日 报	181
6	南 方 日 报	19.53	6	南 方 日 报	181
7	湖 南 日 报	18.73	7	珠海特区报	180
8	山 西 日 报	16.95	8	山 西 日 报	159
9	甘 肃 日 报	16.74	9	北 京 日 报	151
10	黑龙江日报	16.72	10	湖 南 日 报	121

五月份

五月份监测数据情况:60份报纸共发布广告46399条。违法广告总量2495条,广告总违法率为5.38%。与四月份相比,违法广告发布总量下降了33.29%,广告总违法率下降了1.85%。

广告监管机关重点监测查处的医疗服务违法广告数量比四月份下降了42.31%;药品违法广告比四月份下降了20.31%;保健食品违法广告数量比四月份下降了4.61%。

医疗服务广告在各类违法广告中广告违法率仍然很高,继续排在第一位。广告发布量2244条,违法广告量855条,占全部违法广告数量的34.27%。

药品广告违法数量排在第二位。广告发布量1820条,违法广告量828条,占全部违法广告数量的33.19%。

房地产广告发布量居第一,广告发布量3396条,广告违法数量仍然排在第三位置,广告违法数量402条,占全部违法广告数量的16.11%。

药品违法广告的主要表现是:1、广告中无药品广告审查审批文号和药品生产批准文号;2、广告中含有有奖让利销售的内容。

广告违法率、违法量排位前十名的报纸

排 名	报 纸 名 称	违法率(%)	排 名	报 纸 名 称	违法量(条)
1	南 方 日 报	16.27	1	羊 城 晚 报	406
2	福 建 日 报	16.00	2	新 民 晚 报	285
3	甘 肃 日 报	15.80	3	天 津 日 报	141
4	西 藏 日 报	14.05	4	深 圳 商 报	133
5	黑龙江日报	13.59	5	南 方 日 报	130
6	羊 城 晚 报	11.01	6	珠海特区报	129
7	重 庆 日 报	10.58	7	北 京 日 报	122
8	山 西 日 报	10.06	8	福 建 日 报	104
9	湖 南 日 报	9.87	9	黑龙江日报	87
10	辽 宁 日 报	9.42	10	甘 肃 日 报	85

浙江省工商局切实加强招生广告管理

最近,浙江省教育厅、省工商局发出通知,要求各地加强招生广告管理。通知指出,近段时间以来,一些学校和教育中介机构利用广大青年希望接受高等教育的心理,违法散发招生广告,违规招生,有的甚至采用欺诈手段,骗人钱财,严重扰乱了招生秩序,影响了高等教育的社会信誉。为规范学校招生宣传工作,维持正常的招生工作秩序,保护广大青年的利益,浙江省教育厅、省工商局要求各地根据《中华人民共和国教育法》、《中华人民共和国广告法》和浙江省人民政府颁发的《浙江省广告管理若干规定》等有关规定,进一步加强招生广告管理:

一、各级教育行政部门对招生广告的出证权限。申请发布各类招生广告,申请人应当提交招生地教育行政主管部门同意发布广告的证明。其中:大专院校的招生广告,应当提交国家教育部或我省教育厅出具的证明;高中段学校的招生广告,应当提交设区的市以上教育行政部门出具的证明;义务教育段学校以及其他各类非学历教育的招生广告,应当提交县(市、区)以上教育行政主管部门出具的证明。

二、招生广告需标明招生对象、招生方式、学习形式、修业年限、文凭类型、收费标准等。招生广告内容应当真实、合法、清晰、明白,不得含有虚假内容,不得含有不科学地表示教育效果的断言或者保证;不得有教育合格率或颁发证书比例的许诺。

三、各级工商行政管理部门和教育行政部门要加强协调,密切配合,各司其责,共同做好招生广告的管理工作。各级工商行政管理部门要进一步加强对招生广告的监管,对违法发布招生广告的要依法严肃查处。

各级教育行政部门要根据广告法律、法规的有关规定,认真审查广告内容,严把广告出证关。对未经审批的招生广告,及时向工商行政管理部门反映,使违法广告得到及时查处。对违反国家有关规定招收的学生,要责令学校退回,并退还学生所交的费用。

江西省工商局开设虚假违法广告曝光栏

为了全面整顿和规范广告市场秩序,使江西省重点媒介、重点商品或者服务的违法广告得到有效整治,广告违法率大幅度下降,广告市场秩序明显好转,按照国家工商行政管理总局关于开展“反误导、打虚假”广告专项治理行动的统一部署,该局决定在《江南都市报》开设虚假违法广告曝光栏。

曝光对象是广告主自行或者委托他人印制的内容虚假违法的印刷品广告和张贴广告、各媒介单位发布的经广告监管机关责令改正而未按期改正的虚假违法广告及广告监管机关认为需要曝光的其他严重虚假违法的广告。

曝光形式采取曝光栏除公布广告名称、广告违法表现情形和广告媒介外,还加注忠告语和投诉举报电话,提醒消费者提高对虚假违法广告侵害的防患意识,并配以阐述性的知识宣传,对广告虚假违法情形可能产生的危害进行分析,加深消费者的理解,提高消费者对虚假违法广告进行社会监督的参与程度。

被曝光的广告主和媒介单位,应当自广告被曝光之日起2日内,停止发布虚假违法的广告,并在7日内持与广告有关的材料到主持曝光的广告监管机关接受处理,无正当理由没有接受处理的,由广告监管机关继续曝光。因曝光所发生的版面费用,由被曝光对象承担。曝光内容由主持曝光的单位负责寄送给广告主、相关媒介的主管部门,当地党委宣传部门,纪检监察部门。对没有及时停止发布虚假违法广告的媒介,将通过行政建议书的形式,建议有关部门追究媒介单位有关责任人的行政责任。

通知强调,各媒介单位应当本着对消费者负责,对客户负责的态度,依法经营,认真履行广告审查员制度,实行广告审查员签字把关“一票否决制”,切实把好广告发布关,在广告宣传中注重社会主义精神文明的宣传,以优质服务赢得广告主的信任,以诚实宣传赢得消费者的信赖,树立广告行业的良好信誉。

10月，江西省工商局又发出通知，要求各设区市广告监管机关要按照省局模式组织对本辖区内虚假违法广告进行曝光。认真选择本辖区内覆盖面较大，有一定影响的重要媒介设立虚假违法广告曝光栏。对违法率居高不下的媒介单位、典型的虚假违法广告及违法情节恶劣的广告案件进行公开曝光处理。省局也可以根据广告监测情况对设区市媒介发布的虚假违法广告进行曝光。

重庆市工商行政管理局加强广告监管工作
促进广告监管职能到位

一、突出工作重点，"反误导、打虚假"广告市场整治见成效

根据国家工商行政管理总局《关于开展"反误导、打虚假"广告市场治理专项行动的通知》(工商广字[2001]第16号)的精神，重庆市各级工商行政管理机关结合实际，突出工作重点，切实增强工作的针对性和实效性。

(一)加大宣传力度，营造舆论氛围。一是组织市级各大新闻媒体从不同侧面对"反误导、打虚假"广告市场专项治理行动进行宣传报告，如《重庆法制报》以一个专版进行了综合报道；二是利用《消费导报》不定期发布重庆市工商局广告监管部门针对市级新闻媒体的《广告监测通报》，通报监测情况；三是会同市消委、《重庆晨报》等单位开展"广告揭谎"活动，市工商局广告处负责同志亲自值守热线，接受申诉和咨询；四是利用不同方式和媒介载体，形成强大舆论声势，营造氛围。

(二)加强协调，形成合力。该市各级工商行政管理机关注重加强内外配合协作，强化内部沟通协调，积极争取有关部门的支持配合，调动各方面的积极性，形成执法合力。市工商局在一季度召开了有市广播电视局、市新闻出版局、市卫生局、市药监局等部门领导和市级大众传播媒介广告部主任，主要的广告公司负责人及主城区商广科长参加的情况通报和专项整治动员会。会后，市工商局、市广电局、市新闻出版局联合下发了《关于加强对大众传播媒介广告管理的通知》(渝工商广[2001]5号)，明确了广告违法领导责任追究制。为了切实搞好广告的事前、事中、事后的全方位监管，市工商局、市卫生局、市药监局联合下发了《关于进一步加强医疗、药品、保健食品广告管理的通知》(渝工商广[2001]4号)，统一了认识，规范了行为。北碚区工商分局与药监局在统一认识的基础上，联合开展执法检查，对药品零售门点加强管理，要求其对利用门点发布印刷品和店堂广告的租赁者进行约束，督促其办理发布登记手续，依靠店堂门点单位的自律把好广告发布关，对三次以上发布违法广告门点，一方面工商部门依据《印刷品广告管理办法》严肃查处，另一方面药监部门不予年检其《药品经营许可证》。

(三)落实管理措施，强化媒体监管。

1. 实行部分广告暂停发布制度。针对泌尿广告过多过滥，违法率高，影响重庆形象的情况，市工商局会同市卫生局作出了暂停发布泌尿广告的决定。对长期违法的广告，市工商局依法作出了暂停发布该广告的决定。今年市工商局先后暂停了13家医疗单位和5种药品的广告发布。北碚区工商分局分管局长亲自带队，对北碚电视台、广播电台、北碚报发布的广告进行执法检查，对内容不健康，格式不规范和人民群众反映强烈的广告依法予以查处，并制发《责令修改广告通知》、《责令暂停发布广告通知书》、《责令限期整改通知书》。

2. 严格广告审查制度，强化对广告主、广告经营者、广告发布者的培训制度。一是对大众媒体转包版面，包而不管的现象从严规范。如针对一段时间内重庆晨报、重庆晚报、重庆商报周末医疗信息版广告违法率居高不下的情况，对代理上述广告的重庆巴蜀广告公司、重庆中通广告公司、重庆猎人广告公司和各媒体广告部及时作出了限期整改的决定。二是加强对广告审查员的培训，要求其切实履行广告审查员职责。今年新培训广告审查员506名。三是加强对广告主的教育，使之做到知法、懂法、守法。市工商局动员和组织房地产开发公司、房地产中介公司等单位共110人参加了我市第一期房地产广告法律法规培训班，学习了

《中华人民共和国广告法》、《房地产广告发布暂行规定》、《商品房销售管理办法》。通过学习，提高了房地产经营单位守法经营意识。

3. 强化广告监测，落实违法广告定期通报会议制度。

全市各级工商行政管理部门认真贯彻《重庆市新闻媒体广告管理条例》，强化日常监测和监管，并结合监管实际，坚持定期下发《广告监测通报》，对各媒体广告违法情况和违法率排名，在媒体间进行通报，并始终坚持了行政告诫和谈话制度。2001年全市各级工商管理部门共发出《责令修改广告通知书》5890份，《责令限期整改通知书》657份，《责令暂停发布广告通知书》238份。

（四）严查猛打，依法办案。对违法医疗、药品、保健食品广告和政府关注、广大消费者反映强烈的违法房地产、致富信息广告依法严厉查处，维护消费者的合法权益。如市工商局对长海卫生所"独家采用康B贴穴壮阳回春法突破阳痿、早泄难关"虚假医疗广告案，陕西摩美得制药有限公司擅自发布"雄风沁阳胶囊"印刷品广告案，中国药房杂志社未经审查批准违法发布"立止血"、"帕歌斯"药品广告案等进行了严肃查处。忠县工商局对重庆潼南特种植物研究开发有限公司在该县发布的虚假"养蝎致富"广告及时立案予以查处，除处以1万元的罚款外，还责成该公司退赔养殖户蝎种款3.4万元，他们还利用当地新闻媒介以案说法，既起到了震慑作用又教育了广大农民群众。据统计，今年全市广告管理机关共查处广告案件890件，同比减少8.34%，其中药品广告222件，食品广告57件，医疗服务广告85件，房地产广告55件，占案件总数的47.08%，处罚款137.65万元。比上年增长39.96%。

二、认真履行职责，切实加强户外广告监管

重庆市工商局依据《重庆市户外广告管理条例》和《重庆市城市容貌管理条例》，共清除各种违法户外广告632块（幅），清理残破陈旧广告485块（幅）。如市局积极参与两个市级示范节点，两条市级示范段的整治工作，市局、渝中区工商分局积极参与解放碑步行街民族路延长工程、牛角沱—上清寺单循环改造工程广告拆除工作，市局、九龙坡工商分局积极参与长江二路改造工程广告拆除工作。江津市工商局利用"全国百城市长年会"在江津召开的时机，在政府有关部门配合下，将户外广告整治与规范广告用字结合起来，对几江城区户外广告全面清理。北碚区工商分局结合争创国家级山水园林城区活动，花大力气清理户外广告和招牌广告，并将"户外广告示范一条街"活动在城区范围内全面推行，城区面貌焕然一新。合川市工商局敢啃硬骨头，抓住印刷品广告，店堂、招牌广告和办假文凭、通下水道等乱张贴行为三个难点问题，狠下功夫进行治理。同时他们积极建议当地政府在各居民小区统一制作设立便民明示牌，诸如通下水道、开锁等工程的电话一并发布，既树立了工商执法权威，又切实解决了广大人民群众反映强烈的乱张贴问题，受到当地政府高度赞誉。

三、积极探索重心下移的监管方式，充分发挥基层广告监管作用，促进职能到位

该局根据国家工商总局关于监管工作重心下移的思路，积极探索新的广告监管方式，注重调动和发挥基层广告监管的职能作用，促进监管职能到位。

如万州工商局组织区局、分局、城区工商所广告管理干部实地学习西安市开展"三级广告管理网络"的先进经验后，结合自己实际，制定了《关于进一步加强基层广告管理工作的意见》，形成了以"区局为中心，分局为平台，工商所为网点"的新的广告管理体制，按照"审批分级别，管理无禁区"的工作方针，明确划分区局、分局、工商所的管理职权，积极推行"工商所一日一巡查，分局三日一巡查，区局一周一巡查"的广告日常巡查制，对户外广告、印刷品广告、店堂广告以及临时性广告活动进行了行之有效的日常监管。江津市工商局将部分广告审批职能下放到基层工商所，但要求各所将审批情况逐一记载，于每月25日报该局备案，并将此项工作纳入年终目标考核，避免了日常监管与审批脱节的现象。永川市工商局年初就及时制定《关于实行广告巡查制的通知》下发基层工商所，明确责任，建立了广告巡查登记簿。合川市工商局积极推行了上下联动，任务到所，责任到人，分片管理的辖区负责制。

云南省工商局和有关部门共同开展对昆明主要媒体广告拉网式检查

按照国务院、国家工商行政管理总局的要求和部署，结合“反误导、打虚假”广告专项治理行动，云南省工商局组织有省卫生厅、省药品监督管理局、市工商局等部门参加的联合检查组，对昆明市区内91家省、市电视、广播、报纸、期刊等新闻媒介单位进行了一次大规模的拉网式全面检查。检查的重点是消费者反映强烈的、问题较多的医疗服务、药品及保健食品广告。通过检查共查处违法广告448条、当场处罚22.62万元、停止发布43条、当场纠正78条，有效地打击和遏制了虚假违法广告，取得了明显成效。

一、基本情况

这次联合检查行动，省、市工商局，省卫生厅，省药品监督管理局等单位，共抽调了20名业务骨干，分别组成三个小组，在加深学习，提高认识，熟悉法规，明确任务的基础上，统一步骤、统一行动、统一执法标准，开展了对药品、保健食品、医疗广告的专项检查。

1. 报纸媒介的违法广告较其他媒介突出

通过对91家电视、广播、报纸、期刊等新闻媒介单位一天广告发布量2063条的检查，共查出违法广告448条，违法率为21.66%。其中，16份报纸一天的广告量为836条，其中发布违法广告274条，占违法广告总数的61.1%；5家电视、广播17个频道一天发布广告631条，其中违法广告126条，占违法广告总数的28.1%；26份期刊共发布广告596条，其中违法广告48条，占违法广告总数的10.7%。报纸的违法广告主要集中在医疗广告方面，在查出的271条违法医疗广告中，报纸就发布了违法医疗广告209条，占77.1%，占报纸违法广告274条的76.3%。

2. 医疗广告违法居高不下

在检查的2063条广告中，医疗服务广告331条，违法的医疗广告有271条，违法率为81.9%；保健食品广告58条，违法广告28条，违法率为48.28%；药品广告152条，违法广告68条，违法率为44.74%；其它类广告1522条，违法广告81条，违法率为5.32%。医疗广告违法占违法广告总数的60.49%；药品广告违法占违法广告总数的15.18%；保健食品广告违法占违法广告总数的6.25%；其它类广告违法占违法广告总数的18.08%。

3. 违法广告处理情况

联合检查组对448条违法广告，依据法规，针对不同的性质、情况，进行了及时处理。其中，停止发布43条、当场限期纠正78条、待立案36条、当场处罚291条，罚款22.62万元。

二、违法广告的主要表现形式

1. 医疗广告违法突出。主要表现为：(1)无审批文号；(2)未按格式化要求，超出证明范围发布；(3)以新闻形式发布医疗广告；(4)利用医生、患者的名义和形象或医疗权威机构等推荐语进行宣传；(5)夸大宣传治疗效果；(6)描述性病症状做性病广告。

2. 部分医疗机构多次违法。如：云南同仁医院、昆明医学院第二附属医院分部、昆明医学院附属康复医院门诊部、南方医院、荣军康复医院、云南中医学院附设中医院、云南肝病医院、云南群众医院、云南友谊医院、昆明医学院社会医学门诊部、昆明西昌医院、昆明市第二人民医院分院、云南皮肤病专科医院、云南泌尿性专科医院等医疗机构在多个媒体重复作违法广告。

3. 保健食品广告违法的主要表现：(1)使用医疗广告用语及使用易与药品相混淆的用语；(2)宣传疗效欺骗、误导消费者。

4. 药品广告违法的表现：(1)无批号，超出药品审查机关审批范围；(2)使用绝对化用语，夸大药品疗效；(3)宣传治愈率；(4)无审批文号或篡改批文号。

三、检查中反映出比较突出的问题

1. 媒介经营广告受利益驱动，注重经济效益，忽视社会效益，未严格按照法规的要求发布广告，以致大量违法广告在媒介登场。

2. 媒介发布广告普遍存在审查不严的问题。应提交的证明材料不齐备。审查员“一票否决制”得不到落实，广告的承接、登记、审核、合同、档案等管理制度也不健全。

云南省工商局在整治规范市场秩序工作中，同时注意抓好以下环节：

1. 加大广告法律宣传力度，增强媒介经营广告的法律意识，督促媒介严格遵守《广告法》，遵守新闻职业道德，建立健全广告审查员制度，真正落实审查员“一票否决制”，严格按照法律审查广告，坚决杜绝违法广告。

2. 巩固治理整顿成果。对媒介发布的广告进行跟踪监测，发现一起，处理一起，不断促进广告业的规范发展。

3. 加强与卫生、药品监督部门的密切联系，依照法律，齐抓共管，共同规范好广告市场秩序。

2001年度广告投诉举报情况

2001年，广告监管司共受理广告投诉举报122件，其中广告投诉34件，广告举报84件，其他类4件；以便函方式转交地方局办理49件，以转办函方式转交地方局办理57件。

一、广告投诉基本情况

投诉所涉及的广告，包括技术转让广告、邮寄广告、招生广告、种子广告、药品广告、医疗器械广告等10种广告，广告投诉的前3位是技术转让广告、邮寄广告、招生广告。往年的投诉重点之一——加工承揽广告，2001年未接到一起投诉，药品、医疗器械、保健食品投诉量较往年也有所下降，说明“反误导、打虚假”广告市场专项治理工作取得了一定的成效。

1. 对技术转让广告的投诉占投诉量的44.1%，反映的主要问题是：转让的技术科学性差；所用技术开发的产品市场需求情况与广告所称的情况差异较大；广告中称，转让技术应用时所配套的附加条件要求很低或不需要，而实际的附加条件要求很高；广告对应用转让技术进行生产是否还需经国家有关部门批准表述模糊，误导技术购买者。

2. 对邮寄广告的投诉占投诉量的11.7%，反映的主要问题是：产品与广告宣传不符，收钱不付货。

3. 对招生广告的投诉占投诉量的11.7%，反映的主要问题是：教学水平差；授课教师、教材、办学单位与广告不符；不履行广告承诺。

广告投诉主要类别分布表

投诉广告类别	数 量	比 例
技术转让广告	15	44.1%
邮寄广告	4	11.71%
招生广告	4	11.71%
种子广告	2	5.9%
养殖广告	2	5.9%
医疗广告	2	5.9%
药品广告	2	5.9%
医疗器械广告	1	2.9%
租赁广告	1	2.9%

投诉广告类别	数　量	比　例
有关部门不当行政行为	1	2.9%
合　计	34	100%

二、广告举报基本情况

广告举报几乎涉及到所有的广告类别，无集中热点，广告举报量与往年相比有较大的增幅，并且远高于投诉量。约有30%的举报是匿名举报。署名举报者，询问举报处理情况的约占35%。举报情况说明：社会各界的广告法律意识明显增强，并自觉承担起社会监督的责任；违法广告的数量还比较多，广告市场有待进一步治理；多次的广告市场专项治理行动，有效遏制了违法性质严重的虚假广告，但一般性的违法广告依然存在；个别地方执法不够严格，违法广告长期存在而得不到整治。

三、各地办理广告监管司交办的广告投诉举报情况

广告监管司转交地方局办理并要求上报办理结果的广告投诉举报，共涉及北京、上海、天津、重庆、山东、青海、内蒙古、黑龙江、河南、新疆、广西、陕西、吉林、甘肃、江苏、湖北、山西、安徽、湖南、江西、河北、广东、贵州、深圳、厦门、大连等25个省、自治区、直辖市、计划单列市，转交北京市工商局广告处办理的件数最多，达15件。北京、上海、天津、重庆、江西、新疆、广东、黑龙江、河北、辽宁、青海、深圳等地能够认真积极地处理广告投诉举报，并按照要求及时办理。特别是上海市工商局广告处，不仅及时圆满地完成转办的广告投诉举报办理工作，同时能对同类问题进行分析并提出具体的加强监管的建议，特提出表扬。

全国主要广告监管机构名录

名称	地址	电话	邮编
国家工商行政管理总局广告监管司	北京市西城区三里河东路8号	(010)68028468	100820
北京市工商行政管理局广告处	北京市海淀区倒座庙9号甲	(010)82691106	100080
上海市工商行政管理局广告处	上海市肇嘉浜路301号	(021)64220000(总机)	200032
天津市工商行政管理局广告处	天津市河北区民主道38号	(022)24461714	300010
重庆市工商行政管理局广告处	重庆市渝中区沧白路73号	(023)63736965－51210	400011
内蒙古自治区工商行政管理局广告处	呼和浩特市锡林北路52号	(0471)6963849	010020
山西省工商行政管理局商广处	太原市开化寺街135号	(0351)4032686	030002
河北省工商行政管理局商广处	石家庄体育南大街316号	(0311)8636580	050021
辽宁省工商行政管理局商广处	沈阳市皇姑区崇山中路55号	(024)86244899－8123	110031
沈阳市工商行政管理局广告处	沈河区南关路118号	(024)24112870	110015
大连市工商行政管理局商广处	大连市西岗区民运街22号	(0411)3607506	116021
吉林省工商行政管理局商广处	长春市大经路156号	(0431)8719657	130041
长春市工商行政管理局商广处	长春市西安大路84号	(0431)8543910－6424	130061
黑龙江省工商行政管理局广告处	哈尔滨市道里区高谊街65号	(0451)4616114	150010
哈尔滨市工商行政管理局广告处	哈尔滨市道里区防洪胡同14号	(0451)4695394	150010
江苏省工商行政管理局广告处	南京市北京西路30号	(025)3322268－1114	210024
南京市工商行政管理局广告处	南京市解放路46号	(025)4598596	210016
安徽省工商行政管理局广告处	合肥市屯溪路253号	(0551)3631385	230022
山东省工商行政管理局广告处	济南市燕子山路43号	(0531)8527338	250014
青岛市工商行政管理局广告处	青岛市南区福州路87号	(0532)5730911	266071
烟台市工商行政管理局商广科	烟台市毓璜顶东路53号	(0535)6240809	264000
浙江省工商行政管理局广告处	杭州市莫干山路77号金汇大厦北大门	(0571)8383388－7071	310005
杭州市工商行政管理局广告处	杭州市新华路80号	(0571)7916745	310003
宁波市工商行政管理局商广处	宁波市长春路40号	(0574)7311359	315010
江西省工商行政管理局广告处	南昌市省政府大院内东三路2号	(0791)6350167	330046
福建省工商行政管理局商广处	福州市五四路	(0591)7716044	350003
厦门市工商行政管理局广告处	厦门市湖滨南路43号	(0592)2220962	361004
湖南省工商行政管理局商广处	长沙市枫林路1号	(0731)8852412	410006
湖北省工商行政管理局商广处	武汉市武昌东湖路309号	(027)86782420	430077
武汉市工商行政管理局商广处	江岸区花桥小区一村黄孝河路17号	(027)82620451	430015
河南省工商行政管理局广告处	郑州市红专路40号	(0371)6779305	450002
广东省工商行政管理局广告处	广州市天河体育西横街一号	(020)85514435	510620
广州市工商行政管理局广告处	广州市天河路112号	(020)85596089	510620
汕头市工商行政管理局广告科	汕头市龙眼南路南段	(0754)8563231	515041
深圳市工商行政管理局广告处	深圳市桂园路红围一巷一号	(0755)5576229	518001
珠海市工商行政管理局广告科	珠海市香洲中心里106号之二	(0756)2220487	519000
广西壮族自治区工商行政管理局广告处	南宁市星湖路37号	(0771)5856467	530022
贵州省工商行政管理局商广处	贵阳市八鸽岩路4号	(0851)6825140	550004

海南省工商行政管理局商广处	海口市机场西路4号	(0898)6768029	570206
海口市工商行政管理局商广科	海口市滨海新村495号	(0898)6775701	570105
四川省工商行政管理局广告处	成都市玉沙路118号	(028)6781063	610017
成都市工商行政管理局广告处	成都市鼓楼北街1号	(028)6628549	610017
云南省工商行政管理局广告处	昆明市新闻路28号	(0871)4161833	650032
陕西省工商行政管理局广告处	西安市新城省政府大楼11层	(029)7294425	710004
西安市工商行政管理局广告处	西安市友谊东路298号	(029)7823049	710054
甘肃省工商行政管理局商广处	兰州市皋兰路120号统办3号楼	(0931)8415050	730000
宁夏回族自治区工商行政管理局商广处	银川市利民南街91号	(0951)4110841	750001
银川市工商行政管理局商广处	银川市富宁街48号	(0951)5013647	750001
青海省工商行政管理局商广处	西宁市北大街3号	(0971)8247270	810000
西宁市工商行政管理局广告处	西宁市长江路4号	(0971)6130862	810000
新疆维吾尔自治区工商行政管理局商广处	乌鲁木齐市人民路56号	(0991)2314240	830002
乌鲁木齐市工商行政管理局商广科	乌鲁木齐市中山路122号	(0991)2817198	830002
西藏自治区工商行政管理局商广处	拉萨市宇拓路28号	(0891)6340077	850000

大事记

2001年中国广告业大事记

1月1日,国家税务总局颁布的企业广告费用所得税前扣除标准(即2%)的规定开始实施。在业内、外引起极大反映。

1月5-6日,中国广告协会秘书长会议在福建省泉州市召开。会议总结2000年广告协会工作,研究部署2001年广协工作,并交流了各地广协工作经验。来自43个省、自治区、直辖市和计划单列市、副省级市广协会长、秘书长参加了会议。

1月11日,北京奥美地亚广告公司与中国县(市)级电视台搭建统一的媒体平台并与9个省近500家县(市)级电视台合作建成国内小城镇和农村市场的电视广告网。

1月12日,国家药监局、国家工商局发布《关于加强处方药广告审查管理工作的通知》,公布了第一批停止在大众媒介发布广告的处方药。

1月12日,国家工商行政管理总局发布《关于开展"反误导、打虚假"广告市场治理行动的通知》,其中,第一、二季度集中治理药品、医疗、保健食品广告;第三季度集中治理房地产广告和"致富信息"广告;第四季度利用一个月的时间集中整治电视直销广告。

1月12日,中国广告协会第四届执行理事会第12次会议在京召开。13位执行理事参加会议,各专业委员会秘书长列席会议。

1月19日,中国广告协会在一年一度的新春联谊会上向全国广告界发出开展"中国广告信誉年——真实承诺我先行"活动的倡议,此项活动正式启动。

1月19日,国家工商局、卫生部发布《关于进一步加强医疗广告管理》的通知,通知对医疗广告的发布格式、审查及处罚等问题作出具体规定。

1月24日,中央电视台春节文艺晚会首次插入广告,融资2亿元人民币。

2月6日,杨书华、万锋、朱云光、袁文化和陈正云五位中国公民出资拍摄一部支持申奥的公益广告电视片《相约太阳升起的地方》号召热爱体育的人们相约在太阳升起的地方,去追求更快、更高、更强。

2月7日,《现代广告》(上海空港杯)全国户外杂志《创意无限》大赛颁奖仪式在北京中国大饭店举行。共评出全场大奖1件、金奖6件、银奖17件、铜奖23件,入围奖80件。

2月8日,广州广告公司和希望广告公司通过转制建立的"广州交易会广告有限公司"正式挂牌。此举意味着具有13年经营历史的国有企业经过改制有40%股权由职工内部持股。此举备受行业的关注,成为广告界新亮点。

2月8日,国家药品监督管理局、国家工商行政管理局、新闻出版署联合发文《关于公布允许刊播处方药广告第一批医药专业媒体名单的通知》(共164家)。同时明确自2月1日起停止受理和审查在大众媒体发布处方药广告的申请。

2月8日,第30届(2000年度)美国莫比颁奖典礼在芝加哥举行。在30个国家与地区参展作品中,中国首次获得多项大奖。上海麦肯光明公司:邦迪创可贴《朝韩峰会篇》获医药类平面金奖,《成长难免有创伤》获杰出创意证书;广州九易广告公司:广东移动通信《牵手篇》获电信类影视金奖;恒威广告公司:爱立信手机《相遇篇》获电信网络类杰出创意证书,威乐啤酒《众生相篇》获啤酒杰出创意证书。

2月10日,在芬兰拉赫蒂举办的第13届联合国国际招贴双年展上共有28个国家与地区的1460件作品参赛,北京申奥招贴画“2008”,获最佳体育招贴画奖。

2月17日,日本三菱汽车公司就旧款帕杰罗召回一事在中国媒体上刊出整版广告,这是国内第一例汽车召回广告。

2月28日,九届全国人民代表大会常委会第20次会议修订颁布了《中华人民共和国药品管理法》。第七章第60条规定:处方药可以在国务院卫生行政部门和国务院药品管理部门指定的医学、药学专业刊物上介绍,但不得在大众传媒发布广告或者以其他方式进行以公众为对象的广告宣传。据此,自4月1日起处方药不允许在大众媒体上做广告。

2月间,中国互联网首届广告网上大赛通过 www.eto.net.com 向社会广泛征集参赛作品。

3月8日,由中国对外经济贸易广告协会,CAC公益广告同盟,CAC公益广告研究所联合主办每年每季一个主题的公益广告季赛。2001年第一季度以“尊重和保护知识产权”为主题,参赛作品657件;第二季度以“反邪教,崇尚科学”为主题,参赛作品2215件;第三季度以“常回家看看”为主题,参赛作品731件;第四季度以“遵守交通法规,珍惜生命安全”为主题,评选将在2002年初进行。

3月9日,中国广告协会会长杨培青、秘书长时学志代表中广协参加了“政协委员话广告”座谈会。聆听政协委员的意见和建议。全国政协委员康玲、资华筠、谭小亭、邵华、周翔、王淑贤、王晓棠、秦怡等在会上发了言。

3月12日,中国广告协会主办的“信誉是广告的灵魂——倡导行业自律,维护消费者权益”研讨会在京召开。国家工商局、中消协、技监局有关领导以及部分媒介、广告公司负责人参加研讨。

3月15－17日,第四届亚太广告节在泰国的芭提雅举行,总共有2000余件(平面1300件,影视700件)作品参赛。中国代表团一行28人前往参加,选送71件作品参赛,获得3项银奖,3项铜奖。

3月20日,中国广告协会代理报送参加嘎纳国际广告节参赛作品47件。自2002年起中广协将不再代理报送参加嘎纳广告节广告作品,而采取与世界其他国家与地区同样做法,鼓励中国广告企业把自己的优秀作品直接送往嘎纳参赛。

3月21日,国家工商行政管理局与中央精神文明建设指导委员会办公室联合印发《关于召开征集思想道德电视公益广告座谈会的通知》。

3月29日,中国广告联合总公司借举行20周年庆典之际,发起并联合成员企业向业界及消费者发出自律宣言:“真实承诺,信誉为本,团结起来,行业自律”。其表率行为得到了政府有关部门、广告业同仁和新闻界的广泛好评。

3月30日,一年一度的第十届广州日报广告奖共收到征稿1763件。评选结果,评出获奖作品72件(金8,银23,铜41),颁奖会在上海举行。

3月,“两会”期间,部分政协委员针对《广告法》明显不适应新发展要求的现状,呼吁应尽快修改《广告法》。他们表示,越早修改《广告法》中不适应国际化的条款就越有利于我国广告业的发展。

4月12日,国家工商行政管理局印发《关于集中检查核酸类保健食品广告违法问题的通知》。指出许多核酸类食品广告存在着严重的超范围宣传、宣传疗效、以新闻报道形式宣传、使用国家机关名义宣传等问题。国家工商行政管理总局决定对核酸类保健食品的广告违法问题在全国进行集中检查,对违法者将依法处理。通知要求各地工商管理部门对核酸类食品广告进行一次集中检查。

4月15日,学界泰斗、一代文化宗师季羡林无偿担任主角开拍中国第一部弘扬传统文化的公益广告,提倡中国人尊师重德,薪火相传的美德。

4月16日－5月4日,经国家工商局批准,外国专家局审核,中国广告协会组团一行25人赴德国培训。接受德国汉堡政治经济大学、汉堡传播及设计学院等单位专家的培训。

4月17日,国家工商行政管理局印发《关于规范广告法律咨询服务的通知》。通知指出:1、广告法律咨询机构应当遵循广告活动当事人自愿的原则,并对提供的法律咨询意见承担相应的法律责任。2、广告法律咨询机构出具的法律咨询意见书仅是为广告活动当事人提供的专业性法律咨询意见,不是判定该广告是否合法的法定依据。3、经过广告法律咨询机构咨询的广告,在发布时不得出现咨询编号。4、要求从事广告法律咨询工作的人员应经过省级以上工商行政管理局举办的广告法规知识培训并取得广告审查员证书,未取得广告审查员证书的不得从事广告法律咨询工作。

4月21－22日，由北京大学《现代广告》杂志社、现代广告研究所、北大艺术系主办的“2001北京大学网络与广告国际研讨会”在北京大学举办。议题：网络时代的广告理念；广告业如何迎接新经济、新传播挑战；如何利用网络广告服务客户等。

4月26日，国家工商行政管理总局下发《关于定期统一发布广告监测信息的通知》。通知决定，从今年第二季度开始，每季度向社会发布广告监测信息。

5月1日，国家药监局停止保护期内的新药、境外生产的药品及利用重点媒介发布药品广告的审查工作。

5月7－10日，第五届广州国际广告展举办，香港、澳门、台湾、大陆四地区广告界人士首次聚首羊城进行交流。

5月11－14日，奥美集团全球董事会暨亚太高级管理会年会移师北京举行，海外广告公司在中国境内举行年会尚属首次。

5月14日，中国广告协会、中国消费者协会联合举办的“绿色消费”公益广告大赛共收到作品600件（平面534件，影视37件，广播29件）。经评选，《自然，让你更有魅力》等获平面金奖；影视与广播金奖空缺；平面作品获银奖1名，铜奖5名；影视作品获银奖1名，铜奖2名；广播获银奖1名，铜奖2名；另组织奖8名。颁奖会于8月3日在北京举行。

5月18日，国家工商行政管理总局与中央精神文明建设指导委员会办公室联合下发《关于1999—2000年度公益广告活动获奖情况的通报》。此次评选作品533件，其中影视公益广告作品169件，平面公益广告作品274件，广播公益广告作品90件。共有59件优秀公益广告作品（影视广告21件，平面广告22件，广播广告16件）荣获全国奖，其中金奖3件，银奖5件，铜奖10件，优秀奖41件。有106家单位、95名个人分别被评为公益广告活动先进单位和先进个人。

5月22日，由中国广告协会引进美国市场营销协会创办的艾菲实效广告奖在中国亮相。先后在北京、上海、深圳巡展以推动中国广告业的发展，使中国广告业紧跟国际广告发展步伐，迎接加入WTO后的挑战。

5月28日，中国广告协会在京召开“民营广告公司发展研讨会”，来自各地30余家民营广告企业负责人出席了会议，就中国广告业目前情况与民营广告公司的定位与发展进行分析探讨。

6月15日，中国广告协会、北京广告协会在京召开了座谈会，听取业内各界对国家税务总局2000年发布的《企业所得税扣除办法》（即2%）的意见。

6月15日，国家工商行政管理总局下发《关于全国主要晚报药品保健食品广告发布检查情况的通报》。此次公告是国家工商总局对各省、自治区、直辖市、计划单列市及省会城市41家晚报4月11日至20日发布的药品、保健食品广告法律执行情况的检查结果。检查药品广告2019条，发现违法或涉嫌违法广告478条，平均违法率为23.68%。检查保健食品广告690条，发现违法或涉嫌违法广告153条，平均违法率22.17%。

6月18－23日，中国广告协会代表团一行85人前往嘎纳参加2001年第48届嘎纳广告节。此届全球与会广告人达9000人，共有作品19000件参赛。我国共选送104件作品参赛，只有盛世长城（广州）公司创作的海飞丝洗发水平面广告获铜奖。

6月20日，美国最大广告公司之一精信广告公司董事长爱德华·梅耶先生一行访华，并与国家工商局及中国广告协会、对外经贸广告协会有关领导举行座谈。

6月26日，中国广告协会副秘书长武高汉带领调查小组对哈尔滨市哈药、哈啤等企业进行了走访，听取了各企业对国家税务总局2000年颁布的《企业所得税扣除办法》（即2%）的意见。

6月30日，全国“反误导、打虚假”专项行动成果累累。据对31个省、自治区、直辖市的不完全统计，上半年共查处案件29924件，罚没款5756万元，停业整顿280户，吊销证照268户，收缴违法印刷品广告9600余万份。查处案件中最多的是医疗服务广告，已超过3000件。

7月4日，《北京晚报》举办2001年专项分类广告招标，为报业首例。设立24个项目，120标。有100余家广告公司参加招标会，70家公司参加竞标，19家公司中标，正式签约。

7月9－10日，中国广告协会、中国非处方药协会召开新世纪中国医药广告高级论坛，300余人到会。

7月14日，“2001年《广告大饕餮——广告饕餮之夜》映展”在人民大会堂进行为时4小时映播，《广告饕餮之夜》创办者法国广告收藏家布尔西科首次来华并参加映展会。

7月18-20日，广州地区30岁以下广告人创意大赛进行。大赛设金、银、铜、个人入围、最佳文案、最佳美术设计、最佳插图和最佳提名等30个大奖，于8月底揭晓。

7月28日，国家工商总局对全国31家电视台共43个频道全天发布广告的法律执行情况进行了检查。结果显示，卫视广告与其他媒体相比总体较好，但违法广告仍时有发生，个别广告违法严重。其中医疗广告违法现象比较严重和普遍。

8月5日，国家税务总局发文调整部分行业广告费用税前扣除标准。将制药、食品(包括保健品、饮料)、日化、家电、通信、软件开发、集成电路、房地产开发、体育、文化和家具建材、商城等行业的企业广告税前扣除标准由2%改为8%以内。

8月11日，两岸广告人交流的“时报意识形态讲用会”在广州举行。台湾意识形态公司许舜英小姐和郑松茂先生，与广州多位知名广告人一起参加了会议。

8月13日，国家工商行政管理总局发布《关于公布典型违法广告案例的公告》。公告8起虚假广告案分别是：广州南方面粉股份有限公司“升高2000”虚假广告案、咸阳天禄医疗保健品公司天禄前列舒虚假广告案、新疆巴州教育电视台故意发布违法广告案、北京九九方元保健品公司天津办事处富硒灵芝宝违法广告案、内蒙古华建医院发布虚假医疗广告案、苏州华盛治疗仪经营部和庆华仪器厂虚假医疗广告案、北京崇文施恩门诊所编造广告证明发布违法广告案、青海晶珠藏药药业有限公司发布违法广告案。这是开展以药品、保健品、医疗服务广告为重点，以“反误导、打虚假”为主题的整治违法广告专项行动中的一项重要举措。

8月29日，国家工商行政管理总局发出《关于中国公民因私出入境中介活动广告管理的通知》。通知指出：因私出入境中介活动广告，是指含有为中国公民出国定居、探亲、访友、继承财产和其他非公务活动提供信息介绍、法律咨询、沟通联系、境外安排、签证申报及相关服务内容的广告。通知规定：因私出入境中介活动广告发布前必须经中介机构所在地的省、自治区、直辖市工商行政管理局或者其授权的地级以上工商行政管理局批准，未经批准不得发布；因私出入境中介活动广告中宣传的前往国，应当与所签订的合作协议相一致；私出入境中介活动广告批准文号必须与广告内容同时发布；因私出入境中介广告活动的发布地应当与中介机构所在地的省、自治区、直辖市行政区域相一致；因私出入境中介活动广告批准文件的有效期限根据合作协议确定，但最长不得超过一年；广告经营者、广告发布者代理、发布因私出入境中介活动广告，应当查验《因私出入境中介活动广告审批表》以及其他证明文件，核实广告内容；违反《因私出入境中介活动管理办法》，未经批准或未按批准文件发布因私出入境中介活动广告，以及违反本通知规定要求的，依照《因私出入境中介活动管理办法》第三十四条进行处罚。此外，《通知》还对申请发布因私出入境中介活动广告，应当提交的证明文件做了相应的规定，并特别指出，中国公民出国留学、境外就业、劳务输出、出国旅游的广告不适用于《通知》规定。

8月31日，电通株式会社与中国教育部、中国广告协会、中国6所大学关于电通公司创立100周年纪念事业——“中日营销研究交流项目”的签字协议在京举行。协议包括：“电通联合广告讲座”、“电通新留学研修制度”、“中日企业交流研讨会”、“协助吉田秀雄纪念事业财团的委托研究项目”等内容。

9月11日，国家工商行政管理总局印发《关于对全国卫星电视广告发布情况检查的通报》。国家工商行政管理总局组织部分省市对全国31家电视台共43个频道7月28日全天发布广告的法律执行情况进行了检查。检查对象范围包括：中央电视台第1、2、3、5、6、7、8套节目、北京电视台1-7套节目及全国除西藏外其他省、自治区、直辖市卫星电视发布的广告。共检查广告16787条，发现违法或者涉嫌违法广告2735条，违法(涉嫌违法)率16.29%。

9月13日，在西安结束的新《药品广告审查办法》座谈会传来消息，新《办法》较前有多处变化，如以患者身份出现的明星等以给药品做证明的方式做广告将被视为非法。这类广告登记已停止审批。

9月21日，美国“克里奥广告奖”作品展映在北京中国大饭店与观众见面。

9月21日，由中国广告协会主办，《现代广告》杂志社、人民摄影报和中国图片社承办的第三届全国广告摄影优秀作品展暨颁奖仪式在山西平遥举办。

9月22－23日，电通赏作品映播及讲座在成都四川大学举办。

9月间，由最高人民检察院举办的“预防服务犯罪”公益广告评出获奖作品。《门神篇》获电视类金奖；《岂有此理》篇获平面金奖。

10月8日，中国广告协会与北京广播学院合办第四届广告学专业研究生班开学。第三届广告学专业的毕业生为25人。

10月13－14日，由中国对外经济贸易广告协会、《国际广告》杂志社、北京广告协会主办的“WTO中国品牌营销与传播对策”论坛在京举办。

10月15－21日，国家工商总局对全国57家都市生活类报纸发布的主要商品服务广告的法律执行情况进行了检查。结果显示，各报广告发布法律执行情况差距较大，医疗服务广告和药品广告违法严重。违法的医疗服务和药品广告占检查发现违法广告总量的87％。

10月16－20日，第8届中国广告节在厦门市举行。此次广告节容纳了：新世纪中国媒介大汇展，中国广告技术设备展，中国驰名、著名品牌展等。为广告人、广告主、媒介提供了交流、互动共享平台。参展平面广告、影视与广播……等作品达2548件。参观与会人员约达万余人，不论规模与内容均为历届之最。

10月24－31日，中国广告协会学术委员会主办“新世纪中国广告创意策略与创意方法暨经典广告创意评析高级研修班”在深圳举办。

11月1日起，为配合《公民道德建设实施纲要》的推出，中央电视台在黄金时间打出“思想道德公益广告”的大旗。该系列公益广告每条长度在30秒和60秒之间，在中央电视台11个频道播出，每天播出不少于22次。

11月8日，中央电视台一年一度的黄金时段广告招标在北京梅地亚中心举行。来自100余家企业和其代理公司的约800人到场竞标，竞标结果总额达26.26亿元，仅2002年1、2月份“新闻联播”前的A特段入围的14家企业里，就有哈药、海王、盖天力、三金、成都地奥、吉林修正等9家药品企业。

11月9－11日，由中广协学术委员会主办的“2001全国广告学术研讨会”在湖南长沙市举行。会议面对加入WTO在即和北京成功获得2008年奥运会举办权等机遇给我们带来的挑战，进行对策与观念的交流。此次会议有70位学术委员会委员和广告界各方面领导，广告经营、广告管理、广告教学和调研单位代表共240余人参加。

11月10日，中国广告协会法律咨询委员会在京成立。委员会由18人组成。

11月13－17日，国际广告协会(IAA)中国分会派团前往香港参加IAA执行会议，在会上一致支持中国分会申办2004年第39届IAA世界广告大会。经11月16日在台北召开的IAA理事会表决通过，中国申办成功。

11月16－18日，由厦门大学与通力传媒联合主办“ONE SHOW中国广告年度峰会”在厦门人民大会堂举行。

11月22－23日，由《中国广告》杂志社、东方国际广告展览有限公司、中国企业联合会广告主工作委员会主办的“2001年中国广告论坛”在上海金茂大厦举行。会议首创广告人与广告主互动研讨分析市场广告规律，赢得广泛好评。

11月24－25日，嘎纳国际广告节获奖作品映播讨论会在京举办，并在安徽、新疆、山东、河南、广州等地进行巡展活动。嘎纳广告节主席罗杰先生前来参加“牵手嘎纳”巡展活动。通过与罗杰先生商谈，中国广告协会获得嘎纳广告节平面获奖作品出版权。

12月1日，思想道德“公益广告”在中央电视台《国歌》与《新闻联播》之间黄金时段开播，并在中央电视台CCTV－11频道滚动播出。

12月12－14日，BBDO亚太区年会在上海召开。

2001年，中国广告协会为配合国家工商行政管理总局整顿广告市场秩序的精神，在全行业内开展了“中国广告信誉年－真实承诺我先行”和“争创广告行业精神文明先进单位”两项重大活动。此两项活动的开展对促进《广告法》和相关政策法规及行业自律条款的深入贯彻，号召行业自觉抵制虚假广告、打击虚假广告和净化广告市场起到了积极作用。在各地方广告协会推荐的基础上，中广协执行理事会审议认定了218家广告经营单位获得“全国广告行业文明单位”称号。

2001年，中国广告协会还在全国开展了建设“中国优势广告企业”的活动。目的是在全国广告企业中树立一批规模较大、实力较强、经营管理好、服务水平高、信誉度好的广告公司，带动全国广告业整体素质的提高。有49家广告企业获此殊荣。

上海市专栏

迎接上海广告业新一轮的腾飞

2001年是新世纪的开局之年，上海国民经济连续第10年保持着10%以上的增长率，上海的广告业也在调整中继续呈现出较强的增长态势，成为第三产业发展最迅速的行业之一，越来越引起有关方面的重视和关注。

上海广告业发展的基本特点表现为：

一、广告经营额增幅明显。

今年上海广告业总体呈现持续稳步发展的态势，全年广告经营额达130亿元，同比增长16.3%。随着广告市场主体准入审批的逐步放开，广告业继续成为投资热点。截至2001年的统计数据显示，全市广告经营单位2656户，同比增长10.8%；户均广告经营额490万元，同比增长5%；全市广告公司2141户，同比增长9.6%。

二、外商投资广告企业发展强劲。

截至2001年底，上海有外商投资广告企业60户，占广告经营单位总数的2.26%，广告经营额达23.4亿元，占总经营额的17.99%，同比增长29.49%。全市广告经营额在1亿元以上的广告经营单位20户，外商投资广告企业有14户，占70%。外商投资广告企业的经营理念已从为国际客户服务为主，逐步转向为本土企业的广告策划创意，在参与比稿中具有明显优势。随着我国加入世贸组织，势必掀起外资进入中国广告市场的新一波浪潮。

三、民营广告企业迅速崛起。

2001年是上海民营广告企业发展壮大的一年，新增的广告企业绝大部分是以民营企业身份参与经营的。目前，上海的民营广告企业为1140户，比去年增长了348户，增幅达44%。2001年民营广告企业的广告经营额近31亿元，同比增长56.8%，在全市广告经营总额中所占比重由上年的17.7%增长到今年的23.8%，超过外商投资广告企业、国有、集体广告企业的增幅。民营广告企业吸引、吸纳各类人员13980人，为社会提供了更多的就业和人才引进机会。值得关注的是，在上海广告经营额排名前10位中，首次出现了民营企业，上海中润广告有限公司和上海元太广告有限公司成为上海民营广告企业的领头羊。

四、广告从业人员素质不断提高，广告公司日趋专业化。

上海的2141户广告公司，拥有广告从业人员30953人，从业人员的素质不断得到提高，拥有专业广告设计、制作、策划创意、客户服务等专业人才，现全市持有广告专业技术岗位资格证书人员15000人，户均7名；广告审查人员6500人，户均3名；大专以上学历超过

70%。广告公司在市场竞争中更注重发挥自身优势，分工日趋细化，拥有一批专业从事房地产、保健品、人才招聘、网络广告、影视广告、户外媒体开发等方面的专业广告公司，专业化水平不断提高。

五、主题公益广告宣传呈现规模化效应。

在广告监管部门积极倡导的公益广告宣传活动中，上海广告界创作发布公益广告的热情十分高涨。公益广告内容涉及尊老爱幼、扶贫帮困、公共安全、科教兴国、遵守七不规定、再就业工程等主题。在全国公益广告评选中，上海报送参赛作品12件，获奖作品4件。上海2001年共有620件户外公益广告经批准在主要道路上发布，总面积达76414平方米。其中宣传APEC会议主题户外公益广告352件，面积达10651平方米，形成规模效应，成为上海这个国际化大都市一道独特的风景线。根据国家工商行政管理总局和中央文明办通知，上海共有15家广告经营单位参与思想道德影视广告脚本的创作，完成24件作品，被国家工商行政管理总局选中3件，制作后由中央电视台在全国范围播出，公益广告为提高全民素质和城市文明程度起着积极的作用。

六、积极探索上海广告业规范发展新的广告监管模式。

宽松准入，推进发展的同时，上海工商广告监管部门积极探索广告监管的新模式，不断强化广告监管的力度。2001年全市共查处广告违法案件1129件，同比增长4%；罚没款达1084万元，同比增长88.5%。其中查处虚假广告案件155件，同比增长43件，增幅为38.4%。在广告监管模式上，进一步完善了全方位动态的广告监管体系，做到事先防范、事中监测和事后查处相结合。探索推行"三定网格化"广告监管方式，通过定点、定向、定时的方式对广告发布行为实行逐一对应的、职责分明的网状式管理模式。建立了虚假广告公示制度、违规广告主、媒介单位、广告公司的告诫制度、警示制度，借助新闻媒体向社会曝光，以规范广告经营行为，净化广告市场，起到了较好的监管效果。

我国已经加入世界贸易组织，广告业面临着新的挑战和机遇，我们要以更积极的姿态，迎接新的挑战，为上海的经济健康、持续发展作出新的贡献。

上海著名广告经营者与广告发布者介绍目录

上海文广新闻传媒集团广告经营中心
上海人民广播电台（广告部）
上海东方广播电台（广告部）
上海文汇新民联合报业集团广告交易中心
上海解放广告有限公司
上海广告有限公司
上海美术设计公司
上海市广告装潢公司
上海李奥贝纳广告有限公司
上海奥美广告有限公司
上海灵狮广告有限公司
上海博报堂广告有限公司
上海旭通广告有限公司
上海李岱艾广告有限公司
上海梅迪派勒广告有限公司
上海巍珂－庆余广告有限公司
上海黑白广告有限公司
上海大西洋贝尔黄页广告有限公司
上海东派广告有限公司
上海新大陆传播有限公司
上海经济社广告有限公司
上海新浦文化企业有限公司
北京电通广告有限公司上海分公司
达美高广告有限公司上海分公司
通成推广公交广告上海分公司
联通黄页信息有限公司
东方航空广告服务公司
上海东湖广告装饰有限公司
上海地铁广告有限公司
上海邮政广告有限公司
上海市公共交通广告公司
上海运筹国际广告公司
上海西南广告有限公司
上海电力广告有限公司
上海国际机场股份有限公司广告分公司
上海航空传播有限公司
上海电气（集团）广告装潢公司
上海申空广告有限公司
上海影视广告有限公司
上海美亚文化传播有限公司
上海白马开成广告有限公司
上海彩虹广告装潢有限公司
上海元太广告有限公司
上海伊斯顿广告有限公司
上海中润广告有限公司
上海倚天广告有限公司
上海博洋广告有限公司
上海天波广告有限公司
上海形上传播有限公司
上海唐神文化传播事务所
上海华基广告有限公司
上海创亚广告有限公司
上海志上广告有限公司
上海焦点广告传播有限公司
上海沪通广告有限公司
上海圣峰广告有限公司
上海雅视广告有限公司
上海合力广告有限公司
上海精域广告展示服务有限公司
上海联业广告有限公司
上海广集广告有限公司
上海华亭广告装潢合作公司
上海泰格广告有限公司
上海乔思广告有限公司
上海影剧人传播有限公司
上海立特广告信息有限公司
上海山鼎广告有限公司

广告投放专线
新闻频率：62082782
综合频率：62082784
音乐频率：62789378
金融频率：62082396
老少频率：62051207
AM792 FM92.4 FM97.7 FM101.7 FM104.5
聆听东方 绚丽时光
EAST RADIO
ERS
E-eail:ad@eastradio.com
internet:www.eastradio.com

解放日报
新时期的"执政力学"
垃圾分类，你准备好了吗
解放思想　与时俱进
——解放日报报业集团
解放日报报业集团成立于2000年10月9日，是以中共上海市委机关报《解放日报》为龙头组建的一个具有相当影响力和综合实力的媒体集团。目前拥有以《解放日报》为首的九报三刊一网络一剧院。
解放日报报业集团媒体种类齐全、结构合理，下属报刊期发总量330万份以上，具有雄厚的传媒能力、人才优势和经济规模，2001年综合经济实力位居全国报业集团前列。
解放日报报业集团面对新形势、新机遇、新挑战，坚持正确舆论导向，致力于深化改革、开拓创新，以全新的发展战略探索积极有效的宏观管理体制和富有活力的微观运行机制，实现跨越式发展，努力做大做强集团事业，走出具有中国特色、时代特征、上海特点、解放风格的新闻传媒集团可持续发展新路。
解放日报
晨报
新闻晚报
报刊文摘
申江服务导报
SHANGHAI STUDENTS POST
人才市场报
房地产时报
支部生活
上海小说
NEW SHANGHAINESE 新上海人
上海大剧院

上海新世纪广告交易中心

集团于2000年创办的“上海新世纪广告交易中心”，是全国首家、也是目前唯一的广告交易专业机构。中心以“公开、公平、公正”的原则介入媒体广告的经营，引起了强烈的社会反响和业界的广泛欢迎，并以显著的业绩，证明了这是一种符合市场发展方向的科学运作模式。由于中心为我国广告经营注入了全新的理念，因而获得2001年中国报协“创新奖”的殊荣。

中心下属的文汇新民广告公司、文汇新民企划发展公司、文汇新民传媒设计经营有限公司、文新飞艇广告有限公司等经营实体，从市场需求的不同角度出发，分别建立了专业性较强的服务团队，为社会各界提供特色鲜明的、全方位的专业服务。

文汇新民广告公司　文汇新民企划发展公司

以报纸媒体广告版面的经营为主导，为广告主和广告代理公司提供广告计划制定、版面预定和广告投放等服务。

地址：上海市延安中路839号

电话：021-62472619　　021-62474717

传真：021-62476919　　021-62473803

文汇新民传媒设计经营有限公司

提供包括市场调研、行销企划、创意设计、公关推广、展览会务、广告发布等综合性全面代理服务，并设有印刷制作中心。

地址：上海市延安中路839号

电话：021-62476801

传真：021-62476545

文新飞艇广告有限公司

拥有具备世界先进水平的高空飞艇，以全新的空间、全新的载体、全新的视点，为广大企事业单位进行效应显赫的形象宣传和品牌宣传。同时，也为政府有关机构提供城市交通管理、环境和气象监测、城市现代化建设等资料信息。

地址：上海市延安中路839号

电话：021-62890783

传真：021-62475302

我们对中国消费者的了解，可能是你所意想不到的深入和透彻。这也正是李奥贝纳能够在中国成功建立像麦当劳、箭牌、宝洁和可口可乐旗下的知名品牌的个中原因。Leo Burnett

"SEI-KATSU-SHA"
（生活者）
"生活者"是博报堂的独到的概念，
对于我们来说，生活者不是一位接受我们居高临下、
堂堂说教的听众，而是与我们平起平坐的谈话对象。
在过去很长的一段时间里，顾客仅仅被视为普通的"消费者"，他们只不过是一个具有购买习惯的群体，然而，在博报堂的眼里，每一位顾客都是生活中独具个性的"生活者"，他们有着不同于他人的价值观，有自己的光荣与梦想。正是这一独到的广告宣传与营销宗旨，使我们能够深入了解每一位顾客的心理，令其他公司难以匹敌。
您正在寻求促销与广告资讯的途径吗？请您先找博报堂！

$$2+2+2$$

加法法则

$$2\times2\times2$$

乘法法则

$$((2)^2)^2$$

ADK法则：只使用最高效的方法

TBWA\
全面性传播策略
出众的创意
全国公关活动
品牌形象管理
市场研究及分析
各类促销规划
全年365
真诚为您和弦献
TBWA上海李岱艾广
1993年立足中国以
凭借卓越不凡的专业演
赢尽中外知音人士赞
继往开
我们亦将集合各界精
为您谱写新世纪璀璨乐
上海李岱艾广告有限公司
TBWA\LEE\DAVIS
广州·上海·北京
地址：上海市淮海中路283号香港广场南座29楼 邮政编码：200021 电话：(8621)63906798 传真：(8621)639062
AstraZeneca
B&Q 百安居
CHIVAS REGAL
Cadbury
EPSON
LG
农心
NIVEA 妮维雅
NUTRICIA 纽迪希亚
MARTELL 马爹利
Samsonite 新秀丽
SHANGRI-LA HOTELS and RESORTS
SK Telecom
感谢以上品牌全力支持

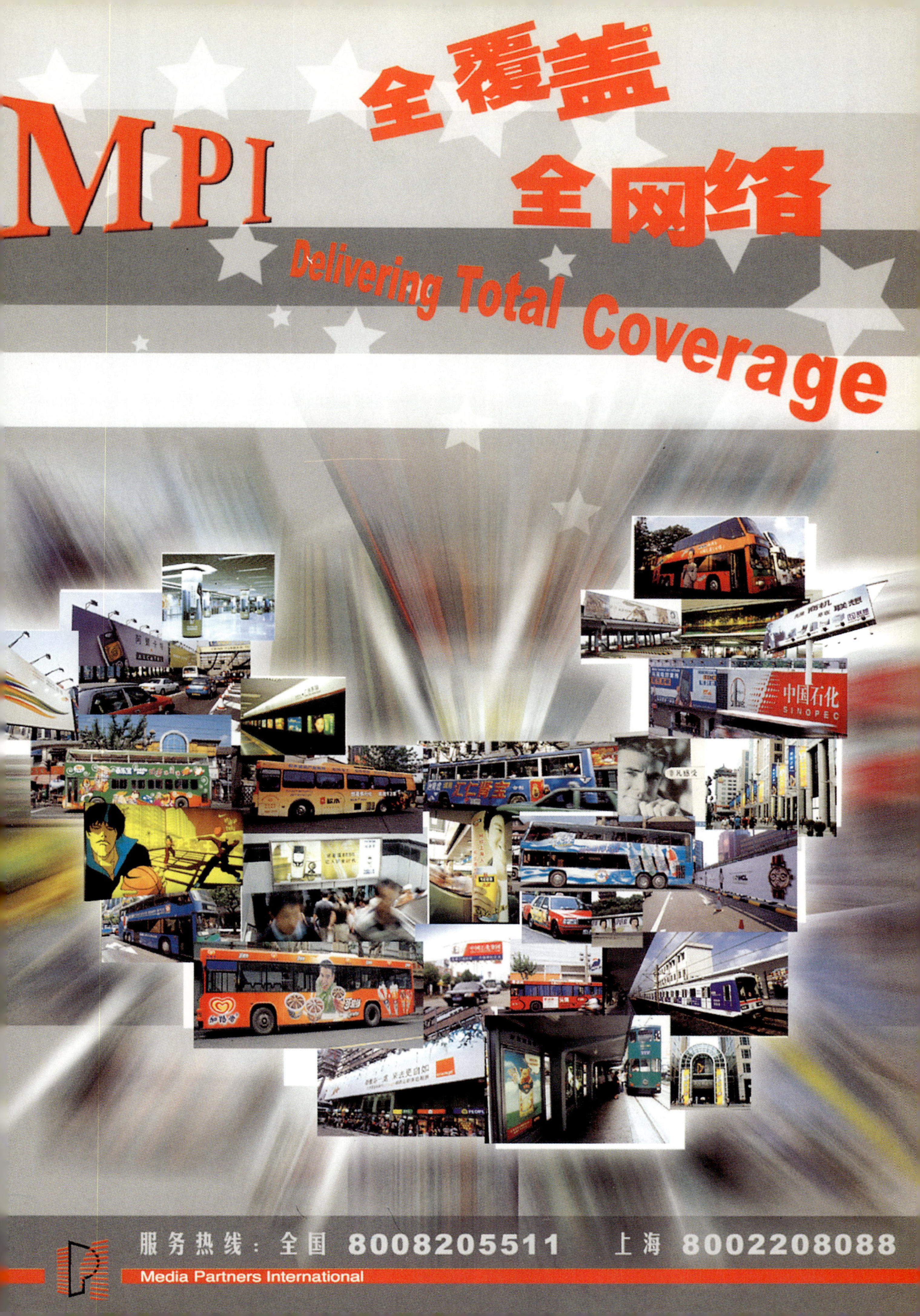
MPI
全覆盖
全网络
Delivering Total Coverage
中国石化
SINOPEC
汇仁肾宝
服务热线：全国 8008205511 上海 8002208088
Media Partners International

巍珂-慶余 一眼难忘

巍珂－庆余是由2个实力雄厚、经营成熟的集团公司——美国印第安那州的巍珂国际集团和上海庆余实业发展总公司共同组建而成的。

巍珂国际为巍珂－庆余带来了经过70余年积累的经营大型户外广告的经营经验，融合庆余公司在中国文化、政治、商业各方面的独到优势，令巍珂－庆余成为上海发展最快的户外广告公司。

一九九六年八月，巍珂－庆余在武宁路上竖起了9个立柱式广告牌，共展示了18个广告版面。如今，巍珂－庆余已经在全市各主要路段拥有了超过275个广告版面，其中包括通过2个机场的交通要道以及上海的“申”字型环路沿线。

巍珂－庆余旨在为中国乃至全世界提供品质卓越的大型户外广告牌。巍珂－庆余将目光集中于上海高架公路，开发了大量广告牌，将信息传播的目标锁定在那些以车代步的消费者，他们往往是中国最富庶且具影响力的阶层。

巍珂－庆余以其高新技术和高质量的售后服务为独具慧眼的广告客户提供多种选择：

* 标准尺寸的版面将为客户带来设计以及版面轮换时的便捷
* 及时的灯光维修服务确保广告牌夜间灯光照明无误
* 定期的版面清洗又确保广告版面光彩夺目的展示
* 分布广泛的广告牌向客户提供覆盖全市的宣传阵地
* 版面套装计划则将使您的广告宣传更为经济有效

巍珂－庆余的销售队伍经过严格的专业培训，面对客户，他们将提供客户至上的周到服务。确保客户的广告展示始终整洁美观，达到甚至超过客户期望，是我们服务的一贯宗旨。

回报社会又将是巍珂－庆余的一大目标，自1996年以来，我们已经为社会贡献出累积超过50,000,000元的公益广告投入，并还在不断增加，希望能够为社会奉献地更多！

Whiteco-Qingyu Advertising Co.,Ltd.

巍珂－庆余广告有限公司

总　裁：Jack Dodds　　董事长：许　坚

中国上海南京西路128号永新广场17楼
E-mail：whitecoc@online.sh.cn
http://www.whiteco-qingyu.com
电话：(021) 6289-7777
传真：(021) 6359-3000
邮编：200003

黑白广告有限公司

公司由中化国际广告展览有限公司、中化上海进出口公司、香港兴达明有限公司三方合资组建。成立于九十年代初，是上海外经贸系统最早成立的中外合资广告公司。

公司汇集了一批资深广告人，在广告策划、创意设计、样本印刷、展览陈列、实物广告等方面均有独到之处。公司追求一流创意；配备先进的电脑设备；为客户提供便捷的高质量的广告服务。

公司自成立至今，为诸多外贸单位代理出口广告；成功组织外烟〝大卫杜夫〞〝七星〞〝骆驼〞〝沙龙〞香烟形象专柜，灯箱广告POP促销活动，成功策划、推广国烟〝金鹿〞新产品上市；为罗森连锁店制作了整体策划、宣传品；并多次为耐克体育用品公司的广告活动做视觉设计制作；华谊集团设计、制作北京国际化工展数百平方米的展区。近年来，又承接了法国欧莱雅化妆品公司的广告制作以及精顺电器厂整体设计制作。此外，挂历印刷、样本设计、印刷均为我司强项，曾多次得到客户的好评。

一流的创意与高水准的制作能力，是广告总体策划顺利实施的保证。黑白广告有限公司将一如既往地向着这一目标不断进取！

总经理：李中民　　地址：上海市虎丘路50号10楼1001－1002室　　邮编：200002

电话：63236899／63214590（总机）　传真：63508628　　E-mail:bawadv@21cn.com

棋高一招　妙算无穷

中國東方航空
CHINA EASTERN
中國東方航空伴您遨游世界

isiting the world with China Eastern

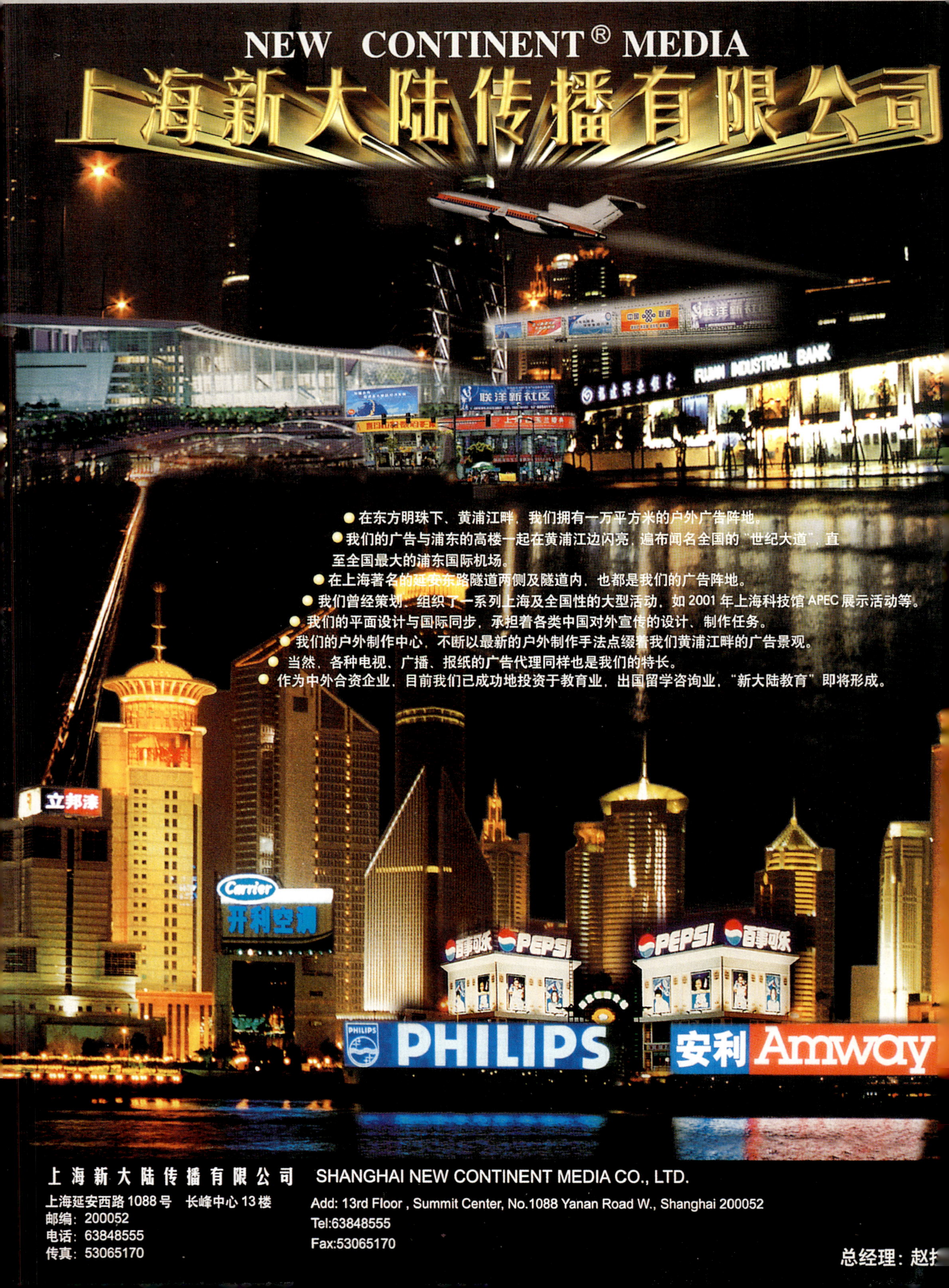
NEW CONTINENT® MEDIA
上海新大陆传播有限公司
在东方明珠下、黄浦江畔，我们拥有一万平方米的户外广告阵地。
我们的广告与浦东的高楼一起在黄浦江边闪亮，遍布闻名全国的"世纪大道"，直至全国最大的浦东国际机场。
在上海著名的延安东路隧道两侧及隧道内，也都是我们的广告阵地。
我们曾经策划、组织了一系列上海及全国性的大型活动，如2001年上海科技馆APEC展示活动等。
我们的平面设计与国际同步，承担着各类中国对外宣传的设计、制作任务。
我们的户外制作中心，不断以最新的户外制作手法点缀着我们黄浦江畔的广告景观。
当然，各种电视、广播、报纸的广告代理同样也是我们的特长。
作为中外合资企业，目前我们已成功地投资于教育业，出国留学咨询业，"新大陆教育"即将形成。
联洋新社区
FUJIAN INDUSTRIAL BANK
立邦漆
Carrier
开利空调
百事可乐
PEPSI
PEPSI
百事可乐
PHILIPS
PHILIPS
安利
Amway
上海新大陆传播有限公司
上海延安西路1088号 长峰中心13楼
邮编：200052
电话：63848555
传真：53065170
SHANGHAI NEW CONTINENT MEDIA CO., LTD.
Add: 13rd Floor , Summit Center, No.1088 Yanan Road W., Shanghai 200052
Tel:63848555
Fax:53065170
总经理：赵

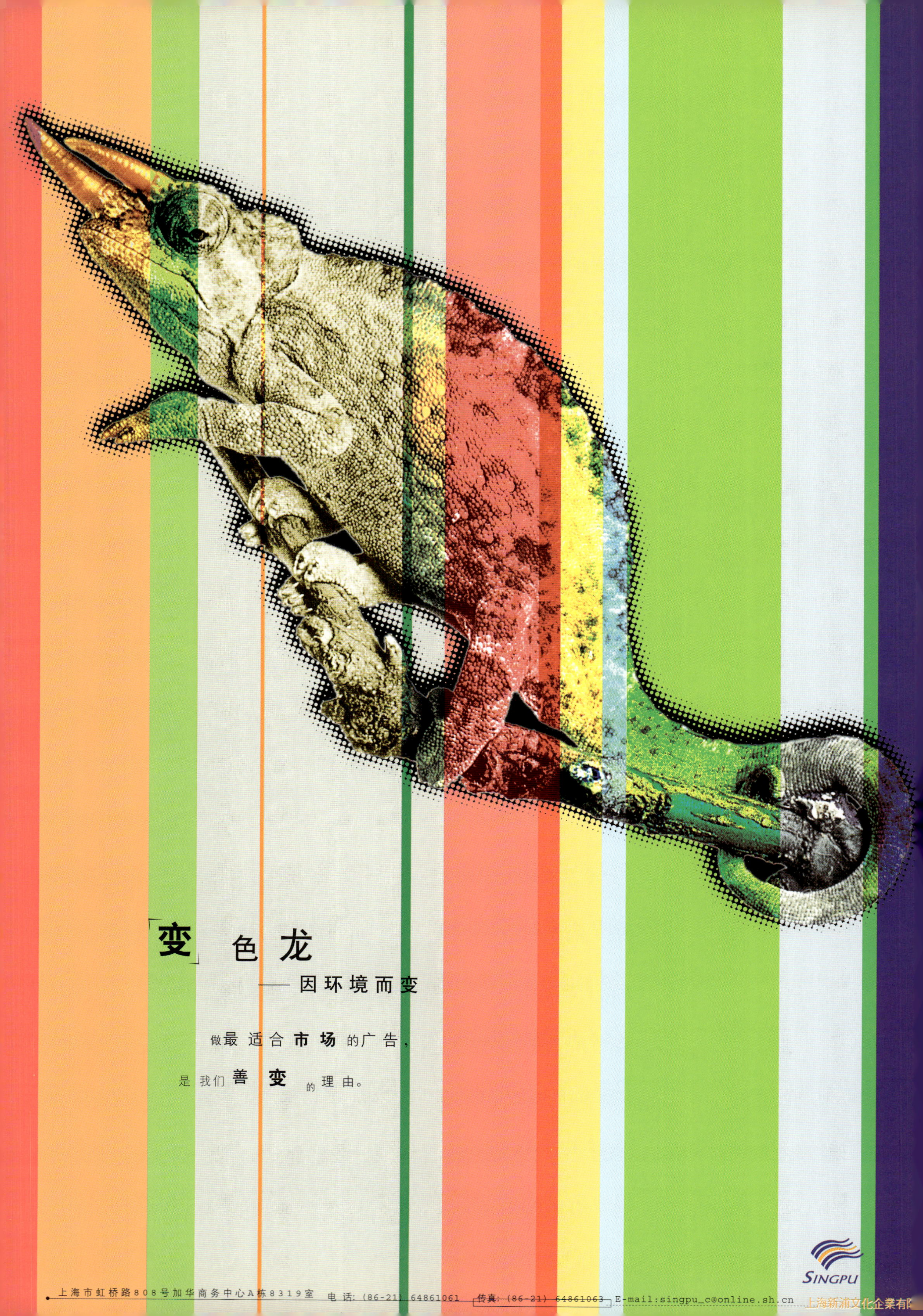

「变」色龙
——因环境而变
做最适合市场的广告，
是我们善变的理由。
SINGPU
上海市虹桥路808号加华商务中心A栋8319室 电话：(86-21) 64861061 传真：(86-21) 64861063 E-mail:singpu_c@online.sh.cn
上海新浦文化企業有

不干胶

如果你说这就是一块口香糖，Sorry！广告这游戏，你玩不起，回家去算了。不过，要是你提到口香糖还能当胶贴，揭了
粘了揭，百用不爽，那你够厉害……可能和我们一样具有与众不同的创意基因。我们是属于b|Com^{3}集团的跨国广告公司DAr
这是一家满脑子“主意”的公司，致力于为客户发展大创意，塑造领导潮流的顶尖品牌。奇人汇聚的各个大本营——达美高上
021-52984333，达美高广州：020-87321148，达美高北京：010-84584177——随时欢迎各路英雄，前来挑

康纳一东湖广告
华洲一东湖广告
彩虹广告
东安广告
各司其职 合作互补
团队服务 创造未来
上海东湖广告装饰有限公司
地址：东湖路70号 东湖宾馆四号楼
邮编：200031
电话：64157137 64157763
传真：64156934
网站：WWW.Donghu-ad.com
E-mail：Donghuf@online.sh.cn

两点之间
直线最近
做广告　我们不走弯路
邮广专送 PostAD
海邮政广告有限公司 总经理：祝晋三
地址：上海市武定路458号洪安大厦11楼
电话：(021)64336499 传真：(021)62722257
网址：www.dm.com.cn 邮编：200041

上海著名广告经营者　广告发布者介绍

主要策划代理客户：

- 松下电器
- 澳大利亚外贸局“创新的澳大利亚”
- 百事可乐
- 虎牌啤酒
- 富士胶卷

大型活动：

- 郁金香电脑展示会
- 沙龙保龄球大赛
- 万宝路锣鼓大赛
- 一年一届上海桥牌八强赛及名人赛
- 全国 A 类桥牌俱乐部锦标赛及全国名人赛

全国性大型活动：

- 中华人民共和国第八届运动会
- 中华人民共和国第五届残疾人运动会
- 中国上海国际艺术节

海运筹国际广告有限公司
ANGHAI EXCEL INTERNATIONAL ADVERTISING CO.,LTD.

地　址：上海市零陵路 800 号东亚大厦 16 楼
电　话：64391220　64391381
传　真：64390993　邮编：200030

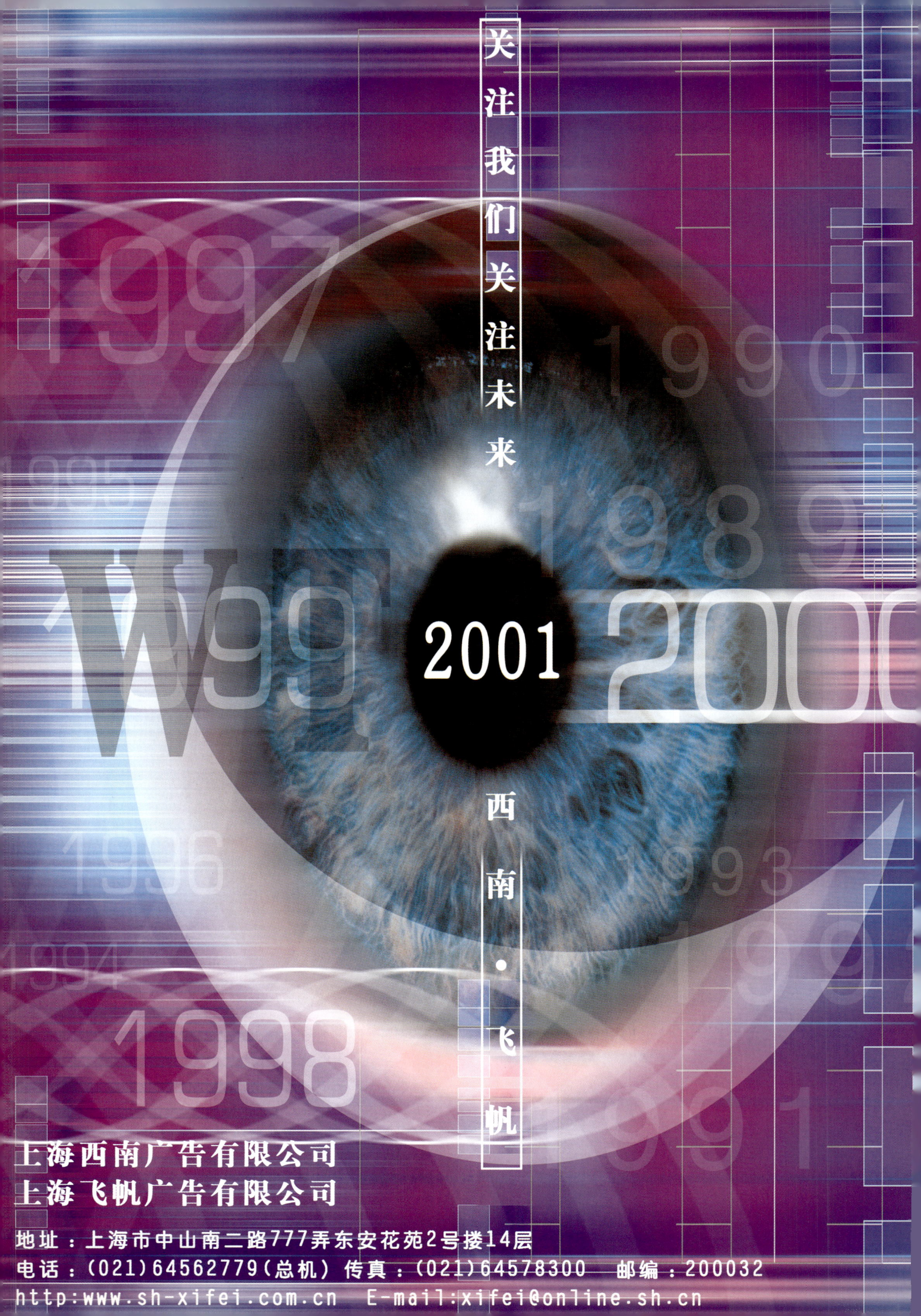
关注我们关注未来
2001
西南·飞帆
上海西南广告有限公司
上海飞帆广告有限公司
地址：上海市中山南二路777弄东安花苑2号楼14层
电话：(021)64562779(总机) 传真：(021)64578300 邮编：200032
http:www.sh-xifei.com.cn E-mail:xifei@online.sh.cn

zhuai IDEA
我们就是
就是这么转
玩得转
想得转
中国电力广告集团
上海电力广告有限公司
zhuai
ZHUAI
IDEA
IDEA
zhuai
zhuǎi
肢体转
捆绑客户利益 共同舞动肢体 强大的客户执行力 保障一流策略的完美实现
zhuǎi
头脑转
提供一流策略 创意BIG IDEA 把握消费动态 打造时代品牌
zhuǎi
手脚转
依托行业优势 携同仁之手 涉足20几个城市 共创中国电力广告集团 实现全国户外媒体网络式互动经营
zhuǎi
地址：上海市徐家汇路430号上海电力大楼611室 电话：021-64154303 021-64154304 传真：021-64152167 邮编：2000025

为品牌争取更大的空间
www.adairport.com
上海虹桥国际机场是中国最大的航空运输基地之一，年进出港旅客1770万人次，年飞机起降16万架次。
上海浦东国际机场于1999年9月落成通航，一期工程能满足年12.6万架次飞机起降、年2000万人次旅客吞吐量和年75万吨货邮吞吐量的要求。它的建成标志着上海已成为中国第一个拥有两个大型民用航空港的城市。
上海国际机场股份有限公司广告分公司负责经营和管理虹桥和浦东两个机场范围内灯箱、霓虹灯、路牌、龙门架、实物展示、航班时刻表、闭路电视、行李手推车等多种广告媒体。
公司给一批优秀的客户日本丰田、金杯汽车、爱普生、伊都锦、英特尔奔腾、上海宝钢、东方航空等国内外著名企业进行了广告宣传，并为上海大众、美国摩托罗拉成功代理了广州白云机场、武汉天河机场、内蒙古机场、昆明机场的系列广告。多年来，我们以优质高效的服务在广大客户中赢得了良好声誉，也使得公司业务迅速发展，实力日益增强，在全国民航机场广告公司中雄居榜首，并连续获得上海市工商局、市广告协会认定的“重信誉、创优质服务”先进单位和工商部门颁发的“重合同，守信誉”荣誉称号，1999年中国广告公司百强排名第62位。
SIA 上海国际机场股份有限公司广告分公司
SHANGHAI INTERNATIONAL AIRPORT CO.,LTD.
地址：上海市虹桥路2550号
邮编：200335
传真：(虹桥)021-62684442
(浦东) 68345062
网址：www.adairport.com
电话：(虹桥)021-62688899-44088
-48607
-48610
(浦东)021-68346553

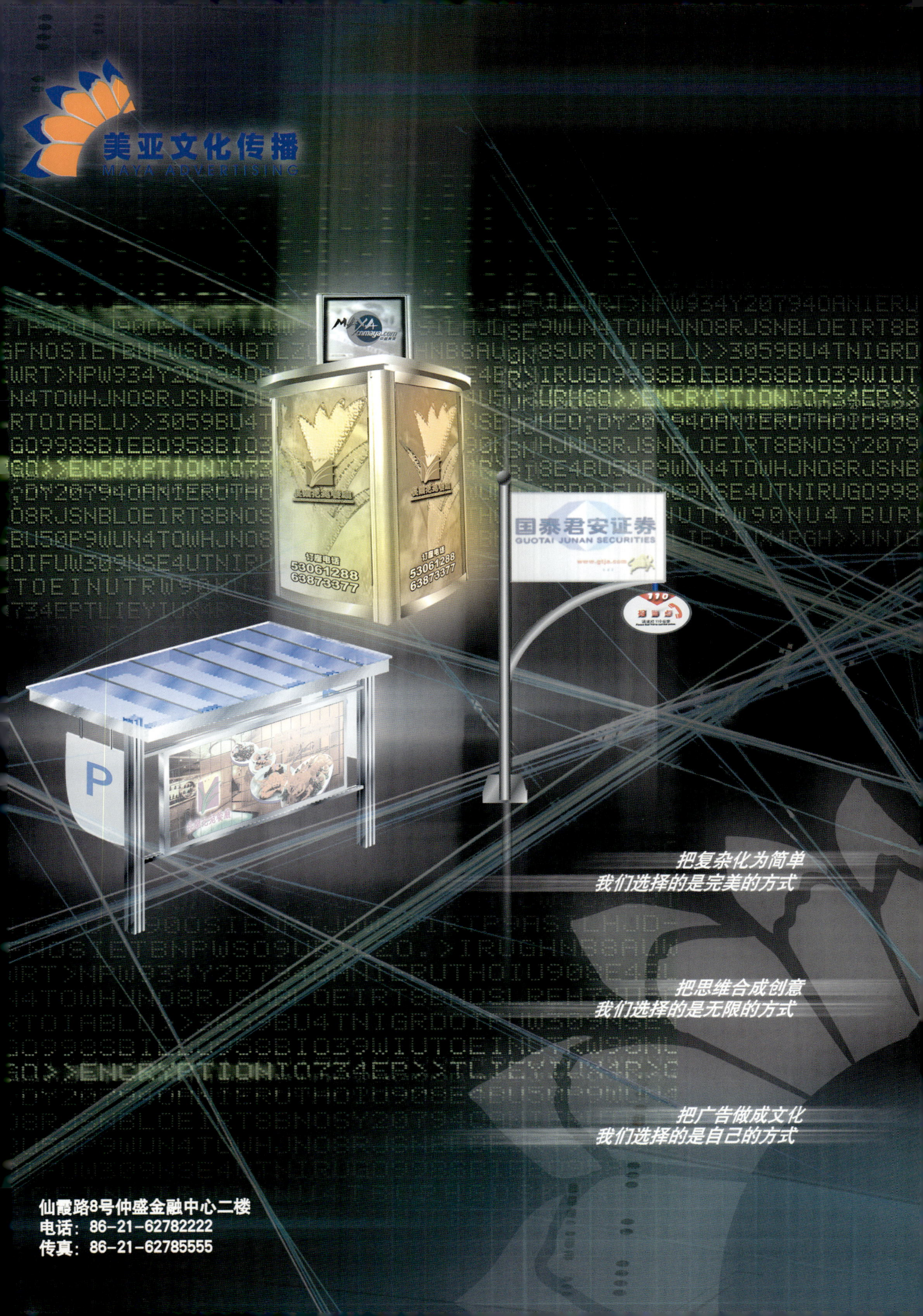
美亚文化传播
MAYA ADVERTISING
订报电话
53061288
63873377
国泰君安证券
GUOTAI JUNAN SECURITIES
把复杂化为简单
我们选择的是完美的方式
把思维合成创意
我们选择的是无限的方式
把广告做成文化
我们选择的是自己的方式
仙霞路8号仲盛金融中心二楼
电话：86-21-62782222
传真：86-21-62785555

风神榜

中国候车亭广告网

Adshel Network

“风神榜”户外广告网中的明星

■ 上海白马开成广告有限公司在上海已成长了5年，隶属海南白马广告媒体投资有限公司的下属企业之一，与全国26个省市的兄弟城市的候车亭网络有着紧密的联系，在沪经营候车亭户外媒体的广告设计、制作、代理、发布。

ADSHEL

上海白马开成广告有限公司
地址：上海市黄陂北路227号2602—260
总机：63758789　传真：63758768
邮编：200003

彩虹广告
专业高速公路户外媒体广告公司
现代高速公路广告
总机：021-66531197
021-66532182
传真：021-56632026
上海彩虹广告装潢有限公司
上海现代高速公路广告有限公司
地址：上海市会文路50号18楼 邮政编码：200071

元太广告是一家有全面代理国内、外客户能力的综合性的广告公司。

Yuantai Advertising Co., Ltd. (Shanghai, Beijing) offers all-embracing expertise to clients nationwide and worldwide.

元太广告是全国广告行业排名100强中前20位的公司，是目前上海规模最大的私营广告公司之一。

Ranked in top 20 of all agencies in the country, Yuantai is one of the largest private-owned.

元太广告擅长媒体广告代理，尤其是体育媒体广告的销售，是国内销售规模最大的专业媒体广告购买公司之一。

Also one of the largest media proxy in scope, Yuantai specialised in media selling, in particular sports.Rich experience and success built our reputation.

国际化的思考，本土化的行动，通向中国市场的成功之桥——元太广告

Yuantai believes in "Global thought, local action" and wishes to be bridge over Chinese market for all brands.

元太广告 中国体育传媒的合作伙伴（上海、北京

Yuantai(Shanghai Beijing) The Authoritative Partner Of Chinese Sports Media

元 太 广 告 总 代 理

Yuantai ,the exclusive advertisin agency for:

- **上海电视台体育频道**
  Shanghai TV Great Sports channel
- **北京电视台体育频道**
  Beijing TV sports channel
- **中国体育报**
  China Sports Daily.
- **《运动休闲》杂志**
  《Sports & Leisure》
- **《旅游天地》杂志**
  《Travel Scope》

一道心理测试题

请选择您认为最正确的答案:

1. 这是一只马桶

2. 这是一件艺术品

3. "生存"进化到"生活"的里程碑

测试结果:

选择1.你懂事了

选择2.你也许对现实生活不满

选择3.你可以成为一个广告人

市场专家或一个时代的缔造者

创新, 不仅是创意

(选择了答案3的朋友请联络下述地址)

国上海南京西路555号13楼 (200041) T/(8621)6255 8285 F/(8621)6255 6615 上海伊斯顿广告有限公司 EASTERN

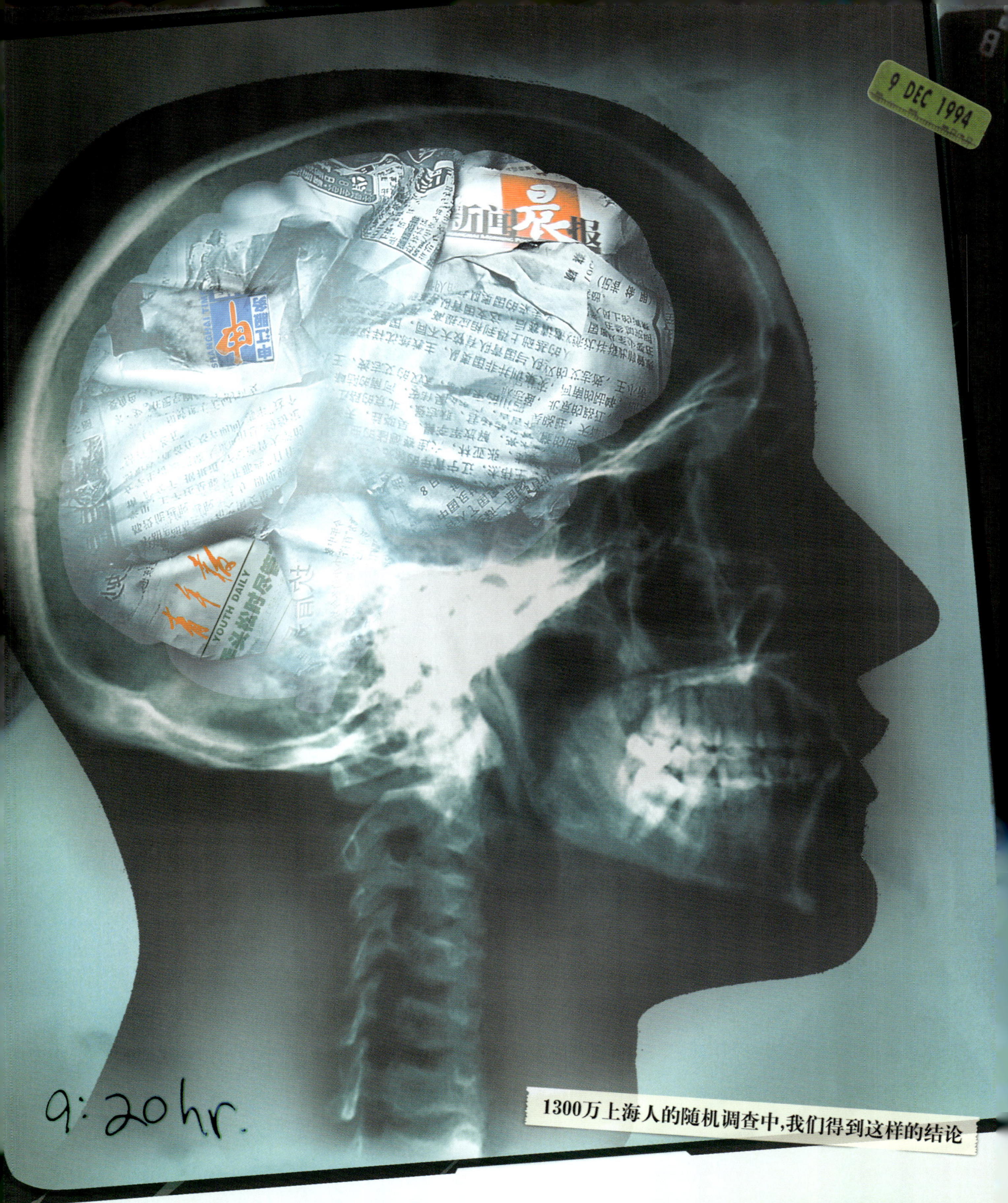

我们代理的报纸就是有这样的影响力

《新闻晨报》平均每期阅读量为71%，2001年发行量接近50万份，是一份具有新闻性、信息性、可读性的综合性都市晨报。

《申江服务导报》平均每期阅读量为72%，到2000年底，发行量已经突破40万份，是一份在上海报业中独树一帜并处于领先地位的时尚流行的周报。

《青年报》是一份满足读者阅读口味，体现时代青年风格的都市型日报。

ZRG 上海中润广告有限公司　地址:广东路500号世界贸易大厦12楼　邮编:200001　电话:021-33044599　传真:021-63224877　63224864　E-mail:Financial@newmedia.sh.c

广告只是救生圈!?
商海汪洋 变幻莫测
只有打造品牌的不沉之舟
才能从容应对

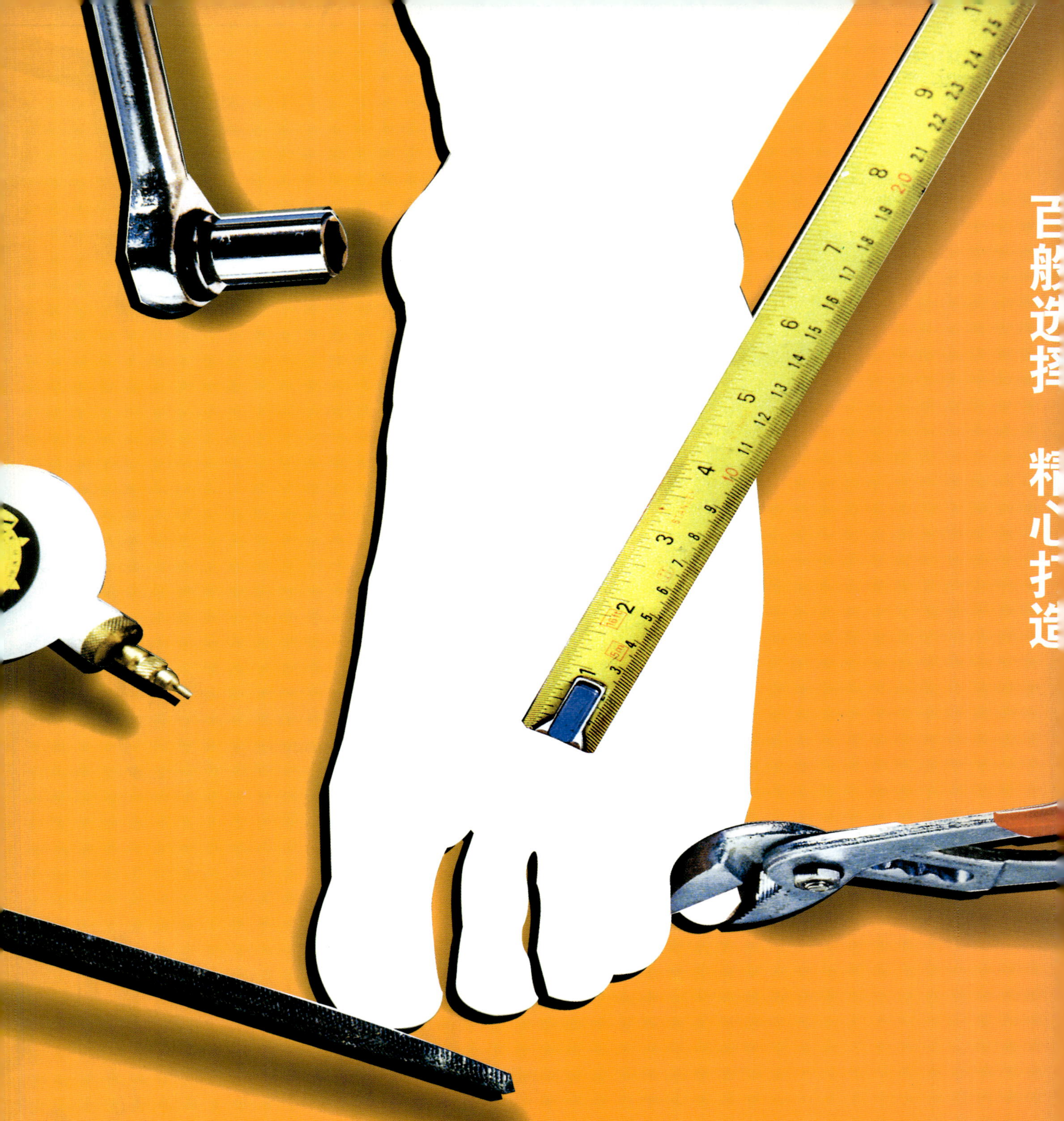

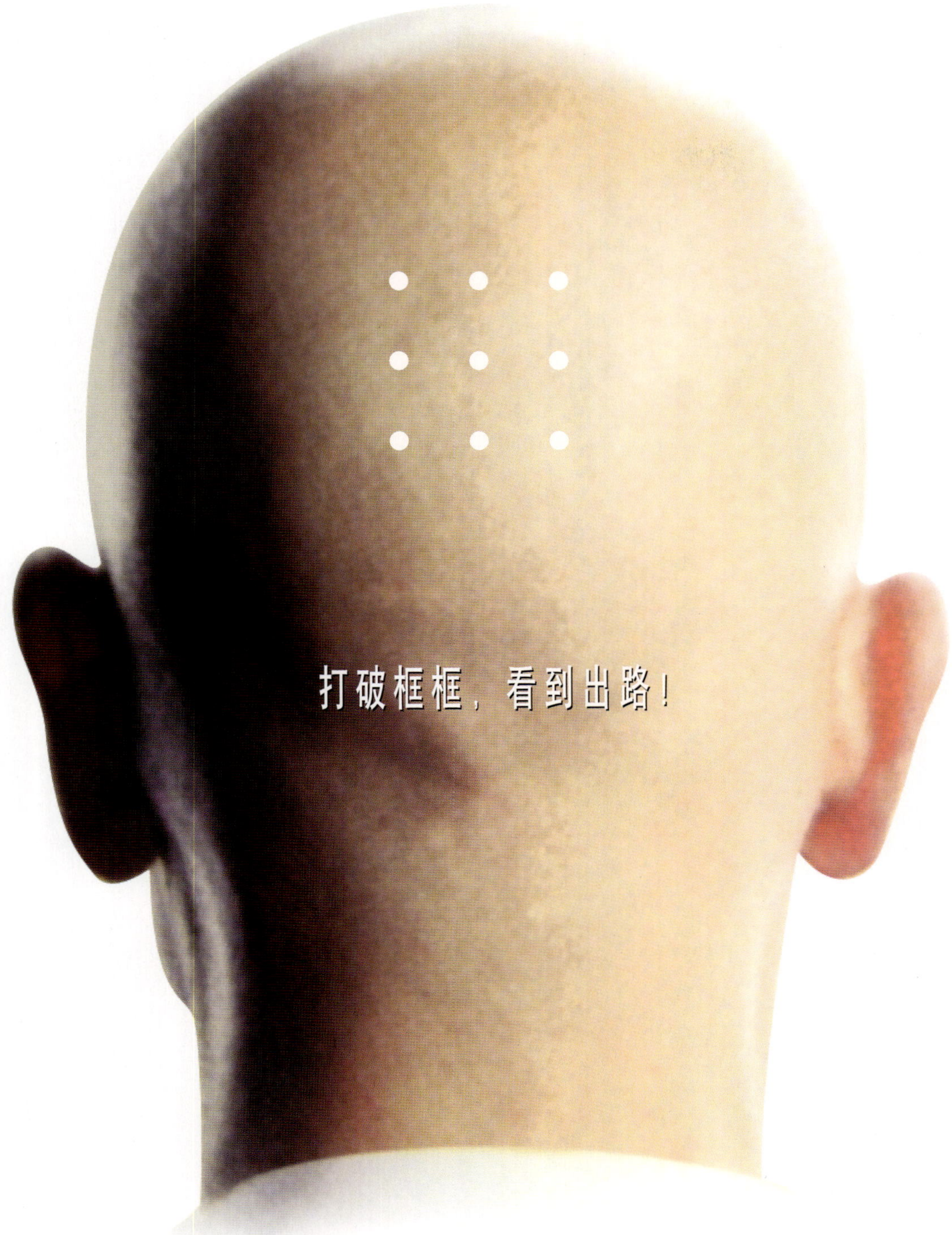
打破框框，看到出路！

ZHISHANG ADVERTISING
上海志上广告有限公司
新民 體育報 XINMIN SPORTS NEWS
上海海联广告有限公司
广告总代理
再造自然、再现生命
上海志上广告有
公司成立于一九九二
经过几年的努力，公
迅猛发展，已成长为
有近六十名员工，七
部门（客户部、创意
媒介部、媒体代理部
项目开发部、财务部
人事部），并具有先
的管理体系及严密组
的广告公司。公司
额多次进入上海
告公司百强
一九九九年年初，上海
海联广告有限公司和上海志上
广告有限公司合作，并以海联广告有
限公司的名义成为了有新民文汇报业集团
主办的、上海最知名、也是历史最悠久的
业体育类报纸——《新民体育报》的广告总
代理，并在第一年就使《新民体育报》的广告状
发生了质的变化，广告营业额从代理前的不足三
万人民币，一跃突破八百万人民币。二00一年，
原有业务的基础上，上海志上广告有限公司成立
公关部门，在短短的六个月里，相关的营业额超
了1500万元。并使整个公司具备了线上及线下整
行销和策划的能力。
地址：上海市延安中路839号新世纪广告交易中心1
邮编：200040
总机：(021)62477105
(021)62477343
传真：(021)32220362

广告
品牌管理

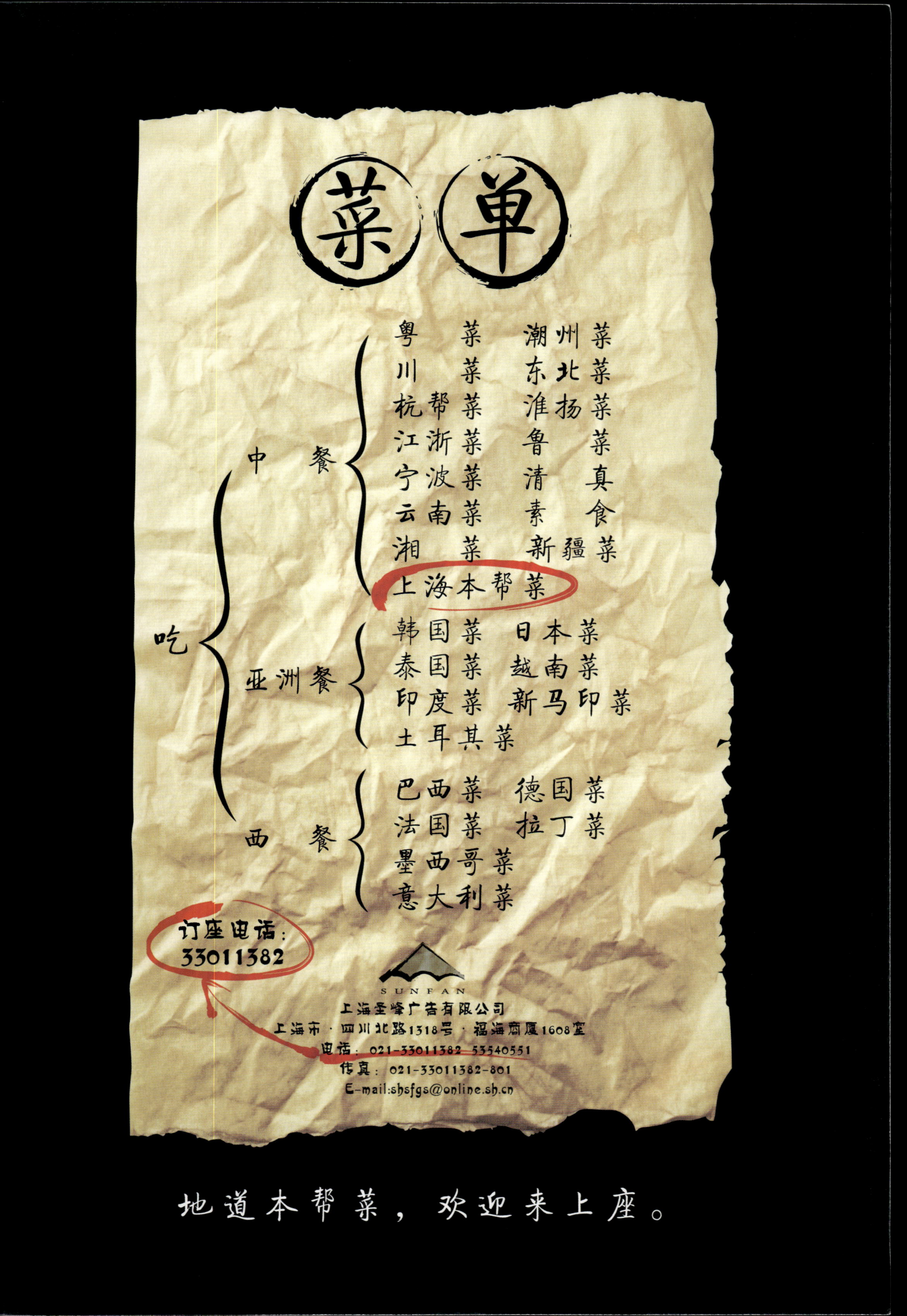
菜单
粤菜 潮州菜
川菜 东北菜
杭帮菜 淮扬菜
江浙菜 鲁菜
宁波菜 清真
云南菜 素食
湘菜 新疆菜
上海本帮菜
中餐
吃
亚洲餐
韩国菜 日本菜
泰国菜 越南菜
印度菜 新马印菜
土耳其菜
西餐
巴西菜 德国菜
法国菜 拉丁菜
墨西哥菜
意大利菜
订座电话：
33011382
SUNFAN
上海圣峰广告有限公司
上海市·四川北路1318号·福海商厦1608室
电话：021-33011382 53540551
传真：021-33011382-801
E-mail:shsfgs@online.sh.cn
地道本帮菜，欢迎来上座。

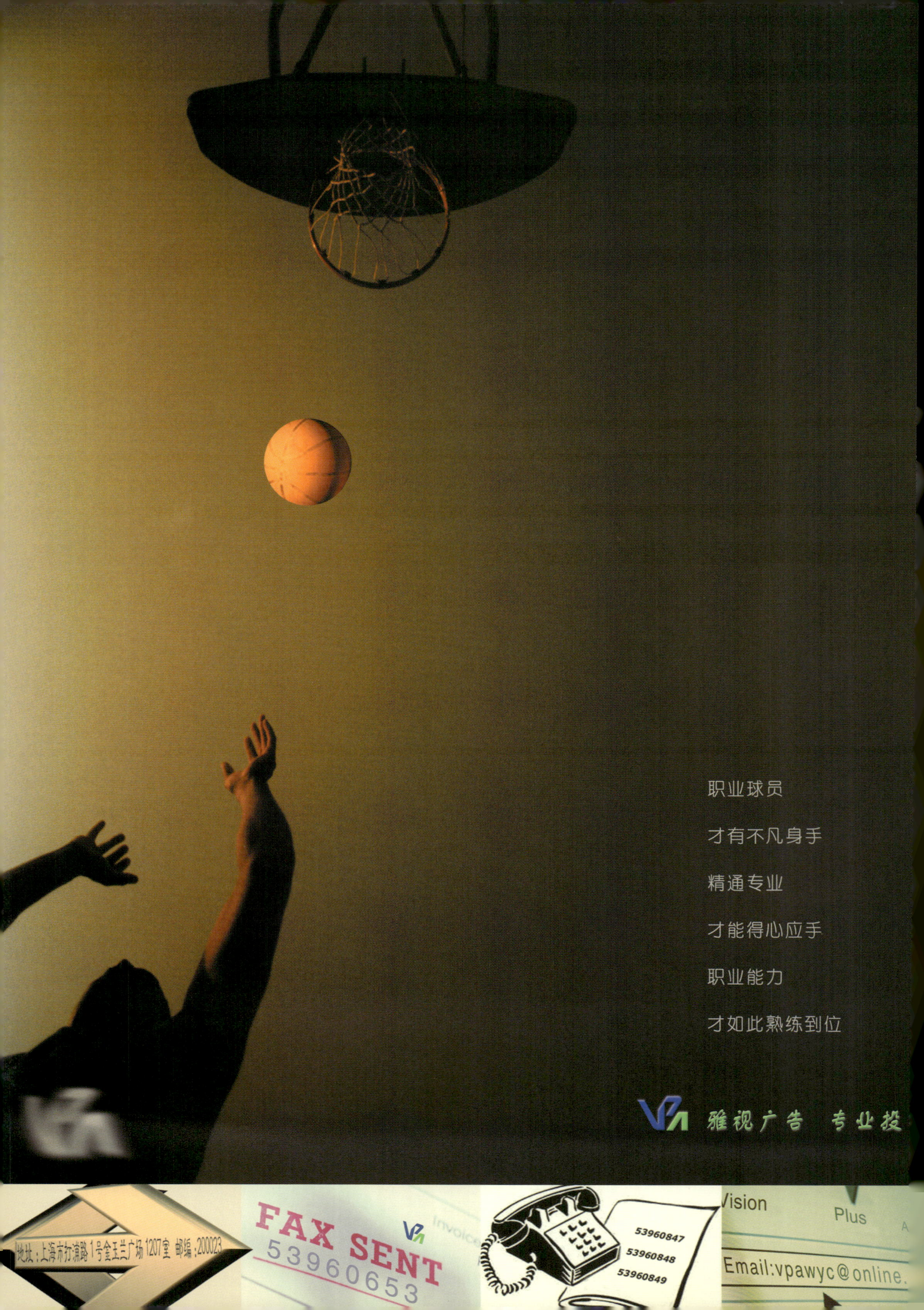

职业球员
才有不凡身手
精通专业
才能得心应手
职业能力
才如此熟练到位
雅视广告 专业投
地址：上海市打浦路1号金玉兰广场1207室 邮编：200023
FAX SENT
53960653
Invoice
53960847
53960848
53960849
Vision
Plus
Email:vpawyc@online.

上海合力廣告有限公司
SHANGHAI CLIMB AD. COMPANY

公司简介

上海合力广告有限公司是一家具有广告设计、制作、代理、发布资质的综合性专业广告公司。公司成立于一九九七年。

公司秉着诚实、守信的服务宗旨，汇集了二十余名从事广告事业多年的专业技术主创人员，在我们周围更是聚集着一群被称之为“广告发烧友”的精英人才！

公司拥有独立的媒介部（新世纪广告交易中心入驻单位）和设施完备的制作工场，专业从事展览，展台，戶外广告设计制作“动手能力”是公司的显著特长。

公司成员中从新闻行业“转业”的人才占有相当比例，信息、传媒的通路是我们的老本行。

公司最大的“产业”，是被称作现代化城市衣衫，企业品牌“点睛之笔”的戶外媒介的占有。

公司董事长：路　通
公司总经理：王家国
媒介部经理：徐敏辰
制作部经理：王宁茂
财务总监：林洁华
设计部主任：袁　华

SHANGHAI CLIMB AD. COMPANY

汤臣高炮设计制作

Since 1997, with legal qualifications of Design, Producing, Agent, and Outdoor Issuing, HELI Advertising (Shanghai)-Co., Ltd is a comprehensive AD company, with one Million RMB Registration Funds.

Our team, including more than twenty experienced and creative members, will serve customers honestly and faithfully. Around us, there are also professional talents we connect with, who are called "Advertising Hi Fi".

The company's Media Division is purposely located in the New Century AD Market, and the Manufacture Division is also separated from other parts of the company, which help it owning the full equipments and capability for exhibition and booth decoration, especially in the field of Outdoor Advertising design and producing.

Since many of our members have had experience in the Press and the Media, the company's PR ability in this area is strongly recommended.

Outdoor Advertising, which is regarded as the fashion of the metropolis' sight-seeing, and having the remarkable effect of the brand communication, is the largest part of our wealth.

Chairman of the Board: Lu Tong
General Manager: Wang Jiaguo
Media Manager: Xu Minchen
Production Manager: Wang Ningmao
Financial Director: Lin Jiehua
Creation Director: Yuan Hua

百事可乐天桥，立柱灯箱设计制作

中国一汽推广活动

海通证券展示设计制作

中信证券门头设计制作

欧典地板展示设计制作

公司本部地址：上海市静安区江宁路（和一大厦）420号15楼B座
电话：(8621)62670340 62870354 62670839 62679567
传真：(8621)62870353　　邮编：200041
媒介部地址：上海市延安西路839号1105室（上海新世纪广告交易中心）
电话：(8621)62470957 62891146 62791234-284
传真：62470957　　邮编：200040
制作部地址：上海市武宁路900弄66号　　电话:(8621)62055438

●专业策划化妆品、保健品、药品，特别擅长上海市场策划，自1985年以来，成功案例多多。

●拥有权威发布阵地,配合销售灵活自如;自创活性广告,针对性强,独具一格。

●本公司策划特点：花费少，见效快、效果好。

●具备在全国范围里的策划能力，并多次成功策划全国市场，使诸多品牌与产品轰动全国各地。

上海华亭广告装潢合作公司

地址:上海市延安中路839号1202室 电话:62476396、62792428 传真:62476202

上海人民广播电台AM1422/FM105.7经济频率广告总代理
蓄势待发，锐不可挡……
上海影剧人传播有限公司
于1994年，是一家集企业
策划、企业营销策划、产
装设计、平面广告设计、
电台、报纸广告代理为一
综合性广告公司。我们拥
素质的专业化人才，我们
告的创意构思、设计制作
体投放、经济效果评价、
反馈的全过程进行全方位
踪控制和管理。我们拥有
承办各种大型活动、新闻
会和各类产品展示及促销
的成功经验。我们植根市
植根客户、植根实际。
上海影剧人传播有限公
地址：上海市虹桥路1376号广播大
电话：21-62080909 21-62097
传真：21-62081919 21-62196
邮编：200051-518

中国广告协会

中国广告协会的职能任务

中广协的职能：

在国家工商行政管理总局的领导下，承担着抓自律、促发展，指导、协调、服务、监督的基本职能。

中广协的主要任务：

制定行业自律规定，规范经营行为，开展争创文明先进单位活动，促进广告市场健康有序的发展；

开展企业资质评审活动，扶植优势企业发展，促进产业结构的优化调整；

抓好行业培训工作，确保从业人员的上岗资质，努力提高从业人员的业务素质，与教育部门联合共同进行广告专业大专班、本科班、研究生班的招生教学工作；

加强广告学术理论研究，积极开展中外广告学术理论交流，促进和引导中国广告思想理论的发展；

开展国际交流与合作，与世界各国广告协会建立联系，代表中国广告界参加世界广告组织和活动，组织中国广告界参加国际性的广告赛事；

开展广告发布前咨询工作，为广告主、广告公司、媒介广告部提供法律援助；

开发信息资源，建立信息网络，为行业提供信息服务；

举办好中国广告节等会展活动，评选创意制做精良、广告效果好的优秀广告作品，推举新人，树立广告界的良好形象，促进广告业的发展；

积极参与广告业的立法立规工作，向政府有关部门反映会员单位的意见和要求，提出合理建议；

办好《现代广告》杂志，及时传递行业管理信息，发布行业统计数据，促进广告思想理论的发展和经营秩序的规范。

中国广告协会的组织结构

中国广告协会拥有全国各省、自治区、直辖市、副省级市、计划单列市和经济特区的49家广告协会团体会员，并与香港、澳门、台湾的广告组织建立了密切的联系与合作关系。

中国广告协会下设九个专业委员会：

学术委员会：拥有152名会员，有从事广告理论研究的理论工作者，有从事广告教学及策划、创意等实际工作的国内知名的广告人士；

广告公司委员会、电视委员会、报纸委员会、广播委员会、公交委员会、铁路委员会、广告主委员会等均按中国广告协会章程的有关规定，在本专业系统范围内开展活动；

法律委员会：由法律专家、学者和有关政府部门的人员组成，主要开展广告法律、法规研究，为维护广告经营者的合法权益提供法律支援。

在中国广告协会的近500家直接会员单位中，有83家中国最大的国有、民营广告公司和14家中外合资广告公司；有全国124个城市的公共交通广告公司；有全国68个城市的铁路广告公司；拥有130家省级、省会、城市电视台广告部；109家省、市级电台的广告部；94家省、市级报社广告部；有在国际、国内知名的大型工商企业；还有在国内有名的教学、研究、调查机构。中国广告协会的会员数虽只占全国广告经营单位总数的0.7%，但其营业额却占到全国广告总营业额的50%以上。

中国广告协会组织机构图

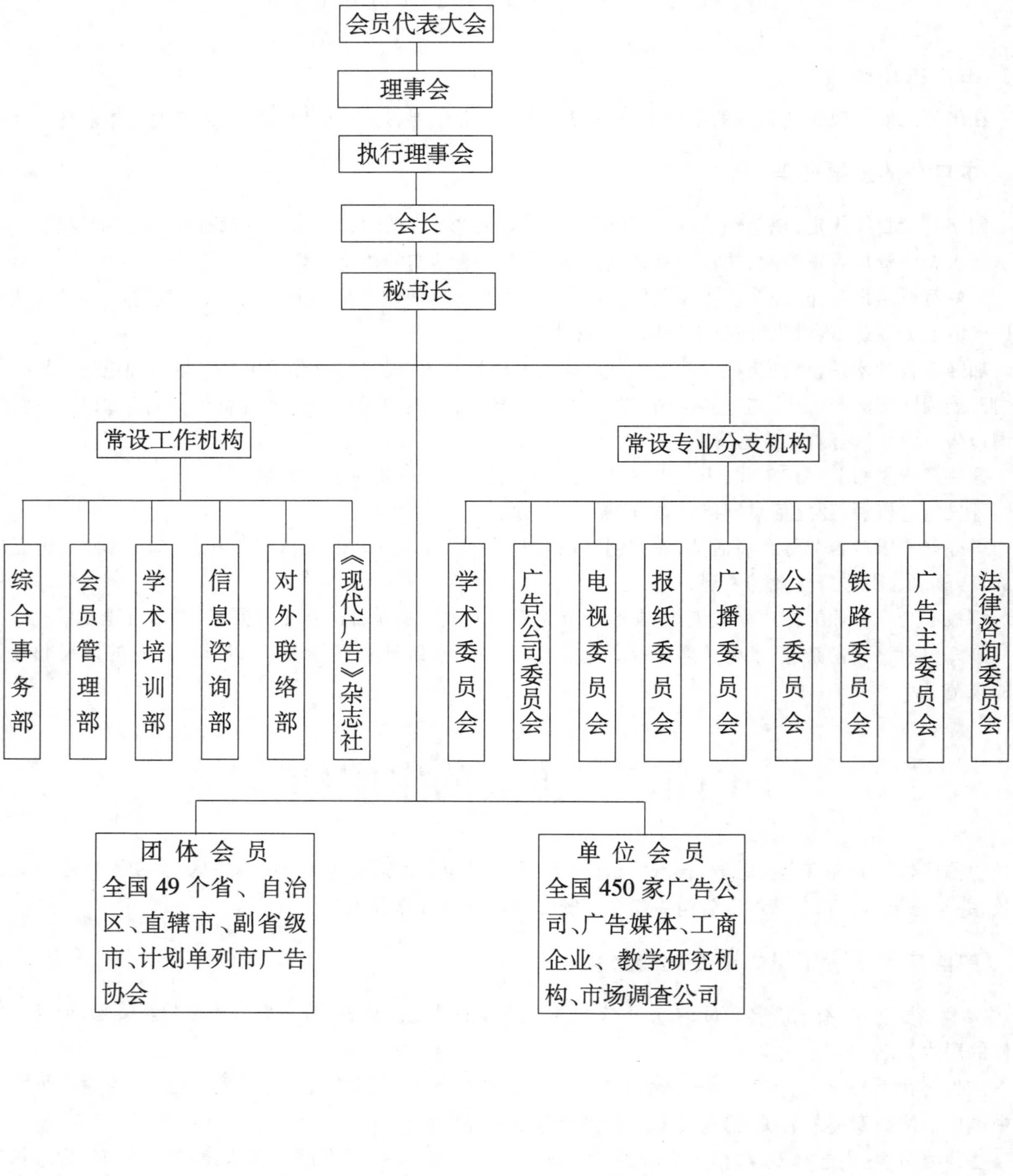

2000—2001 年度全国广告行业文明单位名单

2001 年中国广告协会在全国范围内开展了“争创广告行业精神文明先进单位”活动和加强建设“中国优势广告企业”工作。在各广告经营单位积极申报,各省、自治区、直辖市广告协会推荐的基础上,经中国广告协会第四届执行理事会第十四次会议研究决定:命名 218 个广告经营单位为“2000—2001 年度全国广告行业文明单位”,认定 49 个广告公司为“中国优势广告企业”。

报刊类(44 家)

大连报业(广告中心)
鞍山报业集团公司(广告中心)
阜新日报社(广告部)
长春日报社(广告部)
吉林日报社(广告部)
枣庄日报社(广告部)
烟台日报社(广告部)
杭州日报社(广告部)
宁波日报社(广告部)
江南都市报(广告部)
农村百事通杂志社(广告部)
福州晚报社(广告部)
湖南日报社(广告部)
长沙晚报社(广告部)
河南日报社(广告部)
深圳商报社(广告部)
深圳特区报社(广告部)
珠海特区报(广告部)
海南日报社(广告部)
安康日报社(广告信息部)
《读者》杂志社(经营部)
西宁晚报社(广告部)
工人日报社(广告处)
中华工商时报社(广告处)
中国青年报社(广告部)
解放军报社(广告部)
经济日报社(广告部)
参考消息报社(广告部)
中国证券报社(广告部)
证券市场周刊(广告部)
人民日报社(广告部)
人民日报海外版(广告部)
中国质量报社(广告管理中心)
中国教育报刊社(广告部)
天津日报社(广告处)
今晚报社(广告部)
重庆日报社(广告部)
石家庄日报(广告经理部)
辽宁日报社(广告部)
东莞日报社(广告部)
贵州日报社(广告处)
甘肃日报处(广告处)
青海日报社(广告部)
新疆日报社(广告部)

电视类(36 家)

广播电影电视总局电影频道(广告部)
上海东方电视台(广告部)
重庆电视台(广告部)
保定电视台(广告经济信息中心)
沈阳荧屏(广告传播中心)
吉林电视台(广告部)
黑龙江电视台(广告部)
齐齐哈尔电视台(广告部)
淮北电视台(广告中心)
浙江电视台(广告部)
福州广播电视集团(广告中心)
湖北电视台(广告经济部)
北京电视台(广告部)
天津电视台(广告部)
河北电视台(广告信息中心)
辽宁电视台(广告传播中心)
丹东电视台(广告传播中心)
吉林市电视台(广告部)
哈尔滨电视台(广告信息部)
江苏有线电视台(经济信息部)
淄博电视台(广告部)
温州电视台(广告部)
厦门电视台(广告部)
武汉电视台(广告部)

河南电视台(广告部)
台山市广播电视台(广告部)
梅州市电视台(广告部)
南宁电视台(广告部)
海南省电视广告公司
四川电视台(广告部)
成都电视台(广告部)
宝鸡有线电视台(广告部)
渭南电视台(广告部)
宁夏有线电视台(广告部)
青海电视台(广告部)
新疆电视台(广告部)

广播类(10家)

北京人民广播电台(广告部)
上海人民广播电台(广告部)
重庆市北碚广播电台(广告部)
浙江人民广播电台(广告中心)
韶关人民广播电台(广告部)
贵州人民广播电台(广告部)
四川人民广播电台(广告中心)
陕西人民广播电台(广告中心)
青海人民广播电台(广告信息部)
新疆人民广播电台(广告信息部)

公司类(117家)

中国广告联合总公司
北京歌华阳光广告有限公司
凤凰国际广告有限公司
北京国安广告总公司
中国国际广告公司
北京桑夏广告有限公司
北京市西京广告中心
北京北奥广告公司
北京广告公司
北京未来广告公司
上海奥美广告有限公司
上海广告有限公司
上海美术设计公司
上海灵狮广告有限公司
金马广告有限公司
上海旭通广告有限公司
上海大众广告公司
上海强生广告有限公司
上海复氏达市场咨询服务有限公司
上海申浦广告装潢有限公司
上海影视广告有限公司
上海邮政广告有限公司
上海新亚霓虹广告有限公司
上海东湖广告装饰有限公司
上海新生代广告社
上海东艺广告有限公司
上海影城公关广告部
上海李岱艾广告有限公司
上海东亚广告装潢有限公司
上海影剧人传播有限公司
上海白马开成广告有限公司
上海伊斯顿广告有限公司
上海现代国际传播有限公司
上海圣峰广告有限公司
上海捷森广告有限公司
上海白丽广告影视有限公司
上海天姿广告传播有限公司
天津广告有限公司
天津盛华国际广告发展公司
天津开发区世纪座标广告有限公司
天津市双木广告策划传播有限公司
天津市北岛广告发展有限公司
重庆正宗广告有限公司
重庆金朝广告有限公司
重庆写真广告有限公司
重庆正点广告有限公司
菲林广告制作有限公司
太原好运达国际广告有限公司
山西德意广告有限公司
内蒙古益维智业广告有限责任公司
锦州世都嘉华广告有限公司
哈尔滨海润国际广告有限公司
牡丹江新时代广告艺术有限公司
佳木斯市正大广告有限公司
江苏美嘉广告有限公司
江苏华实广告有限公司
常州市东亚广告策划有限公司
镇江邮政开发总公司邮政广告分公司
扬州新星广告设计有限公司
徐州世通邮政广告有限公司
南通骑士广告设计有限公司
江苏联广国际广告有限公司

南京市广告公司
安徽金鹏国际广告有限公司
安徽不夜城广告公司
安徽金太阳广告有限公司
山东省国际广告有限公司
北京太阳圣火广告有限公司山东分公司
山东东方天健广告有限公司
山东鲁能国际广告有限公司
青岛天马广告有限公司
浙江省国际广告有限责任公司
宁波市友谊广告发展有限公司
江西省对外经济贸易广告公司
江西方圆广告有限公司
福建省广告公司
福建新恒基广告有限公司
厦门国际航空航空港集团广告有限公司
泉州蓝道广告有限公司
漳州市南风广告有限公司
永安市新闻大屏幕广告有限公司
湖南博创广告有限公司
湖南电广传媒股份有限公司广告分公司
浏阳市广播电视广告信息有限公司
湖北航空港广告有限责任公司
武汉经济技术开发区新纪元广告装饰有限公司
宜昌市龙马广告有限责任公司
湖北省鸭子艺术广告策划公司
湖北联合广告有限公司
河南天明广告有限公司
广东省广告公司
广东广旭广告有限公司
广东金长城国际广告有限公司
广州市交易会广告有限公司
广州市旭日广告有限公司
广州市鼎盛广告有限公司
广州市广告公司
广州白云国际机场股份有限公司广告分公司
深圳市口岸广告公司
深圳市蓝太阳广告有限公司
汕头市艺术广告公司
湛江市广告装潢有限公司
中山市邮政局商函广告公司
惠州市南粤广告装饰工程有限公司
罗定市广告有限公司
广西科嘉艺营销广告有限责任公司
四川省巴蜀新形象广告股份有限公司
四川西南国际广告公司
昆明恒通广告有限公司
昆明市广告公司
昆明风驰明星信息产业有限责任公司
西安元中广告有限公司
陕西雄狮实业发展有限公司
兰州众望广告有限责任公司
宁夏银川盛荣影视广告传播有限公司
新疆航空广告公司
新疆普拉纳广告有限公司

公交类(5家)

北京地下铁道广告公司
石家庄市公共交通总公司广告公司
杭州公交广告公司
株洲市公交广告有限责任公司
深圳市公交广告公司

铁路类(6家)

大连铁道广告有限公司
福建铁路广告有限责任公司
武汉铁路广告装饰公司
广州铁路集团文化广告总公司
柳州铁路局广告公司
成都铁路广告公司

二、中国优势广告企业名单(49个)

中国广告联合总公司
上海美术设计公司
中国国际广告公司
广西科嘉艺营销广告有限责任公司
北京电通广告有限公司
智威汤逊－中乔广告有限公司
安徽金鹏国际广告有限公司
四川省巴蜀新形象广告股份有限公司
宁波市友谊广告发展有限公司
上海旭通广告有限公司
北京国安广告总公司
四川西南国际广告公司

杭州公交广告公司
北京公交广告有限责任公司
福建新恒基广告有限公司
北京太阳圣火广告有限公司
湖北省鸭子艺术广告策划公司
盛世长城国际广告有限公司
广东省广告公司
麦肯光明广告有限公司
广东广旭广告有限公司
博达大桥国际广告传媒有限公司
广东平成广告有限公司
精信广告有限公司
广州市广告公司
廊坊美格广告有限公司
广州市天艺广告有限公司
北京中视新思维广告有限公司
广州白云国际机场股份有限公司广告分公司
上海广告有限公司
达美高广告有限公司
上海灵狮广告有限公司
西安沙龙广告装饰有限公司
上海奥美广告有限公司
上海李岱艾广告有限公司
上海伊斯顿广告有限公司
上海东湖广告装饰有限公司
天津广告有限公司
天津渤海新世纪广告有限公司
重庆正宗广告有限公司
太原好运达国际广告有限公司
哈尔滨海润国际广告有限公司
山东省国际广告有限公司
青岛天马广告有限公司
南京市广告公司
江苏大贺国际广告集团公司
江苏美嘉广告有限公司
江苏华实广告有限公司
安徽不夜城广告公司

中国历届广告节一览表

届　别	时　间	地　点	主要活动	获奖、参展情况
第一届全国广告、装潢设计展	1982年2月21日至28日	北京市	广告、装潢设计展，广告文物及摄影制品展。	本届作品展共评出79件优秀作品。
第二届全国广告优秀作品展	1989年10月31日至11月9日	杭州市	优秀广告作品展，广告新技术、新媒体展，香港广告优秀作品展，企业广告工作汇报展，虚假广告典型案例展，名优产品展。	本届作品展共评出217件优秀广告作品。
第三届全国广告优秀作品展	1992年11月10日至19日	南昌市	优秀广告作品展，日本电通广告公司作品展，院校师生广告作品展，广告新技术、新媒体展，企业广告工作汇报展，名优产品展。	本届作品展共展出优秀广告作品2000余件，其中307件获奖。
第四届全国广告优秀作品展	1995年11月20日至26日	广州市	优秀广告作品展，广告新技术、新材料、新设备、新媒体展、国际影视广告展映、广告礼品、工艺品及印刷品，广告公司、媒介单位自身宣传展，广告创作专题讲座，产品演示会。	本届作品展共展出广播、电视、杂志、路牌、车身、灯箱、霓虹灯、橱窗、招贴、企业形象(CI)、公益等11类广告优秀作品2086件。

届别	时间	地点	主要活动	获奖、参展情况
第五届全国广告优秀作品展	1997年8月26日至29日	广州市	优秀广告作品展,"跨世纪的中国广告业"专题讲座,广告业绩展,广告新技术、新材料、新设备、新媒体展,卫星电视媒介展,港、澳、台地区及新加坡优秀广告作品展。	本届作品展共收到全国选送的1973件作品,评选出全场大奖、金奖、银奖、铜奖、入围奖、最佳公益广告奖、最佳广告语奖、评委推荐奖和最低成本制作奖(空缺)共441件。
第六届全国广告优秀作品展	1999年10月20日至26日	无锡市	优秀广告作品展,首届全国广告摄影优秀作品展,中国广告协会首届学院奖获奖作品展,境外华文华语广告优秀作品展,广告专业讲座,建立广告人纪念墙。	本届参展作品共2879件,其中:平面广告2024件,影视广告698件,广播广告157件。共评出全场大奖1件,金奖11件,银奖40件,铜奖84件,评委推荐奖12件,入围奖651件。上海市、西安市、武汉市、云南省、厦门市、山东省、广州市、新疆维吾尔自治区、北京市、天津市、河北省、江苏省、安徽省、四川省、贵州省、甘肃省、哈尔滨市、南京市、无锡市广告协会荣获了组织奖。
第七届全国广告节(自本届开始,"全国广告优秀作品展"经国家工商行政管理总局批准正式更名为"中国广告节")	2000年10月18日至22日	无锡市	优秀广告作品展,青年设计大赛,第二届全国广告摄影优秀广告作品展,境外华语优秀广告作品展,广告主、广告公司、广告媒介形象展,广告书籍交流展,广告研讨会,国际广告作品赏析,2000年峰会,建立广告人大道。	本届参展作品共1760件(总计2378幅)作品。其中,平面广告1160件,影视广告468件,广播广告126件。这些作品经15名评委评选产生出入围奖538件,等级奖在广告节前夕进行评选,获奖情况于颁奖晚会上现场公布。部分省、市广告协会荣获了组织奖。

中国赢得2004年世界广告大会举办权

为促进世界广告最新成果在中国传播,促进中国广告界与国际广告界的交流与合作,2001年设在中国广告协会的国际广告协会中国分会向国际广告协会提出举办第39届世界广告大会的申请,并就大会主题、大会论题、大会的组织与管理工作、大会的宣传推广计划、大会举办地——中国首都北京的优势与条件等,向国际广告协会提出了详细的申办报告。

经国际广告协会执行理事会审议,理事大会表决通过,正式确定2004年的第39届世界广告大会将在中国北京举办,由中国分会具体承办。

两年一届的世界广告大会是由国际广告协会主办的国际市场传播领域很有影响的高层次的大会,迄今已举办了近40届,对推动现代市场传播业的发展起到了重要的作用。

中国作为重要的发展中国家,当前经济繁荣增长,社会安定、开放,市场传播业更是迅速发展,方兴未艾,蕴藏着无限的生机和活力。中国广告市场是目前增长速度最快的广告市场,2000年广告营业额达到712.66亿元,已成为亚太地区最大的广告市场。特别是中国已加入WTO,与世纪经济文化传播业的发展将是一个极大的促进,对扩大国际广告协会在亚太地区的影响也是一个极大的促进。

2004年第39届世界广告大会的主题为:广告——和平与发展。大会的三个论题分别为:创新、动力、责任。

中国广告协会法律咨询委员会成立

酝酿已久的"中国广告协会法律咨询委员会"于2001年11月10日在北京成立,并同时召开了法律咨询委员会第一次会议。中国广告协会秘书长兼法律咨询委员会主任时学志主持会议,国家工商行政管理总局副局长韩新民莅临祝贺并作了重要讲话。

韩局长强调指出,以法治国是党中央、国务院确定的建设现代化社会主义法制国家的治国方针,对工商行政管理和行政执法工作具有重要的指导意义。中国广告协会法律咨询委员会的成立,将对中国广告协会的工作,乃至中国广告事业的发展起到积极的推动作用。他提出了八个方面的研究课题,对法律咨询委员会的工作寄予了殷切的期望。

中国广告协会法律咨询委员会(以下简称委员会)的成立,一方面旨在提高广大从业人员对广告法律和法规的认识、理解及执行水平,促进其自觉守法经营;另一方面,则在于增强广告从业者依法自我保护的意识,维护广告经营单位的合法权益。委员会的成立是广告业适应中国加入WTO的需要,是中国广告行业组织更具体地发挥指导、协调、服务、监督职能的需要,也是广告行业运行机制与国际接轨,全面迈向法制化轨道的必然要求。

委员会目前由18名委员组成,他们是:国务院法制办工交司姜天波;全国人大法工委经济法室三处王清;最高人民法院民事审判三庭罗东川、北京高级人民法院知识产权庭程永顺;国家工商行政管理总局广告司王晋杰、商标评审委员会田云鹏、法规司综合处梁艾福;中国社会科学院知识产权中心唐广良;上海大学知识产权学院陶鑫良、中国政法大学刘金国、北京大学法学院张谷、中国人民大学法学院史际春;宝洁(中国)有限公司朱少龙、郭克强;北京君宁律师事务所朱军、中国广告协会时学志、孙英才、李方午。

成立大会结束后,召开了中广协法律咨询委员会第一次会议,专门就《广告中的比较与贬低的界定》议题进行了认真的探讨。

今后,法律咨询委员会还会不定期地对在广告实践中遇到的有关法律、法规方面的问题进行专题性的研究,并将需要澄清的问题与实例提交给法律咨询委员会的办事机构——中国广告协会咨询部,以便整理并提交法律咨询委员会研讨。

全国主要广告协会名录

名称	地址	电话		传真	邮编
中国广告协会	北京市西城区展览馆路甲1号	(010)68344211		68344204	100044
中国对外经济贸易广告协会	北京市台基厂头条10号	(010)65283416	65063491	65283415	100005
北京广告协会	北京市丰台区莱户营东街乙360号	(010)63400762			100054
上海市广告协会	上海长安路1001号长安大厦1号楼512室	(021)63175971	63178546	63177525	200070
天津市广告协会	天津市和平区桂林路进德里7号	(022)23311004	23393325	23311004	300050
重庆市广告协会	重庆市渝中区沧白路73号工商大厦12层	(023)63800118		63833605	400011
内蒙古自治区广告协会	呼和浩特市新城艺术厅南街一号	(0471)6937831	6287010	6287010	010020
山西省广告协会	太原市开化寺街135号	(0351)2025471		4043490	030002
河北省广告协会	石家庄市体育南大街316号	(0311)8636581		5876156	050011
辽宁省广告协会	沈阳市皇姑区崇山中路55号	(024)86849545		86849545	110031
沈阳市广告协会	沈阳市沈河区南关路118号	(024)24011656		24147810	110016
大连市广告协会	大连市西岗区民运街22号	(0411)3600361	3607506	3600350	116021
吉林省广告协会	长春市大经路156号	(0431)8714483		8719405	130041
长春市广告协会	长春市西安大路84号	(0431)8500607		8540769	130061
黑龙江省广告协会	哈尔滨市道里区高谊街65号	(0451)4616114		4616114	150010
哈尔滨市广告协会	哈尔滨市道里区防洪胡同14号	(0451)4695394	4646459	4695394	150010
江苏省广告协会	南京市北京西路30号宁海大厦1114房间	(025)3312495		3317634	210024
南京市广告协会	南京市成贤街43号	(025)3611592		3611592	210018
安徽省广告协会	合肥市邮局中投128053信箱	(0551)2828751		3642660	230061
山东省广告协会	济南市燕子山路43号	(0531)8527339		8527351	250014
济南市广告协会	济南市经七路纬一路305号	(0531)2051262		2051203	250001
青岛市广告协会	青岛市福州路87号	(0532)5730589		5730949	266071
浙江省广告协会	杭州莫干山路77号省工商局金汇大厦北门	(0571)88385234		8385234	310005
杭州市广告协会	杭州市新华路157－1号四楼	(0571)87011044		7011044	310003
宁波市广告协会	宁波市长春路40号	(0574)7324525		7324665	315040
江西省广告协会	南昌市省政府大院内省工商大楼12楼	(0791)6350329		6350329	330046
福建省广告协会	福州市五四北路358号工商局大楼6层	(0591)7730984		7715166	350003
厦门市广告协会	厦门市水仙路海光大厦22层E座	(0592)2052923		2127565	361001
湖南省广告协会	长沙市枫林路9号	(0731)8883579		8883439	410006
湖北省广告协会	武汉市武昌东湖路147号	(027)86794176		86770785	430077
武汉市广告协会	武汉市江汉区香港路249号	(027)85633122		85633093	430015
河南省广告协会	郑州市红专路40号	(0371)5713721		6779306	450002
广东省广告协会	广州市体育西横街1号	(020)85582182	85583180	85260183	510620
广州市广告协会	广州市天河路112号12楼	(020)85592483		85592483	510625
汕头市广告协会	汕头市龙眼南路工商大厦	(0754)8563244		8563224	515041
深圳市广告协会	深圳市桂园路红围三巷新世界宾馆3楼	(0755)5566916	5565589	5561272	518001
珠海市广告协会	珠海市香洲人民东路125号工商大厦644室	(0756)2622282	2622393	2622350	519000
广西壮族自治区广告协会	南宁市怡宾路1号(区工商大厦)	(0771)5532119		5533519	530028
贵州省广告协会	贵阳市八鸽岩路11号	(0851)6824058		6851458	550004
海南省广告协会	海口市机场西路4号特区工商大厦十三楼1305室	(0898)6759577	6767732	6768029	570206
四川省广告协会	成都市新华大道玉沙路118号四川工商大厦9楼	(028)6616457	6741897	6616457	610017

成都市广告协会	成都市鼓楼北三街1号	(028)5394272	5394272	610017
云南省广告协会	昆明市新闻路28号附1号	(0871)4161833	4196347	650032
陕西省广告协会	西安市建设西路1号(西藏办事处院内)	(029)7815196	7886361	710054
西安市广告协会	西安市友谊东路298号507室	(029)7823079	7289506	710054
甘肃省广告协会	兰州市皋兰路100号(统办一号楼)13楼	(0931)8884324	8884324	730000
宁夏回族自治区广告协会	银川市利民南街91号	(0951)4110011	4115114	750001
青海省广告协会	西宁市北大街3号	(0971)8247821	8248508	810000
新疆维吾尔自治区广告协会	乌鲁木齐市人民路56号	(0991)2811527	2811269	830002
西藏自治区广告协会	拉萨市宇拓路13号	(0891)6336018	6334091	850000

中国广告协会学术委员会委员名录

姓名	性别	工作单位	职务(称)	详细通讯地址	电话	邮编
洪一龙	男	中宣部新闻局	高级编辑	北京东四十条乙28号1704室	010-64012263	100007
赵晨好	女	中宣部机关党委	纪委书记	西长安街5号	010-63095086	100806
马谋超	男	中科院心理所	研究员	北京海淀北三环西路45号新一楼四单元410	010-62570179	100086
陈毅文	男	中科院心理所	副研究员	北京海淀北三环西路45号甲西颐北馆新1楼1单元402	010-64937270	100086
程庄庄	女	中国广告协会	高级经济师	北京西城区展览馆路甲一号	010-68341544	100044
赵凯	男	中国广告协会广播委员会	副秘书长	复兴门外大街2号中央人民广播电台广告部	010-66092277	100866
何海明	男	中央电视台广告部	客户总监	北京复兴路11号CCTV	13801170225	100038
张农	男	中央人民广播电台广告部	副主任	复兴门外大街2号	010-66093636	100866
殷东升	男	中央人民广播电台广告部	编辑	复兴门外大街2号	010-66092522	100866
张冬兴	男	中央人民广播电台	退体干部	北京真武庙2条4号院3门7号	010-68012960	100045
丁俊杰	男	北京广播学院新闻传播学院	院长	北京东郊定福庄	010-65779361	100024
黄升民	男	北京广播学院广告学系	系主任 教授	复兴路11号CCTV宿舍二号楼1207室	13801010330	100038
许俊基	男	北京广播学院	教授	北京定福庄南里十号14楼一门402	010-65779685	100024
肖虎	男	北京广播学院广告学系	副教授	朝阳区定福庄东街一号	13701209964	100024
路盛章	男	北京广播学院动画学院	副教授	朝阳区定福庄东街一号	010-65754324	100024
潘大钧	男	北京工商大学	教授	北京阜成路33号北京工商大学新西楼504	010-68904113	100037
祁聿民	男	北京工商大学管理系	副教授	北京阜成路33号工商大学管理系	010-68904070	100037
姜弘	男	北京大诚广告有限公司	董事长	朝阳区崔各庄乡崔各庄村南	010-64316786	100103
尚恒德	男	华艺广告公司	顾问	北京朝阳区马甸桥北祁家豁子华严北里39号楼5门1102	010-82848978	100029
金子泓	男				010-65811878	
程春	男		高级经济师	北京樱花园24楼7门503	010-64423502	100029
范亚刚	男	清华大学外语系	副教授 博士	清华大学东15-1-604	010-62788511	100084
董立津	男	炎黄艺术国际推广有限公司	副总经理	丰台区菜户营东街甲88号鹏润家园3A-305	010-63391326	100053
刘瑞武	女	人民日报诺贝广告有限公司	董事长	北京朝阳门外金台西路二号	010-65092016	100733
尹春雨	女	北京大宝广告公司	总经理	崇文区白桥大街20号	010-67183856	100062
黄恒学	男	北京大学光华管理学院	教授	北京大学政府管理学院公共经济学系	13901203588	100871
卢勇	男	中国太平洋经济合作全国委员会培训部	主任	北京朝阳区霄云路18号同进管理培训中心	010-64681194	100016

姓名	性别	工作单位	职务(称)	详细通讯地址	电话	邮编
谢舒弋	男	冰火写意广告有限公司	创意总监	北京广安门外马莲道东街15号7-1508	010-63573957	100052
王明科	男		高级工艺美术师	北京安外大街上龙西里37号楼1003	010-64256554	100011
刘林清	男	首都经济贸易大学工商系	副教授	北京缸瓦市大院胡同朱苇泊一号	010-64415938	100032
傅慧芬	女	对外经济贸易大学	教授	对外经济贸易大学23信箱	010-64917746	100029
罗真如	女	中央工艺美术学院	教授	朝阳区红庙北里6楼三单元602	010-65948311	100025
曾新民	男	经济日报研究所	高级编辑	北京宣武区白纸坊东街2号	010-63559988-903	100054
黄宇翔	女	人民日报广告处	副编审	北京朝阳门外金台西路二号	010-65095488	100733
周建梅	男	中国长城广告展览有限公司	创作总监	丰台区莲花池西里29号公交调度中心13层	13801068456	100600
朱维理	男	北京广告艺术公司	创意总监	北京海淀区复兴路甲9号-C203	010-66416688-8220	100038
崔斌	男				13801181724	
刘立宾	男	国际广告杂志	主编	北京建国门外大街12号4层	010-65688491	100022
高萍	女	北京广告学院	副教授	海淀区温泉镇东埠头1号	010-62452388	100095
徐建	女	北京捷先广告公司	总经理	北京朝阳区裕民东路12号华展国际公寓A座604	13910390327	100029
杨同庆	男	首都经贸大学广告研究中心	副教授	西城西交民巷62号1号楼1088	13901375515	100031
欧阳在三	男	江西财经大学	副教授	朝阳区工体北路甲2号盈科中心区IBM大厦23层欧阳方转	010-65391188-4054	100027
高志宏	女	北京龙之媒动力广告信息咨询中心	副总经理	北京西城区太平仓甲16号	010-66164526	100034
徐智明	男	北京龙之媒广告文化书店	总经理	北京西城区太平仓甲16号	13501003103	100034
邵隆图	男	上海市隆图广告创意策划公司	总经理	上海市淮海西路442弄85号铺江大厦2108室	021-52897626	200052
吴德江	男	德江设计有限公司	总经理	上海长宁区虹桥路1756弄52号401室	021-52570072	200335
王依群	男	依群工作室	负责人	上海幸福路137号富宁大厦41室	021-62808098	200052
何平	男	上海何平广告有限公司	总监	上海市吴宝路欣源公寓8号楼602室	021-64787788	201103
蒋竞元	男	解放日报报业集团	编辑	上海灵石路999弄10号202室	021-56374523	200072
程士安	女	复旦大学新闻学院	副教授	上海邯郸路220号	13801659824	200433
张安腾						
潘中法						
董景寰	女	同济大学工商管理系	副教授	上海市四平路1239号	021-65290950	200092
晁钢令	男	上海财经大学贸易经济系	系主任	上海市国定路777号	021-65490001-2113	200433
方振兴	男	上海大学美术学院	副教授	上海市济阳路95弄35号101室	021-58801712	200126
顾建平	男	金马广告有限公司	总经理	上海市天钥桥路211号3楼	021-64380260	200030
林之荣	男	上海对外经济贸易企业协会	副总经理高级工程师	上海市虎丘路128号广学大楼704室	021-63299539	200002
章汝奭	男	金马广告集团	首席顾问	上海古北路530弄28号101室	021-62599975	200335
徐益	男	上海电视台广告中心	副主任	上海市南京西路651号	021-62565899	200041
陈志宏	男	上海东方广播电台广告部	市场研究部主任	上海市国和路611弄17号301室	021-65568125	200438

姓　名	性别	工作单位	职务(称)	详细通讯地址	电　话	邮　编
陈锡周	男			上海市欧阳路378弄8号50	021-65400743	200081
吴整风	男	上海东方广播电台广告部	编辑	上海市虹桥路二号	021-62082773	200002
唐可爱	女	上海丽人广告公司	总经理	上海汉口路515号	021-63617237	200003
孔令智	女	南开大学	教授	天津河西区体育院北环湖东里57楼902室	022-23353863	300060
周　伟	女	天津经济广播电台	编辑	天津和平区卫津路143号	022-273601189	300070
刘午广	男	天津中视传播代理有限公司	经理	天津河西区湛江路12号门207室	022-3281780	300204
陈树林	男	天津双木广告策划传播有限公司	总经理	天津河西区马场道188号内干部俱乐部燕园别墅1号	022-23528203	300074
张　雪	女	四川美术学院设计艺术系	副教授系主任	重庆市黄桷坪四川美术学院	023-68514418	400053
李　巍	男	四川美术学院设计艺术系	教授	重庆市黄桷坪四川美术学院	023-68516614	400053
全玉玺	男	重庆电视台广告部	主任记者	重庆市渝州路68号彩电中心(广告楼)	023-68614942	400039
宋　林	男	重庆电视台	主任记者	重庆市渝州路68号彩电中心	023-68633431	400039
熊克俭	男	重庆金大牧业科技发展有限公司	负责人	重庆市九龙坡区滩子口45号	023-68431188	400050
李文华	男	声屏之友报社		石家庄体育南大街302号声屏之友报社	0311-6030098	050021
左梦奎	男				0311-5876156	
王　鼎	男	沈阳市广告公司	退休干部	大东区北顺城路123号		110041
胡凤廷	男	沈阳晚报广告处	处长	沈阳市沈河区北三经街67号	13804995852	110014
高　岷	女	沈阳市广告协会	秘书长	沈阳市沈河区南关路118号	024-24011653	110015
王亚非	男	鲁迅美术学院成人教育学院	院长	沈阳市和平区三好街19号	024-23897473	110003
林中兴	男	丹东高等专科学校	党委书记	辽宁丹东市元宝区蛤蟆塘文化路325号	0415-2147852	118003
傅丽霞	男	吉林省哥特装饰装潢有限公司	副教授	吉林省长春市西安广场青龙路4号	0431-7988228	130062
王伟明	男	延边有线电视台	副台长	吉林省延吉市局子街80号	0433-2529003	133000
吴士元	男	哈尔滨工业大学工业设计系	教授	哈尔滨工业大学254号信箱建工系工业设计教研室	0451-8681602	150001
陈一虹	女	哈尔滨市广告协会	副秘书长	哈尔滨市道里区防洪胡同14号	0451-4646459	150010
筱　毅	男	南京市广告公司	高级工艺美术师	南京市汉中路180号星汉大厦8楼C座	025-2214807	210018
周晓虹	男	南京大学社会系	主任、教授	南京汉口路22号西南楼	025-3593524	210093
高丕烈	男	广东电视台	顾问	南京太平南路润德里9号1栋204	025-2213973	210005
贾丽军	男	南京卓越形象创意公司	总经理,高级工艺美术师	南京汉中路180号星汉大厦8楼C座	025-6799095	210029
乔　均	男	南京财经大学	教授	南京市铁路北街128号D楼营销与广告学系	13505161556	210003
庞家琦	男	常州黑马公共关系公司	经理	常州延陵西路61号常信大厦2204室	0519-8159797	213003
傅根清	男	山东大学新闻系	副教授	山东济南山大南路27号	0531-8566225	250100
朱　铭	男	山东工艺美术学院	副院长	济南市经十路102号省民盟	0531-2619556	250014

姓　名	性别	工作单位	职务(称)	详细通讯地址	电　话	邮　编
王　茜	男	山东东方天键广告公司	创作总监	济南市和平路36号南楼	0531－6418681	250014
贾永壮	男	青岛天诚广告公司实业有限公司	总经理	青岛高邮湖路26号1号楼	0532－5728668	266000
项建中	男	浙江华林广告有限公司	总经理	杭州文苑路沁雅花园13栋2单元101	0571－8988774	310012
陈　粱	男	中国广告杂志社	高级工美师	杭州市体育场路460号罗马公寓1栋3单元301号	0571－85902672	310007
程　冬	男	杭州阳光创意广告有限公司	创作总监	杭州市中山北路西湖新城青松阁7层A、B	0571－5302337	310014
陈鹭流	男	浙江省国际广告公司	副总经理	浙江杭州体育场路596号	0571－7055093	310007
王兴华	男	杭州大学新闻系	教授	杭州天目山路34号	0571－5126443	310028
胡季强	男	浙江康恩集团公司	总经理	杭州体育场路409号6楼	0571－5057757	310006
胡晓云	女	浙江大学新闻传播学院	副教授	浙江大学西溪校区新闻系	13705714301	310028
周　青	男	杭州凤巢企划广告公司	总经理	杭州莫干山路100号耀江国际大厦B座7层C座	0571－88380502	310005
李世丁	男	赣南师范学院工商管理系	教授	江西省赣州市红旗大道	0797－8268745	341000
朱月昌	男	厦门大学新闻传播系	教授	厦门大学新闻传播系	0592－2086822	361005
陈培爱	男	厦门大学新闻传播系	教授	厦门大学新闻传播系	0592－2180625	361005
陈扬明	男	厦门大学新闻传播系	副教授	厦门大学敬贤10－301	0592－2186382	361005
程宇宁	男	湖南轻工业高等专科学校	副教授	长沙市劳动路229号凯华大厦6楼长沙金果广告策划有限公司	0731－5134666	410007
陈　希	男	湖南日报广告设计部		湖南长沙芙蓉中路18号报社大院1栋901室	0731－4329398	410071
彭星间	男	中南财经大学贸易系	教授	武汉市武昌区中南财经大学贸易系	027－8844001－4284	430064
张锦妙	男	湖北省工商局	副处长	武汉市东湖路301号	027－87813700	430077
刘永葆	男	湖北日报	编辑	武汉市武昌黄鹂路65号	027－6816837	430077
田剑云	男	中国机械工程杂志社	副社长	武汉市武昌石牌岭14号	027－7877002	430070
夏清华	女	武汉大学管理学院	讲师	武汉大学管理学院	027－7882712－2895	430072
马绝尘	男	华中理工大学工商管理学院市场营销系	副教授	武汉市华中理工大学管理学院市场营销系	027－87540636	430074
张海明	男	湖北日报	广告部主任	武汉市武昌黄鹂路65号	027－86787309	430077
傅汉章	男	暨南大学经济学院	教授	广州市石牌暨南大学经济学院	020－85223506	510632
李嘉宝	男	广州市广告公司	退休干部	广州市惠福西路187号502室	020－81868542	510120
林志东	男	羊城晚报社	总经理	广州市东风东路733号羊城晚报社	020－87776211－3388	510085
李　谋	男	广州金长城国际广告有限公司	总经理	广州市天河北路449号嘉怡苑Ⅲ幢10楼A座	020－38808807	510620
裴民慧	男	人民日报华南分社	副总经理	广州黄埔大道159号	020－85512909	510620
沙宗义	男	广东省广告公司		广州市东风东路745号之二金广大厦	020－87301778	510087
胡惠民	男	广东华夏电视传播有限公司	总经理	广州天河北路82号光华大厦侨通楼1108室	020－87573614	510620
张小平	男	广州黑马广告有限公司	总经理	广州市建设大马路3号党校大厦6IJ室	020－83867608	510160
丁邦清	男	广东省广告公司	创意总监	广州市东风东路745号之二金广大厦	020－87301715	510087

姓 名	性别	工作单位	职务(称)	详细通讯地址	电 话	邮 编
胡川妮	女	广州美院装潢艺术设计系	副教授系主任	广州市昌岗东路257号广州美院35栋504房	020-84429786	510261
杨建华	男	暨南大学商学系	副教授	广州市暨南大学经济学院	020-85516511-4327	510632
袁乐清	男	广东省工商联五金机电商会		广州市广州大道中明月2路68号广东省民主大楼413	020-87399289	510600
金培武	男	广州市广告协会	副秘书长	广州天河路112号	13602811507	510620
毕玉强	男	广东合众广告有限公司	董事长	广州市天河体育西路109号高盛大厦211层A座	13902289428	510620
余明阳	男	深圳大学文化传播学院	室主任博士	广东深圳园岭新村34-202	0755-5889665	518028
欧阳康	男	深圳大学电教中心	副教授	深圳大学电教中心	0755-6660501	518060
邬永柳	男	桂林华顿广告策划公司	总经理	广西桂林环城西一路香江饭店18楼	0773-3833973	541000
王多明	男	贵州省广播电视大学	编辑部主任、副教授	贵阳市八鸽岩路47号	0851-5955773	550004
孙秀筑	女	贵州省工商局商标广告处	退休干部	贵州省贵阳市八鸽岩路4号省工商局商广处	0851-6825140	550002
宋顺清	男	华南热带农业大学	教授	海南省儋州市华南热带农业大学东区16栋10278信箱	0890-23300199	571737
王世明	男	成都市美术广告公司	总经理	成都市祠堂街16号	1398021540	610015
樊文江	男	西安美术学院	教授	西安今光路100号西安美院	029-8235150	710065
杨晋安	男	陕西省工商局商标广告处		西安市新城省政府大楼11层14室	029-7294425	710004
林安今	男	西安市美术广告总公司	高级美术设计师	西安市雁塔路中段5号	029-5531583	710054
金国强	男	陕西电视台	副台长	西安市建西街10号	029-7881138	710002
任世德	男	北京海德广告有限公司西北公司	经理	西安市南广济街20号	029-7612410	710002
唐仁承	男	香港天厨有限公司	总经理	香港青衣路52-62号B座五字楼	00852-91963277	

国际广告协会(IAA)中国分会会员名录

姓 名	职务	地址	电话	传真	邮编
惠鲁生	国家工商局副局长	北京西城区三里河东路8号	(010)68344211	(010)68344204	100820
杨培青	中国广告协会会长	北京西城区展览馆路甲1号	(010)68322459	(010)68344204	100044
时学志	中国广告协会秘书长	北京西城区展览馆路甲1号	(010)68344211	(010)64344204	100044
吴德裕	中国广告协会副会长	北京西城区展览馆路甲1号	(010)68344211	(010)68344204	100044
贾玉斌	国家工商局广告司副局级干部	北京西城区三里河东路8号	(010)68013300-5708	(010)68023005	100820
张泽满	国际广告协会中国分会秘书长	北京西城区展览馆路甲1号	(010)68322384	(010)68344204	100044
刘超海	中国广告协会电视委员会办公室主任	北京西城区月坛北街甲1号	(010)68029977	(010)68020033	100037
令狐完成	中国广告联合总公司总裁	北京西城区宣武门西大街甲97号	(010)63074228	(010)63074227	100031
郑加强	原中央电视台广告部主任	北京复兴路11号	(010)68509308	(010)68508354	100859
吴　江	中央人民广播电台华夏之声广告公司总经理	北京复兴门外大街12号	(010)68045896	(010)68045896	100866
杨　茵	北京华天旅游国际广告公司总经理	北京东城区建内大街贡院西街7号	(010)65243091	(010)65243091	100005
梁勤俭	《工人日报》社广告部主任	北京安定门外六铺炕	(010)64254708	(010)64219759	100718
张为民	《EDNCHINA 电子设计技术》杂志社总经理	北京百万庄路22号10层	(010)68327920	(010)68328356	100037
张家骥	北京公交广告公司总经理	北京东城区交道口东大街64号	(010)64060080	(010)64049428	100007
杨旭霞	北京华艺广告公司总经理	北京海淀区白石桥路甲54号方圆大厦510室	(010)88026338	(010)88026338	100044
郭　宏	北京华艺广告公司创意总监	北京海淀区白石桥路甲54号方圆大厦510室	(010)88026331	(010)88026330	100044
韩怡冰	北京华艺广告公司副总经理	北京海淀区白石桥路甲54号方圆大厦510室	(010)88026339	(010)88026730	100044
郝亚宁	北京新世纪广告有限公司总经理	北京朝阳区朝外大街22号泛利大厦5层	(010)65883181	(010)65883180	100020
胡纪平	北京广告公司总经理	北京朝阳区光华路1号北京嘉里中心写字楼南楼四层	(010)85298139-868	(010)85298150	100020
宋瑞波	北京市公交广告公司顾问	北京东城区交道口东大街64号	(010)64030529	(010)64049428	100007
王　欣	北京电扬广告有限公司副总经理	北京建外大街1号国贸大厦1座7层718室	(010)65059922	(010)65057950	100005
郭新光	北京市朝阳区工商局	北京朝阳区关东店四巷22号	(010)65017120	(010)65024472	100020

	副局长				
鄢 钢	北京国安广告总公司总裁	北京朝阳区光华路乙12号国贸中心外经贸咨询信息大楼14层	(010)65050027	(010)65050015	100020
赵智江	北京电视台广告部主任	北京海淀区西三环北路3号	(010)68429580	(010)68429120	100081
王建琪	歌华集团总经理	北京西城区宣武门西大街129号金隅大厦15层	(010)66419918	(010)66419921	100031
付增杰	北京房地产广告有限公司总经理	北京朝阳区芍药居甲2号内1楼	(010)84615983	(010)84615892	100029
蒋婷婷	中国机电广告公司高级经济师	北京西城区百万庄大街	(010)68328857	(010)68326861	100037
刘燕铭	海润国际广告有限公司总经理	北京朝内北大街8号富华大厦F座-15A	(010)65544063	(010)65544062	100027
金子泓	海润国际广告有限公司副总经理	北京朝内北大街8号富华大厦F座-15A	(010)65541605-104	(010)65544062	100027
路盛章	北京广播学院广告系教研室主任	北京朝阳区定福庄	(010)65769620	(010)65779363	100024
梁京民	北京领先广告艺术公司总经理	北京朝阳区农光里207楼1601号	(010)67346124	(010)67346124	100021
刘 是	刘是广告有限公司总经理	北京朝阳区安定路1号奥体中心体场院内	(010)64979306	(010)64961180	100029
刘瑞武	人民日报广告部诺贝广告有限公司董事长	北京市朝阳门外金台西路2号	(010)65092016	(010)65014076	100733
徐道礼	北京电视台原副台长	北京海淀区西三环北路3号	(010)68419808	(010)68419824	100081
丁 南	北方展览广告公司总经理	北京宣武区广安门南街甲12号	(010)63547597	(010)63547531	100053
应光荣	北京大道广告有限责任公司董事长	北京东三环北路甲2号京信大厦西南配楼4218室	(010)64661856	(010)64661812	100027
张玉华	北京大道广告有限责任公司总经理	北京东三环北路甲2号京信大厦西南配楼4218室	(010)64609251	(010)64661812	100027
徐 建	北京捷先广告公司总经理	北京朝阳区裕民路12号华展国际公寓A座	(010)62040125	(010)82077215	100029
陈美娜	北京名都园广告有限公司总经理	北京朝阳区东三环南路17号京瑞大厦B座7F	(010)67655869	(010)67661199	100021
甘忠泽	上海市工商行政管理局局长	上海市长安路1001号	(021)63176836	(021)63219040	200070
张大镇	上海市广告协会秘书长	上海长安路1001号长安大厦1号楼5楼512室	(021)63171851	(021)63177525	200070
顾 成	上海金马广告有限公司总经理	上海市天匙桥路211号3楼	(021)64380260	(021)64384122	200030
熊景华	上海广告公司顾问	上海市中山南路600号	(021)63668828	(021)63668318	200010
王濂洪	上海美术设计公司总经理	上海市徐汇区漕溪路258弄23号	(021)64836699	(021)64849530	200235
沈明昌	上海东方电视台副台长兼广告部主任	上海浦东新区东方路2000号(东视大厦)	(021)58818618	(021)58818622	200125

张灿华	上海东方电视台东视广告部副主任	上海市南京东路627号6楼	(021)63229854	(021)62826618	200001
陈　瑶	上海东视广告有限公司副总经理	上海市南京东路627号6楼	(021)63224060	(021)63224018	200001
冯长明	人民日报华东分社副总经理	上海浦东商城路738号	(021)58319808－3107	(021)58314919	200120
朱开元	上海复氏达市场咨询服务有限公司总经理	上海安福路322号4号楼5楼	(021)64746673	(021)64336295	200031
韩金科	上海市旭通广告有限公司总经理	上海市淮海中路887号9F	(021)64749035	(021)64747803	200020
余天旺	原天联广告有限公司上海分公司总经理	上海市永康路198号5F	(021)64376762	(021)64153114	200031
卜广胜	人民日报社上海诺贝广告有限公司总经理	上海定西路1277号长峰大厦303室	(021)62409318	(021)62107150	200050
邵隆图	上海龙图广告策划公司总经理	上海淮海西路442弄85号浦江大厦A楼2108室	(021)52897625	(021)52897793	200052
刘润祥	上海虹桥国际机场广告公司总经理	上海虹桥国际机场	(021)62689220	(021)62684442	200335
朱小林	上海市公交广告公司总经理	上海市永普路20号	(021)63271222	(021)63271222	210021
周英余	天津市广告协会会长	天津市和平区桂林路进德里7号	(022)23311001	(022)23311004	300050
刘红春	天津电视台广告部主任	天津市和平区卫津路143号	(022)23538086	(022)23538066	300070
曹建新	天津《今晚报》广告处处长	天津市和平区河北路26号	(022)22327937	(022)27309800	300020
陈树林	天津市双木广告传播有限公司总经理	天津市河西区马场道188号干部俱乐部内燕园别墅1号	(022)28528203	(022)28528204	300074
王德荣	天津盛华国际广告发展公司总经理	天津市和平区大沽北路138号金融广场大厦A座11层	(022)23121257	(022)23121346	300040
李江红	天津市盛世文化广告有限公司总经理	天津市南开区云际道30号楼2F	(022)23940191	(022)23940191	300081
熊　雄	重庆大地广告公司总经理	重庆市渝中区七星岗民安园1号8－1、8－2	(023)63503258	(023)63503258	400010
赵洪策	菲林广告制作有限公司总经理	河北省石家庄市平安南大街1号	(0311)6032820	(0311)6035981	050011
刘凤歧	辽宁省电视台副台长	沈阳市和平区光荣街10号	(024)23876727	(024)23852135	110003
张文谦	华新国际实业有限公司副总经理	沈阳市青年大街215号	(024)3843388	(024)3895388	110015
戚小东	大连电视台广告部主任	大连市西岗区沈阳路62号	(0411)3649669	(0411)3649619	116001
田健超	大连经典广告公司创作总监	大连市中山区中南路212号	(0411)2593856	(0411)2894077	116001
李成全	哈尔滨市工商局广告处处长	哈尔滨市道里区防洪胡同14号	(0451)4695394	(0451)4646459	150010
张士南	《家庭生活指南》杂志社副总编	哈尔滨市中山路204号	(0451)2626550	(0451)2648721	150001

贾丽军	卓越形象创意＆媒介传播公司总经理	南京市汉中路180号星汉大厦8楼C座	(025)6799095	(025)6799413	210029
沈志刚	无锡市工商局广告事务所副所长	无锡市健康路77号	(0510)2830069	(0510)2830069	214001
惠祖生	无锡电视台经济信息部广告部主任	无锡市荷叶新村75号201室	(0510)5802239	(0510)5887997	214061
栾　震	青岛雨辰经贸有限责任公司总经理	青岛市延安三路131号	(0532)3884599	(0532)5910257	266071
孙文选		青岛市闽江路139号1单元301室	(0532)5715756	(0532)5715756	266071
徐箴言	烟台天马广告有限公司总经理	烟台市胜利路208号(汇丰三场9F)	(0535)6239334	(0535)6206040	264000
项建中	浙江华林广告有限公司总经理	杭州市文苑路沁雅花园13幢2单元101室	(0571)8988774	(0571)8988774	310002
胡菊芬	江西省工商局副局长	南昌市省政府大院内	(0791)6215429	(0791)6221476	330046
张晓建	江西电视台台长助理	南昌市福州路169号青山湖宾馆2楼	(0791)6213653	(0791)6287077	330006
李广成	江西电视台广告部副主任	南昌市福州路169号青山湖宾馆2楼	(0791)6214133	(0791)6287077	330006
方金尧	福建省广告公司总经理	福州市五四路外贸中心	(0591)7554297	(0591)7524238	350001
刘　励	厦门市工商局党组书记	厦门市湖滨南路斗西路口	(0592)2020419	(0592)2023995	361001
刘　宏	厦门广告公司总经理	厦门市天一楼1号之2	(0592)2031563	(0592)2017463	361001
章肇益	厦门日报社广告部主任	厦门市深田路46号	(0592)2024956	(0582)2023436	361003
陈茂盛	厦门博美广告有限公司总经理	厦门市公园西路12号之2	(0592)2108636	(0592)2127380	361003
刘晓光	厦门电视台台长助理	厦门市湖滨北路21－33号广电中心大厦16楼	(0592)5301888	(0592)5301888	361012
陈　希	《湖南日报》社广告部创意总监	长沙市芙蓉中路18号	(0731)9069180	(0731)4427790	410071
张锦妙	湖北省广告协会秘书长	武汉市东湖路301号	(027)86770785	(027)86770785	430077
阎　志	武汉卓尔传播企业董事长	武汉市汉口合作路38号新丽大厦	(027)82843832	(027)82787510	430014
李蓝田	广东省广告协会会长	广州市天河体育西横街1号	(020)87540308	(020)85514431	510620
温卫平	广东省广告公司总经理	广州市东风东路745号之二金广大厦	(020)87770354	(020)87301778	510087
丁邦清	广东省广告公司副总经理	广州市东风东路745号之二金广大厦	(020)87301715	(020)87301715	510087
罗乐平	广州人民广播电台副台长	广州市环市中路231号广播大厦	(020)86191155	(020)83586888	510010
刘启彦	东方广告有限公司总经理	珠海市吉大莲花山吉石路	(0756)3356700	(0756)3356707	519015
胡惠民	广东华厦电视传播公司总经理	广州市天河北路82号光华大厦侨通楼1108室	(020)87573614	(020)87573599	510620
戴　明	广东省惠州日报社	惠州市环城西二路32号	(0752)2206671	(0752)2206671	516001

叶兆平	《深圳特区报社》广告部处长	深圳市深圳特区报社广告部	(0755)2240145	(0755)2240145	518009
董剑鸣	《深圳商报》广告处处长	深圳市福田区商报路	(0755)3906159	(0755)3906159	518034
孙增华	《广告世界》杂志社社长	深圳市深南东路170号金山大厦深圳书城22层2205号	(0755)2070048	(0755)2070058	518008
黄绍熙	广西壮族自治区工商局副局长	广西南宁市星湖路37号	(0771)5851559	(0771)5854091	530022
高铁郡	广西梅高形象设计有限公司总经理	南宁市教育路艺术学院宿舍	(0771)5852571	(0771)5816799	530022
高　峻	广西梅高广告策划有限公司董事长	桂林市龙隐路18号大院21栋	(0773)5817646	(0773)5816799	541004
任仲生	云南省工商行政管理局副局长	昆明市新闻路28号附1号	(0871)4145897	(0871)4143120	650032
孟兴中	四川省巴蜀新形象广告策划公司总经理	成都市鼓楼南街117号世界贸易中心A座20F	(028)6782266	(028)6758855	61001
王世明	成都市对外广告公司总经理	成都市祠堂街16号	(028)6120883	(028)6120875	610015
萧景勋	西南国际广告公司总经理	成都市太升北路58号三业江信大厦24楼F座	(028)6911688	(028)6911588	610017
陈观荣	西南航空广告公司副总经理	成都市人民南路四段领事馆路南谊大厦7楼	(028)5210995	(028)5210985	610041
胡志荣	四川电视台工程师	成都市东胜街40号	(028)7751373	(028)7751373	610015
金国强	陕西电视台副台长	西安市建西街10号	(029)7210160	(029)7858135	710054

广告专著与学术论文选登

中国广告市场现状与走向
——中国广告竞争趋势浅析

中国广告协会副秘书长、《现代广告》杂志社社长 孙英才
中国广告协会学术委员会委员、首都经济贸易大学教授 刘林清

一、中国广告业现况分析

中国广告业从依托其他行业发展而发展，已经变为以自身发展推动其他行业乃至整个社会经济的发展。广告触角已经波及整个经济领域和部分社会领域。传媒业、调查业和一些新兴的产业已经将广告业作为自己的大客户，与广告业共进退。在一些大的活动中，如庆香港回归、建国 50 年大庆及展览等，广告业的身影无处不在。政府部门已认识到广告的作用和重要性，在举办大型活动中注重发挥广告公司的作用。

截至 2000 年底，全国广告经营额达到 712 亿元。广告经营额占国民生产总值的 0.8%。广告经营单位 7 万余家，从业人员 64 万人。1981 年至 2000 年的 20 年时间里，中国广告经营额增长了 600 倍，年平均增长率在 35%以上，广告经营额占 GDP 的比例由 0.13%增长到 0.8%。

近年来随着市场经济的发展，中国广告市场逐渐走向成熟，增长速度在近三年里每年递减一个百分点左右。这种增速趋缓的局面恐怕还要持续一两年。中国广告业应当把握住这个时期，冷静地思考，积极地解决前 20 年高速发展所积累的矛盾和问题。包括广告理论苍白，广告人才成长已经落后于企业家的成长，广告经营单位数量多、规模小、竞争力差，地区发展不平衡，东西部差异巨大，虚假不实广告屡禁不绝等等。

中国的入世，使广告业面临严峻的挑战、动荡、分化，相当一批广告公司倒闭已不可避免。2001 年 9 月 17 日，中国入世谈判在经过 15 年漫长而艰苦的历程后，终于宣告圆满结束。中国已跨进了世贸组织的门槛。中国入世对于中国经济乃至世界经济都会产生巨大而深远的影响。作为信息服务业的中国广告行业必须认真研究入世后中国广告行业面对的冲击和应对策略，才能使自己立于不败之地。随着中国加入 WTO，市场准入限制将逐步取消。外商独资广告公司正式进入中国广告市场后，将大量收购、兼并本土的广告经营单位。同时本土广告公司为增强自身竞争实力，扩大生存空间，也可以接受外资的介入和收购。这将加重本土广告业的竞争压力和生存危机。国外的媒体与广告公司正式以“等同国民”身份进入中国市场，本土广告业传统的“强媒介弱公司”的局面将逐步土崩瓦解。很大一部分本土优秀广告人才受高薪金、高福利、高待遇及好的发展机会的吸引，将会选择外国来华广告公司。中国加入 WTO 给正处于发展时期的我国广告业带来了严峻的挑战，并将由此而产生一系列变革。

二、公司重组，构建本土广告集团

在现代竞争中，大企业往往比小企业更具实力，所承担的风险与竞争成本较小。而我国本土广告经营单位数量多，力量分散，发展极不平衡。北京、上海、广州三大城市的广告营业额就占全国广告总额的一半。

外国资本进入中国广告市场后，必然会引发收购、兼并的狂潮，以扩大规模，垄断市场。本土广告公司要努力进行公司重组，构建本土广告集团，成立自己的广告联合体。几家大型的本土广告公司联合起来一致对外，无论从资金、人力、智力还是从代理和维系客户的角度来看，都是有好处的。现在的本土广告公司各有所长，有的具备媒体优势，有的仰仗客户优势，有的借助资金优势。只有集众家所长，补己之短，以集团的形式构建本土的广告联合体，才有足够实力与合资广告公司竞争。而那些中小型广告公司之间的竞争将更加激烈。他们的主要业务是大公司无暇顾及的零散业务。随着企业的增多，小公司也应联合起来，构建广告联合体，形成一条龙服务。这样既可以充分发挥小公司代理费用较低的优势吸引客户，又可以大量节省时间和人力物力。这亦是中小型广告公司寻求发展的一种模式。

中国加入 WTO，非国有经济相对国有经济来说，利更大，弊更小。因为加入 WTO 后，受到挑战的大多是国有经济占垄断地位的行业，如银行、保险、电信、航空等，而非国有制经济几乎从一开始就在市场经济的轨道上运行，而且船小好调头。在广告业中，国有广告公司占三分之一，受到的冲击必然很大。对他们来说，改制、找好定位，已是当务之急。至于广告媒体受到的冲击，则会更大。

三、加快本土广告公司和媒体经营机制调整

我国国有广告公司的领导层干部多数是由上级部门指派任命的，且多是从别的行业同级调任。这些人有不少经营经验，但由于业态不同，短期内很难将个人经济提升到广告行业决策者应具备的素养高度。工作中习惯套用历史的成功经验，难免会导致决策失误。综观经营比较好的部分国有广告公司和一些集体、私营广告公司的领导层，不难发现他们均具备较高的行业运筹决策能力与行业的丰富运作经验。因此变委任制为竞争上岗制，选择富有经验的专业人士择优而任才是出路。优胜劣汰、适者生存，这是竞争的法则。广告公司应该在经营机制调整后，努力确立自己在市场中的定位(是属于市场领导者地位还是市场跟随者地位)。定位的确立对本土广告公司的发展意义重大，可以避免竞争的无序化，减少冲突和自相残杀状况的发生。

广告公司的运作一定要强化整体协作。新世纪知识经济下的广告业，是一种高新技术产业化的服务行业。公司整体运作没有定式，只要能高效高质运作就是恰当的。强调人在其中“角色”位置和周围的协作关系的发挥，这样才能形成团队的战斗力。因此，广告公司的运作一定要强化整体协作，虽运作无一定模式，但团队协作的概念和运作科学性不可削弱。

中国入世意味着我国的传媒业将进入更加激烈的竞争环境之中。一些境外资本已开始瞄准我们的媒体。在外商独资的跨国广告公司占据大部分广告市场后，必然会对与广告业紧密关联的媒介施加压力和影响。因此，我们的媒体也急需整合。所谓媒体整合，一方面要求传媒业加快新闻改革，努力转化机制，提高素质，增强实力和竞争能力；另一方面，应按照市场经济的规律尽快形成一批传媒集团，逐步创建出若干世界级的、有强大竞争力的名牌传媒。我国的传媒业不仅要抓住中国受众市场，而且要走向世界，扩大我国传媒在世界各国受众中的影响力，在世界传媒体系中占有一席之地。

四、强化整合营销传播观念，时刻关注消费者

在竞争面前，广告从业人员要强化整合营销传播观念。整合营销传播（Integrated Marketing Communications，IMC）是指企业在经营活动过程中，以由外而内(Outside－in)的战略观点为基础，为了与利害关系者(Stakeholders & Interest Groups)进行有效的沟通，以营销传播管理者为主体所展开的传播战略。实际上整合营销传播的关键是导入传播概念。整合营销传播的核心是面对市场的“立体传播”和“整合传播”。整合营销传播的最大优势在于“以一种声音说话”，即用多样化的传播营销手段，向消费者传递同样的诉求。由于消费者听到的是一种声音，他们能够更有效地接受企业所传播的信息，准确辨认企业及其产品和服务。对于本土广告公司来说，这也有助于实现传播资源的合理配置，以相对低的投入产出高效益。在当今信息爆炸、媒体泛滥、商品趋同化和消费市场多元化的社会环境中，整合营销传播给本土广告公司提供了一种全新的传播概念和策略。市场经济体制的探索与建立，使中国的市场发生了深刻而剧烈的变化。企业市场营销策略已从满足社会现实的购买需求转向潜在的购买需求，而且注重对消费者长远利益的满足。整合营销

传播的核心是使消费者对品牌产生信任,并且要不断维系这种信任,使其长久存在消费者心中。整合营销传播的广告策略力求避免的是传统传播方式造成的无效和浪费。

消费者永远是广告公司关注的核心。因为消费者是企业赖以生存的基础,企业又是广告公司生存的依托。每种产品都要有消费者才能生存下来。所以研究消费者欲求是广告公司不容忽略的重要问题。在传统的营销观念中,厂商的广告主题是"消费者请注意";而在当代整合营销传播活动中,厂商的座右铭已变为"请注意消费者"。这不仅仅是语序的变化,它体现了市场观念的巨大革命。全新的整合营销传播是将整个企划的焦点置于现实的消费者和潜在的消费者身上,而不是放在公司的目标利润上。要研究消费者的需要与欲求,卖消费者确定想购买的产品,而不仅仅是卖自己所能制造的产品;要了解消费者满足其需要与欲求所愿付出的成本,而忘掉过去的产品定价策略;要考虑如何使消费者能方便购得商品,放弃以往的产品销售渠道策略;与消费者的关系关键是沟通,而不仅仅是促销。一切以消费者为中心,凡是与消费者相关的活动均纳入营销体系,使传播的空间扩大。而且随着消费品广告日益增多,人们对广告的欣赏水平在提高,对广告公司的要求也在不断提升。这就要求广告公司密切把握消费者欲求,投其所好。在保证广告诚实可信的基础上,创造出能吸引消费者、引导消费的好广告来。所谓把握消费者欲求,则是要对现有广告市场上的广告产品进行研究,分析什么样的广告才受消费者重视和喜爱。再针对有影响力的广告,研究消费者产生偏好的原因和背景。通过分析,创造出消费者可以接受的广告。同时进行广告的跟踪调查,以便进一步把握消费者欲求的变化。

五、强化品牌运营,开发人力资源

追求品牌效应和强调个性化经营是广告业生存的基础。一个好的广告公司是长期经营的积累,是企业高质量的服务、高品位的管理和良好的公众形象与知名度的综合体现。广告策略是整合营销传播的重要组成部分,也是整合营销传播成功的关键。消费者可以从各种接触方式中获得信息。这些信息必须保持"一种声音,一个面孔"才能最大程度地被认知。因此,广告策略必须对各种传播媒体进行整合运用。它是由"一个声音"的广告内容和永不间断的广告投放两个要素构成的。世界名牌商品广告所传递的广告内容一定是整合一致,而且广告投放不会随着名牌的树立而减少。

当前广告公司急需进行的变革是人才选拔制度的变革。人力资源是企业的第一资源。实现充满活力和生机的人才竞争机制是中国广告业走向成熟的标志。在入世机制下的广告业之间的竞争,说到底是人才的竞争。广告业是知识密集、人才密集、技术密集的高新技术产业。追求建立世界标准的专业广告公司,不仅是要拥有那些被称之为稀有人才的资深广告人,更要培养一支才思敏捷、个性张扬、充满激情、有团队精神的专业化员工梯队。广告公司的人才要具有丰富的专业知识,熟知市场变化,熟知受众心理,熟知广告业发展态势,并脚踏实地、不断进行修炼。要克服追求华而不实和急功近利的思想。

六、充分发挥广告协会的作用,加强行业自律,促进行业发展

强化广告协会的自身建设,是我国行政体制改革的需要,也是我国市场机制不断完善的要求,同样是市场竞争的必然趋势。广告协会是广告行业的社会管理组织,在政府管理机关与广告行业之间架起桥梁,发挥协调作用。为了更好地服务于社会和经济发展,强化服务职能,协会必须在更广阔的范围内开展工作。首先,要努力加强协会自身建设。一方面,组成一支以专职人员和专家为骨干的工作队伍,编制、规范工作程序和行为,以此保证协会各级组织的正常运转,完成督促广告行业自律的任务;另一方面,扩大会员队伍,并不断提高广告从业人员的文化水平和专业素质,采用新技术,积极开展国际交流。其次,各级广告协会要加强对行业经营行为及行业管理深层次问题的研讨,着手建立行业的自律约束机制和解决行业自律的手段问题,使行业自律日趋成熟,不断促进广告行业自律工作到位。再次,各级广告协会要充分发挥"指导、协调、服务、监督"的职能作用,在协助政府进行行业管理的同时,为协会注入新的生机,增加新的内容,充分发挥广告业知识密集、技术密集、人才密集的优势,审时度势,因势利导,积极开展各项活动,努力为会员单位办实事、办好事,增加行业内的凝聚力,使行业自律成为各个会员的自觉行为。

政府主管机关的帮助与支持对于搞好行业自律工作是至关重要的。当前形势下其主要表现为:第一,

加强对行业自律的指导工作。制定一套既有目标又有具体内容的指导方案，定期对行业自律工作进行指导，并帮助行业组织按照“以政府为主导，引导行业自律”的工作方针，正常地开展工作。第二，划分行政管理与行业管理之间的职能。比如，广告从业人员的业务专业技术培训、职称评审、广告发布前的审查、广告作品评选、广告理论研讨交流等各项工作，应该在政府部门指导下由行业组织机构实施。这样做，既可发挥广告行业组织的积极性，又可促进政府部门精兵简政，减轻工作负责，使政府能够集中力量搞好行业行政监督管理，有力地打击查处虚假和违法广告案件。

为了强化广告行业自律的力度，必须确立广告协会和广告行业自律的法律地位，因此，迫切需要把行业自律纳入法制化、规范化的轨道，实现广告行业依法自律。也就是说，在《中华人民共和国广告法》或有关法规中增加有关行业自律的条文，以法律形式确定具有相对独立性和社会权威性的广告协会的地位和作用，强化广告自律行为。

加强广告行业自律，充分发挥广告行业自身在制止不正当竞争行为、不规范竞争行为或不道德行为中的作用是大势所趋。在完善的市场经济条件下，对广告主、广告经营者和广告发布者在广告市场中的经营行为，政府将减少过多、过细的干预，而强化宏观调控的功能，进一步强化行业自律的作用。行业自律是规范广告经营行为的重要环节，有着行政、法律所不可替代的作用。只有建立和完善自律机制，有效地行使行业自律职能，才能解决当前广告业存在的诸多矛盾和问题，建立良好的广告市场秩序，更好地发挥广告业在国民经济发展中的作用，使广告行业自律的建设与广告事业的发展成为互动的良性循环，迎接入世给我国广告业带来的机遇与挑战。

广告公司市场竞争力的全面提升

深圳大学、华中科技大学教授，硕士生导师　余明阳

21世纪初，中国的广告公司在市场环境剧变和广告业本身深层转型的背景下，面临全面提升市场竞争力的挑战。本文试图讨论广告市场环境变化、广告业深层转型以及广告公司如何提升市场竞争力这三个相互作用、层层递进的关联问题。

一、环境：广告市场的深刻变化

1．产业大洗牌与名牌遭遇战

中国于20世纪70年代末恢复广告经营，20多年来，广告市场发生了深刻变化。从品牌竞争的角度看，基本上可以概括为80年代杂牌与杂牌的混战、90年代名牌对杂牌的淘汰战、21世纪初名牌与名牌的遭遇战三个阶段。

80年代，企业和消费者都没有品牌意识。那时的百货商店都以编号作为计划经济的符号，第一百货、第二百货、第三百货……企业同样是第一纺织、第二纺织、第三纺织……由于处于供不应求的短缺经济状态，消费者购买产品尚需凭票供应、开后门，岂可奢想认牌消费？

从80年代中叶开始，大量进口产品带来了国际性强势品牌。但中国人依然只能辨认日本货、美国货，甚至笼统地称为进口货，知晓品牌及其背后的定位、个性、文化的基本上是凤毛麟角。

90年代初，随着市场由卖方市场转向买方市场，短缺经济走向过剩经济，市场竞争趋向激烈。企业创品牌、消费者认品牌。品牌成为企业驾驭市场、获取主动的法宝。品牌作为产品与服务差异性的象征，为人们所追捧，于是，品牌连锁与专卖充斥大中城市。认牌消费与品牌忠诚成为时尚。

90年代中期，以彩电业为代表，全国兴起了一场名牌对杂牌的淘汰战。在成本趋同、促销克隆、服务类同、质量近似的背景下，借助品牌、规模与网络，以价格战来挤垮对手、清理门户，使中国市场由群雄逐鹿走向几足鼎立，改变了市场中品牌多、杂、乱、小的状态。这是市场发育的必然，也是环境成熟的标志。因此，90年代尽管暴利被微利所取代，企业纷纷叫苦不迭，但淘汰出局的几乎都是小品牌与中小企业，强势品牌与大

企业仍在快速发展。

21世纪初,中国已初步完成了国际市场国内化、国内市场国际化的对接,市场中生存下来的几乎都是身经百战、身怀绝技的强势品牌,名牌与名牌遭遇战的帷幕已经拉开。可以说,真正的品牌竞争刚刚开始。

这种广告环境为广告人提供了巨大的腾挪余地,也向广告人提出了严峻的挑战。

2. 国际化视野与本土化操作

新世纪的第一年,中国终于加入了WTO,同时申办2008年奥运会取得成功,中国足球队也进入世界杯决赛。这一系列事件意味着,国际化将是未来的主旋律。

国际化的视野将对中国现有的产业结构进行系统整合,一方面,中国将在国际产业链中扮演更为重要的生产基地的作用,即成为"世界工厂";另一方面,生产将向科技化、规模化、集约化、微利化方向发展,缺乏核心竞争力的一般性加工企业将走向不归之路。一方面像纺织、服装、家电等产业面临全面发展的机遇,另一方面像金融、汽车、电信等产业面临生死抉择;一方面休闲、教育、健康、咨询、猎头等产业迅速走上快车道,另一方面地方保护、改革倾斜等土做法将风光不再。以国际化要求重新认识产业优劣势、机会与风险已迫在眉睫。

本土化操作则要求企业适应中国文化特点,充分掌握节奏与方式,有序地完成转型与接轨。

与主流经济、主流文化的全面对接,为中国人、中国企业,也为中国广告人提出了全新的课题。

3. 经济形态的重新认定

新世纪的第一年,在中国共产党建党80周年大会上,江泽民作了重要讲话,不但系统阐述了"三个代表"理论的丰富内涵,而且解决了共产党的立党基础问题,创造性地发展了马列主义毛泽东思想的建党学说,对私营经济与私营企业主的地位作出了史无前例的肯定。对多种经济形态的关系论述,也为中国今后经济格局的调整与评估提供了重要的理论基础。

经济形态直接影响到经济结构与意识形态。这一问题的解决,为中国经济发展提供了公正、公平、优化的环境,真正为企业作为市场主体进行无歧视的市场竞争提供了强有力的保障,为中国全面与国际市场对接提供了前提条件,真正解决了制度、政党、团体与世界经济一体化、市场全球化、竞争公平化的问题。

4. 国企改造与资源的争夺

21世纪初,是中国国企改造接近尾声的阶段,非常关键。"抓大放小"让绝大多数中小企业走上新的机制,推进着人们的观念和认知革命。在国企、政府机关、事业单位,大锅饭铁饭碗的思想已被荡涤得风雨飘零,大量人才开始成群外流,大量企业资产开始清盘重组。

国企中人才、土地、资源的全面争夺的胜利者在资源争夺成功后,自然拉开了与竞争对手的距离。所以国企改革的深化必定导致企业的深层分化,让强的更强、大的更大、弱的更弱、小的淘汰。

5. 职业经理人的崛起与"第三代企业家"的成长

市场的竞争离不开企业,企业的竞争离不开企业家。企业家是企业的灵魂,企业是企业家性格的外化。

我把20世纪80年代的企业家理解为"第一代企业家"(计划经济中只有企业官)。他们是政治家型的企业家,充满魄力、敢想敢为,运作企业的方式更像运作政治,而且他们大多或大或小有些官衔。其代表人物有禹作敏、步鑫生、马胜利、鲁冠球等。这一代企业家有的走向犯罪而自取灭亡,有的盲目扩张而经营失利,有的被人暗算而中箭落马,有的逐步走向平庸,也有的依然博杀疆场(像鲁冠球),但基本上都退出了舞台。

我把90年代的企业家理解为"第二代企业家"。他们是专家型的企业家,少了些上一代的霸气与胆略,多了些儒雅和学识;他们没有乡长、村长官职,却多了教授、高级工程师职称;他们懂技术,所以管理很细致,甚至有一点事必躬亲;他们名声显赫,甚至个人声望与企业品牌互为影响。其中的杰出代表有张瑞敏、倪润峰、王选、柳传志、褚时健等。

21世纪初崛起了"第三代企业家"。他们是职业型的企业家,统称"职业经理人"。他们与前两代人不一样,不是企业的原创人而是从其前任那里接过权柄,因此,天生威望要逊色许多。同时他们不如第二代那样什么都懂,他们学历高阅历浅,根基不是很稳,但他们肯定代表未来走向。

企业家在世纪初的板块化更迭,引发出一系列话题与思考,也构成了市场环境的巨大变数。可以预见的是未来几年这种话题依然是极其热门的,诸如倪润峰与赵勇的事件、王志东被炒、黄宏生陆强华风波等。

广告主的情况不可能不影响到广告人,也不可能不影响到广告业。

6. 从网络神话、网络泡沫到理性化

网络的确给人类的生活方式带来了革命性变化。90年代末,网络神话不断升温。办网站、做点击率、吸引眼球、引进风险基金、去纳斯达克上市,形成人们信息时代的淘金热。年轻的CEO、新经济的超级暴富和市值天文数字,确实使人相信网络世纪已经来临。

然而进入跨世纪的2000年以后,纳斯达克一泻千里,网络泡沫毕现无遗。即使是门户网站也依然看不到盈利的希望,电子商务更像是巨大的画饼。

从网络神话到网络泡沫,再走向理性化,世纪初的市场已开始找到实体市场与虚拟市场的对接点。人们对网络的理解、期望与运用开始回归网络本身。

7. 法制化进程加剧

与国际化同步,与市场经济发展需要相配合,世纪初的中国在法制化建设方面大大提速。一个又一个贪官污吏被清除,行政透明化,公务时间恪守承诺,舆论监督彰显威力,政府公职人员流动化等一项又一项举措从根本上动摇着"官本位"的根基,法制化已不再像图章。

2001年11月中国正式被世界贸易组织接纳以后,各级政府在相当长的一段时间内的重要工作便是清理法规。一切与WTO不相符的法规均需修改完善。法制建设不但将是未来谈论最多的话题,也会是作用越来越大的市场规范手段。

8. 秩序就是效率,整合就是创造

创业时期的非秩序化与规范之后的秩序化是企业成功和发展的两个必然阶段。没有创业期的非常规动作,企业是难以起步的;同样,没有规范之后的秩序化,企业发展是难以持久的。

新世纪初的大量中国企业,正是步入秩序化动作的时期,他们急需补的是严格基础管理的课,急需做的是夯实基础苦练内功。只有这样,他们才具备不断放大做强的条件,也只有这样,企业才可能有可持续的发展。

秩序自然有些僵化和死板,看起来会降低一些办事效率。比如过去开会喊一声就行,现在要求公文化,事先有议题,事后有决议,过后要复议与检查。殊不知这些看似牺牲效率的东西正是保证大系统稳定的决定性要素,而大系统的稳定才是最大的效率。所以说,秩序就是效率。

创造导致进步是人所共知的,随着市场开发的深化与细化,创造要素被不断发现与发掘。在这种情况下,整合是最重要的。整合看起来只是将各种已被人们使用过的要素集合起来,并无多大新意,然而新的排列组合是会产生出新的结果的,正如金刚石与木炭,虽其元素相同,但组合不同效果却大相径庭。

世纪之初的企业竞争,秩序与整合是决定成败的关键,也是对企业家驾驭能力的最大考验。

广告是市场经济的晴雨表。市场的深刻变化必定对广告业和广告公司的动作产生决定性的影响。因此,不理解与分析环境,是无法从源头上把握广告公司提升市场竞争力的方向的。

二、业界:广告行业的深层转型

1. 国际化与本土化的双向渗透加剧

在一大批国际顶尖广告公司落户中国的几年中,中国广告业国际化与本土化一直是热门话题。跨国公司与本土公司之间的竞争与合作、交流与撞击、认同与冲击从来没有停止过。跨国公司的专业化、规范化、成熟性与本土公司的受众感、创造力、低廉性之间构成了复杂的关系。相互的收购与兼并,人才的流动与跳槽,面向客户的比稿与论辩,评比与研讨中的相互学习与交流,使得跨国公司迅速完成本土化,也使得本土公司不断提升视野走出国门。应当说近几年来国际化与本土化的双向渗透已越演越烈。

当今的广告主必须时时处处以国际化的眼光来规划和经营自己的企业,不能再龟缩一隅、夜郎自大了。不光要积极寻求出口渠道,而且要正视国际同行的大举进入。在广告运行中,定位消费心理、品牌个性、策划创意、媒体运用等方方面面都必须考虑国际与国内的对接。本土公司如果陶醉于对本国市场的熟识,满足于地方保护和媒体垄断,依仗着关系营销和排外壁垒,拒绝学习成熟的专业化的跨国广告公司的运作经验,便注定要遭淘汰。同样,跨国公司如果充满优越心理固步自封、不思创新,不溶入中国民众与市场中,那么其优势会逐步丧失,专业与成熟势必变成僵化与教条。

跨国公司与本土公司在最初阶段是井水不犯河水:跨国公司做国际品牌在中国的广告代理,本土公司代理本土广告主的业务。近几年,跨国公司与本土公司在客户争夺中已全面交火,但大多以跨国公司的成功而告终。国内一些大广告业主,宁肯多花钱请跨国公司,心里方才平衡,对其提案也更容易相信和通过,为此,本土公司只能周旋在中小客户之间,心里颇为不服。2001 年央视炒作麦肯锡 - 实达事件,提出洋套餐与中国胃的问题后,广告主们也开始反思,开始关注日益强大的本土公司。

在跨国公司与本土公司双向渗透加剧的同时,海外媒体巨子像时代华纳、默多克等伺机而动,国内投资商像德隆系对广告公司的收购,又为纷繁复杂的广告市场增添了不少变数。

2. 新媒体的勃兴和媒体功能进一步细化

以为新经济和虚拟市场将完全取代传统和实体市场的结论是武断的,但是,网络将整个改变人们的生活和生存状态,则是一个不争的事实。对于广告这样一种以信息传递为表征的行业来说,网络的影响显然具有革命性。

首先,传统广告媒体的概念发生了变化。无论是电波、印刷的双媒体论,还是电视、广播、报纸、杂志的四媒体论,在互联网勃兴之后的今天,都必须重新审视自己的优劣势,必须重新考虑自身在广告推广中的角色与作用。

其次,沟通方式由单向的传播变成双向的互动,使得受众不再是传播"魔弹"轰击的对象,而是具有主动性和影响力的沟通的另一方。在共享机制与参与机制的影响下,广告公司和广告主必须重新认识消费者和广告对象,以适应互联网的特点。

再次,时效性和变速性大大加快了广告更新的速度,使得信息流速和变数激增。

最后,信息量的爆炸式扩展,造成信息到达率降低和传播方向的不集中。互联网是所有新媒体的代表和缩影,在新媒体勃兴的背景下,传统媒体势必进行功能的重新定位与细分,这是给广告人出的一道崭新的课题。

3. 战略策划和媒体购买双向挤压广告业

广告业是咨询、信息类产业中最先发展起来的。在改革开放初期,市场竞争比较粗放,敢做广告的人都是很有信息观念和传播意识的人,会做广告的人更是凤毛麟角、所向披靡。

随着企业发展内外环境的深刻变化,企业战略策划日益受重视,因为广告毕竟属于战术的范畴,没有战略就显得没有底气和根基。战略策划解决了企业国际国内生存发展环境的系统分析,认清了产业的前景与同行的选择,明确了企业的定位与发展方向,从而使广告有了基础和依托。可以说,战略策划是广告的上游。

同时,近年来专业媒体购买公司纷纷登陆中国,他们以雄厚的资金实力和丰富的经验来经营媒体,甚至买断或垄断个别媒体的全部或部分广告时段、广告版面,抢占了广告的下游。

这样的传播阶段细分是符合专业化分工合作需要的,但也使得广告人的生存空间变得非常狭小。尤其是"十五规划"引发的规划热,使大量的企业重新审视和制定自己的战略规划。这一块过去曾被广告人视为领地的内容,被划归到了更有专业水准的经济学和管理学专家那里。他们甚至把品牌战略也规划完毕了,广告人只能根据他们定出来的战略调整、延伸和演绎符合战略目标的广告计划。当广告人完成调查、策划、创意、制作以后,发布与面世便是媒体经营公司的范畴了。广告业被挤压在战略策划和媒体购买双向之下的狭小层面上。

4. 广告全面纳入整合营销传播系统

自从提出整合营销传播理论以来,人们无时无刻不在尝试着运用好这一理论。于是广告与 PR、SP 等一系列要素的有效整合,从深层上改变了广告传播方式的单一性和功能的简单化。

随着微利时代的来临,广告的投入产出比已经成为影响企业存亡的重要因素。为了增加广告影响力,增强广告的传播效果,广告必将全面纳入整合营销传播系统。广告人学习非广告性的营销传播技能已是当务之急。将广告计划与其他所有传播要素联系起来考虑,将广告与渠道、分销、终端启动一体化运用,方才能使广告有的放矢、事半功倍。

5. 广告人的联合与广告公司的结盟

在改革开放之初，广告人带有较明显的下海淘金和占山为王的特点。三五成群，白手起家，要点小聪明，找些老朋友，就可以运作自己的广告公司了。于是乎全国到处办广告公司，每年垮掉1/3，又补充上新的1/3，5个人办一家广告公司第二年便分裂为5家广告公司。人才流动过大，市场竞争过度，自杀性压价和非专业水准的广告作品，严重伤害了广告业的发展，也损坏了广告人的形象，以至于许多企业一听广告公司的电话就头疼，一些厂家门口甚至贴出“乞丐与广告人不得入内”的告示。

事实上由于广告专业人才的缺乏，中国广告业根本无法配置出如此多的广告公司。广告公司越多，人才的稀释就越厉害，每个公司的实力就越不足。为了生存，超低价招缆业务，又导致制作投入的不足。人也不够，钱也不够，作品水准当然就不高，甚至还不及企业内部广告部的半专业水准，行业形象可想而知。

作为行业深层转型，广告人已经认识到了这一点。广告人的联合和广告公司的结盟有了良好的社会基础与心理基础。

广告人联合可以是并购、股份化运作，也可以是项目性组合和松散合作。广告公司的结盟可以是调查、制作、创意等不同方向和核心优势企业之间的互补性组合，也可以是同质公司之间的战略联盟。可以预见，广告人群和广告公司群将以合力的形式成为新世纪中国广告的联合舰队。

6. 广告管理与评估被广泛重视

与国际广告发展水平相比，我认为中国目前水平相差最大的当属广告管理与广告评估。

《广告法》的制定与颁布使广告管理有法可依，是一大进步。但广告法规本身尚不完善，更重要的是法规的运用、裁定、处罚等配套很不完备，这大大阻碍了中国广告的发展，导致环境不宽松、竞争不公平、尺度不统一、裁定不透明、申诉不对等、权力无制约的状态。每年的中外交流，已为我们学习引进西方广告管理法规创造了很好的条件。

广告评估一直是广告运作环节中最薄弱的一环，它的薄弱导致广告创意随意、广告投放盲目、广告浪费严重、广告监控形同虚设。

我们有理由相信，各方业内人士强烈呼吁的广告管理与评估在新的世纪会有进步，而这方面的进步将大大推动中国广告事业的发展。

7. 难题：强势品牌的广告创新

包括驰名商标在内，中国企业强势品牌的老化程度和速度都是惊人的，这其中原因很多，广告创新不足便是重要因素。

由于广告创新机制的不完善，创作随意性非常普遍，而广告选择权往往掌握在广告门外汉——客户企业决策人手中。有些决策人凭着他的“天才悟性”选择甚至自己创意出了不错的广告(文案或广告片)，在广告量相对较小的背景下作大投入，从而一炮走红、一举成名。但由于机制本身不完善，这种好事不会经常有。更成问题的是，企业常把既有成功广告的经验当包袱背起来，固守旧的广告创意和策略，担心市场风险，不敢也无能创新，最后直至品牌老化。

在名牌遭遇战中，要打破强势品牌的胶着状态，广告创新能力是重中之重，谁在这方面做得好，谁就可以抢得先机。因此，成功品牌在成功广告的信息已经衰减时如何做好广告创新，是广告主与广告人颇费心思的难题。

8. 广告技术手段高速发展

以基因研究和纳米技术为标志的新材料、生物技术、新能源、海洋技术等研究将世界带入技术革命的快车道，也给广告业带来了技术手段上的高速发展。技术的发展不光影响表达，同时也影响着创意，影响着广告的有效性。广告人在发现新媒体、运用新媒体的同时，必须注意新技术发展，善于运用新技术。

广告行业的深层转型，既是市场影响的结果，又是影响市场的诱因。而广告行业转型，既来自于广告公司，又对广告公司的发展产生深刻影响。

三、对策：广告公司市场竞争力的提升

1. 决定广告公司市场竞争力的七大要素

综合国际上关于广告公司评定的各种指标体系,我们认为决定广告公司市场竞争力的指标主要可分为七项。

(1)盈利能力。这既是对广告公司业绩的认定,也是广告公司扩大再生产能力的象征。

(2)业界声誉。即同行对广告公司的评价。在以精神产品为生产特征的行业中,这是不可忽略的因素。

(3)成功个案。广告公司必须以广告主的成功为自己成功的前提。你可能是广告量不大的公司,但必须有成功个案基础。

(4)专业能力。广告公司之大不在于是否有大厦,关键在于是否有大师,同时将大师与团队组合起来,构成专业能力。

(5)专业精神。作为精神性劳动,广告公司的专业精神便是企业品行,有时候专业精神甚至比专业能力更为重要。

(6)传播力量。即良好的媒介关系,在广告系统纳入整合营销传播的今天,广告要发挥有效作用就必须广泛借助各种传播力量。

(7)市场资源。广告公司的各种市场资源会对广告主目的的达到起积极的促进作用。

以上七大要素可以通过因子分析法确定加权系数(AHP 法),形成广告公司市场竞争力评估模型,这个问题我将另文阐述。

2. 盘点广告公司的核心竞争力

如果说,起步时市场中确实充斥着什么挣钱干什么的现象,而且这种现象有其存在的必然性的话,那么,在市场高度细分、高度专业化的今天,广告公司必然选择做自己最熟悉的事情和最有优势的事情,这就需要系统盘点自己的核心竞争力。

广告公司往往有自己力量最集中、优势最明显的区域,或市场分析与消费者定位,或策划与创意,或设计与制作,或媒体网络优势。寻找出这种核心竞争力并围绕它来设计自己的业务流程和人力结构,便是市场竞争力难以战胜的优势。

当然,核心竞争力的界定是在比较中产生的,因此不光要看自己有什么,更要看他人没什么。

3. 分化即是深化

经过 20 多年的市场洗礼,广告公司也开始了必然的分化历程。

首先是综合性公司、邦联性公司、专业性公司的分化。

综合性公司是承揽全部广告业务的大型公司,有的甚至是拥有媒体购买公司、投资咨询公司、战略策划公司、公共关系公司的与整合营销传播关系相配套的广告集团。

邦联性公司是比较完整的传统意义上的广告公司,人力资源与业务流程按常规广告公司配置,同时与调查等上游公司、发布等下游公司具有长期的业务联姻,构成邦联性协作关系。

专业性公司是从事广告事务中某一项专业工作,如包装设计或海报 POP 等设计。这类公司人少,优势区域集中。

与过去包医百病相比,分化是一种深化,是广告市场走向理性的表现。

4. 与广告主建立战略伙伴关系

在广泛联盟化的今天,广告主与广告公司建立战略伙伴关系有助于双方在比较稳定的关系中能长期地考虑问题,这对于防止品牌老化、避免广告推广中急功近利和竭泽而渔的做法是有好处的。

值得注意的是战略伙伴关系并不是资金联系,即广告主与广告公司依然没有资产上的相互渗透性。

5. 整合市场必先整合自己

广告公司为企业做品牌树形象,是品牌管家、形象保姆,自身理当对品牌与形象有更多的心得。先整合好自己,才有足够说服力去整合市场。

广告公司自身的整合当从利益、战略、理念三个方面开展。

利益整合是要建立起调动全体员工积极性和创意精神的利益机制,在利益与贡献的协调中提升团队的战斗力。

战略整合是指以公司战略定位为主导来配置人力资源。人力资源并非越强越好,而是越合适越好,团队中更需要有角色的差异和能力结构的互补。理念整合是指尽可能建构出共同的价值观，起码得建立价值认同与包容机制。

6. 倡导总裁改造工程

广告公司动作水准在很大程度上取决于总裁的水准。拿破仑说过："世界上没有无用的士兵，只有无用的将军。"

由于起步时大量的广告公司总裁是靠客户关系或自己的策划创意、设计制作能力起步的，其经营风格中的缺陷是难免的，也是可以理解的。随着事业的扩大，广告人向广告公司总裁这一角色过渡是势所必然的。一些总裁由于自身从事设计起步，多年来虽没有废弃本行，但行政杂务大大影响了其本身功力的提升，自己的作品已越来越不适应市场的需要。但他们依仗自己的专业知识，不包容与自己设计风格、思路不同的人，最后导致"武大郎开店"的现象，大大阻碍了广告公司市场竞争力的提升。

由广告人变成广告经营人，由自己做广告变成组织人家做广告，是一种质变，也是一种考验。倡导总裁改造工程，提升总裁的品位，已成为提高广告公司市场竞争力的重要环节。

7. 广告人信用机制的建立

广告人是非常特殊的一群人，他们既涉及科学，又相关艺术；既阳春白雪，又下里巴人；他们崇尚个性、拒绝平庸；他们出卖思想、奉献创造。从职业序列上看，广告人比较接近自由职业者。

也正因为如此，导致广告人流动性很强，稍不顺心，当即走人。管理广告人是一件令许多人头痛的事。

正因如此，一个品牌成功后，有上百名广告人说：这是我的作品。也正由于他们的流动，许多广告公司的客户名单高度雷同。

流动会带来新的组合，产生新的创造。但过分的流动也会带来广告公司难以积淀出自身的文化优势，导致"一锤子买卖"的现象。对于广告公司和其所服务的客户来说，都非常不利。

市场经济前景下，没有信用机制是可怕的，是会使游戏规则走形的。广告人作为流动性大、自由度高的职业，其信用机制的建立已是非常急切的事情。

这种信用机制不但包括个人的职业声誉、业绩声誉，而且包括对客户资源与客户商业情报的保密、转会规则的遵循等。信用机制的建立有利于净化广告市场，促进良性竞争。

8. 学习型组织与公司再造

学习型组织与公司再造是近年出现的最有影响的企业管理理论，其核心是将团队建设成为学习型组织，并对日益官僚化的运行体系进行重组和改造。这对于广告公司来说是特别贴切和必要的。

广告公司在很长的一段时间内的一项重要工作是在向客户普及广告常识，但客户在快速进步。当今的客户很多都拥有 MBA 头衔，每年多次出国，经常聆听高层次的报告，又拥有诸多客户智囊，现在要让客户心悦诚服是非有独到的功夫不可的。这就为广告公司学习力的提升提出了严峻的挑战。

广告公司在长期的运作中会形成一套半作坊半习惯性的方法，随着公司业务的扩张，这种方法的功能已放大到极限，如不进行再造，广告公司已无上升空间。

因此，从学习型组织和公司再造理论中寻找广告公司提升市场竞争力的方法是根本性的。

清晰认识环境、理性解剖世界、有效寻求对策是广告公司在新世纪初的必由之路。

不广告　毋宁死

——2001 年回望与 2002 年寄语

北京广播学院广告学系主任、教授、博士生导师　黄升民

如何解释 2001 年的种种广告现象？当美国世贸大厦颓然倒下，人们在新世纪之初所抱有的期待与信心统统灰飞烟灭。"国际恐怖"、"全球衰退"、"文明冲突"等等词汇不绝于耳。相形之下，中国似乎是一片平静。然而，值得注意的是，向来对时代风潮社会变化反应敏感的广告业，平静的背后暗流涌动，若明若暗地

预示种种将来社会变化的趋向。在此背景之下,对于即将过去的2001年中国广告市场进行一番整理,洞悉其中变化的要素,为调整明年的投放战略提供若干参考意见,成为构筑本文的一个基本脉络。

一、2001年广告业盘点

在2001年,中国的广告业有哪些不同寻常的表现呢?

(1)两极分化。90年代中期表现出来的“集中化”趋势越来越明显,大的公司越来越大,越来越强,而规模小的公司经营陷入困境,越做越难。在广告经营单位中,具有外资背景的广告经营单位和没有外资背景的经营单位在经营规模和经营实力上表现得泾渭分明。

(2)业务分流。在广告业务方面,也开始从混沌状态向专业性过渡,媒介代理依然是业务的主流,然而,随着海外媒介购买公司的业务扩张、专业咨询公司的登场,大量广告公司开始调整自身的业务领域,积极向媒介购买、媒介推广和营销咨询发展。

(3)竞争激化。最具代表性的事例就是广告业务的竞争领域出现了诸如“价格战”、“零代理”等行为,已经结束了20世纪80年代所谓的“无本大利”时代,逐步进入一个高成本、低利润的时代。

(4)资本参与。2000年以德龙集团为代表的金融集团扬言使用20亿元资金收购和兼并一系列广告公司,打造中国民族广告公司的“航空母舰”。然而,由于种种原因,计划搁浅了。2001年,TOM一气收购了风驰、炎黄、腾龙、天明、齐鲁以及春雨等户外广告公司,开始广告业的兼并重组。

(5)创意衰退。20世纪90年代中期,中国广告人兴致勃勃地走向世界,参与种种国际广告大赛,结果多是空手而回。进入新世纪,各种顶级大赛云集中国,开始在广告市场淘金,展示、研讨络绎不绝。的确,这些国际广告表现元素在国内参展作品中常有展现,然而,手段和技巧丰富了,原创力和震憾力却在减退。

(6)旧人老调。2000年大量IT行业的广告主登台亮相,给人们带来种种幻觉。然而,一年未到,IT英雄纷纷离去,广告舞台又回到旧人老调。11月8日的央视招标最具代表,原来几个大客户依然坐大,如医药保健类的哈药、海王、饮料类的娃哈哈,以及几个家电老品牌。

(7)政策多歧。国家税务总局关于企业广告费的2%限额,带出了一批对广告经营进行限制的政策出台,如医药广告和保健品广告的限制,对明星做广告的限制等等。2%限额在业内的反对之下变成了8%,这反映了当局对于广告业政策的困惑和动摇。

(8)媒介滑坡。据中国广告协会电视委员会调查数据显示,2001年36个计划单列城市电视台1~8月份的广告收入,出现增长的有17个台,10个台持平,9个台出现负增长;24个省会电视台中,45.8%处于持平和负增长状态。据慧聪国际资讯媒体研究中心的统计数据显示,在其监测的1038种纸质媒体(包括545种报纸和493种杂志)中,按刊例报价和版面统计,2001年1~6月份平面媒体广告经营总额为152.99亿元,平均增长9.63%,比2000年同期下降了20多个百分点。

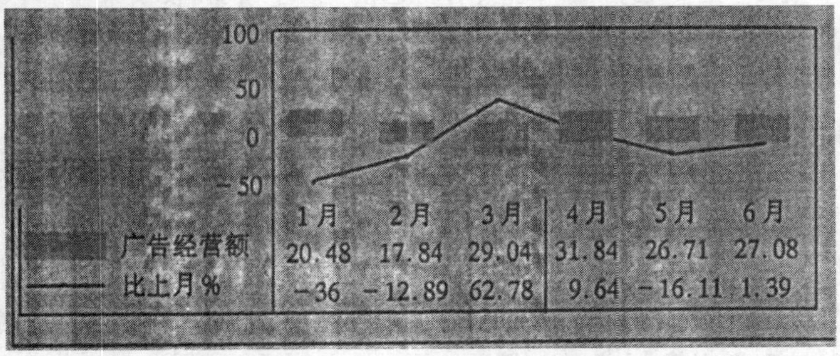

图1　报纸广告上半年经营情况统计(慧聪国际资讯)

二、市场变动的规律与课题

就整体而言,广告业在新世纪所表现的变动趋势和20世纪90年代的变动趋势是一致的,反映出广告市场的一些共同的内在规律:

(1)目前产业整体发展放缓,属于一种结构性的调整。20年来,中国广告业每年以30%~40%的速度发展，其实是属于恢复性的，当它发展到一定的阶段，具备一定的产业规模的时候，发展速度就会趋于缓和。截止到2000年的统计数字显示，中国的广告费总额达到712亿元，占GNP的比重为0.8%，广告费的增长率也从1999年的15.6%下降到14.5%。

(2)在2001年媒介经营的滑坡表明，广告业是上下波动非常剧烈的一个行业。广告发展与环境的制约关系密切，市场供求关系、海外市场环境的变化都会影响广告投资。广告市场的冷暖其实是企业对未来市场的一个折射。《南方都市报》发表了一篇反映美国媒介在"9.11"事件之后，广告收入明显下挫，各媒体凭借雄厚财力加强业务多元化的文章。文章告诫，广告业上下波动极大，媒体对于广告的依赖程度不宜太甚。这个警告对于目前的中国媒体来说，也是一服清凉剂。

(3)在行业结构调整、上下波动之际，广告行业管理出现了一个真空的状态。国务院"三定"方案出台之后，原来属于国家工商总局的广告行业发展管理职能划分给了经贸委，但是，三年过去了，经贸委至今没有一个专门的部门去研究、制定一些有助于广告业发展的宏观管理政策。国家工商总局原来的广告司变成了广告监督司，只能监督立法、执法，并不能进行原来的事业规划和运营上的管理，所以，当其他事业部门、机构制定出台不利或者有损广告行业的政令政策的时候，没有机构代表广告行业进行干预、纠偏。正因为如此，才导致出现诸如2%到8%之类的问题。

在考察广告市场的种种变化过程中，把握产业整体的发展态势、经济环境以及行业管理政策这三个因素是相当关键的，但是，只是把握这些宏观因素是不够的，还应该进一步深入事物的内部，注意其中对于行业发展产生重要影响的一些微观的内在因素。那么，对于广告业来说，什么是具有重要影响的内在因素呢？以下的几个问题值得关注。

问题一：关于消费需求。

需求不振已经严重影响国计民生。产品迅速成熟、衰退，消费者呈现处事不惊甚至无动于衷的麻痹状态。传统的广告诉求和促销效果减退，往往导致厂家、媒介和广告公司相互埋怨。问题的根本原因在哪里？有经济学家指出，进入90年代，随着新经济的出现，原来的规则和方式都发生了一系列革命性的变化。新技术彻底颠覆了原来的市场和生活规则，原来的知识框架已经很难预测将来；消费者所需求的"产品"也发生了质变，所有的物品都出现了信息化和服务化的现象。消费者的需求欲望经历了所谓的"日用标准化"阶段、"制品"阶段以及"服务"阶段，进入了一个"经验性"的阶段。在前三个阶段，传统广告的所求和投放是有效的，然而，在所谓的"经验性"阶段，广告还处于摸索的状态之中。

问题二：关于市场竞争与竞争手段。

随着产品过剩，需求不振，市场竞争继续激化。品牌竞争和价格竞争交替使用。国内大多数的企业都经历过从"产品销售"过渡到"品牌营销"的阶段。无论是"产品销售"还是"品牌营销"，广告都是作为有效的竞争手段被广泛使用。很多广告业已形成一套具有特色的"广告观"和投放策略。这种做法目前还在使用且依然有效，然而，有一点是不可否认的，用这种方式所建构的品牌大厦是相当脆弱的，当遭遇到价格竞争、政策限制以及舆论监督的冲击时，很容易顷刻之间土崩瓦解。

问题三：关于组织革命。

市场动荡同时，企业内部也发生种种组织裂变，领导人的更替，组织制度的重新安排，企业核心资源的整合以及发展战略的调整等等。企业如人，有它的成长、成熟和衰退，其中最具危险性的时期是从"草创期"进入"成长期"和"成熟期"进入"创新期"两个阶段，这有点像人生危机中的"青春烦躁"和"中年烦恼"两个危机时期。经过20多年的改革开放，中国的企业现在多数遭遇到了"青春烦躁"，从"草创期"进入了"成长期"。这个时候，创始人退位，接班人到任，企业开始摆脱浓厚的个人色彩，转向社会规范和集团决策。"革命终于革到自己头上了"，企业内部的不安和动荡在所难免。

三、2002年的广告新使命

面对这样一种复杂动荡的经营环境，有必要重新审视广告的作用和价值。言及广告，人们就会想到市场竞争、产品促销，这是对的，然而，如果把广告的价值和作用仅仅局限于此，那就有点偏差了。因为，广告的作用绝对不止于"促销"而已，而是事关需求唤起、市场竞争和企业沟通等等头等大事。

换言之，必须从宏观战略的角度考虑广告问题。

面对市场低迷、环境动荡、需求不振，广告如何变换手法和创意刺激产品需求，唤起消费欲望呢？

面对竞争日益激化，广告如何巧妙诉求，回避价格竞争，建构自己的品牌大厦呢？

面对投资者、客户的怀疑，如何利用广告为企业的经营理念、规划、发展目标进行解释、宣传，建构诚信的关系呢？

面对媒介的监督和公众的不信任，如何履行一个社会公民的职责，为社会文化作出自己的贡献呢？

对于这些问题的回应和解答，有两个关键的着眼点。第一个着眼点是，要把握和了解广告专业的业务流变。近年来国际广告界发生了一系列的剧变，这种变迁实质是广告业本身为适应环境的变化，对于自己专业的核心资源进行重新界定。数十年来广告业依循“规模化”和“信息化”轨迹发展。所谓“信息化”，是指广告公司以市场调查为起点，建构一套严密的市场信息操控系统，从一般的数据收集发展到系统的数据库建立，从而进入企业的营销主脑。伴随“信息化”的发展，组织上也向“规模化”过渡，逐步建构了以“AE”为核心的调查、策划、创意、媒介计划一体化的“综合代理广告公司”，并成为广告业的龙头。然而，到了20世纪80年代，广告行业在国际化的潮流下产生了若干规模巨大的广告企业集团如WPP、奥姆尼康之类，以资本为纽带对大量的综合代理广告公司进行兼并重组。此外，广告业分别遭遇到来自专业咨询公司和专业媒介购买公司的挑战，而出现了一系列的变化。其中，值得注意的变化有两点：第一，综合代理广告公司的业务分流合并，组建规模巨大的“专业媒介购买公司”，如萨奇和达比斯的“实力媒体”、奥美和智威汤逊的“传力”之类。第二，代表业务细分结果的中小公司之中，出现了新的整合潮流，具备“AP”职能的广告公司受到关注。所谓的“AP”与代表客户的“AE”最大的区别就是，时时以消费者为中心进行策划、创意以及媒介实施。“AP”在策划过程中不拘泥于惯常的量化分析，对于定性分析也相当重视。可以说，“AP”的出现展示了未来广告专业发展变化的一种趋势。作为广告公司，只有把立足点放在消费者身上，了解消费者、把握消费春，才能解决唤起消费欲望的重大课题。

另外一个着眼点就是要明确2002年的广告战略定位。面对入世初始、市场低迷的环境，应当如何选择广告战略呢？如果我们认同2002年是一个充满变数、危机与希望并存的年份，而我们把品牌建构列为营销战略的重中之重的话，就应当采用积极挑战的态度应对事态发展。在市场低迷的预期之下为什么还要用积极挑战的态度对待市场呢？不少的朋友表示难以理解，认定2002年应当减少广告的投放，将资金转移到终端建设。他们的理由很简单：做好终端，销售就上去了。我并不反对终端的建设，然而，我反对为了终端而轻视广告，因为两股力量作用于市场，相互是不能替代的。我有足够的例子说明，单纯进行终端建构而没有广告的支持是不行的，这种结构上的不平衡会导致企业的品牌衰退，最后，企业将面对一个尴尬的问题——到底是一个流通商还是一个厂商？当终端建立起来，而你的品牌消失掉，这是得不偿失。也有人说，市场低迷，应该把广告费节约下来，成为部分的利润来源。有不少厂家就是这样做的，形势好就多做广告，形势不好就少做或者不做广告。这种常识性的做法最近被证明是错误的。据萨奇的一个学术研究，在市场低迷的时候，减少广告开支，带来的是市场占有率的下降和利润的减少。所以，必须用挑战的积极的态度投放广告。无论市道如何，市场总有其增长的空间，问题是我们能不能寻找到。消极的、鸵鸟式的战略，百分之百没有希望，所以，我们也要给自己打气，只要有百分之一的可能，就要百分之百的努力。

结语：不广告，毋宁死

2002年在不安、烦躁和莫名其妙的期待中悄然降临。对于国人来说，最大的变数来自加入WTO后所面对的竞争态势。面对纷至沓来的国际厂商，人们多少感受到新的潮流冲击。若干法规的修定、许多惯常方式的改变，意味着游戏规则的更新。在一个商贸全球化的背景之下，工商企业如何领会、理解对方的话语呢？如何表达自身的意思、维护自身的利益呢？

广告，自然也就成为一种重要的国际沟通语言。如果不会使用，或者不愿意使用，结局要么在沉默中爆发，要么在沉默中死亡。

论广告学的学科体系

河南大学历史文化学院广告系主任　杨海军

内容提要：本文总结了我国学者近20年来对广告学学科体系的研究成果，分析了其存在的不足，探讨了与广告学学科体系建设有关的广告起源、广告学学科归属、广告学研究对象三个关键性问题；从广告学的形成、广告理论与实践的结合、广告学的发展三个方面谈了对广告学学科体系的看法，在此基础上对广告学学科体系的理论结构框架和广告学学科体系应包含的内容进行了归纳和概括。

关键词：广告学学科体系、理论框架、学科分支、学科归属

近20年来，随着广告教育的快速发展和广告学术研究的深入进行，我国学者从不同角度对广告学的学科体系进行了探讨，提出了很多有价值的见解。从现有的研究成果看，我国学者在"广告学是一门独立的综合性边缘学科"这一命题上多能达成共识，对广告学的形成和发展过程以及广告学的学科组成，也多有论及。但从研究过程中存在的问题来看，我国学者并没有明确构建起广告学学科体系的理论结构框架，对广告学学科体系的组成，也存在着认识上的差异，这就使得这一学科领域的研究还存在着一些不尽如人意的地方。广告学是一门新兴学科，在我国尚处于发展之中。笔者在这里无意对广告学学科体系的有关问题做出定论，而是仅就我国学者的研究现状和广告学发展的实践提出自己认识这一问题的思路、看法。一是引起人们对这一问题的关注，二是抛砖引玉，希望能对这一问题进行更深入地研究，为科学、合理地构建起适合中国国情、具有中国特色的广告学理论框架和学科体系尽一份微薄之力。

我国学者对广告学学科体系的探讨

近20年来，我国学者对广告学学科体系的研究取得了较为丰硕的成果。主要集中体现在出版了一批具有较高质量的学术专著和专业教材上。在这些专著或教材中，我国学者对广告学学科体系的认识或代表性的观点主要以两种具体的形式表现出来。

一、专著或教材的内容安排和结构框架本身反映了作者对广告学学科体系的认识与理解

从上个世纪80年代中期到本世纪初，我国学者出版书名为《广告学》、《广告学原理》或近似书名的学术专著不下数十种，据大致统计，被不同高校选用为教材或教学参考书的著作有傅汉章、邝铁军的《广告学》，杨荣刚的《现代广告学》，陈培爱的《广告原理与方法》，孙有为的《广告学》，何修猛的《现代广告学》，余明阳、陈先红的《广告学》，丁俊杰的《现代广告通论》，胡屹的《广告学全书》，邱沛篁主编的《实用广告学基础》等。在这些专著或教材中，我国学者从不同角度对广告学学科体系进行了勾勒和阐述。从总的情况看，我国学者在对一些关键问题的认识与把握上达成共识，但在许多具体问题上也存在着认识上的差异。

⑴我国学者在广告学是一门独立的、正规的、综合性的边缘学科这一命题上基本达成共识。我国大多数学者都认为广告学不仅是一门艺术还是一门科学，是一门综合性的边缘学科，并在不同的著作中均用一定的篇幅对这一问题进行了论证。认识广告学的学科体系，首先是建立在承认广告学是一门独立的学科基础之上，其次才涉及到广告学是一门什么样的学科问题。这一命题，对于我们认识广告学的学科体系显然具有重要意义，它不仅明确了广告学是一门独立的学科，更重要的是突出了广告学综合性的特点，对于我们把握广告学学科体系的内涵和外延划定了一个基本框架。

⑵我国学者按照自己的理解对广告学学科体系的轮廓进行了勾勒。

这里之所以用"轮廓"二字，主要是因为我国学者对广告学学科体系究竟应该包含哪些内容吃不太准，所以只能勾勒一下大致轮廓，即便于此，在许多问题上，我国学者的研究还是达到了相当高的水平。具体来说涉及到三大块内容：一是广告学的基本原理，包括广告的概念、性质、功能、类别、结构关系、构成要素以及广告原则等。二是广告发展演变的历史，包括广告的起源、国内外不同时期的广告表现形式、广告的作用与地位、各国广告发展概况与特点及广告发展趋势和发展方向等。三是广告运作实务，包括广告技术、广告战

略、广告战术等偏重实战的相关内容。尽管学者们的论述角度不同，但认识广告学学科体系的思路却是清晰的。孙有为在《广告学》一书中对广告学的学科组成部分进行了描述，他认为“广告学包括：广告史、广告写作、广告策划、广告战略、广告战术、媒体选择、广告心理、广告摄影、广告设计、广告管理、广告道德规范等一系列原理和理论。”①这种描述实际上代表了作者对广告学学科体系的看法。在上世纪 90 年代初期，作者能对这一问题进行明确论述，表明我国学者在这一问题的研究上已取得了一定成果，本书的作者只是其中一个代表而已。时隔 6 年，余明阳、陈先红等在《广告学》一书中对广告学的学科组成部分也进行了描述：“广告学包括：广告史、广告策划、广告管理、广告策略、广告媒体、广告心理、广告写作、广告摄影、广告设计、广告行业管理等一系列原理和理论。”②与孙有为的描述相比，在行文上虽然稍有差别，但内容上大同小异。

以上这些提法是否科学、合理，还可作进一步探讨。但学者们就这一问题明确提出自己的见解并进行了高度的概括和总结是极富建设性的。一方面反映作者已认识到这一问题的重要性，在书中不得不正面回答这一问题，另一方面，也反映了作者认识问题的思路，为人们对这一问题进行深入研究提供了一个重要参考。

二、我国学者对广告学学科体系的组成部分或学科分支的论述较为深入

我国学者对广告学学科体系各组成部分或学科分支的论述也以两种具体形式表现出来。

⑴出版了一系列学术专著或教材，对广告学学科体系的各组成部分进行了专题研究。从上个世纪 90 年代中期到现在，我国学者论及广告学学科分支的专著或教材为数众多。成系列、有影响的有 1995 年厦门大学出版社出版的“21 世纪广告丛书”，包含《广告学原理与方法》、《如何成为杰出的广告文案撰稿人》、《广告策划与策划书撰写》等十本专著；1995 年由中国经济出版社出版的“广告大手笔丛书”，包含《广告创意》、《广告传播》、《广告心理》等六本专著；1997 年由中国物价出版社出版的《龙媒广告选书》第一辑，包括《现代广告通论》、《中外广告史》、《广告媒体研究》等九本专著。比较有特色的还有赵恩芳主编的《现代广告文化学》，李建立的《广告文化学》，周立公的《营销广告策划》，杨晋安的《公关广告》，周萍的《公益广告初探》，余明阳、陈先红的《广告策划创意学》，刘士军、继红的《市场中的魔鬼——现代广告》，唐忠朴的《广告创意策略与表现》，卢泰宏等人的《广告创意 100》等。这些丛书和专著对广告学学科体系各组成部分进行了深入细致地探讨，有些专著涉及的内容具有开拓性和独创性，如高萍的《公益广告初探》、赵恩芳的《现代广告文化学》、李建立的《广告文化学》等，不仅在某些内容上填补了这一研究领域内的空白，还极大地丰富了广告学学科体系的内容。我国学者对广告学学科体系的各组成部分专题研究最为深入，成果最为突出。

⑵在一些专著或教材里对广告学的学科分支进行了归纳和概括。

孙有为在《广告学》里明确归纳了广告学的学科分支，即“广告理论学、实用广告学、广告美学、广告摄影学、广告设计学等等”。③余明阳、陈先红在《广告学》里也有明确的阐述，他们认为广告学的学科分支包括“理论广告学、实用广告学、历史广告学、市场广告学、摄影广告学、广告统计学、广告写作学、广告语言等。”④

从以上两本专著的描述来看，我国学者对广告学学科分支的认识及语言的表述上有较大差异。和前面提到论及广告学学科体系各部分内容的诸多专著相比，这种描述显得有些苍白。一是某些学科分支的提法是否合适，是否有作者想当然的成分，二是仅限于对这些学科分支名称的罗列，在其专著构建的学科体系中也不完全包含这里所提到的学科分支的内容，更没有作进一步探讨，这不能说不是一个遗憾。尽管如此，能在其著作中明确提出广告学学科分支的具体内容，也是极具开拓性和创建性的。反映我国学者已比较清楚地认识到广告学是在其它学科交叉点上发展起来的边缘学科，且由于综合性强而自身学科体系内的学科分支较为庞杂的特点，这对我们认识问题也是有帮助的。

我国学者在广告学学科体系建设方面做了大量具体而有成效的工作，取得的成绩有目共睹，但遗留的问题也显而易见，主要表现在如下几个方面。

⑴对广告学学科体系的内容组成和结构安排认识差异较大。

由于学者们认识广告学学科体系的角度不同，因此，不同时期各种版本的广告学专著或教材对广告学学科体系内容的论述及结构安排也存在着较大的差异。以 1995 年 9 月第 9 次印刷，世界知识出版社出版、孙有为编著的《广告学》和 2000 年 8 月第 2 次印刷，安徽人民出版社出版，余明阳、陈先红主编的《广告学》为例，统观两书内容，除孙有为对“广告市场”的论述及余明阳、陈先红对“因特网广告”的论述均有独到之处

外，其余的内容两书基本上都涉及到，但在结构安排上却存在着较大差异，这种差异不仅表现在广告学学科体系应该包含哪些内容上，而且还表现在这些内容应该包含在怎样的理论结构框架之下。这一现象，在国内广告学学术专著中有着共性。

90年代出版的两本同名《广告学》专著各章内容比较表

	孙有为著《广告学》	余明阳、陈先红著《广告学》
第一章	广告概论	绪论
第二章	广告发展简史	广告的历史沿革
第三章	广告市场	广告前期运作
第四章	广告心理学	广告策划创意
第五章	广告技术	广告创作
第六章	广告媒介	广告媒体
第七章	广告程序与广告策划	因特网广告
第八章	市场调查	广告效果测评
第九章	广告策略	广告的多角关系
第十章	广告整体策划	广告的规范管理
第十一章	广告组织	
第十二章	广告管理学	

⑵我国学者对广告学学科体系的认识也有许多自相矛盾的地方。主要表现在以下几个方面：

第一，尽管很多学者认为广告学是一门独立的、正规的、综合性的边缘学科，但在论述具体问题时仍人为地将其划归为某一特定的学科领域。如孙有为在其《广告学》中就提到“广告学属于社会科学的经济领域”。很多学者的著作名称为广告学，但在其叙述过程中强调其研究的主体是商品广告，其广告学是商业广告学，一个大的框架下，却是一个特定的狭小的概念，显然不利于人们对广告学学科体系的正确把握。

第二，我国学者对广告学学科体系的认定过于宽泛。有的学者在叙述广告学的学科体系时，认为涉及到30余门相关学科，对其分支学科的描述也是宁信其有，不信其无，多多益善。但统观全书，却远远不能涵盖所提到的这些内容或学科分支，有的还相去甚远。看来对广告学学科体系认识过于宽泛也不利于我们对广告学学科体系进行整体把握；离开了广告学自身的发展规律和其发展变化的特殊条件和宏观环境，无限制对其学科组成部分和学科分支进行伸延，只能破坏其结构的完整性和严密性，也不足取；把广告学学科体系搞得支离破碎，同样也不是一种科学的态度。

从总体来看，我国学者对广告学学科体系的探讨成果颇丰，值得肯定。但存在的问题也不容忽视，这就需要在总结既有成绩的基础上对这一问题作进一步地探讨。

认识广告学学科体系的几个关键性问题

我国学者在广告学学科体系的认识上之所以表现出较大的差异，除了各自理解问题的角度不同外，与在一些关键问题上的观点不同也密切相关。笔者认为，认识广告学的学科体系要涉及到三个关键问题，即广告的起源问题、广告的研究对象问题、广告学的学科归属问题。下面拟就这三方面的问题谈谈个人的看法。

一、广告是人类有目的的信息交流的产物，这一立论是我们认识广告学学科体系的理论基础

对广告起源问题的不同认识，直接造成了人们对广告学学科体系的不同看法。多年来，我国学者在广告的起源问题上有“广告是人类信息交流的产物”和“广告是商品生产和商品交换的产物”的不同观点。前者所指的广告是指“社会广告”，后者所指的广告则是指“商品广告”。前者认为，广告是人类信息交流的产物。人类最初交流的广告信息是与大众传播学、新闻学所提到的那种信息有共同源头，且与人类日常生活密切相关的非商品信息，这就是“社会广告”。当商品生产和商品交换出现的时候，就出现交换商品信息的“商品广告”，广告从本质上讲是一种信息传递活动。由于这种观点的持有者多认为社会广告要早于商品广

告且在不同的历史发展阶段均同时存在,还互有消长,因此,均应成为广告学的研究对象。[5]后者则认为广告起始于人类的商品生产和商品交换活动,广告从本质上是经济领域的促销活动,所谓广告就是指商品广告,广告学的研究对象相对特指并不那么宽泛。这种认识也决定着我国许多学者所撰写广告学专著就是商业广告学的学术专著,其构建的学科体系也只能是商业广告学的学科体系。

笔者认为,广告的起源问题是广告学学科体系建设中重大的理论问题。承认广告是人类有目的的信息交流的产物有助于我们了解广告发展演变的基本规律,了解广告的本质。“广告是商品生产和商品交换的产物”既不能解释商品交换出现以前原始广告形态怎样,又不能解释为什么广告在传播信息过程中,既表现出经济功能,又表现出政治、文化功能。可以这样认为,在特定的历史时期,广告的本质也许是促销,但从广告的起源和其整个发展脉络看,说广告是人类有目的信息传递活动更科学、更合理、更准确地揭示了广告发展、演变的基本规律。从这个意义上讲,正确理解广告的起源问题是我们认识广告学学科体系的理论基础。它使我们了解到广告这种信息传递方式一脉相承地从最原始、简单状态发展到现在较为复杂的状态,有它自己发展、演变轨迹。通过探寻把握这种历史轨迹,我们就能把握住广告学学科体系各组成部分的联系与区别,进而为正确认识广告学学科体系的整体结构框架提供理论依据。

二、明确广告学研究的对象也是我们正确认识广告学学科体系的一个基本前提

我国学者一般都在其著作中对广告学的研究对象进行了论述,有些学者还对研究对象与学科体系建设之间的关系进行了具体描述。如我国大部分学者都认为广告学是一门以广告为研究对象的科学,是研究广告活动及广告事业发展变化规律的科学。除此之外,对于广告学研究对象与学科体系建设之间的关系,我国学者也有论及。余明阳、陈先红在《广告学》一书中提到“广告学的研究对象问题,是一个十分重要的问题,因为它规定了广告学的理论框架,规定了这门学科的特有角色,也规定了与其它学科的区别与联系。”[6]他们进一步论述广告学的研究对象可分为两大部分——共性研究和个性研究。共性研究是指一切社会共有的广告活动和广告事业的规律,其研究内容包括广告基本理论、广告策划、广告制作、广告管理。个性研究是指特定社会中广告活动和广告事业的规律,主要内容包括西方广告的特点、功能、运行规律和原则,以及我国广告的特点、功能、运行规律和原则。这种见解很有见地,但其关于共性和个性的表述使我们对广告学结构框架的认识仍难以把握。

甘忠泽在《现代广告学》中明确提出“广告学是研究人类广告现象及其规律的科学,它以广告历史运动规律、广告基本理论、应用操作机制和现代广告管理作为自己的研究对象。”[7]在该书中,他还对广告学的研究对象进行了具体论述。他认为主要包括四个方面的内容:1、研究广告历史运动规律及其发展趋势;2、研究广告的基本范畴与理论;3、研究广告应用规律与操作机制;4、研究现代广告的管理。这种表述在有关广告学研究对象的观点中较为清晰和全面,对我们认识广告的学科体系有重要借鉴意义。

孙有为在其《广告学》中则指出:广告学主要研究对象是商业性广告,即经济广告或盈利性广告。广告研究的中心问题是探讨和揭示广告活动在商品促销中的运动规律。他强调广告着重研究下列几项内容:1、广告的基本原理,包括广告基本概念,广告在商品经济中产生和发展的必然性,广告在商品经济中的地位、作用及广告的基本任务;2、广告策划,包括广告调查、广告计划、广告预算、广告策略、广告实施及效果测定;3、广告设计与制作;4、广告心理学。[8]这种认识也有其独到之处,但总感觉作者对广告学研究对象的认识不那么全面。

从以上的三个主要观点中不难看出,我国学者均明确提出了广告学的研究对象,且对广告学研究对象的认定与广告学学科体系建设之间的必然联系进行了论证。看来,认识广告学的研究对象是勾勒广告学学科体系基本框架必不可少的条件。因此,今后一个时期根据广告学发展变化的形势进一步加强对广告学研究对象的研究,仍是我国学者不能回避的一项重要任务。

同时,也可以看到以上三种观点对广告学研究对象的认定虽各有特点,但存在着明显的差异也是不容忽视的事实。主要差别表现在两个方面。其一是把广告学的研究对象定在一个较为宽泛的范围还是定在一个相对狭小的特定范围。如果认为人类的一切广告活动都是广告学的研究对象,广告学的学科体系相对就会宽泛一些。如果认为广告学的研究对象应以商业广告为主,广告学的学科体系就相对地狭小一些,其得出的结论显然是不同的。其二是对广告学研究对象具体内容的描述差别较大,虽各有特点但却容易造成

人们认识上的混淆。因此,如何更科学、更合理地认定广告学研究对象的具体内容也仍将是我国学者需要继续努力解决的问题。因为它直接关系到广告学学科体系建设中各组成部分的内容安排及结构框架的布局。加强对这一问题的研究,也是我们正确认识广告学学科体系的一个基本前提。

三、正确认识广告学的学科归属也是我们认识广告学学科体系不能回避的问题

前文已经提到,尽管我国学者大部分均认为广告学是一门独立的、正规的、综合性边缘学科,但对于广告学的学科归属仍有不同的看法。对于广告学的学科归属,我国学者有如下代表性的观点。

其一,广告学属于新闻传播学范畴。这种观点持有者认为从本质上讲广告是一种信息传播活动。从古到今,无论广告形式怎样变化,广告媒体怎样扩展,广告技术如何进步,都改变不了广告信息传播的本质。广告是借助新闻传播媒体的发展而成长起来的,广告学又是在新闻学母体里孕育出来的,因此广告学应属于新闻传播学的范畴。有些学者虽然没有明确提出广告学应属于传播学的范畴,但认为应从传播角度来对广告进行研究。如《广告传播学》的作者刘志明、倪宁就提到“现代广告更是伴随着大众传播事业发展而发展与繁荣,因此作为一门学科,广告学的研究不仅仅要从商品生产、流通、销售,即经济规划方面来着手,而且应该从传播领域来作进一步探讨。”[9] 他们将书名定为《广告传播学》就是贯彻了这一立意。

其二,广告学从属于社会科学领域的经济学科。这种观点的持有者多数认为广告是伴随着商品生产和商品交换而出现。广告学研究的中心问题是探讨和揭示广告活动在商品促销中的运动规律。因此,“广告学应从属于社会科学领域的经济学科”。[10]

其三,认为广告学属于艺术领域。这种观点主要是否认广告是一门科学,认为艺术是广告活动的生命。有些学者虽然没有明确提出广告学属于艺术领域,但在著作里却对广告与艺术的关系进行了详细论述。如胡屹在《广告学全书》的导读部分说到:“在此我要提醒大家的是:其实广告并没有一定的法则和规律”。[11]第一章“广告学导论”中,他用整整一节来讨论广告与艺术的关系,认为“所谓广告艺术是指为商品销售目的而进行的表现艺术,是一种有明确目的,在很多限制条件下创造性的艺术形式。”[12]实际上他是在从艺术的角度来看待广告学。

学者们从不同的角度对广告学的学科归属进行探讨有利于人们认清广告学多层面的性质,也在某种程度上决定着广告学学科体系的构建方向和学科组成的中心点。从哪个角度来理解广告学的学科归属,就会加大其相应的论述力度,这一部分内容在广告学学科体系中的地位和作用就会发生相应的变化。因此,对广告学学科归属的不同认识,也必然会导致对广告学学科体系的认识不同。从这个意义上讲,正确认识广告学的学科归属同样是认识广告学学科体系的一个重要前提。

笔者认为,承认广告学是一门独立的、正规的、综合性的边缘学科,对于认识广告学的学科体系是有实际意义的。[13]这种意义主要体现在以下三个方面。

1、广告学是一门综合性的边缘学科。这种认识能够帮助人们理解广告学与其它学科融合、交叉,在吸收其它学科研究成果基础上进而形成自己独具特色的学科体系特点。这不仅有利于认识其它学科与广告学的联系,也有利于认识其它学科的成果在广告学学科体系形成过程中的地位和作用,进而对把握住广告学学科体系的内涵和外延具有实质性的帮助。

2、广告学是一门独立的学科。这种认识能够帮助人们理解广告学学科体系的相对独立性和完整性。广告学的雏型实际上是在其它学科的母体中孕育的,广告学的形成过程不仅是吸收其它学科研究成果的过程,也是从其它学科中逐渐分离出来的过程。广告学的内容一开始散见于其它学科体系之中,是支离破碎、不完整的。从其它学科分离出来的过程,也是自身体系走向完善的过程。这对于我们认识广告学学科体系形成的特殊背景及广告学发展独特的轨迹是有帮助的。

3、广告学是一门正规的学科。广告学已完成了从“术”到“学”的转变过程,承认广告学学科体系的正规性,有利于我们对广告学学科体系的组成部分、学科分支进行系统的概括和总结。既要求其理论框架的完整性、合理性,又要求其内部组成部分的严密性;既不能把广告学学科体系内容限定在狭小的范围内,也不能使广告学学科体系无所不包,变得过于宽泛。作为一门正规学科,广告学有着自身发展、演变规律,在广告学的发展过程中,其内部各有机组成部分的联系也是必然的或自然形成的。我们需要做的就是要发现这种规律,找到这种联系。只有这样,我们所构建起来的广告学学科体系才有可能是科学的、合理的。这也许

是我们在探寻广告学学科归属与广告学学科体系之间关系问题最具有实际意义的一个思路吧！

对广告学学科体系的几点认识

广告学作为一门独立的学科出现，有其独特的现实环境和其赖以存在的物质条件。笔者拟就广告学的形成、广告理论与实践的结合及广告学的发展三个方面谈谈对广告学学科体系的看法。

一、从广告学的形成看广告学的学科体系

广告学的形成有几个重要标志，对广告学形成过程及相关标志进行探讨，是我们认识广告学学科体系的一个重要依据。

1、广告学作为一个学科出现是广告活动与人们现实生活发生紧密联系的结果。

广告伴随着人类信息交流活动而产生，在商品生产和商品交换活动中得以发展。随着大众传播媒体的成长，广告活动有了更为广阔的空间和更为丰富多彩的表现形式，对人类社会产生的影响也越来越大。在大众传播媒介出现之前，广告的形态和运作方式均较简单，影响的范围也较有限。广告仅仅被人们视为传播信息的方式或推销商品或观念的“技术”。当大规模的商业活动展开，古老的广告技术与大众传播媒介结合在一起的时候，广告的功能和价值得到进一步加强，作为一种面对公众的信息传递活动，广告对人们生活的影响已变得不可避免。一方面是广告术和大众传播媒体的结合，另一方面是广告的社会功能日益增强，广告从“术”到“学”的转变已具备了两个物质基础，其中最为重要的就是大众传播媒介的出现。对大众传播媒介的研究，一开始也就成为广告学研究的内容。

2、广告学作为一个学科出现，与广告运作规模化、规范化，并日益呈现出一定的规律性也不无关系。

广告活动与大众传播媒介结合在一起，不仅使广告信息的发布者、“卖报人”、媒体、受众这些广告活动的基本要素具备，还形成了雏形广告市场中的多角关系，广告活动不再是孤立的单个活动。随着广告市场中多角关系相互合作，广告媒介不断发展，广告的规模化、规范化运作也日趋明显。广告主为了使自己的广告有更大影响，会对媒体进行比较选择；“卖报人”为推销版面和时间，会对媒体的特点和优势进行研究；同时，二者对媒体与公众的关系，如发行量、依赖度、阅读率等实际问题进行分析、研究，也会提高广告传播的功效。广告运作呈现出规模化、规范化的趋势，由各种关系相互制约的广告活动会减少盲目性和随意性而逐渐呈现出一定的规律性，这样，就为人们对广告经验的总结提供了便利。这些也是广告学作为一个学科出现的又一物质条件，同时，对广告运作规律的探讨也成为广告学研究的对象。

3、杰出广告人对广告活动基本原则的总结，是促进广告理论研究发展的一个重要因素。

任何一门新兴学科均是适应社会现实需要和解决社会现实问题应运而生的，广告学也不例外。19世纪末20世纪初西方资本主义市场经济得到快速发展，在这一大背景下，广告活动也开始沿着职业化、规范化的方向发展。为培养人才，西方心理、新闻、商业、广告业界学者开始结合广告实践来总结广告理论、探讨广告原则。19世纪末期美国广告业发展已达到一定的规模，在这一时期美国学者陆续出版和发表一些文章和学术专著，内容涉及产品推销、广告宣传、定位、品牌、设计等，为广告学的形成奠定了物质基础。1895年美国明尼苏达大学心理实验室的哈洛·盖尔设计了一些问卷对消费者行为和心理进行调查，内容涉及受众对广告宣传和广告商品的态度和看法。把心理学的实验方法运用于广告活动，可以看作是广告运作吸收其它学科成果，从而使本身的学科体系逐渐建立起来的一个起点，同时也是广告人对广告运行的理论和原则进行科学研究的新开端。1898年美国学者路易斯提出了AIDMA广告法则，也是运用心理学原理对广告吸引消费者注意、促使其产生兴趣、刺激欲望、强化记忆、完成购买的心理过程进行分析。这也是对广告实践活动的高度概括和总结。1900年哈洛·盖尔在多年调查研究和总结他人经验的基础上写成《广告心理学》一书，把心理学作为广告学说的重要组成部分来看待，人们一般认为这可以看作是心理学成为广告学学科体系组成部分的重要标志。1901年美国西北大学校长、心理学家瓦尔特·狄尔·斯科特在芝加哥的一次集会上明确提出：广告学应是一门独立的学科，广告心理学可以看作是其学科体系不可分割的重要组成部分，广告学作为一门独立学科出现，和广告心理学发展密切相关。他发表了许多文章，对该问题进行系统论述。1903年，他在这些文章的基础上整理出版了学术专著《广告学原理》。该书有两个重要贡献，其一是对广告学应该发展成为一门学科这一命题进行了全面论述。其二是重点论述了心理学在广告学学科体系形成过程中的地位

和作用。人们一般认为《广告心理学》和《广告学原理》两书的正式出版，标志着广告学的学科体系初步形成。

从广告学的形成来看，广告作为一种信息传递活动日益与人类的生活发生紧密联系，当其成为人们生活中不可分割的组成部分时，人们对其的研究不仅不可避免，而且会变得系统和规范。这也是广告学成为一个学科的前提条件。因此，对广告学产生环境、动因以及广告活动与人类生活相互作用的关系研究应是广告学学科体系内的重要内容。

广告学之所以能够成为一个学科，与学者们把心理学的理论和方法引进了广告活动中直接关联。心理学的理论和方法不仅直接推动了广告学的形成，更为重要的是由于心理学在广告学形成过程中所起的作用和地位，也使得心理学从一开始就成为广告学不可分割的组成部分。因此我们可以认为心理学的原理和方法是广告学学科体系的重要理论支柱之一。

二、从广告理论与实践的结合看广告学的学科体系

广告学的发展过程，也是学者们从广告实践中总结、提升理论，并把理论运用于实践的过程。

⑴广告心理学成为广告学学科体系的重要分支。

随着广告学学科体系的初步形成，一些新闻、商业、经济院系开始把广告引入大学课堂对学生进行讲授。1902至1905年间，美国的宾夕法尼亚大学，加利福尼亚大学、密歇根大学都设置了广告学课程，这也促使大学的学者们加强了对广告学的研究。1908年，西北大学校长斯科特在系统研究广告实践活动的基础上进行理论总结，出版了《广告心理学》一书。在这本书里，斯科特全面论述了心理学和广告学之间的关系。他认为心理学的每一个领域都和广告有着显著的联系，心理学运用于广告宣传中，其结果必然是全面而有效地提高广告宣传的效果，而其自身又成为广告学不可分割的重要组成部分。斯科特的另一个重要贡献就是在广告心理学理论与实践运用之间架起了一座桥梁。1921年他又出版了《广告心理学的理论和实际》一书，重点探讨了如何在印刷广告中运用心理学原理的问题。斯科特的研究和探讨使得广告心理学成为广告学学科体系的重要分支。

⑵广告调查被引入广告实践。

在斯科特对广告心理学进行执着研究的同时，哈佛大学的赫杰特奇教授则深入到企业家中间访问、收集他们在广告实践活动中好的做法，总结他们在销售过程中一些成功的经验，推出了《广告与营销》等学术专著。1918年哈佛大学丹尼尔·斯塔克教授开始研究、识别、检测广告摹写的方法。他和A·C·尼尔森、乔治·盖洛普分别各自成立了自己的调研公司，把市场调查引入到广告活动中，将市场调研引入广告实践被认为是广告与营销直接发生联系的一个重要标志。同一时期，随着产业革命在西方资本主义国家先后完成，广告的理论研究和广告实践活动也得到进一步加强，英国等一些经济和广告发达国家的学者们对广告实践经验的总结和理论研究也开始升温，关于广告学和广告实践的专著不断问世。1925年美国广告大师克劳德·霍普金斯出版了他的《科学广告》一书，对广告学成为一门科学这一命题进行了全面的论述，对广告的科学化产生了巨大影响。

⑶广告管理被提上议事日程

1926年“美国全美市场学和广告学教员协会”成立，学者们联手对广告学展开了更广泛、更系统的研究。1938年，在美国成立了“国际广告协会(IAA)”。这是一个旨在联合世界各地广告研究组织、机构、单位和个人对广告进行综合性研究的全球性机构，为广告研究国际化架起了桥梁。随着广告市场的发育和广告行业规范化需要，美国“广告主协会”、“广告代理商协会”、“广告实践委员会”相继成立。这些协会和组织从不同的角度对广告的理论与实践及二者之间的关系进行深入探讨，促进了广告学的进一步发展。人们一般认为，《科学广告》一书的出版以及广告行业组织的出现，确立了广告学作为一门独立学科的地位。同时，广告心理学作为一个学科分支，市场调查作为广告运作程序中的一环，广告行业组织作为广告市场多角关系中的一员，均成为广告学的研究对象，进而成为其学科体系的重要组成部分。

三、从广告学的发展看广告学的学科体系

二次世界大战以后，随着西方资本主义经济的繁荣，广告业得到快速增长，广告学的研究也取得突破性进展，广告学学科体系因研究对象日益丰富而趋向完备。

(1)市场营销学和传播学被引入广告实践活动,成为广告学两大理论支柱。

20世纪中叶,随着西方资本主义经济走向繁荣,营销学、传播学这两门新学科形成。其中的理论和方法被杰出广告人引入广告实践,极大地增强了广告活动的有效性,从而将广告战略和广告技巧置于科学化的基础之上,至此广告学的基本理论框架基本形成。以新闻学、心理学、传播学、市场营销学的基本理论为四大支柱的广告学理论体系逐步建立起来。实际上从20世纪初到20世纪中期,许多学者从社会学、经济学、统计学、人类学等角度对广告活动加以总结和探讨,相继出版了多种理论专著,极大地丰富了广告学学科体系的内容。但从总的情况看,其它学科与广告学结合均不如市场营销学和传播学那样紧密。多学科的融入虽然丰富了广告学学科体系的内容,使广告学学科体系逐步走向完备,但市场营销学和传播学被引入广告实践则搭建了广告学学科体系的基本理论框架。广告与市场营销,广告与传播,已成为广告学学科体系中不可分割的重要组成部分。

(2)广告大师们对广告理论的总结为广告学学科体系注入了更为丰富多彩的内容。

随着广告市场的发育和广告运作环境的不断优化,一批在长期广告经营活动中积累了丰富经验,对广告市场情况充分了解,对广告的感悟又特别深刻的广告大师们脱颖而出。他们对广告学发展做出的杰出贡献就是总结了一系列广告创意的理论和方法,这些理论和方法被运用到广告实践,不仅产生巨大的经济效益,而且伴随这些理论同时产生的经典创意案例也成为广告学学科体系中最为精彩的部分。

从50年代到70年代,广告大师们创造的理论有罗素·瑞夫斯的USP理论,即独特销售主张;大卫·奥格威的BI理论,即品牌形象论;A·莱斯和J·屈特的定位理论等。这些理论均成为广告学科体系的重要组成部分。除此外,许多广告大师对广告学研究不同流派的形成产生重大影响,如认定广告不是科学而是说服艺术的广告界巨擘比尔·伯恩巴克,发明了"芝加哥学派"的李奥·贝拉,"将研究引入广告创意过程的第一人"雷蒙·罗必凯,认为广告公司是一座"广告大学"的斯坦利·雷索,写下不朽广告名著《广告的艺术》的乔治·路易斯等。他们均从不同的角度对广告理论进行总结,引起了50年代到70年代的广告"创意风暴"。广告创意的理论由此而确立并成为广告学学科体系的有机组成部分。

(3)广告学研究向多元化方向发展,广告学学科体系的内涵和外延均得到强化和伸延。

随着新兴媒体广播和电视的相继出现,广告活动与大众传播媒体的结合更为紧密。报纸、电视、广播、杂志四大广告媒体逐渐的形成为广告活动提供了更广阔的空间和市场,如何科学地选择运用媒体更好地提高广告的效能日益受到人们的重视,广告媒体逐渐成为学者们重点研究的对象。科学运用媒体的理论和方法也逐渐成为广告学学科体系不可分割的重要组成部分。

随着广告市场的扩展,对广告活动的规范、管理也日益提上议事日程。各国政府纷纷出台相应的政策和法规,加强对广告行业的管理。广告行业组织的作用和地位也得到加强和提升,在协调关系、行业自律、提高效率等方面发挥作用。随着广告市场发育成熟,多角关系相对稳定,广告代理制应运而生。这些均使广告市场的运作向规范化,广告经营管理向科学化的方向发展。在这样的情形下,对广告道德、法规、经营管理的研究也得到加强,随着研究成果的不断增多,这些内容也成为广告学学科体系的重要组成部分。

广告代理制在西方国家普遍推行后,专业广告代理公司的地位和作用得到加强。同时科学技术的进步也为广告公司的科学运作提供了强有力的研究手段,广告服务逐渐由简单技术服务型向以创意策划为中心,为客户提供全方位服务的方向发展。这一时期,学者们加强了对前辈广告大师们所创造的创意理论的总结,并对广告策划的原则、方法、特点进行了概括,使广告创意策划的地位在广告总体运行程序中的作用和地位得到提升。"广告创意策划学"作为一个分支学科出现,也丰富了广告学学科体系的内容。

20世纪70-80年代,随着全球经济一体化步伐加快,广告业跨地区、跨国家运作速度加快,广告理论也得到进一步发展。如70年代,CI作为一种企业系统形象战略被广泛运用到企业的经营与管理中,并在世界范围内掀起一场令人瞠目的"形象革命"。品牌战略、品牌经营、品牌管理、品牌延伸也随着国际间的竞争加剧而日益被运用于广告实践。20世纪90年代,一个新名词——整合营销传播在中国广告业界掀起波澜。随着国际间的合作加强,广告国际化与本土化的争论也日趋激烈,人们开始加强对国际广告和广告文化的研究,其成果也成为广告学学科体系的重要组成部分。

广告业的进步与科学技术的进步是密不可分的。70年代以后,广告摄影技术、电脑设计制作技术、喷绘技术运用到广告实践。90年代以来，随着被称为第五大媒体的因特网走近人们的生活，网络广告正以超过我们想象的速度迅速增长。这些都为广告研究提供了新的课题，使广告学学科体系里增加了新的要素。

通过了解广告学学科体系的形成过程、广告理论与实践的结合及广告学学科体系发展过程，我们能够认识到广告学学科体系有其特定的内容和范畴。这些内容和范畴不是人为制定的，而是自然形成的并随着广告业的发展和变化而发展变化。能够认识广告学这种发展演化的规律，我们勾勒广告学的学科体系就有了重要的依据。

小　结

根据以上所提到的材料和所进行的论证，笔者做出小结如下：

⑴广告学学科体系的结构框架应由三大部分内容组成，即理论广告学、历史广告学和实用广告学。

理论广告学主要从宏观上探讨广告学的基本范畴、性质、功能、类别，及广告运行的程序、规律和原则等问题。

历史广告学主要研究、总结人类广告活动发展、演变的历史及发展趋势。

实用广告学主要探讨广告理论、手段、技术、方法在广告实践中的具体运用。

⑵广告学的学科体系各组成部分或学科分支因研究主体不同而呈现出不同的特点，由于内容较为庞杂，具体勾勒如下：

理论广告学主要以心理学、新闻学、传播学、市场营销学的基本原理和方法为理论基础，结合广告运行的原则、观念、方法及运行机制的特点而构建的理论体系。学科体系组成部分主要包括广告概论、广告心理、广告市场、广告媒体、广告管理、广告文化等内容。其中，广告心理学是广告学中较为成熟的学科分支。市场营销的理论和方法在广告活动中的运用是广告市场学的出现，广告市场学的发展虽然不像广告心理学那样成熟和规范，但其已成为广告学的一个重要学科分支毋庸置疑。新闻学、传播学在广告活动中的具体运用直接产生三个相应的学科分支，即广告媒体研究、广告管理学、广告文化学。这些学科分支的出现都与广告活动是一个信息传递活动，而信息传递涉及到信源、通道、受众、效果等各个要素进而波及到现实生活的各个层面有关。统观理论广告学各学科分支，除广告心理学的发展较为成熟外，其余的学科分支均处于发展和变化之中。

历史广告学主要研究、总结人类广告活动发展演变的历史，历史广告学的一项主要任务，就是要探讨人类广告活动的规律和特点及预测广告发展的趋向等。历史广告学作为广告学的一个学科分支已相当成熟。历史广告学学科体系中包含的内容也较丰富，涉及广告的起源问题；广告在不同时期的地位、作用与影响问题；不同时期的广告表现形式及发展脉络问题；广告环境与广告发展动力问题；不同时期广告发展的特点及广告发展趋势问题。目前历史广告学中比较成熟的两个学科分支分别为中国广告史和外国广告史。

实用广告学是广告学学科体系中的重要组成部分，是一门实践性强、可操作性强的应用性科学。实用广告学主要研究广告的应用性规律和相关运作机制，涉及的相关学科分支包括较为丰富的内容。实用广告学主要包括广告创意、广告策划、广告文案写作、广告摄影、广告美术、电脑广告设计与制作等。从实用广告学的学科分支看，广告创意、广告策划和广告摄影发展较快，逐步形成了自己一整套的理论体系和运作模式。如广告创意就涉及到创意的概念、特点、表象、本质、原则、方法、流派，以及平面广告创意、广播广告创意，影视广告创意的技巧等。广告策划除包含广告策划的概念、特点、作用、原则外，还包括其完整的运作程序，如市场调查、广告战略、广告决策、广告计划、预算、媒介选择、广告创作、广告效果测定等。广告技术作为实用广告学的一个学科分支，发展很快，其中广告摄影技术、电脑图文制作技术、广告美术设计技术发展均相当成熟。

⑶几个需要说明的问题

其一，广告学是一门新兴学科，广告学的学科体系建设问题是广告学发展过程中一个必须重视的问题，不仅牵扯到广告学自身发展的科学性和规律性问题，还涉及到与此相关的专业设置、学科发展、人才培养及广告实际运作中的指导、规范管理等问题，对这一问题的深入研究是我国学者和高等教育工作者义不容辞的职责。

其二,广告学学科体系本身正处于建设和发展之中,我国学者对广告学学科体系的每一种认识,都有其理解问题的角度和合理成分,但按照广告学自身发展、演变的规律来探讨广告学的学科体系和结构框架应该是一种正确的思路。在本文中,笔者没有也无力就广告学学科体系问题做出定论,只是粗线条的勾勒一下广告学学科体系的结构框架,表明笔者对这一问题的理解与思路,其出发点和其他学者是一样的。

其三,在材料的使用和观点的引用上,笔者主要以国内现有的研究成果为主体,对国外有关成果鲜有涉及,似有坐井观天之嫌。即使是国内学者的研究成果,也恐有挂一漏十的现象,因此谬误之处在所难免。

注释:

1) 孙有为《广告学》,世界知识出版社 1991 年版第 10 页。

2) 余明阳、陈先红《广告学》,安徽人民出版社 2000 年版第 12 页。

3) 孙有为《广告学》,世界知识出版社 1991 年版第 11 页。

4) 余明阳、陈先红《广告学》,安徽人民出版社 1997 年版第 12 页。

5) 参见拙文《论广告的起源问题》,载《史学月刊》2000 年第 4 期。

6) 安徽人民出版社 2000 年第 2 版第 12 页。

7) 复旦大学出版社 2000 年第 5 版第 13 页。

8) 孙有为《广告学》,世界知识出版社 1991 年版第 10 页。

9) 刘志明等《广告传播学》,中国人民大学出版社 1991 年版第 1 页。

10) 孙有为《广告学》,世界知识出版社 1991 年版第 12 页。

11) 胡屹《广告学全书》,中国社会出版社 1999 年版第 1 页。

12) 胡屹《广告学全书》,中国社会出版社 1999 年版第 1 页。

13) 参见拙文《论广告学的学科归属》,载《河南大学学报》2001 年第 1 期。

WTO 背景下中国广告发展的走势

湘潭大学广告学系主任　沈国清

中国加入 WTO 在广告方面所作的承诺是多方面、深层次的:自 2002 年始,允许外资控股;自 2004 年始,允许外国企业在中国设立独资企业……这对并未成熟的中国广告业来说,无疑是一场残酷的挑战和猛烈的洗礼。

早在 1986 年中国向世贸组织抛出绣球时,中国汽车制造业、电信业、金融业、服务业便拉响了“狼来了”的临战警报。与各行各业如火如荼的热情形成强烈反差的是中国广告业“众人皆醒我独醉”的冷静。

过份的冷静其实是一种冷漠,而冷漠必将导致麻木。中国广告界必须用清醒的头脑、全新的眼光剖析、眺望新形势下广告发展的走势,为中国广告业可持续发展作好必要的思想准备和理论铺垫。

一、外资公司与本土公司将展开公开化、白热化的竞争。自 1986 年电通·杨洛比肯进驻中国市场后的 15 年间,世界排序前 100 位的海外广告公司已有半数以上登陆中国,而排序前 20 位的海外公司已悉数在中国粉墨登场,作为世界广告三巨头的电通、麦肯、智威汤逊则早在 20 世纪 80 年代末、90 年代初便已在中国安营扎寨。可以说,中国广告市场早已大门敞开,从形式上已基本完成向世界开放的过程。但由于受有关投资政策的制约,外资广告公司在挺进中国市场时,不得不与中国本土广告公司合资,且无权控股,因此,在中国加入 WTO 以前,外资公司与本土公司的竞争是相对隐蔽而温和的。中国是一个巨大的市场,加入 WTO 以后的中国其广告市场愈显诱人,获得了“国民待遇”的外资公司必将采取新的投资策略:一是自立门户独步中国;二是加大投资力度,扩大股份,使合资公司成为控股公司乃至事实上的独资公司。拥有资金实力、技术实力的外资广告公司与本土广告公司公开化、白热化的竞争将不可避免地展开。

二、广告市场迅速扩大。中国加入 WTO,将享受到有利于引进外资、扩大出口、改革开放、国企改革、扩大内需、扩大就业、提高人民生活水平、解决台湾问题、促进香港澳门的繁荣与发展、活跃证券市场等十大好处。这十个"有利于"将迅速扩大中国广告市场,带来中国广告业新一轮的繁荣。首先,通过实行服务贸易自由化等措施,估计可引进外资逾千亿元,这些外资企业必然要在中国进行一系列宣传推广活动,而广告则是他们最喜欢使用的最有效的促销手段。其次,随着国企改革力度的加大,强强联手进行"重组"的特大型企业集团为应对海外企业的竞争,将不惜一切代价增大广告投放力度。第三,为发展经济,中国政府将进一步运用市场经济杠杆(降低储蓄利息、实行住房贷款、增加国定假日等)扩大内需、激活消费,生活资料广告投入将大幅度增长。第四,中国入世将使国民生产总值增幅2.49%,这意味着可增加2000多亿元的产值,仅此一项,年广告营业额将净增200多亿元。2001年我国广告年营业额为800亿元,预计2002年将突破1200亿元,增长率将达到50%,从而走出自1996年以缓慢增长(约为20%)的低谷。

三、广告公司的现有构成格局将打破。一国广告业成熟的重要标志是:经营单位总量少、单体规模大、全面代理型广告公司成为业内支柱。在广告业最为发达的美国、日本、英国、法国,60%以上的广告费控制在几家全球化的跨国广告集团手中,而我国排序前50名的广告公司其总营业额仅占全国广告总营业额的50%。中国加入WTO以后,广告业将全面融入国际广告洪流,其构成格局将出现惊人的变化。其一,广告公司单体规模扩大,广告航母引领中国市场。全球化跨国广告集团得中国入世的政策之利,摘下最后一层面纱,以"国民"身份率先挺立中国市场。而中国本土广告公司尤其是国有大型广告公司亦不会袖手旁观,在入关后将积极探索"联手合作"之路,各尽其长,优势互补,从整合中壮大实力,并逐渐将触角伸向海外市场。其二,广告公司数量剧减,综合类中小型广告公司难逃出局厄运。加入WTO后,中国企业不仅要面对国内同行业竞争,同时还要参与国际范围内同行业的竞争,广告主对广告的要求越来越高,小而全的广告公司无法提供高水准的服务,因而大都会淘汰出局。其三,专业化、个性化中小型广告企业脱颖而出,备受青睐。人类已经迈入一个无国界的信息全球化时代。随着人类文明的进步、科学技术的发展,世界范围内各类产品、服务之间的差异正在缩小。在这称之为同质化时代的今天,广告企业要想在竞争中稳操胜券,就必须要有自己的特色与个性,在优质高效的前提下实行差异化经营。小而专的广告公司,因为经营灵活、收费合理、能提供较高水准的专业化服务将备受广告主青睐。可以预见,能提供个性化服务的专业广告公司,如品牌推广代理公司、媒体广告代理公司、策划公司、制作公司乃至专营房地产广告、汽车广告的公司将在近年内脱颖而出,并在业内占有一席之地。

四、经营理念将出现大变革。早在1984年,北京广告公司便提出了"以广告创意为中心"的经营理念。随后,中国广告联合总公司便举起了"以策划为主导,以创意为中心"的大旗,完善了现代广告公司的经营理念。但在"双轨制"经济体制下的中国本土广告公司奉行的大多是"以业务为主导,以业务员为中心"的经营准则。人缘、血缘、地缘、亲缘因素使某些业务员"业绩"不凡,成了广告公司追捧的"太阳"、"明星"。某些急功近利的广告公司甚至发布高薪招聘离休干部、高干子弟为业务员的广告,把广告经营的成败系于"关系"的大树上,而广告创意、广告策划仅被当作纸上谈兵。入世后的中国企业将面临残酷的竞争,广告主不可能将广告当作一种"施舍"与"恩惠",靠吃"人情饭"谋生的广告公司将不得不退出市场竞争。广告公司在变革经营理念的同时,其价值观亦将发生根本性位移。现代广告公司的价值既为自身利益目的而存在,更为满足广告主的需要而存在。广告公司追求自身利益的"利己性"只能通过为广告主提供高质有效服务,即为客户创造价值的"利他性"为前提才能得以实现。在广告经营过程中把自身利益凌驾于客户利益之上的广告公司将受到广告主的无情唾弃。

五、网络将成为广告媒体新贵。众所周知,网络媒体在传播速度、传播方式上具有快捷、自由的显著特点。近年来,在国内外许多重大新闻特别是突发性新闻报道上打响第一炮的,已经不再是电视、广播,更不是报纸、杂志,而是互联网站。在第一时间发布后随即实行滚动报道,做得最成功的也是互联网站。在快节奏的生活中,现代人无力做到每天去翻一遍各大报纸,更无心做到在固定时间去收看(听)电视、广播。爆炸性发展的用户数量是网络广告发展的基石,企业网络广告意识的增强,成为中国网络广告发展的源动力。1998年中国网络广告经营额不足2000万元,而2001年则达到了10亿元。在WTO的协议中,中国已经承诺全面开放互联网业务,包括网络服务和网络内容,随着网络通信在中国的迅速普及,网上购物、网上商务将日渐规范和繁荣,网络广告必将成为异军突起的广告形式。预计2002年中国网络广告年营业额将逾15亿元,从而超过电台、杂志、有线广播,而成为仅次于电视、报纸的媒体新贵。

六、广告管理在方式方法上的改变势在必行。行政管理是我国现行广告管理的主导模式,它在我国广告业发展的初级阶段,在治理整顿广告市场方面起到了较大的作用。我国加入 WTO 后,广告管理的大环境和管理对象发生了很大的变化,因此广告管理在方式方法上的改变成为必然。首先,从行政管理为主向行政、司法管理并重转变。应当承认,现阶段司法机关对广告的管理是滞后、被动和缺乏系统的。消费者受到虚假广告侵害或广告污染,通常只寻求行政部门的保护,而在西方国家大都寻求法院解决和司法援助。因此作为广告行政管理部门应当主动加强和司法部门的沟通,建立联席会议制度,逐步引入司法管理,进一步完善广告管理体系。其次,从强调管理向注重服务转变。加入 WTO 后,行政部门应当改变以前重事先审批轻事后管理、重内容监管轻行为规范的管理模式。监管的重点应转移到广告业内的不正当竞争、媒介垄断与广告创意保护等方面,营造公平、有序的广告竞争环境。

七、广告创意将受到新形态社会意识的挑战。WTO 虽然只是一个世界性贸易组织,但它的影响绝不止于经济领域。随着贸易的自由化,西方的文化、价值观念将伴随其在世界市场中占有强势的商品和服务比以往行为表现更多、更强地涌入中国,并给国人的思维方式、生活方式、价值观带来更大、更深的影响。何况,在与广告业相关的产业中,我国政府已承诺开放发行业互联网产业。西方世界非新闻类的书刊、杂志、音像、电影等与文化有直接关联的产品、服务将更直接地进入国人的生活视野。它们将与本土的文化产品一起撞击中国消费者的精神世界,中国广告受众对西方的生活方式,文化观念将变得前所未有的临近和熟悉。对于中国来说,加入 WTO 还意味着十二亿中国人不仅会从经济上感受到 WTO 带来的欢乐与悲伤,而且会从思想观念上产生巨大的变化:世界性的视野、平等与竞争观念、民主作风、公民权力、独立思考的习惯……从政府官员、企业员工乃至少年儿童,它们可能比任何时候都更深入人心。当广告受众深受西方意识形态的浸淫,并结合中国的现实产生新的更为独立、更为开放、更为另类的社会意识的时候,那些简单、肤浅、粗糙的广告创意,肯定很难收到好的传播效果,甚至引发毫不留情的声讨和抵制。如何适应新形态的社会意识,如何把握受众文化心理的变化,是每一个广告创意人员在今后相当长的一段时间里必须探索和解决的问题。加入 WTO 后,世界在变,中国在变,广告业也在变。变化中的中国广告业必将走向繁荣,并在通向世界广告之路上留下一串清脆的足音。

WTO 与广告行政管理改革

上海市工商行政管理局　吴　敏　张红冰

当前,加入 WTO 的脚步越来越近,工商行政管理部门作为代表政府管理广告的部门,应当牢固确立开放的意识,以改革的精神,创新的办法,加紧对 WTO 规则的研究,积极制定应对措施。

我国广告业对外承诺和开放现状

世界贸易组织统计与信息系统局(SISD)将服务部门分为商业服务、通讯服务、建筑及有关工程服务、销售服务、教育服务、环境服务、金融服务、健康与社会服务、与旅游有关的服务、文化与体育服务及运输服务等 11 大类,共 142 项比较具体的服务项目。而广告业作为服务项目的一种被归入国际服务贸易的领域加以管理。

广告业开放承诺

加入 WTO 后,我国对广告服务的承诺涉及四个方面:

1、从事广告业务的外国企业,可以在中国设立中外合资广告企业。

2、在 2002 年 1 月 1 日之后,允许外资控股;

3、在 2004 年 1 月 1 日之后,允许外国企业在中国设立外资独资企业;

4、凡外国企业在中国境内发布广告或中国企业到境外发布广告,必须通过在中国注册的具有经营外商广告权的广告公司代理。

广告服务市场的开放必将给我国的广告业带来较大的影响,主要表现为:

1. 随着外国知名广告企业的进入,内外资广告企业在优质客户、市场份额、新兴业务和人才资源方面的竞争将大大加剧,预计将有一大批企业遭淘汰;

2. 随着外商独资、控股广告企业的出现和合资广告企业数量的增加,国外先进的广告经营理念将推动广告业整体水平的提升;

3. 关税的降低,将吸引大批国外的企业来华发布广告,越来越多的国外知名企业将成为新的广告主;

4. 加入 WTO 将促进我国政府按照 WTO 规则管理广告市场,消除限制广告贸易左右的政策壁垒。

广告业开放现状

1. 我国广告业呈半开放状态。

我国对外国投资广告业持谨慎审批、适当限制的态度,主要基于三方面的原因:一是我国广告业起步较晚,与国外广告业相比仍属幼稚产业,需要适当的保护;二是广告业是以广告创意服务为主,对投资资本要求不高,引进外来资本意义不大;三是我国的广告媒体多为国家新闻媒体,出于安全性考虑,对外资参与经营持谨慎态度。目前,我国仅允许外国广告企业以合作、合资的方式在境内从事广告经营服务,不允许独资和控股,广告业基本呈半开放状态。

2. 外商广告企业在进入中国市场后,基本上实行国民待遇。

根据国务院批准的《指导外商投资方向暂行规定》和《外商投资产业指导目录》,外商投资广告企业项目属于限制类(乙)的范围,外商投资广告企业不享受"两免三减"的优惠税收政策,除了限制外商投资比例及实行复合审批制度外,外商广告企业在进入中国市场后,基本上实行国民待遇。

3. 外商投资广告企业发展强劲。

外商投资广告企业由于拥有雄厚的人才、设备和客户优势,经过十几年的发展,已成为广告业的领头羊,竞争优势非常明显,且发展势头强劲。从全国情况看,外商投资广告企业户均拥有广告从业人员 25 人,是其他类型的 3 倍;户均创广告营收 1193 万元,是其他类型的 12 倍。从上海情况看,2000 年上海广告企业前十强的,外商投资企业占到七席。

我国广告行政管理模式和缺陷

在我国,由于行政机关较为强大,司法机关和行业组织则相对弱小,使得行政机关在广告管理体系中占据强势地位,行政管理成为广告管理的主导模式。

从工商部门管理广告的实践看,该模式的主要特点是通过建立一系列的行政审批制度来管理广告,如市场准入的前置审批制度,对户外、印刷品和店堂牌匾广告的登记审批制度,对特殊商品或服务广告的事先审查出证制度等,较为强调事先的审批把关。

现行的广告行政管理模式在广告业发展的初级阶段,在治理整顿广告市场方面起到了较大的作用。但总的来说,与市场经济发展的要求,与 WTO 规则的要求还存在相当的差距。归纳起来,广告行政管理模式存在以下缺陷:

1. 现行的外商投资广告企业审批政策不符合国民待遇原则。

由于广告业属限制发展的产业,外商投资广告企业在我国受到的是"次国民待遇"。如在设立条件方面,设立条件要高于其他类型广告企业,即合资双方必须具备较高资质,注册资金不低于 30 万美金且中方必须控股;审批程序方面,采取中央审定批准、地方登记的复合审批制,而设立其他广告企业,则采用由地方直接审批登记的单一审批制,该审批政策不符合国民待遇原则。

2. 广告管理定位存在偏差,不适应 WTO 开放的要求。

广告行政管理主要定位在主体资格和广告内容两方面,长期以来偏重广告宣传行为的管理,对广告经营行为管理的重要性认识不够,对广告经营中存在的不正当竞争行为、垄断行为以及现行广告代理制和国际通行广告代理制的不协调等缺乏对策,对广告产业发展中存在的问题研究不够,缺乏对广告企业和行业的指导性服务。

3．广告管理方法不科学，管理方式单一，管理手段缺乏。

绝大部分的广告监管力量和监管精力放在越来越多的审批项目上，没有足够的精力去开展事后的监控以及通过充分的调查研究制定切实可行的标准和规则，加上现有的广告法律法规并未赋予工商部门实施行政强制措施的权限，影响了行政管理的效能。

4．广告管理体系不完善，单一的行政监管不再适应新形势发展需要。

完善的广告管理体系应包括行政和司法机关的广告法规管理、广告界的行业自律管理和由消费者组织所施行的社会管理。目前广告管理仍然是单一的行政监管，缺乏行业协会的严格自律，缺乏配套的监测、评估、出证体系，缺乏司法机关的有力支撑，尚不够完善的广告管理体系显然无法适应加入 WTO 的广告管理要求。

应对措施和建议

我国加入 WTO 后，工商行政管理的外部环境发生了很大的变化，需要在 WTO 法律框架的引导下，从服务市场经济发展、服务于改革开放的要求出发，积极作为，锐意改革，不断开拓广告管理思路，创新广告管理机制，提高广告管理素质和水平。通过规范管理和指导服务，为国内外企业提供平等、自由和公开竞争的公共条件，为全国经济和社会的全面发展作出贡献。当前，工商部门可从四个方面进行改革：

在调整市场监管模式方面

1、从重审批向重监管转变，规范广告市场竞争行为。

加入 WTO 后，工商部门应当改变以前重事先审批、轻事后管理，重内容监管、轻行为规范的传统广告监管模式。监管重点应转移到广告业内的不正当竞争、媒介垄断与广告创意保护等方面，加强市场行为监管，着手制定广告竞争规则，规范广告业内存在的商业贿赂、剽窃广告创意、串通投标等不正当竞争行为，营造公平、有序的市场竞争环境。

2、从强调管理向政策服务转变，营造良好的企业发展环境。

“在我国加入 WTO 后，良好的政府服务和安全稳定的社会经济环境将远比优惠政策重要得多。”作为市场守护神和广告监管机关的工商部门，应当改变执法形象，积极、主动地为企业运用广告战略开拓市场做好服务，联合经贸部门共同开展对广告业发展的研究和指导，指导行业协会开展广告战略运用培训，帮助企业塑造形象、培育品牌价值，向世界品牌冲刺和挑战。

3、从行政管理为主向行政、司法管理并重转变，完善广告管理体系。

在我国，广告管理一直采用行政主导模式，司法机关对广告的管理是滞后、被动和缺乏系统的，加上司法救济程序繁琐、费用较高，因此消费者受虚假广告侵害，往往会首先需求行政部门的保护，而在西方国家大都寻求法院解决，司法救济相当重要。因此，作为行政部门应当主动加强和司法部门的沟通，建立联席会议制度，逐步引入司法管理，进一步完善广告管理体系。

在淡化市场准入审批和管理方面

在淡化市场准入，优化投资环境方面作如下建议：

1、取消传统的广告经营许可前置审批制度，纳入并联审批体系，适当降低准入门槛，但对广告从业人员仍应坚持基本的从业资质。

2、积极争取国家工商总局下放外商投资广告企业审批权，简化外商投资广告企业的审批程序，从原有的复合审批制向单一审批制转变。

3、逐步取消企业跨境发布广告行为的限制，即企业可直接在海外投放广告，无须通过国内具有外商广告经营权的广告公司代理，鼓励企业积极进军国际市场。

4、建议将每年一度的广告经营资格单项检查纳入企业年检范围，为广告企业营造一个宽松的经营环境。

在完善法律规则方面

按照非歧视原则，清理与 WTO 原则相冲突的，不符合国民待遇原则和最惠国待遇原则的法规、规章和其他政策文件。

在清理的同时，我们要抓紧制定新的适应 WTO 规则的法律法规，建立健全广告法制体系。广告管理立法工作应包括五个层次：

1、根据广告服务承诺表确定广告市场准入条件和程序。

根据广告服务承诺的开放领域和时间进度，一方面要通过双边谈判确定彼此的开放程序以及维系的条件和限制，另一方面要制定外商投资广告企业进入中国市场的条件和程序，并应当按照无歧视原则，对内外资企业设定相同的标准和条件。

2、根据宪法原则和国际惯例制定广告发布标准。

现有《广告法》规定的广告发布标准过于简单，操作性差，因此急需制定适宜的、符合宪法原则和国际通行要求的发布标准，如虚假广告的认定标准，与健康相关商品服务广告的发布标准，广告发布形式和广告语言文字标准，使用他人名义证明或推荐的标准，关于广告涉及的数据、资料的使用标准等。

3、根据公平公正原则制定广告竞争规则。

工商部门应着手制定广告市场竞争的游戏规则，提升监管层次，要研究广告经营活动中的行政保护、行业垄断、地区封锁等不正当竞争行为，如利用特殊地位垄断广告业务、利用回扣促成广告交易、区域政策不统一、以比稿为名侵犯广告作品著作权等不正当竞争行为。要运用行政力量推动广告代理费外加制度，而非目前流行的广告代理费内扣制度，使广告经营运作机制趋于合理和科学。同时结合数据库建设，逐步建立广告市场信用体系，对涉及违法的广告主、广告经营者、广告发布者建立黑色档案，与经营资格、经营项目、资质评定等挂钩，倡导公平竞争。

4、根据国际司法原则制定广告法律规范冲突办法。

进入 WTO 后，广告服务的跨境提供将变得普遍，在广告发布标准、广告经营运作等方面势必会造成成员方之间在广告法律规范适用上的冲突，因此，迫切需要依照国际司法原则制定具体的解决办法，尽可能减少此类法律纠纷。

5、根据例外条款制定保护性规定。

《服务贸易总协定》规定的例外条款允许成员方可基于主权原则采取紧急保障措施，限制国外广告服务进入，可基于发展中国家的身份对单个部门维持较高水平保护，可基于服务贸易的特殊性制定逐步自由化安排。工商部门应当认真研究，利用各种保障机制保护并发展我国的广告服务贸易。

在保护和促进广告业发展方面

工商部门作为广告市场准入部门和广告市场行为监管部门，在扶持广告产业发展方面，可以在以下三方面有所作为：

1、逐步放开广告审批领域，提供公平竞争平台。

广告业经过多年的发展已相对成熟和规范，行业的特殊性和敏感性也在趋于淡化，因此在修订广告经营资质标准时，可考虑对有些审批项目逐步放开：如纯广告设计、制作经营项目放开，无须审批，也不再列为广告经营单位管理，重点审批从事广告代理和发布的单位；私营广告企业的经营范围放开，为私营企业解绑，提供公平竞争平台，扶植私营企业尽快发展壮大，成为抗衡外国广告企业的主要力量。

2、鼓励优势广告企业做大做实做强，提高国际竞争力。

工商部门可以通过登记、审批等途径，给予具有比较优势的企业一定的政策服务，如引导广告企业通过参股、控股等形式实行强强联合，实现专业一体化、资产联合化，做大做强；引导具有专业特长的中小广告企业准确定位，做实做透；为综合型广告企业提供辅助服务；鼓励具有综合竞争能力的国内广告企业开展跨国经营，在更大范围和更深程度上参与国际竞争和合作，提升国际竞争力。

3、建立政府、行业协会和中介组织之间新型的合作关系。

借鉴国际惯例，工商部门应积极推动广告行业协会和中介组织的发展，发挥广告协会在制定标准、价格协调、岗位培训、争端解决等方面的作用，建立政府、行业协会和中介组织之间新型的合作关系。同时，争取立法明确行业协会的法律地位，使行业协会拥有相应的保护本行业的能力与权威，拥有协调国内外广告企业的力量和地位，在广告业应对 WTO 方面发挥不可替代的作用。

入关前夕看差距——WTO与中国广告业

赤 冰

WTO为中国广告业带来机遇

WTO的宗旨

1.提高人民生活水平,提高就业机会。通过降低关税来实现。关贸总协定成立时,平均关税为40%,现在,发展中国家平均关税为14%,发达国家平均3.8%.我国平均关税为17%,到2005年,要求降到10%。

2.扩大服务贸易。WTO要求服务贸易逐步自由化,包括商业、通讯、金融、保险、健康、文化、体育、交通、旅游、航空、广告等。

3.持续发展。合理利用世界资源,禁止由于贸易对人类环境造成的破坏。

4.保证发展中国家的发展。

5.建立一个一体化的多边贸易体制。

WTO基本法律原则

1.最惠国待遇原则。一国给予另一国最惠国待遇,必须给所有成员国最惠国待遇。

2.国民待遇原则。一个成员国在另一个成员国的产品或服务,享受当地同等国民待遇。

3.一般取消数量限制原则。数量限制一般指非关税壁垒,如政策性限制,实行配额等。一般取消数量限制是指取消新的配额和政策性限制。

加入WTO的利弊

总的评价是利大于弊,有利的方面多于不利的方面。

1.可以享受最优惠的政策。成员国之间通过几年、十几年甚至几十年的谈判达成的优惠的贸易政策,我们可以享受。

2.可以享受非歧视性原则。多年来,我们深受诸如配额限制、反倾销等歧视政策之苦,因此减少了一些出口。加入WTO以后,就不会再遭遇成员国的歧视政策。

3.可以利用多边争端解决机制解决双边争端。在WTO内,不允许单方面报复。同时,一方受损,就可以起诉,WTO利用法律原则进行干预。

说到弊,其实是暂时的损失。比如,汽车、农产品,我们过去进口关税比较高,80年代,我们的汽车关税200%到300%,现在是100%,2006年要降到25%;农产品平均关税率21%,2004年要降到17%。入世后,这些行业可能受到冲击。但是,说到底,保护也不是长久之计。保护的效果也不一定好。80年代,我们的家电受冲击最大,但结果是我们的家电发展起来了,现在我国的家电生产量占世界产量的20%,出口占第三位。对汽车业的保护力度很大,但结果是汽车业的发展并不理想。

广告业面临的挑战

机遇与挑战是一个问题的两个方面。可以说,挑战就是机遇,最大的挑战就是最大的机遇。对于广告业来说,现在不是怎样对付狼来了的问题,而是怎样与狼共舞的问题。因为,在80年代末和90年代初我们就已经历过外商挑战。到现在已经有367家合资企业在中国注册,全世界知名的跨国公司几乎都在中国建立了合资企业,而这些合资企业的经营权实际上大部分掌握在外商手里。本土广告企业在这个时期已经得到锻炼并且得到发展。所以,对于加入WTO以后外商的进一步挑战,我们的态度应是:第一,不怕。第二,认真应对。加入WTO以后,会有哪些新的情况呢?

1.几年以后,会有独资的外国广告企业进入中国。

2.随着市场的发展,会有更多的合资企业进入。

3.外资企业的广告经营范围更广,比如,媒介购买、市场调查、广告制作等。

4.按照WTO的原则,外资企业与本土企业,将在同样环境下进行公平的竞争。

在这种形势下，我们本土的广告企业会受到巨大的竞争压力，这种压力实际上就是竞争实力的压力。分析起来，与大的跨国广告公司相比，有这样几个方面的差距：

1. 观念上的差距

常听说"广告业务还得靠关系"，"有好策划不如有客户朋友"等经验之谈；有些广告主在选择广告公司和媒介时，不是看服务，而是看优惠多少，回扣多少；有的媒介不是努力创造最佳服务，而是依靠其垄断地位，使收益最大化。以上这些往往是某些业务人员在广告运作中所考虑的重要方面。显然，这样的观念和做法不适应 WTO 的公平竞争原则，在未来的市场中也不会取胜。在发达国家，广告主选择广告公司或媒介的主要标准是服务和质量。特别是在当今的美国，客户所要求的已不仅仅是做一个好广告，他们要求的是通过整合营销策划和整合营销传播实现品牌知名度、偏好度和忠实度的全面提升，从而达到提高市场占有率的目的。在这种目标驱动下，广告公司重视对市场的研究、对消费者的研究、对新技术运用的研究，不断提高服务质量；媒介则多在办好栏目上下功夫，提高收视、收听、阅读率，以吸引更多的观众、听众和读者。如果在业务往来中也需要关系的话，那是利益的关系，信誉的关系。

2. 规模和竞争力的差距

与一些大的跨国广告公司甚至是在华合资企业相比，我们本土的广告公司在规模和实力上差距很大。我们通过以下资料可见一斑。

合资广告公司的实力还不仅表现在其资金的雄厚方面，更重要的是经营管理比较成熟、经验丰富、从业人员专业水平较高、注重创新。

3. 运作上的差距

(1) 运作层次不同。跨国广告公司多能够在整合营销策划和整合营销传播的层面上运作，塑造营销传播的层面上动作，塑造品牌的能力比较强；而我国本土广告公司大部分还在广告策划、广告设计、广告制作的层面上运作，能够进行整合营销策划的公司极少。

(2) 运作程序科学程度不同。长期的市场规律使他们形成一套科学的、节省的动作程序：客户—代理商—媒介购买公司—媒介—消费者—客户。目前，大陆本土的广告动作基本上是两种路径：其一：客户—代理商—媒介—消费者；其二，客户—媒介—消费者；我们的不同其一在于购买媒介大部分未通过媒介购买公司，其后果是，费用较高，媒介销售上效率不高，麻烦也比较多；其二在于客户的广告从营销和信息传播两方面来看，有形成反馈，没有实现双向交流，这对于客户来说显然损失很多，对今后市场的拓展是不利的。这里并不是说都没有作信息的反馈，而是从整体来看，没有形成固定的运作机制，或者是反馈信息质量不高，有些调查不科学，不能说明问题，这样反而会贻误客户。

(3) 透明度不同。运作科学，交易透明，可以提高效率，增强相互信任。成熟的客户和代理者，发布都宁愿采取透明的运作。而在我国，很多广告业务运作是不透明的，比如报价不公开，交易不公开等，其结果是利益不公平，相互关系不融洽。

(4) 服务关系不清晰。在发达国家，广告业服务关系清楚。基本上是为谁服务，谁支付报酬。广告公司代理客户的业务，由客户支付佣金，如果为媒介推销时段、版面则由媒介支付佣金。现在，我们广告业服务关系不清晰，有些地方还延用代理费的概念，即由媒介返还代理费，而在许多媒介，代理费已经变成优惠幅度，性质已变，广告公司怎敢擅取，于是出现了"0"代理，严重影响了广告公司利益，利益关系不协调，代理关系也就不健康，反过来又促使广告动作的不透明。

(5) 从业人员的差距

总的来看，跨国广告公司人员总体水平高，复合型人才多，人员技术水平高。我国本土，缺乏高水平人才，特别是缺乏整合营销策划、广告策划、市场研究、制作整合人才，复合型人才。

以上可以看出，这些方面都会直接影响我们本土广告业，本土广告公司的竞争力。

转变观念，抓住机遇迎接挑战

广告业能否抓住机遇，寻求发展，首要问题还不在于怎样做，而在于观念的转变。

由于传统的自然经济观念和计划经济的长期影响，在观念上必然带有自然经济和计划经济的色彩。应付挑战，发展我国广告业，需要由市场的观念、全局的观念、改革的观念和共赢的观念来统领。因此，必须转变观念,才能适应这一变化,也才能有好主意、好办法、好的作为。

1. 树立市场的观点

市场的观点,就是根据需求发展服务,提供服务,用市场的反馈检验服务,按照市场规律办事。因此要研究需求,研究市场的变化。在以消费者为主导的当代市场条件下,应逐步告别"让消费者购买"的推销意识,树立让消费者满意的服务意识,做到与消费者息息相通。市场的观念,还应包括专业的观点,就是要靠专业的本领去服务,发展事业,而不是仅靠人情、靠关系、靠权力,靠钱权交易去挣钱。观念的转变,根本的在于摆脱计划经济条件下形成的思维模式以及自然经济领域下形成的"大而全,小而全"的作坊式经营思想,站在市场中观察和思考问题,在市场的运动中把握良机。

2. 树立全局的观念

树立全局的观念,就是要站在全国的发展大局上看问题,根据总体发展趋势和政策进行工作定位,服务定位,也包括从总体发展中寻找商机。比如,对于西部大开发所提供的机遇,如果不是从大局看问题,就看不到机遇或者看到了认识也不会深刻,无从树立信心和决心。因此,应当认真学习和研究我国社会经济发展的站略和政策措施,包括各地为贯彻中央的战略决策所采取的措施。

3. 强化改革意识

入世后,外商的强劲竞争必将对我国本土企业带来巨大压力。有压力是好事。压力促变。在压力之下,本土企业一部分锐意改革,已踏上成功之路,战果辉煌;一部分正在改制,寻求发展;一部分企业步履艰难;有一些已经退出行业。走出低迷没有灵丹妙药,只有坚决地走改革之路,准确定位,改革体制,改革运行机制,改革用人制度,改革分配办法。

西部包括内地一些省市人才为什么相继东去?据了解不完全是因为收入低,关键是他们的才得不到发挥,价值得不到实现的机会。他们有些人按照经济规律和广告工作规律所进行的调研和策划,得不到尊重、业务运作往往还是靠关系,而不是靠服务。因此,改革还应当包括建立以服务质量取胜的管理机制。客户如果不重服务而重关系,重回扣,我们大家宁可者不去做也不能纵容这种浪费国家资财的行为蔓延。

4. 树立"共赢"意识

世界性的联合、合并浪潮已经持续几年,今年有越演越烈之势,联合在那些世界顶尖的大企业间进行着。在广告业也是如此。这说明,他们在建造更大的"航空母舰",凝聚更大实力,寻求更大范围的垄断。

联合是企业扩大规模,增强竞争力的一种很好的办法,也有很多可利用的途径。比如松散型的业务联合,紧密型的联合、合并,通过改制、吸纳社会资金等。网上"联盟"的出现又为我们开出另一途径,利用网上"联盟",实现信息共享,共同开发和享用市场。联合的实质是"共赢"策略的运用,是时代的需要。但联合的实例在广告界并不多见,原因是各自"防人"之心太强,总怕被别人吃掉。其实质是农耕文化的反映,是自然经济发展逻辑的体现。如此下去,怎样实现资金的融合,怎样去扩大实力?光靠自已苦心经营,将要付出时间的代价,也很难实现效益的最大化。现在看来,是突破的时候了。应当积极寻求联合,实行"共赢"。

另外一点,就是广告主、广告经营者、广告发布者需要站在全局的立场上,在调整相互间的利益关系方面多做工作。根据为谁服务谁付报酬的按劳分配原则,根据服务质量和效益原则以及遵循尊重知识、尊重劳动、尊重知识产权、公平竞争的职业道德,调整利益关系,发展合作,在合作中实现"共赢"。这样做,也有利于行业的健康发展。

5. 重视塑造人才

为了应对21世纪的挑战,更好地实现广告业的西部开发,应为积极培养和塑造适应21世纪广告业发展的人才,特别是市场整合营销策划,整合营销传播策划、广告策划,广告创意以及能够整合广告设计制作的高级人才。从这一战略需要考虑,目前,除了继续办好现有的广告高等教育外,还应逐步设立广告专业硕士、博士生的专业教育,培养具有高深理论知识和专业知识的人才,并实现与实践的密切结合;逐步把培养目标细分,变大家都培养"全能"型人才为根据需要分别培养各种专业型人才;逐步加强对各种复合型人才的培养;设立和发展广告专业的高等职业教育,培养技能性人才;发展成人高等专业教育,实现知识更新等。对于培养人才,应当从战略角度和行业全局的角度去认识,克服怕用不好,怕人员跳槽的顾虑。留住人才,关键是建立好的用人机制和营造高层的企业文化,凝聚员工心智,营造人员充分发挥作用的空间,形成企业合力。如果没有这些，不要说高级人才，就是现有人员也不一定留得住。

6. 强化法制观念

《广告法》实行使违法广告大案大大减少。但是，当前广告违法率居高不下，违法花样不断翻新的情况令人担忧。打“擦边球”，以节目、信息、新闻代广告，以含糊不清的承诺，虚拟产品交易，设置理解上的陷阱来欺骗消费者的现象有扩展之势。目前这种现象在药品、医疗机构、保健食品、房地产广告方面表现得比较突出，消费者意见很大。不正当竞争现象也一直没有得到有效的遏制。这些现象的出现，说明广告业三方都存在法制观念不强的问题，有些单位甚至总想钻法律空子。这些做法不仅损害消费者的合法权益，也损害广告业的信誉，恶化行业发展环境，对广告业的发展极为不利。广告行业的健康发展，需要一个良好的市场环境。而建立良好的环境，除了加强监管以外，更直接的作用在行业自律。道理很简单，大家都不去污染，环境就会变好。与其自己污染自己，不如团结起来，从我做起，共同创造一片蓝天。在策划广告时，进行市场竞争时，都应当想一想，是否损害消费者的利益，是否损害同行的正当权益，是否损害行业的整体利益，是否符合法律法规的规定、行业的游戏规则，是否符合两个文明建设的基本准则。广告业三方都树立了法制的观念，广告的欺诈现象，不正当竞争现象就会得到有效的治理。

1998 年世界前 10 大广告组织排行

排名	广告组织	总部	全球营业额（百万美元）	比上年增长（%）	资产总额（百万美元）
1	奥姆尼康集团	纽约	4812.0	12	37310.6
2	英特帕布里克集团	纽约	4304.5	13.1	37705.2
3	WPP 集团	伦敦	4156.8	14.9	29540.3
4	电通	东京	1786.0	–10.2	13032.9
5	扬·鲁比肯	纽约	1659.9	10.8	14665.9
6	哈瓦兹广告集团	巴黎	1297.9	9.7	11903.8
7	正北传播集团	芝加哥	1242.3	3.1	11585.4
8	葛瑞	纽约	1240.4	8.5	8301.7
9	李奥贝纳	芝加哥	949.8	8.2	6815.5
10	帕布利希斯	巴黎	930.0	28.8	6349.0

1999 年在华合资广告公司前 5 名情况

序　号	名　称	营业额（万元）	增长率（%）
1	盛世长城国际广告有限公司	183542	9.7
2	麦肯光明广告有限公司	126705	14.9
3	智威汤逊—中乔广告有限公司	111536	72.5
4	精信广告有限公司	75500	37.2
5	上海奥美广告有限公司	71166	17.7

原载《现代广告》

加入“世贸”与中国设计的前瞻

西安美术学院设计系副教授 李望平

中国加入“WTO”已成为现实。16年的努力使中国迎来了新的发展机遇，同时也迎来了挑战。中国的经济运行模式和产业结构更新也将因此而发生深刻的变化。作为与经济发展密不可分的现代设计产业，也同样面临着挑战。中国设计如何尽快实现国际化，如何在全球性的竞争中站稳脚跟并长足发展，已经成为急待解决的战略课题。

改革开放20年来，中国设计产业发展迅猛，无论从设计队伍的壮大，设计教育的发展还是从设计观念的更新，水平的提高等方面都有了很大程度的进步。据不完全统计，中国目前开设广告学专业的高校已有80余所。工业设计专业的开设从80年代几所院校猛增到现在的200余家。其他如平面设计、环境艺术等热门专业，则是以更加惊人的速度逐年递增，仅陕西省2001年招生的相关院校就有20余所。活跃在西安地区的各类层次的设计事务所、装潢广告公司、装饰装修等部门鳞次栉比，据悉已超过3000余家。这种过热的发展，一方面可以满足局部的、地域性的市场需求，但另一方面也潜伏着低层次与无序竞争的种种危机。许多仓促上马相关专业的院校也缺乏系统的教学理念规划，教学的师资、设施、资讯等方面尚存在着严重的不完备，更谈不上有与国际先进水平抗衡的能力。设计产业是伴随着经济的发展而发展的，特别在知识经济占据主导地位的今天，对设计产业的适时性、前瞻性都提出了更高的要求。香港的设计产业是随着60年代的经济腾飞和国际化大都会的进程而发展起来的。深圳和广州的设计产业是随着80年代的改革开放和实施外向型经济的战略而发展起来的，目前已经遥遥领先于内地，尽管内地城市的资源占有和文化底蕴都优于前者，而设计产业的发展又有力地促进了这些地区经济的增长，从而形成了一种共生共荣的态势。这些不争的事实，足以给我们以启示，在中国加入世贸以后，不管你对“双边”或者是“多边”贸易和国际交往是否适应，中国的经济运作方式必须在较短的时间里和国际化的游戏规则强行对接。而现代设计作为一种全新的文化内涵和视觉形象的创造，如果把视野和观念局限在地域经济和传统观念的模式中，或者停留在“中学为体，西学为用”的喋喋不休的争吵里，则很有可能跟不上形势而被国际性的设计集团所取代，最终被淘汰出局。

工业革命源于西方，而后工业社会的经济重心仍然是西方发达国家。随着全球信息网络化的速度加快，许多信息资源的分配和使用规则仍然是由西方发达国家所制定，进而形成国际通行的原则。这种价值取向的趋同性和全球经济一体化的步伐愈来愈快。因此我们的设计，我们的企划、品牌、广告等创意行为也必须以“加入”的姿态运作，以追求最新的国际潮流为选择。

熟悉国际运行规则、国际市场的文化心理需求是我们必须解决的问题。而多媒体和现代网络技术的飞速发展也为我们提供了快速了解世界动向的极大便利。快速反应，占有信息资源，不失时机地做出应有的选择和理念的更新，以高度敏感的“年轻态”加入竞争，这就要求我们的设计人员在外语能力、网络知识和高新科技等方面不断地学习新知识，跟上时代。世界因知识经济而加速发展，现代设计也因知识经济而转型为知识产业的一部分。这是因为现代设计本身就是以智力和知识创造市场价值和社会财富的。比起中国入世后的经济运行，现代设计观念的转换和国际化则应该更为超前。及时掌握最新的科技资讯，以最新理念和前卫的姿态来统筹我们的创意，才能带动和推进中国经济向更新的目标发展。所以，开拓我们的国际文化视野，紧跟日新月异的时代步伐，是我们实现这一目标的基本条件。

现代设计是高新科技与文化艺术的有机融合，是实现“以人为本”的当代发展理念的重要载体。它以创意设计创造市场价值又以文化传播来维系世界各国的联系。今天的设计文化是财富的文化，同时它也是民族精神和人文交流的艺术文化。中国文化源远流长，数百年来一直受到世界各国人民的仰慕。我们的现代设计在追随国际潮流的同时，如何把民族的文化精神溶铸其中，如何以独特的民族面貌跻身于世界竞争，不断提高中华民族在国际事务中的威望和影响力，则是我们的设计理念中必须牢牢把握的又一个重心。

将民族精神和本土文化鲜明地介入现代设计一直是我们的理想。作为经济发展前沿地区的香港，数十年来为此做出了不懈的努力。但是由于香港特殊的人文环境和政治背景,在过去的一百年里,香港设计是沿着一条国际化程度的路径发展的。香港“距离世界很近”的优势显而易见,但是本土和民族文化特色在以往的设计中却很难形成强势。在这一点上,与我们相临的日本则较好地解决了“民族的”与“世界的”平衡关系,创造出了风格鲜明的日本品牌和设计形象,在国际上有很强的竞争力和影响力。中国大陆由于区域经济的差异性,发展很不平衡。和经济发展形成同步效应的仍然是由沿海向内陆辐射的设计更新。许多设计观念陈旧和粗糙的设计正在被逐步淘汰。但是这种更新和改造并不等于盲目的引进,或是越“洋”越好。在国际化的竞争中失去民族文化特色是短视的,也是危险的。从文化的角度讲,特色和个性是自立于世界民族之林的重要基石。如何在向世界学习的同时,进一步强化民族意识,完善和凸现民族品牌仍然是一个大课题。许多亚洲的国家为此都走过弯路,也为此付出过代价。这一点很值得我们借鉴,要从设计战略上予以充分地关注。

世界已进入知识经济的时代,在以数字化和信息技术为标志的新兴产业领域,中国与世界近于同步。香港回归祖国,中国加入世贸,再加上西部大开发的战略实施。一个泱泱大国的东西互补,内外交流的大格局正在形成。这是一个全新的对话平台,中国经济的发展与世界同步也因此而成为可能。由世界新经济的影响和香港、深圳等地的带动,内地一些由工业时代建立起来的设计观念体系可以得到刷新。同时,通过设计推出中国特色,使具有数千年文明的中国传统文化价值在新历史时期绽放光彩,也会由于东西部的经济和文化交融产生的合力而得以实现。我们身处于一个以知识创新为价值取向的时代,中国未来的经济发展态势和设计战略的思考都离不开对国际最新科技资讯的了解和利用。我们需要一个国际的和当代的胸怀和思维,也需要站在世界的高度对中国文化的精神加以审视,从而进行新的拔高和适时的转化。而这种转化的催化剂正是加入世贸。

中国的现代设计产业方兴未艾,也面对着巨大的发展空间,但要实现有效地推进中国经济的腾飞,成功地进入国际循环,还需要在提高认识、明确目标的基础上做出扎扎实实的努力。

原载《包装与设计》2001 年第 6 期

2001 年全国报刊广告发展趋缓

慧聪国际资讯集团 姚 林 高继红

2001 年对于中国经济的发展是具有深远意义的一年,对于广告业来说则是极不平静的一年。本文试图对 2001 年 1 - 10 月报刊广告的经营状况进行梳理,以期看清楚 2001 年报刊广告发展的大体走势以及一些重要变数(如经济发展、申奥成功、加入 WTO、“2%”政策等)对中国报刊广告的影响程度。

根据北京慧聪媒体研究中心对全国范围内 1048 份报刊的监测,2001 年 1 - 10 月全国报刊广告量为 277.88亿元,比去年同期增长 9.84%。与去年相比,报刊广告业的发展速度有大幅回落,2000 年全国报刊广告量比 1999 年增长 30.15%,回落幅度近 20 个百分点。有关人士据此认为今年对于报刊广告是不景气的一年,一些不利因素(如 2%的政策限制)对其影响颇大。但当回溯前几年发展速度时会发现,2000 年对于报刊广告是一个特殊的年份,在这一年报刊广告出现超常发展,而 2001 年只是回到 1998 年和 1999 年的发展状态。

1997 年以前的数年间是中国报刊广告业加速发展的时期,1998 年国家对报刊市场进行整顿,广告经营额大幅回落。经过 2000 年的超常增长后,2001 年又回到了接近 1999 和 1998 的情形。可以认为,随着中国经济增长进入稳定发展的时期,中国广告业在经历了 1997 年前导入时期的飞速发展阶段后也进入了相对成熟的发展期,发展速度将保持在 10%左右,20%以上的情形不大可能经常出现。

报纸与杂志相比广告量仍然差异悬殊。2001 年 1 - 10 月报纸广告量为 255.41 亿元,占报刊总量的 91.91%,而杂志广告量只有 22.47 亿元。但杂志的增长幅度远大于报纸,与去年同期相比,报纸增长率为

8.25%,而杂志为31.91%,杂志25%以上的高速增长已经持续了四年。由于国家对杂志控制相对宽松,杂志的相对窄众化和易操作,读者阅读偏好的变化,可以预计,杂志的高速增长还会持续下去。

2001年与2000年相比,报刊广告的行业结构发生了较显著的变化。2001年1-10月份各主要行业的广告量及变化情况如表1所示:

表1 2001年1-10月报刊广告投放量排名前6大行业(单位:亿元)

排名	行业名称	2000年	2001年	增减率
1	房地产	32.19	43.83	36.16%
2	医药	33.24	32.60	-1.90%
3	计算机	24.77	24.74	-0.13%
4	通讯	15.18	16.17	6.52%
5	金融保险	10.60	16.00	50.90%
6	机动车	9.59	13.10	36.59%

表中的六大行业集中了52.7%的全国报刊广告量,与2000年相比,房地产、金融保险和机动车等行业的报刊广告投放呈现大幅增长,通讯行业保持了平稳增长的态势,医药行业和计算机行业则显出颓势。2001年上半年,反映我国房地产景气程度的中房指数呈现持续攀升的走势,这一指标表明我国房地产市场的热度回升;作为该行业广告主要投放媒介的报刊媒体广告量对此有灵敏反映,2001年上半年房地产报刊广告比去年同期增长45.78%。但到下半年,整个房地产行业有所降温,相应地,7-10月份与2000年同期相比增长幅度有显著下降。医药行业在2000年是第一大广告行业,同时也成为受政策影响最大的行业。医药行业由于自身行业的特征,对广告的依赖性更强于其它行业,广告支出占营业额的比重也相对较大,因此2%的政策限制无疑束缚了其手脚;紧接而至的"自2001年4月1日起,处方药品一律不得在大众传媒(医药专业报刊除外)作广告"的规定更是给其上了一道枷锁。医药行业广告月度变化走势明显显示5月份以后,医药行业广告量就大幅下跌,且一蹶不振。计算机行业广告的低落是与整个行业的低迷相一致的。自去年下半年全球科技股暴跌之后,全球计算机行业进入了徘徊期,中国计算机行业也没有能够摆脱国际大环境的冲击。金融保险行业是六大行业中广告量增长幅度最大的行业,但具体分析发现银行业的广告量不增反降(比去年同期下降8.24%),保险业广告也只是略有增长(同比增长7.45%);事实上,该行业广告额的增长主要来自上市公司的公告。今年以来,政府部门明显加大了对证券市场的监管力度,上市公司的操作更加规范,在指定媒体上的公告显著增多。机动车行业的大幅增长也值得关注。机动车行业广告的增长主要来自于轿车广告,今年众多厂商纷纷推出新车型,其数量远远多于往年,这是该行业广告增长的主要原因;其次,轿车业是受入世影响最大的行业,为了充分作好迎战的准备,众商家提前打开了广告战。

计算机和通讯行业广告总量虽然不及房地产和医药行业,但大的品牌和广告主几乎都集中在这两个行业中,而其中知名跨国公司出手阔绰,在重量级的竞争中占据了主角。全球最大的两家手机厂商摩托罗拉和诺基亚今年投放都有显著下降,而后起之秀西门子和三星则有所上升。在计算机行业中,最令人刮目相看的是戴尔,去年同期,戴尔投放量仅有1802.50万元,排在第73名;而今年猛增数倍,达7509.34万元,排名跃升第10名。在北京的主要报纸上,戴尔在下半年的投放量已显著超过了联想,戴尔欲争夺中国PC老大的雄心已十分明显。机动车行业广告量增长最显著的品牌为帕萨特,去年同期投放量仅有1912.92万元,今年1-10月猛增至5784.19万元;其余品牌如别克、东南和奥迪投放量都在增长,但变动幅度都没有超过2000万元,尤其是别克几乎保持原有水平。

表2 2001年1-10月报刊广告投放排名前20大品牌

排名	品牌	费用(万元)	排名	品牌	费用(万元)
1	联想	22209.13	11	TCL	6681.05
2	摩托罗拉	16717.51	12	别克	6601.44
3	惠普	14502.96	13	松下	6435.57

排名	品牌	费用(万元)、	排名	品牌	费用(万元)
4	诺基亚	11865.22	14	东南	6220.57
5	IBM	9724.78	15	中国联通	6048.04
6	海尔	9252.25	16	宏基	6033.11
7	LG	8710.83	17	帕萨特	5784.19
8	西门子	8192.60	18	爱普森	5681.97
9	三星	7966.72	19	奥迪	6566.63
10	戴尔	7509.34	20	艾里克森	5561.49

中国幅员辽阔,各地区经济发展不平衡,广告业发展也显示出很大的差异。一般来说,经济越发达,广告业也越发达,而且广告业会日益向经济中心城市集中。在全国六大区域的地方性媒体和全国性媒体的广告分布中,华东和中南具有显著的优势。这两个地区媒体的广告经营额在全国各区的比重一般在25%左右,且华东略胜一筹。其次是华北和全国性媒体,份额最小的往往是西北,比重在4%左右。

就城市而言,北京、上海、广州一直是广告经营额最多的城市,且与其余城市相比遥遥领先,因此成为广告业的中心城市;深圳、成都、天津、南京等大城市可被称为第二集团。三大中心城市近年来一直保持着较快的发展,其中北京由于基数庞大,所以增长率较小;三大城市中,广州发展最快,2001年1-10月与去年同期相比,广州的增长率近30%。第二集团中,有的呈现大幅增长,有的则停滞不前,有的甚至出现了倒退;2001年1-10月与去年同期相比,深圳的增长令世人瞩目,增长率达53.86%,南京也增幅显著(33.94%),天津和武汉则没有明显改观,成都出现了负增长。

表3 2001年1-10月及2000年同期报刊广告收入排名前10大城市(单位:亿元)

排名	城市	2000年	2001年	增长率
1	北京	64.90	69.18	6.60%
2	上海	23.93	27.80	13.12%
3	广州	20.25	25.80	27.40%
4	深圳	10.28	15.79	53.68%
5	成都	9.82	9.36	-4.74%
6	天津	7.66	8.34	8.84%
7	南京	5.99	8.09	34.99%
8	重庆	6.42	7.55	17.52%
9	武汉	7.16	7.54	5.26%
10	沈阳	5.75	6.30	9.70%

全国广告收入排名前列的报刊媒体如表4所示,由表中可见,大众类报纸尤其是都市类报纸占据市场的主导地位,其中尤以都市报(一些原为党政机关报的日报实质已具备都市报特征)、晚报占绝大多数;次于都市报、晚报的是商报,如深圳商报、成都商报是商报中的佼佼者。90年代后期,随着都市报的兴起和报业管理制度的改革,行业报纷纷陷入了举步维艰的境地,广告收入也每况愈下。但其中经济类报刊和计算机类报刊一直保持着旺盛的发展势头。在经济类报刊中,上海证券报、中国证券报和证券时报三大证券报由于享有"上市公司发布公告指定媒体"的专利以及长期以来形成的权威地位,多年以来一直跻身全国强势媒体之列,而其余经济类报刊则鲜有进入前100名的。在2001年1-10月广告排名前100名报刊中,经济类报刊仅有中国经营报一家进入(第54名);经济观察报和21世纪经济报道是今年新诞生的两家经济类报纸,它们以高质量、高品位的面孔进入市场,一露面就受到极大的欢迎,目前中国经营报、经济观察报和21世纪经济报道三家形成了综合经济类报纸中的三足鼎立之势,都表现出锐意进取的势头。虽然后起的两家广告收入还不可与中国经营报同日而语,但无疑中国经营报已经感到了巨大的压力。在计算机类报刊中,计算机世界和中国计算机报始终是领跑者,这两者之间也具有明显的竞争关系。计算机世界作为中国首家有外资注

入的媒体,在机制、资金方面一直占有优势,至今中国计算机报仍难以超越。

表4 2001年1-10月广告经营额前20名报刊(单位:亿元)

排名	媒体名称	费用	排名	媒体名称	费用
1	广州日报	11.87	11	中国证券报	4.15
2	北京青年报	8.04	12	证券时报	4.07
3	新民晚报	7.90	13	南方都市报	3.78
4	北京晚报	6.79	14	计算机世界	3.19
5	上海证券报	5.99	15	深圳商报	3.19
6	深圳特区报	4.76	16	楚天都市报	2.88
7	成都商报	4.48	17	北京晨报	2.82
8	今晚报	4.44	18	中国计算机报	2.69
9	羊城晚报	4.43	19	齐鲁晚报	2.65
10	扬子晚报	4.31	20	华西都市报	2.64

综上所述,我们可以认为政策和经济环境的变化对广告业具有显著的影响。中国报刊广告业在量变的同时,更深刻的质变也正在发生之中。在行业结构方面,房地产日益成为第一大广告行业。医药行业由于受到政策的限制,广告投放受到很大的制约。计算机行业由于世界大环境的不景气在广告投放上也失去了往日的锐气。在厂商结构方面,计算机行业和通讯行业集中了最大的广告主,其中国外厂商已大有喧宾夺主之势,加入WTO之后这种情况只会有增无减。在报刊种类结构上,都市类报刊依然如日中天;经济类报刊的地位日益上升,而党政机关报和行业报刊则失去了往日的辉煌。

(本文原载《广告导报》2002年第1期,选载时内容有删节)

透视报纸发行量、阅读率与广告

(第十届"广州日报奖"获奖论文)

杭州日报社广告中心 何海燕 钟益明

竞争日趋激烈与白热化,这只是报业市场不可否认的现实和趋势。但是,对于刚刚迈入市场门槛和面对转型的报业,竞争不可避免地带有种种的特权乃至霸权,竞争的杂乱无序和低水平问题日益成为人们普遍关注的焦点,尤其是发行量的公信力与报纸阅读率数据的采集和公布问题,不仅受到行业主管部门的日益重视,更得到社会各界(尤其是广告公司和广告主)和越来越多的报业同行的呼应。我们可以断言,中国报业揭开神秘面纱,实话实说的时代即将到来。

发行量:不得不正视的问题

从1979年我国出现第一条报纸广告,到1998年我国报纸广告突破百亿大关,经历了风雨洗礼的中国报纸广告得到了长足的进步和发展。1999年,面对户外、网络等新兴媒体以及广播电视的四面夹击,全国报业同仁以112亿的数字证明了报纸的价值和广告主对报纸媒介一如既往的信任和支持。但是,作为报业经营者,至今仍有人津津乐道弄虚作假,虚报浮夸,不仅迷糊了读者的双眼,也令广告公司在安排报纸广告计划时心有怯怯(据国内某知名媒介购买公司透露,对于报社所提供的发行量数据,他们一般打八折,乃至5折甚至更低),更令广告主的投入产生很大的浪费。长此以往,受伤害最深的恐怕还是媒介自身。

在全面走向市场化的今天,报纸的生存大部分依赖于广告的收入,而广告主绝无可能永远甘心于目前的状况。因此,中国报业的上上下下必须尽快走出误区,以商品生产者的态度和对行业的责任感,早日建立起由主管部门、广告主、广告公司和媒体联合组成的发行量稽核机构(Audit Bureau of Circulation),定期公布经过严格稽核的实际发行数据,以还报纸发行量的本来面目,建立起良好的行业形象。

发行量:不等于全部

目前,由于受习惯性思维的束缚及缺乏系统、真实、科学的调查数据的限制,在很多人(包括报业经营者、行业主管部门、广告公司和广告主)的眼里,发行量是衡量办报水平和争取广告投入的唯一标准,而事实则不尽然。首先是我国的报纸发行并没有完全市场化,在发行中存在着大量的行政命令和说不清的东西,有时并不能真实地反映报纸的采编质量。像我们的一些全国性大报,发行量大得惊人,但广告经营却连一些地方报纸也不如。从下表中你或许能看出发行量与广告并不成正比。

1999 年中国报纸广告经营 10 强

序　号	单位名称	年度广告额(万元)
1	广州日报社	97390
2	新民晚报	82987
3	深圳特区报	61804
4	羊城晚报	61000
5	北京晚报	43000
6	新华日报社	37355
7	北京青年报	35100
8	计算机世界	32723
9	精品购物报	32479
10	今晚报	32000

资料来源:现代广告 2000/7

在国外,有同样的例子存在。英国曾有一份《每日论坛报》,倒闭之前的发行量近 150 万份。那么它为什么会倒闭呢?关键在于它所拥有的读者群是年龄偏大,社会经济地位低下的男性,这部分人群消费力低下,因而广告效果不理想,使广告主对它失去信心,失去了广告主的报纸只能关门大吉。

这也就是说,除了发行量,我们还需要别的数据来衡量一家报纸的广告价值,那就是以下要讨论的关于"阅读率"的问题。

阅读率:不能回避的新问题

报纸的发行量是制定广告媒介计划的一个重要参数,但并不是唯一的,随着社会的不断前进,数据采集和统计分析技术的不断提高,在国外已经较为成熟的另一个重要的参数"阅读率"正日渐受到我国广告公司和广告主以及部分沿海地区媒体重视。

阅读率这个概念来源于西方,指的是某一版面吸引的读者数量及这些读者的构成等情况的综合。它包括报纸的"阅读人口"(Readership)、"传阅率"(pass along rate)及"读者构成"(reader composition)等几个方面。在国外,阅读率数据一般由作为第三方的专业市场调查公司定期进行收集、研究和出售,媒介和广告公司及广告主进行购买,以满足各自的需求。

目前,在我国能够提供阅读率数据的专业市场调查公司并不多,其中较为有名的是 AC 尼尔森,央视索福瑞和广东新生代,且调研的城市也限于国内的几个大城市。目前,无论是媒介,还是本土的广告公司和广告主,对于阅读率还没有能够真正重视起来。但是,随着经济的进一步发展和人们在这方面意识的提高,阅读率将越来越受到关注,这也是报业竞争的必然。我们也可喜地看到,作为国内广告经营连续三年保持第一的《广州日报》从 1997 年开始即向 AC 尼尔森购买广州地区报纸媒体的阅读率,并免费向广告公司和广告主赠送。《广告日报》同仁认为,阅读率数据的好处在于一方面提高了报纸广告版面出售和购买的透明度,让客户知道他们所购买的商品——版面的全部价值有多少,高还是低,有效还是无效;另一方面也让媒体本身了解自己工作的好坏。《广告日报》的成功原因有许多,而这种敢于直面自己,敢为天下先,处处为客户着想的精神也许正是他们成功的源泉,值得我们学习。

市场:呼唤游戏规则

中国广告公司和广告主历经20多年的市场洗礼,已逐步从幼稚和冲动走向成熟和理性。今天的广告公司和广告主日益重视报纸的发行区域及读者构成。他们需要的是在他们的目标区域中高密度覆盖的优势媒体,同时还需要这张报纸在他们的目标人群中具有高权威和高可信度。他们需要了解报纸的真实发行量与阅读率,以实现低投入,高产出,不浪费每一分宝贵的广告费。

可是,由于缺乏具有公信力的权威机构,目前我国报纸公布的发行量数据总是缺乏可信度,更别提不为人所重视的阅读率。长此以往,狼来了的寓言将不可避免的重演。有人说,在一个对广告投放效果没有客观、定量依据的媒介市场投放广告,无异于在一个没有游戏规则的赌场下注。更有某跨国公司老总坦言,中国的广告园地是雷区,得处处小心。没有客观公正的发行数据指导,没有权威透明的阅读率数据做参考,既不能使客户相信报纸的真实优势,也不利于报纸自身的发展和进步。市场要求报业提供全面、准确、及时、科学、公正的发行数据和阅读率数据,以确立健康的报业成长环境和透明的广告投放环境。

互联网时代的到来不可阻挡,我们又面临入关的机遇与挑战,报业发展之路,悠长而艰难。制定行业自律公约,倡导诚实经营已远远不能满足竞争挑战的需求,可以说,建立权威和公正的报纸发行量稽核机构与阅读数据系统已经迫在眉睫,风雨成长中的中国报业市场呼唤公平竞争的时代已经到来。

网络广告效果提升探究

上海同济大学广告教研室主任　王肖生
上海交通大学广告硕士生　李长山

摘要:本文从网络分析入手,指出网络广告的真正作用机制,最后提出能够提高网络广告效果的切实可行的途径和方法。

关键词:网络广告　媒体　效果提升

网络广告作为一种新兴的广告形式,从诞生到发展一直受到各方面的密切关注,一方面广告主想通过这种新型广告形式更有效地宣传自己的产品,另一方面网络媒体也将其视为收入的主要来源。可是网络广告推出以后并没有取得意料中的效果,为此人们对如何发挥它的效能做了很多探讨,对网络广告的形式也进行了很多创新。比如自四月份起推出的颇有争议的巨幅广告,在经过刚刚推出的短暂高峰以后,这种新型的网络广告形式重新又进入了低迷的状态。

本文认为,要真正发挥网络广告的效应就必须了解其作用机制,这样才能对症下药,对网络广告的形式真正有所创新。

一　网络媒体分析

传统广告形式主要依赖大众媒介进行大众传播。大众传播的特征是:大规模的媒介组织向大范围的受众传递大批量信息的点对面的单向传播。最大特点是遵循'大数'原则,根据有限的不精确的反馈信息和传者对公众需要的估测及传播政策的要求,传送出被认为是适合大多数受众需要的信息。

大众传播虽然能有效地将信息传播至大量的、地域分散的受众,但却无法得到信息的即时有效反馈。这样就使得广告信息只能由企业单向地传递给大众,消费者无法直接与企业进行信息交流,企业也无法及时地得到信息的反馈。

因特网的出现不仅保持了传统媒介范围广泛、持续性强等优点,而且还弥补了传统媒介反馈间接、零散和迟缓的不足。网络广告媒体的信息传播过程是双向互动、实时发生的，企业与消费者能不断地及时调整信号（文字、图形等）来保证信息的交流。另外，由于因特网连接着世界各地的网络服务器，能将信息传播至范围极广的受众，所以网络广告媒体既具有大众传播的特征，又具有人际传播的特征，是一种新型的混合媒体。从市场营销的角度来看，能将大众传播范围广泛的特点与人际传播的高反馈性和交互性充分地结合在一起，就可以使广告和商品交易进行充分地结合。

1. 网络交互式传播取代传统媒体的单向式传播

在大众传播模式中，传者与受众是信息单向线性传播的关系，传者将信息传至受众后，传播过程就结束了，受众与媒体之间、受众与受众之间不可能交流。网络传播的最大特点就是交互性，它为传受双方提供了平等交流的信息平台。如受众可通过传者在网上开设的“留言板”、“论坛”等栏目发布信息，发表意见或评论。这样，传者作用于受众，受众也作用于传者。不仅如此，受众与受众之间的交流也可利用网络媒介进行广泛充分的交流。网络上的电子公告牌系统、邮件目录列表、在线闲谈等都是典型的信息交流的场地。在网络传播中，信息提供者和信息接收者处在同一地平线上，是一种平等、平衡、平和以及互换的关系，网络使传播者和受众之间的身份开始模糊。

2. 网络传播的个性化取代传统媒体的大众化

在传统媒体环境下，受众只能在媒体为其“设置”的有限“议程”或“菜单”中进行有限的选择。受众被动的角色取决于传者对信息传播的控制，而控制的力量来源于“一点对多点”的传播方式和特点，即广播电视在传播节目时，它所面对的是无数的听（观）众，至少是以某一群体为对象。“一点对多点”的传播缺少对受众个性选择和心理倾向的考虑，而因特网传播是点对点的传播，所有的上网媒体和其他上网者汇集了世界上洪流般的信息，这些信息可以由网民们自由点播。需要什么信息，只需一按鼠标，信息马上可以呈现在受众面前，实现信息传播的个人化。

3. 网络的异步主动式传播取代传统媒体的同步被动式传播

广播电视传播的本质是电子视听信号与时间的一一对应的关系，即在确定的时间，广播电视播出的节目也是确定的。由于广播电视传送信息的易逝性（除非用其他手段，如录音、录像保存），使观众收看了甲频道却无法收看乙频道。听（观）众接受信息的时间与消费信息的时间是同步的，这种同步性也决定了受众在什么时间接收和接收什么信息。网络环境下，信息提供者将自己的信息输入因特网后，可以在一段时间里予以保存，保证了信息接收者可以根据自身的时间安排随机地接受信息，并且可通过网络“导航站”等多媒体技术自由选择信息，受众网络中获得了空前的主动。

二　网络广告的沟通特性和作用机制

网络的独特传播特性导致了网络环境下受众地位的改变。从被动接受到主动选择，顾客不仅能够真正参与到整个广告过程中来，而且参与和选择的主动性也大大加强，顾客这个角色在整个广告过程中的地位得到提高；网上信息丰富的特征使得注意力比以往任何时候都稀缺得多，网络使消费者的意志得到最大程度的体现。

与传统广告相比，网络最大的也是最根本的特点——即时与互动的特性从两方面使网络广告产生了变革。

第一 它改革了传统广告沟通中信息发送和反馈单向流通、相互隔离、有时差的缺点。它使发送者和接受者在沟通中能实现即时的双向沟通，这样发送者就可以即时地根据接受者的需求变化而调整它发送的信息，使之能更好地满足受众的需求。

第二 它改变了传统广告沟通中“推”的信息传播方式。一方面现代消费者（特别是网络世界中的消费者）逐渐厌恶原有的信息交流方式——灌输；另一方面是网络的交互特性使他们在网络上扬弃这种沟通方式成为可能，交互性大大提高了顾客的主动性。

在网络信息空间大、廉价的特点及网络上目标受众对信息要求的基本特点是共同作用下，网络广告说服受众采取行动的机制发生了变化。

传统沟通模式主要是通过诱导式的说服来给受众留下印象并促使其最终做出行动。传统广告之所以常常采用某种印象而不是产品本身的特性来劝说受众成为购买者主要是因为传统广告媒体的信息空间太小而且昂贵。然而网络一来给发送者提供了几乎无限而且非常廉价的信息空间,二来网络上的目标受众习惯于通过各种报告的阅读,分析产品的结构、性能、优缺点等进行理性的决策。要使他们作出网上购买的决定,光靠某种印象唤起的意象是不够的,因此网络广告应该是信息型的具有逻辑说服力的广告,而不象传统广告是印象型的具有潜移默化功能的广告。

三 提升网络广告效果的途径

1.差异化广告策略

网络是一种影响面广、受众数量巨大的市场营销工具。伴随着受众范围和数量的"无限"增大,受众在语言、消费水平、工作经验、文化背景、教育背景、生活环境、经济环境和意识形态等的不同;不同的消费者具有不同的心理想法和行为方式,也有着不同的需求。广告代理必须充分发挥因特网在动态交互方面的优势,了解每个消费者在具体的需求水平等方面存在的差异,尽量满足不同的消费者的不同需求。运用营销资料库或其他资料处理技术(如定位)针对不同的群体开展不同的广告活动;此外还必须注意到绝大多数的销售额及利润是由一小部分人所创造出来的,要注意通过特殊设计的品牌忠诚度活动针对创造高获利的消费者进行更直接的建立品牌忠诚度的沟通。

差异化广告包括两个层面的含义,一方面是针对全体受众中的目标受众做广告,另一方面是对目标群体中获利率最高的顾客做广告。

2.软广告策略

所谓软广告是相对于传统企业的强势广告与消费者的被动接受而言。软广告的特征主要体现在"遵守网络礼仪的同时通过对网络礼仪的巧妙运用从而获得一种微妙的广告效果。"

软广告形式和手段主要有:

1) 以网络新闻形式发布的广告
2) 在留言板(BBS)上发布广告
3) 电子邮件签名档
4) 附加广告的免费产品或服务
5) 赞助广告(Sponsorships)

运用软广告必须要注意的是要使自己的宣传内容同周围环境很好地融合起来。

3.整合广告策略

由于消费者同化倾向减弱,对比倾向增强,因此通过不同的广告形式向消费者传递信息时要确保所传达的产品定位信息和语气等连续一致,这种一致性是树立品牌最关键的因素。一方面网络广告形式繁多,另一方面在网络上不同网站媒体具有不同的风格和特色,因此在开展网络广告活动时必须保持一致性。整合广告策略的核心思想是在实现与消费者的沟通中,以统一的广告目标来运用和协调各种广告手段,使之在每一阶段发挥最佳的和统一的作用。

我国公益广告活动的运作和管理

辽宁大学广告系 宋玉书

内容提要:公益广告活动不但以其公益性的宣传内容有别于商业广告和政治广告活动,而且它的运作也有自己的特点和规律。政府和广告协会等组织对公益广告活动管理也不同于对其它广告活动的管理。而运作机制和管理恰恰是决定公益广告活动和公益广告事业能否顺利发展的关键。公益广告活动和其它宣传活动一样,有自己的一套运行程序、运作机制,这是公益广告活动能够有序进行、公益广告作品能够顺畅与广大受众见面的基础;我国政府像对待商业广告一样,把公益广告活动纳入自己的管理工作之中,通过行政法规及相关政策、办法对公益广告活动进行管理，为规范公益广告活动、推进公益广告事业健康发展提供有效保证。

一、我国公益广告活动的运作

公益广告活动的运作程序和商业广告活动的运作程序基本一样，但是运行过程中的各个环节都有自己的特点和规律，同时也存在着一些比较特殊的问题。所以，公益广告的运作不是商业广告运作的简单翻版，不能完全按照商业广告的运作程序和方法操作。

1、公益广告活动的发起

通常情况下，广告主是公益广告活动的发起者。当某些社会矛盾比较突出、某些问题需要解决的时候，广告主出于社会责任感发起公益广告活动，投资委托广告公司和媒介制作、发布公益广告，希望通过广告宣传来引起人们对这些问题的重视。这与商业广告的广告主为完成任务做商业广告几乎一样，只是广告目的不同。但是也有一些公益广告活动不是由广告主发起，即发起者与广告主不是同一个行为主体。发起者提出开展公益广告活动的意向、要求，或者组织起公益广告活动，但是不承担广告主必须承担的一些责任和义务，而一些单位或个人虽然没有率先动议，不是活动的发起者和组织者，只是参与者，但却承担了广告主的责任和义务。如政府为解决某一社会问题发出开展公益广告活动的倡议，号召社会各界积极参加活动，于是企事业、广告经营、发布单位等都响应政府的号召，投入到广告活动中，一些工商企业和社会团体自愿以广告主的身份为宣传活动投入资金，承担了广告主的责任。我国从1996年起开始的公益广告月活动都是由国家工商行政管理局发起的，而广告主是企业、广告公司、新闻媒介。这与商业广告活动有很大的不同。商业广告活动的发起者和广告主是同一主体，谁发起广告活动，谁就承担广告主的责任。

和商业广告活动比较，公益广告活动发起者具有多元化的特点。商业广告活动的发起者主要是工商企业及一些服务性机构。公益广告活动的发起者除了上述这些单位外，还有政府部门、各类社会团体、广告经营者和发布者、临时自发组织起来的群体以及个人。政府、社会团体和广告经营、发布者发起并充当广告主，这是公益广告活动的特色之一，体现了公益广告的社会属性。在美国等一些国家，政府机构和社会团体是主要的公益广告主，他们发起公益广告活动，并从基金或经费中抽出一部分用于宣传活动，成为理所当然的公益广告主。目前我国公益广告主多是经济效益比较好的企业。这些企业在新的经营理念和社会责任意识的支配下，为了表达对社会的回报和人文关怀，树立自身良好的社会形象，积极参与包括公益广告宣传在内的社会公益活动，每年固定地或者随机性地拿出部分资金无偿投入到社会公益广告事业发展的“瓶颈”，企业积极参与公益广告宣传活动，主动担负起广告主的责任，在一定程度上缓解了公益广告活动资金极其紧张的矛盾。作为对企业的回报和鼓励，我国政府允许在公益广告作品上标注企业名称。但也有的企业不在广告企业作品中显示自己的名称，甘在幕后做“无名英雄”。我国政府部门充当广告主的时候还不多，它们主要是以管理者的身份发出活动倡议或者用行政手段要求企业、广告经营单位和媒介制作发布公益广告。我国众多的社会团体也因为缺乏基金、活动经费紧张而能力不足，只有少数团体偶尔能够发起公益广告活动并承担起广告主的责任，多数团体还是“心有余而力不足”，不能发挥出公益广告主力军的作用，倒是广告公司和大众媒介在很多时候和企业一样充当了广告主，用从商业广告业务中赚来的钱去做一些公益广告。如果我国的政府部门和社会团体能够更多地充当公益广告主，再动员更多的企业投资公益广告，我国的公益广告活动将会更加红火，公益广告事业将会有长足的发展。

2、公益广告的承制

广告主一般都把公益广告的设计、制作交与广告公司代理，至于把这项公益性的业务委托给哪一家广告公司，要根据一定的标准对广告公司进行选择，或者向广告活动的发起者、组织者、广告协会等组织提出申请，请他们帮助选择合作伙伴。之所以要选择合作伙伴，既是为了保证广告作品的质量和宣传的效果，也是为了节省广告制作费用。有些广告公司愿意为公益事业做贡献，以低价甚至免费为广告主制作高质量的公益广告，提供满意的服务。广告公司以低价或免费制作公益广告，等于无偿或部分无偿贡献自己的广告专业资源。虽然在经济方面见不到多少效益，但是具有较强社会责任心和社会服务意识的广告公司一般都会认真对待这项工作，努力把它做好，力求收获较大的社会效益。台湾广告人吴世廷用“I do”来表示广告人对公益广告活动的态度。他说:“身为广告人,亦是社会一分子,应常存回馈社会之心,积极参与公益事业,发挥广告人的影响力。重要的是转换心态,以一个社会工作者的角色全身心投入,体察入微,藉着公益广告活动反射出广告人的社会关怀和人文修养。”①很多广告公司主动请缨,志愿承担公益广告制作的任务,委派优秀的策划、设计人员来负责公益广告项目,表现出很高的热情和积极的态度。近年我国出现了“新公益广告工作室”、“公益广告联盟”等组织,一些广告人以这种自发性的组织形式参与公益广告活动,联手为公益广告宣传尽责尽力。为解决公益广告资金问题,广告界在实践中摸索出了一些有效的办法。如北京一家以做公益广告为主的广告公司从1997年开始着手建立全国公益广告联播网,已有82家电视台参加了联播网。这样既有效地利用了公益广告资源,又解决了公益广告资金问题,实现了公益广告自身的良性循环。一些广告公司和企业、媒体联合,就某一主题制作公益广告,既促进了精神文明建设,又宣传了企业的社会公益形象,探索企业、广告公司和媒体合作共同参与公益广告活动的运行模式。有些地方对优秀公益广告作品实行冠名权拍卖,收入全部用于公益广告活动,为解决公益广告资金来源问题做了有益的努力。当然,也有一些广告公司把公益广告承制看成是政府号召下的执行行为,在认识上还有一定的差距,但是它们一般也能认真地与广告主、媒介配合,按要求完成任务。对于广告公司承制公益广告的积极表现,政府和广告协会给予充分的肯定,并通过减免税收、作品评奖、表彰广告公司、新闻报道、在作品上署名等方式给予鼓励和支持。

广告公司积极参与公益广告活动,不计金钱回报承制公益广告,也是为了宣传自己,提高自身的声誉,树立广告公司的良好形象。毋庸讳言,媒介上常常出现一些令人遗憾和失望的广告,这使广告行业形象和制作这些广告的公司形象受到损害,广告业成为受到社会批评较多的一个行业。广告业需要为自己塑造优良形象,广告公司也需要弥补过失挽回声誉,制作公益广告就是广告业塑造自身形象的一个举措。他们想用自己制作的公益广告作品来证明:广告业不仅谋求经济利益,服务于工商企业,而且肩负社会责任和义务,热衷于社会工作和公共服务,并为此做了许多贡献。公益广告的确能够在一定程度上改变人们对广告业的印象,能够提高广告公司的声誉,甚至能够给广告公司带来新的业务。我国南方一家广告公司的负责人对此坦言承认:“策划、创意、制作、发布公益广告,是企业的大名片,无形资产会增值,人们冲着你的良好口碑和信誉而来,业务量也会增加。”②

广告公司的专业优势和人才优势使他们能够以科学的策划、非凡的创意设计和精工的制作向社会奉献优秀的公益广告作品。广告主的满意度和广告的社会效果是对广告公司工作进行评价的标准,而受众与广告的共鸣是对广告公司工作最高的评价和最好的酬报。国外很多公益广告作品设计、制作水平相当高超,丝毫不亚于投资巨大的商业广告,我国获得政府奖的广告作品中也有不少堪称精品。能以较少的资金做出非常优秀的作品,这说明了广告公司的创造力;见不到经济效益,或者收益甚微,还努力把广告做好,这表现了广告公司高度的社会责任感和公德意识。创造力、责任感和公德心的相加,保证广告公司为公益广告活动交上满意的答卷。

我国的大众媒介在公益广告活动中不仅奉献媒介资源,而且常常将制作和发布两项工作担于一身。承制并发布商业广告,所得到的经济效益自然大于单纯的发布。对媒介的这种做法,广告业颇有想法,不乏微词。对媒介应否承接广告制作业务,在中国如何实行广告代理制,我们这里不做评说。但是有一点可以肯定,就是我国的媒介并不仅仅承接商业广告的制作业务,也主动承接公益广告的制作业务,像无偿提供版面和时间一样,无偿或低价制作公益广告。所以我们常可以在媒介上看到企业和媒介共同署名的公益广告。在“中华好风尚”公益广告月期间,上海的媒介既积极配合做好发布工作,同时也自创作品。上海电视台、上海有线电视台、解放日报、人民日报华东分社等媒介就抽调专业人员独立创作了一批公益广告作品参加此次活动。上海东方广播电台的4个小组用一个月时间创作了3条公益广告,在8月间提前播出。由于在创意、策划、制作上精心投入,“东广”的作品《无偿献血》获得广播类的唯一一项金奖,《制止噪音》获发展奖。③我国有相当一部分公益广告是媒介独自制作并独自播发的,这也许是中国公益广告运作机制的又一个特色。

3、公益广告的发布

大众媒介是公益广告发布的主体。大众媒介的覆盖面广,传播力强,影响大,不但是商业广告的最佳媒介,也是公益广告的最佳媒介。政府要求媒介,无论是国有的还是私营的,要积极支持公益广告活动,在发布商业广告的同时必须给公益广告一定比例的时间和版面。广告协会等组织在广告主、广告公司和媒介之间进行协调工作,使公益广告能够与公众见面。我国的广告主管部门——国家工商行政管理局于1997年会同党政几个部门,专门制发了规范性文件《关于做好公益广告宣传的通知》,要求媒介"统筹合理安排好公益广告发布的时间和版位",并对媒介发布商业广告和公益广告的时间和版面的比例做出了明确的规定。尽管商业广告是媒介生存、发展的主要支柱,但是媒介还是能够摆正商业利益和社会责任的关系,积极响应政府的号召,热情参加公益广告活动,免费提供一定的时间和版面来刊播公益广告,并且保证黄金时段的公益广告播放数量。

为了使公益广告的发布不受有偿节目和商业广告的干扰、冲挤,我国大众媒介特别是电视、广播媒介都制订了一个计划,给予公益广告固定的时间和版位,确定公益广告的发布量,有的电视台有固定的公益广告栏目。如有需要,还会临时增加公益广告时间和面积,或者把公益广告调整到更好的时间和版位。很多时候媒介主动与广告主或广告公司沟通,提供媒介信息,公开征集公益广告。媒介的支持是公益广告能够发挥作用的一个重要因素。在我国一般性的常规公益广告活动中,媒介一般是按照计划发布公益广告。在集中性的大规模公益广告活动中,媒介根据工商局的要求和部署调整计划或制订临时计划,以确保活动任务的完成。回顾我国历次大型公益广告活动,可以发现,媒介都表现了很高的热情,做出了很大的贡献。中央电视台作为国家媒体起到了带头作用,它的《广而告之》已成为最受观众欢迎的栏目之一、各地的媒介也都能按照有关要求完成或超额完成公益广告发布的任务。"中华好风尚"公告月期间,上海市的媒介共发布报纸公益广告864条次,广播公益广告750余条次,电视公益广告2880余条次。一个月内媒介如此大数量、大密度地集中发布公益广告在上海的新闻史上可谓空前。上海主要传媒的广告版面和时间价格昂贵且抢手,在广告月期间,按照市工商行政管理局的要求完成公益广告发布的任务可能会挤占一些商业广告的发布时间和版面。上海的媒介在这次活动中不仅达到了发布公益广告的任务指标,还主动增加了发布量。市工商局原来要求上海东方电视台每天黄金时段播出1次、非黄金时段播出3次公益广告,而"东广"实行每天发布15次。工商局要求上海各报9月份发布4次通栏专题公益广告,后来又要求《解放日报》增加发布量,该报义不容辞地接受了任务,一个月内发布了15条公益广告。其他媒介发布的公益广告也都不同程序地超过了政府下达的指标。④

大众媒介以外的媒介同样负有义务发布公益广告的责任。拥有户外广告牌等媒介的单位也要按照政府的要求,发布一定数量的公益广告,和主流媒介一同为公益宣传服务。

当经济利益和社会利益发生冲突时,媒介为追求一时的经济效益而使公益广告受到冲挤,工商行政管理部门就要出面进行干涉,广告协会等组织也不会袖手旁观。教育和一定的行政管理措施会使媒介重新认识自己的责任。即使媒介还不能形成自觉、自主的公益意识,也会按照要求去履行自己的义务。

二、我国政府对公益广告的管理

我国的广告管理机关是政府工商行政管理部门。各级工商局依照有关广告法律、法规依法行政,对广告宣传和广告经营活动进行管理,以保证广告内容的真实、合法,符合社会主义精神文明建设的要求;保证广告经营活动的依法、有序和规范,从而使我国的广告事业能够沿着社会主义方向健康发展。虽然《广告法》调整的是商业广告,但是《广告管理条例》作为《广告法》的必要补充将公益广告纳入调整范围。国家工商行政管理局还专门制发了有关公益广告的规范性文件,由此可见,我国政府没有忽视公益广告活动,把公益广告活动当作广告管理的一项重要内容。不仅如此,为了切实搞好公益广告宣传活动,利用公益广告宣传党的方针政策,引导社会舆论,发挥公益广告在社会主义精神文明建设中的作用,党中央对公益广告活动也进行指导。中共中央宣传部、中央精神文明建设指导委员会办公室与国家工商行政管理局共同下发关于公益广告宣传的文件,共同组织较大规模的公益广告活动。由于党中央的重视和指导,国家工商行政管理局主抓这项工作,所以我国公益广告虽然起步较晚,发展却很快。而党的指导和党政齐抓共管也成为我国公益广告管理的一个鲜明特色。

1、制发有关公益广告的文件

为了确立公益广告的地位,加强公益广告宣传,保证公益广告宣传的效果,国家工商行政管理局单独或会同党政其他部门制订、下发了若干文件,对公益广告的有关事项做出了规定,通过文件方式为公益广告活动的顺利开展提供了保证。1997 年中共中央宣传部、国家工商行政管理局、广播电影电视部、新闻出版署四部委联合下发了《关于做好公益广告宣传的通知》,就广告媒介单位发布公益广告的时间和版位、不得以公益广告形式发布商业广告、在公益广告上标注出资企业名称等问题提出了要求,做出了明确的规定。此后,国家工商行政管理局又单独下发了《关于开展公益广告活动的通知》、《关于加强公益广告宣传管理的通知》等文件。这些文件进一步明确了公益广告管理方面的一些问题,确立了公益广告管理的依据,使公益广告的管理逐步向法制化管理接近。

制发规范性和指导性文件是党政管理的重要手段,文件的权威性、指导性和指令性是工作顺利开展和收到成效的保证。我国党、政有关部门专门为公益广告制定一系列文件,表现出我们的党和政府对公益广告的重视和管理力度。必须充分肯定,这一系列文件不仅体现了国家意志,强化了各级工商局等部门对公益广告的管理,对我国公益广告事业的发展具有极其重要的意义,为我国公益广告事业奠定了牢固的基石。

2、倡导和组织公益广告活动

国家工商行政管理局把倡导和组织公益广告活动作为管理的一项重要内容。这样做,一方面是因为我国的公益广告事业不像一些发达国家那样成熟,我国的公益广告运行机制还不完善,公益广告主的队伍也不够强大,因此需要工商管理部门出面倡导、组织规模比较大的公益广告活动;另一方面是因为有些问题比较重大,关涉国家和整个社会的利益,政府部门出面组织活动,声势浩大,能够引起广泛的注意,产生比较强烈的广告效应。况且工商局作为政府的一个职能部门,有责任和义务组织发起公益广告活动。因此,我国的大型公益广告活动具有"政府行为"的性质,可视为由政府组织、广告经营和发布单位自愿参与的"官办民助"的活动。

从 1996 年起,国家工商局开始组织全国性的公益广告月活动。第一次公益广告月活动以"中华好风尚"为主题,旨在弘扬中华民族的优秀文化。为鼓励企业、广告公司和发布媒介,充分调动他们的积极性以利今后公益广告活动的开展和公益广告创作水平的提高,国家工商局还设立了政府奖,用以表彰在公益广告月活动中涌现出来的优秀作品和先进单位。首次评奖活动有 41 件优秀作品获得政府奖,另有 60 件作品获得发展奖,73 家单位和 42 人受到表彰。1997 年的公益广告月以"自强创辉煌"为主题,通过讴歌中华民族在中国共产党的领导下经过长期奋斗取得的辉煌成就,宣传自尊、自信、自强、励精图治、知难而进、自强不息的民族精神。1998 年的公益广告月活动以服务中央工作大局为中心,引导人们关注解决社会热点问题。1999 年的公益广告月紧密配合党和政府的中心工作,进行了题材广泛、主题突出的宣传活动。2000 年的公益广告月以"树立新风尚,迈向新世纪"为主题,以"环境保护"为重点。倡导人民群众积极参与精神文明建设活动,努力提高公民素质和城乡文明程度,营造讲文明、树新风、弘扬科学精神、反对迷信愚昧的健康气氛,增强重视环境、爱护人类家园的环保责任意识。

为了保证广告月活动的顺利进行和广告宣传的质量与效果,国家工商局除了对企业、广告经营和发布单位发出号召外,还对各级工商行政管理机关和新闻单位提出了要求,要求工商管理机关充分发挥职能作用,切实做好活动的组织工作,并把这项工作作为评比的一个重要指标;新闻单位要严格执行中央宣传部等四部门《关于做好公益广告宣传的通知》的规定,在电视黄金时间或报纸主要版面按规定刊播主题公益广告。这些行政手段的运用,为公益广告月活动开展起到了保驾护航的作用。在公益广告活动开展的五年中,全国报纸、广播、电视、杂志、户外等广告媒介共发布公益广告 8 万余件,涌现出了一大批主体鲜明、内涵深刻、制作精良的优秀公益广告作品。1996 年至 1998 年,全国有 344 件优秀公益广告作品获得全国奖,285 家单位和 235 名个人被评为全国公益广告活动先进单位、先进个人或受到表彰。

在开展公益广告活动的五年中,各地工商行政管理机关除了在媒介上加强公益广告活动的宣传,还采取了多种有效措施,动员和鼓励社会各界关心、支持并参与公益广告活动。如北京市、上海市、西安市工商行政管理局分别会同当地市委宣传部、文明办组织开展了面向社会的公益广告作品有奖征集活动。在 1999 年的有奖征集活动中,北京市共收到公益广告作品约 900 余件;上海市共收到公益广告作品 653 件;西安市共收到公益广告作品 810 多件。极大地提高了人们对公益广告的热情与参与意识。

3、监督公益广告活动

我国对公益广告活动的监督重点主要有两个方面：一是对公益广告内容的监督，二是对公益广告作品发布的监督。

《关于做好公益广告宣传的通知》规定："发布公益广告时，应当认真审核内容，凡违反国家法律、法规、政策规定和社会主义道德规范要求的，不得发布。不得以公益广告的形式发布商业广告。""对于企业出资设计、制作、发布的公益广告，可以标注企业名称，但不得标注企业产品名称和商标标识，不得涉及与该企业商品或提供的服务有关的内容。"到目前为止，我国发布的公益广告中鲜有违反法律、法规、政策和道德规范的内容，但是利用公益广告发布商业性的信息、在公益广告上标注产品名称、商标标识甚至企业地址与电话号码的问题时有发生，有意识地在公益广告作品上扩大企业名称的占用面积、延长企业名称显示时间的现象也不断出现。有的广告主、广告经营者、发布者抱着投机心理，以发布公益广告为名替自己做商业宣传；有的则想借船搭车顺便宣传一下自己。这样做势必混淆了公益广告与商业广告的界限甚至改变了公益广告的本质，不但使本来纯洁的公益广告成为变相的商业广告，而且大大削弱了公益广告的效果。为制止这种情况，工商管理部门一方面提醒广告主、广告经营者、发布者不要见利忘义违反规定，一方面对公益广告进行监督和检查，对不符合公益广告内容要求的及时予以纠正，对问题严重者予以查处。国家工商局1998年6月17日下发的《关于加强公益广告宣传管理的通知》就是针对上述问题的而专门制订的文件。工商部门发现了在个别地方不遵守公益广告管理的有关规定，公益广告作品中出现了不符合要求的内容，于是国家工商局发文重申了有关的规定，要求广告主、广告经营者和发布者必须严格遵守规定，不得以公益广告的形式发布商业广告；同时要求各级工商局会同有关部门组织对广告媒介单位发表的公益广告情况进行检查，发现问题及时纠正。从这个《通知》可以看到国家工商局对公益广告内容的重视和纠偏的力度。

国家工商行政管理局为了保证公益广告发布的数量和效果，对媒介发布公益广告的时间和版位提出了要求：广播、电视媒介每套节目用于发布公益广告的时间应不少于全年发布商业广告时间的3%；电视媒介在19:00－21:00时间段每套节目发布公益广告的时间应不少于该时段发布商业广告的3%；报纸、期刊媒介每年刊出公益广告版面应不少于发布商业广告版面的3%；户外广告经营者应发布一定比例的户外公益广告。[⑤]因为媒介一般是免费发布公益广告，所以有些媒介发布公益广告不甚积极。有的虽然发布公益广告，但是所用时间和版面达不到要求，不能保证广告发布数量；有的只在收视率较低的频道和时间播放公益广告，把比较"热"的频道和时段的公益广告时间让给商业广告。工商管理部门对媒介能否按要求保质保量地发布公益广告要进行检查，不允许媒介擅自缩减或更改公益广告时间、版面。对媒介把商业利益放在第一位而把社会责任放在后面的行为，工商管理部门要进行干预，督促媒介履行社会责任。但是我国目前还没有像美国那样，用是否颁发媒介经营许可证的方式制约媒介，督促媒介积极为公众利益服务。我们对违法、违规的广告及其责任者制裁力度不大，还需要建立法规、制度和制定政策，需要有强制性的手段，否则工商部门监督管理难以取得好的效果。

三、我国广告行业组织对公益广告的管理

除了政府的工商管理部门的管理外，广告协会及广告经营单位、广告发布单位也对公益广告实行监督管理，形成了一个行业管理系统。行业组织的管理是行业自我约束机制的具体表现，广告经营单位和发布单位的管理也属于自律行为，它们都能反映广告业对社会公益事业的积极态度和自觉意识。

中国广告协会积极而认真地配合广告主管部门，主动履行"协助政府进行行业管理"的职责，在公益广告月活动中号召自己的成员单位积极投入到活动中。广告协会还在组织开展创建广告行业精神文明先进单位活动中，把积极制作、发布公益广告当作评优的一个条件，以此鼓励广告公司和发布媒介多做、做好公益广告。1997年中广协在组织这项活动时要求会员单位"重视公益广告的设计、制作和发布；积极参与各项公益事业；坚持两个文明一起抓，社会效益和经济效益并重。"[⑥]中广协的要求虽然没有行政强制力，但具有号召力、影响力和激励作用，能够调动会员单位的积极性，对公益广告活动和社会公益事业起到推动作用。地方性的广告组织同中广协一样，一方面号召广告经营、发布单位重视公益广告，一方面通过开展活动培养广告工作者的社会公益意识，调动他们创作、发布公益广告的积极性，引导他们把非赢利性的公益广告与赢

利性的商业广告放到同一个位置上来。如广州、上海等地的广告协会及4A委员会组织的创意竞赛之类的活动都是公益性选题，要求参赛者创作公益广告，用公益广告作品参与创意竞赛。尽管创意公益广告不是举办这些活动的主要目的，但这种要求毕竟能够对广告工作者起到引导作用，让他们更加重视社会公益事业和公益广告活动。这样做不但有利于激发广告工作者关注社会问题的热情，更有利于公益广告创作水平的提高，有利于公益广告宣传活动的普及和质量的提高。可以肯定地说，这种方式对于公益广告管理而言，是一种积极的管理方式。

广告经营者和发布者对公益广告管理也负有一定的责任。广告公司和媒介在制订年度或阶段工作计划时，通常都把参与公益广告活动这项工作考虑进去，把免费、低费制作和发布公益广告当作一项业务列入计划之中，对将要制作、发布的公益广告内容、种类、数量、质量、发布时机和形式以及资金来源、人员安排、合作方式等诸多问题进行通盘筹划。在公益广告活动开展之际，广告公司和发布媒介要审查作品内容，看其是否违反有关规定、与国家政策精神不一致等情况；是否具有商业色彩，把公益广告做成变相的商业广告的现象发生；作品的数量与质量方面是否达到要求。特别是媒介单位，通过严格监管以确保公益广告的发布。防止“偷工减料”——减少公益广告的发布数量；防止“鹊占鸠巢”——商业广告挤占公益广告的时间和版面；防止“见利忘义”——重于经济收入而忽略社会责任，造成“两个效益”严重失衡。广告公司和媒介对公益广告的管理是一种单位内部的自我管理，是一种自我规范、自觉行动。这是广告业发展成熟的表现，也是广告行业组织管理成熟的表现。

综上所述，我国的公益广告的运行模式和管理工作进步显著，日渐成熟。这是公益广告事业得以发展的重要因素和重要保证。但是我们还必须承认，目前我们还没有建立起有中国特色的可持续、稳定发展的运行机制，管理方面也存在着这样那样的问题，今后需要在以下几个方面加强和改进：

首先，应该修改《广告法》。增加包括公益广告在内的非商业广告管理的规定，或者为公益广告宣传制定专门性的法规，建立公益广告的监督管理的制度，把公益广告管理纳入法制管理的轨道。虽然公益广告与商业广告有很大的不同，公益广告活动中出现的问题与商业广告活动中的问题完全不一样，但是这种法制化管理仍然是必要的。现在我国对公益广告主要依靠《广告管理条例》和几份红头文件来管理，尽管这些法规和文件具有权威性、指令性，并且可以作为广告行业的行为准则，但是毕竟力度不及《广告法》。我们需要健全和完善的广告管理法规，需要进行公益广告法规的建设，通过立法程序及早制定相关法规，加强管理力度，提高管理水平。

其次，政府应该制定具体的政策。一方面建立起激励机制，鼓励企业、广告经营和发布单位积极参与公益广告活动，让他们在履行社会责任的同时自己也受益；另一方面采取强制性的可操作的措施，对那些表现消极、不能按照要求去做的单位给予警告、制裁。如像美国那样，对广播、电视媒介实行许可证制度，只将许可证颁发给那些真正为公众利益服务的机构，并且要求广播电视经营者必须每季度提交一项有关“选题与节目计划”的报告，公开接受FCC和公众的检查，⑦以此促进媒介重视社会公益事业，重视公益广告。

第三，加强监督，严格把关。对假公益广告之名而行商业广告之实的广告主及广告经营、发布单位不仅要进行严厉的批评，还应通过行政手段、经济手段给予处罚，坚决遏止这种利用公益广告达到商业功利目的的现象。对于发布于各种媒介的公益广告，除了按有关文件规定允许在作品上标注出资企业名称外，不允许有其它的商业性信息，保证公益广告的纯洁性，不要让它“变味”甚至“变质”。广告上如果企业名称显示超过标准规定，要责令广告主和经营、发布单位限期纠正，不迁就不退让，不能让投机心理滋长，不能让呼唤社会良知的人昧下自己的部分良知。

除此，还应引导我国的公益性社会组织和团体广泛利用公益广告，扩大我国公益广告主的队伍，完善公益广告运行机制，推动公益广告的发展，尽量减少广告公司和媒介代行广告主之职能的现象，解决公益广告宣传的资金不足等问题。同时还应当通过法律、法规、政策和制度来理顺广告经营者和媒介之间的关系，解决我国广告界长期以来呼吁的广告代理问题。使广告公司和媒介有分工有协作，建立规范的广告市场和竞争规则，调动起广告行业的积极性。因为广告行业只有在解决了自身的生存和发展问题后，才有能力和热情为社会公益事业服务，才能乐于多做公益广告。现在我国的广告市场不够规范、竞争规则不尽合理，一些广告公司在夹缝中求生存，步履艰难，发展缓慢，即使有责任感、有热情去做公益广告，恐怕也是捉襟见肘，力不从心。要知道,广告公司倘若没有一定的经济实力做基础,仅靠热情去免费或低收费为广告主设计、制作公益广告,这种热情恐怕是不能持久的。广告主管部门的指令具有一定的强制性,能够让广告公司“动”起来,参与公益广告活动,但是规模性的活动一结束,或者“规定动作”一完成,有的广告公司大概就会偃旗息鼓,退避三舍。所以,要从根本上解决广告行业所面临的实际问题。只有广告行业真正向前发展了,公益广告事业才能顺利发展,公益广告宣传活动才能真正搞得起来,搞得好。

①吕牧《感动,而不是说教——吴世廷先生谈公益广告“寻猫十准则”》,《国际广告》1998 年第 9 期。
②王秉钧《策划创意公益广告的心路历程》,《中国广告》1999 年第 4 期。
③施东《公益广告步入新纪元》,《新闻记者》1997 年第 3 期。
④施东《公益广告步入新纪元》,《新闻记者》1997 年第 3 期。
⑤中共中央宣传部、国家工商行政管理局、广播电影电视部、新闻出版署《关于做好公益广告宣传的通知》(工商广字 1997 第 211 号)
⑥陈绍宗《中广协开展创广告文明单位活动》,《国际广告》1997 年第 3 期
⑦李海容、Charles Salmon《公益广告与社会营销》,《现代广告》1997 年第 3 期

2000 年中国户外广告发展状况分析

成科互动研发部

户外广告作为广告行业的生力军,1990 年~1999 年以平均每年 30%的速度快速增长。根据成科互动对中国户外广告 23 个主要市场进行的实地调研,2000 年 23 个主要市场的户外广告投放额为 80 亿元,估计全国的户外广告投放额度应在 110 亿元,占全国媒介市场营业额的 15%左右。

成科互动对中国主要城市的户外广告研究完全来自于自己采集的实地数据,2000 年 7 月和 11 月至 12 月间,成科互动对中国主要市场的户外广告进行了全面的实地资讯收集,范围包括城市的主要市区街道、交通出发站、城市间主要高等级公路城市段的所有大型广告牌和网络广告牌(地铁、人行道灯箱、候车亭广告)和城市主要的车身广告,能够基本真实地反映各地市场的实际状况。

各市场投放量分析

通过资料统计显示,23 个城市户外广告的投放两极不平衡,投放量排名如表一,总体来说,户外广告的投放量直接与城市的消费能力成正比,沿江、沿海区域要高于内地城市。

北京、上海、广州作为最主要的消费市场,户外广告的投放量最多,这三个城市之和达 36 亿元,占全部 23 个城市的 44%;

沈阳排名第 4 多少有些出人意料,究其原因,除沈阳的城市面积较大外,比较低迷的消费市场也使客户将更多的广告预算投入了相对便宜的户外广告。而其他东北城市的户外投放量排名都比较靠后,城市面积较大的哈尔滨排名 19,而长春排名第 22,在研究涉及的城市中仅高于城市面积很小的苏州。

西南地区中,昆明的户外投放量较大,这与昆明配合世博会进行的城市宣传有一定关系;重庆虽然是山城,道路状况比较复杂,但户外广告的投放量仍然大于成都,这说明重庆沾直辖市之利,已成为辐射西南最重要的市场。

西北区域中只对西安进行了研究,而西安作为西北首镇,城市面积也较大,户外广告的投放量只在 23 个城市中占第 16 位,说明西北的户外广告发展仍然不足。

表一 23城市户外广告市场投放额统计表

排名	城市	投放额(万元)
1	北京	171606.1
2	上海	132121.8
3	广州	56972.2
4	沈阳	51731.4
5	昆明	36260.5
6	武汉	34209.0
7	天津	32200.1
8	重庆	31314.8
9	成都	26346.4
10	南京	24434.0
11	大连	24290.5
12	深圳	23791.9
13	石家庄	19851.8
14	长沙	19485.5
15	郑州	18569.4
16	西安	17180.6
17	杭州	16305.9
18	济南	14789.1
19	哈尔滨	13721.1
20	福州	13557.9
21	宁波	13048.0
22	长春	10097.2
23	苏州	5463.3
	合计	807348.4

空置率

按照实际市场状况,在研究中我们把公益广告和空广告牌都作为空置广告研究,2000 年 7 月十城市的空置率为 20%;2000 年年底十城市的空置率基本相同,为 21%;2000 年年底 23 城市的空置率为 27%。这说明,重要市场的户外广告需求比较大。

在实际市场现状中,一部分广告到期后并不及时下画,这种状况在网络媒体中尤为多见。因此,2000 年户外广告的实际空置率应该比统计数据要高,估计平均为 30%左右。但北京、上海、广州的相对空置率要低一些,在 18% ~23%之间。

户外广告投放产品种类分析

本次研究采取了通常使用的产品分类方法将户外广告投放客户分为 24 个大类,表二是户外广告投放量最多的十个产品大类。

在投放户外广告的主要产品类别中,发展最快、利润率较高的邮电通讯类产品(包括互联网及相关产品)雄居榜首,房地产业由于天然的户外属性紧随其后,金融行业主要是各银行的形象广告居多,服务业及家电产品是使用户外媒体的主要客户,交通类别中由于包括了汽车及相关产品,排名在第六位。

除了经常使用户外媒体的日用消费类产品外,以往宣传较少的工业类竟然也能列入前十名与 WTO 的临近,中国大型企业急于走向市场、走向国际有关。以前很少发布广告的大型工业企业加大了广告投入,而户外媒体起到了长时间宣传企业形象的良好作用。

数据显示，耐用消费品、日用消费品、服务娱乐等仍然是户外广告的主要使用者，由于主要目标消费群体外出时间的增多，平均户外停留时间的延长，户外广告能够起到较好的传递产品资讯的作用，成为这一部分广告主经常使用的常规媒体。

表二 户外广告投放额最多的10类产品

排名	产品类别	投放额(RMB万元)	占总投放量
1	邮电通讯	113010.0	14%
2	房地产	85554.4	10.5%
3	金融	68354.0	8.4%
4	服务业	55039.0	6.8%
5	家电	53150.9	6.5%
6	交通	52154.8	6.4%
7	食品	44062.7	5.4%
8	服饰	41702.3	5.2%
9	娱乐休闲	41200.6	5.1%
10	工业	35184.3	4.3%
	总计	589412.9	72.6%

品牌研究

1．户外广告投放量前20名品牌

由于在投放量统计中，大型广告的投放额都以一年为计算单位，为了更好的研究市场实际状况，我们参考2000年7月进行的10个主要城市户外广告状况来研究户外广告的品牌排名。

2．品牌分析

排名前20名的品牌中，电信、银行、保险的户外投放量有目共睹，中国移动通讯独立后户外广告的投放量有明显增长；

摩托罗拉在2000年非常重视户外广告的投放，与1999年的数据相比，其户外广告发布额排名上升至移动电话类的首位；爱立信在2000年下半年加大了对户外广告的投放，其他品牌的移动电话投放则明显减少。

联想、TCL、海尔产品及家电和PC行业，一直重视对户外广告的投放，而创维在2000年下半年伴随年底的销售旺季对户外媒体的使用明显增加。

2000年虽然是网络火热的一年，但由于网站使用的户外媒体一般是候车亭、车身、人行道灯箱等媒体，投放额度相对较低，只有搜狐网一直处在前20名的排名中。

可口可乐和百事可乐同为饮料行业的巨头，但可口可乐对户外媒体的使用还是偏重于旺季的产品促销；而百事可乐伴随着它强大的广告攻势，已经把户外广告作为一种宣传企业形象的固有手段。成科互动的研究显示，百事可乐还在加大对户外媒体的投放。在百事可乐投放的主要市场上海，百事可乐广告基本上已经让每一个外出的上海人一天中不可能不看到百事可乐，百事可乐的户外广告也已成为城市随处可见的装饰。

在2000年的主要品牌研究中，我们看到化妆用品也开始大量使用户外媒体。由于化妆品行业一直都非常重视产品形象的清洁与精致感，以前较少使用户外媒体。这种品牌媒介策略的变化是与近年来户外广告的制作与服务水平不断提高息息相关的。由于几大家化妆品巨头使用的都是多品牌战略，我们并未将同一集团旗下的品牌累计计算。在投放量的排名表上家化产品还比较少，相信跟踪研究会显示此类产品户外广告投放量的不断增加。

通过对2000年户外广告的研究表明，各大知名品牌都开始重视户外广告的投放。对于服务业、耐用消费品、金融保险和工业企业而言，户外广告成为传播企业形象，扩大社会知名度的常规广告媒体；对于食品饮料、家化用品等日用消费品而言，户外广告已经不仅仅是传统的产品促销广告，开始成为其品牌战略的重要组成部分,他们利用广告效果更为持久、价格更为便宜的户外广告作为加大市场份额的主要武器。

表三 户外广告投放量前20名品牌

	2000年7月 10个主要城市		2000年11月~12月 23个城市	
排名	品牌	投放额(万元)	品牌	投放额(万元)
	空	80444	空	147170.4
	公益广告	47331	公益广告	77930.8
1	中国电信	5638	中国电信	13024.6
2	中国工商银行	5432	中国移动通信	11913.1
3	中国农业银行	4809	中国农业银行	8963.1
4	摩托罗拉	4693	摩托罗拉	8133.2
5	TCL	4638	中国工商银行	7936.5
6	联想	4232	中国建设银行	7452.4
7	招商银行	4212	联想	6777.3
8	中国移动通信	3824	中国联通	5258.6
9	中国建设银行	3805	招商银行	4667.8
10	百事可乐	3740	百事可乐	4437.0
11	LG	3223	TCL	4370.7
12	中国民生银行	2993	搜狐网	3388.6
13	三星	2880	中国人民保险公司	3366.4
14	海尔	2842	爱立信	3266.5
15	夏士莲	2814	海尔	3262.1
16	西门子	2648	华夏银行	3223.6
17	诺基亚	2595	中国银行	3191.0
18	六神	2581	创维	3113.8
19	搜狐网	2553	中国石化	3110.4
20	可口可乐	2397	交通银行	3054.2

媒体种类研究

1. 户外广告的整体形象不断提高

由于电脑喷绘技术的普及和制作成本的下降,电脑喷绘画面加专用广告射灯照明的射灯广告牌成为目前户外广告媒体中最常见的一种,射灯广告与其他广告的组合形式已经占到全部户外广告面积的43%,成为主流的户外媒体形式。

从数据来看,霓虹灯广告的数量较少,只占总广告数量的1%和总面积的6.8%。包括北京、上海的霓虹灯广告数量也很少,是与其国际化都市的定位不甚相称的。

2. 户外广告的媒体种类多样化

为了增强户外广告的表现力,户外广告媒介经营商不仅充分利用各种可利用的建筑物,也将着眼点放在了人们出行的必经之路上。立交桥的支柱,地铁的扶梯旁,公共汽车站上,户外广告的设计或精致或简洁或故意有些出格怪异,都在用无声的语言传达自己的声音。

为了加强户外媒体的冲击力,部分媒体经营者开始尝试媒体的组合方式,结合各种户外媒体的优势,加强画面的视觉冲击力。霓虹灯+射灯,三面翻+单立柱,灯箱+射灯等形式在部分城市出现,业界人士通过各种尝试试图将平面的户外广告动起来。

许多户外广告也突破了传统的正方形的限制,在边缘上根据广告内容专门作了一些变形。户外广告的表现力不断增加,出现了像立邦漆这样令人印象深刻的户外广告。

3. 快速发展的移动——车身广告

研究表明,车身广告是发展最快的网络性质的移动媒体。由于车身广告的特殊性,户外传动只在每个城市抽取了30条全车身广告线路进行研究。这个数量。在一般城市还能够覆盖全部车身广告媒体,但在北京、上海这样车身广告发展较快的城市,还不到整个车身广告数量的30%。即便如此,车身广告的广告投放量已稳居第三位,户外传动已经开始进行更为全面的车身广告的资讯收集,相信在今后的研究中车身广告将成为仅次于射灯广告的第二大类广告媒体。

4. 网络媒体的公益化

网络媒体作为小型户外广告,由于受众的距离近,比较有亲切感,一般是产品广告经常选择的户外广告方式,网络媒体在2000年并没有明显的发展,在部分城市(比如广州)由于当地政府的整顿工作,网络媒体在2000年的发展是一个去粗求精的过程。

网络媒体的设置越来越注重公益化,无论是遮风挡雨的候车亭,还是每日更换报纸的阅报栏,或者美化护栏的护栏广告,网络广告正在尽力摆脱"苍蝇拍"的传统形象,日益靠近城市居民的生活,尽力起到美化城市的作用。

5. 经营的相对集中

由于网络媒体对清洁、维护的要求更高、工作量也比较大,目前网络媒体和移动媒体逐渐形成了相对集中的经营态势。

外资的介入不仅带来了雄厚的发展资金,也带来了相对先进的服务理念,成规模经营的网络媒体通过整合各市场资源优势和较为先进的销售方式,服务措施,使2000年成为网络媒体提高服务的一年。

表四 各媒体类型户外广告发布情况表

排序	媒体类型	投放额(万元)	所占比例	广告位	所占比例	面积(m^2)	所占比例
1	射灯广告牌	262854.0	25.46%	7959	5.33%	892589	28.09%
2	无照明广告牌	120992.0	11.72%	5970	4.00%	469477	14.78%
3	车身广告	118876.7	11.52%	17485	11.71%	611887	19.26%
4	单立柱	113330.0	10.98%	1940	1.30%	386631	12.17%
5	人行道广告	77897.1	7.55%	32372	21.68%	135467	4.26%
6	候车亭广告	71144.7	6.89%	15968	10.69%	99932	3.15%
7	霓虹灯广告牌	70898.4	6.87%	1535	1.03%	216054	6.80%
8	月台广告	30731.0	2.98%	3710	2.48%	15077	0.47%
9	其它网络广告	28096.3	2.72%	4770	3.19%	35803	1.13%
10	护栏广告	25556.8	2.48%	15363	10.29%	60349	1.90%
11	灯箱	25445.4	2.46%	3060	2.05%	82192	2.27%
12	悬挂广告	24910.3	2.41%	19114	12.80%	49883	1.57%
13	墙画	19785.5	1.92%	1167	0.78%	75522	2.38%
14	通道广告	18399.6	1.78%	6197	4.15%	12986	0.41%
15	阅报栏广告	6466.7	0.63%	1297	0.87%	9660	0.30%
16	电话亭广告	3081.3	0.30%	4438	2.97%	5752	0.18%
17	特殊位置广告	2870.4	0.28%	2201	1.47%	1889	0.06%
18	霓虹灯广告牌+射灯广告牌	4015.5	0.39%	84	0.06%	11851	0.37%
19	扶梯广告	1795.5	0.17%	4030	2.70%	984	0.03%
20	电子屏	1567.8	0.15%	117	0.08%	5637	0.18%

排序	媒体类型	投放额（万元）	所占比例	广告位	所占比例	面积(m^2)	所占比例
21	三面翻	1473.4	0.14%	63	0.04%	4035	0.13%
22	柱子广告	774.9	0.08%	221	0.15%	584	0.02%
23	霓虹灯广告牌＋灯箱	424.4	0.04%	6		848	0.03%
24	其它	401.7	0.04%	196		1203	0.04%
25	射灯广告牌＋灯箱	306.6	0.03%	4		490	0.02%
26	射灯广告牌＋电子屏	122.9	0.01%	1		256	0.01%
27	霓虹灯广告牌＋无照明广告牌	51.8	0.01%	1		216	0.01%
28	霓虹灯广告牌＋单立柱	50.4		1		120	
29	时钟广告	21.2		63		25	
30	灯箱＋射灯广告牌	14.4		1		40	
31	电子屏＋射灯广告牌	2.8		1		9	
	总　计	1032359.6		149335.0		3177445.5	

综　述

通过研究现实，2000年是户外广告有序发展的一年。在广告面积没有巨大增长的情况下，户外广告的投放额度有了较大的提高，总体市场的广告空置率稳定在一个合理的比例内。

随着制作水平和服务水平的提高，客户对户外广告的接受度不断提高，越来越多的国际知名品牌开始投放户外广告，户外广告成为新产品开拓市场时的常规媒体。

2000年，中国户外广告市场的竞争不断加剧。随着中国经济的日益国际化，一些外资户外媒体经营商在中国市场快速发展，他们相对而言缺乏天然的户外广告资源优势，多以服务取胜。户外广告的售前、售后服务都日益提高，跨地域媒体经营集团和集约型经营的增多更促进了对服务的投入，中国户外广告正在告别初期的简单的数量增长，进入了以讲求服务，提高广告实际发布效果的技术性增长时代。

应该说，2000年是中国户外广告进入良性循环的一年。

原载于《现代广告》2001年第10期

广告人，请尊重广告作品的著作权

南京经济学院　刘湘萍

在广告的设计制作发布过程中，常常有雷同现象出现。甚至在中国广告节的参赛作品中，这样似曾相识的作品也不在少数。类似这样的事引发了广告主企业之间的一些诉讼。在众多的纷争中，人们一般把广告的重复或相似看作是不正当竞争。在法律诉讼时也是要求追究其不正当竞争的责任，却忽视了其中的著作权问题。而侵犯广告著作权的人大多数本身就是广告人。

什么是广告作品的著作权

什么是广告作品的著作权？《中华人民共和国著作权法》（以下简称《著作权法》）第2条规定：“作品指文学、艺术和科学领域内，具有独创性并能以其中有形形式复制的智力创作成果。”这一规定指出，一件受著作权法保护的作品需具备以下条件：(1)必须是文学、艺术和科学领域的智力创作；(2)必须具有独创性；(3)能够以有形的形式进行复制。

从广告作品的性质来讲，是应该受到该法保护的。首先，广告作品指由广告主企业出资，描述其企业形象、产品或服务特征的一系列艺术作品。包括我们日常所见的在各种媒体上发布的平面广告、广播广告、电视广告所包含的美术、音乐、文字等方面的内容。这些都是属于文学、艺术和科学领域的智力创作成果。其次，由于企业性质不同，企业理念不同，企业在出资时，总希望设计者能将其企业的独特个性展现出来。广告创作的价值也正是表现在其创意，也即独创性上。再者，广告作品的创作，本身是以大量向社会发布为目的的，强调可复制性。所有用于发布的广告作品都是能够以有形的形式复制的。

因此，广告作品应该受到《著作权法》的保护。也就是说，一旦某个创意思想被应用在某一个广告作品中，其表现形式就不应再被其它产品广告所使用。

广告作品的知识产权侵犯，最常见的作法是剽窃。即以多少改变形式与内容的方法，将他人的广告作品全部或部分作为自己的作品加以发表或转让的行为。像一句"挡不住的诱惑"，首先由一种国外饮料使用，后来在国内许多产品广告中都曾使用，如使用者包括名牌手表、衣饰和汽车。

在这里，往往有人会以共同的思想来回避剽窃实质。正因为认识到人类的思想有共性，所以《著作权法》保护的是思想、观点、感情的表达方式，而不是思想、观点、感情本身。相同情感和观点，只要表达方式不同，就会有不同的著作权归属。

还有人会提出，《著作权法》允许人们合理使用他人的作品。是的，对广告作品的运用如果是非营利性的或没有任何商业目的不算侵权。但《著作权法》第22条所规定的是"为个人学习研究或欣赏"、"为报道时事新闻"、"为学校课堂教学或者科学研究"等目的合理使用不属侵权。而商业广告总是以商业销售为目的。因此，对别人已发布的广告作品再次商业使用，属不正当使用，是对原投资广告主利益的侵犯。

实际工作中，有人借口抄袭内容并非原作者首创而拒绝承认侵权。应该看到，著作权法所要求的独创性，不是首创性，也不是专利权法所规定的"新颖性"。只要某一广告作品中确有独创性(即为作者原创)的内容，该作品就受到《著作权法》的保护。如果该作品被不正当使用就是侵权。

如何判断广告作品侵权

对广告作品的侵权表现形式是多样的：

1. 对广告作品的原封不动地移植、嫁接到自己的作品中。如可口可乐的《真我表达》中"当太阳升起的时候"。尽管作曲人认为他的作品是独立创作的，来源是自己所创作的另一歌曲。但太阳神的广告在多年前已进行大量发布，在公众中已有很大影响。"当太阳升起的时候，我们的爱天长地久"已经是太阳神公司的形象表现。当时的作者有著作权，太阳神以合同形式享有其发布权。

2. 将他人作品的主干或实质部分作为自己作品的主要内容，改头换面发表。像吉林福敦木业有限公司对美国美森耐公司广告宣传品的作法。将美国公司的商标名称修改之后使用，借用别人的品牌形象，给消费者造成一种错觉。

3. 对别人作品的核心部分或精华部分进行演绎。广告界的设计创意人员常常对别人的作品，特别是国外作品的借鉴。有的人还曾因此在国内得到广泛的好评。如北京地铁曾发布过系列环保公益广告《赵半狄与熊猫咪》，受到了公众认可和国内许多媒体的赞扬。但其创意完全是套用国外获奖作品的表现形式。面临着入世的中国广告，更需要防止那种随意从国外"借鉴"的做法，以免引起不必要的麻烦，对中国企业在国际、国内竞争中带来不必要的损失。

4. 将他人作品分别进行运用，或从多个作品中选取相关内容，进行相应的连接便作为自己的作品使用。这种作法多见于对国外商标、宣传品的借用上，也是许多企业广告作品的常用作法。

在判断是否有侵权情况时，完全抄袭的侵权行为比较容易判断。但在实践中，完全照抄的情况较为少见，更多的是表现为变相抄袭，我们称之为近似侵权。当然，有时侵权者不了解知识产权人的权利状况，也会造成侵权。

谁是广告作品侵权的受害者

一般认为，被侵权作品的广告主是受害者。侵权诉讼也往往由广告主单位提起。事实上，广告作品侵权的受害者远不止他们。

1. 广告主

原作广告主是最主要受害者。他们希望能借助广告树立独特、具有企业个性、与企业文化和企业精神相吻合的企业形象、品牌形象、有时还要求与企业当前行为紧密结合。一旦广告作品被侵权，消费者可以把该企业的产品或服务与其他企业相混淆，无法体现出广告主的特质。当侵权者的产品或服务属劣质或假冒商品时，企业的良好信誉、产品的知誉度与美誉度将受到极大伤害。

侵权方的广告主既侵犯别人权益，也损害自身的利益。不仅不能树立良好形象，反而被公众认为是剽窃者。当被侵权者规模相对较大时，侵权者往往被认为是前者的分支，失去发展自有品牌形象和壮大自己企业的社会环境。作品一旦被认定为侵权，停止发布广告对广告主的信誉和品牌美誉度有极大影响。由此而来的"生产假冒伪劣商品"名声更使广告主无法在市场上抬头。

因此，双方广告主都是广告作品侵权受害者。

2. 原创广告商

广告商虽然不会将自己的名头打在广告上，但它和广告作品有着无法割断的著作关系。广告商与广告主是合同关系。诚实、信用是双方遵循的共同原则。广告商提供作品时，提供了一种对其作品原作权的承诺。其品牌形象也通过设计、发布的广告作品体现出来。一旦出现与其他作品雷同的情况，公众无法认定该作品的真正作者是谁，更无法确认某一广告商的设计创意能力。这样一些具有很高设计水平的广告企业就无法脱颖而出。

3. 消费者

消费者接触广告带有很强的经济目的，想通过不同企业所发布的广告，来辨别产品或服务，由此决定自己的消费行为，通过合理的资金付出，获取最好的产品或服务。那些简洁、明了、具有鲜明个性的广告作品，可以帮助他们从众多的产品或服务中各得所需。雷同或剽窃的广告作品，无法让消费者获得最想知道的内容，不能分辨产品和企业的性质，其购买行为也可能被误导。

如何追究广告作品侵权责任

在多数广告发布合同中，未约定广告作品的著作权是属于创作者还是广告主。一般可依据《著作权法实施条例》第32条，创作者对作品拥有真实、完整的著作权，即广告商授权广告主使用著作权，同时也承诺不会有第三人向广告主主张任何权利。一旦第三人在事实上能够向广告主主张权利（含部分权利），实际上就剥夺了广告主依据合同有权期待得到的利益。也就是合同根本违约。广告创作者明知自己对作品不具有或不完全具有著作权仍签订合同为广告主制作发布，其实质是骗取钱财，是商业欺诈行为。广告主如果被认定侵犯他人广告作品著作权，有权追究广告商的责任。有时，广告商可能以广告主的最终审查作为自己逃避责任的借口，是不能成立的。广告主的审查并不能代替广告设计者的责任。广告主有权追究抄袭者的合同违约责任。

论实践教育在广告创新教育中的作用

中南民族学院文学院副教授　张贤平

广告人才是否合格？广告人才是否优秀？其标准是什么？是创造力。创造力是广告人才能力的最直接，也是最终体现。翻开广告史，成功的广告人和广告公司无不以创造力见长。广告专业的教育必须将学生创造力的培养作为重点，始终放在重要的位置。这是我们广告培养工作的一项重要任务，也是我们把广告专业学生培养成才的重要方式和途径。那么，怎样培养出具有创造力的人才呢？这就需要大家认真研究和实践。我们认为，高校的广告教育必须加强创新教育，更新观念，真正将创新教育作为一种教育思想。而广告教育实施创新教育的关键是强化实践教育，展开实践教育才是真正实现创新教育的重要途径。

一、关于实践教育和创新教育的认识

1、实践教育的内涵

实践是人类在一定社会组织中,有目的地认识世界改造世界的物质活动。它的最根本特性是沟通主客观的桥梁,是主客观发生联系的中介,即通过实践活动使主体客体化,客体主体化。人类的认识活动本质上是认识主体在客观活动基础上对客体能动反映的过程。实践是认识的基础,在认识活动中起决定性作用。它表现为:实践活动是认识的来源,是认识发展的动力,是认识正确性的检验标准,是认识的目的和归宿。人类的认识如果离开了实践活动,那么人的认识活动就停止了。人类实践的形式丰富多彩,但基本形式主要有三种:生产实践、社会实践和科学实践。教育活动是实践活动的一种形式,随着知识经济时代的到来,其社会作用日益突出,应是人类实践活动中极其重要的一种。

实践教育是指围绕教育教学活动而开展的实践活动。其主体是教师和学生,客体是与教学内容相关的客观对象,包括自然对象、社会对象和精神对象。就广告学而言,其客观对象主要指广告主、广告媒体、广告对象、广告受众、广告市场等。实践教育的目的是让学生理解和消化教师传授的知识和技能,培养学生的动手能力、社会活动能力、发现问题与解决问题的能力、策划与创意能力。也就是说,通过广告实践教育,加强学生对广告学基础理论的理解、把握和运用,以提高学生的广告务实能力,最终达到培养创新能力的目的。实践教育的形式可以有多种。就广告学而言主要是社会实践。具体来讲,一是在理论中增加实践的含量,理论结合实际,通过案例(模拟的或实际的)教学或操作,在提高学生感性知识的过程中培养其创新能力;二是在事务性课程中,安排一些课题和项目进行操作演习;三是分配较大比例的实践学分,安排学生到企业或广告公司实习锻炼;四是成立广告公司、广告社或工作室,要求学生按照广告公司的运作方式自己管理和操作。实践教育的方式有亲自动手策划、创意、演示、模拟、观摩、听报告、考察、走访与社会调查等。

广告业是实践性很强的行业,广告学是一门实践性很强的学科,广告活动是一项操作性很复杂的工程。在广告动作的整个程序中,自始至终理论与实践相互交融,这已是广告人士的共识。但一谈到广告实践教育,普遍想到的往往只是专业实习。毫无疑问,专业实习是实践教学的重要组成部分,但专业实习并非实践教学的全部,实践教学还有多个层面与环节。广告业作为一个新兴行业,面对的是纷繁变化的市场经济。在广告专业教育中,只有让学生真正认识并进入实践教育,学生才能在广告的海洋中学会游泳。所以必须指出的是,实践教育不是一个短期行为,不能只把实践教育仅仅看作一个单纯的教学环节,到了学生实习时才想起实践教育。实践教育应成为贯穿整个大学学习期间的一种思想、一种行为。如课程教学中的案例教学和课程实习,各教学阶段的专题实务演练,第二课堂的专业实务训练,以及假期小实习(当然也包括毕业实习)等。如在课堂教学中强化案例教学,以具体的广告案例来阐释广告学的基本原理,以广告学基础理论来剖析具体的广告案例不失为一种成功的、值得倡导和推广的实践教育方式。每一门课程教学,都可由课堂讲授与课程实习两部分构成。围绕课堂讲授的内容组织专题课堂讨论,结合课程内容进行专题实务演练,都属于实践教育的具体内容和方式。也可在每一学期、每一学年或某一教学阶段完成后,或在第二课堂的活动中有目的、有针对性地组织专业实务训练,或围绕实际的或假定的广告活动进行整体的广告活动策划和创意。总之,实践教学的内容是丰富多彩的,形式是多种多样的,实践教学应该而且可以贯穿于整个教学环节之中。这样既充实了课程理论教学内容,丰富了教学形式,又锻炼和提高了培养对象的能力。当然,盲目的为实践而实践,或把实践教育简单的当成勤工俭学,这是我们反对的,它是违反实践教育思想的行为。因此,实践教育应有计划、有目的的进行,否则就很容易流于形式甚至走向歧路。总之,实践教育体现在广告学教学中,就是如何把传授广告学知识与培养创新能力更好的结合起来,从考察知识到考察能力,从注重传授知识转向注重培养能力,真正认识到实践教育在广告创新教育中的作用。

2、创新教育的内涵

创新包括知识创新、理论创新、技能创新。具体说,有五层含义:一是对已有知识和理论的怀疑和否定;二是对前人理论的修正;三是对已有理论的进一步证实,并有丰富的发展,使之进一步完善;四是涉及前人未曾涉及的领域,有新发现;五是用已有的知识、理论和技能解决未曾出现的新问题。

创新能力中最重要的心理品质和能力有三个方面:一是创新精神,即在创新活动中高度的劳动热情、自信心、独立思考的品质和探索精神；二是创造性思维，即在创新过程中的思维，它是创新活动的核心；三是实践能力、动手能力，一切创新都是在实践活动中形成的，只有在活动中依靠勤奋的劳动、高超的技术，才能把创新的思想变为现实。这种高水平创新能力不是凭空产生的，它是以扎实的知识和一般能力为基础，是从一般能力发展而来的。就是说，创新能力是和不同领域的学科知识及有关能力联系。创新能力应该从教育中培养。

创新教育是指为培养学生创新意识，学习创新探索方式，锻炼学生创新能力而开展的教育活动。即一是帮助学生克服因循守旧的思想意识和行为习惯，培养和树立创新精神和创新意识。敢于怀疑前人、打破前人的旧思想旧观念，敢于标新立异，尝试新的东西，坚持真理。二是学习创新方法。创新是一种科学活动，有规可循。学习创新的方法就是使学生掌握创新的手段和途径。创新教育使教育活动上升了一个层次，使教育不仅仅停留在传授知识阶段，还使学生学会研究问题的方法，在这种方法指导下有所发现，有所创新。三是锻炼创新能力。创新精神和创新方法可以学习和灌输，而创新能力仅靠学习是不够的，必须在实践中锻炼才能形成，如通过科学实验，实地考察，参加社会实践活动等方式才可能培养学生的创新能力。

创新教育有重大意义。因为创新是一个民族富有生机和活力的基础，是一个社会文明的标志，甚至说是一个国家综合国力的重要组成部分。江泽民指出："创新是一个民族进步的灵魂"。教育要由过去的传播知识向知识创新转变。中国广告业日新月异的变化，有许多新经验、新情况、新问题、新知识需要我们去发现、去总结、去探索。对既有的知识和理论也需要去修正、去完善。在广告教育中树立教育也要有创新的观念。广告行业的竞争实际是人才竞争，广告业对人才的要求关键在于创新能力和创新精神。广告学作为一门实践性极强的应用科学，培养的学生毕业后立即要进入竞争异常激烈的广告市场，因此对学生的创新能力的培养尤为重要。广告专业在教育指导思想上应培养能力型的人才，在广告专业教育中要高度重视提高学生的创造能力。广告人员的创造力包括两部分，即创新能力和制作能力，实际就是在广告战略和策略的指导下创作优秀的具有原创性广告作品的能力。

知识经济和经济全球一体化是不可逆转的发展趋势。知识经济不同于传统经济，它是以不断创新和对这种知识的创造性应用为主要基础发展起来的。它依靠新的发展、发明、研究、创新的知识，以不断创新为特色，且这个创新过程是急速旋转、快捷异常、没有终止的。知识经济是以创新能力决定成败的经济，知识经济的特征在广告领域体现的最为明显，而基础扎实、专业面宽、具有创造力的高素质复合型人才将成为知识经济的主要推动力量。知识分为编码型和意念型两种知识，意念型知识是人脑中属于经验、诀窍、灵感的那部分知识。在知识经济时代起决定性作用的是意念型知识。人的创意思维与创新能力在广告领域里充分体现了出来。学生的创新能力训练完全可以在创新教育中通过强化实践教育、课堂训练、课外实验操作、观摩学习优秀广告作品来扩大视野、开拓思路，或以承担各种实际创作业务来丰富学生的实践经验，提高其创造性能力。让学生在实践教育活动中真切品尝广告工作中的滋味，从中感受创新能力在广告业中的重要性，发现自己某些知识的不足，减少学习的被动性与盲目性，增强学习的主动性和针对性，不断提高自己的实际操作能力及创新能力，以使学生走入社会后能很快的融入广告业中。我们必须始终将创造力的培养放在重要位置，这是我们创新教育培养工作的一项重要任务。创造力的培养必将给学生的可持续性发展带来良好影响。然而真正实现创新教育，把广告专业学生培养成才的一个重要方式和途径是必须展开实践教育。

二、广告教育因袭中国传统教育模式轻视实践教育产生的弊端

传统教育模式轻视实践教育的弊端一是过于注重传授知识。传授知识是教育的任务之一，本无可厚非，但若过于注重，必将压抑了教育的另一种功能——创新素质的培养。应当正确处理传授知识和创新教育的关系，使知识传授和知识创新协同发展，在知识教育的基础上开展创新教育。传统教育模式轻视实践教育的弊端二是夸大了应试的作用，忽视素质的培养。考试作为检测教师教与学生学的效果和水平的手段在教育活动中有着重要作用，是教育过程不可缺少的环节。但传统教育模式把考试功能简单化、片面化、绝对化，把考试和考分作为检测教与学水平的唯一方式和最高方式，于是出现了满堂灌、死记硬背、高分低能现象。教与学效果的检测除了考试之外还有其他的方式，学生素质的高低除了考分之外还有其他的标准。

教育的结果最终应由社会来检验，而且需要较长的时间。那种把考分作为教师和学生追求最高目标的观念是根本错误的。弊端之三是忽视创新精神和创新能力的培养。忽视实践教育，理论远离实践，使创新教育失去了实现的途径和方式，也失去了动力和源泉。盲崇前人、圣人，唯上、唯书是我国传统文化的思维定势。中国封建社会没有自由的学术气氛，没有怀疑精神，也没有超越前人的意识，这就使创新教育失去了社会基础。

广告教育因受传统教育观念的影响，培养目标因袭传统的教育模式来制定。它过分强调专业性，学生的知识结构过窄，限制了他们的创造性思维和创新能力。尤其广告业作为知识密集、技术密集、人才密集的行业，广告从业人员每天都必须面对新的客户、新的产品，碰到新的事物、新的问题。这就要求广告从业人员必须有广博的知识和较强的学习能力及创新能力，仅仅只有专业知识是不够的。目前由于广告教育对新的需求反应迟钝，培养人才目标滞后于社会和市场的变化需要就是轻视实践教育所造成的被动局面。另外，过分强调教师教的主体作用，忽视学生学的主体能动性是当今中国教育普遍存在的突出问题：重教有余，重学不足；灌输有余，启发不足；复制有余，创新不足。由于没有发挥好教与学的双边作用，构成"教学相长"的互动关系，很难使学生将学到的知识经过内化变成一种人才素质。因为在广告教学中，必须有大量的案例教学和模拟教学，这就要求调动和激发学生的思维活力以及敢想、敢说、敢做的热情和勇气。学生只有在教师的引导下，将所学过的知识在实践训练的过程中大胆地进行综合运用才能将知识学活，从而把书本知识、老师讲授的知识变成自己的"血液"，再转化为一种能力。然而，目前广告教学中因袭传统教育模式，倚重的是教师"讲授"，学生仅仅是被动的"受众"角色，注重教学内容而忽视教学方法，填鸭式的教学依然充斥着课堂。在教学安排上尽管也有一些案例教学或模拟教学，但并未形成有计划、有目的、有组织的系统化教学方式，往往只是一种点缀。这种忽视实践教育的刻板化、程式化的教学不仅导致教师的一种惰性，也生成了学生的一种惰性。轻视实践教育的结果使广告专业的教育大多都处于一种封闭或半封闭的状态，广告教学就只能从书本到书本，从理论到理论。许多在书本上找不到的，但在广告的具体实践中却是行之有效的"活水"，实践中的最新鲜的"真知灼见"就无法在课堂上传授，造成理论与实践脱节。究其原因，有些广告任课教师本身实践意识不浓，或自身不善于广告实践，直观感受少，只能从书本到书本，课堂难于联系实际，更无法带领学生投身实践；也有的是条件所限，实验及硬件设施跟不上，只好淡化或省略实践教学；还有是与社会的双向交流沟通不够，没有实践基地，没有实践窗口。但根本原因是没有树立创新教育观念，更没认识到实践教育在创新教育中的作用。封闭式办学培养出来的学生缺乏创新意识和创造能力。广告人才最需要的就是创新意识和创造能力，只有走开放办学的路子，广告教育才会有勃勃生机。要让学生在学习期间有效地提高创新意识和创造能力，应该有计划有步骤地逐步实行实践教育，开展启发式、讨论式、研究式的教学方法，组织学生投身于广告实践教育中，给学生创造宽松、活跃、生动活泼的氛围，用创造性方式在创新教育中培养创造型的人才。

广告教育产生上述所说的弊端，出现目前这种被动局面，根本原因在于因袭传统教育模式轻视实践教育。一个没有创新的教育模式，只能进行知识传承，而非以创新为核心的素质教育，检验教育效果的手段只能是应试。轻视实践教育是我国传统教育模式的最大弊端，它没有正确处理理论教学和实践教学的关系。广告教育忽视实践教育的结果一是学生难以深刻地领会和消化教师所传授的理论知识；二是学生缺少锻炼的机会，动手能力差，更谈不上可持续发展。中国学生动手能力差是教育界长期关注的问题。作为应用性很强的广告学科，培养的学生动手能力差，更应引起广告界同仁尤其是广告教育界同仁的高度重视。更重要的一点是，忽视实践教育使创新精神和创新能力的培养失去了基础。

广告教育因袭传统教育模式轻视实践教育有其深刻的历史原因，那就是传统文化对教育的影响是深刻的。因中国长期处于农业社会，农业生产方式对教育的要求是重知识传授、轻视实践教育；对科学与技术的要求不强烈，故缺乏科学精神，更缺乏科学实验观念。再加上封建专制压抑了人的实践精神，使文人只能埋头读书，不敢研究现实问题，更不可能进行变革社会的实践活动。

当代每个有志青年的共同追求就是创造、创新、创业，这也是现代大学人才培养的共同目标。我们必须在坚持创新教育的基础上进一步深化高校教育教学改革，狠抓实践教育，把培养创新广告人才的教育理念落实到实处。首先，我们广告教育要进一步增加学习的自主性与创造性，发挥实践教育在广告创新教育中的作用,让我们的广告教育模式有利于学生自主意识、责任意识和探索精神的培养。其次是倡导研究性学习,鼓励学生参加实践活动,把教学过程变成引导学生发现问题、研究问题和探索解决问题的途径与方法的过程;在实践教学中营造气氛,积极倡导学生课外的发明创造、学术探讨,把校园和社会变成学生探求真知、发现未知、创造新知的实验场。再次是加快广告教育产学研一体化进程,即围绕企业、广告代理、媒体等广告创意筹划中实际问题,由师生组成课题小分队,形成毕业实习－毕业设计－毕业就业"一条龙"。学生实习经过一段时间的学习和训练,直接"顶岗",以工作者的身分进入广告活动动作中,着力培养学生创新的能力。加强课堂教学与社会实践的衔接,充分发挥课堂教学对学科实践的指导作用。同时有计划有步骤地提高实践的层次,逐渐提高创新能力。初级阶段是培养学生的观察能力和概括能力,要求学生写观察报告;中级阶段培养和加强写作能力、沟通能力、调查能力、创意能力等一般能力;高级阶段提高学科一般能力的综合运用,突出强化广告策划能力和广告管理能力这两个重点能力。最后是加强对实践教育的制度管理和专人管理,以保证实践教学能按预定计划顺利进行。总之,就是要通过实践教育活动使学生提高综合素质,增强社会责任感,开拓知识视野,增长实际才干。大学生只有积极投身于实践教学活动中,才能顺利地实现从理性认识向社会实践的飞跃。

三、实践教育在创新教育中的作用

在教学实践活动中理解消化广告教学内容。在传统教育模式中应试教育是以追求分数为最终目标,老师灌输,学生死记。现在大学生普遍存在上课记笔记,课后理笔记,考前背笔记,考完就忘记的现象。这说明知识没有内化,内化的知识是难以忘却的,实践教育起内化知识的作用。许多教学内容在课堂上听懂很困难,或似乎听懂了但不能深刻理解。其实百闻不如一见,只要教师演示一下或实地考察一下,立即就懂了,而且还很深刻,起到事半功倍的效果。教学实践既便于学生学,也便于教师教。

实践教育改变了报告式的教学方式,变单向传授为双向研讨,变单纯灌输知识为理论与实践相结合,从而形成立体的教学模式。实践教育活动改变了学生单向地被动地接受的状况。由于学生直接参与,教与学变为双向的,从而教师与学生的教与学达到了沟通,情理交融,使教学有针对性,气氛活跃。这一教育方式的变革必将带来教学效果的极大提高。长期的教学实践证明,单纯的传授知识效果不好,学生处于被动,求知的欲望和热情被压抑了,上课没有积极性,甚至旷课。把实践观引入教育理论,是我国传统教育观念的重大进步,它改变了教与学的关系,必将极大地提高广告教学的效果,推动我国教育事业的发展。

实践是一种接触实际的开放性活动,是认识的源泉和动力。在广告教学中引入实践教育观,使我们的教育观念不仅根植于已有的知识理论,又根植于生生不息的社会实践,这就使我们的知识体系由封闭走向开放。在实践活动中,不断有新的东西进入我们的视野。这些新东西可以是新发明、新点子、新意念,也可以是对传统理论的补充和完善,更多的是新构思、新创意、新的优秀的广告作品。

实践教育活动是培养广告专业学生创新精神,创新能力的方式和途径。在实践教育中,培养学生运用所学知识和理论分析消费者、分析市场、分析产品、分析媒体的能力,有新的发现、新的发明、新的创造,这是广告创新教育所要达到的目标。在实践活动中,不仅使学生证明和接受已有的知识和理论,同时深刻地认识市场,敏锐地把握市场。因为市场是广告活动的起点,也是广告活动的归宿。敏感的市场意识的建立和巩固就是在长期的实践锻炼中培养和积累的,是广告专业人员走向成功的重要条件,也是优秀广告人的显著特征。作为专业课的实践内容,以作业、讨论的形式组织学生进行市场调研、广告策划、广告创作等活动;或利用假期到相关单位进行实习,并写出实践报告;或毕业前安排学生到广告公司了解广告作业过程,更加深入地了解市场、把握市场,从而市场意识更加牢固。为培养学生创新精神,我们要积极创造社会实践的条件,引导学生主动积极地进行广告学科实践,在实践中印证、检验学科理论,深化认识层次,提高学科创新能力。

实践教育是创新教育的基础,也是创新教育的途径。表现在两个方面:第一,实践教育是创新教育的源泉。认识若离开实践就成为无源之水,无本之木。知识教育本身不能带来创新,只有与实践教育相结合才能创新。第二,实践教育是创新教育的动力。来自实践的需要是强大而持久的,它是创新教育的推动力。我们充分认识实践教育在创新教育中的重要作用,在广告教学活动中积极开展实践教育,真正培养出许许多多的创新人才。

广告学理论与实践的发展非常迅速，这对广告教学的改革提出了很大的挑战，也使高等广告教育获得了很好的发展空间。只要教学改革跟上时代前进的步伐，不急功近利，不墨守成规，注重理论研究，又密切联系实际，真正将实践教育纳入广告教育的常规工作之中，把握时代脉搏，重视教学效果，广告高等教育一定能培养出有卓越创造力的高素质人才。

全新视角的网络广告策划

郑州大学商学院教授　韩永夫
郑州工程学院经贸系　韩松

面对经济全球化和网络经济的挑战，国际互联网的逐渐扩大与完善，消除了世界各国的空间和时间差异，信息技术革命把整个世界变成了“地球村”。人们开始注意到在跨国文化和语言交流方面，一种全新数字化媒体，正伴随着电子商务和网络营销迅速崛起。各种网络广告通过对图文信息的视觉整合，不断推出令人赏心悦目的界面效果，给广大浏览者以强烈的视觉冲击力和吸引力。尤其是网络媒体本身超越时空限制与声、光、电功能的组合作用，不仅可以使广大消费者身临其境地参与到电子商务业务之中，而且还起到了传统媒体无法做到的整合媒体效应。网络媒体已成为继印刷(报纸、杂志)、广播、电视媒体后，人们接受外界信息的第四大媒体，并且将会后来者居上。怎样提高网络广告策划的质量，是当今世界广告业界亟待解决的重要的前沿课题。本文针对面向新世纪和加入 WTO 后的中国广告业，如何抓住机遇，迎接挑战，在激烈复杂的国际互联网络广告竞争中，取得优势地位，并对提高网络广告策划效果的有效途径，进行了积极而富有创意的探索。

一、网络广告的内涵与外延

1.网络广告的新概念

目前世界上对网络广告还没有统一的定义。美国网络广告局的定义是：“网站上的任何内容，用作传送信息和吸引使用者的商业工具。典型的广告形式为静态图像和文本信息，也包括 MPEG 图片、实时音频流、动态图像和 JAVA 程序。”该定义比较狭义。我们将网络广告定义为：它是指为达到特定的目标，采用的选进的数字技术、信息技术和多媒体技术设计、制作并借助于计算机互联网络，向上网公众传播特定信息，并进行双向信息沟通的一种广告形式。

2.网络广告策划

网络广告策划是指在进行网络广告活动之前，开展市场信息调查研究和市场环境分析，确定网络广告的战略目标与诉求对象，制定广告战术策略、文案设计、计划进度、广告预算和效果测定等一系列构思、创意，对整体广告活动事前的运筹和规划活动过程。

3.网络广告的特性

在进行网络广告策划之前，必须掌握网络广告的特性，针对其特性因势利导，进行创意、构思和策划，才能更好地完成网络广告策划任务。与传统广告相比，网络广告有以下特性：

(1)全球性。网络广告无国界、区域限制，其受众覆盖全球。

(2)互动性。网络广告可对上网消费者提供个性化服务，进行供求信息双向沟通，这种促销是一对一的、理性的、无强制性的促销。

(3)经济性。网络广告属于无店铺经营，具有低成本，交付方式灵活的特点。其投入成本主要涉及自设网站的费用、硬软件费用、网络使用费、维修费用等。

(4)便利性。网络广告可提供全天候服务。24小时不间断传播图、文、声、三维动画信息,其整合视听效果最好,能吸引大量网民访问和浏览网页广告信息,非常方便地在网上进行讨价还价,迅速达成交易。

(5)可测性。网络广告效果可以直接测定,其主要评价标准有显示次数和点击率等量化指标。通过这些指标,可以了解和掌握有多少人看到此广告,有多少人对此广告感兴趣并点击了该广告,以及统计出看过广告后已经登记或购买数量的准确信息。在直复营销型的电子商务站点,对最终广告效果评价是在线销售额增长率。这是因为Web服务器的跟踪程序能判断任何一笔销售的买主是从何处站点链接过来的。如美国一网络广告公司运用一种名为“小甜饼”(COOKIE)的网络跟踪软件追踪网页上的各种信息。这种技术可记录上网者调阅了那些网络广告或者曾深入了解了哪类信息,并将这些信息资料储存在浏览器的“小甜饼”之中。上网者如果下次再造访这个网页,“小甜饼”会继续累积相关资料,并与广告商或广告主共同分享累积的信息。网络广告还可以利用网络的即时监测功能为客户提供即时网络广告收视的最新报告,并提醒网络广告公司根据广告成效,随时调整、修改广告出现的频率和改变创意的要求。

(6)虚拟性。网络广告虽不能直接提供实物商品和具体劳务活动,但可以利用网络图形软件设计出来的图文和运用多媒体技术把商品和劳务信息生动地、形象地展示出来,形成了虚拟市场、虚拟商店。广大网民用鼠标点击就可以逛市场、逛商店,挑选自己称心如意的商品,无需尝试就能感受到享用的乐趣和价值,最大限度的满足网上消费者个性化的需要。

二、网络广告的现状与问题

目前,全世界上网用户数量已逾2.59亿,可检索的网页约50亿,预计到2003年全球网民将达7.65亿,互联网的迅速普及给经济全球化带来一系列深远影响,也给网络广告带来无限商机。根据网络资料表明,全世界的网络广告费正按几何级数高速增长,预计从2000年的52.5亿美元,跃升至2005年底的455亿美元。美国1997年网络广告收入已达到9.5亿美元,据美国市场研究公司预测,到2002年网络广告的营业额将达到80亿美元,2003年将达到115亿美元,到2004年将达到270亿美元。

我国在互联网上的用户已由1998年的210万猛升到1999年的890万人。网络广告费由1997年的1000万人民币,猛增至1998年的约1亿元人民币,呈现了10倍发展的态势。1997年4月,中国的因特网内容提供商(Internet Content Provider,简称ICP)Chinabyte在自己的网站上为IBM公司播出了AS/400服务器的旗帜广告,这标志着中国网络广告的开始启动。在1998年世界杯足球赛期间,国中网的网络广告收入达200万元,它标志着中国网络广告开始出现商机。随后Chinabyte网站举办了网络广告研讨会。从1999年开始,中国的网络广告进入了快速发展阶段。先是Intel公司的全球广告代理商率先在北京成立了“互动传播部”,接着国富通公司又成为Yahoo在中国内地广告独家代理,奥美广告公司推出互动媒体咨询业务等。1999年11月25日,中国广告协会在因特网上以“迈向新世纪的中国广告业”为主题的《99年全国广告学术研讨会》拉开帷幕,并获得圆满成功。2000年1月17日“中国首届互联网广告大赛”开赛;2000年4月30日北京广播学院成立网络传播学院,开设网络广告专业;2000年5月,方正协同雅虎组成的网上广告公司,北京新浪互动广告有限责任公司也都蓄势待发,这一切,迅速拉开了中国网络广告大战的序幕,同时也为众多的企业带来了无限的商机。

我国网络广告发展中面临的问题如下:

1.网络人口普及率低,多集中于青年人、高学历和集中于大、中城市,网络广告的覆盖率也低。

2.电信部门垄断经营,上网费及使用费高,超过网民的承受能力。

3.管理体制不配套,无规可循,无法可依。存在着结算问题、安全问题、信用风险和市场风险。

4.技术上受硬、软件和通信设备、网络带宽的瓶颈约束,上网速度慢,黑客等网络病毒入侵等,严重影响网络广告传播的质量和安全。

5.网络广告形式单一。目前主要是一些“旗帜广告”和“图标”、文本显示,网络广告质量不高,影响收视率。

6.缺乏高素质、知识结构全面的网络广告策划、设计、制作专业人才。要想设计一个结构简洁、色彩明快、内容丰富、目录齐全、说明清晰的网页,就必须事先进行大手笔整体网络营销策划,在此基础上做好网络广告策划,然后进行网络广告的设计、制作和在互联网上发布广告信息。否则,如果没有事先做好策划,粗制滥造,盲目随意制作一些不受欢迎的网络广告,就会失去大片的市场和网上消费者。

三、全新视角的网络广告策划

网络广告策划的质量与网络广告的效果密切相关。网络广告策划不同于影视广告和平面广告的策划,它具有一定的难度。要求策划者素质较高、知识结构全面,既要懂得广告学、市场营销学、管理学、市场调查预测、消费心理学、行为科学、商品学等,又要熟悉多媒体技术计算机网络和绘图软件(如 PHOTOSHOP、3DS、DRAW 等)的使用方法以及商品流通业务,还要具有创新能力,才能策划出优质、高品位的网络广告,在市场竞争中取得优势地位。

1.网络广告策划的原则是:真实性、思想性、科学性、针对性、系统性和艺术性的统一。

2.网络广告策划应达到的标准是:主题明确、构思新颖、定位恰当,诉求准确、创意独特、富有想象力,信息清晰简洁、有说服力,画面、音色配合协调、整体视听效果好,能树立企业的良好形象并能提高产品的知名度和美誉度,达到提高企业规模效益和社会效益,实现提高企业竞争力的战略目标。

3.网络广告策划的方法与步骤

第一步,开展互联网络市场调查研究。在此基础上进行网络市场细分化,然后进行市场定位、产品定位和广告定位,确定网络广告的诉求对象。

第二步,制定和撰写"网络广告策划方案"即《网络广告企划书》。其格式和内容如下:

目录

(一)前言(导入语:网络广告的宗旨、网络广告实现的目标)

(二)网络市场调研与市场环境分析

1.机会点(企业竞争的优势)

2.问题点(劣势与难点)

3.竞争对手状况分析

(三)目标市场诉求对象的个性化需求分析

(四)确定网络广告的具体战略目标

(五)制定网络广告的具体战术策略

(六)网络广告的文案设计(包括标的产品目录、企业名称、产品说明书、产品价格、交货与结算方式等文本内容和网页的图象画面内容设计,以及伴音、乐曲、广告词语等)

(七)网络广告的表现形式

(八)网络广告计划进度与广告预算

第三步,信息反馈、调整和修正策划方案和网络广告效果平估

四、提高网络广告策划质量的新思路

网络广告面向全球网民,其策划质量直接影响广告的效果。为了提高网络广告策划质量,必须要在整体策划中,优选最佳的网络广告战略和战术策略以便在网络广告竞争中取胜。现将可供选择的主要网络广告战略与策略介绍如下:

1.创新战略:创新是网络广告的生命线,只有不断的创新,才能设计出高品位、令人赏心悦目的广告,造就一大批品牌的忠诚者。禁忌多年一贯制,不要用"老面孔"面向广大的网民。要做到观念新、创意新、设计新,要善于营造出一个"卖方市场"的新空间。从网络广告的内容到形式要不断创新,网页设计要新颖,声像并茂,内容丰富多彩并且做到定期更新。例如美国可口可乐公司在公司建立百年大庆之际,以全新的签署草本字和以红色为背景图案制作网页,取代旧的广告内容,使公司面貌焕然一新,形成口碑效应。

2.形象战略:通过 Web 站点构筑企业形象,现已成为众多企业和传媒关注的焦点。网站是公司组织在网上虚拟的地址,一般由一页主页和许多网页构成。由于一个网站可以和其他任何网站链接,浏览者会不

自觉地从一个网站跳到另一个网站。这就需要网络广告策划者必须策划出具有特色的自身形象,加强网站之间形象识别系统,建立起页面与页面之间的统一感和整体感,使网站具有独特的视觉形象、视觉冲击力和吸引力。因此,一个网站应有统一的图标、外联图标和广告条等,其色彩也应相对统一,突出重点,加深访问者对网页的印象。如偏爱白色的苹果电脑公司,无论是其包装还是网页都给人留下简洁而富有现代感的视觉印象;又如 163.net 则以龙形图案和深红的标准色贯穿网站始终,其方便快捷的识别方式,颇能博得浏览者的好感。

3.多元化策略:包括信息传递方式的多元化和网络广告的内容多样化。

网络广告信息传递方式的多元化主要有:通过互联网的专题论坛,用电子信息方式发布广告;利用邮件目录以电子信件方式做广告;建立自己 Web 网站,申请自己的独立域名,在已有的 Internet 服务器上进行站点推广与其他有关网站链接,吸引更多用户;通过付费方式,租用专业化网络广告公司服务器的空间,建立自己的网址来发布广告信息。例如,将网址加入到 Yahoo!、Infoseek 等著名的导航系统,在网上进行新产品展销会、举办商品博览会、订货会等,进行网上促销活动。

网络广告的内容多样化主要有:网络广告以互联网为媒体传播信息,内容应丰富多彩。网络广告能以图像、文字、声音及三维动画等多媒体形式传送商品和劳务信息,声形并茂。其内容不仅有产品和价格信息(允许在网上讨价还价),还有相关的科技知识和文化信息。对进行多元化生产、多元化经营的企业或进出口商,网络广告公司在进行策划时,首先应根据不同国别和地区的网民年龄、职业、文化程度、语言、文字、宗教信仰、风俗习惯和禁忌、偏好的差异性,进行市场细分化,划分成许多不同类型的消费者群,即细分市场。然后,针对不同的市场面(最好用该国的文字和语言,便于识别),进行丰富多彩的内容设计,分别满足不同市场面消费者群的偏爱和需要。开展网上导购、网上聊天、网上游戏、网上录呼、网上 VOD(视频点播)、AOD(音频点播)等服务项目。如在美国 Bicycle 网络系统中购买自行车,可以了解自行车的历史、供应商、相关俱乐部的赛车情况,真可谓之是一本自行车大全,这一点是其它广告媒体所做不到的。

4.个性化策略:又称柔性化策略。这是利用网络广告交互性的特点,网上消费者不但可以主动在网上随意选择所感兴趣的商品信息,还要以在网上同厂商直接对话,实现网上定制自己所偏爱的特殊要求的产品,满足其个性化需要,实现其自我价值。例如日本丰田汽车公司把原来自动、大批量生产线,改成灵活“可变生产线”。它可以根据网上客户的特殊要求,适当改变电脑操控程序,这样,同一条生产流水线,便可以随机地装配出许多不同型号的新款小轿车。该公司通过网络广告传播后,十多天便收集到 15.2 万名潜在顾客的姓名和地址,这些人都在网上向丰田公司索要某型车的简介和录像带。事后,丰田公司的经销商发现网络广告为丰田公司卖掉了近万辆汽车,其销售增长率和市场占有率迅速地提高。

5. 绿色广告策略:在树立环保观念和无公害意识的前提条件下,按照可持续发展战略要求,在承接网络广告之前,就应对其产品的质量进行检验,要严把质量关。尤其是食品、饮料、药品、保健品等,必须符合食品法、卫生法等法律规定和要求,防止假冒伪劣产品和有损消费者身心健康的广告在网上传播,净化在线网络广告的环境和空间,确保网络广告健康、有序地向前发展。

6. 立体网络广告策略:在市场细分化基础上,按照某一特定标准(如年龄、购买力、偏爱等)把一个整体市场划分为立体化的不同层面的网上消费者群,针对不同层面网上消费者群提供不同的产品并进行网络广告宣传。如摩托罗拉公司针对那些追求时尚的网上消费者的高、中、低收入阶层推出的 WAP 手机,将其分为高、中、低档三个层次的三种机型:T2288 针对一般用户;L2000www 适合商务人士;V8088 则主要面向更高收入的成功人士。在网上针对不同收入层面的消费者群作不同的广告内容,进行传播信息和沟通,分别满足不同层面消费者群的需要。采用这种策略,可以避免与竞争者去争夺和瓜分一个有限的平面市场,进而“更上一层楼”。

7. 悬念式策略:用抽象、隐涵方式或陈述方式在网页上提出一个问题,先不作正面回答,经过一段时间后,再公布答案,揭开谜底。或者是在某一网页的固定位置,连续分段发布部分广告信息,抓住网民的好奇心理,直到把所有的网页浏览完后,才能知道其完整内容的一种策略。

8. 促销网络广告策略:为配合企业开展促销活动,如打折优惠、买一赠一、幸运抽奖、以旧换新、新货上门、终身保修、分期付款、上保险以及软件升级免费下载等,网络广告公司将这些信息在互联网上进行传播,提高人气指标的一种网络广告策略。

9. 心理网络广告策略：这是引入消费心理学原理来进行网络广告策划，引导网民加速完成注意、兴趣、联想、欲望、动机直到做出购买决策等一系列心理活动过程，使网上消费者达到心理上的满足和满意的一种网络广告策略。

10. 特色网络广告策略：网络广告与网络营销要求一样，必须具有一定特色才能吸引更多的网民进行浏览和观赏。具有特色的网络广告形式有多种多样，如网上专卖、网上拍卖、网上供求热线、网上代理、网上经销、网民数据库、网上新产品发布会、网上免费服务等。这是向上网冲浪者传送具有特色商品和特色营销方式的电子商务信息的一种网络广告。

综上所述，网络广告与传统媒体相比，具有明显优势。我国曾用20年时间走过了西方发达国家上百年的广告发展历程，而从1998年起到2000年短短的两年之内，我国又在奋力追赶日新月异的网络广告新潮流。要想提高网络广告策划质量，策划人必须树立大市场营销观念和创新意识，进行大手笔的、出于悟性和灵感的创意、策划，正确选择和组合网络广告战略与策略，利用多媒体技术设计并制作出高品位网络广告作品，参与国际网络广告竞争。

关于广告的俗文化特征

山东工艺美术学院　朱　铭

关于这个题目，我想先从一件事情谈起。今年暑期在山东威海度假时，听威海市委书记孙守璞同志介绍威海经济发展情况。他一开口就说："威海经济的发展，得力于四个广告：一个是'穿金猴皮鞋，走金光大道'；一个是'工友工友，木工之友'；一个是'成山轮胎，走遍世界'；还有一个是'海马不是马，海马是地毯；海马地毯，扮美人间。'"一个市委书记把广告语背得如此滚瓜烂熟，随口而来，可见这些广告深入人心。他提到的这四条广告，是威海四家支柱产业金猴鞋业集团、威海木工机械厂、威海橡胶厂和威海市第一地毯厂的产品广告。他们之所以能够在威海市的众多企业中脱颖而出，是和他们在广告上的成功分不开的。

说实在的，这四则广告都很平常，没有什么惊心动魄的情节，也没有什么气壮山河的豪言壮语，它们的广告语可谓平淡之极，简直近乎"大白话"。但却朗朗上口，给人们留下了深刻的印象，并且产生了出人意料的促销效果，其奥秘何在呢？我想在于它很好的把握住了广告语言的俗文化特征，用通俗易懂、简单易记的平常语言，达到许多花了大本钱制作自命高雅的噜嗦广告所无法达到的覆盖面和记忆度。

俗文化的一般特征

"雅"和"俗"的区分从古代就已形成，正所谓"客有歌于郢中者，其始曰'下里巴人'，国中属而和者数千人；其为'阳阿薤露'，国中属而和者数百人；其为'阳春白雪'，国中属而和者数十人。"(《文选》、战国，楚，宋玉《对楚王问》)后来人们便把"阳春白雪"当做雅文化的代词；而把"下里巴人"当做俗文化的代词了。从这个例子可见，雅、俗之分的一个重要标志，便是流传面的广泛与否。

俗文化之所以能够广泛流传，当然有它能够对特定的人群产生吸引力的道理所在，就文化的广义范围而言，它能够广泛流传的原因不外以下几点：

时尚：在一定时期内人们所特别推崇或欢迎的某种风格或款式，借助于人际之间的传播，而得以迅速影响广大人群，成为一种压倒其他的流行风格。宋代画家赵昌擅长画一些淡雅的题材，而当时市井流行的题材是牡丹，他的画卖不出去，穷愁潦倒，慨叹道"早知不入时人眼，多买胭脂画牡丹。"这里的"入时"二字，便道出了时尚的力量。

从众：就是大众化，适合广大群众的欣赏水平、理解水平和技艺水平，即"通俗易懂"。只有"通俗"才能"易懂"，也只有"易懂"才能"通俗"。就像本文开头所举的那四则广告，差不多都是老百姓常常挂在嘴上的"大白话"、"顺口溜"，既好记，又好说，不用特别下功夫就自然而然地被记住了。

易传：凡是俗文化一类的作品，大多没有太严格、或是太高超的技巧要求，学起来非常容易，即使走点样，也无关宏旨。民歌民谣，俚曲小调是如此，画工雕工，玩具游艺也是如此。如今十分流行的“卡拉 OK”，那种跟着唱片自己唱的自娱形式也是因其不讲究技巧而得以迅速流传开来。偶尔有些个技巧上十分认真的民间工艺匠师，一旦技艺达到叫人无法模仿的精品阶段，就会被皇帝老官弄进宫廷里去，而演变为雅文化乃至于成为“宫廷艺术”。

至于雅文化则显然具有与此不同的特点，无论是文人的孤芳自赏，还是达官贵人的争奇斗艳，都力求精雕细刻，独领风骚，其结果必然是“曲高和寡”，只能供少数人欣赏，是很难做到向大众普及的。

广告本来就是俗文化

广告艺术是一种“大众传媒”——这一点大家都没有什么分歧。但是在做起来的时候，往往就忘记了这一点。

既是大众传媒，就应当面向大众，不论企业家(广告主)，还是广告人(设计者与经营者)都应当在面对广大消费者(广告受众)时，在这一点上达成一致的共识。当然，消费者是一个复杂的群体，他们的欣赏和爱好也有高低、雅俗之分。我们常常说文艺作品要做到“雅俗共赏”，就是要求在通俗中不失健康高尚的情趣。我以为就广告的设计者而言，应当注意处理好几个方面的关系：

通俗不能庸俗。孔老夫子在谈到中国古代最早的一部民歌总集《诗经》的时候说了一句很有见地的话：“诗三百，一言以蔽之，思无邪。”这无疑是针对《诗经》中一部分关于爱情题材的作品来说的。这“有邪”还是“无邪”，我以为说到底就是是否“庸俗化”的分界线。不顾社会道德的尺度，为了迎合一部分人的邪念和贪欲而传播有违道德、有害心理、有损公德的内容，产生出损害社会风气的广告作品，虽然一时赢得部分观众，但是从长远来说，是终究注定要被人们所唾弃的。有些很普通的生活消费品，例如饮料，在广告中也要用一些疯疯癫癫的男女镜头，唱一些怪腔怪调的靡靡之音，好像都吃了大剂量的“摇头丸”似的，令人啼笑皆非。虽然请来的是著名的“通俗歌手”，给人的感觉却无疑一个“街痞流逑”，其效果只能是“恶心”二字而已。

通俗不能“媚俗”。所谓“媚俗”是指为追求一己私利，对明知是错误的东西仍然加以吹捧和宣扬，以至于助纣为虐，谬种流传，不可遏止。作为大众传媒的广告，以追求最大市场为目标，虽然在创作方法上可以不拘一格，以达到满足最广大受众的要求为目的。但是，也不可为迎合低级趣味而采取一些故作姿态、卖弄风骚、装腔作势的“伪艺术”来欺世盗名。

通俗不能“欺俗”。正确的、健康的、大众的、真正的通俗文化在每个民族的历史上都源远流长，活在人民的心中，它贯串着一个民族的道德准则和文化传承，在某种意义上说，是民族的灵魂所系。例如在我国历史上的民间文学巨著《三国演义》、《水浒传》、《西游记》等等，之所以能够长期流传、代代繁盛，就是因为它说出了人民心中的话，虽然后来某些朝代的统治者想把自己的一些道德准则强加于它们，但往往都弄巧成拙，被当代或后代人将它扬弃出去。广告虽然不是小说，不追求永久性效果，更看重一时的轰动效果，但也不可违背大众的、历史的、传统的审美习惯和文化渊源，将一些与此格格不入的东西强加给人民。

作为俗文化之一的广告文艺，虽然不能完全套用俗文学上的一些准则，但也不能不是重要的参考座标。

关于广告的评选标准

如果我们大家都承认广告是一种俗文化，那么，我们在评价广告的优劣时就应当将眼光移到这一视野上来。在过去一个时期的优秀广告评选工作中，通常的做法都是组织一些大学教授和文艺家、美术家，关起门来，坐而论道，大家一面吃着茶，一面品头论足，慷慨激昂一番，还有一些私下的交易，十分了得。最后大家装模作样地投一下票，彼此心照不宣。于是杯盏交晃，皆大欢喜，一等奖、二等奖……等等，就这么诞生了。至于这些广告老百姓买帐不买帐、认识不认识；尤其是广告所宣传商品的主要买主，即消费者的态度如何？对不起，靠边站。他们是没有发言权的，这样的做法难道是正常的吗？

由于评选的办法是如此，评委的趣味是如此，其结果便难免出现缘木求鱼、南辕北辙的笑话。有的一等奖，雅则雅矣，然而消费者大众不买帐，其促销效果甚微，产品知名度极差，乃至用不了多长时间，交了费的广告播出时限还没有结束，这厂子已兀自混不下去，产品也在市场上销声匿迹。有的优秀奖，没过多久，就被国家质量检查部门查封禁售，本以为捞一个大奖作虎皮，便可以在市场上懵它一阵子，谁知也是纸糊的窗户，一戳就穿。可怜这等吃了“评优拿奖”迷魂药还执迷不悟的厂家，白花些冤枉钱，买得个金字招牌，却不料是个“银样蜡枪头”，中看不中用的货色，只得“打掉下来的牙齿往自家肚子里咽”，自认倒霉罢了。

最可悲的是，我们的专家学者评将出来的优秀广告，送到国际性的广告评比会上去，却总是屡战屡败。狼狈归来之后，还要以人家的“评价体系”和我们不一样等等之类的美丽词藻来为自己搪塞一番。这一招可谓绝妙，不但可以借个梯子下台，还可以顺便显示一下自己的“革命风采”，真是脸皮可谓厚矣。什么“评价体系不同”？天下的广告没有白做的，做广告就是为了促销，起不了促销作用的广告，到哪个“评价体系”里也是“狗屎不如”。而要想达到促销的目的，就必须通俗，否则，再高雅也是白搭。

毛泽东同志在延安整风运动中，批判“形式主义”的时候曾经说过一段极精采的话，他说：“人屎可以喂狗，狗屎可以肥田，形式主义，既不能喂狗，又不能肥田，所以连狗屎也不如。”

我看，我们的广告上不去，就是因为形式主义猖獗。此外绝非唱高调，因为不解决这个思想障碍，一切无从谈起。

中国广告主的战略意识

中国广告协会学术委员会委员　欧阳在三

一、秦池、哈六药广告战略决策的失误

目前，中国绝大多数广告主缺乏战略意识，其主要表现是：(一)绝大多数企业或者根本没有企业发展战略，或者只有作为表面文章的“企业发展战略”并不实际用来长期指导企业全部生产经营活动。(二)绝大多数企业只有年度广告工作计划，而没有服从于与服务于企业发展战略的企业广告战略。各年度广告工作计划之间缺乏统一性连贯性，不懂得历年各项广告活动必须围绕一个中心，即在公众心目中竖立和维护一个明确的、始终不变的、具有鲜明个性的企业整体形象。(三)企业主极少对咨询公司和广告公司提出协助企业进行战略管理的要求。(四)绝大多数广告主不善于从战略高度去考虑广告活动问题。即使是非常重视广告工作，并投放巨额广告费的企业也犯了一些显而易见的战略性错误。第四个表现的典型例证可以举出两个：

第一个例证，秦池酒厂。秦池失败的根本原因不仅仅是没有认清产品与广告的关系，片面夸大广告作用，而是第一次争当广告标王时就犯下了致命的战略性错误。稍有战略头脑的人都能看到，当时白酒业已经是一个夕阳产业。即便是实力强大、根基深厚的五粮液、茅台酒，明智的做法也只能是战略防御。坚守尚能保全的阵地并作战略收缩与战略转移。实力弱小、根基浅薄的秦池酒厂却被一时在东北等地市场的局部胜利冲昏头脑，竟然要实行战略进攻，全面进攻，争当广告标王，把自己置于全国人民关注的焦点位置。不久，政协委员们怒斥中国荧屏酒气薰天，国家主管机关明令限制酒类电视广告发布数量。秦池广告词语所承诺的“永远的绿色，永远的秦池”由于力不从心，产品质量无法保证，不被消费者认同。销量直线下降，无法挽救。试想，如果当时秦池不去争当广告标王，而把从东北等地市场上赚到的钱一部分用来适当扩大广告宣传，一部分用来研制新品种酒，一部分投资于朝阳产业，肯定不至于沦落到今天这种商标被法院强制拍卖抵债的地步。

第二个例证，哈尔滨制药六厂。稍有战略头脑的人都懂得，中国特色也不能违背世界潮流。中国传统理论是药食同源，不必严格区分食品与药品。世界主流理论与做法则是必须严格区分食品与药品，疗效必须量化，机理必须用化学分子结构式表达。决心与国际接轨的中国政府主管机关早已公开宣布，逐步废止作为中国特产的药健字、食健字批文号。此时，哈尔滨制药六厂却仍要不合时宜、铺天盖地在电视上宣传故意模糊药品与食品界限的保健食品，争当中国广告投放金额最大的广告主，不能不说是犯了战略性错误。“盖中盖”等保健食品广告早已家喻户晓，哈六药还要过量重复，不仅令受众厌烦反感，而且难逃误导消费者

之嫌。有报道说，哈六药已开始把生产重点从保健食品转移到科技含量高的药品。为什么广告宣传不适时转变？如果近年来哈六药适时地大幅度减少保健食品电视广告重复频次，增加企业形象广告投放，强调哈六药是一个把中国悠久历史文化传统与现代科学技术相结合，不断创新前进的企业，并把削减下来的几亿元广告费转用于增强科技研究和新产品开发，效果会不会好得多？近年来，哈六药过量重复保健食品电视广告的事实表明，哈六药没有把广告宣传纳入战略管理范围，广告宣传与企业发展战略严重脱节。

二、中国广告主战略意识将迅速提高

虽然目前中国广告主普遍缺乏战略意识，但可预计，中国广告主的战略意识将迅速普遍提高。其主要原因有两个：

第一个原因，世界与中国社会经济状况的大变化将迫使中国广告主从战略高度去认识与处理问题。大变化包括：消费需求结构、投资需求结构、产业结构、产品结构、企业组织结构等方面的变化，优胜劣汰加快，产业集中度提高，竞争与合作的关系越来越错综复杂，国际国内市场加速融合，企业间诉讼增多等等。变化越是又大又快，人们就越是需要从长远，从全球高度去认识与处理问题，去正确把握变化的大方向。否则，战术上、策略上的小胜，很快就会抵不过战略上的大败，各种努力都会成为徒劳无益，甚至适得其反。企业无远虑，就接近末日。

第二个原因是外资企业的示范效应。中国加入 WTO 后，更多的外资企业会进入中国市场，早已进入中国市场的外资企业也会提高进入的深度与广度，更多的中国企业也会进军国际市场。中国广告主在国内、国外，都会看到外资企业，尤其是大型跨国公司无一例外都非常重视战略计划的指导作用。这里讲的外资企业，包括外资厂商和外资广告公司、外资咨询公司。外资咨询公司与外资广告公司都会劝说中国客户重视战略计划的指导作用。

中国广告主战略意识普遍提高后，企业巨额广告投放行为将更为谨慎，计划性将更为增强。想游说企业大量投放广告的广告公司与广告媒体都必须做到能够从战略高度去解释这笔广告投资的必要性。

三、中国广告主制订战略计划的困难

中国广告主战略意识迅速普遍提高，并不意味中国广告主就会普遍去制订与实施战略计划，因为存在一些他们难以克服的实际困难。

制订战略计划先要确定战略目标，确定战略目标又要先分析企业外部大环境，对未来国际国内经济、政治、文化的变化发展概况作出预测预报。没有长期预报，便没有战略。世纪之交，国际国内社会生活各个方面都将发生巨大深刻变化，这一点是显而易见的。怎么变？变成什么样？由于存在许多不确定性，使预报成为难度很大的工作，这一点对于世界各国制订战略计划的人们来说是共同的。除此而外，中国广告主还有两个特殊困难难以克服。

一个特殊困难是很难预测预报上层建筑方面体制改革的速度与方式。上层建筑对经济基础的反作用特别巨大，可说是中国特色。由于信息交流渠道不畅通，人们很难了解上层建筑方面的一些真实变化。

另一个特殊困难是比外国同行更难估计技术进步速度。其原因不仅是中国技术落后，而且是因为体制障碍，技术信息利用率低。

总之，在中国要想成功地制订战略计划，广告主及其参谋顾问就必须在能力水平方面超过外国同行。

西部广告业的现状与前景

陕西省工商局广告处　杨晋安

中国的广告业按其发展的状况，可以划分为发达地区、发展中地区和不发达地区三部分。西部广告受地理位置和经济基础的限制，自然属于不发达地区。从这个定位出发，探讨西部广告，说长论短，实事求是地确定我们的方针和政策,对促进西部广告业发展和繁荣有着重要的意义。

一、西部广告业的现状

西部是指中国的大西南和大西北,在西部12个省市中,西安、成都、重庆可以说是经济、科技实力最强的三个城市。众所周知,现代广告是社会化大生产的产物,是现代商品经济高度发展的体现,是当今信息社会信息大爆炸的标志。广告的发展和繁荣直接维系于商品经济的发展,取决于竞争、开放的深化程度。与全国其他省区相比,西部广告无论在观念、人才、设备,还是在策划和创意水平方面都还有一定的差距。

差距之一:思想不解放,缺乏开拓进取精神。西部地区,经济基础:老、少、边、穷。经济意识:死、慢、等、靠。从官员到民众,思想正统、古板,处处循规蹈矩,做事谨小慎微。对中央的政策从不敢越雷池一步,对于政策的原有容量,估高一点也只用了七八成,更不用说通过"钻政策的空子","打擦边球"等来发展自己。许多企业受计划经济的影响,处处依赖政府和国家。在市场经济竞争中缺乏开拓进取精神,思想保守,行动迟缓。个别人夸夸其谈,不愿干实事,再加上商品经济本来就不发达,人们对广告的认识不足,形成了贫穷落后的局面。

差距之二:广告主广告意识差,缺乏战略眼光。广告意识,简单地说就是对广告的认识。它是竞争意识、开放意识、市场经济意识和信息交流意识的综合体现。西部地区许多企业领导广告意识差,其表现:不宣传,要挣钱;先挣钱,后宣传;小宣传,想挣大钱;挣了钱不想再宣传。这种落后保守的广告意识严重地阻碍了当地经济的发展。当前,西部广告主中最突出的问题是急功近利的短期行为。多数企业领导人在决策活动中都采取走一步看一步的办法,缺乏企业广告策略。多数广告主做广告是零打碎敲、蜻蜓点水、临时应付,并无通盘筹划与长远打算。他们感兴趣的只是立竿见影式的活动而忽视广告的累积效果与滞后作用。这反映了西部广告主在营销水平上与发达地区还有相当的差距。从国外的经验来看,所有世界名牌都有长期大量投资在广告上。瑞士雷达表进入中国市场相对较晚,但是通过近些年精心策划的广告宣传,前不久的调查显示雷达表在中国中青年人心目中的地位已超过了劳力士和欧米茄。

差距之三:广告公司小而分散,缺乏创意人才。西部广告公司实力可以概括为低起点、高速度、小规模、大数量、弱公司、技术含量低,经营能力差,承受风险能力相对薄弱。近几年,经营情况普遍不够景气。我们大家都知道,广告公司赖以生存的根基是服务,而众多广告公司在恶劣经营环境的挤迫下,强化的是人际服务而非专业服务。目前,西部广告公司有近万家,可经营额千万元以上的却寥寥无几,真正具有综合代理实力的广告公司也屈指可数,进入中国广告50强的企业为数甚少,能在市场上与国内外著名广告公司相抗衡、相竞争的广告企业集团至今还是空白。80%的广告公司都缺乏广告专业人才,而广告企划和创意人才的严重匮乏更为突出。主体弱小、实力分散、经营趋同、缺乏个性、管理浮浅、专业性差是西部广告业明显的弱势。西部广告业能否上档次,关键取决于广告公司的发育程度。

二、西部广告创意诉求

中国西部辽阔的厚土和这里独有的文化,诸如新疆歌舞、青海花儿、宁夏道情、陕西秦腔、甘肃的太平鼓、敦煌的壁画、西安的兵马俑积淀了几千年地域的、多民族的黄河文明群落,彼此影响、适应、沟通、吸收、容汇、发展,形成了这里的独具特色的生活习俗,道德民风、宗教信仰、价值观念、消费偏好、市场诉求。一场由《黄河大合唱》、《红高粱》、《牧马人》、《黄土高坡》等作品掀起的席卷全大陆的中国现代西部热,也足以证明西部文化的感人魅力。

广告也是一种文化。不同地区文化差异是广告创意中不容忽视的问题。文化差异造成的不同思维方式、心理特点、价值观念都会影响对广告理解及效果。因此,西部广告就应把握与沿海地区的差异,去体现广告的重点、角度和风格。用广告受众能接受、理解、认识、并能产生兴趣的方式去制作广告,用独特的创意去吸引外部,以期走出封闭的西部,走出困扰我们已久的"盲从"、"模仿"、"抄袭"的怪圈。西部广告应体现西部风格,具有浓郁的西部地区特色,才能打动中国心。美国名烟万宝路没有以美国的"洋",去拍摄纽约的摩天大楼里的老板,而是以美国西部的"土",把一个勇敢、浪漫、激情的牛仔形象推向全世界。日本有个音乐家叫喜多郎,来到中国西部,在沙漠里躺了几天几夜,捕捉到了他在东洋感受不到的灵感,写出了像《神光》那样的感人名作。既然一个洋人能这样投入我们西部的“土”文化,为什么我们西部广告人要放弃自身的优势去崇拜海外由钱堆出来的精巧广告而不去自省自身的资源和财富呢?走自己的路,从黄土地中汲取灵感,挖掘创意源泉,创作具有西部文化特色的广告,以质取胜。

三、西部广告前景展望

西部地区落后,这是千真万确的事实。另一方面,西部地区广告还存在巨大的潜力,大有希望。这里地大物博,资源丰富,市场广阔。具备发展广告事业的良好条件。世界著名的《华尔街日报》在面向东南亚企业界的一次宣传中非常地道地诠释了汉语中“危机 = 危险 + 机遇”。在西部大开发中,西部广告业如何面对挑战,抓住机遇?首先就要转变观念,把握市场。企业经营的第一要务就是研究市场。只有深刻地理解了市场,机会和成功才能很好把握。广告源于市场而又高于市场,只有高于市场,才能指导市场。当务之急,西部的广告公司应从以媒介代理为主,尽快转向市场调研和营销策划为主。基础设施薄弱是制约西部地区发展的主要因素,加快基础性设施建设是实施西部大开发的重要举措。因此,广告经营者的服务不再只是广告策划,而是在更广泛的领域工作,即在整合营销的范围内工作;广告效果的侧重点不再只是知名度的提高,而是品牌价值和市场占有率的提高;广告公司不只是一般概念上的中介机构,而是企业的紧密伙伴,其工作是相互渗透和紧密联系的。其次是人才的竞争。人才资源是经济社会发展最重要的资源,西部大开发,关键是人才资源的大开发。商品以“质”取胜,广告以“智”取胜。广告业属于知识密集、人才密集、技术密集的高新产业,广告业能否长足发展,关键是人才的培养。西部广告业缺乏市场营销、调研、策划、创意等专业型人才,由于人才的缺乏,只能是作坊式经营,这种经营方式在市场竞争中力不从心。许多广告经营者没有把广告作为一种事业来干,仅仅因其利润大而把其作为快速获取经济利益的捷径。目前外资广告公司和东部一些大的广告公司都准备进入西部市场,西部的广告经营者如果不通过事业留人,待遇留人,必将陷入困惑的局面。第三是外引内联,增强西部广告业的实力。一方面引进发达地区的新技术、新材料、新人才,促进西部广告的发展。另一方面在西部亦可实行强强、强弱等多种形式的联合,使西部广告经营实体的实力从根本上得到加强和提高。

在地域广阔的中国,经济、文化发展水平呈现多梯级状态,处于不同发育程度的各地广告业之间如何建立协同发展,如何形成富于竞争力的区域规模以迎接即将来临的跨地域市场竞争的挑战这是广告界、媒体、广告主关注的共同课题。经历了20年的恢复、发展、尚处探索阶段的西部广告业应面对现实,及时调整定位,扩展理念,转变观念,孜孜不倦努力,随着西部经济的大振兴,必然会出现广告事业的腾飞。

广告策划的国际化之路

——写在中国加入WTO之前

暨南大学商学系教授　　傅汉章
暨南大学新闻系广告学讲师　　李小勤

一、国际广告策划的历史背景

“全球化”、“国际化”早已成为常用语言,但我们面对经济、社会生活中日渐急促的国际化进程,却来不及审视其发展的历史。其实在20世纪80年代中期,经济生活中的“全球化”只不过是个带有未来性、实验性的概念。除了美国的宝洁、可口可乐、万宝路和麦当劳等个别出类拔萃的品牌已走向国际外,其余绝大多数公司仍限于通过一般的国际贸易来输出其产品。我们知道,广告公司走向国际化主要是由于其客户的市场的扩大,既然连客户都没意识到国际化、全球化的悄然来临,广告公司的跨国运作就更鲜见了,更不用奢谈国际广告策划。

情况在90年代开始发生显著变化。今天，全球有50%左右的广告运动是超越国界的，而营业额则占到70%左右。大多数广告公司都面临国际化重组的问题。其中一个重要的课题，也是关乎广告公司国际化运作是否成功的关键一步，就是广告策划如何在全球化背景下帮助客户从他国文化中策划出成功的广告。

广告策划走向国际化，主要是在80年代后期随着美国广告公司的国际化之路而日渐兴盛的。回顾现代广告的发展史，我们发现真正意义上的专职广告策划(Account Planner，也被翻译成业务策划)是在70年代才开始出现，以美国的JWT(智威·汤逊广告公司)为先，当时被视为是极前卫的。而在此前伟大的创意大师，如伯恩巴克、奥格威等就经常兼任了策划人的角色。随着JWT的成功运作及示范作用，80年代广告策划才逐渐进入了一些广告公司成为时髦之举。直到90年代，广告策划才算普遍进入广告公司，并成为广告公司中功能完备的职位与职能。

与现代广告百余年的历史相比，中国的广告业无疑更年轻。80年代初才开始恢复发展，在其“婴儿期”即遭遇欧美日等国际广告公司抢滩中国的广告市场而加剧了市场竞争，当然也在同时迅速引入了广告策划。虽然国际广告公司中的广告策划(尤其是国际广告策划)也不过刚刚起步，但由于种种原因，它们中的大多数极为成功，为其客户登陆中国市场起到重要作用，当然它们也为中国的广告公司上了很好的一课。

中国进入WTO，中国的企业逐步走向世界，无疑是历史的趋势。我们不希望看到中国企业走向世界时却抛弃长期为其服务的国内广告公司，也不希望看到在大量国际企业走向中国之际在市场研究、广告策划方面从不考虑中国广告公司的存在……这样，中国的广告公司恐怕真的是“两头空”。因此，我们认为十分有必要在此专论国际广告策划这一论题，希望能为中国的广告公司助上一臂之力。

二、国际广告策划的任务

当我们谈到“国际广告策划”时，其概念是相对模糊的，有一种趋势即是将国内广告策划作相应的扩大。当然广告运动的基本规律是普遍适用的，但毫无疑问国际广告策划需要更大的弹性和耐性，去弄清通常是杂乱无章的市场，从而去吸引客户与消费者。国际广告策划就好似折射人类文化、品牌文化和企业文化 的万花筒。那么，在进行国际广告策划时策划者到底面临哪些全新的任务呢？

首先，你需要帮助客户打破其企业经营策略的教条和框框；

其次，你需要帮助客户认识那些能真正打动消费者的因素，而不要纠缠于广告运作的内部程序；

然后，你需要认识到、并帮助客户认识到国际广告策划决不仅仅是扩大化了国内广告策划，而是对人性的研究。

国际广告策划的难度无疑是大的，但其回报也是喜人的。当你看到一则中心创意的广告片能吸引来自不同国家文化背景的观众时，你将大受鼓舞。

三、国际广告策划的迷思

从国际市场营销这一角度来看，全球化通常代表了以下情形的产生：

1、公司需要利润的增长；

2、全球化的成功关键在于成为领导性品牌和低成本制造商；

3、国内日趋成熟(通常也意味着呆板)的市场已不能带来足够的增长和规模经济，从而需要发现新市场；

4、消费者在人口因素和心理因素等方面存在某些共通之处，恰当地处理这些因素可以获得成功的全球市场占有率；

哈佛商学院著名的市场营销教授西奥多·利维特(Theodore Levitt)在其影响广泛的《市场的全球化》一书中指出：“全球性企业经营时将全球(或其主要地区)视为一个整体，它在任何地方都以同样的方式销售同样的商品。”欧共体的出现和WTO的发展即印证了该观点。

但是，品牌在走向全球化时遭遇失败甚至覆灭的报道也日益增多。企业如果过分夸大规模经济效应、过速进行全球化(如产品、定位、策略到广告执行等)，则极有可能陷于困境。他们会发现企业、产品和广告传播都失去了“热情的眼睛和耳朵”，消费者漠然处之。

企业界对于“全球化”的争论没有停止，我们在此列出一些颇有代表性的支持与反对的声音(表1)。

表1:对全球化的争论

支持	反对
节约成本、在生产、包装和沟通方面的规模经济 预算共享,意味着潜在更佳的市场营销因素组合 小国、弱国将得益于新观念和生产效率的提高 能把握国际性媒介机会	本地需求将牺牲给毫无代表性的标准 导致“成本导向”而不是“消费者导向” 导致“强权”的解决之道在地方出丑的可能性更大 对迅速变化的市场需求反应迟缓

(资料来源:How to Plan Advertising, Edited by Alan Cooper, 2nd Edition)

因此,如何平衡中心策略、控制与地方性需求是决定全球化是否成功的前提。企业界和理论界更是在90年代中提出了所谓“全球的地方化”(Glocal)理念,以强调这两极的平衡。实际上,除了全球标准化的代表,如劳力士手表、英国航空公司等以及极度地方化的代表,以食品工业居多,如雀巢等,其余绝大多数企业都致力于在两极之间保持平衡,即全球化战略、地方性投入和具体战术的执行。全球性或国际品牌表现最明显之处在于其包装、广告是否保持一致或改动了多少,其基础在于对真正的消费者进行全面、精细的调研后而作出是否改变、如何改变的决策。

四、国际广告策划的操作

在阐述国际广告策划的操作之前,我们再次强调,企业走向国际,常常并不是出于消费者和市场的考虑,而是因为它自身具备了国际化的实力。国际广告策划人首要的任务就是引入市场导向的观念,让企业真正基于对市场、消费者的考量,找准足够的市场和营销传播的对销。

找到目标市场与媒体受众的有效方法当然是市场调研。市场调研的出发点是找到“为什么这些人群存在不同之处”,而不是“这些人群的确不同”。我们在西方市场能够找到某些人口因素的不同之处,如工作的妇女更多了,老龄人口比率大,较高的离婚率和生活水平较高等。

媒体的集中与辐射力的增大是一个重要的影响力量,如CNN、ABC等已是真正意义上的全球品牌。另外,因特网的发展也成为全球性媒体的代表。媒体的迅速发展及增长迅速的国际旅游业,给了品牌传播的全球协调发展提供了极大的机会。广告对象如能集中于特定的目标人群,如商务旅行者、青少年等,这种机会将更为提高。商务旅行者,他们具有国际性偏好、相似的消费选择;十几岁的青少年,在全球范围内分享相似的音乐品味和“反叛”的个性等;其他如一些跨文化的兴趣群体,以体育爱好者、环保主义分子为代表,这些人群真正可以描绘为“地球村”的村民。他们接触同样的媒体,分享相似的经验。因此,地球上的区隔已无法造成市场的细分。

广告策划者的重要任务不在于今天或未来传播渠道的变化,关键之处仍没有改变,即激发新颖的创意去吸引足够的消费者,从爆炸的信息中脱颖而出。

虽然全球化、标准化在经济大潮中日益明显,但另一极端的趋势也日益突出,即地方性、消费者个性等。人们在全球化大潮中重新发现了地方的、社区的、个人的特性的加强。因而,许多地方特征明显的品牌也同样有在更大范围内成功的机会。人们向来认为地方特性最突出的食品也不乏全球化成功的范例,如麦当劳。

在广告策划中,我们可以发现以下看似矛盾的结论几乎无所不在:“从消费特性上看,人类是极其相似的:但从操作层面上看,他们又大相径庭。”

虽然在此大不同下,广告策划的基本操作步骤却是相近的。主要有以下几个程序:

1、了解问题背影

2、了解策划任务

3、发展广告策略

4、进行广告诉求调研

5、撰写创意提钢

6、评估广告创意

7、监控广告运动效果

在此，我们的目的不是阐述其程序，而是着重于说明在国际广告策划中有哪些特殊要求与不同，同时必须具有较高的可操作性，不仅对广告公司如此，对其客户而言也要在其可控范围之内。

在以上的程序中，重点又在前两个步骤的具体差异，因为它们是后续步骤的重要前提，对于任何意欲走向国际的广告代理商而言这都是必要的敲门砖。

当我们进入策划步骤之时，先不要急于研究客户的历史或运作状态，而首先应为市场和消费信息画一个简单的图表，这将会事半功倍(见表2)。

表2:品牌的市场和消费者的SWOT分析

品牌 市场规模、容量与价值 市场过去5年的增长率 市场要件 品牌进入年限 前5位品牌的市场占有率 本品牌的增长率 分销	市场 1 2 3 4 5 6 7 8 9
消费者 市场密集度 品牌密集度 市场、品牌使用者状况 心理轮廓 使用习惯 品牌形象 地方性偏好	市场 1 2 3 4 5 6 7 8 9
广告 品类、品牌的媒介费用 媒介比重(SOV) 定位 其他竞争性定位	市场 1 2 3 4 5 6 7 8 9
结论 优势 Strengths 劣势 Weaknesses 机会 Opportunities 威胁 Threats	市场 1 2 3 4 5 6 7 8 9

至于如何取得这些数据，可以借助市场原有的资料，客户的资料或国际性广告公司自身的网络等渠道。当然也可以利用其他一些方法，如进行实地市场调研，求助于国际性市场调研公司或国际性媒体的资料等等。

在了解了背景之后，就可以开始着手于界定广告策划的任务，这种界定应该是能反映出调研的结论，同时也激发出原创性较强的广告。

五、结论

广告策划随着广告公司的国际化而走向国际。国际广告策划意味着更开阔的视野和更富挑战性的任务。

对于初涉广告策划的人来说，挑战是绝对的，而机遇则是相对的、且稍纵即逝。目前在国内的广告界似乎对广告策划这一概念还有不少误区。比如说：

广告策划功能的泛化。在很多场合广告策划几乎等同于市场策划。因此不少“点子大师”不仅颇受客户青睐，甚至广告公司也求助于他们的“神奇之手”。这不能不说是中国广告界的尴尬。

广告策划的离心化。在一些广告公司，广告策划似乎是可有可无的职能。即使在客户的要求下进行了所谓的广告策划，也与广告创意、执行关联不紧密，甚至干脆毫不相关。

这些直接导致了我国广告公司普遍存在的广告策划能力低下、策划水平不高、策划流于形式等流弊。众所周知，广告表现、广告创意只是广告运作中露出水面的冰山之巅；而广告策划则是其水下那沉甸甸的基础，这后者却不见得有多少人会真正认识到！

中国广告公司参与国际竞争，一方面我们太多地关注其创意能力的不足，但是在此背后的深层原因：策划的错位与低能却是更核心的、极待改善的。我们热切盼望，在中国加入 WTO 之后，伴随中国企业走向国际竞争舞台的是昂首挺立的中国广告公司！

21 世纪广告再造——新广告运动的缘起

上海工程技术大学广告系讲师　戴承良

过去的 20 世纪广告主要扮演了推销商品的角色，然而广告迅猛发展随之而来的负面作用也越来越明显，广告种种弊病引起了有识之士的思考和忧虑。20 世纪 60 年代初，大卫·奥格威引用希尔暨诺顿公司的调查报告说：“大部分有识之士现在认为广告培育的价值太注意物质实利。”他姐姐亨迪爵士夫人也想说服他：“广告应予废止”(1)。从我国专业广告杂志的文章来看，20 世纪 90 年代中期厦门大学教授朱月章曾以“脏、假、俗、洋”四个字概括这一时期广告中的弊端(2)。世纪末，广告人张泽东又发出了“拯救广告”的呼吁，把相当多的广告与“垃圾公害”联系在一起(3)。人类已进入网络时代和 21 世纪，广告不会废止而且会进一步发展。但它不应该是过去的世纪广告模式乃至弊病的承袭延续。海涅说过：每一个时代都有它的重大课题，解决了它就把人类社会向前推进一步(4)。本文认为，站在世纪史替交汇点上的中国广告人“重大课题”之一是：反思 20 世纪广告发展的历程，执着 21 世纪广告再造的使命。

广告再造的“再造”从词源上来自企业再造的概念。米切尔·汉默等在权威的《企业再造、经营革命宣言》一书对“再造”(Reengineering)的定义是：所谓再造，就是对公司流程、组织结构、文化进行彻底的、急剧的重塑(Redesign)，以达到绩效的飞跃(5)。广告再造的理论尚在探索阶段，但它也必然会涉及到广告运作的“重塑”，它的目标是带来广告革命性的进步。如同企业再造成为 20 世纪末波澜壮阔的企业经营管理运动，广告再造也应该有 21 世纪新广告运动的推动。当然这场新广告运动应经过必要的理论酝酿和实践孕育。我们初步推论 21 世纪广告再造和相关的新广告运动宗旨是：商业行为与人文精神的交汇，顾客满意与终极关怀的融合，它寻求广告终极之真，至上之善和最高之美。

一、广告再造的世纪审视：奥格威话语“广告必须经过改造”

21 世纪广告再造是对 20 世纪主流广告的反思，是对 20 世纪广告批判的响应。它可以追溯到 20 世纪 60 年代初奥格威撰写的《一个广告人的自白》结束语：“广告不应予制止，但是它必须经过改造”(6)。20 世纪主流广告以推销商品为特性或者说是推销主义广告。1904年,约翰·肯尼迪来到了纽约的洛德暨托马斯广告公司应聘面试。他郑重地说:“广告是印在纸上的推销术”(7)。这句话预示着20世纪以推销商品为特征的主流广告的来临。

1923年霍普金斯写了《科学的广告》一书,他一再强调:“广告唯一的目的是实现销售”(8)。1938年奥格威创办奥美广告公司,他奉霍普金斯为精神导师。奥格威说:“霍普金斯的著作《科学的广告》一书扫除了我在美国做撰文员所患的假文学病,使我专注于广告的责任在于销售,它改变了我的一生”(9)。1992年奥格威在《杜佛盛宴报告》中再一次宣告:“我们的目的是销售,否则便不做广告”(10)。再从奥格威同时代的广告人的理论和实践来说。其中最有影响的有罗瑟·瑞夫斯在20世纪50年代提出的USP—独具的销售主张;有艾·里斯和杰·屈特在20世纪70年代提出的定位理论;有舒尔兹等三人在20世纪90年代提出的IMC—“整合营销传播”;其思路和操作各有千秋,但核心都是想方设法传播商品信息,促进商品销售,其实质亦是推销主义广告。再把视角切换到20世纪人类进步思想家关于广告的批判。这里仅举几例:

美籍德国著名哲学家赫伯特·马尔库塞在《单向度的人》一书中说:“现在的大多数需要,诸如休息、娱乐、按广告宣传来处世和消费,爱和恨别人之所爱和所恨,都属于虚假的需要这一范畴之列”(11)。法国著名社会学家热拉尔·拉尼奥在《广告社会学》一书开宗名义的说:“路易十四时代的厌世者因不堪世欲而远走僻壤,如今的市民则渴望离开城市,以摆脱污染、摆脱侵扰。在种种侵扰之中,尤以广告强加于人的侵扰为甚”(12)。英国著名历史学家阿诺德·汤因比对广告有一句警世性的话:“我们西方文明的命运将取决于我们和麦迪逊大道所代表的一切作斗争的结果”(13)。诸如此类的广告批判是非常有见地的。现代广告对社会的影响是很大的。广告以推销商品为“唯一性”,广告描述渲染的五光十色的消费生活会影响人们沉溺于“虚假的需要”之中,重视物质生活而忽视精神生活,甚至以感官满足和物质享受视为人生目的。人成为商品的奴隶,进而沉沦堕落,铤而走险。

我们再回到奥格威。如前所述,20世纪60年代初,奥格威已注意到同时代对广告的批判。他甚至还说:“我十分关注麦迪逊大道的存在。我也很怀疑,如不经彻底改革,它是否能存在下去”(14)。奥格威“广告必须经过改造”或曰“彻底改革”的话语令人深醒。他是综合了众多有识之士对于广告的批判有感而发,这是20世纪世界广告一代宗师关于广告再造的先声。但值得指出的,由于时代限制和个人经历等原因,奥格威“广告必须经过改造”并没有付诸太多的行动。晚年奥格威所作、众多奥美要员参与的“杜佛盛宴报告”,可以认为是一份具有浓郁推销主义色彩的20世纪广告总结性报告。因此,奥格威提出的“广告必须改造”的重任历史的落到21世纪广告人身上。

二、广告再造的双重视角:商业行为和人文精神

21世纪广告再造是一种扬弃。它发扬推销主义广告注重商业行为的合理性,抛弃广告商业行为的缺陷性,并在广告中引入人文主义精神。

广告再造关于商业行为的视角焦点是提高广告效果,即如何以较小的广告投入获得较大的商业利润,实现和提升广告主商业行为的回报。这方面的工作1998年全国广告学术研讨会应该是一个起点,此次研讨会的主题是“影响广告效果的因素及对策”,尔后出版的论文集标题《寻找广告真谛——广告效果的研究与分析》意味深长。这种寻觅仍然将进行下去,世纪之交的广告圈仍然流行着这句名言:“我知道我们至少有一半的广告费是白花的,但问题是我不知道是哪一半。”广告再造从某种意义上说,就是为广告主寻觅广告投入和回报的“那一半”。这需要重塑广告流程、革新广告样式,这种重塑的方法用台湾电通董事长胡荣渲的话来说是“将科学的崭新光芒投射于广告表现的根本之上”(5)。广告再造的商业行为视角聚焦于提高广告效果,其方法是弘扬科学精神。

21世纪广告再造关于人文精神的视角首先是对中国广告人文精神走向的梳理,这种梳理用一个比较夸张的比喻来说,犹如欧洲文艺复兴运动人文精神的发扬得力于对古希腊文化“人的重新发现”。

中国广告人文精神走向可以用四则广告案例来串联,尽管其中若干广告案例的产品在市场上已衰弱。中国广告人文精神走向虽然迄今还是不同于主流广告的亚文化,但蕴涵着强大的生命力。广告再造引入人文精神在很大程度上是对中国广告人文精神走向的寻综、推崇、光大。这里先作一番简略的寻综。

1、太阳神口服液广告“太阳与人”

20世纪80年代末和90年代初，太阳神广告的推出开中国广告人文精神之先河。太阳神广告从CI到电视广告，其精髓是“太阳与人”的关系性理念。太阳神商标以圆形与三角形格式基本定格，象征太阳与人。电视广告最具震撼力是这样的音画：“当太阳升起的时候，我们的爱天长地久；阳光映照着荒漠，一群健壮的汉子在劳作，汗水顺着古铜色的皮肤淌下……”。太阳神广告人文精神的内涵是光明与人生，生命与慈爱。

2、南方黑芝麻糊广告的童梦情境

1992年“全国第二届广告作品展”中，电视广告片“南方黑芝麻糊一怀旧篇”获一等奖。该片创意及导演蔡晓明说：“人类借助科技进步以越来越快的步伐告别过去，远离自然。脚步匆匆地追随现代文明，心灵又常常眷念往日时光……本则广告便是在这种不平衡的心态中给予人们某种填补，某种满足。”南方黑芝麻糊广告的人文精神涵义在于挖掘了人类爱好回忆往事特别是重温童梦的天性。它纯朴、真挚、亲切、美好……

3、丽珠得乐药品广告的道义关怀

20世纪90年代中期，丽珠得乐广告推出。其广告主题“其实，男人更需要关怀”对每天接受美女广告形象的受众来说为之一惊。丽珠得乐广告关注的是普通男人，其报纸广告分为“演员篇”、“养路工人篇”、“摄影师篇”、“教师篇”、“建筑工人篇”、“货车司机篇”。每则广告都以写实的方法再现普通男人辛劳的工作景情，引发人们的爱怜之心和善待自我。丽珠得乐广告的人文精神涵义在于通过对普通男人的关注，体现了一种道德的义举，一种悯惜的关怀。

4、王宝和酒广告规劝意识

2000年“上海第七届优秀广告展”中，王宝和系列黄酒广告获平面类一等奖。该广告策划的基本理念是：“粮食珍贵，饮酒有度。”酒广告却劝人少喝酒，在似乎是自相矛盾中蕴涵了深刻的人文精神哲理。它既是对人们消费生活告别奢侈的一种规劝，寄托着一种重建文明生活方式的努力；又触及了人与自然关系的人文精神的另一个侧面，规劝人善待自然，不能无度的挥霍自然资源。这种规劝意识是对广告媚俗倾向的反叛。

广告运作的商业行为与人文精神既是对峙又是可交汇的。上述四则广告案例的产品相当长一段时间热销就可以说明这种交汇。广告再造商业行为与人文精神双重视角的聚合，必然在更大范围、更高水准上造就广告商业行为与人文精神的交融。

三、广告再造和新广告运动

21世纪广告再造是广告界的一场革命，它需要各方面的推进，包括有新广告运动的推动。新广告运动有二个层面。这二个层面既有所区别又相互关联。

新广告运动的一个层面是一种全新的广告运作活动系统的研究和推广。与这个层面形式上相近的有丹·舒尔兹的《广告运动策略新论》，台湾朝阳堂编译的《新广告运动——战略性综合传播规划》。

新广告运动另一个层面是一场有广告业内外人士广泛参与的广告理论和实践的创新运动，它有相当的广度和深度，带来广告业革命性的进步。

21世纪广告再造的提出一个重要背景是网络广告的崛起和发展，新广告运动必然和新兴的网络广告密切相关。

新广告运动非常关注类似网络定向广告的出现。2000年岁暮，新浪网采用了美国DoubleClick提供的DART技术，推出了定向广告。今后，不同的新浪网用户会看到不同的广告。如果是位小姐，她可能看到网页广告上闪动的是羽西牌化妆品。如果是先生，他看到的是菲利蒲剃须刀的广告。定向广告以网站注册用户为基础，根据不同类型产品对目标受众的需求，判断网上受众的特征，因人而适的发布广告信息。定向广告在中国网络广告史上翻开了新的一页，使网络广告发挥了互动性优势，提高了广告效果。

新广告运动也非常关注类似网络游戏广告的问世。2000年最后几个月，关于国外游戏广告的介绍文章时有所见。我们盼望我国网站有更好更多的游戏广告与受众见面。游戏广告不仅在商业行为的层次上提高了广告效果，而且在人文精神的层次上培育体现了人的价值的“游戏精神”。德国著名哲学家席勒说：“只有人充分是人的时候，他才游戏；只有当人游戏的时候，他才完全是人”(17)。21世纪广告再造需要再造终极意义的广告价值规范,这也是新广告运动重任之一。

20世纪末期,顾客满意又称CS(Costomer Satisfaction)理论从欧美传入中国营销界。它成为评判营销和广告活动的价值标准。顾客满意的价值标准实质上是体现了企业商业行为的功利性,企业的产品或服务要得到市场的认可与接受,必须让顾客满意,这样才能赢得市场获得利润。问题在于顾客的需要是错综复杂的,如果"顾客满意"缺乏最终的价值规范,广告运作会以媚俗的方式取得受众的青睐,广告常常表现为忸怩作态和矫揉造作。甚至会迁就、讨好顾客不合理的需要。

新广告运动期望广告业内外人士广泛参与。在广告中体现对消费生活的人文精神引领。人文精神以人性导向为主旨,涉及到人性、人生价值、人生意义等一系列问题,这些问题又必然导向对人类生存境遇的终极关怀。

广告体现终极关怀是认真思考广告运作与生活方式的关联,人们物质生活和精神生活的关系,人与自我、人和社会、人和自然的关系;寻求人生在动荡的世界中安身之本,营造人生在漂泊旅途中的精神家园。如果顾客满意和终极关怀融合,顾客满意就有了普遍适用性和普遍规范性的价值。顾客满意会真正符合消费者人性真、善、美的长远利益。

综上所述,21世纪广告再造和相关的新广告运动最终指向是在广告商业行为和人文精神的交汇中,在广告顾客满意和终极关怀融合中,寻求广告终极之真,至上之善和最高之美。

注释:

(1)(6)(13)奥格威:《一个广告人的自白》,中国友谊出版公司1991年版,第149、136页。

(2)朱月昌:《规范我国广告市场的思考》,《中国广告》1995年第4期,第6-7页。

(3)张泽东:《拯救广告》,《国际广告》2000年第11期,第60-61页。

(4)海涅:《从慕尼黑到热那亚旅行记》,1828年。

(5)钱肇基:《企业战略再造》,中国电力出版社1999年版,第8页。

(7)傅慧芬:《西方广告世界》,人民出版社1993年版,第52页。

(8)(9)霍普金斯:《我的广告生涯,科学的广告》,新华出版社1999年版,第180页。

(10)奥美公司:《奥美的观点》,内蒙古人民出版社1998年版,第3页。

(11)马尔库塞:《单向度的人》,上海译文出版社1991年版,第149页。

(12)拉尼奥:《广告社会学》,商务印书馆1998年版,第1页。

(15)山田理英:《如何制作有效的平面广告》,台湾滚石文化出版社2000年版,第3页。

(16)蔡晓明:《南方黑芝麻糊电视广告创意》,《国际广告》1993年。

(17)席勒:《审美教育书简》,北京大学1985年版,第80页。

广告执法问题初探

北京市工商行政管理局石景山分局　孟宪林

近几年我国广告业发展很快,截至2001年底,我国广告经营单位已达78339家,从业人员有70.9万人,广告经营额794.88亿元。虽然广告业的发展速度比前几年的年递增30%有所降低,但依然保持了迅猛的发展势头。广告业在不断发展,相应的广告管理法规也在不断地建立和健全。目前广告行业的管理法规有《中华人民共和国广告法》、《广告管理条例》、《广告管理条例施行细则》等几十项专项法规,近百种规范性文件。由于我国对广告行业采取的是边发展,边规范的管理原则,同时,我国广告业起步虽晚,但发展速度却很快,在相应法规制定时,没有过多的考虑执法当中可能遇到的一些具体问题,客观上造成了负责立法工作的偏重于立法,负责执法工作的侧重于执行。从而形成了某些立法与执行工作脱节的情况发生,再加上所制定的一些法规又相对滞后,使基层工商管理的监管工作在执规过程中常常遇到一些问题。

一、对广告主体违法处罚的问题

《中华人民共和国广告法》对广告活动主体范围有明确的规定,《广告法》中所称广告活动主体的范围包括广告主、广告经营者和广告发布者三种。其中广告主是指为推销商品或提供服务自行或委托他人设计、制作、发布广告的法人、其他经济组织或者个人。广告经营者是提供广告服务的中介者。广告发布者是指为广告主或广告主委托的广告经营者发布广告的法人或其他经济组织,是一种广告经营行为。广告经营者和广告发布者必须依法取得经营资格,方可从事广告经营活动。在国务院发布的《广告管理条例》第六条规定:"经营广告业务的单位和个体工商户应按照《广告管理条例》和有关法规的规定,向工商行政管理机关申请,分别申请办理审批登记手续,也就是专营广告业务的企业要申办《企业法人营业执照》和《广告经营许可证》后才能从事广告经营活动。对兼营广告业务的企业、事业单位要申办《广告经营许可证》方可从事广告经营活动。法规对以上广告经营者和发布者的广告经营活动都作了相应的规范,对他们在广告经营活动中的违法行为也有相应的罚则。如广告主、广告经营者和广告发布者在广告经营活动中违反《广告法》第七条规定禁止使用的广告语和第十二、十八、三十一、三十四条规定的,对广告主、广告经营者、广告发布者的罚则都是"停止发布,没收广告费用,并处广告费用一倍以上五倍以下的罚款。"处罚是比较严厉的,但对没有取得广告经营资格证照或超越经营范围经营广告业务的,《广告法》中没有相应的罚则,只是在《广告管理条例》中第六条有规定,其罚则是在《广告管理条例施行细则》的第二十一条,即无证照或超越经营范围经营广告业务的,取缔其非法经营活动、没收非法所得,处以 5000 元以下的罚款。其处罚力度相对较轻,特别是一些无证照经营广告业务的,不但主体行为违法,其广告内容大多严重违法。例如:某杂志社在未办理广告经营许可证的情况下,在杂志中发布广告,广告数量占该期杂志 40%的版面。广告内容多处违法。被工商管理部门立案查处。在调查中发现这家杂志社出于种种原因,广告都是免费刊登的,没有非法广告收入,在处罚时只有依据《广告管理条例施行细则》第二十一条规定,取缔非法经营活动,处以 5000 元以下罚款,处罚力度较轻,难以取得好的效果。而同样一家有广告经营许可证的杂志社,若发布的广告有违法内容,即使是免费发布的,也要按照在工商局备案的广告价目表,处一至五倍的罚款〔国家工商局工商广字(95)168 号〕。这就产生一种怪现象,就是同一种违法行为对有合法经营资格的广告主体的处罚力度远大于对没有取得经营资格的广告主体的处罚。

二、对违法广告的处罚问题

广告法规对同是违法广告的处罚力度也存在差异。如:在某医疗杂志发布的医疗器械广告中,有一句广告语称"XX 产品是外科医生的最佳选择"。这就违反了《中华人民共和国广告法》第七条规定,即广告中禁止使用国家级、最高级、最佳等用语。依据《广告法》中相应罚则,该杂志社被处以 12000 元罚款。而在另一家杂志某期发布的医疗广告中,在未经卫生行政部门审批的情况下,还利用了患者名义进行宣传,违反了广告法规。而按照现有的法规规定,最多只是对该杂志社处以 3000 元的罚款。以上两家杂志社的违法广告,按违法情节和广告给消费者带来危害程度来说,后一家杂志社发布的违法医疗广告的危害程度远大于前一家杂志社的医疗器械广告的危害程度。但在处罚力度上则相反。违法情节严重的处罚轻,违法情节轻的处罚却重。这是因为《中华人民共和国广告法》对药品、医疗器械广告有明文规定和相应的罚则。对医疗广告,《广告法》中暂时没有明确的规定,只有适用国家工商局发布的《医疗广告管理办法》。此办法对医疗广告虽有规定,但对有些条款又没有罚则。如:《医疗广告管理办法》的第七条第(五)项规定"医疗广告中禁止利用患者或其他医学权威机构、人员和医生的名义、形象或使用推荐语进行宣传"。而对广告经营者和广告发布者都没有相应的罚则。

三、新媒体违法广告的处罚问题

由于广告活动的多样化,新媒体的不断开发,也给广告执法工作带来一定难度。网络广告已成为国际广告市场新兴发布媒体,大有不可阻挡之势,但经营资格的确认,现有法规没有明确、细致的规定。在网络广告中广告经营者和广告发布者的范围要远大于传统广告。网站经营者既是广告发布者又是广告的经营者。根据《广告管理条例》以及《广告管理条例施行细则》的规定,从事广告经营的单位应当有必要的专业技术人员、制作设备,并依法办理公司或广告经营登记,方可从事广告活动。而从现实情况看,就其经营范围,网络公司大多没有广告经营项目,如:一家电子网络技术公司在自己网站上发布招生广告。广告法规中没有对他的罚款条款,只能用《反不正当竞争法》对他进行处罚。另外,随着网络技术的普及,应用网页制作软件建立个人网站也越来越多,在个人网站发布网络广告非常普遍,个人也就成为网络广告的发布者,同时又是网络广告经营者,但在《广告法》中广告发布者仅限于法人或其他经济组织,不包括个人,即法律对个人发布网络广告没有相应规定,这就造成个人只要建立了网页,无需申请办理广告经营许可,就可以在上面任意发布网络广告现象的发生。另外,由于网络不受国界限制而我国的法律、法规是受国界约束的,在执法中有一定困难。在我国,任何广告都应受到《广告法》的制约,但《广告法》制定的时间是在1995年,其中关于制作、发布广告的禁止性规定,对以网络为媒体的广告存在一些漏洞。《广告法》在颁布时列举禁止发布烟草广告的五种传统媒体,就没有包括网络和其他将会出现的新媒体。所以,应对《广告法》进行进一步的修改和补充,以利于基层监管机关的执法。同时也需要广告监管工作加强高科技手段的利用和进一步提高管理及执法水平。

为适应我国广告业的发展要求,特别是我国加入世贸组织的需要,要克服以前广告立法的局限性,必须加强调查研究,广泛听取意见,特别是来自基层的意见和建议,对现有的法律、法规、规章进行必要的修改、调整和补充,尤其是在规范广告活动行为方面,要有针对性地制定具体的规范条款,除修订现有不适应新形势需要的有关章节外,要尽快制定适应新媒体广告经营的管理办法,逐步完善广告监督的法律、法规和规章,使广告监督管理工作做到有法可依,促进广告监管职能到位。

广告优秀作品评选

第八届中国广告优秀作品评委会成员名单

评委会主任

孙英才　中国广告协会副秘书长

评委（排名不分先后）

苏秋平　新加坡创意协会主席
莫康孙　麦肯·光明广告有限公司亚太地区执行创意总监
陈淑华　北京奥美广告公司执行创意总监
林俊明　达美高广告公司亚太区执行创意总监
朱维理　北京歌华文化发展集团创意总监
高　俊　国际广告大赛中国区首席代表
项建中　浙江华林广告有限公司总经理、创意总监
李　巍　四川美术学院设计系教授
尚奎舜　山东工艺美术学院装潢设计系主任、教授
高小龙　中国对外经济贸易广告协会副秘书长
乔　均　南京财经大学营销与广告学系主任、教授
周建梅　中国长城广告展览有限公司创作总监
朱月昌　中国广告协会学术委员会常委、研究生导师
丁邦清　广东省广告公司创意总监
邵隆图　上海隆图广告创意策划公司总经理
罡　夫　罡夫企划广告公司总经理兼创意总监
谷文通　普拉纳广告公司董事长
董立津　北京炎黄艺术国际推广有限公司创作总监
张　翔　四川巴蜀新形象有限公司总经理兼创意总监
高祖侃　博达大桥广告(北京)创意总监

第八届中国广告节广告优秀作品获奖名单

全场大奖(空缺)

第八届全国优秀广告作品展获金奖名单

作品分类	作品标题	获奖单位
影视	百威啤酒“大屏幕”篇	北京恒美广告有限公司上海分公司
	森林篇	智威汤逊中乔广告有限公司
	(Dross white)换衣篇	达美高广告有限公司
	(Feel Bright)猫猫篇	达美高广告有限公司
	熊猫篇	达美高广告有限公司
	药店篇	上海奥美广告有限公司北京分公司

作品分类	作品标题	获奖单位
平面	北京晚报主题系列.1——领带篇	麦肯·光明广告有限公司(北京)
	大提琴篇	达美高广告有限公司上海分公司
	九华痔疮栓——屁股笑了篇	广东黑马广告有限公司
	肌肉篇	广州市良品堂广告有限公司
	手镣	盛世长城国际广告有限公司广州分公司
	古代手镣	盛世长城国际广告有限公司广州分公司
	牢狱柱子	盛世长城国际广告有限公司广州分公司
	"蔚蓝海岸"棕榈　心情系列——楼梯篇	深圳市尽致广告有限公司
	"蔚蓝海岸"棕榈　心情系列——心伞篇	深圳市尽致广告有限公司
	"蔚蓝海岸"棕榈　心情系列——渴水篇	深圳市尽致广告有限公司
	"蔚蓝海岸"棕榈　心情系列——韵律篇	深圳市尽致广告有限公司
	"蔚蓝海岸"棕榈　心情系列——拖鞋篇	深圳市尽致广告有限公司
	海尔手机 H9118 天刚星——接吻篇	北京博达大桥国际传媒有限公司
	UPS 申奥贺稿 好消息篇	麦肯·光明广告有限公司(北京)
	义务献血——"沙漏篇"	厦门市路桥广告公司
	因为多了她	常州技术师学院
广　播	言传身教	中央人民广播电台
户　外	碧凤坊《吃贯中西》	苏州太湖广告有限公司

第八届全国优秀广告作品展获银奖名单

作品分类	作品标题	获奖单位
影视	Trium 品牌形象 15 秋系列飞机篇/滑雪篇/帆船篇	达美高广告北京分公司
	老师篇	北京恒美广告有限公司
	姚生记瓜子　花样年华篇	杭州捷群广告有限公司
	梦想不息	麦肯·光明广告有限公司上海分公司
	椰树牌椰汁电视广告——《情感篇》	上海华文广告公司
	n 自由洗发水电视广告系之一(1of5).电话亭篇	广东英扬传奇广告有限公司
	n 自由洗发水电视广告系之一(2of5).电话亭篇	广东英扬传奇广告有限公司
	n 自由洗发水电视广告系之一(3of5).电话亭篇	广东英扬传奇广告有限公司
	n 自由洗发水电视广告系之一(4of5).电话亭篇	广东英扬传奇广告有限公司
	n 自由洗发水电视广告系之一(5of5).电话亭篇	广东英扬传奇广告有限公司
	"地名篇"	麦肯·光明广告有限公司广州分公司
	公益广告(死神篇)	开麦拉影视传播合作公司

作品分类	作品标题	获奖单位
平面	老百姓心中有盏灯(系列一)	广东合众广告有限公司
	老百姓心中有盏灯(系列二)	广东合众广告有限公司
	老百姓心中有盏灯(系列三)	广东合众广告有限公司
	嘉宝形象系列之一　鞋子篇	合肥嘉宝影视服务有限责任公司
	嘉宝形象系列之二　天龙八步篇	合肥嘉宝影视服务有限责任公司
	嘉宝形象系列之三　重逢篇	合肥嘉宝影视服务有限责任公司
	嘉宝形象系列之四　轮椅篇	合肥嘉宝影视服务有限责任公司
	好劲道——“拉力器”篇	安徽不夜城广告公司
	索芙特防晒霜麻婆豆腐篇	广州市白羊广告有限公司
	雪花啤酒回家过年系列——火锅篇	北京博达大桥国际传媒有限公司
	雪花啤酒回家过年系列——火车篇	北京博达大桥国际传媒有限公司
	雪花啤酒回家过年系列——自行车篇	北京博达大桥国际传媒有限公司
	雪花啤酒回家过年系列——饺子篇	北京博达大桥国际传媒有限公司
	泻痢停	重庆正点广告有限公司
	泻火清毒,保护治肝(灭火器篇)	福建奥华广告公司
	女子运动篇	智威汤逊中乔广告有限公司
	品书篇——老癌门黄酒系列之一	江苏张家港创意广告装璜有限公司
	品酒篇——老癌门黄酒系列之二	江苏张家港创意广告装璜有限公司
	品味篇——老癌门黄酒系列之三	江苏张家港创意广告装璜有限公司
	电话篇——如此便宜,小心打上瘾(系列一)	南京卓越形象创意公司
	电话篇——如此便宜,小心打上瘾(系列二)	南京卓越形象创意公司
	广东全球通奥运系列之一“击剑”	广州奥美广告公司
	广东全球通奥运系列之二“举重”	广州奥美广告公司
	广东全球通奥运系列之三“单杠”	广州奥美广告公司
	玛莎女校系列之一	广州交易会广告有限公司
	玛莎女校系列之二	广州交易会广告有限公司
	前程无忧系列稿之一(麦叔叔篇)麦叔叔去了哪里?	广东省广告公司
	前程无忧系列稿之二(超人篇)超人去了哪里?	广东省广告公司
	垃圾分类(系列)篇	智威汤逊中乔广告有限公司
	性教育系列篇	智威汤逊中乔广告有限公司
	预防艾滋——钢笔篇	厦门市路桥广告公司
	法律不是摆设	德州铁艺广告装饰有限公司
	出入平安	扬州新星广告公司
	课程表篇	智威汤逊中乔广告有限公司
	溥仪篇	前线文化广告传播有限公司
	坚持支持《新婚姻法》系列之一(萝卜篇)	昆明风驰广告集团股份有限公司
	坚持支持《新婚姻法》系列之二(钉子篇)	昆明风驰广告集团股份有限公司
	坚持支持《新婚姻法》系列之三(钥匙篇)	昆明风驰广告集团股份有限公司
	我想我是海/懂你	上海捷森广告有限公司

作品分类	作品标题	获奖单位
平面	野广告系列	广州市良品堂广告有限公司
	世界无烟日——烟大便篇	达美高广告(北京分公司)
	原创	湖南省天地人广告有限公司
广播	环保公益广告(武松打虎篇)	辽宁人民广播电台
	节约用水篇	南京雷迪欧广告公司
户外	别看坐了这么久,但我站起来就能走	北京市公交广告有限责任公司
	闹钟篇	山东省国际广告有限公司
	北京通成申奥篇	智威汤逊中乔广告有限公司

第八届全国优秀广告作品展获铜奖名单

作品分类	作品标题	获奖单位
影视	荣事达彩 e 冰箱(油漆篇)	广州市新意境广告有限公司
	龙虾篇	盛世长城国际广告有限公司广州分公司
	光明啤酒 15 促销 TVC 出租司机篇/开门人篇/卖报人篇	达美高广告有限公司上海分公司
	(Chopstick)筷子篇	达美高广告有限公司
	(Fountatn)喷泉篇	达美高广告有限公司
	雨滴篇	智威汤逊中乔广告有限公司
	比武招亲篇	智威汤逊中乔广告有限公司
	迷路篇	智威汤逊中乔广告有限公司
	新旧新浪列之一“行走篇”	上海奥美广告有限公司北京分公司
	新旧新浪列之二“篮球篇”	上海奥美广告有限公司北京分公司
	新旧新浪列之三“楼道篇”	上海奥美广告有限公司北京分公司
	新旧新浪列之四“银行篇”	上海奥美广告有限公司北京分公司
	新旧新浪列之五“酒吧篇”	上海奥美广告有限公司北京分公司
	宽广篇	上海奥美广告有限公司北京分公司
	联想电脑　互动篇(系列共三)	北京电通广告有限公司
	银杏叶片	深圳市海王广告有限公司 北京叶茂中营销策划有限公司
	昂立一号(父子篇)	开麦拉影视传播合作公司
	999 幼儿园篇	达波思(达华)广告有限公司
	南奥影视系列(雨伞篇)	广州旭日广告有限公司
	南奥影视系列(衣杆篇)	广州旭日广告有限公司
	南奥影视系列(婴儿篇)	广州旭日广告有限公司
	东陶卫浴“三个家庭篇”	上海葵友广告有限公司
	广州本田汽车 CF“纸飞机篇” 满载梦想,与时代共进	广东省广告公司
	公益广告——盲人公德篇	广州泓一广告传播有限公司
平面	我的大衣完蛋了?	重庆正点广告有限公司
	我的袖子长长了?	重庆正点广告有限公司
	世界级的服务,为你遍地生根	达彼思(达华)广告有限公司　上海分公司
	重庆印象	重庆正点广告有限公司

作品分类	作品标题	获奖单位
平面	太阳圣火广告公司形象招贴系列之一:永恒依然	北京太阳圣火广告有限公司
	太阳圣火广告公司形象招贴系列之二:广告自白	北京太阳圣火广告有限公司
	太阳圣火广告公司形象招贴系列之三:自强不息	北京太阳圣火广告有限公司
	太阳圣火广告公司形象招贴系列之四:神机妙算	北京太阳圣火广告有限公司
	太阳圣火广告公司形象招贴系列之五:遇水搭桥	北京太阳圣火广告有限公司
	太阳圣火广告公司形象招贴系列之六:火眼金睛	北京太阳圣火广告有限公司
	太阳圣火广告公司形象招贴系列之七:妙笔生花	北京太阳圣火广告有限公司
	太阳圣火广告公司形象招贴系列之八:九天揽月	北京太阳圣火广告有限公司
	太阳圣火广告公司形象招贴系列之九:自律警言	北京太阳圣火广告有限公司
	太阳圣火广告公司形象招贴系列之十:奔腾激荡	北京太阳圣火广告有限公司
	南孚电池(龟壳篇,豹纹篇)	福建奥华广告公司
	新西兰羊毛——乌龟篇	达美高广告(北京分公司)
	生活在进步, 唯有洗碗方式还在原地踏步?	广州市天进广告有限公司
	生活在进步, 唯有洗碗方式还在原地打转?	广州市天进广告有限公司
	刺梨干红交流篇	贵阳零点包装设计有限公司
	折页篇	麦肯·光明广告公司上海分公司
	祁福新村——战友篇	广州市天艺广告有限公司
	祁福新村——同学篇	广州市天艺广告有限公司
	祁福新村——知青篇	广州市天艺广告有限公司
	草鞋篇	广东省广告公司
	雄起胶囊之变焦镜头	广州达彼恩(达华)广告有限公司
	致美斋系列之一:旗袍篇	广东省广告公司
	致美斋系列之二:马褂篇	广东省广告公司
	抛硬币篇	广州先创广告有限公司
	手系列篇	智威汤逊中乔广告有限公司
	句号	盛世长城国际广告有限公司广州分公司
	十字架	盛世长城国际广告有限公司广州分公司
	白旗	盛世长城国际广告有限公司广州分公司
	东润枫景“居住的真意”系列1	广州市蓝色创意广告有限公司
	东润枫景“居住的真意”系列2	广州市蓝色创意广告有限公司
	东润枫景“居住的真意”系列3	广州市蓝色创意广告有限公司

作品分类	作品标题	获奖单位
平面	东润枫景“居住的真意”系列4	广州市蓝色创意广告有限公司
	东润枫景“居住的真意”系列5	广州市蓝色创意广告有限公司
	菲林格尔强化地板品质系列之“姿势篇”	金鹃国际广告有限公司
	菲林格尔强化地板品质系列之“践踏篇”	金鹃国际广告有限公司
	菲林格尔强化地板品质系列之“女人篇”	金鹃国际广告有限公司
	菲林格尔强化地板品质系列之“沙皮狗篇”	金鹃国际广告有限公司
	麦提莎巧克力——锯牙篇	达美高广告(北京分公司)
	麦提莎巧克力——海狗篇	达美高广告(北京分公司)
	救生圈篇	上海永怡传播公司
	中国移动通信通话网好 系列棒棒糖篇	天津开发区世纪坐标广告有限公司
	中国移动通信通话网好 系列麻烦篇	天津开发区世纪坐标广告有限公司
	宽广系列五篇	上海奥美广告有限公司北京分公司
	《真心沟通,心心相印》	南京卓越形象创意公司
	更高效率,更多满意	南京卓越形象创意公司
	中国电信　心连心系列	广州旭日广告有限公司
	绝对需要正品！奶瓶篇	北京电通广告有限公司
	嘉实多机油——“防滑”篇	安徽不夜城广告公司
	FONE赛车车影系列之一服务篇 四位一体,方能全面保障	广东省广告公司
	FONE赛车车影系列之二安全篇 多重保护,方能全面备至	广东省广告公司
	FONE赛车车影系列之三动力篇 动力超群,方显出众实力	广东省广告公司
	插头/雷管	上海金马广告有限公司
	现在,它正从世界走向中国	达彼思(达华)广告有限公司上海分公司
	《新闻晨报》“牛奶篇”	上海丽人广告公司
	吸烟有害健康	
	烟虫	温州白马广告事业有限公司
	爱我绿色家园——湖水篇	厦门市佰诚设计装饰有限公司
	爱我绿色家园——树木篇	厦门市佰诚设计装饰有限公司
	爱我绿色家园——草地篇	厦门市佰诚设计装饰有限公司
	爱我绿色家园——桥栏篇	厦门市佰诚设计装饰有限公司
	关心残疾人,关心残疾人事业	厦门市路桥广告公司
	世界无烟日——口香糖篇	达美高广告(北京分公司)
	保护野生动物——关	广州天艺广告有限公司
	保护野生动物系列——山	广州天艺广告有限公司
	保护野生动物系列——口	广州天艺广告有限公司
	最常见的避孕方法 (“绿色消费”公益广告之一:避孕套篇)	南京灵狮广告有限公司
	警惕色情网站:《拉链篇》	苏州亚太广告有限公司现代设计中心
	反腐倡廉“视力表”篇	济宁嘉美广告公司

作品分类	作品标题	获奖单位
平面	北京——世界的选择一	南通无限广告装璜有限公司
	北京——世界的选择二	南通无限广告装璜有限公司
	反对早婚早育——“西瓜”篇	安徽不夜城广告公司
	终身学习　完善自我《之一·敬礼篇》	广东金长城国际广告有限公司
	终身学习　完善自我《之二·刷牙篇》	广东金长城国际广告有限公司
	终身学习　完善自我《之三·梳头篇》	广东金长城国际广告有限公司
	教育孩子系列之《我的算数卡片》《我的积木》	哈尔滨海润国际广告有限公司
	反对重婚	福州大学工艺美术学院
	绿色消费年系列 1 关注绿色、崇尚自然、追求健康	贵州民航广告公司
	绿色消费年系列 2 倡导绿色消费，构筑健康家园	贵州民航广告公司
	绿色消费年系列 3 关注人类自身的生存环境	贵州民航广告公司
	绿色消费年系列 4 商品、绿色、健康	贵州民航广告公司
	绿色消费年系列 5 关注人类生存(清洁桶篇)	贵州民航广告公司
	自律自爱，谨防艾滋 (男人篇)(女人篇)	上海美术设计公司
	窄的时代过去了	常熟市广告有限公司
	绿色消费之森林一	厦门商业广告有限公司
	绿色消费之地下水二	厦门商业广告有限公司
广播	干杯啤酒系列之一——“足球”	广州奥美广告公司
	脑筋急转弯篇	昆明风驰广告集团股份有限公司
	加德士机油“省便全国篇”	达彼思(达华)广告有限公司(北京分公司)
户外	泳池篇	广州市良品堂广告有限公司
	散利痛	达彼思(达华)广告有限公司
	可口可乐车身	南京艾立珂广告公司
	百事可乐	南京邮政广告公司
	士力架巧克力——足印篇	达美高广告(北京分公司)

第二届全国青年人广告设计大赛获奖作品名单

奖项	参赛单位	作者
金奖	厦门市新美华广告公司	曾理冰　王　华
银奖	昆明风驰广告公司	尹　伟
	广州市白羊广告有限公司	冯军衡　廖海楠

奖项	参赛单位	作者
铜奖	广州市蓝色创意广告公司	吴 竹 赖 伟
	蓝道广告公司	杜 媛 郭松龄
	北京市北岛广告公司	吴 磊 李春涧

第八届中国广告节各地广告协会送展作品统计表

名次	区号	地区	送展件数	名次	区号	地区	送展件数
1	02	上海	313	24	37	青岛	23
2	41	厦门	236	24	33	大连	23
3	43	广州	183	25	17	河南	20
4	20	广东	166	25	40	宁波	20
5	12	江苏	122	26	44	深圳	18
6	11	山东	107	26	28	甘肃	18
7	03	天津	97	27	06	山西	14
8	13	安徽	85	28	10	黑龙江	13
9	31	新疆	83	28	36	济南	13
10	05	河北	82	29	09	吉林	8
11	38	南京	80	30	14	浙江	4
12	01	北京	73	30	07	内蒙古	4
13	16	福建	65	31	32	沈阳	2
14	39	杭州	52	31	18	湖北	2
15	35	哈尔滨	48	32	23	四川	0
16	42	武汉	48	32	47	成都	0
17	04	重庆	40	32	34	长春	0
18	24	云南	34	32	08	辽宁	0
19	27	陕西	33	32	22	海南	0
20	15	江西	32	32	26	西藏	0
21	48	西安	28	32	29	宁夏	0
22	21	广西	29	32	30	青海	0
23	25	贵州	24	32	45	珠海	0
24	19	湖南	23	32	46	汕头	0

第三届全国广告摄影展“十佳摄影师”名单

（排名不分先后）

张善夫
上海三维应用摄影技术研究所
1985年获上海首届广告摄影展一等奖
1987年获上海首届新闻即时摄影一等奖
1999年获首届全国广告摄影展“十佳摄影师”
2000年获第二届全国广告摄影展“十佳摄影师”

王　琛
深圳市新翔广告印务有限公司董事长兼总经理
中国摄影家协会会员
中国新闻摄影学会会员
中国艺术摄影学会会员
1988年获中国新闻摄影学会“中国新闻摄影学术活动突出贡献奖”

刘国添
香港刘国添摄影室有限公司
2000年获第二届全国广告摄影展“十佳摄影师”

陈卫中
上海红叶图片有限公司董事长
上海摄影家协会会员

黄　伟
广州道恩广告有限公司胡黎明摄影工作室

贺建华
深圳市摆渡人摄影设计有限公司船老大

陈锦岗
香港 Terry Chaw Photography

汪恩赐
香港 Raymond Wong Studio
香港影艺摄影学院及工业总会专业摄影课程讲师
1975至1986年获香港设计师协会多项摄影金奖及优胜奖

夏永康
香港 Shya－La－La 制作有限公司总监
曾获加拿大温哥华印刷大奖赛一等奖
日本 PARCO 希望摄影师奖
美国纽约第75届年度艺术指导奖
香港第二届年度相册设计奖
香港设计家协会大奖赛书籍平面设计金奖

张益平
香港 Stephen Cheng Studio
1983年举办“北京风情”个人摄影展

新世纪广告摄影的大检阅

——第三届全国广告摄影优秀作品展作品评选侧记

柴　选

业界瞩目的第三届全国广告摄影优秀作品展评选活动不久前在北京结束，颁奖仪式于9月21日在山西平遥古城举行。本届评选活动有以下几个鲜明特点：

摄影师参与热情高涨

本届参评作品史无前例地达到了近1500件，几乎相当于前两届参评作品数量的总和。送稿的作者遍布全国各地：往年在广告摄影展上唱主角的北京、上海、广州、深圳四地的摄影师实力依旧；来自南京、西安、重庆、哈尔滨等内地城市的摄影师水平不差，令人耳目一新；宁波、无锡、江门、常熟、鹤壁、安阳等中小城市一些立足本地的广告摄影佼佼者也送来作品，小试牛刀。广告摄影师聚集的广州市和上海市，由于报名参赛踊跃，不得不由当地广告协会下设的广告摄影专业委员会对所有报名作品进行初选，然后将其得意之作送来参评。广州集体送稿已是第三次，参评作品近 300 件，上海集体选送的参评作品 200 余幅，质量明显好于上届零散参赛的摄影师，两地摄影师整体实力不俗，说实在的，凡送稿者都是瞄着大奖来的。

第二届评选时，香港摄影师公会初露锋芒，便硕果累累：两人获得“十佳广告摄影师”称号，参评的 4 人全有奖项入账。尝到评选甜头、看到市场潜力的香港广告摄影师不仅一下子有 20 多位涌进内地长期工作，在北京等地的广告摄影市场中占得一席之地，而且对本届全国广告摄影优秀作品展也情有独钟：汇集十几名精英摄影师的 200 件作品整齐划一，质量上乘。颇为有趣的是，第一届评选时的评委，来自台湾的著名摄影师林添福第二届便送来作品参评，一举获得“十佳广告摄影师”称号。第二届评选时的评委，时任香港摄影师公会主席的黄伟国先生本届亦精心准备了十余幅作品参赛，可见他们对该项内地的评选活动也青睐有加。就连他们公会的年赛也请了曾连任两届全国广告摄影优秀作品评选评委的张小平先生担当评委。

前两届评选结果向社会公布后，“十佳广告摄影师”称号给广告摄影人带来的经济收益颇丰，使得今年不少摄影师把“十佳”作为既定目标，精心选出 10 幅作品，声明只参加十佳摄影师评选，而不参加单幅作品的评选。这也是以往两届评选中未曾出现过的。

资深评委严格要求

每年的广告摄影优秀作品评选都是邀请当年国内外广告界和摄影界较活跃的名流来担当评委，如上两届评委中有广告业专家、广告 4A 委员会召集人广州黑马广告公司老总张小平、麦肯·光明广告公司中国地区的执行创意总监莫康孙、达美高广告公司执行创意总监叶兆强等，也有著名的香港商业摄影师冯汉纪、高志强、黄伟国，台湾摄影家林添福等。本届邀请的评委包括几家知名广告公司的创意总监王永辉、林桂枝、温一沙，香港摄影师公会副主席周润笙、清华大学工艺美术学院摄影教研室主任苏民安、第一届广告摄影优秀作品展的全场大奖获得者、来自广州的著名广告摄影人吕群等人。这样的评委对作品的评判各有侧重，结构更趋合理。每届评选时，中国广告协会总会有一名领导从政治思想上、从行业导向上为评选把关，本届担当此工作的是中国广告协会秘书长时学志先生。

活动进入小结时，评委们也提出了参评摄影师存在的许多问题：有的为参评而参评，想迎合评委所好；有的看到上届某类作品实力很强，便避实就虚送其他类别参评，但没有想到去年实力很强的家用电器类和交通类都因为摄影师的回避而空缺金奖；还有一些摄影师没有自己的客户，作品为比赛专门拍摄，反而不如那些现成的为客户拍的成品等等。

内地与香港差距明显

香港摄影师大规模北上参加内地广告摄影评选，一方面说明该项活动已经被包括港澳台在内的中国业内人士所认同，有一定的权威性；另一方面也是为了在内地打开市场，让自己有更多的业务。最大的好处则是能让内地的摄影师开阔视野，见识更高水准的作品，提高鉴赏水平，在模仿的基础上逐渐提高。

果不其然，香港摄影师在本届评选中大放异彩：评选出的 5 个类别金奖全部被香港摄影师获得。上届“十佳广告摄影师”得主刘国添独得两项金奖、一项银奖和一项铜奖，并将柯达杯全场大奖和最佳创意奖收入囊中。“十佳广告摄影师”中，香港摄影师占据了一半席位，其他奖项也是与内地摄影师平分秋色。

评委们在看过作品后表示：能让人眼前一亮，创意和摄影手法俱佳的作品大部分出自香港摄影师之手。内地的不少作品虽然不乏可取之处，但总有明显的硬伤使其从评委们严格掌握的评判标准前止步。连续两届担当评委的王永辉先生对记者直言：“今年的作品与去年相比没什么变化，拍车的还是那么拍，拍日用品、拍食品的手法也没创意。”尤其是在创意上，香港摄影师能触类旁通，用相关联的事物来表现本体，而内地大部分摄影师只能就产品拍产品，在布光、背景等方面玩点小花样，创意手法单调而老套。

即便如此，评委们对内地广告摄影师的发展还是持乐观态度的。一是由于内地与港台地区广告摄影界的互相交流逐渐增多，二是香港摄影师在内地市场上抢饭碗有助于内地摄影师提高自身水平以应对挑战，三是广告摄影的创意和拍摄的分工日渐明确，内地与港台摄影师合作的机会增多。

原载《摄影之友》2001 年第 10 期

公益广告专栏

关于 1999—2000 年度公益广告活动获奖情况的通报

各省、自治区、直辖市及计划单列市文明办、工商行政管理局：

2001 年 3 月，中央精神文明建设指导委员会办公室和国家工商行政管理总局依据《关于开展 1999—2000 年度优秀公益广告作品评选工作的通知》(工商广字 2000 第 184 号)，在北京组织专家及有关部门对 1999—2000 年度的公益广告作品进行了评选。评选活动共收到全国各地上报作品 533 件，其中影视公益广告作品 169 件，平面公益广告作品 274 件，广播公益广告作品 90 件。共有 59 件优秀公益广告作品(影视广告 21 件，平面广告 22 件，广播广告 16 件)荣获全国奖，其中，金奖 3 件，银奖 5 件，铜奖 10 件，优秀奖 41 件。有 106 家单位、95 名个人分别被评为公益广告活动先进单位和先进个人。

现将 1999—2000 年度公益广告活动获奖情况通报给你们，希望各地认真总结经验，加强领导，采取有效措施，改变目前我国公益广告优秀作品少、质量不够高的现状，下决心知难而进。要进一步增强政治意识、大局意识、责任意识，创作出更多的思想性强，有时代特征，主题鲜明，创意独特，内涵深刻的公益广告。要积极参与中央精神文明建设指导委员会办公室和国家工商行政管理总局在 2001 年开展的征集思想道德电视公益广告活动，为社会主义精神文明建设做出应有的贡献。

附件：1、1999 - 2000 年度公益广告活动获奖作品名单
　　　2、1999 - 2000 年度公益广告活动先进单位名单
　　　3、1999 - 2000 年度公益广告活动先进个人名单

中央精神文明建设指导委员会办公室
国家工商行政管理总局
二〇〇一年五月十八日

1999－2000年度公益广告活动获奖作品名单

影视作品

奖项	作品名称	报送单位
金奖	1、理解、支持、关爱	广电总局电影卫星频道节目制作中心北京凯普九歌广告有限公司
银奖	1、环保，在你我一举一动	北京未来广告公司
	2、知识改变命运	中央电视台
铜奖	1、保护树林	广电总局电影卫星频道节目制作中心北京凯普九歌广告有限公司
	2、远离网络毒害，健康网上行	上海影视广告有限公司
	3、科技让生活更美好	深圳电视台
	4、国际禁毒日一剃头篇	广州市泓一广告传播有限公司
	5、计划生育	福建东南电视台
优秀奖	1、科技让生活更轻松	北京桑夏广告有限公司
	2、祖国需要你，参军最光荣	北京桑夏广告有限公司
	3、保护水资源	上海影视广告有限公司
	4、别让噪音摧毁音乐	广电总局电影频道节目制作中心北京英特华视广告公司
	5、青青的草，拳拳的心	吉林市电视台广告部
	6、老马系列	北京广而告之有限公司
	7、藏羚羊篇	北京广而告之有限公司
	8、实现理想	北京桑夏广告有限公司
	9、请节约用水	北京有线广播电视台
	10、欢欢喜喜过个年	北京桑夏广告有限公司
	11、珍惜生命，远离毒品	黄石有线广播电视台
	12、不要轻易点击法网	辽宁雅威广告有限公司
	13、我是一只小小鸟	北京广而告之有限公司

平面作品

奖项	作品名称	报送单位
金奖	1、灭顶之灾	广州旭日广告有限公司
银奖	1、酒后别开车	苏州市亚太广告有限公司
	2、出入平安	扬州新星广告公司
铜奖	1、好好学习,天天自卫	南京卓越形象创意公司
	2、今天你上学了吗	厦门市路桥广告公司
	3、不喜欢烟囱,就不要当烟囱	达彼思(达华)广告有限公司
优秀奖	1、新北京　新奥运	北京市始创国际企划有限公司
	2、爱是相互的——父子篇	宫英勋
	3、海的女儿	邬建安
	4、祖国不容分裂	肖虎
	5、都说防人之心不可无	江苏盐城商业大厦股份有限公司广告部
	6、栅栏	金陵饭店广告公司
	7、转变观念	牡丹江日报社广告部
	8、一样的价格　不一样的价值	昆明风驰广告有限公司
	9、春天在那里	贵州民航广告公司
	10、去掉多余之口还它本来面目——《官》、《权》	贵州民航广告公司
	11、在广州每个人都有机会发光	广州天进广告有限公司
	12、少了这一点都不是完整的中国	江西东方广告有限公司
	13、注意孩子教育——鸡毛掸子篇	智威汤逊中乔广告有限公司上海分公司
	14、不会摇的跷跷板	杭州思美广告公司
	15、地球真小	湘潭市美术广告有限公司
	16、蜘蛛网　内裤　文胸	达彼思(达华)广告有服公司

广播作品

奖项	作品名称	报送单位
金奖	1、保护野生动物	深圳市广播电台
银奖	1、一心不能二用	河南交通广播电台
铜奖	1、言传身教,做孩子的榜样	中央人民广播电台
	2 常回家看看	天津人民广播电台
优秀奖	1、敬业爱岗	广东韶关人民广播电台
	2、别把污水倒在自己碗里	江西人民广播电台广告部
	3、称盘上的洞	江西人民广播电台广告部
	4、职业道德	吉林人民广播电台
	5、一个都不能少	镇江经济广播电台
	6、别让乐曲停顿	福建南平广播电台

奖项	作品名称	报送单位
	7、关心老人篇	重庆人民广播电台
	8、为下岗职工子女捐资助学	重庆北碚人民广播电台
	9、申办奥运——出租汽车司机篇	北京人民广播电台
	10、尊师重教	深圳人民广播电台
	11、保护水资源	深圳人民广播电台
	12、“九五”成就	湖南人民广播电台经济频道

单 项 奖

奖项	类别	作品名称	报送单位
最佳创意奖	广播	言传身教　做孩子的好榜样	中央人民广播电台
最佳摄影奖	影视	国际禁毒日——剃头篇	广州市泓一广告传播有限公司
最佳设计奖	平面	出入平安	扬州新星广告公司
最佳音效奖	广播	一心不能二用	河南交通广播电台

1999－2000年度公益广告活动先进单位名单

北京市

广电总局电影卫星频道节目制作中心广告部

北京凯普九歌广告公司

北京广而告之有限公司

上海市

上海巍珂－庆余广告有限公司

智威汤逊中乔广告有限公司上海分公司

TBWA上海李岱艾广告有限公司

天津市

天津日报广告处

天津广告有限公司

天津电视台广告部

重庆市

重庆电视台广告部

重庆日报社广告经营部

重庆正宗广告有限公司

河北省

石家庄日报社广告经理部

保定电视台广告经济信息中心

邢台电视台广告节目信息中心

山西省

山西省介休市高云广告装潢有限公司

山西人民广播电台阳泉分台广告部

太原日报社广告处

长治日报社广告部

内蒙古自治区

内蒙古平庄煤业(集团)有限公司电视台

内蒙古日报社广告部

内蒙古思必达广告有限责任公司

辽宁省

辽宁省雅威广告有限公司

辽宁省鞍山市九环广告装潢有限公司

吉林省

吉林电视台广告部

长春日报社广告部

通化电视台经济信息部

黑龙江省

牡丹江新时代广告艺术有限公司

鸡西日报社广告部

黑河日报社广告部

江苏省

扬州欣欣食品有限公司

苏州电视台经济信息部

盐城市广播电视局广告中心

南京金陵饭店广告公司

浙江省

绍兴市广告协会
杭州日报社广告中心
湖州金基传播发展有限公司

安徽省

安徽日报社广告处
安徽不夜城广告公司
安徽银鹃影视广告制作有限公司

福建省

福建东南卫视广告有限公司
漳州市佰诚广告事业有限公司
泉州蓝道广告公司

江西省

江西人民广播电台广告部
江西东方广告有限公司
江西电视台广告部

山东省

山东电视台广告部
北京太阳圣火广告有限公司山东公司
潍坊广播电视报社广告部

河南省

河南交通广播电台
濮阳电视台广告部
平顶山市天介广告有限公司

湖北省

宜昌市龙马广告有限公司
楚天都市报广告部
长江日报社广告部
随州日报社广告部

湖南省

湖南隆回广告有限公司
长沙晚报社广告部
湘潭日报社

广东省

广东省广告公司
珠海人民广播电台

广西壮族自治区

柳州日报社广告部
广西时代广告有限责任公司
广西南宁金岛广告有限责任公司

海南省

海南日报社广告部
海口电视台广告部
海口晚报社广告部

四川省

四川电视台广告部
成都商报广告部
成都电视台广告部
成都市公共交通集团公司

贵州省

贵州民航广告公司
贵州人民广播电台广告部
贵州天马广告公司

云南省

昆明卷烟厂
云南日报社
昆明风驰明星信息产业股份有限公司
云南美年广告有限公司

陕西省

陕西电视台广告经理部
陕西宝鸡卷烟厂
延安电视台经济部

甘肃省

兰州日报兰州晚报社广告处
嘉峪关电视台广告部
甘肃矿区有线广播电视台

宁夏回族自治区

宁夏电视台广告部
宁夏广播电视报广告部
固原日报社广告部

青海省

青海电视台广告部
青海日报社广告处
青海油田广告公司

新疆维吾尔自治区

乌苏人民广播电台广告部
博尔塔拉蒙古自治州广告公司
昌吉市天河广告经营部

大连市

大连电视台
大连报业广告中心
庄河广播电视台

深圳市

深圳特区报
深圳商报
深圳市口岸广告公司

宁波市

宁波日报广告部

余姚日报广告部

青岛市

青岛日报社广告处

青岛电视广告实业公司

青岛广告公司

厦门市

厦门正韵广告有限公司

厦门商业广告有限公司

1999－2000年度公益广告活动先进个人名单

北京市

王生成　北京广而告之广告有限公司总经理

张　曦　北京桑夏广告有限公司总经理

刘　旭　北京电视台经济信息部

上海市

沈培君　上海影视广告有限公司总经理

汪人捷　麦肯·光明广告有限公司上海分公司创意组长

高　嵘　上海广告有限公司业务三部总监

天津市

李焕欣　天津盛华国际广告发展公司副总经理

阎　明　天津市奥利传播有限公司总经理

李　侠　天津市天元广告公司经理

重庆市

熊　帆　重庆金朝广告公司总经理

彭　健　重庆写真广告公司总经理

吴　军　重庆市北碚区人民广播电台广告部主任

河北省

陈亢生　河北电视台广告信息部

魏永安　唐山市国际广告公司总经理

李　鹏　华北石油报社天艺广告公司

山西省

郑凯华　山西省冀城县凯华广告装饰有限公司

王冀中　好运达国际广告有限公司总经理

内蒙古自治区

纪　君　集宁人民广播电台广告部主任

孙晓霞　红山晚报社广告部主任

萨仁高娃　阿巴嘎旗广播电视局广告部主任

辽宁省

刘宝福　营口雅威实业有限公司董事长

刘　丹　鞍山日报广告部副主任

吉林省

吴海东　吉林电视台广告部编辑

刘晓柏　吉林市电视台广告部主任

王　彦　辽源广播电视广告节目制作中心主任

黑龙江省

何艳敏　海润国际广告有限公司黑龙江分公司

高秀敏　佳木斯经济广播电台广告部主任

李　伟　齐齐哈尔广告公司

江苏省

贾丽军　南京卓越形象创意公司总经理

周晓龙　镇江电视台广告部主任

吴小卫　扬州同舟广告有限公司总经理

浙江省

陈增歆　温州电视台广告部主任

黄　健　金华日报社

郭建荣　台州市汇宝广告装潢有限公司

安徽省

韩晓群　合肥人民广播电台

徐银群　新安晚报社广告部

桂瑞新　界首市广告装潢公司

福建省

张海云　三明市超越信息工程有限公司总经理

陈起鸿　福建宁德电视台广告部主任

任智勇　闽北日报广告公司

江西省

张晓键　江西电视台广告部

巴　洪　景德镇有线电视台

王平湖　江西人民广播电台广告部

山东省

李国平　山东省国际广告公司总经理

王德宝　泰安市广告协会

国　磊　淄博人民广播电台文艺频道广告部主任

河南省

耿建平 安阳市田园广告策划公司
王 炎 商丘AAA广告有限公司
符 军 河南电视台都市频道

湖北省

鲁盖克 武汉银马广告有限公司经理

湖南省

罗 伦 湖南省湘潭柏石广告公司经理
杨 平 湖南湘西土家族苗族自治州邮政局

广东省

王柏全 东莞市城区广告公司总经理
李 翠 广东省广告公司创意指导
李少强 江门日报社广告部

海南省

南 缨 海口晚报社广告部
曾昭萍 海南日报社广告部

四川省

赵长根 四川电视台广告部
徐启忠 成都电视台广告部副主任
丁瑞容 成都市公共交通集团公司副总经理
赵克强 绵阳市莱德广告事务所经理

贵州省

郑 波 贵州民航广告公司
土贵勇 贵州天马广告公司
张钰影 贵州都匀有线电视台经济广告部

云南省

李湘林 云南日报社广告处
顾蔚璋 云南有线电视台广告部
赵 东 昆明风驰明星信息产业股份有限公司

陕西省

张 钧 安康日报社广告信息部主任
刘晓光 渭南电视台广告部副主任
孟守禄 汉中日报社总编辑

甘肃省

张瑞萍 甘肃张掖地区电视台广告部
刘蓬勃 甘肃矿区有线电视台编辑、记者
杜红梅 兰州日报兰州晚报社广告处

宁夏回族自治区

吴明佳 宁夏电视台广告部主任
杨志刚 宁夏广播电视报社广告部主任
仝 华 宁夏有线电视台广告部副主任

青海省

吉长贵 青海日报社广告处编辑
铁发仁 青海广播电视报社广告部主任
邢晓荣 青海省广告公司总经理

新疆维吾尔自治区

张建华 乌鲁木齐市今日传播广告公司
马雄华 米泉人民广播电台广告部
康 黎 乌苏人民广播电台广告部

大连市

赵桐禄 大连广告培训学校
徐晓光 大连电视台
王若江 大连太平洋广告公司

青岛市

祝焕庆 青岛广告公司
林剑刚 青岛天马广告公司
李熙平 青岛五洲广告公司

宁波市

陆有勇 宁波友谊广告发展总公司总经理
周信康 宁波大榭开发区华厦企划有限公司总经理

深圳市

陈基育 深圳市公交广告公司
高锦民 深圳市海王广告公司
何佩文 深圳广播电台

厦门市

颜俊华 厦门市广告协会
杨允红 厦门市路桥广告公司

公益广告商业性现象批判与控制

暨南大学新闻系研究生 郑明波

公益广告是指为公众利益服务的，旨在以倡导或警示等方式传播某种公益观念，促进社会精神文明建设的非商业性广告。

公益广告与商业广告有着巨大的差异，以至有人认为二者是根本对立的两种广告形式，商业性行为、商业性特征在公益广告的内容、生产和传播过程中的出现是决不能容许的。但事实并非如此,公益广告是特殊的商品,公益广告行为的诸多环节存在着商业性表现。

公益广告商业性倾向的表现形式

一、广告主身份大多具有商业背景

我国公益广告的广告主大多为政府、非赢利性组织与工商企业、广告公司或传媒联手组成,共同发布公益广告,后者一般具有近期或潜在的商业诉求。

二、广告作品内容中多呈现商业元素

根据国家四部门(中宣部、工商局、广电部、新闻出版署)于1997年下发的“工商广字[1997]第211号”文件——《关于做好公益广告宣传的通知》,公益广告“可以标注企业名称,但不得标注企业产品名称和商标标识,不得涉及与该企业商品或提供的服务有关的内容。”

可见企业名称在公益广告内容中的出现已经得到了国家管理部门许可,而产品名称和商标标识则未被放行。但由于法律法规尚不完善以及监督管理上的漏洞使得诸如企业名称、企业吉祥物、企业文化内容等方面并未被列入禁止范围,已被列入禁止出现内容的产品名称和商标标识等商业性元素也采取改头换面的手法,屡屡试“法”,不同程度地影响了公益广告的生产及价值的实现。

三、广告信息中隐含商业诉求

公益广告的隐性商业诉求主要表现在广告信息与企业的相关性上。具体表现在相关企业产品的应用,相关企业活动的领域,相关企业精神和企业文化等方面。如,某些以宣扬禁烟为主题的公益广告,其广告主是某著名香烟生产企业;宣扬关爱父母题材的作品,其广告主是某制药企业,其核心产品就是某种老年人常见心血管疾病用药……

隐性商业诉求着眼于长远的、深层次的商业目的,给受众以潜移默化的影响,并能保证公益广告信息的独立性不受干扰,较为可行。

四、广告生产、流通过程具有商业化特征

公益广告是用来交换的劳动产品,在其生产、流通的各个环节中都体现出广告主与广告创制公司以及广告发布媒体之间的交换关系。具体表现在:

(1) 工商企业付出广告生产的费用,获得广告产品的广告主地位,扩大社会知名度;

(2) 广告公司付出劳动,获得经济收入,并取得广告产品的部分广告主地位和社会知名度;

(3) 政府、社团组织付出政策、声势上的支持和部分经济支持,获得部分广告主地位和社会事务或社会状况的良性反应的回报。

(4) 大众传媒付出媒体版面、时段成本,换得良好社会效应,树立媒体形象。

公益广告商业化探因

一、公益广告和商业广告的优势互补是内在动因

公益广告和商业广告由于性质的不同必然造成各自在具体操作中的优势与劣势:

	优 势	劣 势
商业广告	1. 经济来源充足； 2. 基础设施建设齐全； 3. 从业队伍庞大； 4. 组织管理成熟； 5. 教育、培训发展迅速；	1.社会认同程度不高，受众往往持怀疑，逆反态度； 2. 内容往往有强烈的商业功利性；
公益广告	1. 社会形象良好； 2. 受众有较强认同感； 3. 政府政策扶持和优待； 4. 媒体的协助与支持；	1. 经费来源匮乏； 2. 组织管理、法规建设不健全； 3. 起步晚，基础差； 4. 从业人员数量、质量较薄弱； 5. 相关教育尚未较好跟进；

从以上表格不难看出，商业广告与公益广告有着明显的互补性特征，二者具有相互间的内在需求，通过相互结合可以解决某些自身不能解决的问题，一定程度上可以实现相互促进，共同发展。

二、公益广告管理的薄弱，是“出轨”现象产生的土壤

(1) 我国公益广告相关法律法规和政策规定等方面建设薄弱。

1995 年 2 月 1 日我国颁布实施的《中华人民共和国广告法》，总则第二条第二款中明确规定：“本法所称广告，是指商品经营者或者服务提供者承担费用，通过一定媒介和形式直接或者间接地介绍自己所推销的商品或者所提供的服务的商业广告。”可见，该法并不适用于公益广告，真正的公益广告立法尚处于理论探讨阶段。

法律性管理条例也未出现，政府管理相关文件寥寥无几。目前，我国仅有 1997 年由四部门联合下发的《关于做好公益广告宣传的通知》和 1998 年由国家工商行政管理局广告监督管理司下发的《关于加强公益广告宣传管理的通知》。

(2) 法规涉及领域狭窄，涉及方面较少，不能对公益广告与商业广告的界定管理起到全面指导的作用。

“四部门联合通知”全文仅九条，其中涉及公益广告与商业性关系的有两条，百余字，可操作性不强。

(3) 多头管理情况严重。

在目前的公益广告管理过程中，除法定广告管理机关——工商行政管理部门将管理商业广告的职能延伸到公益广告管理领域外，一些地方的党委宣传部、精神文明建设办公室、城市建设管理部门，甚至街道管委会等部门，也在插手管理公益广告。由于各部门认识不一，依据不同，职能不同，必然导致了管理中出现的混乱和不利局面。

三、尚处幼年的公益广告面临多方困扰

年仅 15 岁的中国公益广告事业，全面蓬勃发展的同时，也面临多方面的困难：

(1) 全社会的参与程度不够，尚未形成一种深得社会各界支持与扶持公益活动的气候和形势。

(2) 公益广告的主题力度不够，不能针对公众关注的社会问题，形成广告传播的强大声势，缺乏全社会性整体策划。

(3) 工商与广告界长期投入的能力与热情不足。

(4) 公益广告创制队伍相对薄弱，作品的水平有待提高。

上述困难中最突出、最根本的一点是经济问题，它是制约中国公益广告业发展的主要瓶颈，只有解决生产过程的经费问题，才能全面有效地解决公益广告面临的多种问题。

四、企业广告主是公益广告商业性的强力鼓动者

由于我国公益事业尚处于不成熟阶段，缺乏具体的操作规则和社会环境，加之公益广告的主要广告主之一的工商企业与生俱来的对经济利益的渴求，使得公益广告不但具有商业特征而且出现了某些较大偏差，突出表现为：企业参与公益广告的动机不正，意欲通过公益广告为企业披上“公益热心人”的外衣；对公益广告的特性无正确认识，仍按商业广告思维看待，急功近利，将公益广告视作“廉价商业广告”，以经济回报为主要诉求。

公益广告商业性表现的得与失

公益广告商业化倾向是公益广告在我国特定历史阶段发展过程中必然出现的状态，对此现象我们应当有清醒的认识与评价。

一方面，公益广告与工商企业合作解决了公益广告生产的经费不足的问题，广告公司的参与提升广告公司形象作用，工商企业的参与有助于企业品牌形象的提升和品牌战略的实施，传媒的加盟增强了传媒与受众的亲和力，提高了媒体影响力。另一方面，公益广告商业化导致了公益广告与商业广告界限模糊，造成管理上的不便与混乱，公益广告的公益性受到怀疑，公益信息可信度下降，公益广告传播优势降低，影响公益广告的传播效果。

独立性是公益广告存在的根本。公益广告与商业广告之间在广告行为基本要素、广告功能、广告目的上的差异决定了公益广告必须保持生产过程和广告内容不受工商企业干预。但是公益广告与商业因素也不是完全对立、不能共存的。相反，只要关系把握得当，完全可以相互促进共同发展。

一些广告公司和企业、媒体联合，就某一主题制作公益广告，既促进了精神文明建设，又宣传了企业的社会公益形象。

公益广告经费匮乏是其面临的最大难题，而且就目前而言，政府与社会团体或其他非赢利性组织尚不能解决或完全解决这一问题，商业因素的适度融入可以促使公益广告迅速发展。

总之，公益广告保持自身独立性，合理适度地引入商业因素，是公益广告健康发展的必由之路。

公益广告商业化的传播控制

一、法制控制

针对目前公益广告管理中出现的管理主体不清、规定条文可操作性不强等突出问题，在逐步展开的公益广告立法中应着重在以下方面做出规定：1)明确规定公益广告管理主体；2)公益广告可识别性内涵（与商业广告的差异特征）；3)公益广告的资金来源；4)公益广告内容的规定；5)广告主资格认定及权利、义务。

法律控制是公益广告健康发展的强有力保障，它以国家强制的方式为公益广告和商业广告做出了界定，为公益广告的商业性介入构建了框架，它是保证公益广告独立性，确保商业性因素引入的合理性、适度性的牢固根基。

二、社会控制

公益广告作为社会主义精神文明建设的新生力量，其产业规模迅速壮大，产业内部以及与相关社会组织间的关系日益复杂，这就迫切要求专业性协调组织的出现，从而对整个产业的正常运转加以指导。因此，成立类似于“公益广告事务协调监督委员会”的社会组织势在必行。它可以属于民间性质，直接向国家工商行政管理局负责，其职能主要包括：规划公益广告主题；协调工商企业与广告生产机构的关系；选择和考评广告媒体、广告公司；健全相关管理条例和法律法规；负责公益广告常识的普及推广，吸引社会公众对公益广告的关注等等。在健全的相关法律法规宏观约束下，在此机构的具体指导、协调和监控下，使得公益广告公益性和商业性健康结合成为可能。

三、经济控制

经费紧缺状况是公益广告商业性能否呈现良性的瓶颈，是导致公益广告的生产、发布受制于企业，独立性无法展现的关键。因此，建立以下科学合理的经费渠道，是解决商业因素非良性趋向的根本之道。

(1) 专项税收。工商企业按利润缴纳公益广告税。

(2) 政府财政划拨。

(3) 社会团体组织或基金扶持。

(4) 社会募集。

客观而言，在多种原因的综合作用下，我国公益广告事业正处于脱离商业性因素，独立发展的历史阶段，如何寻求确保公益广告自身公益性的同时适度引入商业动力，使公益广告走上健康有序发展的道路，是我们今后一个时期应着力解决的问题。

原载《现代广告》2001 年第 5 期

做公益广告需要社会的理解和支持

北京捷先广告公司总经理　徐　建

公益广告追求的是心灵与心灵的碰撞，良知与良知的碰撞，目的是唤醒人们的人性与良知，因此，公益广告应从最基本的人性出发。

公益广告与商业广告都是在推销一种东西，商业广告推销的主要是产品，通过广告形式引起人们的购买欲，从而产生购买行动，公益广告主要推销的是一种美好的道德情操，一种愿望或一种情怀，以此促进人与人之间的沟通和理解，使人从中获取一种力量。从创意方面来讲，两者本质上并没有什么区别，只是形式不同而已，给谁做，用什么方法去做。创意法则也是一样的，都要针对市场，有一个准确的定位，要能够让目标对象所接受。

面对商品世界冷冷冰冰的金钱关系，如何激情灿烂地把公益广告变成一种温情销售给大众，是创意者考虑最多的问题。我认为，公益广告的创意，应从最基本的人性出发。用幽默也好，亲情也好，或者用其他形式也好，都要把人性这种最基本的东西表达出来。因为中国人比较喜欢人性化的东西，需要人性化的东西，公益广告的创意和形式也应该适应这种需求。从我自己来说，我也非常喜欢比喻式的、哲理式的，虽然它不是很煽动你，但它确实很触动你，教育你，无论怎样，都要从人性出发。公益广告首先要感动自己，才能感动别人，如果连自己都感动不了，怎么能感动别人呢？人性不是眼泪，人性其实是一种良知，一种准则，人性是一种沟通的武器，因为大家都有人性，都有良知。如果我们在公益广告的创作中，始终保持一种很朴素的感情，保持一种真诚的沟通态度，把非常挚朴的情感融入到创作中去，如果我们能够从最基本的人性出发，沟通起来就容易得多，公益广告的社会作用也就会更好地体现出来。我认为，中国人有可能通过公益广告首先去占领国际舞台，因为人性与良知没有国界，只有盛载着人性的东西，才能突破文化之间的阻隔。

做公益广告难，难就难在许多人的不理解，难在没有一个良性的资金保障体系。

在中国做公益广告很困难。现在许多人都说这个做的不好，那个做的不好，可是谁又考虑过广告公司的难处？公益广告就像一个孩子，我们不可能让它缺胳膊少腿地生下来，倾尽所有，也想让它好好地来到人间。那我们在这么微利的情况下，钱从哪里来？要做一个好的公益广告，广告公司又要赔多少钱呀！我们做“下岗再就业”的公益广告时，有多少人向我们要钱啊！记得与一个电影制片厂谈演员的时候，我没想到他们两个演员两天要一万四千块钱，并且当时还不同意，说军人不能做广告。我说公益广告是宣传党的政策的，他们说，那不管，只要是广告就不行。我当时气得直掉眼泪。我每天好像都是在求爷爷告奶奶，磕完一个头再磕一个头，处处显得好像我自己有什么困难在求人家。我实在受不了了，拿起电话想给制作人员打电话，告诉他们不干了，当电话播通时，还没等我说话那边创意人员喊，你快来吧，我们又想出一个特好的主意。我当时什么话也没说，把眼泪咽下去，又跟他们去做了。说心里话，做那组“下岗再就业”公益广告的时候真得很难，有些人心中的那种冰硬和冷漠让人特别绝望。所以，看公益广告要综合来看，不仅仅要看作品更要看它背后的投入。做公益广告的过程本身就是一个公益广告，它既激励着公益广告的制作者，也教育着公益广告制作时的围观者。公益广告作品背后的投入和故事，或许更能激活人们的人性和良知。

我认为中国公益广告要想成为道德建设的一部分，需要社会各方面的理解、支持和帮助。资金上也不能只靠中宣部拨款，应该有一个企业同盟，有一种来自民间的力量不断地支持它去做。像有的国家都有专门的协会，组织捐款，为各类公益主题去做。如果我国成立一个公益广告的同盟会，就会有一种机制上的约束，经费上也会形成一个良性循环。这样，做公益广告，就会形成一种社会风气，公益广告才能达到它最初的目的。

观众是公益广告的最终评判员

广而告之有限公司总经理　王生成

中央电视台的“广而告之”栏目让中国的观众认识了公益广告。今天，公益广告的概念已经深入人心，“广而告之”也成了公益广告的代名词。作为全国较早开始运作公益广告的广而告之公司，在这一领域摸爬滚打已经有些年头了，让我们来听听公司总经理王先成先生对目前公益广告的选题、制作中存在的一些问题的看法。

把公益广告主题放在凡人小事上，放在看得见、摸得着的事物上

公益广告主题大致可以归为三类，即人与人的关系、人与社会的关系、人与自然的关系，其中人与人的关系始终是主角。

这么多年来，CCTV的“广而告之”一直把公益广告选题放在凡人小事上，放在看得见，摸得着的事物上。事实上，这个路子和近期中央文明办与国家工商行政管理局联合下发的“关于征集思想道德电视公益广告的通知”所确定的大力宣传社会公德、职业道德、家庭美德的公益广告主题是合拍的。

目前在公益广告的选题上还存在着一个误区，即认为主旋律就一定是大主题，大主题就一定是主旋律。一个鸟巢是由千万根小树枝和羽毛搭建而成的，事实上，一些枝枝节节的小的公益主题也会塑造一个良好的社会风气。“思想道德”也可以以小见大，例如刚播出过的“我是一只小小鸟”、“爱我就给我自由”等广告都不是什么大主题，也不是什么主旋律，但其中存在的“人”的意义很重要。

简约朴实的制作、单一准确的诉求，观众更容易参与进来

公益广告不是搞艺术形式的舞台，有的制作人愿意在特技、画面色彩或构图上下功夫，这些可以在故事片、特技片或者在一些可以体现个性的片子里去实现，但它却不适合在公益广告这个仅有着有限的时间和空间、却具有重大社会责任的片子里去表现。

经常看到一些公益广告追求大制作，例如拍歌星的MTV或追求场面的宏大、气氛的渲染，这种形式很值得商榷。如果过于追求形式，势必会加大投入成本，既然是在做公益事业，一支广告投入几十万，甚至上百万，这显然是点违背公益广告的宗旨，制作人是心怀公益心还是商业心也是很让人质疑的。

MTV类的大制作之所以值得商榷，就是因为这会把很多人拒之于公益广告门外。电视属于大众传媒，观众的媒体消费能力、消费习惯千变万化，各不相同，同时电视又是线性传播载具，声音和画面稍纵即逝，所以只有简约朴实的制作、单一准确的诉求，才能让最大多数的观众参与进来。门槛太高，观众看不懂或产生歧义，何以谈公益观念的传播？

公益广告要吸引最大多数的受众

制作公益广告与制作纪录片的最大不同就是心里装的受众不同。拍纪录片时不需要考虑要照顾到各方面的受众，照顾到某一部分人就可以了，但是公益广告必须想办法让最大多数的受众来看，所以制作上要

讲究朴实,朴实的东西是能让最大多数的人接受的。

任何一支公益广告都不能忽视的是,老百姓说好就好,而不是专家说好就好,观众是公益广告的最终评判员。国外有些广告评奖并不全都找专家来评,而是让一些各行各业的普通百姓参与进来,国内的评奖以后也可以朝这个方向来发展。

广告教育

中国广告教育由“高速”向“高质”的发展转变

厦门大学新闻与传播系主任 陈培爱

我国广告教育经过近20年从无到有、从有到大的发展，现在已达到量的规模。同时，广告教育也面临不少问题。随着信息化时代的到来及经济一体化的发展趋势，社会对广告人才的需求将日益增加，广告教育发展的空间将不断增大。

进入21世纪后，我国广告教育发展的一个最重要的特征是，从过去的“高速”发展转为今后的“高质”发展。我们必须把握这种历史性的转变机遇，不失时机地推动我国广告教育向纵深发展。

一、中国广告教育“高速”发展的现状

据中国新闻教育学会最新统计、截至1999年底，共有61个理事单位开办新闻传播相关的专业228个，其中广告学专业87个，新闻学专业70个，广播电视新闻学专业49个，编辑出版学专业22个。其中值得思考的是广告学作为新兴学科，在新闻传播学科的领域得到快速发展，已大大超过学科历史更为悠久的新闻学专业，呈现出蓬勃的发展势头。而据笔者统计，从1999年底至2001年又有许多高校创办有广告学专业，该专业的总数已超过百所院校。

笔者在《中国广告教育20年的发展与基本经验初探》一文中，曾把中国广告教育的发展大体分为三个阶段，即第一阶段酝酿期(1979—1983)，第二阶段探索期(1983—1992)，第三阶段快速发展期(1992—至今)。事实证明，在第三阶段快速发展期，中国广告教育的规模已超过传统的新闻学教育，逐步走向成熟，适应了广告业发展的需要，也逐步适应了与国际广告教育的接轨。

我国广告教育在20年左右的时间里迅速扩展到超过百所高校，广告学科从无到有，从一门新兴的边缘学科，到目前形成艺术型、经贸型、新闻传播型等三类教育模式。作为一门年轻的学科，我国广告教育在高速发展的同时也产生了亟待解决的问题：

一是速度与质量不匹配：由于广告行业是社会的“热门”职业，许多高校在尚不具备条件情况下，形成一种有条件要上，没有条件创造条件也要上的遍地开花格局。这就使有限的广告教育资源，分散在全国百所以上不同高校里，导致教学质量差异极大。

二是广告教育资源整合不足：由于不同的院校有各自不同的优势，因此各自强调某种知识类型的重要。广告学所设计的各类专业知识还未能综合成一个紧密联系的知识整体，影响了学科体系的建设，并严重阻碍了广告教育向高质发展。

三是广告教育之间的交流不够：截至2000年底，全国共有广告经营单位7万多户，从业人员64万人，另有百所高校的广告教学人员及学生。无论是广告教育界与实务界之间，还是广告教育界之间都缺乏及时有效的沟通，造成知识传播的相对封闭，这也是阻碍广告教育向高质发展的重要原因。

二、中国广告教育如何向“高质”发展

(一) 抓住一个关键——课程体系改革

广告学专业培养的是复合型人才，社会对广告人才的需求已从技能逐渐转向懂经营战略，懂整合传播的高层智能型人才。课程体系的训练必须在跨学科的交驻渗透中进行科学的规划，按照不同的培养目标确定内容与比例。这里只提出三大模块五类课程的设想。

1、公共基础课程：包括政治理论课、思想品德课、外语、计算机应用等，占总学分25%。

2、素质教育课程：这一模块的课程体现为文理渗透、学科互补的特点，对广告学专业的学生来说，必须跨出本专业在经济类、管理类、心理学类、文史哲类等学科的诸多素质课程中选修相关课程，以此拓宽知识面，增强发展的后劲。这类课程也可占总学分10%。

3、专业类课程：这类课程可包括专业基础课和选修课两类。在内容上，可按整合营销传播的思路，在营销和传播两大块安排课程，形成科学实用的创新课程，可占总学分的55%左右。

除此是其他教学环节，包括军事训练、社会实践、毕业论文，占总学分10%。抓住了课程体系改革这个关键，也就抓住了提高人才培养质量的最重要的环节，体现了面向世界、面向未来、面向现代化的人才培养新模式的设想。

(二) 站稳两个基点——素质教育与高科技挑战

我国大学的人才培养模式从20世纪50年代重知识、到60年代重能力，到90年代强调知识能力与素质并重协调发展。在这一转变过程中，文化素质逐渐被提到特别重要的位置，尤其是近年来，可持续发展的高等教育的提出，给予素质教育以更多的关注。人们越来越深刻认识到，在信息时代到来的今天，知识与知识之间的互相渗透越来越明显，相近学科之间的界限日趋模糊，各学科之间在方法和理论上需要互相支持。只在本专业基础上发展本专业理论将变得十分困难。比如广告学科，它在发展过程中就曾借鉴了多门人文社会科学的成果来丰富本学科的理论。实践证明，把传播学、经济学、管理学、心理学、社会学及文史哲等学科的办法、理论引入广告学科，大大开拓了该学科的研究领域与视角。

人类面临着高科技的挑战。以互联网为核心的信息高速公路的迅速延伸，网络广告的蓬勃发展，给广告教育提出了更高的目标。网络媒体虽然有着许多优势，但它却无法取代传统媒体，互补共存是长期存在的局面。要培养高质量的广告人才，就既要加强原有的专业知识和业务技能的培训，又要把网络知识和运用技能作为重要的教育内容。站稳了这个基点，才能从容应对知识经济和网络经济的到来。

(三) 树立三个观念——质量、市场与国际化

质量意识观念。中国广告教育的发展模式要从数量扩张转变到上质量上水平。过去主要追求专业点的增加、招生规模扩大、多设课程多出教材。今后的目标要指向创一流出精品，要形成一些有重大影响的名牌特色课程，出版一批高质量具有权威性的教材，造就若干学术精湛、教育有方、师德远播的学术带头人，以提高广告学科在学术界的地位。

市场意识观念。要使广告教育向“高质”转化，就要强化市场意识、服务意识、效益意识，要从计划经济条件下的办学方式转变到市场经济条件下的办学方式。现在学生是缴费上学自主择业，是教育的服务对象，是消费者，要尊重学生的权益与需求，发挥学生在教师主导下的主体地位的作用。

国际化意识。由于国际间竞争的激烈，高等教育出现了国际化或全球化的高潮。在高等教育国际化的进程中，许多国家把培养国际意识的人才放在突出的位置。美国企业界强调：由于国际化，使得培养“全球意识”成为保持美国竞争优势的关键，因而必须大力加强“国际化”教育。广告人才要尽快与国际接轨，就必须对原有人才培养模式进行大胆改革，创建培养外向型的复合应用性人才的新教学模式和育人体系。

(四) 采取四种措施——方法论、教材、现代技术与质量评估体系

21世纪是充满激烈竞争的世纪，以高质量的高等教育迎接新世纪的挑战，是增强我国综合国力的重要保证。在上述观念转变的基础上，我们在提升广告教育质量方面有下面四种应对措施。

第一、加强方法论的指导。

第二、使用高水平教材。高水平教材的思路有两条，一是组织专家学者编写统一教材，可体现学科发展中某一阶段的一流水平，可自主选用。二是各院校编写自己有个性的教材，信息时代主张尊重教师的个性，发行各抒己见的教材，倡导因材施教的教学方式。

第三、应对高科技挑战。

第四、建立人才质量评估体系。

三、中国广告教育未来的发展空间

我国广告教育经过20年的高速追赶,已达到相当的办学规模,这得益于广告教育面向社会、面向市场。今后我国广告教育要图高质发展,仍然要坚持面向社会、面向市场。随着21世纪世界经济态势的变化,广告教育的发展空间仍然充满灿烂的前景。

2001年11月11日,随着中国代表团签署中国加入WTO的全部文件,经过15年的谈判,中国加入WTO的长征终于结束了。“入世”后,我国广告市场的总量将迅速扩大,广告费投入将急剧增加。国内广告界迫切需要大量与全球化经济接轨的国际型创新广告人才,而跨国公司则需要大量符合中国国情及文化的高级本土化广告人才,从而使我国广告行业人才队伍的规模、结构都发生深刻的变化,我国广告教育的发展空间进入有史以来最广阔的时期。

北京申奥成功不仅极大振奋了国人的精神,而且为中国与世界带来新的商机。申奥成功同时也使广告在我国的国际形象及地位层面发挥了特殊的作用。我国高层次广告教育水平势必影响和决定着未来中国广告业的综合发展,并直接影响中国参与国际竞争的整体实力。

近年来,网络成了我国广告界的热点之一,互联网上出现了大量广告网站,甚至出现了研究网络广告的专门站点。互联网经济的发展,使新兴的网络广告成为广告业最有发展潜力的媒体手段之一。网络广告的发展需要一大批高新科技型广告人才,这为广告教育朝着高新科技方向发展奠定了重要的基础。

结论:我国广告教育进入21世纪后,已到了由“高速”向“高质”发展的重要转折关头。高校从事广告教育的老师只要共同努力,采取切实可行的措施,就能较大幅度地提高我国广告教育的质量,在未来广告教育的广阔空间里纵横驰骋,实现我国高等广告教育的可持续发展。

原载《广告人》第一期

全国高等学校广告专业统计表

项目		广告学专业	广告(艺术)设计专业	合计
1 专业设置年份	1995年以前	35	11	46
	1996年	4	1	5
	1997年	3		3
	1998年	3	2	5
	1999年	11	3	14
	2000年	10	3	13
	2001年	9		9
2 专业地区分布	华北	16	4	20
	华东	28	5	33
	中南	17	9	26
	东北	5	1	6
	西北	5	1	6
	西南	5	3	8
3 学制	博士	3	1	4
	硕士	19	3	22
	本科	75	15	90
	专科	27	10	37
	函授	11	2	13

项　目		广告学专业	广告(艺术)设计专业	合　计
4 专业 师资	教授	88	18	106
	副教授	280	50	330
	讲师	382	94	476
5 招生 人数	博士生	9		9
	硕士生	110	25	135
	本科生	2602	1112	3714
	专科生	526	175	701
	函授生	490	196	686
6 招生 对象	文科考生	24		24
	文/理科考生	26	4	30
	理科考生	1		1
	艺术类考生	7	18	25
7 招生 范围	全国	38	11	49
	本省、市	18	9	27
	附近省市	7	2	9
8 录取 分数	较高	27	6	33
	偏高	19	4	23
	中等	10	7	17
	偏低			
	较低			

说明:前三项为2000年至2002年三年的统计数字,后五项仅包括2002年填报的58所院校的统计数字。

广告专业课程设置统计表

课程名称	必修课	选修课	课　时
广告概论	49	1	30－90
广告创意	3	1	30－60
广告设计	47	5	100－300
广告策划	41	4	30－90
广告文案	45	2	30－90
广告制作	23	7	60－300
广告摄影	32	15	60－120
广告美学	16	18	30－60
广告英语	17	21	30－90
广告管理	29	13	30－60
广告经营	1		30
广告传播	30	7	60－90
广告心理	9		30－60
广告法规	3		30
广告研究	16	16	60－90
广告发展史	30	10	30－60

课程名称	必修课	选修课	课时
广告作品赏析	12	30	30－60
设计基础	43	3	100－300
管理经济	10	13	30－60
市场调查	34	9	60－90
市场营销	36	8	60
消费者行为	1		30
印刷广告	10	19	60－90
影视广告	15	18	60－90
广播广告	7	16	60
户外广告	6	16	60－90
网络广告	2		30
新闻(传播)	11	24	30－90
公关与企业形象策划	32	14	60－120
软件设计与应用	3		30

说明:本表是根据2002年58所院校填报的数字所做的统计。

“中日营销研究交流项目”正式签署

2001年8月31日,株式会社电通与中国教育部、中国广告协会、中国的六所大学(北京大学、中国人民大学、北京广播学院、清华大学、复旦大学、上海大学)在北京正式签署了电通公司创立100周年“中日营销研究交流项目”的协议。该项目是电通创立100周年的纪念活动之一,从2001年至2004年为期3年,目的是通过广告促进中日两国的文化和经济交流,进一步加深两国人民之间的相互了解和友好。

该项目包括以下四个方面的内容:

“电通联合广告讲座”;“电通新留学研修制度”;“中日企业交流研讨会”;“协助吉田秀雄纪念事业财团的委托研究项目”。

“电通联合广告讲座”:每年在北京和上海各举办一次为期一周的集中讲座(北京四大学联合讲座、上海两大学联合讲座),派遣活跃在第一线的客户服务、营销、创意、媒介策划、英特网等部门的电通职员做讲师。本年度的“电通联合广告讲座”,北京从10月15日至10月19日为期5天;上海从10月25日至10月31日(周六、日除外)为期5天。预计3年将共有约60名电通职员来中国进行讲座,与各大学的师生促进相互理解,加深友谊。

“电通新留学研修制度”:每年从六所大学邀请广告学系/专业的教师到电通各部门进行研修和交流。研修分为两种形式,一种是以学习广告基础知识的年轻教师为对象的6个月研修;另一种是以广告资深教师为对象的3个月研修,六所大学每期各派遣1名教师到电通。该研修从2002年4月开始实施3年。共计邀请36名教师到电通。

“中日企业交流研讨会”:交流中日产业界最新营销信息,探索中国产业界应采取的营销及沟通战略。该研讨会计划由中国广告协会与电通主办,从2002年5月开始为期3年,每年在北京和上海各举办一次。

“协助吉田秀雄纪念事业财团的委托研究项目”:由上述六所大学的广告学专业负责教授组成的研究项目小组已与吉田秀雄纪念事业财团签署正式协议,接受该财团的委托与资助进行有关中国广告的研究。电通在该项研究中,以提出建议等方式给予协助。研究的总课题是“中国广告活动的现状与未来”。六所大学有关教师分别负责“消费与广告”、“媒体与广告”、“广告与表现”、“品牌与广告”、“中日广告的比较”等子课题的研究。研究活动从2001年至2004年为期3年,并预计将研究成果在中日两国出版。

电通与中国六所大学及中国广告协会已于7月上旬就以上各项内容进行了草签。此次,电通与中国教育部、六所大学及中国广告协会于2001年8月31日在北京饭店就“中日营销研究交流项目”举行了正式签字仪式。

电通在1996年至2001年的5年间,实施了电通成立95周年的纪念事业——“中日广告教育交流项目”,得到了中国各有关方面的好评。这次作为纪念公司创立100周年事业而启动的“中日营销研究交流项目”,是应中国方面希望进一步发展双方交流的要求而实施的。

武汉大学广告学系

武汉大学广告学系主任 张金海

武汉大学广告学专业,1993年经国家教育部批准创办,为武汉大学新闻学系下属的一个本科专业,1994年在全国范围正式招收本科生。1995年,武汉大学进行院系调整,创设广告学系,隶属于武汉大学新闻与传播学院。1997年,国家进行学科调整,增设传播学学科。同年,我们即以广告学为主干学科方向,申请并获准传播学硕士学位授权点,正式招收广告学硕士研究生。八年来,本专业已为社会输送本、专科毕业的广告专业人才500多名。目前在校的普通高等教育本科生近150人,各类成人高等教育本、专科生600多人,研究生47人。培养层次逐渐丰富和提升,办学规模也有了较大的扩展。

1996年,我们出版了《珞珈广告学丛书》首辑五本,第二辑七本在编,即将于年内或下年初出版。同时,我们还参与了全国高等教育自学考试新闻学专业《广告学》教程的编写,并应邀担任了中央广播电视大学广告学专业《广告学概论》、《广告创意与表现》两门课程的教材主编和课程主讲。

1996年,我们获得了国家社科“九五”科研规划项目《广告规范化研究》,1997年又获得国家教育部“九五”科研规划项目《广告传播的运作与管理研究》,目前,我们在研的各类纵向和横向科研项目有15项,在科研经费达500余万。

八年来,我们所做的也许不怎么杰出,但我们一直在努力。我们思考得最多的,却是如何办出专业特色。

武汉大学作为国内的综合性重点大学,基本涵盖了目前国内所有学科门类,这一博大精深 的优势学科背景,为我们专业的培养目标定位提供了多种选择。但是,我们的广告学专业属于普通文科类招生,在广告设计方面,显然不是我们的优势所在。本专业又从属于武汉大学新闻与传播学院,这一具体的学科背景,又使得我们放弃侧重广告营销培养目标的选择。出于多方面的考虑和权衡,我们将本专业的重点培养目标定在,培养具有广泛而深厚的人文社会科学学科基础的广告策划、创意、文案、经营与管理方面的复合型、专业化人才。

广告学从属于人文社会科学大的学科范畴,作为现代优秀的广告人才,必须具备广泛而深厚的人文社会科学学科基础,诸如社会学、心理学、美学、文学、艺术学、营销学、传播学等,这是复合型广告人才的一个重要含义。它着眼于本专业人才所必须具备的整体素质与专业基本素质的培养。武汉大学丰富的人文社会学科资源,为本专业这一培养目标的实施与达成,提供了充分的保证。

广告学是一门综合学科,同时也是一门专业性极强的学科。专门化人才培养势所必然。本专业所培养的广告人才,在广告专业领域里不可能无所不能。但专门化并不是专一化,更不是单一化。如果专业定位过分专一或单一,不利于复合型人才的培养,不利于人才未来发展,即使就专业领域的某一方面来说,也很难做到专精。在专门化问题上,我们定位于广告策划、创意、文案,侧重广告作为营销工具的传播策略与技巧,经营与管理则着眼于广告作为产业的企业化整体运作。而这两方面的人才,正是我们从专业创办之初直至现在,广告业界所匮乏而急切需求的。

我们的专业培养方案和课程体系都是围绕上述重点目标而制定的。实践证明,我们的专业定位是正确的,也产生了实际的成效。我们的在校生多次在策划、创意上拿过全国大奖,如由95级的学生创意,由中央人民广播电台制作的广播公益广告《听太阳》和《一分钱》,就曾获广播公益广告类国家金奖和银奖。我们已毕业的学生,在不长的时间内,无论在媒介、企业还是广告公司,都成了策划和创意方面的“担纲主演”,或成为中层主管,或成为高层主管助理。

本专业本科层次的教学,我们仍处在全面的探索之中,研究生层次的教育又突出摆在我们面前,这涉及到广告学领域更高层次的人才培养。

本专业的研究生教育,从属于传播学,为传播学学科下属的一个研究生招生方向。我们的本科生招生规模,每年都控制在40人左右,而研究生的招生规模却在逐年扩大,从最开始的2名,已经发展到2001级的27名。广告学研究生层次的教育,既是本科教育的延续,又是本科教育的提升。本专业研究生层次的教育,仍力图强化本专业的特点,如加强广告传播的运作与管理、广告策划与创意的专题教学与研究。同时,我们也突出了广告学的传播学学理研究。这一方面是因为本专业的研究生教育是从属于传播学学科,带有一定的传播学学科规定性,另一方面也是因为随着广告业与广告教育的发展,社会不仅需要更高层级的广告实务人才,同时也需要更高层级的理论研究人才。从广告教育方面讲,这也是广告学学科发展的需要。

经常听同仁抱怨,广告教育在我国高等教育中没有地位。这固然与广告学专业在我国高等教育领域过于年轻有关,但也与我国广告学高等教育中只重专业而忽略学科,只重实用而忽略学理的现象有关。广告学高等教育的发展,必须重视学科的建设和学理的研究。国家颁布的专业目录中,广告学只是一个独立的本科招生专业。而研究生教育的学科目录中,广告学则属于一级学科新闻学与传播学下属的二级学科传播学下属的三级学科。按国家的有关规定,硕士点或博士点只能建在二级学科上,目前,我国还没有独立的广告学硕士点和博士点,就是这个原因。去年,国家下发了新的学科调整征求意见案,传播学已由新闻学与传播学下属的二级学科,升为独立的一级学科。如果这一学科调整案能获通过,广告学高等教育中硕士、博士层次的培养教育状况,将会有一个大的改变。然而,我们准备好了吗?

1997年,当我们以广告学为主干方向,申请获准传播学硕士学位授权点后,我们就在逐步确立专业与学科并重的意识。经几年的发展,我们正积极准备与我校传播学下属的其他几个学科,联手于明年申报传播学博士学位授权点。说实在话,尽管我们一直很努力,即使传播学升为一级学科,广告学升为传播学下属的二级学科,我们也尚无能力去单独申请广告学博士点,因为我们并未完成充分的学科积累。

广告学高等教育,要发展本科教育,也要发展硕士阶段、博士阶段的教育。我们会在广告教育的台阶上继续努力攀登。

浙江大学广告学专业

浙江大学广告学专业　胡晓芸

浙江大学广告学专业属浙江大学人文学院中的新闻与传播学院,初创于1993年。创建专业时,所在的新闻学院,有一个齐心合力、颇有事业心的领导群体。他们应当时浙江及周边地区广告发展的需要,在学院原有的新闻学、广播电视学专业基础上,创建了广告学专业。为慎重起见,专业先设两年制专科,至1995年,又转为三年制。1996年,随着师资队伍的壮大和专业办学经验的积累,专业开始招收本科生。1999年,专业开始招收传播学硕士点下的广告学方向硕士研究生。至2000年7月,本专业已经毕业了本、专科学生140人左右(不包括函授与自学考试的学生),现在校本科生为130人左右,在校硕士研究生7人。

专业刚开办时,专业教师很少,至今,整个专业的纯专业课程教师已有九人。师资队伍的知识结构是文学、新闻、美术、工业设计、传播学、管理学、心理学等学科的有机结合。这个九人组合的专业教师队伍平均年龄32岁。相对其它的传统学科,这是一支十分年轻的高教队伍。因为年轻,大家都有创造的激情;因为年轻,大家都与学生们不分彼此;因为年轻,这个团队中只有一个声音:尽自己的努力干点事情,为学生、为学校、为广告教育、为广告业。

对于一个新兴的学科,学科建设和队伍建设是必须同等重视的问题。在努力进行师资队伍建设的同时,人文学院、新闻学院的领导们和广告学专业的教师们一起,对这个学科的课程建设、实验室建设、设备完善付出了很大的心血。至今,专业已经拥有或正在建设广告摄影实验室、广告设计实验室、画室、广播电视实验室、输出系统等较完善的专业制作实验室和设备。

在学科建设、课程设置上,本专业总结数年教学经验,依托浙江大学博大精深的学科群级优势,与其它的专业一起进行了教学改革。从2000届开始,学生以新闻传播学这个一级学科的选择进校,打通基础课,让由颇具造诣的学者担纲的基础学科和优势学科在低年级阶段进入学生视野。进校一年之后,在打好各科知识基础、让学生对各专业有较深入了解的前提下,让学生进行专业选择。进入广告学专业的学生从二年级开始,侧重广告传播专业理论、专业知识、专业技能的学习。在专业倾向明显的后三年中,二年级时,专业重视学生对专业理论、专业知识的把握;在二年级和三年级之间的暑假进行中期实习,让学生初步进入专业知识与实践相结合的阶段,将学生放置到一定的专业应用背景之中。中期实习后的三年级阶段,是更深层面的专业课、专业选修课、相关选修课学习阶段。在这个阶段中,教师将引导学生理论联系实际,在实际的操作中验证理论,在实际的操作中发展理论。一些广告实务的出色策划者、创意者成为学生的课外指导。1998年,广告学专业教师组成顾问组,指导学生自主创立浙江大学广告学研究会,创办《未来广告人》杂志。这本杂志,成了广告学专业学生的校内实践园地,成为广告学专业与广告业界联系的基地。每学期定期举办的"广告人论坛",邀请校内外知名学者、一线操刀专业人士前来讲学,开拓学生的专业视野。三年级的学习阶段一结束,长达半年的毕业实习将学生重新投进社会。为培养学生的自主能力和专业相关能力,我们要求学生自己联系实习单位,将他们置于业界训练的前沿。同学们抛开地域限制,在北京、上海、广州三个广告业前沿阵地都留下他们实习的足迹。而上海达彼思国际广告公司、广东黑马广告公司等知名的4A公司都对学生的专业能力颇有好评。

由于专业置身于浙江大学这样一个文理兼容的大环境之中,也由于专业置身于人文学院这样一个文化底蕴深厚的亚文化圈之中,更由于专业置身于新闻学院这样一个对新闻传播媒介有更深入研究的氛围之中;在教学过程中教师们又鼓励学科交叉,着眼于培养通而专的复合型广告人才,使专业学生可以有全面的复合知识结构、深厚的人文基础、对传播特别是媒介运用的专业把握。因此,学生在毕业后部分进入了广告公司如北京奥美、上海达彼思、广州黑马等,在各个部门找到他们相应的位置;有一部分进入了大中型企业如娃哈哈、TCL、美特斯·邦威等从事市场调研、市场策划;有部分进入了媒介广告部门如浙江日报、杭州日报、温州日报等广告部,从事媒介广告业务工作。

在校期间,很多同学就在国内各种广告比赛中崭露头角:95届学生们毕业实习期间在指导老师的指导下,得了五项"自强创辉煌"公益广告奖项;96届学生乐剑峰在1998年浙江省"星星杯"公益广告大赛中获奖,作品发表于《广告导报》等刊物;张向宇同学荣获首届"东方通信企业形象广告语大赛"一等奖;97届学生刘研波在实习期间荣获广东黑马广告第三季度最佳实习生奖,其作品入选全国首届"宝安杯"廉政公益广告设计竞赛优秀作品集……。

回首八年,本专业在一步步扎实地发展着,而在发展的过程中我们可以自豪地说:我们将学生放在第一位,我们在扎扎实实地干点事情。我们期望我们的学生在将来告诉你这个专业的故事,这也许是我们打造专业品牌的一种风格。

扎扎实实干点事情,将学生放在第一位。这种办学的思路和风格,可能并不太适合今天。但是,这是一种沉重的使命感所至。这种使命感既取决于我们对教育本质的理解,也取决于我们对广告教育本质的理解。我们研究,但目的不在于研究本身,我们广泛与业界接触,但基础不仅在教师个人的发展;我们期望,我们的广告专业课堂不是教条和约束;我们期望,我们的学生在学了四年之后能够在广告行业开花结果;我们期望,我们的学生在学了四年之后能够在广告行业开花结果;我们期望,我们的学生能够在有一天自豪地对我们说:"老师,这个品牌的辉煌,有我的一份心血和智慧"。教育的本质目的,是为社会奉献高素质的人才,一切不应是结果,一切不应是目的,唯一的,是我们的学生。

回首八年,我们也知道,在扎扎实实干实事的同时,我们忙于教学事务而少了与同行们更深层次的交流和学习;我们忙于完成学校的新要求、新任务而无暇顾及大步伐的开拓。我们期待着飞跃,我们期待着更专业的思考和实践,我们期待着全球广告人携起手来,一起干点事情。

辽宁大学广告教育信息二则

辽宁大学广告系 宋玉书

一、辽宁大学广告系招收艺术类本科生

2001年辽宁大学文化传播学院广告系招收新生94名,其中有21名艺术类本科生。这是辽宁大学首次招收广告专业艺术类学生。增设"艺术类",为热爱广告专业又有美术特长的学生开了一条新的求学成才之路,深受学生及其家长的欢迎。

二、辽宁大学邀请日本媒体与传播学者讲学

2001年11月7-8日,曾在日本《每日新闻》做过多年的记者、编辑,现为日本四所大学教授,专攻媒体传播效果研究的日本学者小林和夫应邀来辽宁大学文化传播学院讲学。小林和夫就"广告如何能为媒体带来效益"、"商业广告的受众细分"、"个人收视率调查"、"企业主选择媒体的标准"等问题介绍了日本目前的情况,提供了一些较新的信息。辽宁大学文化传播学院的数十名研究生听了小林和夫的讲授。

全国设有广告专业的高等院校名录

中国人民大学

院系全称:新闻学院
专业全称:广告专业
学　　制:本科 4 年　专科 3 年
地　　址:北京市海淀区海淀路 39 号
电　　话:(010)62554623
邮　　编:100872

北京广播学院

院系全称:新闻传播学院广告学系
专业全称:广告学、艺术设计专业
专业设置年份:1988、2000 年
学　　制:博士 2 年　硕士 3 年　本科 4 年　函授 3 年
专业师资:教授 3 人　副教授 8 人　讲师 12 人
2001 年招生人数:博士生 2 人　硕士生 20 人　本科生 92 人
2001 年招生对象:文/理科考生　艺术类考生
2001 年招生范围:全国
2002 年录取分数:较高
地　　址:北京广播学院新闻传播学院广告学
电　　话:(010)65779272、65779363
传　　真:(010)65779363
邮　　编:100024
联 系 人:汪　琴

北京大学

院系全称:新闻与传播学院广告学系
专业全称:广告学专业
专业设置年份:1993 年
学　　制:硕士 3 年　本科 4 年　专科 3 年
专业师资:副教授 2 人　讲师 3 人
2001 年招生人数:硕士生 6 人　本科生 32 人
2001 年招生对象:文科考生
2001 年招生范围:全国
2001 年录取分数:较高
地　　址:北京大学新闻与传播学院广告学系
电　　话:(010)62754683、62761189
传　　真:(010)62761189
邮　　编:100871
联 系 人:陈　刚

北京工商大学

院系全称:商学院广告学系
专业全称:广告学专业
专业设置年份:1993 年
学　　制:硕士 3 年　本科 4 年　专科 3 年　函授 3 年
专业师资:教授 1 人　副教授 4 人　讲师 3 人
招生人数:硕士生 2 人　本科生 38 人　专科生 40 人　函授生 240 (艺术类考生)人
招生对象:文/理科考生
招生范围:全国
录取分数:偏高
地　　址:北京市海淀区阜成路 11 号
电　　话:(010)68905937
邮　　编:100037
联 系 人:张　翔

北京印刷学院

专业全称:广告学
专业设置年份:2000 年
学　　制:本科 4 年
地　　址:北京市大兴县黄村镇
电　　话:(010)69244144
邮　　编:102600

同济大学

院系全称:传播与艺术学院广告学系
专业全称:广告学系
专业设置年份:1995 年
学　　制:硕士 3 年　本科 4 年
专业师资:教授 1 人　副教授 2 人　讲师 4 人
2001 年招生人数:硕士生 2 人　本科生 30 人
2001 年招生对象:理科考生
2001 年招生范围:全国
2001 年录取分数:较高
地　　址:上海四平路 1239 号同济大学传播与艺术学院广告学系
电　　话:(021)65981779　65310705
邮　　编:200092
联 系 人:王肖生

复旦大学

院系全称:新闻学院
专业全称:广告学系
专业设置年份:1994 年
学　　制:博士 3 年　硕士 3 年　本科 4 年　专科 2 年　函授 3 年
专业师资:教授 6 人　副教授 12 人　讲师 4 人
2001 年招生人数:博士生 7 人　硕士生 12 人　本科生 34 人　专科生 83 人　函授生 93 人
2001 年招生对象:文/理科考生
2001 年招生范围:全国
2001 年录取分数:较高
地　　址:上海市邯郸路 220 号
电　　话:(021)65642315
传　　真:(021)65644584
邮　　编:200433
联 系 人:程士安

上海工程技术大学

院系全称:艺术设计学院广告系
专业全称:广告学
专业设置年份:1997 年
学　　制:本科 4 年
专业师资:副教授 2 人　讲师 4 人
招生人数:本科生 26 人
招生对象:文/理科考生
招生范围:本市
录取分数:较高
地　　址:上海市仙霞路 350 号
电　　话:(021)62759779 - 5003
传　　真:(021)62758481
邮　　编:200233
联 系 人:潘惠德

上海师范大学

院系全称:人文学院广告与网络传播系
专业全称:广告与网络传播
专业设置年份:1994 年
学　　制:硕士 3 年　本科 4 年　专科 3 年
专业师资:教授 1 人　副教授 5 人　讲师 6 人
2001 年招生人数:硕士生 5 人　本科生 300 人　专科生 260 人
2001 年招生对象:文/理科考生
2001 年招生范围:全国
2001 年录取分数:偏高
地　　址:上海桂林路 100 号
电　　话:(021)64321849
邮　　编:200234
联 系 人:聂老师

天津师范大学

院系全称:新闻传播系
专业全称:广告专业
专业设置年份:1993 年
学　　制:硕士 2 年　本科 4 年　专科 3 年
地　　址:天津市和平区卫津路 241 号
电　　话:(022)23345026
邮　　编:300074

天津理工学院

院系全称:艺术学系
专业全称:广告学、广告设计
设置年份:2001、1994 年
学　　制:本科 4 年
专业师资:教授 1 人　副教授 4 人　讲师 6 人
2001 年招生人数:本科生 20 人
2001 年招生对象:艺术类考生
2001 年招生范围:全国
2001 年录取分数:中等
地　　址:天津市南开区红旗南路 263 号
电　　话:(022)23679210
邮　　编:300191
联 系 人:苗延荣、赵　传

重庆市渝西学院

院系全称:渝西学院美术系
专业全称:艺术设计
学　　制:本科 4 年　专科 3 年　函授 3 年
专业师资:教授 4 人　副教授 6 人　讲师 8 人
2001 年招生人数:本科生 40 人　专科生 150 人
　　　　　　　　函授生 35 人
2001 年招生对象:艺术类考生
2001 年招生范围:本市
2001 年录取分数:中等
地　　址:重庆市永 川渝西学院美术系
电　　话:(023)49682287
邮　　编:402168
联 系 人:薛效成

四川美术学院

院系全称:设计艺术系
专业全称:艺术设计专业
专业设置年份:1958 年
学　　制:硕士 3 年　本科 4 年
专业师资:教授 3 人　副教授 3 人　讲师 7 人
2001 年招生人数:硕士生 6 人　本科生 120 人
2001 年招生对象:艺术类考生
2001 年招生范围:全国
2001 年录取分数:较高
地　　址:重庆市黄桷坪
电　　话:(023)68501650
传　　真:(023)68502497
邮　　编:400053
联 系 人:杨仁敏

山西大学

院系全称:文学院
专业全称:广告学
专业设置年份:1999 年
学　　制:本科 4 年
地　　址:山西省太原市坞城路 36 号
传　　真:(0351)7010255
邮　　编:030006

山西财经大学

院系全称:文化传播系
专业全称:广告学
专业设置年份:2000 年
学　　制:本科 4 年
专业师资:教授 1 人　副教授 9 人　讲师 16 人
2001 年招生人数:本科生 45 人
2001 年招生对象:文科考生
2001 年招生范围:全国
2001 年录取分数:偏高
地　　址:山西太原坞城路
电　　话:(0351)7111196
邮　　编:030006
联 系 人:石罡明

河北大学

院系全称:新闻传播学院广告学系
专业全称:广告学专业
专业设置年份:1993 年
学　　制:硕士 3 年　本科 4 年
专业师资:教授 1 人　副教授 2 人　讲师 5 人
2001 年招生人数:硕士生 2 人　本科生 80 人
2001 年招生对象:文科考生
2001 年招生范围:全国
2001 年录取分数:较高
地　　址:河北省保定市合作路 1 号
电　　话:(0312)5079310
传　　真:(0312)5079308
邮　　编:071002
联 系 人:丁晓正

河北师范大学

院系全称:广告传播系
专业全称:广告学专业、广告设计专业
专业设置年份:1994 年
学　　制:本科 4 年　函授 3 年
专业师资:教授 1 人　副教授 4 人　讲师 8 人
招生人数:本科生 62 人
招生对象:文/理科考生　艺术类考生
招生范围:本省
录取分数:偏高
地　　址:石家庄市桥西新古南路 247 号河北师大西校区西院
电　　话:(0311)3826742　3834262－63227
邮　　编:050091
联 系 人:冯智敏

河北经贸大学

院系全称:新闻传播系
专业全称:广告专业
专业设置年份:2001 年
学　　制:本科 4 年
地　　址:河北省石家庄市红旗大街 106 号
电　　话:(0311)3033427
邮　　编:050091

石家庄经济学院

院系全称:人文法律系
专业全称:广告学
专业设置年份:2000 年
学　　制:本科 4 年
专业师资:教授 1 人　副教授 3 人　讲师 6 人
2001 年招生人数:本科生 90 人
2001 年招生对象:文科考生
2001 年招生范围:全国
2001 年录取分数:较高
地　　址:石家庄市槐南路 302 号
电　　话:(0311)5887711－3159
邮　　编:050031
联 系 人:郭有献

辽宁大学

院系全称:文化传播学院广告系
专业全称:广告学
专业设置年份:1993 年
学　　制:硕士 3 年　本科 4 年
专业师资:教授 3 人　副教授 6 人　讲师 3 人
2001 年招生人数:本科生 94 人
2001 年招生对象:文科考生
2001 年招生范围:本省
2001 年录取分数:较高
地　　址:辽宁省沈阳市崇山中路 66 号
电　　话:(024)86832860
传　　真:(024)86842852
邮　　编:110036
联 系 人:宋玉书

锦州师范学院

院系全称:锦州师范学院艺术系
专业全称:广告学
专业设置年份:2000 年
学　　制:本科 4 年　专科 3 年
专业师资:副教授 3 人　讲师 5 人
2000 年招生人数:本科生 19 人
2000 年招生对象:文/理科考生
2000 年招生范围:附近省市
2000 年录取分数:中等
地　　址:锦州师范学院艺术系
电　　话:(0416)2841932
邮　　编:121003
联 系 人:伍　旭

东北师范大学

院系全称:信息传播与管理学院广告系
专业全称:广告学
专业设置年份:2000 年
学　　制:本科 4 年　函授 3 年
专业师资:教授 2 人　副教授 9 人　讲师 4 人
2001 年招生人数:本科生 60 人
2001 年招生对象:文/理科考生
2001 年招生范围:全国
2001 年录取分数:中等
地　　址:吉林省长春市东北师大净月校区
电　　话:(0431)4531188
邮　　编:130117
联 系 人:姜广为

吉林大学
院系全称:文学院广告学系
专业全称:广告学专业
专业设置年份:1994 年
学　　制:本科 4 年　专科 3 年
专业师资:教授 1 人　副教授 3 人　讲师 10 人
招生人数:本科生 30 人　专科生 48 人
招生对象:文科考生
招生范围:全国
录取分数:较高
地　　址:长春市朝阳区前卫路 10 号
电　　话:(0431)5166160
邮　　编:130012
联 系 人:姚　力

哈尔滨工业大学
院系全称:人文学院传播学系
专业全称:广告学专业
专业设置年份:2002 年
学　　制:本科 4 年
专业师资:教授 3 人　副教授 4 人　讲师 5 人
2002 年招生人数:本科生 60 人
2002 年招生对象:文/理科考生
2002 年招生范围:全国
2001 年录取分数:较高
地　　址:哈尔滨工业大学人文学院广告学
电　　话:(0451)6415515
传　　真:(0451)6414608
邮　　编:150001
联 系 人:高　驰

哈尔滨师范大学
院系全称:计算机系
专业全称:计算机广告
学　　制:本科 4 年
专业师资:教授 1 人　副教授 2 人　讲师 4 人
2001 年招生人数:本科生 64 人
2001 年招生对象:艺术类考生
2001 年招生范围:全国
2001 年录取分数:较高
地　　址:哈尔滨市南岗区和兴路 50 号
电　　话:(0451)6302915
传　　真:(0451)6302915
邮　　编:150080
联 系 人:贺　楠

南京林业大学
院系全称:人文学院广告系
专业全称:广告学
专业设置年份:1996 年
学　　制:本科 4 年　专科 3 年
专业师资:教授 1 人　副教授 3 人　讲师 5 人
2001 年招生人数:本科生 70 人　专科生 30 人
2001 年招生对象:文科考生
2001 年招生范围:全国
2001 年录取分数:较高
地　　址:南京市龙蟠路新庄 9 号
电　　话:(025)5427141
传　　真:(025)5428241
邮　　编:210037
联 系 人:杨　杰

南京大学
院系全称:新闻传播学系
专业全称:广告专业
专业设置年份:1993 年
学　　制:专科 2 年
专业师资:教授 2 人　副教授 4 人　讲师 4 人
2001 年招生人数:专科生 35 人
2001 年招生对象:文/理科考生
2001 年招生范围:本省
2001 年录取分数:较高
地　　址:南京市汉口路 22 号
电　　话:(025)3593551
传　　真:(025)3593690
邮　　编:210093
联 系 人:胡翼青

南京师范大学
院系全称:广告学系
专业全称:广告学
专业设置年份:1999 年
学　　制:硕士 2 年　本科 4 年
地　　址:江苏省南京市宁海路 122 号
电　　话:(025)3303666
邮　　编:210024

南京经济学院(南京财经大学《筹》)

院系全称:营销与广告学系
专业全称:广告学、艺术设计
专业设置年份:1993、1999 年
学　　制:本科 4 年
专业师资:教授 2 人　副教授 10 人　讲师 26 人
2001 年招生人数:本科生 170 人
2001 年招生对象:文/理科考生　艺术类考生
2001 年招生范围:全国
2001 年录取分数:偏高
地　　址:南京市铁路北街 128 号
电　　话:(025)3495921
传　　真:(025)3495919
邮　　编:210003
联 系 人:乔　均

江苏大学

院系全称:艺术学院艺术设计系
专业全称:广告设计
专业设置年份:1991 年
学　　制:本科 4 年　专科 3 年　函授 3 年
专业师资:教授 1 人　副教授 6 人　讲师 15 人
2001 年招生人数:本科生 98 人　函授生 50 人
2001 年招生对象:文/理科考生　艺术类考生
2001 年招生范围:本省　附近省市
2001 年录取分数:较高
地　　址:江苏省镇江市江苏大学艺术设计系
电　　话:(0511)8780182　4436083
传　　真:(0511)8791739
邮　　编:212013
联 系 人:王　平

常州技术师范学院

院系全称:艺术设计系
专业全称:艺术设计
专业设置年份:1987 年
学　　制:本科 4 年　专科 3 年
专业师资:副教授 4 人　讲师 16 人
2001 年招生人数:本科生 141 人　函授生 21 人
2001 年招生对象:文/理科考生　艺术类考生
2001 年招生范围:本省　附近省市
2001 年录取分数:中等
地　　址:常州市育英路 2 号
电　　话:(0519)6965819－2004－12
传　　真:(0519)6984996
邮　　编:213001
联 系 人:薛生辉

无锡轻工大学

院系全称:设计学院
专业全称:广告学
专业设置年份:1998 年
学　　制:硕士 3 年　本科 4 年
专业师资:教授 1 人　副教授 2 人　讲师 2 人
招生人数:本科生 45 人
招生对象:艺术类考生
招生范围:全国
录取分数:较高
地　　址:无锡市线荣路 68 号
电　　话:(0510)5501491
传　　真:(0510)55011307
邮　　编:214064
联 系 人:虞海良

苏州大学

院系全称:新闻传播系
专业全称:广告专业
专业设置年份:1996 年
学　　制:硕士 2 年　本科 4 年
地　　址:江苏省苏州市十梓街 1 号
电　　话:(0512)5227610
邮　　编:215006

苏州科技学院

院系全称:美术系
专业全称:艺术设计专业
专业设置年份:1994 年
学　　制:本科 4 年　专科 3 年
专业师资:教授 1 人　副教授 6 人　讲师 10 人
2001 年招生人数:本科生 130 人　专科生 25 人
2001 年招生对象:艺术类考生
2001 年招生范围:全国
2001 年录取分数:中等
地　　址:苏州市新区横塘正方山北
电　　话:(0512)8231270－8422
邮　　编:215009
联 系 人:钱　罡

徐州师范大学

院系全称:经济管理系
专业全称:广告专业
设置年份:1993 年
学　　制:本科 4 年
专业师资:教授 1 人　副教授 2 人　讲师 4 人
2001 年招生人数:本科生 60 人
2001 年招生对象:文科考生
2001 年招生范围:本省
2002 年录取分数:偏高
地　　址:江苏徐州师大经济管理系广告专业
电　　话:(0516)3967587
邮　　编:221009
联 系 人:薛　跃

安徽财贸学院

院系全称:市场营销系
专业全称:广告学
专业设置年份:2001 年
学　　制:本科 4 年
专业师资:教授 4 人　副教授 10 人　讲师 8 人
2002 年招生人数:本科生 200 人
2002 年招生对象:文/理科考生　艺术类考生
2002 年招生范围:全国
2002 年录取分数:偏高
地　　址:蚌埠市宏业路 243 号
电　　话:(0552)3112132
传　　真:(0552)3112285
邮　　编:233041
联 系 人:江若尘

山东工艺美术学院

院系全称:装潢艺术设计系
专业全称:广告学专业
专业设置年份:1998 年
学　　制:本科 4 年　专科 2 年
专业师资:教授 3 人　副教授 6 人　讲师 13 人
2001 年招生人数:本科生 53 人　专科生 28 人
2001 年招生对象:文科考生
2001 年招生范围:本省　附近省市
2001 年录取分数:偏高
地　　址:济南市千佛山东路 23 号
电　　话:(0531)2619417
传　　真:(0531)2619237
邮　　编:250014
联 系 人:高小燕

山东建筑工程学院

专业全称:广告学
学　　制:本科 4 年
地　　址:山东省济南市和平路 47 号
电　　话:(0531)6956931
邮　　编:250014

青岛大学

院系全称:文学院新闻传播系
专业全称:广告学、艺术设计专业
专业设置年份:1994、1998 年
学　　制:本科 4 年
专业师资:教授 2 人　副教授 8 人　讲师 5 人
2001 年招生人数:本科生 80 人
2001 年招生对象:文/理科考生　艺术类考生
2001 年招生范围:全国
2001 年录取分数:偏高
地　　址:青岛宁夏路 308 号青岛大学新闻传播系
电　　话:(0532)5895944－8352
邮　　编:266071
联 系 人:徐照东

曲阜师范大学

院系全称:电化教育系
专业全称:广告学
专业设置年份:2000 年
学　　制:本科 4 年
专业师资:教授 2 人　副教授 15 人　讲师 14 人
2001 年招生人数:本科生 48 人
2001 年招生对象:文科考生
2001 年招生范围:本省
2001 年录取分数:中等
地　　址:山东曲阜师范大学电教系
电　　话:(0537)4455475
邮　　编:273165
联 系 人:李兴保

浙江大学

院系全称:广告学系
专业全称:广告学
专业设置年份:1993 年
学　　制:硕士 2 年　本科 4 年
地　　址:浙江省杭州市玉泉浙大路 20 号
电　　话:(0571)5172242
邮　　编:310027

浙江广播电视高等专科学校

院系全称:影视广告专业
设置年份:1992 年
学　　制:本科 4 年
地　　址:浙江省杭州市拱宸桥
电　　话:(0571)8100127
邮　　编:310015

浙江工业大学

院系全称:人文学院新闻传播系
专业全称:广告学
专业设置年份:1999 年
学　　制:本科 4 年
地　　址:浙江省杭州市朝晖六区
电　　话:(0571)8078514
邮　　编:310032

杭州商学院

院系全称:艺术设计与文化传播学院
专业全称:广告学专业
设置年份:1999 年
学　　制:本科 4 年
专业师资:教授 1 人　副教授 4 人　讲师 4 人
招生人数:本科生 87 人
招生对象:文/理科考生
招生范围:全国
录取分数:中等
地　　址:浙江省杭州市教工路 29 号
电　　话:(0571)8071024－8365、8367
邮　　编:310012
联 系 人:程大荣

浙江工程学院

院系全称:服装与艺术设计学院
专业全称:广告学
专业设置年份:2001 年
学　　制:本科 4 年
专业师资:教授 3 人　副教授 6 人　讲师 7 人
2001 年招生人数:本科生 30 人
2001 年招生对象:艺术类考生
2001 年招生范围:全国
2001 年录取分数:中等
地　　址:杭州市文一路 88 号
电　　话:(0571)88495100
传　　真:(0571)88495098
邮　　编:310033
联 系 人:楼丽娜

浙江林学院

院系全称:人文科学系
专业全称:广告学专业
设置年份:2000 年
学　　制:本科 4 年
专业师资:教授 1 人　副教授 5 人　讲师 7 人
2001 年招生人数:本科生 89 人
2001 年招生对象:文科考生
2001 年招生范围:本省　附近省市
2001 年录取分数:较高
地　　址:浙江省临安市衣锦街 252 号
电　　话:(0571)63732737
传　　真:(0571)63732737
邮　　编:311300
联 系 人:钱杭园

宁波大学

院系全称:传播与艺术学院传播系
专业全称:广告学
专业设置年份:1995 年(专科)1996 年(本科)
学　　制:本科 4 年　专科 2 年
专业师资:教授 2 人　副教授 4 人　讲师 8 人
招生人数:本科生 42 人　专科生 34 人
招生对象:文/理科考生
招生范围:全国
录取分数:偏高
地　　址:宁波大学传播与艺术学院
电　　话:(0574)7600441
传　　真:(0574)7604286
邮　　编:315211
联 系 人:贺雪飞

温州大学

院系全称:艺术学院
专业全称:广告专业
学　　制:本科 4 年
地　　址:浙江省温州市学院路
电　　话:(0577)8337931
邮　　编:325003

温州师范学院

院系全称:美术系
专业全称:平面设计专业
专业设置年份:1998 年
学　　制:本科 4 年
专业师资:副教授 2 人　讲师 4 人
2001 年招生人数:本科生 44 人　函授生 90 人
2001 年招生对象:艺术类考生
2001 年招生范围:本省
2001 年录取分数:中等
地　　址:温州市学院东路温州师范学院
电　　话:(0577)88373103
邮　　编:352003
联 系 人:王薇

江西财经大学

院系全称:新闻传播系
专业全称:广告学
专业设置年份:1999 年
学　　制:本科 4 年
专业师资:教授 1 人　副教授 2 人　讲师 3 人
2001 年招生人数:本科生 46 人
2001 年招生对象:文/理科考生
2001 年招生范围:全国
2001 年录取分数:较高
地　　址:南昌江西财经大学新闻传播系
电　　话:(0791)3816915
邮　　编:330013
联 系 人:罗书俊

南昌大学

院系全称:新闻与传播学院
专业全称:广告学
专业设置年份:1992 年
学　　制:本科 4 年　专科 3 年
专业师资:教授 6 人　副教授 12 人　讲师 13 人
2001 年招生人数:本科生 49 人　专科生 50 人
2001 年招生对象:文科考生　艺术类考生
2001 年招生范围:全国
2001 年录取分数:偏高
地　　址:江西省南昌市南京东路 17 号
电　　话:(0791)8304524　8304525
邮　　编:330047
联 系 人:雷　光

赣南师范学院

院系全称:工商管理系
专业全称:市场营销(广告方向)
专业设置年份:1998 年
学　　制:本科 4 年
专业师资:教授 1 人　副教授 4 人　讲师 8 人
2001 年招生人数:本科生 50 人
2001 年招生对象:文/理科考生
2001 年招生范围:附近省市
2001 年录取分数:中等
地　　址:江西省赣州市红旗大道 53 号
电　　话:(0797)8267535
传　　真:(0797)8267700
邮　　编:341000
联 系 人:周运锦

福建师范大学

院系全称:文学院传播系
专业全称:广告专业
专业设置年份:2002 年
学　　制:本科 4 年
地　　址:福建省福州市仓山区岭后路
电　　话:(0591)3441616
邮　　编:350007

厦门大学

院系全称:新闻传播系
专业全称:广告学
专业设置年份:1983 年
学　　制:硕士 3 年　本科 4 年
专业师资:教授 3 人　副教授 9 人　讲师 3 人
2001 年招生人数:硕士生 28 人　本科生 40 人　函授生 47 人
2001 年招生对象:文/理科考生
2000 年招生范围:全国
2001 年录取分数:较高
地　　址:厦门市厦门大学
电　　话:(0592)2180475
传　　真:(0592)2186382
邮　　编:361005
联 系 人:朱健强

湖南工程学院

院系全称:广告装潢设计专业
专业设置年份:1996 年(专)、2002 年(本)
学　　制:本科 4 年　专科 3 年
地　　址:湖南省湘潭市下摄司
电　　话:(0732)8619569
邮　　编:411101

湘潭大学

院系全称:文学与新闻学院广告学系
专业全称:广告学
专业设置年份:1997 年
学　　制:本科 4 年
专业师资:教授 2 人　副教授 3 人　讲师 5 人
2001 年招生人数:本科生 90 人
2001 年招生对象:文科考生
2001 年招生范围:全国
2001 年录取分数:较高
地　　址:湖南湘潭市西郊
电　　话:(0732)8292167
邮　　编:411105
联 系 人:沈国清

湘潭工学院

院系全称:广告学专业
专业设置年份:2000 年
学　　制:本科 4 年
地　　址:湖南省湘潭市北郊
电　　话:(0732)8290011
邮　　编:411207

株洲工学院

院系全称:传播系
专业全称:广告学
专业设置年份:1999 年
学　　制:本科 4 年　专科 3 年
专业师资:教授 1 人　副教授 2 人　讲师 5 人
招生人数:本科生 60 人　专科生 26 人
招生对象:文/理科考生
招生范围:全国
录取分数:中等
地　　址:湖南株洲工学院传播系
电　　话:(0733)8100632
邮　　编:412008
联 系 人:王　志

中南林学院

院系全称:环境艺术设计学院
专业全称:艺术设计
专业设置年份:1986 年
学　　制:博士 3 年　硕士 3 年　本科 4 年
　　　　专科 3 年
专业师资:教授 3 人　副教授 6 人　讲师 8 人
2001 年招生人数:硕士生 13 人　本科生 35 人
2001 年招生对象:文/理科考生　艺术类考生
2001 年招生范围:全国
2001 年录取分数:中等
地　　址:湖南株洲市田龙路
电　　话:(0733)8703488
传　　真:(0733)8703452
邮　　编:412006
联 系 人:陈　杰

湖北大学

院系全称:人文学院新闻传播系
专业全称:广告学专业
专业设置年份:1993 年
学　　制:本科 4 年　专科 3 年　函授 3 年
专业师资:教授 1 人　副教授 2 人　讲师 4 人
招生人数:本科生 40 人
招生对象:文科考生
招生范围:本省
录取分数:偏高
地　　址:湖北武汉市武昌区学院路 11 号
电　　话:(027)86741842
传　　真:(027)86741267
邮　　编:430062
联 系 人:胡远珍

湖北美术学院

院系全称:设计系
专业全称:视觉传达设计
专业设置年份:1985 年
学　　制:本科 4 年
专业师资:教授 18 人　副教授 50 人　讲师 94 人
2001 年招生人数:硕士生 25 人　本科生 312 人
　　　　专科生 175 人　函授生 196 人
2001 年招生对象:艺术类考生
2001 年招生范围:全国
2001 年录取分数:偏高
地　　址:武汉市武昌中山路 374 号
电　　话:(027)88877952
传　　真:(027)88862397
邮　　编:430060
联 系 人:范汉成

中南民族学院

院系全称:文学院广告系
专业全称:广告学专业
专业设置年份:1996 年
学　　制:本科 4 年　专科 3 年
专业师资:副教授 4 人　讲师 8 人
2001 年招生人数:本科生 58 人
2001 年招生对象:文科考生
2001 年招生范围:全国
2001 年录取分数:较高
地　　址:湖北省武汉市洪山区民院路 5 号
电　　话:(027)87532864
邮　　编:430074
联 系 人:张贤平

武汉大学

院系全称:新闻与传播学院广告系
专业全称:广告学
专业设置年份:1993 年
学　　制:硕士 3 年　本科 4 年　函授 2 年
专业师资:教授 2 人　副教授 3 人　讲师 3 人
2001 年招生人数:硕士生 27 人　本科生 36 人
　　　　函授生 270 人
2001 年招生对象:文科考生
2001 年招生范围:全国
2001 年录取分数:较高
地　　址:武汉武昌珞珈山
电　　话:(027)87682684
传　　真:(027)87870969
邮　　编:430072
联 系 人:张金海

华中农业大学

院系全称:文法学院广告与传播学系
专业全称:广告学
专业设置年份:1999 年
学　　制:硕士 3 年　本科 4 年　专科 3 年
专业师资:教授 2 人　副教授 6 人　讲师 3 人
2001 年招生人数:硕士生 3 人　本科生 65 人
　　　　专科生 30 人
2001 年招生对象:文科考生
2001 年招生范围:全国
2001 年录取分数:偏高
地　　址:武昌南湖狮子山
电　　话:(027)87282069
传　　真:(027)87280507
邮　　编:430070
联 系 人:吕尚彬

华中科技大学

专业全称:广告学
专业设置年份:2000 年
学　　制:本科 4 年
地　　址:湖北省武汉市武昌珞喻路 151 号
电　　话:(027)87801981
邮　　编:430074

武汉理工大学

专业全称:广告学
专业设置年份:1995 年
学　制:本科 4 年
地　　址:湖北省武汉市武昌珞狮路 12 号
电　　话:(027)87813048
邮　　编:430070

武汉科技学院

院系全称:社会科学系
专业全称:广告学
专业设置年份:1999 年
学　制:本科 4 年
专业师资:教授 2 人　副教授 6 人　讲师 10 人
2001 年招生人数:本科生 82 人
2001 年招生对象:文科考生
2001 年招生范围:全国
2001 年录取分数:中等
地　　址:武汉市武昌鲁巷纺织路 1 号
电　　话:(027)87801395 - 371
邮　　编:430073
联 系 人:邹先玉

郑州大学

院系全称:文化与传播学院广告系
专业全称:广告学专业
专业设置年份:1994 年
学　　制:本科 4 年　函授 3 年
专业师资:教授 1 人　副教授 2 人　讲师 6 人
2001 年招生人数:本科生 60 人　函授生 80 人
2001 年招生对象:文/理科考生
2001 年招生范围:本省
2001 年录取分数:中等
地　　址:郑州市大学路 75 号
电　　话:(0371)7761556
邮　　编:450052
联 系 人:颜景毅

河南财经学院

院系全称:文化传播系
专业全称:广告学
专业设置年份:1997 年
学　　制:本科 4 年
专业师资:教授 1 人　副教授 5 人　讲师 9 人
2001 年招生人数:本科生 80 人
2001 年招生对象:文/理科考生
2001 年招生范围:本省
2001 年录取分数:偏高
地　　址:河南省郑州市文化路北段
电　　话:(0378)3738983
邮　　编:450002
联 系 人:王鲁昌

河南大学

院系全称:历史文化学院广告系
专业全称:广告学、广告创意与艺术设计专业
专业设置年份:1996 年、2000 年
学　　制:本科 4 年、专科 3 年
专业师资:副教授 2 人　讲师 3 人
2000 年招生人数:本科生 56 人　专科生 48 人
2000 年招生对象:文科考生
2000 年招生范围:全国
2000 年录取分数:较高
地　　址:河南省开封市明伦街河南大学历史文化学院广告系
电　　话:(0378)2866484
邮　　编:475001
联 系 人:杨海军

暨南大学
院系全称:新闻学院
专业全称:广告专业
专业设置年份:1994 年
学　　制:本科 4 年
地　　址:广东省广州市天河区石牌
电　　话:(020)85516511
邮　　编:510632

深圳大学
院系全称:文学院传播系
专业全称:广告学
专业设置年份:1989 年
学　　制:本科 4 年　专科 3 年　函授 3 年
专业师资:教授 1 人　副教授 6 人　讲师 5 人
1999 年招生人数:本科生 58 人
1999 年招生对象:文/理科考生
1999 年招生范围:本省
1999 年录取分数:偏高
地　　址:广东省深圳市深圳大学文学院传播系
电　　话:(0755)6536124、6535207
传　　真:(0755)6534442
邮　　编:518060
联 系 人:吴予敏

广东商学院
院系全称:人文社科系
专业全称:广告学
专业设置年份:2001 年
学　　制:本科 4 年
专业师资:教授 3 人　副教授 8 人　讲师 12 人
2001 年招生人数:本科生 60 人
2001 年招生对象:文/理科考生
2001 年招生范围:全国
2001 年录取分数:较高
地　　址:广州仑头路 21 号广东商学院
电　　话:13902215853
邮　　编:510000
联 系 人:邱右先

广西大学
院系全称:新闻系
专业全称:广告学
专业设置年份:1993 年
学　　制:本科 4 年　专科 3 年
地　　址:广西壮族自治区南宁市西乡塘东路
电　　话:(0711)3833821
邮　　编:530004

汕头大学
院系全称:艺术学院艺术设计系
专业全称:艺术设计
专业设置年份:1988 年
学　　制:本科 4 年
专业师资:教授 2 人　副教授 4 人　讲师 8 人
2001 年招生人数:本科生 48 人
2001 年招生对象:艺术类考生
2001 年招生范围:本省
2001 年录取分数:较高
地　　址:广东省汕头市汕头大学路 243 号
电　　话:(0754)2902845
传　　真:(0754)2902936
邮　　编:515063
联 系 人:韩然

广西艺术学院
院系全称:设计系
专业全称:广告学专业
专业设置年份:1993 年
学　　制:本科 4 年
专业师资:副教授 1 人　讲师 3 人
1999 年招生人数:本科生 30 人
1999 年招生对象:艺术类考生
1999 年招生范围:本省
1999 年录取分数:中等
地　　址:广西南宁市教育路 7 号
电　　话:(0711)5333271、5333347
邮　　编:530022
联 系 人:汤晓山

贵州民族学院

院系全称:贵州民族学院中文系
专业全称:广告学
专业设置年份:1995年
学　　制:本科4年　专科3年
专业师资:副教授3人　副教授12人　讲师3人
2001年招生人数:本科生50人
2001年招生对象:文科考生
2001年招生范围:本省　附近省市
2001年录取分数:偏高
地　　址:贵州省贵阳市花溪区董家堰
电　　话:(0851)3610255
邮　　编:550025
联 系 人:杜国景

四川大学

院系全称:文学与新闻学院广告系
专业全称:广告专业
专业设置年份:1993年
学　　制:博士3年　硕士3年　本科4年
　　　　　专科2年
专业师资:教授2人　副教授4人　讲师5人
2001年招生人数:硕士生5人　本科生41人
2001年招生对象:文/理科考生
2001年招生范围:全国
2001年录取分数:较高
地　　址:四川省成都市九眼桥
电　　话:(028)5412309
传　　真:(028)5412310
邮　　编:610064
联 系 人:吴　建

云南大学

院系全称:国际现代设计艺术学院广告设计艺术系
专业全称:广告设计
专业设置年份:1994年
学　　制:本科4年
专业师资:教授2人　副教授8人　讲师8人
1999年招生人数:本科生170人
1999年招生对象:文/理科考生　艺术类考生
1999年招生范围:全国
1999年录取分数:偏高
地　　址:昆明市一二一大街138号
电　　话:(0871)5033491
传　　真:(0871)5172690
邮　　编:650091
联 系 人:农　伟

云南师范大学

院系全称:艺术学院
专业全称:广告学艺术设计
专业设置年份:1993年
学　　制:本科4年　专科3年　函授3年
专业师资:教授2人　副教授4人　讲师5人
1999年招生人数:本科生40人　专科生30人
　　　　　　　函授生50人
1999年招生对象:艺术类考生
1999年招生范围:本省
1999年录取分数:中等
地　　址:昆明市一二一大街云南师范大学艺术学院
电　　话:(0871)5817296
传　　真:(0871)5817296
邮　　编:650092
联 系 人:施荣华

云南财贸学院

院系全称:新闻传播系
专业全称:广告学专业
专业设置年份:2001年
学　　制:本科4年
专业师资:教授1人　副教授5人　讲师2人
2001年招生人数:本科生49人
2001年招生对象:文/理科考生
2001年招生范围:本省　附近省市
2001年录取分数:偏高
地　　址:云南昆明市龙泉路
电　　话:(0871)5192303
传　　真:(0871)5192303
邮　　编:650221
联 系 人:郑丹平

西北大学

院系全称:新闻传播学院广告系
专业全称:广告学
专业设置年份:1993年
学　　制:本科4年
专业师资:教授1人　副教授5人　讲师7人
2001年招生人数:本科生60人
2001年招生对象:文科考生
2001年招生范围:全国
2001年录取分数:偏高
地　　址:陕西省西安市太白北路229号西北大学
　　　　　新闻传播学院
电　　话:(029)8302525
邮　　编:710069
联 系 人:杨立川

长安大学

院系全称:人文社科部
专业全称:广告学专业
专业设置年份:2001年
学　　制:本科4年
专业师资:副教授6人　讲师10人
2001年招生人数:本科生30人
2001年招生对象:文/理科考生
2001年招生范围:全国
2001年录取分数:偏高
地　　址:西安市南二环路中段
电　　话:(029)2335658
邮　　编:710064
联 系 人:曹胜斌

兰州铁道学院

院系全称:经济管理系
专业全称:广告学
专业设置年份:2001年
学　　制:本科4年
专业师资:教授1人　副教授2人　讲师7人
2001年招生人数:本科生60人
2001年招生对象:文科考生
2001年招生范围:全国
2001年录取分数:较高
地　　址:兰州市安宁区西路22号
电　　话:(0931)4938997
邮　　编:730070
联 系 人:李　莹

宝鸡文理学院

院系全称:宝鸡文理学院艺术系
专业全称:艺术设计专业
专业设置年份:2000年
学　　制:本科4年　专科3年
专业师资:副教授5人　讲师10人
2001年招生人数:本科生80人
2001年招生对象:艺术类考生
2001年招生范围:全国
2001年录取分数:中等
地　　址:陕西省宝鸡市西宝路44号
电　　话:(0917)3364293
邮　　编:721001
联 系 人:姚　刚

宁夏大学

院系全称:人文学院新闻系
专业全称:广告创意与传播专业
专业设置年份:2000年
学　　制:专科3年
专业师资:副教授1人　讲师7人
2001年招生人数:专科生45人
2001年招生对象:文科考生
2001年招生范围:本省
2001年录取分数:偏高
地　　址:银川市新市区宁夏大学人文学院新闻系
电　　话:(0951)2061116
传　　真:(0951)2061116
邮　　编:750021
联 系 人:薛金强

广告出版物简介

2001 年广告类新书简介

书　名:叶茂中谈广告
ISBN:7-80100-737-9
作　者:叶茂中
定　价:25.00元
时　间:2001.1
出版社:中华工商联合出版社

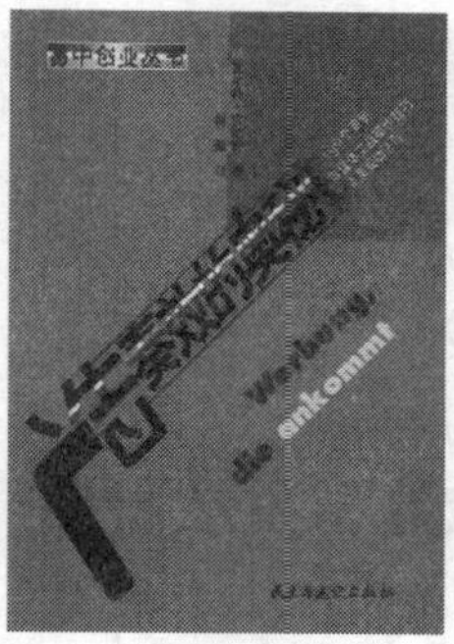

书　名:广告奏效的奥秘
ISBN:7-80112-377-8
作　者:(德)瓦尔特·玄纳特
定　价:22.00元
时　间:2001.1
出版社:民主与建设出版社

书　名:叶茂中谈创意
ISBN:7-80100-737-9
作　者:叶茂中
定　价:25.00元
时　间:2001.1
出版社:中华工商联合出版社

书　名:网络广告经营技巧
ISBN:7-5078-1947-7
作　者:马文良
定　价:25.00元
时　间:2001.1
出版社:中国国际广播出版社

书　名:亚洲品牌之路
ISBN:7-313-02548-3
作　者:唐波抗尔
定　价:32.50元
时　间:2001.1
出版社:上海交通大学出版社

书　名:广告法规集成
ISBN:7-80012-592-0
编　者:国家工商行政管理
　　　局广告监管司
定　价:22.00元
时　间:2001.3
出版社:工商出版社

书　名:沟通秘境
ISBN:7-806-3283-35
作　者:李世丁　袁东清
定　价:22.00元
时　间:2001.1
出版社:广东经济出版社

书　名:品牌领导
ISBN:7-5011-5215-2
作　者:(美)大卫·A·艾克
定　价:29.80元
时　间:2001.4
出版社:新华出版社

书　名:广告实战策略
ISBN:7-1150-9074-2
作　者:Robbim
定　价:39.00元
时　间:2001.1
出版社:人民邮电出版社

书　名:第23届台湾广告
　　　金像奖作品集
ISBN:7-5019-3221-2
编　者:张皓颖　崔笑梅
定　价:260.00元
时　间:2001.5
出版社:中国轻工业出版社

书　名:中国广告作品
　　　年鉴(2001)
ISBN:7-80007-419-6
主　编:刘立宾　丁俊杰
　　　黄升民
定　价:380.00元
时　间:2001.2
出版社:中国摄影出版社

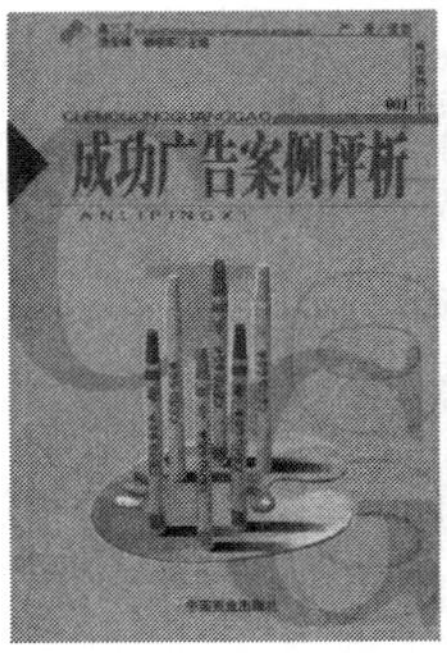

书　名:成功广告案例评析
ISBN:7-5044-3853-7
作　者:汤俊峰、杨学军
定　价:28.00元
时　间:2001.5
出版社:中国商业出版社

书　名:鸡蛋里挑骨头
ISBN:7-80147-504-6
作　者:(台)黄文博
定　价:22.00元
时　间:2001.4
出版社:企业管理出版社

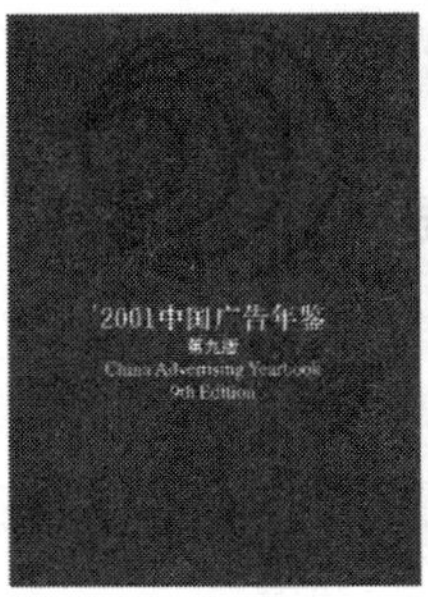

书名:2001 年中国广告年鉴
ISBN:7-5011-5268-3/Z·642
编者:《中国广告年鉴》编辑部
定价:220.00 元
时间:2001.5
出版社:新华出版社

书　名:整合营销传播战略管理

ISBN:7-5047-1700-2

作　者:(韩)申先龙

定　价:30.00元

时　间:2001.6

出版社:中国物资出版社

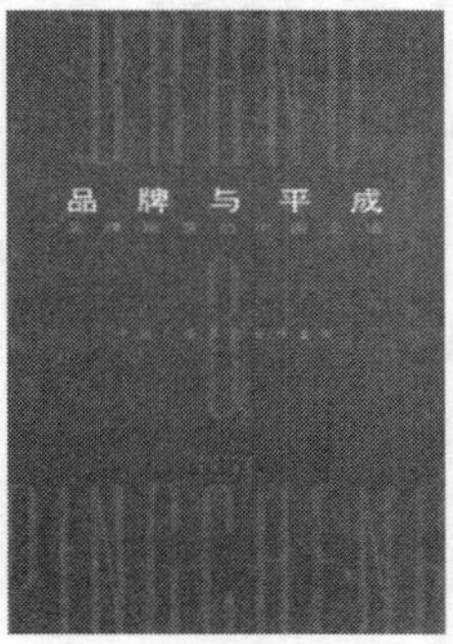

书　名:品牌与平成

ISBN:7-5356-1540-6

主　编:李　克

定　价:88.00元

时　间:2001.7月

出版社:湖南美术出版社

书　名:营销在中国

ISBN:7-80655-227-8

主　编:卢泰宏

定　价:25.00元

时　间:2001.5

出版社:广州出版社

书　名:品牌持续发展与蓝色创意

ISBN:7-53561-454-X

编　者:李　克

定　价:88.00元

时　间:2001.7

出版社:湖南美术出版社

书　名:麦肯锡方法

ISBN:7-5080-2229-7

作　者:埃森·拉富尔

定　价:25.00元

时　间:2001.5

出版社:华夏出版社

书　名:广告天书

ISBN:7-5356-1487-6

编　者:李　克

定　价:16.00元

时　间:2001.9

出版社:湖南美术出版社

书　名:如何制作有效的广告影片

ISBN:7-80147-556-9

作　者:(美)霍珀·怀特

定　价:35.00元

时　间:2001.6

出版社:企业管理出版社

书　名:现代房地产广告策略全案

ISBN:7-8107-9013-7

作　者:喻颖亚、章伟杰、林旭东

定　价:398.00元

时　间:2001.9

出版社:暨南大学出版社

书　名:广告与销售战略
ISBN:7-81068-355-1
作　者:(美)Grerand Tellis
定　价:68.00元
时　间:2001.9
出版社:云南大学出版社

书　名:中兴百货广告作品全集
ISBN:7-5356-1580-5
作　者:曾玉萍
定　价:138.00元
时　间:2001.10
出版社:湖南美术出版社

书　名:当代广告运作
ISBN:7-80147-555-0
作　者:约翰·威廉姆斯·赫尔斯特/阿德利安·马克
定　价:38.00元
时　间:2001.8
出版社:企业管理出版社

书　名:第八届中国广告节获奖作品集
ISBN:7-80007-355-6
编　者:萨社旗　田　锋　韩志刚
定　价:290.00元
时　间:2001.10
出版社:中国摄影出版社

书　名:卓越广告
ISBN:7-81068-304-7
作　者:Jim Aitchison
定　价:48.00元
时　间:2001.9
出版社:云南大学出版社

书　名:广告绩效评估
ISBN:7-104-01419-5
主　编:戴永良
定　价:25.00元
时　间:2001.11
出版社:中国戏剧出版社

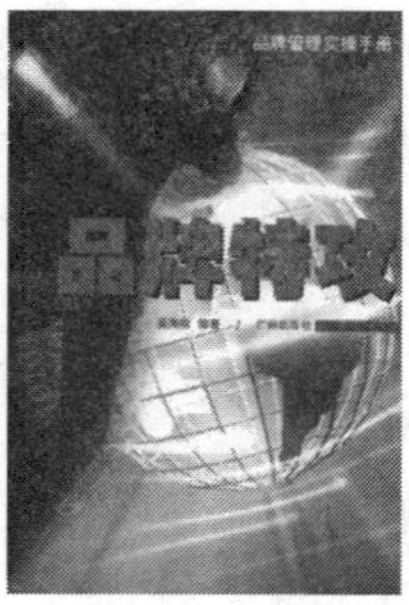

书　名:品牌特攻
ISBN:7-80655-257-X
编　著:吴海明
定　价:25.00元
时　间:2001.9
出版社:广州出版社

书　名:榜上客——全球廿八位顶极华文创意人
ISBN:7-80155-249-0
编　者:《龙吟榜》杂志
定　价:48.00元
时　间:2001.10
出版社:中国物价出版社

书　名:广告学原理和实务
ISBN:7-81068-356-X
定　价:88.00元
时　间:2001.10
出版社:云南大学出版社

书　名:餐馆广告奏效秘诀
ISBN:7-80655-324-X
作　者:张志和
定　价:20.00元
时　间:2001.12
出版社:广州出版社

全国广告类报刊名录

现代广告/Modern Advertising

主管单位:国家工商行政管理局
主办单位:中国广告协会
编辑出版:《现代广告》杂志社
地址:北京市西城区阜外大街36号鼎新潮商务中心515室
邮编:100037
电话:010-68513106
传真:010-68513106
网址:www.cnad.com.cn
国内发行:北京市报刊发行局
国内发行代号:82-685
订阅:全国各地邮局
国内刊号:CN11-3168/F
国际刊号:ISSN1007-2888
开本:大16开
出版周期:月刊
定价:¥12.80/期 ¥153.60/年
广告经营许可证号:京西工商广字365号

国际广告/International Advertising

主管单位:中国对外贸易经济合作部
主办单位:中国对外贸易经济合作企业协会、中国对外经济贸易广告协会
编辑出版:《国际广告》杂志社
地址:北京建国门外大街12号4层
邮编:100022
电话:010-65681637
传真:010-65681932
国内发行:北京市报刊发行局
国内发行代号:82-705
订阅:全国各地邮局
国内刊号:CN11-2487
国际刊号:ISSN1000-4122
创刊年代:1985年
开本:大16开
出版周期:月刊
定价:¥10.00/期 ¥120.00/年
广告经营许可证号:京朝工商广字0088号

艺术与设计/ART AND DESIGN

主管单位:中华人民共和国新闻出版署
编辑出版:《艺术与设计》杂志社
地址:北京市西城区阜外大街34号干休所3号楼5层
邮编:100832
电话:010-68573578,68570933
传真:010-68570933
电子邮件:gmwm@263.net
国内发行代号:82-273
订阅:全国各地邮局
国内刊号:CN11-3909/J
国际刊号:ISSN1008-2832
开本:大16开
出版周期:双月刊
定价:¥25.00/期　¥150.00/年

现代传播媒介/MEDIA

主管单位:中华人民共和国教育部
主办单位:北京广播学院
编辑出版:《现代传播媒介》杂志社
地址:北京朝阳区建外大街永安里8号华彬国际大厦7008室
邮编:100022
电话:010-85288246,85288248
传真:010-85288190
网址:www.teamworkmedia.com.cn
国内刊号:CN11-3614/G2
国际刊号:ISSN1002-7149
开本:16开
出版周期:月刊
定价:¥12.00/期　¥132.00/年

广告直通车/AD Express

主办单位:北京广告协会、北京市广告管理服务中心
编辑出版:《广告直通车》编辑部
地址:北京马甸七省大院仪征化纤宾馆六层
邮编:100088
电话:010-82002326
传真:010-82000350
开本:大16开
出版周期:月刊
广告经营许可证号:京工商广临字98019号

中国广告/CHINA ADVERTISING

主管单位:中华人民共和国新闻出版署
主办单位:东方出版中心/上海市广告装潢公司/上海市广告协会

编辑出版:《中国广告》杂志社
地址:上海市延安东路 274 号
邮编:200002
电话:021 - 63230702,63233766
传真:021 - 63612080
电子邮件:China - ad@online.sh.cn
国内发行:上海市报刊发行局
国内发行代号:4 - 408
订阅:全国各地邮局
国内刊号:CN31 - 1174
国际刊号:ISSN1005 - 9156
创刊年代:1981 年
开本:大 16 开
出版周期:月刊
定价:¥10.00/期　¥120.00/年
广告经营许可证号:01061

广告大观/Advertising Panorama

主办单位:江苏省广播电视总台
编辑出版:《广告大观》编辑部
地址:南京市中山东路西祠堂巷 8 号
邮编:210002
电话:025 - 4453228,4453991
传真:025 - 4453228 - 808
电子邮件:adp@vip.163.com
网址:www.ap.ad8.net
国内发行:自办发行
国内刊号:CN32 - 1294/G2
国际刊号:ISSN1004 - 5171
开本:大 16 开
出版周期:月刊
定价:¥12.00/期　¥148.00/年
广告经营许可证号:宁工商字 261 号

销售与市场/China Marketing

主办单位:河南省轻工行业管理办公室
编辑出版:《销售与市场》杂志社
地址:郑州市文化路任寨北街 1 号
邮编:450003
电话:0371 - 3832050,3832054
传真:0371 - 3824875
电子邮件:Cmmo@cmmo.com.cn
网址:www.cmmo.com.cn
国内发行代号:36 - 96

订阅:全国各地邮局
国内刊号:CN41－1210/F
国际刊号:ISSN1005－3530
开本:大16开
出版周期:月刊
定价:¥7.50/期　¥90.00/年
广告经营许可证号:豫工商广字229号

包装&设计/PACKAGE DESIGN

主办单位:中国包装进出口广东公司
编辑出版:《包装&设计》杂志社
地址:广州侨光路2号五楼
邮编:510116
电话:020－83341674
传真:020－83341694
电子邮件:pnd@package－design.net
网址:www.package－design.net
国内发行:自办发行
国内刊号:CN44－1262/TB
国际刊号:ISSN1007－4759
开本:大16开
出版周期:双月刊
定价:¥25.00/期　¥150.00/年
广告经营许可证号:粤010237号

大市场·广告导报/Marketing Max·Advertising Pointer

主办单位:贵州人民出版社
编辑出版:《大市场》杂志社
地址:贵阳市中华北路289号
邮编:550001
电话:0851－6828370
传真:010－65675707(北京办事处)
电子邮件:ad@vip.sina.com
网址:www.Newad.net
国内发行:全国各地邮局
邮发代号:66－61
国内刊号:CN52－1129/F
开本:大16开
出版周期:月刊
定价:¥15.00/期　¥180.00/年
广告经营许可证号:520100101－0248

全国广告专业书店名录

书店名称	地　址	邮政编码	电话号码
北京龙之媒广告文化书店	北京市西城区太平仓胡同甲16号	100034	(010)66111740
广州广告人书店北京分店	前门西大街139号	100001	(010)66079877
上海龙之媒书店	上海虹桥路550号北门307室	200030	(021)64688283
广州广告人书店上海分店	上海石柳林路130号	200021	(021)33070269
重庆广告人书店	重庆市渝中区较场口82号大元广场12－2号	410010	(023)63725730
重庆美好广告人书店	渝中区健康路花园大厦临街门面B栋	400014	(023)6386112
龙吟榜艺术设计书店	呼和浩特市内蒙古艺术学院工艺美术系	010010	(0471)4928233
太原市广告人书店	太原市桃园三巷18号	030002	(0351)4061774
沈阳美好广告人与设计书店	沈阳市沈河区青年大街39号	110000	(024)22944099
大连广告人书店	大连市中山区玉光街52号医保大楼202室	116001	(0411)2825249
传媒广告文化书店	长春市朝阳区隆礼路35－4号	130021	(0431)5651689
江苏广告人书店	南京市中央路193号玄武饭店旁	210009	(025)3618445
合肥广告人书店	合肥市濉溪路南国花园2栋107室	230041	(0551)5534221
济南市广告人书店	济南市历下区文化东路111号(文东宾馆2楼206)	250013	(0531)6415362
济南奥威广告书店	济南市文化东路73号西邻	250014	(0531)6407715
山东广告人书店青岛店	青岛市香港中路31号省外贸招待所208室	260000	(0532)5723688－2208
浙江亚博广告人书店	杭州市莫干山路武林巷5－5号	310012	(0571)8055300
南昌市广告营销与未来书店	南昌市广场北路省政府大院商品长廊人民广场3号	330046	(0791)8008691433
郑州龙之媒广告人书店	郑州市农业路邮局26号信箱	450002	(0371)5961294
广州广告人书店	广州东山区竹石岗二马路珠鹰大厦1119房	510080	(020)87754141－3136
广州龙之媒书店	广州市环市东路360号珠江大厦西塔1101室	510006	(020)83856275
成都广告人书店	成都书院西街1号亚太大厦16层B座	610016	(028)6617294
西安广告人书店	西安市育才路125号	710054	(029)5520585
兰州台望广告文化艺术专营店	兰州市南昌路539号	730000	(0931)8855780
乌鲁木齐广告人书店	乌鲁木齐市中山路116号国际合信大厦14楼E座	830001	(0991)2826296

广东省专栏

广东省广告业发展情况

20世纪80年代以来，随着改革开放的不断深入，我省经济建设成就辉煌，经济持续稳步增长，市场日益活跃，群众生活消费水平大幅提高。改革开放20多年来，我省广告业发展之快势如破竹，呈现一派生机勃勃，欣欣向荣的景象，广告经营单位、广告从业人员、广告经营额年平均增长率分别保持在16%、8%、35%左右。至2001年底，全省广告经营额达113亿元，广告经营单位8701家，广告从业人员81703人，分别比去年增长10%、-7%、5.5%，分别是改革开放之初的150倍、300倍和500倍。

纵观我省广告业的发展，主要有几个特点：

一、进入持续、稳定、规范发展阶段。改革开放以来，我省广告业发展主要经历了两个阶段。从79年改革开放之初到90年代初，是恢复发展阶段，主要特点是暴发式的迅猛增长，体现在数量的高速增长和规模的急剧膨胀。从90年代中期开始，我省广告业经历了高速增长的初始发展阶段后，开始进入稳定规范发展阶段，由外延的高速膨胀转向内涵的集约发展。全省广告经营单位、从业人员增长放缓，甚至出现负增长，但广告经营额则稳步增长，平均增长18%，说明了在社会主义市场经济条件下我省广告业由过去单纯量的增长转变为质的提高，行业经营效益明显提高。由数量规模型逐渐向质量效能型转变，标志着我省广告业逐渐走向成熟，广告行业暴利期的结束和规范、健康发展时期的到来。

二、广告业发展的地区差异明显，珠江三角洲地区继续保持全省广告业领头羊的地位，仍然是全省广告业的中心。据统计，至2001年底，珠江三角洲地区广告经营单位共6011家，占全省69%，广告营业额为86亿多元，占全省广告营业总额近8成，比去年增长20%，继续保持了持续、平稳发展的态势，珠江三角洲地区广告业的蓬勃发展，有力地推动了全省广告业的发展。

三、专业广告公司成长迅速，整体素质及经营业绩有了显著提高，成为广告行业的中坚力量。至2001年底，全省共有广告公司5246家，占全省广告经营单位总数的60%，营业额达53亿元，比去年增长27%，素质不断提高，出现了广东省广告公司、广东省白马广告有限公司等一批大型本土广告企业。素质的提高带来了不俗的经营业绩，广告公司的营业额占全行业的47%，广告代理费为1.92亿元，比去年增长33%，在全行业中所占比重逐年递增，日益成为广告主与广告媒介之间的坚实纽带。随着广告代理制的推行，过去的"强媒介、弱公司"的局面逐渐被打破，为广告公司提供了广阔的发展空间。

四、个体、私营经济在广告业中的比重不断增加，在广告市场中所占份额不断加大。在我省广告行业中，私营经济发展迅猛。至2001年底，全省共有个体、私营广告企业5242家，比去年增长14%，在广告业所有经济成份中，增长最快，广告营业额达22亿元，比去年同期增长26%，成为广告业中一支不可忽视的力量，是社会主义广告市场中的重要组成部分，也是广告业的一支生力军。

五、随着消费观念的不断变化，市场需求的不断增长，近年来生活资料广告的市场投入继续稳步增长，在广告市场中的份额不断加大。至2001年底，全省生活资料广告费投入共75亿元，占广告总投入的66%，比去年同期增长27%，并有继续稳步增长之势。在当前的宏观经济形势下，生活资料广告市场的稳步发展，为扩大内需，促进生产和消费，拉动经济增长起到了积极的作用。

六、媒介产业化进程的加快，为我省广告市场提供了强有力的支撑。至2001年底，全省媒介广告经营额为62亿元，其中报纸、电视、广播广告费占82%，在广告媒介中仍然处于主导地位。随着南方、羊城、广州报业集团的成立，我省媒介容量不断扩大，媒介整合进一步加强，广告经营服务也更加专业化，更具科学性。电子网络等高科技新型媒体的不断涌现，为我省广告市场的发展提供了广阔的扩展空间和坚实的物质基础。

七、广告市场整顿和规范力度不断加大，市场秩序明显改善。2001年是我省广告市场秩序整顿年。据统计，全省共出动5900人次、1900车次，与公安、卫生、药监等部门开展联合检查40余次，检查商场、药店、医疗机构等公共场所1700处，收缴违法印刷品广告120多万份，检查报社、杂志社、电台、电视台330家，广告13万余条次，共立案查处广告案件3239宗，罚没款856万元。同时，密切配合地方政府城市综合治理工作，迎接九运会，大力清理、整顿户外广告，共清理违法违章户外广告41000余块，对全省20条高速公路（总里程2000多公里）的近1000块广告牌进行了清理，清拆违章广告牌339块，其中大型单立柱广告牌49块，清拆总重达220多吨，为美化城市作出了贡献。经过整顿，成效明显，虚假违法广告得到有效整治，广告违法率大幅下降，严重危害社会和消费者的恶性案件明显减少，我省广告市场秩序大为好转，广告市场得到了进一步净化。

回首过去，展望未来，我国成功加入世贸，意味着我省广告市场将与国际广告市场全面接轨，必将为我省广告业注入新的活力，有利于加快培育和发展我省广告市场，为我省广告业带来了前所未有的发展机遇，同时也面临着严峻的挑战。对此，我们充满信心，把握机遇，迎接挑战，不断与时俱进，开拓创新，为我省广告业的全面发展和经济的腾飞做出积极的贡献。

广东著名广告经营者与广告发布者介绍目录

广东人民广播电台

广东人民广播电台，是中国南方最具规模的省级电台。一九八六年首创的全国第一个经济电台珠江经济台蜚声海外，影响深远。目前，广东电台属下有八个系列台、两份报纸及太平洋影音公司。

今年，一座以“世界先进、国内一流”为标准设计建造的跨世纪现代化建筑——广播中心已投入使用，新的播出将全部采用先进的数字化、网络化的播控系统和采编录制系统，高科技的大量投入使广东电台如虎添翼。

作为现代大众传播媒介的广播，具有时效快、传播广、渗透力强的特点。而通过广播进行的广告传播，更具投资少、受众广、收效大的优势。无论在繁华的都市，还是边远的地区，重复密集的广播广告会收到理想的效果。

广东电台新闻频道——卫星广播	FM91.4	AM648
广东电台珠江经济台	FM97.4	AM1062
广东电台音乐之声	FM99.3	
广东电台城市之声	FM103.6	
广东电台交通之声——羊城交通台	FM105.2	
广东电台健康之声	FM93.6	AM999
广东电台股市广播——财经927		AM927
广东电台教育之声	FM107.6	AM603
联系电话：（020）86662723 转各部门		

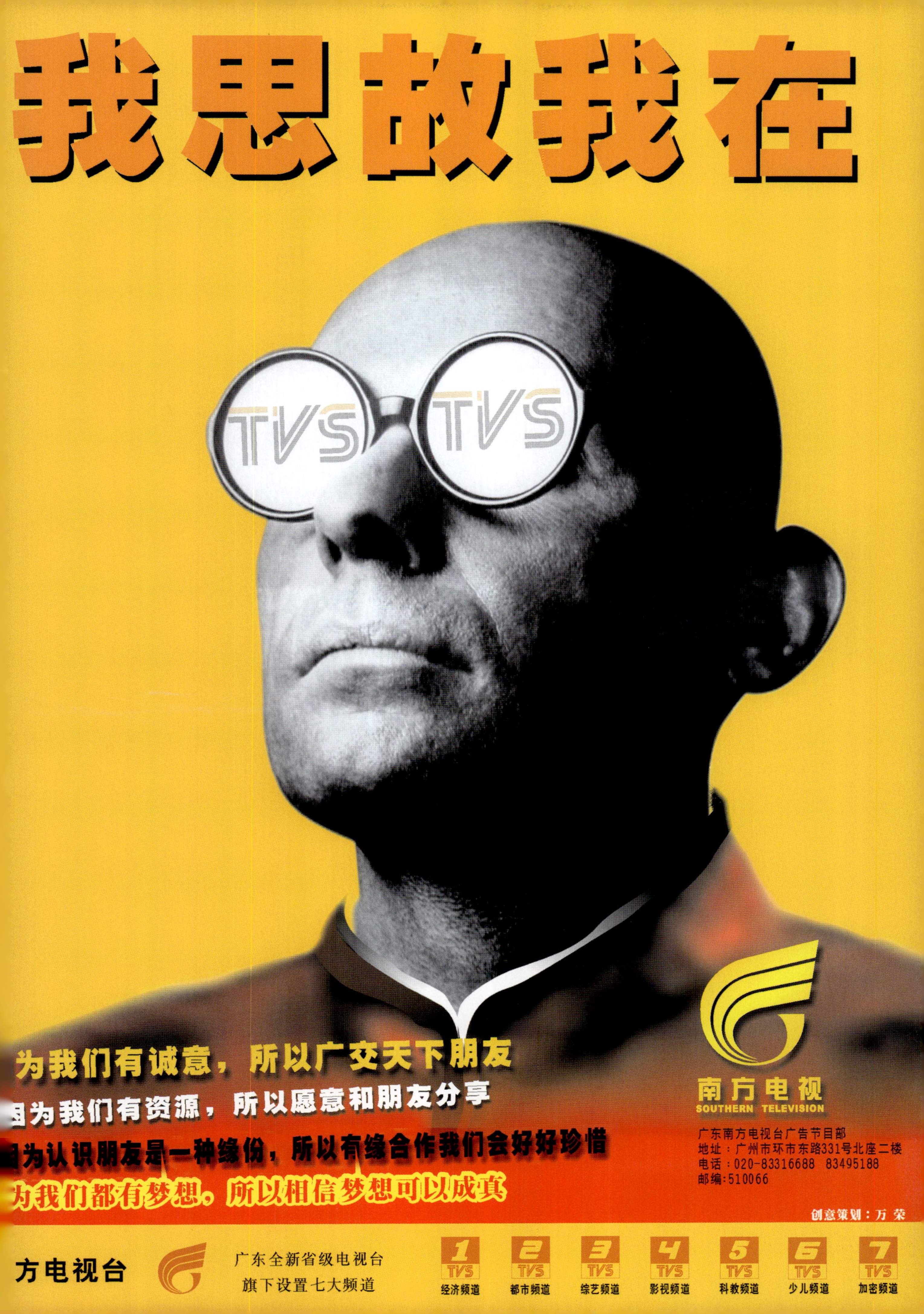

我思故我在
TVS TVS
为我们有诚意，所以广交天下朋友
为我们有资源，所以愿意和朋友分享
为认识朋友是一种缘份，所以有缘合作我们会好好珍惜
为我们都有梦想，所以相信梦想可以成真
南方电视
SOUTHERN TELEVISION
广东南方电视台广告节目部
地址：广州市环市东路331号北座二楼
电话：020-83316688 83495188
邮编:510066
创意策划：万 荣
方电视台
广东全新省级电视台
旗下设置七大频道
1 TVS 经济频道
2 TVS 都市频道
3 TVS 综艺频道
4 TVS 影视频道
5 TVS 科教频道
6 TVS 少儿频道
7 TVS 加密频道

新世纪中国大学生就业首选企业50强
中国最受尊敬企业50强
媒 体 军 团 创 新 未 来
南方报业
NANFANG NEWSPAPERING
创优质品牌
建中国最好的报业集团
南方日报报业集团
南方日报
新闻生产力
南方周末
深入成就深度
南方都市報
办中国最好的报纸
21世纪经济报道
代表积极的、向上生长的力量
南方体育
新生活 新眼界
南方农村报
拓展农村市场的黄金时代就在眼前
画报
新生活的传播者
花鳥世界报
美好生活从花鸟世界开始
南方日报出版社
背靠大众传媒，面向传媒大众
南方网
www.southcn.com
与世界同步

FSTV 佛山电视台

新闻报料 3330899　专题报料 3389000　广告联系　3359921

www.fstv.com.cn

佛山电视台

佛山电视大看台

新闻资讯大全

经济股评论坛

生活知识百科

娱乐时尚前线

影视大片荟萃

节目每天都是新的

佛山电视台共播出三套节目。

第一套节目信号覆盖珠江三角洲、广州、深圳、江门、肇庆、中山、清远等地。覆盖面积25000平方公里，可收视人口达1000多万人。每天上午7时开播到晚上12时结束，共17小时，日均制作节目能力2小时。以新闻资讯为架构，粤语电影、粤剧为特色。

第二套节目信号覆盖佛山市区，现有用户15万户，以播放电视剧为特色，一天连续播放十集连续剧。

第三套节目主要有三大块，一是综合信息；二是股市实时行情；三是电视互动点播。

佛山电视台，每天推出18个自制栏目的节目，拥有广东金梭奖、金话筒奖获得者等一大批电视专业人才，并产生中国新闻奖、中国电视“星光奖”等一大批优秀作品。

佛山电视台，具有较强经营和制作能力，广告客户遍布全国各地及港澳地区，以优质高效和优良服务承接广告业务，为客户达到最佳的宣传效果，开设多种类别、时段和价格不同的广告服务。同时，承办各种大型文艺活动，其中，1990年起创办的“佛山新年音乐会”，更成为电视台的品牌和佛山文化盛事，是全国第一个创办和连续举办“新年音乐会”的城市。

佛山电视台
佛山市卫国路5号
www.fstv.com.cn

媒体新世纪 • 佛山电视台

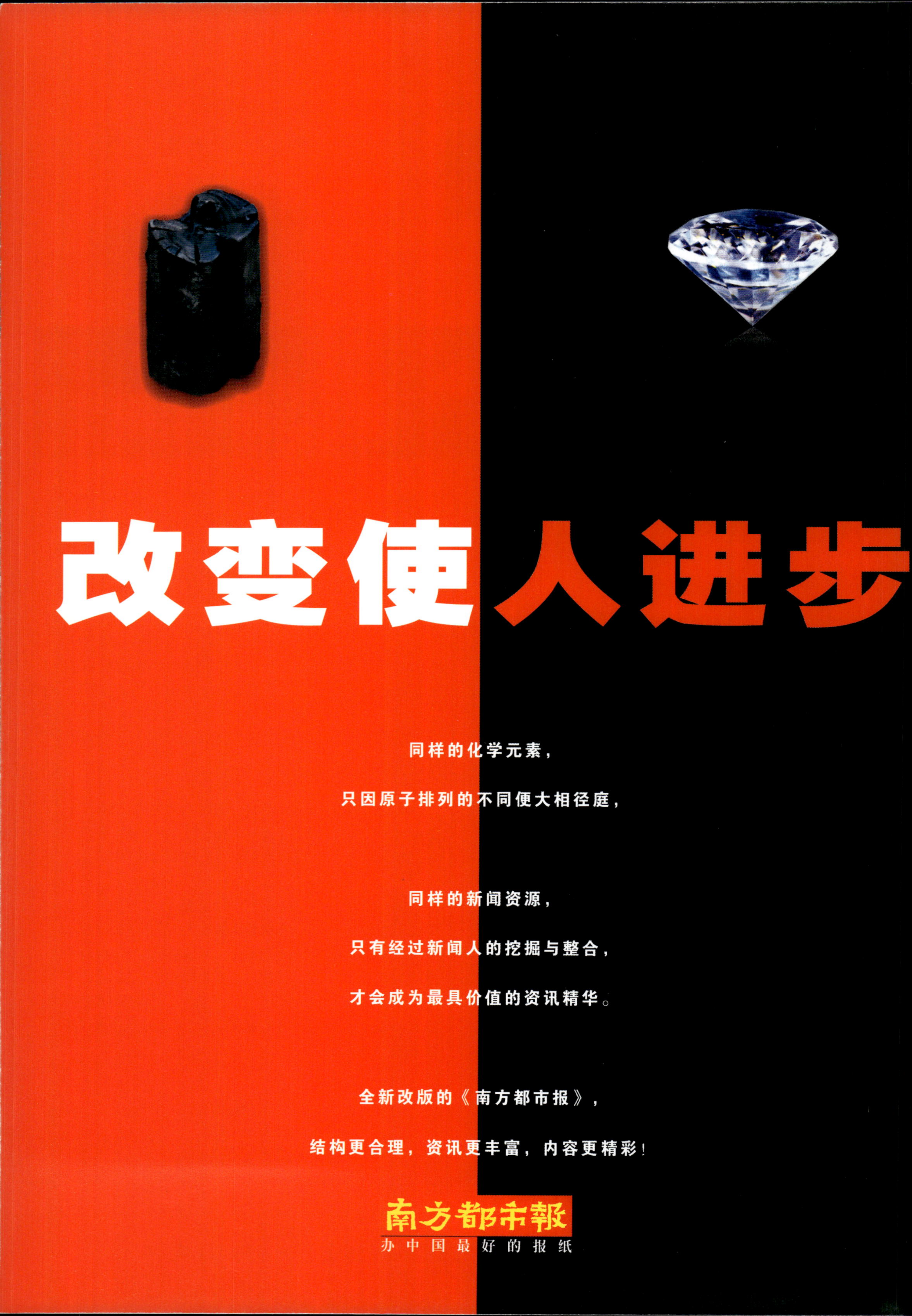

改变使人进步
同样的化学元素，
只因原子排列的不同便大相径庭，
同样的新闻资源，
只有经过新闻人的挖掘与整合，
才会成为最具价值的资讯精华。
全新改版的《南方都市报》，
结构更合理，资讯更丰富，内容更精彩！
南方都市報
办中国最好的报纸

发展中的罗定广播电视台

罗定市广播电视局局长
广播电视台台长林超荣

罗定广播电视台位于广东西部，与广西毗邻。罗定广播电视台是罗定这座历史文化名城的重要宣传阵地。

罗定广播电视台分设有线台、转播台、发射台、电台和总编室、电视新闻部、电视广告部、电台广告部、电视专题部、网络技术部等，全市23个镇建立了广播电视站，行政村建立了广播电视室。

罗定广播电视台摄制、编辑播出设备先进，市区光纤网传输25套节目，还开通了视频点播、股市信息、远程教育、远程医疗、电子报刊、数据广播和局域网等。

罗定广播电视台伴随着改革开放不断发展。目前，已建立了以市区为中心，以镇村广播电视站（室）为基础的广播电视覆盖网络，广播电视惠及千家万户，辐射半径达150公里，受众超过500万人。而且，采用先进的电脑数字设备摄制播出，更具有一支优秀的职业队伍。吸引着省内和港澳、广西以及其它省、市的广告客户，争夺粤西的市场，赢得了极具潜力的商机，更赢得了良好的经济效益和社会效益。在罗定广播电视台发布广告，是双赢的合作。

罗定广播电视台本着服务经济、服务社群的宗旨，将继续努力，热诚为广大观众、听众服务，携手创造美好的明天。

罗定人民广播电台直播室

罗定有线电视台播控中心

罗定广播电视台广告部

罗定市广播电视台台长：林超荣　电话：0766-3839538　手机：13902378028
罗定广播电视台广告部经理：陈伟忠　电话：0766-3839529
罗定人民广播电台广告部经理：欧桂芳　电话：0766-3866922
联系地址：广东省罗定市迎宾路广播电视中心　传真：0766-3839739　邮政编码：527200

广州铁路集团文化广告总公司是一家拥有铁路站车自有媒体和具备策划、设计、制作、代理、发布国内外各类广告业务以及书刊编辑发行、文化娱乐服务、贸易实业等经营权的综合性专业公司。公司遵循“质量第一、信誉第一”的原则，先后在广州、深圳、北京采用高新技术发布了“舒波乐啤酒、好孩子、消渴丸、富士胶卷、茅台酒、金拍得丽相机、柯尼卡”等大型国际国内名牌户外广告；开行了以企业产品和城市冠名的广告列车“健力宝号、蓝带号、华宝号、顺德号、安康号、南街村号”等；编辑发行了“广州市迈向现代化国际大都市、铁路货运指南、旅行指南”等书刊；组织了“俄罗斯普希金芭蕾舞剧团”的演出、全国铁路广告高新技术展示暨研讨会、“国门展国车汽车展”以及大连铁路旅游博览交易会等。深圳火车站“世界之窗”广告获得了广东省设计大赛银奖，“远离毒品、亲近美好人生”的公益广告受到国家禁毒委的表彰。1998-2001 连续四年被评为广东省广告行业及全国铁路广告行业精神文明先进单位，连续荣获全国广告行业精神文明先进单位称号和广东省重合同守信用企业称号。

广铁集团文化广告总公司将竭尽全力，为各企业、团体提供最佳的服务。

地址：广州市共和西路8号　电话：(020)61321196、61321086　传真：(020)87629259、87770595　邮编：510600
公司网址：WWW.RCAGC.COM　电子邮箱：gzrcagc@public.guangzhou.gd.cn

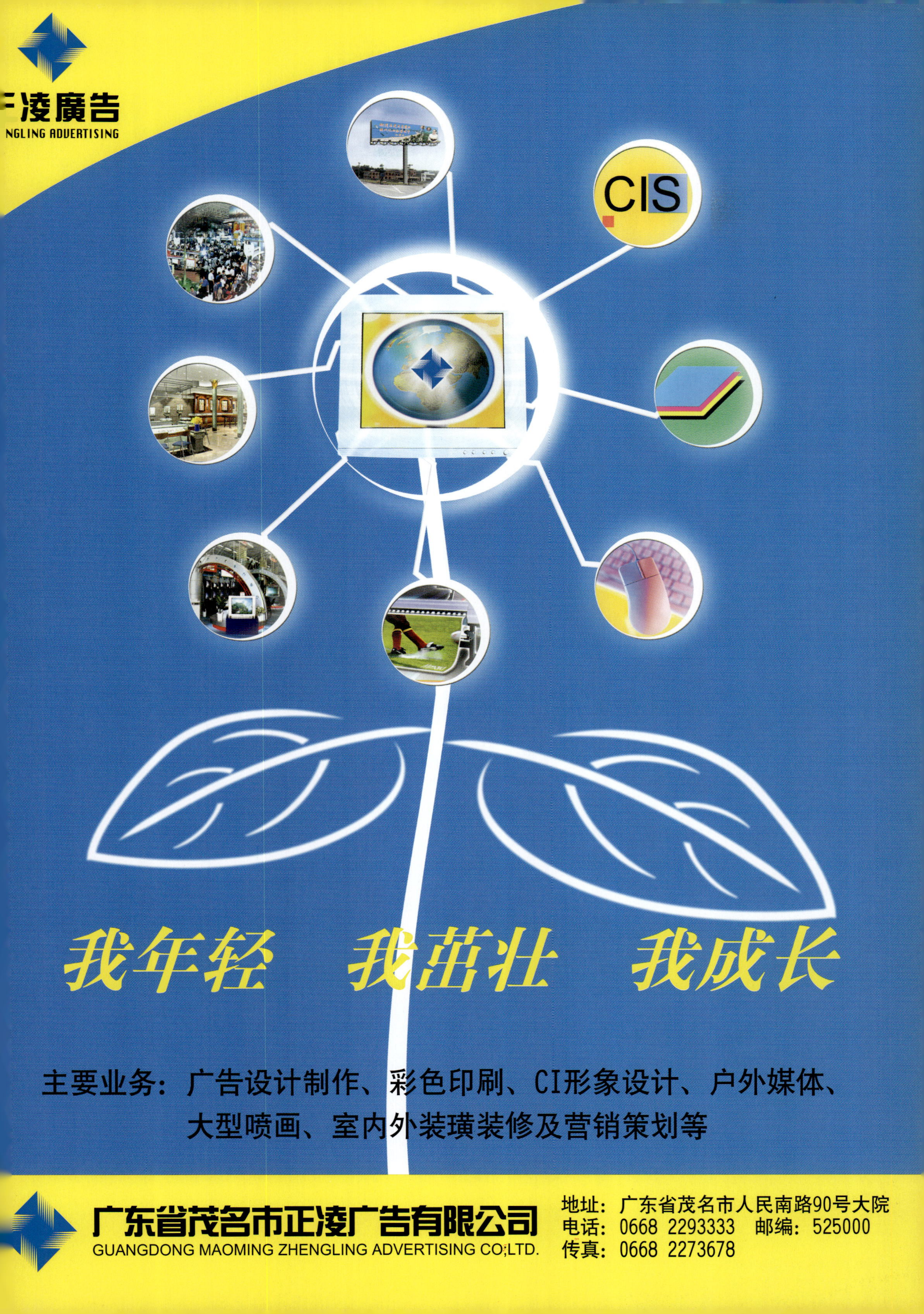

凌廣告
NGLING ADVERTISING
CIS
我年轻 我茁壮 我成长
主要业务：广告设计制作、彩色印刷、CI形象设计、户外媒体、
大型喷画、室内外装璜装修及营销策划等
广东省茂名市正凌广告有限公司
GUANGDONG MAOMING ZHENGLING ADVERTISING CO;LTD.
地址：广东省茂名市人民南路90号大院
电话：0668 2293333 邮编：525000
传真：0668 2273678

RAYS OF SHENZHEN ADVERTISING DEVELOP CO.,LTD [深圳之光廣告] 深圳之光廣告

有 想 法 ， 来 这 里 坐 坐

深圳地区拥有近一万平方米户外广告媒体

深圳之光发展有限公司成立于一九九五年，注册资本500万，系以企业形象设计、宣传推广策划为主的综合型传播机构。历年在工商各界朋友的关怀支持下，我司得以成长壮大，逐步形成了包括市场调研、策划创意、广告创意、展示、设计制作、媒体代理及发布等完善体系。

一九九七年，我司正式成为深圳市广告协会会员单位。

一九九八年，我司被评为福田区100家优秀私营企业之一。

一九九五年初为深圳润讯通信设计、制作户外广告，同年为深圳天人地太空水深圳地区的策划、设计及形象推广；一九九六年为万宝路公司投放广州、汕头、潮阳、顺德市场的大型户外广告，同年为嘉士伯啤酒投放广州地区的户外广告；一九九七年初为深圳怡宝蒸馏水、三株口服液、富安娜、梧桐山香烟、特美思香烟等客户策划及代理推广深圳地区的广告，

一九九七年三月至六月为深圳一致药店形象推广策划，同年为"龙根酒"、"神奇药液"策划及投放深圳地区的户外广告及产品包装、海报报纸等。一九九七年年底，为"三九集团"南方制药厂设计、制作近三百万投资的灯光工程及厂区形象包装，一九九八年中国全军会议在该厂召开时取得一致好评，在九七香港回归之际，我司又大力配合市证府号召，搞好全市的灯光夜景工程。一九九八年，我司投资成立了深圳市商协商标代理有限公司及广告工程制作厂，为广大客户提供了更为全面的服务。在此期间，积极参予了华强北路灯光布置及策划、罗湖区东门路、南湖路段的灯箱夜景工程；九八年中旬，为深圳市高新技术产业园区设计、制作大型的标识系统工程，年底为"中海集团"广告策划及代理该集团兴资的"中海丽苑"小区等等。

之光广告年轮、锐气、冷静、管理现代化，正极速成长，在未来的日子，我司将更努力为各广大客户提供更完善更高质量的服务，力求做到更好。

地址：深圳市南湖路國貿商厦22A.H座（即富苑酒店對面）
電話：(0755) 2281628 2281638 2282638 2282368
傳真：(0755) 2223206 郵編：518014
E-mail:szrays@21cn.net

BLUE
广州市蓝色創意广告有限公司
GUANG ZHOU BLUE CREATION ADVERTISING CO. LTD.
【地址：广州市先烈中路69号东山广场21层2105-2107室 【邮编：510095 【传真：(020) 87324300 【电话：(020) 87320119 【网址 http: // www. blue - ad. com 【电子邮箱 E-mail: blue10 @ blue - ad. com

敦煌广告公司
敦煌形象策略机构
招式的繁复和效果的热闹都不是目的
对准正确的受众和让广告主得益才是真正的目的
拥有13年历史的敦煌广告一直坚持
以策略带动传播
以精准的全局观为先导
所有传播的细微，均融入差异性系统性经络之中
CI法则的活性化操作
策略规划的科学性和推广实施的有效性
延伸了十三个春秋
我们的客户
与我们一同成长和收获
佛山黄飞鸿世人皆知
同样 13年 佛山敦煌
用事实见证成功
打遍天下好功夫
无论招式有多少种繁复变化
中心的策略有时简单明确得令人吃惊
名牌
名牌寶典
第一卷
NKD
OLOLAND
QIYA
Top Elite
hiyan
MICAWA
baita
C'S EFFON
银鲸陶瓷
敦煌广告公司总部:广东省佛山市玫瑰东路2号国土大厦7楼 电话:0757-3383881 3204023 3333631 3383889 传真:0757-3338600 邮编:528000 国际互联网:http://asia-ci.com 电子邮箱:info@asia-ci.com 下属公司:成都公司 北京公司 江苏

平成广告有限公司

品 牌 跳 跃 的 中 国 之 道

跳跃的平成

☛ 平成广告有限公司成立于1995年12月25日，公司总部位于广州，在北京和上海分别设有分公司和办事机构。

公司创建初期，我们针对当时的国内广告业的状况，提出了“策略性创意”概念，作为客户提供专业广告服务的重要手段和工具。在这种概念的指导下，我们成功地帮助了一些国内企业实现了品牌的跳跃。

喜之郎从平成成立的1995年开始到1999年，由一个地方性品牌成长成为全国性的行业第一品牌；金正由影碟机生产企业中的挑战者，迅速在DVD品牌中抢占了领导地位；贵州醇在白酒市场日渐萎缩的环境中，成为一个不断创新、倍受关注的品牌，稳固了不可动摇的市场地位。

在帮助客户的品牌实现跳跃的同时，平成也给自己制定了三年为一个创业和创新的周期，通过第一年的创新，第二年的积累，第三年的酝酿，在第四年也就是新的一年实现新的突破。在三年一个循环的变化中，平成也实现了自身的跳跃。

跳跃的中国

☛ 在逐步进入市场经济的二十年中，中国一直是一个快速变化、充满机遇和挑战的市场。无论是从宏观经济还是从微观企业运行来看，动态的复杂性远远超过了细节的复杂性。其实，驾驭发展变化的方向、掌握发展的速度、推动市场的跳跃、发掘成长的规律，是中国企业一直关注的主题。

中国市场充满了这种企业“十倍速”增长或衰退的例证。市场经济二十年让我们看到，跳跃就在我们身边。

面对二十一世纪的新环境，我们需要把握住自身跳跃的机遇。处领导地位的企业、不愿做跟随者的企业、勇于挑战新境界的企业，无不需要跳跃来实现发展与创新。

那么，实现跳跃的能量在哪里呢？

品牌跳跃的能量—E

☛ 从可口可乐到GE，从IBM到微软，不论其时间长短，这些上个世纪成长起来的品牌巨人，无一不是同资本有紧密的关系。但是如果历史地看，在这些品牌成长的过程中，无不充满着知识的贡献，特别是在它们的每一次创新中，智慧的力量起了决定性的作用。

面对二十一世纪的新经济环境，我们更加坚信在品牌跳跃的背后，知识比资本更重要。

品牌跳跃的能量来自知识。

品牌跳跃的*n*动力

☛ 资本对品牌的影响是线性的，这就是我们通常所说的“积累”。而知识对品牌的贡献则是跳跃性的。无论是前文说的十倍速的增长还是十倍速的衰退，品牌跳跃的能量都来自这个神奇的“*n*”（*n*动力）。

也许我们已经看出，这个神奇的“*n*”将为品牌跳跃带来的能量祸福参半。它可以是正数，那品牌的跳跃就可以10倍、100倍、1000倍地增长；它可能是负数，那品牌就可能以1/10、1/100、1/1000的速度快速衰退。无疑，品牌跳跃的“*n*”是一把锐利无比的双刃剑。

策略即创意 创意即策略

☛ *n*= SC（S：Strategy策略，C：Creative创意）

平成的核心能力恰恰反应在策略性创意上（*n*= SC）：策略即创意，创意即策略。不再把策略和创意作为两个独立的个体来思考，使创意和策略处于良好的互动状态之中。同时在广告运作的各个环节中，也注意将这种互动促进的概念不断坚持贯彻：媒介即创意，创意即媒介；客户服务即创意，创意即客户服务，通过这种良性的积极互动，使神奇的“*n*”始终为正数，为客户的品牌跳跃提供源源不断的“*n*动力”，这就是推动品牌跳跃的“平成动力”。

品牌跳跃的中国之道

☛ 如果说“策略性创意”是针对国内广告业而提出的概念，那么，“策略即创意，创意即策略。”则是站在全球化的背景下提出的，它是我们对全球广告业发展的认识深化。

在知识经济和互联网的时代，全球广告业的发展将会以一种新的面貌出现，我们不认为目前国际广告业的主流，就代表了世界广告业发展的方向。广告的恐龙时代即将结束，全球的广告业会更加多元化，会有更多不同的声音。在通往国际化的进程中，在全球化的背景下，我们应该做得更专业、更纯粹，应该成为全球广告互动互联中不可缺少的一部分，这就是“品牌跳跃的中国之道”■

佛山电台

佛山电台地处经济发达的广东珠江三角洲腹部，地理位置优越，电波覆盖范围达3000多万人。

1991年8月19日，佛山电台在中国广播界率先实行全天24小时播音。

1996年12月15日，佛山电台在亚洲首先实行数字音频广播（DAB）试播。

1999年10月13日，佛山电台在中国率先试播数字多媒体广播（DMB），并取得成功。佛山电台拥有两套无线节目和一套有线节目，即：

FM94.6（全天24小时播音），着重反映城市生活，展示佛山特点，体现岭南文化，强调给听众以美的享受。

FM98.5（全天24小时播音），以清新、富有活力的都市时尚节目吸引年青人，着重展示当今中外流行音乐潮流。

有线广播（全天12小时播音），以社区服务和具有地方特色的传统文化节目为龙头，创办了一系列深受中老年听众欢迎的生活、服务信息节目。

佛山电台还拥有互联网站、报纸、杂志、影音商场以及经营户外展览、户外演出等，已成为省内最具影响力的跨媒体经营的实力媒体之一。

主持人正在创意组合

创新——佛山电台永恒的主题

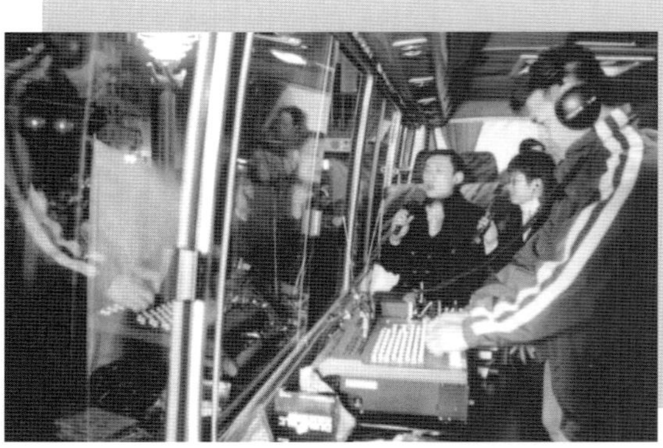

开全国广播先河的佛山电台DMB数码移动直播车

由佛山电台策划、举办的活动总是能吸引万千观

佛山电台多年来坚持探索一条广告节目化，节目以听众为依归的路子，运用自身拥有的多种媒体，立体地为客户的企业形象、产品进行宣传推广，使客户获得了丰厚的回报。佛山电台旗下的天龙广告公司拥有一群广告精英，他们创作、制作的广播广告在国内累获大奖，他们策划的活动在社会上获得了广泛的反响。

广州电台是我国首家全天24小时播音的省会城市调频立体声电台。FM96.2兆赫与FM 102.7兆赫两套内容都市特色，五年来涌现了一大批深受听众欢迎的名牌节目和名牌主持人，真正做到与广大听众“声声相关、时时相伴”，成为广州地区和珠江三角洲收听率最高的电台之一。

2001年12月1日开播的第三台（AM1098兆赫）“经济环保广播”，以“探索经济新潮、引领都市时尚；关注民生、服务大众”为宗旨。

广州电台属下的天韵广告公司，以媒介服务为先导，为客户提供全方位的宣传策划服务。将客户的事业当作自己的事业，投注无限的热忱与关心。与客户一起：时势造英雄、联手赴成功。

广州电台广告信息部、天韵广告公司：

天进——品牌园丁

天进广告以为中国本土大品牌提供综合性品牌服务为主导，同时也珍视和中小品牌共同成长的艰辛与欢愉。

我们成功地把领导品牌的传播理论及模式转换至现有客户，并契合市场环境提供更为积极主动的计划和建议。我们强调专业的服务，

以国际广告公司严谨规范的作业流程，融合我们对本土消费市场的深刻认识和把握，藉着团队合作的精神寻求及创造更优秀的市场传播推广。

我们不断创造促使“消费者消费”的广告，培育优良的“种子”，用智慧和汗水与客户一起推动品牌茁壮成长。

客户的成功为我们赢得声誉和收益，我们视客户的成功为我们真正的成功！

TEAM

广州市天进广告有限公司

GUANGZHOU TEAM ADVERTISING CO.,LTD

总公司地址：广州市先烈中路73号国威大厦4楼　电话：(020)87326242　87326247　87326249　87326234　传真：(020)87326224　邮编：510095

珠海特区报

印报车间

办公大楼

珠海特區報是一張闊步邁向21世紀資訊時代的新型黨報，創刊于改革開放崢嶸歲月的1985年。伴著特區建設的戰鼓成長壯大，鄧小平同志南巡之后，珠海特區報得到了快速發展。現爲對開十六版大型彩色日報，自辦發行，發行面覆蓋全國各省市和港澳地區。

珠海特區報作爲中共珠海市委機關報，秉承特區黨報的辦報特色，著力宣傳特區"在體製創新、產業升級、擴大開放等方面繼續走在全國前面"以及"發揮對全國的示范、輻射、帶動作用"的典型。近年來在探索以適應社會主義市場經濟爲目標的報紙改革道路上，做了一些大膽、有益的嘗試。

珠海特區報分爲三大板塊（A、B、C）和三個周刊（新聞周刊、每周刊、商務周刊）。A板塊以本市要聞、中央和省的要聞，以及國內外政治、經濟、文化、社會發展、人民生活方面的各項重要新聞爲主，涵蓋兄弟省市和珠三角地區爲主，兼容國內、國際重大突發性事件的新聞追蹤，同時關注港澳台新聞、體育新聞和國際新聞。C板塊以國內外的娛樂新聞和地方化的生活新聞爲主，包容實用性的証券股市新聞。新聞周刊主要聚集珠海的人和事，反映經濟生活中的最新變化。每周刊主要聚集與老百姓密切相關的社會生活熱點話題，利用版面的話語權利，弘揚法製，伸張正義，表現報紙作爲社會良知所必備的關懷精神。商務周刊主要是軟性文章加圖片爲主。

珠海特區報采編部門設置爲采訪、編輯、出版三大中心和機動記者部，三大中心下轄若干部門，擁有一支作風正、業務精、善打硬仗的新聞隊伍。目前，現有員工258人，其中采編部門125人，行政、廣告、發行和印刷部門166人。采編人員中大專及本科以上學歷的幾乎占百分之百，其中碩士一批。具高級職稱的18人，中級職稱62人，初級職稱近百人。歷年有一大批作品在全國及省市級評獎中獲獎。

珠海特區報綜合協調部門爲社委辦，另有廣告中心、印務中心、發行公司、物業公司，形成有效的管理和經營網絡。

珠海特區報擁有具先進水平的印刷設備和全套電腦激光照排系統，是全國最早采用激光照排技術的報紙之一，印報質量在全國重點報紙評比中位居前列。

珠海特區報社正致力于創建集約型報業集團，四開十六版的珠江晚報于1995年並入珠海特區報，爲創建中的珠海特區報社報業集團注入了強勁的活力。

社址：珠海市九洲大道中段
编辑中心：3221581 传真：3322111
广告部：3334329 传真：3320000
发行部：3335816

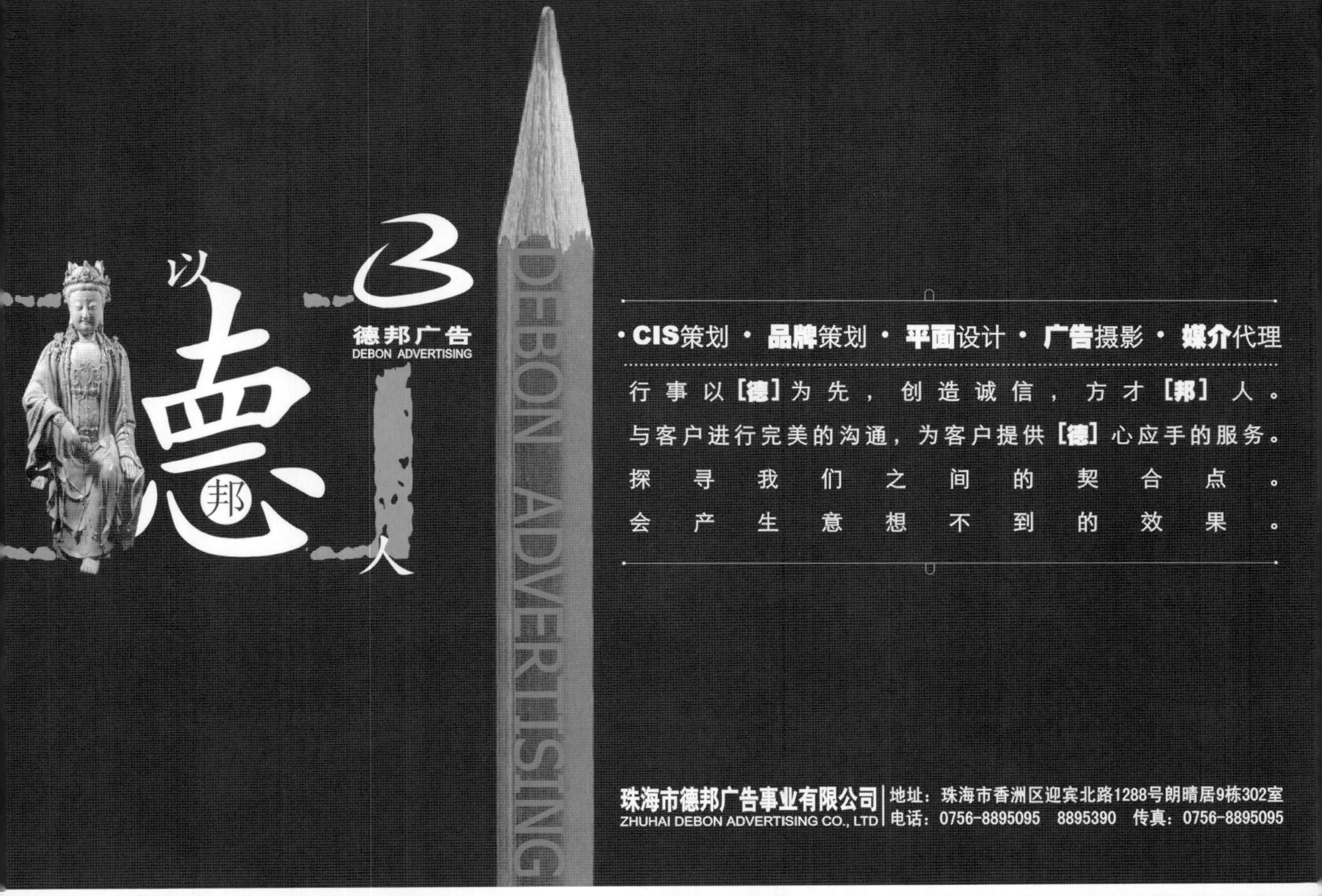
以德邦人
德邦广告
DEBON ADVERTISING
DEBON ADVERTISING
·CIS策划·品牌策划·平面设计·广告摄影·媒介代理
行事以【德】为先，创造诚信，方才【邦】人。
与客户进行完美的沟通，为客户提供【德】心应手的服务。
探寻我们之间的契合点。
会产生意想不到的效果。
珠海市德邦广告事业有限公司
ZHUHAI DEBON ADVERTISING CO., LTD
地址：珠海市香洲区迎宾北路1288号朗晴居9栋302室
电话：0756-8895095 8895390 传真：0756-8895095

珠海市美术广告有限公司是一家按国际先进管理模式运作的综合性专业广告公司。公司致力于国内外全面广告代理、CI策划、整合营销传播（IMC）、大型公关推广、平面广告、影视广告、户外广告制作，公司立志成为一家国际、国内知名品牌的广告公司。
专才荟萃
智慧迭出
创意无穷
为创业者的成功鸣锣开道！
珠海市美术广告有限公司
地址：广东省珠海市香洲兴业路1号10栋二层
电话：(0756)2291689 传真：(0756)2291699

柏宁广告
珠海柏宁广告隶属于珠海柏宁交通实业集团有限公司，是珠海市汽车车身广告设计、制作、发布、代理专业广告公司。主要业务范围有：
◆珠海市出租小汽车车身广告总代理
◆珠海市长途客车车身广告总代理
◆汽车车身广告设计制作发布、代理申报
加积山
电话/传真：0756-8658802　网址：www.boning.net
联系人：杨生：013005792928　唐生：013075609098
地址：广东省珠海市梅华西路1089号柏宁集团综合楼四楼（邮编：519070）

广州 4A 第四届（2001）成员公司

广东广旭广告有限公司	地址：广州市东风东路 836 号东峻广场 4 座 18 楼 (510080)	电话：87655611 传真：87617445
广东合众广告有限公司	地址：广州市天河体育西路 109 号高盛大厦 21 层 A 座 (510620)	电话：38792203 传真：38791170
广东金长城国际广告有限公司	地址：广州市天河北路 449 号嘉怡苑三栋 10 楼 A 座 (510610)	电话：38808833 传真：38808793
广东省广告公司	地址：广州市东风东路 745 号之二金广大厦 (510080)	电话：87600168 传真：87766503
广东省白马广告有限公司	地址：广州市沿江中路 298 号广信江湾大酒店中区商业大厦 4 楼 (510100)	电话：83860000 传真：83880849
广东黑马广告有限公司	地址：广州市建设大马路 3 号省党校大厦 6 楼 (510053)	电话：83867608 传真：83765734
广州市千里马广告有限公司	地址：广州市环市东路 498 号广发花园柏丽商业中心 (510600)	电话：87604789 传真：87604449
广州市广告公司	地址：广州市大南路 49-57 号 (510115)	电话：83335535 传真：83330246
广州市天艺广告有限公司	地址：广州市东山三育路 44 号东山宾馆 3 号楼 5 层 (510080)	电话：87650630 传真：87602427
广州市天进广告有限公司	地址：广州市先烈中路 73 号国威大厦 4 楼 (510095)	电话：87676247 传真：87626224
广州市东一广告有限公司	地址：广州市中山四路 42 号广州图书馆少儿部 3 楼 (510055)	电话：83857777 传真：83847111
广州市旭日广告有限公司	地址：广州市东风东路 713 号广发银行大厦 23 层北座 (510080)	电话：87310183 传真：87310156
广州市致城广告有限公司	地址：广州市环市东路 403 号广州国际电子大厦 17 楼 1701-1703 室 (510095)	电话：61282235 传真：61282236
广州市蓝色创意广告有限公司	地址：广州市先烈中路 69 号东山广场 21 层 2105 室 (510095)	电话：87320119 传真：87324300
广州交易会广告有限公司	地址：广州市流花路 117 号 (510014)	电话：26081708 传真：86665866
广州柏信广告有限公司	地址：广州市建设大马路 3 号省党校大厦 4 楼 4H 室 (510053)	电话：83883896 传真：83883877
广州思源广告有限公司	地址：广州市环市东路水荫路 2 号华信大厦西座 15 楼 (510075)	电话：37602260 传真：37601515
广州蓝色火焰广告有限公司	地址：广州市寺右新马路 111-115 号五羊新城广场 1901 室 (510600)	电话：87377708 传真：87377709
上海李奥贝纳广告有限公司广州分公司	地址：广州市天河北路 233 号中信广场 52 层 5204-5206 室 (510613)	电话：87553068 传真：87553098
上海奥美广告有限公司广州分公司	地址：广州市天河北路 233 号中信广场 61 楼 6104-06 室 (510613)	电话：38771888 传真：38770422
电扬广告有限公司广州分公司	地址：广州市天河北路 233 号中信广场 6406 室 (510613)	电话：87554328 传真：87521066
达美高广告有限公司	地址：广州市先烈中路 69 号东山广场 1007 室 (510095)	电话：87321148-108 传真：87321777
麦肯·光明广告有限公司广州分公司	地址：广州市侨光路华厦大酒店耀南楼 (510115)	电话：83395461 传真：83364668
丽星（广州）广告有限公司	地址：广州市麓景路黄田直街 1 号广信商业中心附楼 5 楼 (510091)	电话：83571216 传真：83571261
灵智大洋（广州） 广告有限公司	地址：广州市天河北路 233 号中信广场 6401-6408 室 (510613)	电话：87521628 传真：38771638
盛世长城国际广告有限公司广州分公司	地址：广州市体育西路 109 号高盛大厦 5 楼 (510620)	电话：38791228 传真：38792430
智威汤逊—中乔广告有限公司广东分公司	地址：广州市天河北路 233 号中信广场 6101-02 室 (510613)	电话：38771810 传真：38771820
精信广告有限公司广州分公司	地址：广州市先烈中路 69 号东山广场 6 楼 602-605 室 (510095)	电话：87321828 传真：87321728

注：排名以按笔划为序

广州4A

广州地区综合性广告代理公司委员会

广州天河路 112 号 12 楼　电话／传真：85592483

福建省专栏

加大监管力度促进福建广告业的健康发展

2001年，福建省广告业在全省广告界的共同努力下，已成为具有一定规模和质量，服务门类众多，媒介种类齐全的重要产业。

2001年全省广告经营户数、从业人员、经营额均保持稳步增长。全省广告经营单位2174户，比上年增加了230家。广告经营额为20.82亿元，比增1.49亿元。从业人员21377人，比增1818人。有531名广告审查员通过资格考试。

成功地在福建省厦门市举办了第八届中国广告节，为福建省广告行业带来了新的活力与生机，同时也很好地向全国广告界展示了福建省广告企业的风采和竞争力。

公益广告活动蓬勃开展，全省发布公益广告4000余条(次)，有3件公益广告作品获国家奖，5个单位、5位个人分别被评为公益广告活动先进单位和先进个人。

福建省广告业发展具有以下特点：

1、个体、私营广告经营单位增长迅速。随着非公有制经济在全省经济总量中比重的不断上升，福建省个体、私营广告经营单位近年来也得到长足发展。2001年新增的广告企业中绝大多数是个体、私营企业。目前全省个体、私营广告经营单位已有1484家。他们在总户数、从业人员、广告经营总额中所占比重有较大增长，占全省广告经营单位总数的61%。

2、闽台广告交流不断发展。福建省是最早实现对台广告交流的省份，继1991年首届"海峡两岸电视广告研讨会"在福州举办后，两岸广告界间交流不断。2001年在厦门市举办的第八届中国广告节上，台湾广告公司也选送了作品参展，并组织了闽台广告交流活动。

3、专业性广告公司以市场为导向，通过灵活的市场经营策略，提高服务水平，挖掘竞争潜力，在市场竞争中不断壮大成熟，进一步巩固福建省广告行业主力军地位。他们在总户数、从业人员、广告经营总额中所占比重有较大增长。

4、由于其行业结构调整基本到位，大众传媒广告经营额有较大增长。通过内部机构规划重组，组建集团，实施经营管理规范化、制度化、市场化的运行机制，充分发挥媒体的竞争优势，2001年大众传媒广告经营额占全省广告经营总额的49.5%。

5、户外广告发展迅速。随着城市化进程不断加快，城市面积不断扩大，新增或翻新了许多主干道，公交线路日益增多，加上各级政府实施阳光工程，合理的城市户外广告规划及广告段位招标的良好运作，使户外平面广告空间增大、质量提升，户外广告经营额比重上升。全省新设立户外广告媒体40457件，经营额达7.1亿元，占总广告经营额的34%。户外经营额与去年相比有较大增长。

6、受政府不断出台各项利好政策影响，各类广告均有较好表现。房地产热继续升温，新楼盘广告层出不穷；假日经济逐渐成形，各种促销广告纷至沓来；省内各风景名胜得到开发，旅游业广告呈明显上升势头；中国加入WTO刺激汽车消费大幅增长，汽车广告有了新的发展。

根据国家工商行政管理总局和省政府统一布署，我省2001年度广告监管做了如下工作：

一、完善监督管理措施。

为了提高我省广告业科技知识含量，增强竞争力，适应我国加入WTO的需要，省工商局下发了《福建省广告经营单位资质等级标准认定暂行办法》，规范了广告经营单位资质等级标准，以推动我省广告业向更高层次发展。开展"反误导，打虚假"广告市场专项治理。省工商局下发了打击虚假违法广告集中治理的实施方案并分别与省药品监督管理局、卫生厅、广播电影电视局、新闻出版局等单位联合下发了《关于进一步加强对大众传播媒介广告宣传管理的通知》、《关于加强药品广告审查与管理工作的通知》、《关于严格依法发布药品、医疗器械、医疗服务广告的通知》等。2001年共查处药品广告案件304件，医疗广告案件168件，罚没款占总罚没数的51%。使各级广告审批、监督机关明确了各阶段工作的重点和努力方向，形成了上下一致、协调推进的工作格局。

二、加大广告监测和执法力度。

积极发挥广告监测作用，加大广告监管力度。我局在全国较早建立了广告监测系统，不断完善了监测制度。仅省工商局广告监测室全年共监测省、地市级18种主要报刊发布的各类广告154762条，其中违规广告324条；监测福建电视台等12个电视频道发布的各类广告2987840条，其中违法违规广告205条。全年共发出监测意见书232份，责成广告发布者停止发布168条，修改后发布56条，立案查处8条。各级工商行政管理机关通过建立"经济户口"落实辖区管理，动态巡查，严格执法，加强广告的规范化管理，加大了广告执法力度，2001年共查处广告违法案件1949起，罚没款197万元，比上年增长44%。

三、努力探索适应新世纪广告监管路子。

为适应新世纪及中国加入WTO的形势需要，福建省工商行政管理系统将根据WTO的规则以及我省广告业发展状况，积极探索广告监管的新路子。完善广告监管机制，制定有关政策和措施，把好广告主体准入关、广告市场秩序关；通过对广告从业人员的法规教育，实施广告企业资质认定，促进广告业及广告从业人员素质的全面提高；运用广告监测及时发现问题，及时制止广告活动中的不良倾向；加大查处力度，对于涉及人民群众身心健康、财产安全以及有悖社会主义精神文明建设要求的各种虚假违法广告，将依法予以打击，努力为我省广告业创造一个健康有序的广告市场环境。

福建著名广告经营者与广告发布者介绍目录

福建省工商行政管理局

入 主 福 建 首 选 媒 体
3410万个掌声。
市场的掌声
就是客户最大的褒奖
客户的成功
才是我们真正的成功！
福建电视台1套，
与福建3410万个消费者倾力沟通，
定让您叫好又叫座！

《福建日報》广告价目表

计费单位：元/次(人民币)

FUJIAN DAILY AD.CO

作为新中国在八闽大地的第一张报纸，《福建日报》创立至今一直发挥着党和人民群众的喉舌作用，主导八闽舆论，弘扬时代精神，在广大读者中塑造了客观、公正、真实、权威的形象。日发行量37.1万份，成为福建省覆盖面最广、发行量最大、最具权威的报纸。

《福建日报》主要发行于机关党政团体、企事业单位、公检法、军队武警、金融保险、证券、卫生、教育、科学研究、文化艺术、新闻等行业。

读者群中大专及以上学历的人士占79.1%，中年人士占61.5%，中高层领导占60%。在消费行为上表现出自主性较高、品牌意识强的特点。

版面规格	头版		2—8版			9—12版			制作费
宽×高 cm^2	套红	彩色	黑白	套红	彩色	黑白	套红	彩色	
35×48（整版）			110000	132000	143000	90000	108000	117000	1200
35×24（1/2版）			55000	66000	71500	45000	54000	58500	800
35×20（2/5版）			44000	52800	57200	36000	43200	46800	600
35×16（1/3版）	76000	83600	36670	44000	47671	30000	36000	39000	500
35×12（1/4版）	57000	62700	27500	33000	35750	22500	27000	29250	500
35×10（1/5版）	47500	52250	22000	26400	28600	18000	21600	23400	500
35×8（1/6版）	38000	41800	18330	22000	23829	15000	18000	19500	500
35×6（1/8版）	28500	31350	13750	16500	17875	11250	13500	14625	500
17×12（1/8版）	28500	31350	13750	16500	17875	11250	13500	14625	500
17×10（1/10版）	23750	26125	11000	13200	14300	9000	10800	11700	500
17×8（1/12版）	20000	22000	9170	11004	11921	7500	9000	9750	300
17×7（报耳）	20000	22000							300
17×6（1/16版）	14250	15675	6880	8256	8944	5630	6756	7319	300
8×8（二栏8）	10000	11000	4590	5508	5967	3750	4500	4875	100
8×6（二栏6）	7125	7838	3440	4128	4472	2820	3384	3666	100
文字专版			110000	132000	143000	90000	108000	117000	1200
刊头题花	600		400			350			
中缝广告	1、8版		2、7版	3、6版		4、5版	9、12版	10、11版	
	8000		5000						
信　　息	按广告价格5.5折收费，最大规格限定17×8公分。								
版　　眉	半年5万								
征　　文	每次活动收费10万(需报编委审批)								

地址：福州市华林路84号　邮编：350003　联系电话：0591-7095862　7095932　7095887　传真：0591-7095932

擁護咱們老百姓自己的东南卫视台
老百姓的
SETV

用耳倾听
用心感受
倾听生活
感受品质

福建人民广播电台
FUJIAN PEOPLE'S BROADCASTING STATION

创建于1949年8月的福建人民广播电台，立足福建、服务东南沿海、面向全国、辐射海外，是具有独立法人资格的省级电台。目前拥有新闻频道、经济频道、音乐交通频道、都市生活频道和东南广播公司共五套广播频率，形成了人民台新闻频道中心突出，系列频道各具特色、“众星捧月”的格局，全天累计播音98.5小时。

1999年，福建人民广播电台建成先进的文稿办公自动化系统和数字音频采、编、播系统，综合技术指标跃居全国省级电台前列。目前，福建人民广播电台使用中波、短波和调频发射，在全省各地建有36座转播发射台和12座高品质立体声调频发射台，总功率达800KW,广播节目不仅覆盖全省97%以上人口，而且在广东、浙江、江西、江苏和台湾及日本、东南亚部分地区也可以收听到本台节目。

福建人民广播电台
—新闻直通车！（AM882、558、612，FM103.6）

从清晨到深夜，福建人民广播电台每天第一时间为您传递省内、国内外重大新闻，关注主流生活、透视社会热点、汇聚财经资讯、网罗娱情星光；卫星信号传输，中波、调频双重覆盖，快节奏、高密度、大容量，是福建台各系列频道的“龙头”。

福建人民广播电台 经济频道
—理财专家！（AM1467，FM96.1）

融经济、信息、服务为一体的经济频道，注重与听众的交流，以准确、快捷的经济报道，方便、实用的信息服务，专业、权威的证券节目，深受广大听众的喜爱。尤其是每天的沪、深股市交易实时行情播报及个股专家实时点评，在众多媒体中独树一帜。

福建人民广播电台 音乐交通频道
—流动的音符！（FM100.7）

国内省级专业电台首家实现准同频立体声调频覆盖，全天候24小时不间断播出，精彩节目倾力奉献：频道新闻、实时交通路况、专业交通天气等节目及时、畅通地服务于司乘人员及社会大众；多层次音乐版块节目不遗余力地丰富公众生活，滋润百姓听觉。

福建人民广播电台 都市生活频道
—解读都市时尚生活！（FM98.7）

根植于现代都市生活的城市电台，24小时不间断播出，把贴近都市人的平民热情、独到的文化视野、追求卓越的服务宗旨、引导潮流的时尚意识完美地融合在节目中，为福州市民提供大量的社会新闻、文化娱乐及生活资讯，版块鲜明活泼，风格轻松幽默。

福建人民广播电台广告部（福建电广广播广告有限公司）
地址：福州市古田路2号省广播电视大楼一层　电话：0591-3313789 转　邮编：350001

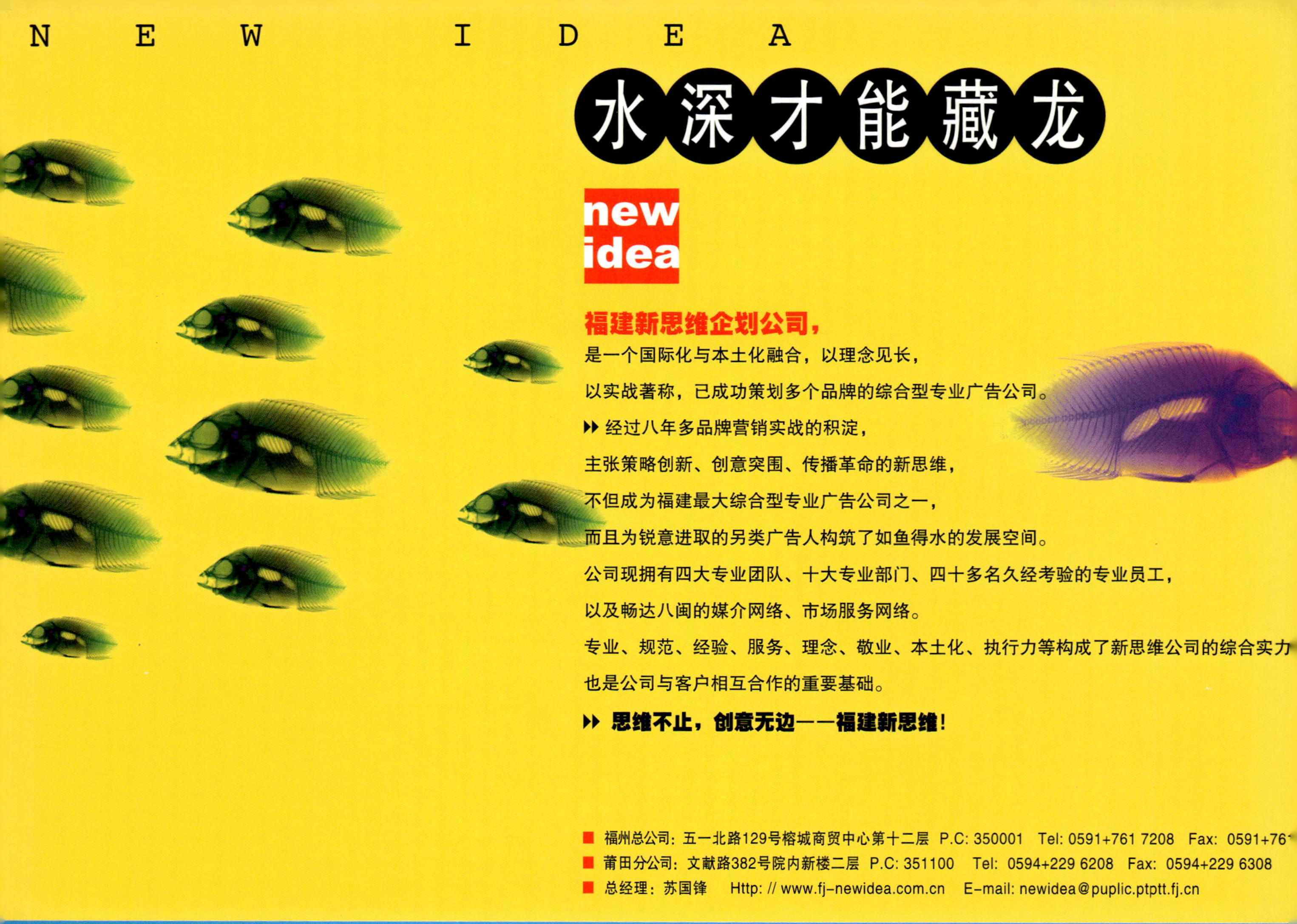

N E W I D E A
水深才能藏龙
new idea
福建新思维企划公司，
是一个国际化与本土化融合，以理念见长，
以实战著称，已成功策划多个品牌的综合型专业广告公司。
经过八年多品牌营销实战的积淀，
主张策略创新、创意突围、传播革命的新思维，
不但成为福建最大综合型专业广告公司之一，
而且为锐意进取的另类广告人构筑了如鱼得水的发展空间。
公司现拥有四大专业团队、十大专业部门、四十多名久经考验的专业员工，
以及畅达八闽的媒介网络、市场服务网络。
专业、规范、经验、服务、理念、敬业、本土化、执行力等构成了新思维公司的综合实力
也是公司与客户相互合作的重要基础。
思维不止，创意无边——福建新思维！
福州总公司：五一北路129号榕城商贸中心第十二层 P.C: 350001 Tel: 0591+761 7208 Fax: 0591+76
莆田分公司：文献路382号院内新楼二层 P.C: 351100 Tel: 0594+229 6208 Fax: 0594+229 6308
总经理：苏国锋 Http: // www.fj-newidea.com.cn E-mail: newidea@puplic.ptptt.fj.cn

福建新风尚文化传播有限公司
FUJIAN NEWVOGUE CULTURE PROPAGATE CO.,LTD.
山 高 才 能 卧 虎
我公司是按国际化理念运作、综合型的文化传播公司，主营业务：公益广告创作、大型公益活动推广、企业形象整合策划、大型网络经营推广等，
致力宣扬新道德、新风尚。
公司地址：福州市五四路158号环球广场15层 董事长：苏国锋 电话：0591-7617108

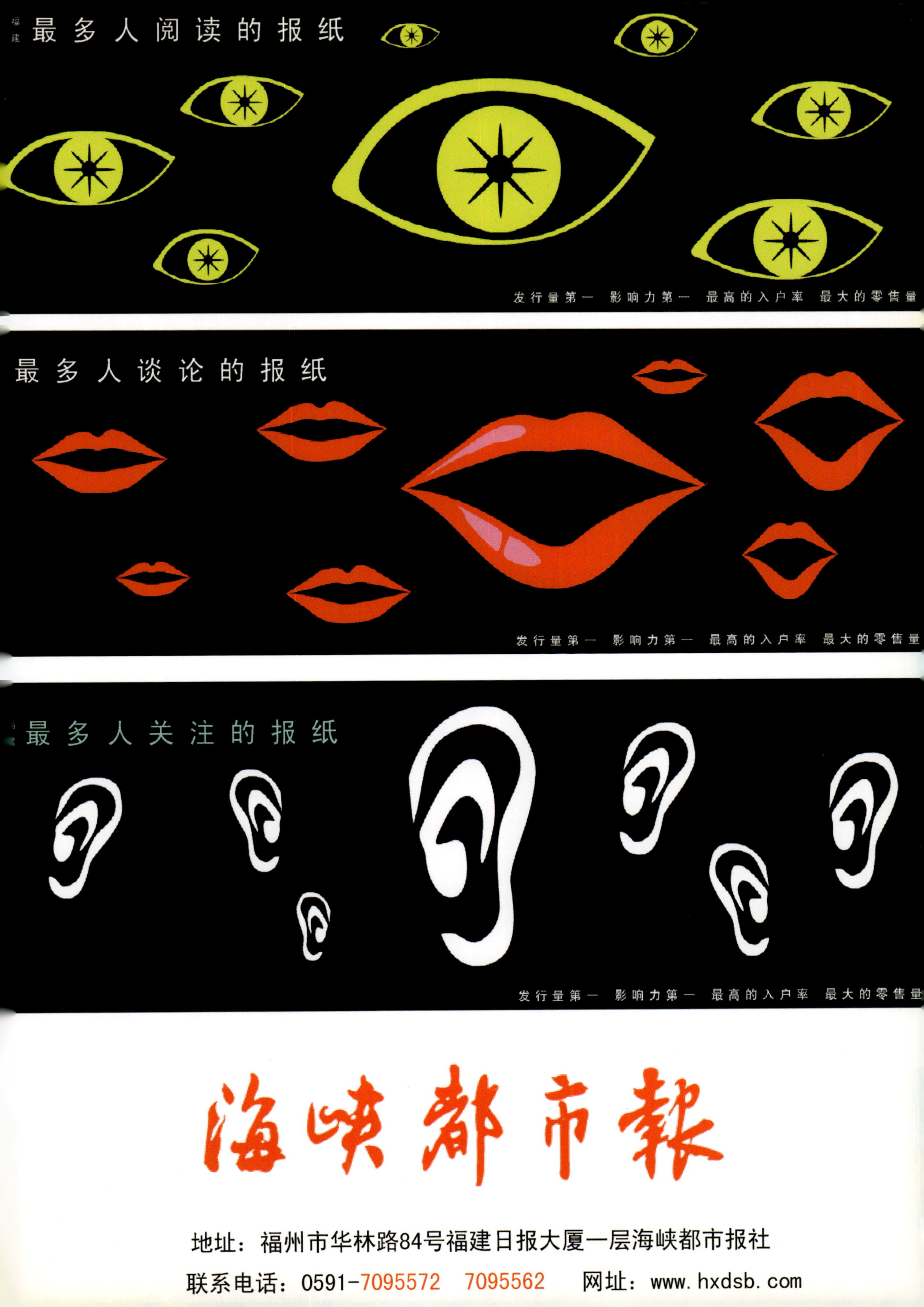
最多人阅读的报纸
发行量第一 影响力第一 最高的入户率 最大的零售量
最多人谈论的报纸
发行量第一 影响力第一 最高的入户率 最大的零售量
最多人关注的报纸
发行量第一 影响力第一 最高的入户率 最大的零售量
海峡都市报
地址：福州市华林路84号福建日报大厦一层海峡都市报社
联系电话：0591-7095572 7095562 网址：www.hxdsb.com

www.cnaad.cn
福州长乐国际机场广告公司
FUZHOU CHANGLE INTERNATIONAL AIRPORT ADVERTISING CO.

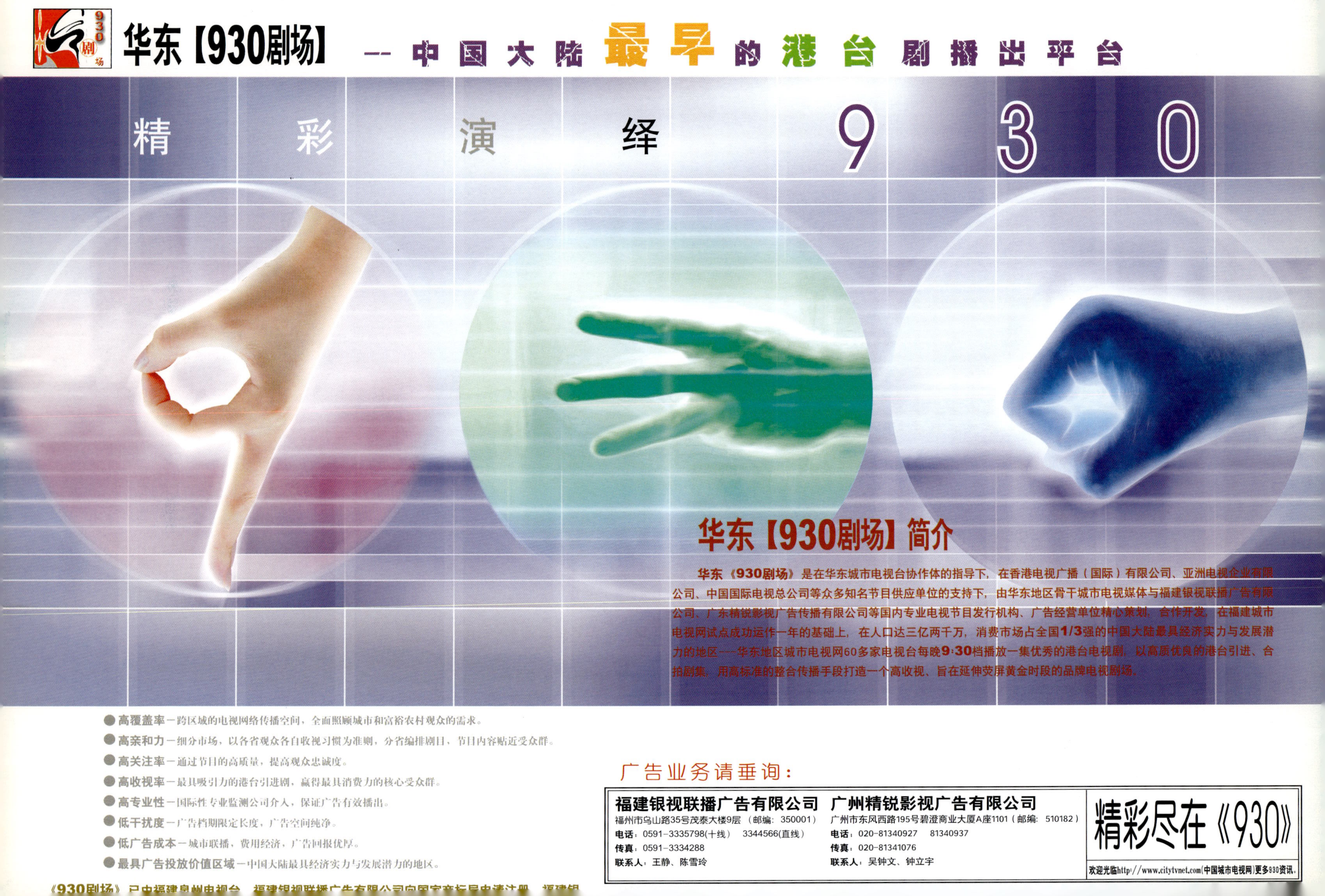

开拓进取 争创一流

《闽南日报》是中共漳州市委机关报，创刊于1958年5月1日，漳州市唯一有国内统一刊号（CN35-0017）的报纸，为A、B版对开彩版。A版为新闻和体育版，B版为可读性、服务性较强的专版，辟有“社会大观”、“周末视野”、“经济视角”、“法律纵横”、“荟萃”、“校园内外”、“文化走廊”、“旅游天地”、“九龙江”（文艺副刊）、“万家灯火”（生活副刊）、“美术与摄影”、“影视看台”、“市场消费”、“今日农村”、“科技博览”、“卫生与健康”、“学习与实践”、“投资置业”、房产周刊、股市行情等栏目，尤其是该报自2001年元旦改版后，从内容到形式都起了很大的变化，报纸曾多次出现新闻贴近党的中心和广大老百姓关心的话题而脱销。

电脑照排中心一角

新一年的闽南日报将加大改革力度，使改版后的报纸更具地方特色，以更精彩的内容，更活泼的形式，走进生活，贴近读者，贴近党的工作中心和老百姓关心的话题，具有指导性、服务性和可读性。目前日总发行量增至18.8万份，邮政局代理发行和自办发行并举，自费订阅和公费订阅并行，覆盖面广，分布均匀。据央视对漳州地区报纸阅读率调查，《闽南日报》周到达率、阅读量市场份额、阅读率周趋势三项主要指标均居各种报纸首位。

版面规格（平方厘米）	A1 版			A2 A3 B2 B3 B4 版			B1 A4 版		
	彩色	套红	黑白	彩色	套红	黑白	彩色	套红	黑白
35*48(整版)				99300	82800	69000	109000	91200	76000
35*24(1/2版)				49650	41400	34500	54500	45600	38000
35*20(2/5版)				39740	33120	27600	43600	36480	30400
35*16(1/3版)				33120	27600	23000	36300	30400	25300
35*12(1/4版)	49680	41400	34500	24840	20700	17250	27250	22800	19000
35*10(1/5版)	39740	33120	27600	19870	16560	13800	21800	18240	15200
35*8(1/6版)	33120	27600	23000	16560	13800	11500	18160	15200	12600
35*6(1/8版)	24840	20700	17250	12420	10350	8620	13620	11400	9500
17*10(1/10版)	19870	16560	13800	9930	8280	6900	10900	9120	7600

闽南日报所处的漳州市位于厦门、汕头两大经济特区之间，与厦门市、泉州市构成闽南金三角，是国务院批准的闽南经济开发区的重要组成部分，作为海峡两岸三通的重要口岸的漳州开发区正大规模建设中。据权威部门统计，近年漳州GDP递增10%以上，位居福建省各地市前列，手机、电话、汽车、摩托车、家电等高档消费品人均拥有量居全国中等城市前茅。漳州市辖八县一市二区，区域1.3万平方公里，全市及周边地区总人口近1000万，是典型的充满生机活力并极具发展潜力的消费城市。报社每年广告收入总量名列全省前茅。

进入新世纪，闽南日报社社长、党组书记张亚清，总编辑刘惠河带领全体办报人员一如既往高举邓小平理论伟大旗帜，努力实践“三个代表”重要思想，建设一流的队伍，添置先进的设备，制定最灵活的激励机制，在坚持报纸的党性原则，坚持正确的舆论导向，融地方性、时代性、开放性为一体，办出特色的报纸，实现社会效益和经济效益的有机统一，不断推进报业的改革和发展，争取新的更大成绩。

闽南日报广告总公司

总经理：庄培松　副总经理：李文溪 黄卫明 张宇生　咨询热线：0596-2598333　2525081

福建广告界的璀璨新星

——福建省高科广告策划发展中心

福建省高科广告策划发展中心隶属福建省药品监督管理局后勤服务中心。其宗旨是竭诚为医药行业服务，以人为本、励精图治、开拓进取。

一 代理福建省及其他省市药品广告审批和系列服务

1、厂家或经销商提供有关手续（中心备有具体药品广告审批所需资料，欢迎来函索取）；

2、委托我中心代理审批（以尽可能快的时间批好）；

3、系列的代理服务，包括市场策划、媒体代理、连锁药店铺货、终端运作等。

二 自办媒体

《海峡药学》是由福建省药品监督管理局主办的媒体，是一份医药专业性杂志。

三 媒体总代理

1、作为由国家药监局主办的国内最具行业权威的《中国医药报》福建总代理本中心享有最惠待遇。

2、全国性公开发行的医药专业报刊《医药经济报》由国家药品监督管理局南方医药经济研究所主办，高科广告中心是该报指定的福建总代理。

3、买断《海峡都市报》-《医药与健康》版面

四 媒体代理

1、省外《中国中医药报》、《健康报》等

2、省内各电视台（含地市电视台）；

3、省内各报刊（含厦门、泉州、石狮、闽北等），

4、省内各广播电台；

5、由省卫生厅和省物价局主办的半月刊《医药市场》

6、代理电影映前电影胶片广告（省内放映1000-1500场，受众达300万人次左右）。

五 联系方式

地址：1、省药品监督管理局院内后三楼

2、福建省福州市华林路294号三楼

电话：0591-7581492　　0591-7581453

传真：0591-7581469　　邮编：350013

法人代表：谢义白　　联系人：邵陆军

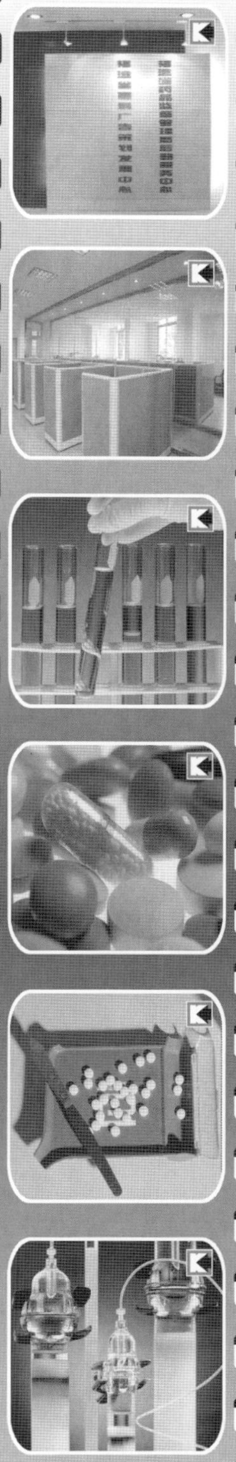

福建省高科广告策划发展中心

FUJIAN GAOKE ADVERTISEMENT PLAN DEVELOP CENTRE

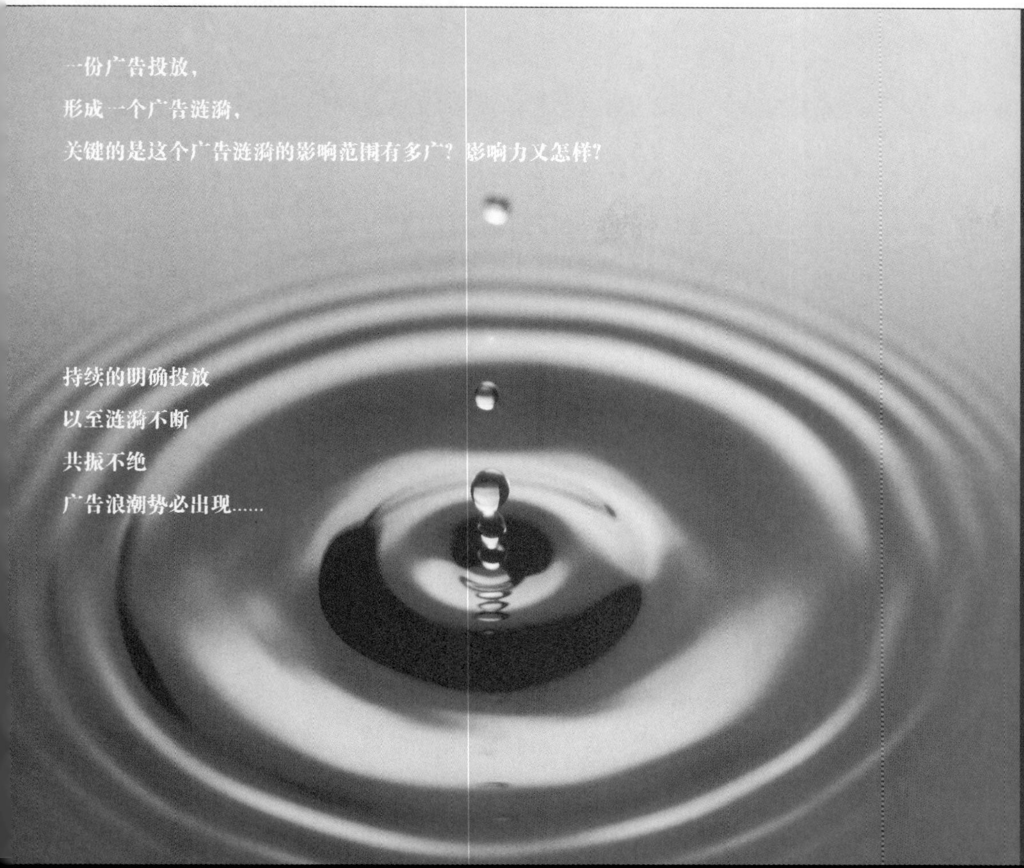

一份广告投放，
形成一个广告涟漪，
关键的是这个广告涟漪的影响范围有多广？影响力又怎样？
持续的明确投放
以至涟漪不断
共振不绝
广告浪潮势必出现……

莆田电视台

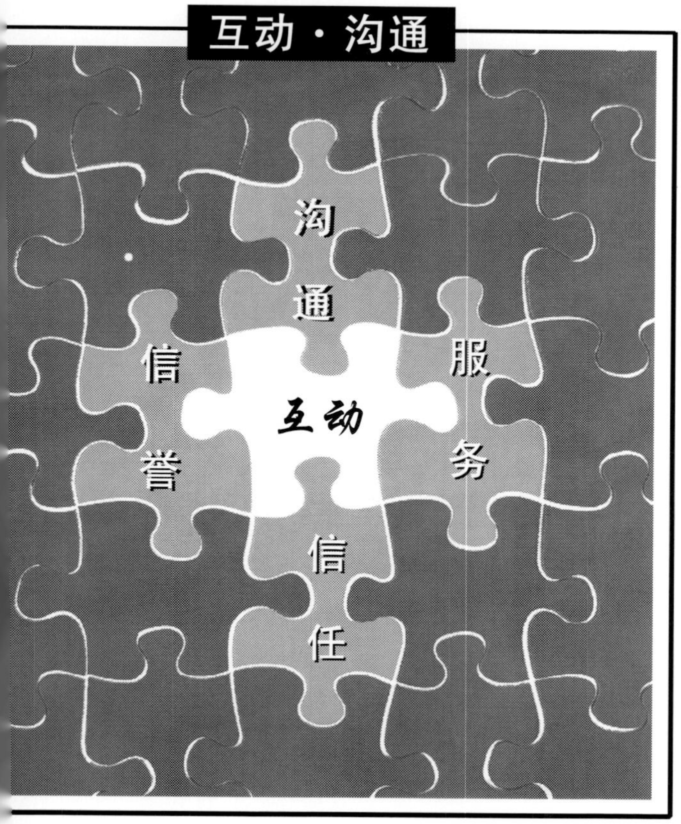

莆田电视台广告部

历史悠久·文化发达

莆田市属福建省直辖市,地处福建沿海中部,台湾海峡西岸,历史悠久,文化发达,素有"文化名邦"、"海滨邹鲁"之盛名。1988年、1996年先后设立湄洲岛国家旅游渡假区和湄洲湾北岸经济开发区。

交通便利·市场活跃

北临福州,南接泉厦,交通便利,经济发达。闻名省内外的福建涵江商贸批发中心,已成为闽东南地区重要的商品集散地,市场气氛活跃。

强占优势·地区媒体

莆田电视台拥有三套自办频道,3000w的发射功率,辐射半径约800公里,信号覆盖全市各县区和周边的福清、平潭、长乐、惠安、石狮等部分地区,收视人口达400万以上,有线电视终端用户达35万多户。自办栏目的收视率在当地稳居前列。2001年,采编播实现全数字化,专业人才能独立完成广告设计制作和大型晚会布置的任务。每年都有一批优秀的电视节目在全国性和全省评奖荣获一、二等奖。95年至今,九地市电视台唯一被誉为省级文明单位。

全新改版·更具魅力

2001年7月1日起,全新改版,三个频道重新组合,合理定位,推出主频道《新闻综合频道》,以时效性强的新闻和黄金时间电视剧为主,《影视综艺频道》以经典影片和娱乐类节目为主。《百姓生活频道》以电视剧(每晚三集)和贴近百姓生活栏目为主,更具专业化和个性化,立足莆田,面向全国,尽显地区主媒体魅力。

精诚合作·共享成功

莆田电视台广告公司是莆田最具实力的广告公司,多年被市政府评为"重合同·守信用"单位,获得"福建省广告协会十佳会员单位"荣誉。我们期待,用我们的智慧和热忱与您----精诚合作,共享成功!

莆田电视台台长:戴建中

电话:0594-2294743 传真:0594-2391668
邮编:351100

福建奥华(传媒)实业有限公司简介

福建奥华(传媒)实业有限公司是一家综合企划广告集团公司,旗下包括:福建奥华广告公司、新奥外广告有限公司、京都奥华广告有限公司、北京奥龙讯科技有限公司、cadgo.com、北京盛世天讯广告有公司等多家全资子公司,业务范围涵盖广告、网络、件开发等多行业的立体经营。

全集团的营业额一直稳步增长,1998年为1.2亿人币,1999年为1.5亿人民币,2000年为1.9亿人民币,1年为2.5亿人民币。公司在取得一定发展的同时不忘报社会,近三年来平均上缴税收近300~500万元,至累计集团缴税逾1200万元。

下属的福建奥华广告公司成立于1995年,经过6年发展,现已发展成为全国广告公司第十六强(中国广协会2000年评定)。2000年获得中国广告大奖;1年荣获第八届中国广告节平面作品银奖、铜奖和入奖,成为福建省连续三年优秀广告作品评选获奖最多广告公司。奥华做为福建省第一家综合企划型广告公为南孚电池、片仔癀、万利达、惠泉啤酒、银鹭食兴业证券、石狮香烟、厦工机械、厦华电子、兴业行等福建知名企业提供综合服务,为积极推动福建品的发展和走向全国做出了积极贡献。

下属的福建新奥户外广告有限公司,是一家在全省范围内经营设计、制作、施工户外广告的大型专业户外广告公司,1999年公司受福建省高速公路经营开发有限公司全面委托,代理福建高速公路全路段户外广告,同时拥有福州市五一南路、五一中路、五四路、东大路及通往福州市南大门的必经之路——则徐大道的路段广告发布权,已成功地发布了健力宝、惠泉啤酒、康师傅、恒安集团、片仔癀、中国电信、中国移动、中国联通、一汽大众、中国石化、福特汽车、上海轮胎、雪津啤酒、诺基亚、中国银行、中国建设银行、中国民生银行、中国兴业银行、云南红、长城干红、龙岩卷烟厂等国际及国内知名企业的户外广告。在福建全省九地市成功发布的户外广告,广告效果与施工质量得到客户与同行及全省各地管理部门的一致认可。公司拥有高水平的工程设计师、技术精湛的施工队伍和高品质的材料供应商,发展至今成为拥有全省最多户外广告面积的公司,并成功发布制作超过1万2千平方米的户外广告,秉持"创新取胜,优质保证"的企业宗旨,不断提升专业化管理,目标是办成福建省最好的户外广告公司。

2000年6月进军IT产业,创立北京奥龙网讯科技有限公司,并同期推出了大型专业广告网站——中华广告立即购。

《海峡导报》广告部 福建海峡传播总公司

地址：厦门市厦禾路帝豪大厦20层 电话：0592-2961588（广告） 2961110（新闻） 邮编：361004

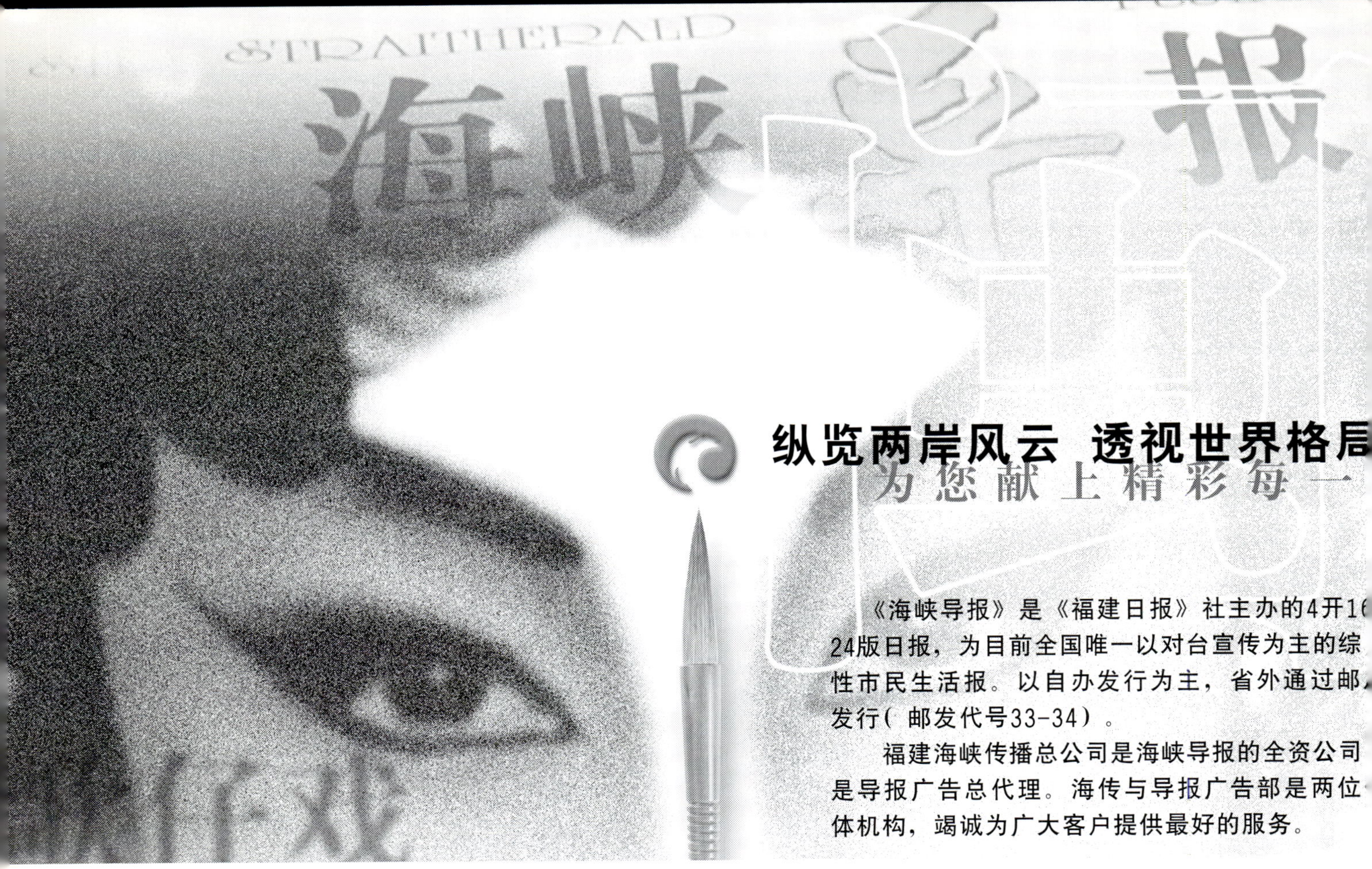

欢迎入编

2003年 新版

《中国广告年鉴》

广告经营单位介绍

北 京 市

公 司 类

中国广告联合总公司

地　址：北京市宣武门西大街甲97号新华社发行楼9层

邮　编：100031

电　话：(010)63074228(24小时值班)

传　真：(010)63074227

网　站：www.cnuac.com.cn

E-mail：adinfo@cnuac.com.cn

总　裁：令狐完成

机构及电话：

总经理办公室：63074228

客户服务中心：63076208

创意制作中心：63077357

媒介服务中心：63074218

户外广告中心：63074518

社会活动中心：63073695

财务结算中心：63073904

市场发展中心：63076347

互动媒体工作室：63074224

北京铁广联广告有限公司：(010)66415007

66415006

北京联达广告有限公司：(010)88389500

中国广告联合总公司上海分公司：(021)52581443

52897179

天联广告有限公司：(010)65263961　65263962

·新华通讯社直属企业，成立于1981年3月18日；

·中国第一家集团性专业广告公司；

·中国本土最大的广告公司之一；

·中国广告协会副会长单位；

·中国广告协会广告公司委员会主任委员单位；

·现有成员公司、分公司、子公司、合资公司79家，分布于全国60个大、中城市；

·在业内率先倡导了"以创意为中心、策划为主导，为客户提供全面优质服务"的经营指导方针；

企业精神：团队意识、艰苦奋斗、不断创新、敢为人先

企业理念：客户至上、人才为本、质量第一、创新发展

企业目标：全国一流、走向世界

经营范围：

主营：承办、代理国内外各类广告，承办广告公关活动和室内外装饰工程；广告印刷品的设计、制作和销售；展览展销会的设计、布置和劳务服务；广告业务的市场调查和咨询服务；广告礼品、纪念品的设计、制作；户外广告材料及其制品的生产、销售；广告时装模特表演；商业摄影。

兼营：文体用品、日用百货、家用电器的销售；室内外装饰工程材料的批发、零售；商标及包装装潢设计、印刷(国家有专项专营规定的除外)。

中国民航宣传广告公司

地　址：北京市东城区东四11条31号

邮　编：100007

电　话：(010)64076496(客户一部)

64046717(客户二部)

84033713(媒介部)

64027095(展览部)

64046496(期刊编辑部)

64046494(发行部)

传　真：(010)84033713　64046592

电子邮件：webmaster@caacad.com

网　址：www.caacad.com

中国民航宣传广告公司是经国家经济委员会、

中华人民共和国对外经济贸易部和国家工商行政管理局批准于1984年1月1日正式成立的全国性专业广告公司,其主要职责和经营范围是:

一、负责中国民航系统的对内、对外业务宣传和国际、国内广告业务。

二、设计、制作、代理国内外各类广告;中国民航出版物及所属公共场所的广告发布。

三、编辑出版、发行《班期时刻表》、《中国空港》、《中国航空旅游指南》等刊物及其它印刷品、宣传品。

四、制作中国民航各种纪念品、展览品、礼品;承办国内外的中国民航展览业务。

五、承办国内外印刷业务和各种高质量的彩色印刷、设计、包装、装潢、书刊、商标印刷等业务。

凡经中国民航宣传广告公司承办的广告业务由本公司负责向客户免费提供咨询服务。

央视——索福瑞媒介研究

地　址:北京首体南路六号新世纪饭店11层
邮　编:100044
电　话:(010)68492567　68492345
传　真:(010)68492880
负责人:王兰栏
联系人:张　晖

博达大桥国际广告传媒有限公司

地　址:北京西长安街88号北京首都时代广场8层808室
邮　编:100031
电　话:(010)83915088
传　真:(010)83915188
负责人:伍穗平

设计、制作、代理、发布国内外各类广告;承办与上述业务相关的展览会、学术交流、公共关系服务及人才培训。

中国邮政广告公司

地　址:北京市西城区北礼士路甲8号
邮　编:100044
电　话:(010)88381361
传　真:(010)88384137
负责人:李高照
联系人:徐　民

中国邮政广告公司是国家邮政局的直属单位,以开发邮政广告媒体进行国内外广告业务经营活动为主。公司下设媒介部、市场经营部、创意设计部、综合办公室、计划财务室。

2001年,在国家邮政局的领导下,中国邮政经营的广告业务收入,已经成为邮政业务收入的重要组成部分。全国共完成邮政广告业务收入22.33亿元。中国邮政的广告客户涉及到政府机关、电信、金融、保险、公安、电子、报业、广播、证券、学校、汽车、交通、医药、旅游、房地产及各协会、基金会等行业,如雨后春笋,星罗棋布于全国各地。

中国邮政广告公司充分利用邮政的网络优势,积极开发新的邮政广告媒体;推广和促进现有的邮政广告媒体的社会化(即邮资广告明信片、广告信函、户外广告、邮送广告),增强社会的认知度;研究和开发大客户市场,促进其健康发展,并搞好公司自身建设,加强与广告同行的交流与合作,迎接邮政广告业灿烂的明天。

励富广告有限公司

地　址:北京市朝阳区建国门外大街21号
　　　　北京国际俱乐部办公大楼601室
邮　编:100020
电　话:(010)65325511
传　真:(010)65322287
网　址:www.lowelivechina.com
负责人:张　磊
联系人:孙　峥

要找好地方——励富广告有限公司2001喜迁新址,恭候光临。

详细介绍请看彩色广告。

灵智大洋广告有限公司

地　址:北京市朝阳区东三环北路华鹏大厦南208室
邮　编:100020
电　话:(010)65975180
传　真:(010)65975169
电子邮件:icy.feng@eurorscg.com.cn
负责人:林名正
联系人:冯丽华

只要一拍即合,做啥生意都能生出好创意。有种,就找灵智大洋广告集团,咱们轰轰烈烈地干,一起把品牌搞大!

灵智大洋广告公司　北京(010)65975180
　　　　　　　　　上海(021)53965666

广州(020)87521628
精实灵智整合行销集团 上海(021)63917766
北京(010)65975471

北京炎黄时代广告有限公司

地 址:北京市西城区文津街7号国家图书馆分馆6号楼2层
邮 编:100802
电 话:(010)66130405 66130406 66117039
传 真:(010)66170596
电子邮件:bjyhsd@163.com
负责人:赵松青
联系人:赵梦雅

炎黄时代广告公司是一家专业的广告发布、制作及全面代理公司。承接国内外广告业务,自1993年创立以来,全体员工精诚合作,公司业务蒸蒸日上,赢得良好信誉,并得到业内人士普遍赞誉。

公司隶属于中华炎黄文化研究会,其总部设在北京市文津街国家图书馆分馆内,宁静儒雅的氛围孕育着公司特有的文化艺术品位。公司拥有一批优秀的广告人才,下设客户开发、策划、市场开发、大型活动、媒介、创意设计、影视、制作等部门,能为客户提供优质的全方位服务。

炎黄生生不息,时代风流尽现,愿与天下朋友携手,共创广告业辉煌未来。

北京动平衡广告有限公司

地 址:北京朝阳区广渠东路29号九龙花园2号楼C座7层704室
邮 编:100022
电 话:(010)87775664、87776703
传 真:(010)67709732
电子邮件:dph_ad@263.net
负责人:吕 渤
联系人:吕 渤

北京动平衡广告有限公司成立于2000年11月9日,是一家设计、制作、代理、发布国内及外商来华广告;组织国内文化交流;承办展览展示的专业广告公司。

我公司在2001年12月份独创了国内首家发行在空调大巴车上的DM直投杂志,杂志以贴近百姓生活为基础,传播广告信息资讯为理念。

我公司在展览展示、公关推广活动方面也极具专业素质。我们服务过的客户有高露洁、金纺、高乐高、伊利、摩托罗拉、果珍、中国联通、北京首都时代广场、英才杂志等。

北京燕兴昊驰广告有限公司

地 址:北京市东城区台基厂大街18号
邮 编:100005
电 话:(010)65125275 65597528
传 真:(010)65225398
电子邮件:haochi_ad@263.net
负责人:王学玲
联系人:张建生

北京燕兴昊驰广告有限公司是一家综合性的专业广告公司。主要为客户提供整体的广告策划方案及媒介代理业务。

公司设有客户、市场、创作、媒介、公关、促销、制作、影视等作业部门,并与相关服务部门结合成完整的广告服务体系。能够提供市场、媒介信息咨询服务;具有专业的策划、创作、代理等广告作业及广告执行能力。

公司在广告策划和创意制作等方面具有较高水平和丰富的经验,在家电、电脑、移动通信等行业具有多年的广告服务经验和专业广告作业及执行能力。

我们的理念:坚持以人为本,发挥团队精神;以业务为基础,以创意树形象。

公司将以专业服务精神和作业能力为客户提供优质的广告服务。

中体广告公司

地 址:北京龙潭路甲3号华宇大厦
邮 编:100061
电 话:(010)67156310
传 真:(010)67156311
网 址:www.csac158.com
总经理:王 奇
联系人:耿 娜

北京佳视联广告有限公司

地 址:北京市朝阳区北四环惠新东街甲2号北奥大厦15层
邮 编:100027
电 话:800-810-5795
传 真:(010)84887325

电子邮件:jsl@jsl-adv.com
网　址:www.jsl-adv.com
负责人:崔佳炜
联系人:郑　扬　邹晓昂

北京佳视联广告有限公司成立于1999年,各部门均由资深广告人担当主力。

户外广告:发布、代理、设计国内外广告及动态灯箱;如华润置地(原华远房地产)、新加坡虎派啤酒公司等。

平面广告:设计CI、VI系统;如首创集团、炎黄新星。

报刊广告:与京城各大报刊媒体有广泛的合作;如北京青年报、北京晨报、北京晚报、北京娱乐信报。

展览展示:能够在全国范围内完成展览展示工程;如我公司做为世界500强之一的美国道康宁公司的指定展示搭建商,分别在北京、上海、深圳、大连等地成功完成展示工作。

活动实施:具有极强的户内外活动策划、组织及实施的能力;如与北京市委宣传部、北京市卫生局合作举办"2001北京艾滋病防治宣传日活动"等。

如阅详情请登陆我公司网站:www.jsl-adv.com。

北京天正广告有限公司

地　址:北京西城区南礼士路66号建威大厦310
邮　编:100045
电　话:(010)68024466
传　真:(010)68021991-8007
电子邮件:tezen001@263.net
负责人:沈　伟
联系人:宋晓彬

天正广告有限公司从国内外市场需求的角度出发,以操作性为基础,吸取国内外的经验,倡导本土化品牌策略,研发出一套以"创造品牌持久生命"为核心的整体运作模式——"品牌生命伙伴"。

天正在"创造品牌生命"为核心的运作方式下,在公关、SP、视觉传播、媒体运作等方面提出了与之相对应的更新,更实效的操作模式——"企业声音管理"、"促销互动剧院"、"视觉传播的活化"、"主流媒体与生命媒体的组合运用"。且在实际中加以推广。

天正广告有限公司是一个具有市场调研、品牌研究、营销企划、创意设计、影视制作、媒体代理等综合性广告公司,公司在运作过程中倡导与客户的品牌伙伴关系,以品牌经营为主导,秉持"品牌作业小组"的工作模式,运用生命点整合多种营销手段,帮助客户缔造品牌生命,以品牌生命影响目标消费群,并最终成为领导品牌。

上海真彩摄影图片有限公司北京分公司

地　址:北京市工体南路中纺里20号鸿晨商务楼307室
邮　编:100020
电　话:(010)65080171
传　真:(010)65948340
电子邮件:truecolorstock@21cn.com
网　址:www.superstock.com
负责人:张绪亮

上海真彩摄影图片有限公司北京分公司是一家全新的专业图片代理公司。我们的合作伙伴有全球久负盛名的美国Super Stock图片公司,其图片品质优异、创意经典:欧盟RESO、德国的IFA、日本的AM集团等。这几家图片公司风格各异,特色鲜明:具有创新精神的PHOTO ALTO公司,是法国最优秀的数字化图片公司之一。

真彩正片库现设在上海和北京,资源丰富,随时满足国内各层次客户的不同需求,可以节约您的宝贵时间。我们不仅提供内容精美、创意新颖、品质优异的摄影图片,还提供优质的服务,给予您充分的创作想象空间。在工作过程中,我们公司还希望与各公司的平面设计师及创意策划人员成为朋友,共同来体现您的完美创意。

北京市三原色广告制作有限责任公司

地　址:北京市宣武区槐柏树南里3号楼
　　　北京市宣武区广安门内广义街甲3号楼106、107室
邮　编:100053
电　话:(010)83151116　63184204　83151118
传　真:(010)63184204
电子邮件:webmaster@bjsys.com
网　址:www.bjsys.com
董事长:卓良芳
总经理:高群利

万紫千红来源于三原色,三原色广告人愿与您共创辉煌。

本公司所属的三原色画廊,以艺术家、收藏家、鉴赏家及广大消费者为知已,不同风格的艺术作品定能满足您的不同需要,欢迎画家、艺术家加盟三原色画廊。

本公司所属万福村食品分公司，代购代销并开发各种优质食品，欢迎与国内外同行真诚合作，共同发展。

北京电通广告有限公司

地　址：北京市东城区朝阳门北大街8号富华大厦F座11层
邮　编：100027
电　话：(010)65542205　65545085
传　真：(010)65542098
电子邮件：mp@dentsn.com.cn
总经理：井上祐介
副总经理：大川正信、李西沙、刘哲
上海分公司总经理：冈敬二 电话：(021)63501660
广州分公司 电话：(020)83511998

全方位信息传播服务的四大领域：

1)广告方面作业：广告计划、广告创意、媒介方案、媒介购买

2)促销活动方面：促销手段、促销活动、展览会、大型会议

3)市场营销方面：调查、分析、市场营销策划

4)企业信息交流作业：公关、CI、体育、文化活动

美格广告有限公司

地　址：北京市朝阳区呼家楼北京8806信箱京广中心商务808室
邮　编：100020
电　话：(010)65978768
传　真：(010)65978782　65978783
电子邮件：jochan@megacom.com.cn
联系人：涂京红

中数程通科技公司　中国好网

地　址：北京市西城区金融大街37号百盛大厦7018
邮　编：100031
电　话：(010)66037259　66073103
传　真：(010)66072921
电子邮件：196432@sina.com
网　址：www.oknew.com
负责人：程培华
联系人：龚洪勇

中国好网自行研制并独家拥有版权的文化活动联网售票系统是中国唯一的既有B2B又有B2C的大型交易系统，它是能服务于全体观众、各演出团体、各售票网站、场馆的开放网络系统。通过文化活动联网售票系统可以策划安排国内外大型文化娱乐活动，发布相关信息，实现联网售票和INTERNET售票。文化活动联网售票系统在观众、演出团体、公司、个人，演出场馆之间架起了相互沟通的桥梁。本系统从1999年9月在北京首都剧场、保利剧院、工人体育场等十几家演出场馆投入使用以来，售票已达1亿多元，系统运行良好。

中国好网在开展电子商务的同时，注重传统方式的演出票务销售，每年代理销售演出项目1000多个，常年开通售票热线：66037255　66037265。回答观众关于各类演出的咨询，并开展免费送票上门服务。

北京汉风广告公司

地　址：北京市房山区良乡汉风楼
邮　编：102488
电　话：(010)89353588
传　真：(010)89354503
负责人：吴吉平
联系人：李京梅

北京汉风广告公司，正式成立于1992年，是房山区成立的第一家广告公司。是集企划、项目策划、专业广告设计、制作、服务为一体的综合性广告公司。曾为近百家客户进行广告设计、CI策划，并在中央电视台、北京电视台、上海、天津、山东、河南等各省市级电视台及人民日报、北京日报、经济日报、北京晚报、解放军报、青年报等国内各大报刊为近百家客户代理广告业务。为北京市政府组织、策划“绿化与发展”大型活动，参与策划丰田汽车98全球行销战略、日本爱芝县万国博览会及美国、日本等著名CM市场调查。为北京西潞园、北潞园小区整体房地产开发作整合策划、创意和系列策划及广告宣传，为燕山石化集团的自身宣传提供整合广告宣传，为北京东方九渡桥饮料厂作整体策划和宣传，承接历届房山区国际旅游文化节的策划、设计、制作和系列广告活动。曾代理雪豹皮衣、南韩SKC、白兰氏鸡精、羽西化妆品、活力28洗衣粉、强生系列用品、高露洁牙膏、雀巢奶粉、雀巢咖啡、邦迪创可贴等商品广告，为客户创出了产品品牌，并创造了惊人的经济效益。

北京立达广告有限公司

地　址：北京宣武区马连道南街12号气象宾馆8829

室

邮　编:100055

电　话:(010)63421723

传　真:(010)63421722

电子邮件:lida3209@sohu.com

网　址:www.lidalaser.com

联系人:安海珍

奥多比公司(北京代表处)

地　址:北京建外大街1号国贸中心西楼3层09—10

邮　编:100004

电　话:(010)65056161

传　真:(010)65056160

网　址:www.adobe.com

北京星之道科技发展有限公司

地　址:北京市朝阳区东三环中路42号华艺写字楼1006－1008室(国贸东侧)

邮　编:100020

电　话:(010)65817982　65816001　65810136

传　真:(010)65810675

电子邮件:13501224781@elong.com

网　址:www.xingdao.com.cn

联系人:张秀敏

北京星之道科技发展有限公司是一家集便携展具开发、研制、生产、销售、租赁为一体的综合性企业;并有设计、喷绘、制作体系来服务于新老客户。

公司产品种类齐全,现已形成了拉网展架系列、弓型展架系列、易拉宝系列、资料架系列、磁性展示系列、促销台系列、地台系列、桁架系列、洽谈桌椅系列、户外展示系列等十个系列,三十余个品种。已成为北方颇具实力的便携展具生产基地之一。

星道牌便携展具性能稳定、质量可靠,适用于展览展示、产品形象展示、会议会展、市场推广、产品促销等商务活动。同时,星道公司通过英国ZZB公司的技术合作,不断开发更新颖更前卫的便携展具。星道人愿以更新、更好的产品和优质的服务恭候新老客户的检阅。

北京电子广告信息公司

地　址:北京市海淀区阜成路42号(临街白楼五层)

邮　编:100036

客户部:(010)88110502/03　88132035　88132039

互动部:(010)88120254

公关部:(010)88132036

创作部:(010)88132037

媒介部:(010)88132040

企管部:(010)88113676

传　真:(010)88131639

成都办事处:(028)5234875　5244193

传　真:(028)5234875

深圳办事处:(0755)3287109

负责人:王少东

风车需要风才能转动

市场需要动力才有发展

北京电子广告信息公司(北电广),自成立十几年来,始终致力于IT营销市场的探索,以向客户提供全面营销解决方案为己任,能为客户塑造成功品牌,实现战略目标提供强大源动力!

北电广以客户利益为自己的最高利益,为客户提供正规、全面、优质的服务。目前已与全国200多家媒体建立了良好的合作关系,并独家代理《计算机世界》、《网络世界》、《计算机网络世界》的特殊版位,连续四年被评为《计算机世界》金牌代理。北电广能以最佳策略让客户信息与受众亲密接触;拥有高水准的创意水平、全面的公关、策划能力,并以作用于消费者心智的策略沟通,事半功倍帮客户赢得市场。北京电子广告信息公司,推动您走在IT市场的最前沿。

北京时刻广告中心

地　址:北京市宣武区右安门西街8号

邮　编:100054

电　话:(010)63583183(客户部)

(010)63223345(市场部)

传　真:(010)63583199

电子邮件:shike-ad@sina.com.cn

北京时刻广告中心系中国铁道出版社所属的综合性专业广告公司,具有设计、制作、代理、发布国内及外商来华广告的经营权限,全权负责中国铁道出版社出版的《全国铁路旅客列车时刻表》及铁路车站、列车刊物等媒体的广告业务。

《全国铁路旅客列车时刻表》是为铁路客运营销服务,向广大旅客公布铁路旅客列车运行时刻的实用性工具书,每年发行量在200万册左右。在《时刻表》上发布广告,是打开铁路旅客市场的有效途径。

北京保康广告公司

地　址:北京市丰台区方庄芳群园三区三号楼
邮　编:100078
电　话:(010)67617312　67605754
传　真:(010)67605753　67027446
负责人:徐月朋
联系人:孙　杰

人民卫生出版社所属北京保康广告公司,为我社出版的《中国医刊》、《中国临床医生》、《生活与健康》、《中国卫生年鉴》承揽广告。以上“三刊一鉴”是国内外中西药品、医疗器械、医疗卫生保健用品、医药卫生书刊及各类生活用品等生产经营单位的首选广告媒体。作为中央级专业出版社的期刊,其编委会由全国一流医学专家组成,发行量列医学专刊之首,属于“国家队”的品牌,对您提高企业和产品的知名度,拓展产品销售渠道将起到不可估量的作用。

“三刊一鉴”的主要栏目有:著名专家论疾病、临床各科论著与经验交流、药物与临床、合理用药、中医与中西医结合、心理健康、疾病康复等。

中化国际广告展览公司

地址:北京复兴门外大街 A2 号中化大厦
邮编:100045
电话:(010)65597350　65278866－30805
法人代表:王明科
联系人:周克陈

中化国际广告展览公司作为中国外经贸系统首家广告公司,面向国内外市场,奋力开拓,历经 12 年的辛勤耕耘,其综合实力已跨入中国广告业的前列。公司以策划、设计、制作、代理、发布国内外各类广告和组织、承办国内外展览为市场促销的主要手段,与国内外数百家生产企业、贸易公司和数十家著名媒体建立了良好的业务合作和代理关系。公司以广告全面代理和传播营销的优秀业绩,以真诚、热情、完善的服务,赢得了客户的信赖,在广告业界树立了良好的企业形象和信誉。

北京市阳光广告展览艺术公司

地　址:北京东长安街 12 号
邮　编:100742
电　话:(010)63081157(办公室) 63081149(业务)
传　真:(010)63081753
负责人:左其友

北京市阳光广告展览艺术公司是经国家工商行政管理局核准注册的专业从事经营、代理国内和外商来华广告业务的全民所有制企业。

公司实行总经理负责制,下设客户服务部、媒介工程部、创意设计部、市场情报部、计划财务部和行政事务部。部门间缜密配合,组织实施了许多大型有影响的社会活动。同时,公司拥有过硬的广告自有媒体,广告阅报栏构成长安街沿线、各大购物中心、地铁沿线、主要交通干线四大网络,新型的灯箱广告贯穿首都著名商业街——西单大街东西两侧和朝内大街南北两侧,并拥有大型单柱式广告路牌,为中外客户提供了宣传企业形象及产品的沃土。

北京市阳光广告展览艺术公司愿把“一样的阳光献给一样热爱阳光的人们!”

北京环宇广告公司

地　址:北京市宣武门西大街甲 97 号
邮　编:100031
电　话:(010)63071136　63076045　63072779
传　真:(010)63074494　63074263　63071104

北京环宇广告公司是新华通讯社参考新闻编辑部所属的综合性专业广告公司,经营并代理国内和外商来华广告业务。

公司全面代理《参考消息》报广告业务,并拥有新华社编辑出版的报纸杂志的广告版面。公司还与中央各大报纸及电台、电视台有业务往来,并在世界主要国家和地区以及国内主要城市设有广告代理机构。

营业范围:

一、经办全国报纸、杂志、电视、电台等各种媒体广告业务;

二、承办各种策划活动及广告创意制作;

三、代理外商来华广告业务;

四、为国内外客户提供市场调查、直销及经济信息咨询服务。

公司将本着认真、细致、负责的态度竭诚为广大客户服务。

北京市华融广告公司

地　址:北京市西城区展览路北露园小区 2 号楼 4 层北厅
邮　编:100037
电　话:(010)68320207、68328818
传　真:(010)68320030
负责人:孟宪岭

联系人:陈健梅

北京市华融广告公司系综合型广告公司,拥有先进的广告制作设备,聚集了一批具有卓越创意才能和丰富营销经验的广告人才。能为客户提供市场调研、广告策划、平面设计、印刷品制作、广告摄影、霓虹灯及灯箱制作、大型广告活动策划、展览展示制作、广告代理及发布等项业务。

现已成功开发宣武门至西单大街沿线繁华地段户外广告媒体122处、动物园地区管理处户外广告媒体31处、北京市通州区繁华街区户外广告位19处。路牌广告总面积千余平方米、楼体广告面积200多平方米。

成功地发布了“百事可乐”、“科龙电器”、“中国石化”、“顺美西服”、“东芝电器”、“乔治白服装”、“LG空调”等多家户外广告。

我公司本着“服务客户、讲求信誉”的宗旨,愿与国内外客商精诚合作,共展宏图。

北京市世纪海威广告有限责任公司

地　址:北京市石景山区鲁谷路74号
邮　编:100040
电　话:(010)68153390　68221122-2143
负责人:孙鹏章
联系人:李晓于　胡晓华

北京市世纪海威广告有限责任公司隶属于信息产业部电子科技情报研究所鑫海威信息中心,具有设计、制作、代理、发布国内及外商来华广告的经营权限,旗下聚集了一批广告策划、企业管理、市场调查、创意设计、生产制作等方面的专业人才,并与北京及全国的各大新闻传媒有着良好的合作关系。特别与中美合资《计算机世界》报、《网络世界》报(原《国际电子报》)、《微电脑世界》杂志、《IT经理世界》杂志等众多国内IT行业权威的媒体有着良好的合作伙伴关系。同时,北京市世纪海威广告有限责任公司还承办国内外各大公司的新闻发布会、技术研讨会以及全国巡展会等。

北京大潮广告公司

地　址:北京市石景山区八角北里开发公司四层
邮　编:100043
电　话:(010)68847955　68826638
88912361　88910809
传　真:(010)88915360
负责人:李岩柏

我公司自成立以来,本着服务于客户,服务于品牌的宗旨,不断拓展业务,努力探索,使客户范围不断扩大,营业收入逐年增加,在开展业务的同时也培养、锻炼了一批专业广告人员,聚集了一批具有卓越创意才能和丰富营销经验的专业广告创意策划人员。能为客户提供市场调研、产品推广、营销策划、专业影视制作、媒体实施、平面设计等一系列服务。

我公司曾先后为“汇源果汁”、“希玛保龄”、“日上集团”、“海尔集团”、“智强核桃粉”策划了一系列营销活动,得到了企业的好评,给产品的销售、品牌的推进起到了积极的推动作用。

我们认为:您的成功才是我们的成功,有实力的广告公司不该是销售自已,而应该是销售品牌,选择一家优秀的广告公司是企业领导者的责任。利用无限的创意空间为品牌找到最佳的市场定位,是我们的义务。

当然,彼此间的信赖还需要我们之间进一步的了解,我们愿与有实力的企业精诚合作,为品牌敲响市场的大门。

北京中影蒙太奇广告公司

地　址:北京市新街口外大街25号
邮　编:100088
电　话:(010)62259443　62210661
传　真:(010)62210662
负责人:关迎时
联系人:徐　东　许勇岚
经营范围:

北京中影蒙太奇广告公司系中国电影集团公司的直属子公司,经营广告设计、制作、代理、发布国内和外商来华广告业务。本公司具有雄厚的经济实力、技术实力和良好的商业信誉。并拥有属于我们自已的电影媒体——在全国范围内的城市电影院做35mm映前电影胶片广告、在广大农村做16mm电影胶片广告;拥有属于我们自已的电台媒体——与北京文艺台合办《蒙太奇影院》栏目,并独家代理其广告;拥有属于我们自已的户外媒体——在本市一些繁华地带做各种广告牌。此外,我们还可为客户提供集市场调研、创意设计、媒体策划、产品促销、制作发布等一条龙综合性服务。

加盟于MONTAGE的一批优秀人员,组成了MONTAGE的一支专业队伍,这是我们引以自豪的主要资源。我们愿以专业的态度为广大客户创造奇迹。

北京实兴太阳人企划广告中心

地　址:北京市石景山区苹果园海特花园海特饭店内
邮　编:100041
电　话:(010)68862079
传　真:(010)68862031
负责人:潘京蓉

北京实兴太阳人企划广告中心是北京实兴经济技术开发总公司的子公司,成立于1994年8月,注册资金100万元。本中心以经营八角西街60个灯箱和众多路牌等户外媒体为主。由于传统原因,石景山区的广告宣传及消费潜力的挖掘显得力度不够。为此我们在区内最繁华的文化商业街——八角西街建立灯箱广告,为您的企业及产品打开这一诱人、极具潜力的庞大消费市场,提供绝好的机遇和有力的推动。

北京泽洋广告有限公司

地　址:北京市石景山路22号万商大厦1216室
邮　编:100043
电　话:(010)68836388　68836370
传　真:(010)68836370
联系人:邱雪波

北京泽洋广告有限公司是一个年轻的企业。在北京市石景山区区政府的支持下,在玉泉路至古城6公里长的道路两侧,投资兴建了全市独一无二的广告长廊"亮丽工程"。

"亮丽工程"由单立柱、矩形灯箱、交通护栏、擎天柱、报栏灯箱、弧型牌6种类型的广告牌组成,灯箱总数近800个,整个发光面积近10000平方米,总投资额为1500余万元人民币。

整套方案的设计和灯箱的排布,将造型和自然背景有机结合,外形设计线条流畅、错落有致。在设计水准和制作工艺上力求符合市政建设标准。这些外观豪华端庄的灯箱构成了蔚为壮观的新街夜景。

目前,大型电器交通护栏广告长廊,分布于玉泉路口、高检西路、万商路口、京原路口、太阳岛路口、古城路口等6个主要路口,在京西这亮丽的风景线上成为闪光的一点。

北京市体育广告公司

地　址:北京工人体育馆南楼
邮　编:100027
电　话:(010)65042111
总经理:王　桦
联系人:王品熙

体育事业近十几年来在我国得到长足的发展,而其独具魅力、卓有成效的传播功能也日益被国内外著名企业所认知,众所周知,凡世界级大型企业、公司无不与体育有着千丝万缕的联系,参与、投资体育事业可为企业带来超级效益已是不争的事实,做为首都唯一的专业体育广告公司——北京市体育广告公司始终坚持以弘扬中华体育精神,展示体育风采,扶持中国体育名牌产品为宗旨。借体育之魅力,助企业之腾飞,是本公司的最终追求。

公司拥有多年参与体育赛事组织与策划的经验,曾成功地策划并举办了北京三资企业足球赛、"姚记扑克"杯名人桥牌赛、"钓鱼扑克"杯名人桥牌赛、"希玛保龄"杯八城市中青年业余保龄球大赛、"安踏鞋业"北京青少年国际时尚运动冠军赛、"爱立信"杯四城市保龄球电视大赛等都取得良好的社会效益,记者桥牌赛、台球赛、保龄球赛等均已举办多届。其中北京三资企业足球赛被列入北京市政府批准的长年赛事,现已形成一定规模。因参赛队队员国籍各异,被京城的三资企业员工戏称为"我们的世界杯赛"。本公司曾组织的"步长药业"专家座谈会、"燕山地毯"产品介绍会为企业发展做出了贡献。特别是近几届奥运会、亚运会期间,为"505"集团策划并实施的嘉奖体育健儿的系列宣传活动均得到企业的好评。我公司策划并举办的北京体育好新闻评选受到社会的赞誉。这些赛事及活动均得到首都数十家新闻单位的及时报道。

我公司现有《体育博览》杂志、《模型世界》杂志等媒体可直接宣传企业文化、扩大企业知名度。

北京市体育广告公司竭诚为企业服务,致力于为企业与体育的合作架起友谊的桥梁。

北辰广告公司

地　址:北京朝阳区安定路25号南楼一门三层
邮　编:100029
电　话:(010)64917089　64917123
传　真:(010)64917765
负责人:德秀成
联系人:桂　玮

北辰广告公司是北辰集团所属的一家专业广告公司。公司成立十年来,业务不断发展。曾在1993年荣获国家工商局首届中国广告公司综合实力排序第41名,首届中国广告公司营业额排序第47名,是1993年获得北京广告协会向海内外推荐的九家优秀广告公司之一。

历经十年,本公司深谙市场及消费者状况,拥有完备的广告作业运筹系统。我们将为您的品牌和企业提供高策略性和高执行力、高创造力的广告服务。本公司独家经营亚运村户外媒体广告;全面代理报纸、电视广告;制作电视广告片,承揽展览及展板制作、平面设计及印刷等相关服务。

我们将以优秀创意、优良效果、优质服务为您的成功而努力。

麦肯·光明广告有限公司

地　址:北京市朝阳区建国门外南郎家园1号楼
邮　编:100022
电　话:(010)65930300
传　真:(010)65077555
负责人:牛爱国
联系人:申红艺

广告的代理、设计、制作、印刷、发布及相关的咨询服务。产品的造型设计及包装设计。

北京国佳广告公司

地　址:北京市西城区月坛北街25号
　　　(国家国内贸易局三号楼)
邮　编:100834
电　话:(010)68392795　68391590
负责人:张莉莉
联系人:徐少青

北京国佳广告公司是《中国物资报》社直属广告公司。《中国物资报》是为全社会生产资料生产、流通、消费提供政策和信息服务的经济类行业大报,主要刊载物资产销政策、产品供求状况、价格动态、市场趋势、企业营销谋略及有关方面热点、焦点问题的研讨等,在全国产业市场上具有广泛的影响力,被广大读者公认具有:权威性高、信息量大、报道面宽、专业性深、实用性强、服务性好六大特色。

北京国佳广告公司为《中国物资报》广告总代理,并与中央在京各报刊、电台、电视台均有业务往来。公司可代理中外广告、影视广告,并可为企业和产品宣传进行策划及广告制作。

全景视拓图片有限公司

地　址:工体北路新中西街2号新中大厦405、406
邮　编:100027
电　话:(010)65087911　65087922
传　真:(010)65088071
负责人:吕　辰

全景正片库

全景视拓图片有限公司系专业从事国外正片租赁业务的中外合资公司,拥有德国、日本、西班牙、比利时、美国、英国、荷兰等数十家图片公司的在华独家代理权,是目前国内最大的商业图片库之一。

全景图片库拥有数十种题材的20万张正片,专为广告公司、出版社及大型企业的创意设计人员提供图片支持。

全景设计制作公司,以全影图片库为支持,提供最优秀的图片和最佳的设计。承接海报、画册,产品包装、广告挂历的设计印刷。

代理销售国外原版图片样册及光盘。

1994年起建立中国图片库,代理销售中国摄影师的图片,通过全景公司的销售网络推动中国图片进入商业市场。

上海:陕西南路345号斯必克商务楼202室
邮　编:100020
电　话:(021)64712305　传　真:(021)64712359
广州:广州大道359号东方花园A座6层C室
邮　编:510600
电　话:(020)87381595　传　真:(020)87381595

海峡广告有限责任公司

地　址:北京市西城区阜外大街36号商务中心501室
邮　编:100037
电　话:(010)68575875　68585606
传　真:(010)68575875
法定代表人:吕德利

海峡广告有限责任公司是国务院台湾事务办公室海峡经济科技合作中心所属的专业广告公司。

经营范围:设计、制作、代理、发布国内及外商来华广告以及与广告有关的咨询服务。

海峡广告有限责任公司自1994年11月创办以来,为企业界特别是台商、台资企业提供了热忱、周到的广告服务。

海峡广告有限责任公司凭籍自身对广告市场的独到认识,新颖而具魅力的创意设计,迅捷而丰富的传媒手段,周到而严谨的运作实施,从而达到为企业传达良好形象,为产品流通架构桥梁之目的。海峡广告有限责任公司面向企业提供精良服务的同时,不忘成立之初的“宗旨”,为海峡两岸经济、科技交流活动提供广告方面的咨询和服务,并致力于两岸广告界的合作与交流,及为台商、台资企业作企业形象、产品信息传播。为促进祖国的和平统一大业尽一份力量。

中国机电广告公司

地　址：北京市西城区百万庄大街22号
邮　编：100037
电　话：(010)68326282
传　真：(010)68326295
总经理：秦洪继
联系人：白凤鸣

中国机电广告公司(CACME)是中国机械装备(集团)公司直属公司，是全国性、综合型专业广告公司，是以中国机械制造产业为依托，广泛服务于国内外各类企事业单位的专业广告制作及代理机构。

公司创办以来，积极开展广告策划，市场调查、设计制作和发布、代理业务，多次举办全国性和国际性大型展览会和促销活动，为国内外数以千计的企业提供了展销服务。经营能力、经营手段和综合实力不断增强，已跻身于全国50家最具实力的广告公司之列。

公司拥有精通业务、经验丰富并富有创新精神的广告策划、创意、美术设计、制作、经济管理和工程技术等各类专业人员，建立起规范、科学、高效的经营管理机制，能为客户提供系统化、全方位、多层面的广告服务。

主要经营范围包括：发布、代理国内外各类广告，代理营销策划、市场调查、CIS设计、公共关系事务，组织国内外各种类型的展览会、展销会，承接广告摄影、装璜及印刷品设计制作业务，并提供经济技术信息咨询服务。

公司全体员工遵奉“团结、创新、开拓、务实”的敬业精神，恪守公司利益、客户利益、社会利益三位一体的企业宗旨，竭诚为各界客户提供完美、高效的服务，不断追求和实现事业发展的更新、更高的境界。

北京北奥广告公司

地　址：北京市朝阳区东土城路8号林达大厦A座20层
邮　编：100013
电　话：(010)64295999
电子邮件：boac@.cn
总经理：陈少云
联系人：康胜军

北京北奥广告公司成立于1991年，现隶属于北京北奥有限责任公司。1995年被国家工商局、中国企业评价协会评为“中国50家最大广告公司”之一；1996年至1998年连续被北京市委宣传部、市工商局、市广告协会评为“首都广告业精神文明先进单位”；1998年，被北京市工委评为“北京市规范化管理示范单位”。

北京北奥广告公司具有雄厚的户外媒体实力。拥有北京市机场高速路、机场辅路、白颐路、东单银街、二、三、四环路、体育场馆周围及350个加油站等众多位置好、效果佳的户外媒体。

北京北奥广告公司汇聚了一批卓越的管理人才和优秀的广告人才，可以为客户组织策划各种大型文体活动，能提供出色的广告创意、科学的媒体实施及周密的市场调研等全方位服务。

北京山顶广告有限责任公司

地　址：北京市海淀区中国人民大学新图书楼首层
邮　编：100872
电　话：(010)62513440　62513437
传　真：(010)62513437　62513440
负责人：吴益他
联系人：孟　航

北京山顶广告有限责任公司成立于1994年12月，注册资金100万元人民币。企业性质为股份制民营企业。北京山顶广告有限责任公司脱胎于中国人民大学新闻学院现代广告研究中心，员工大都毕业于新闻和经济管理专业，有着独特的社会资源背景和良好的员工队伍，最值得公司骄傲的是公司工作的效率和员工勤恳认真的作风。

公司主要侧重于市场品牌的策划、媒体投放的研究和执行、大型社会活动的组织宣传方面。多年来公司与中央、地方媒介一直保持友好合作的关系，公司目前为多家国内外知名企业提供服务。

公司下设客户部、调研部、创意制作部、媒介部、户外及展示部，分工协作，共同完成对客户的服务。公司的目标是利用媒介的优势和全体员工的努力与智慧，将公司建设成为特色鲜明、富有效率、与客户同喜同忧的大中型广告公司。

营业范围：设计、制作、代理、发布国内和外商来华广告。

公司关联组织：

中国人民大学新闻学院　　合　作
荣格国际广告有限公司　　合资公司(瑞士)

CCTV 桥牌协会　　　　　　赞助发起

北京市京伦霓虹灯厂

地　址:北京海淀区西三环北路 82 号院 5 号楼一层
邮　编:100037
电　话:(010)88432812
传　真:(010)88452810
负责人:丁万立
联系人:郭杰青

京伦霓虹灯厂为中国霓虹协作会主任委员厂家。

本厂技术力量雄厚,产品质量可靠,是集设计、制作、安装为一体的专业实体。1992 年曾荣获全国霓虹灯大奖赛优质奖。由本厂设计制作的大型霓虹灯广告有:

福特汽车广告牌、雪铁龙汽车、玫瑰天涯夜总会、和平“HOUSE”、长安大戏院、丰联广场、亚运花园、硬石餐厅以及华威大厦、北京演歌台、爱立信手机广告等。

京伦霓虹灯厂愿与广告界朋友携手共进,推动霓虹灯广告更好、更快的发展。

北京标正电脑图文有限公司

地　址:北京安定门内(北锣鼓巷)千福巷 3 号
邮　编:100009
电　话:(010)64066806　64066807
传　真:(010)64067290
总经理:吴　伟

北京标正电脑图文有限公司系中国黄金总公司与加拿大吴祖投资公司共同出资兴办的大型专业广告制作公司。自 1995 年率先引进美国威特公司 3200 型双面彩色喷绘机以来,以其精湛的技术,高品质的制作,完善的服务,赢得了国内外广大客户的信赖,在广告制作领域享有很了高的声誉。作品遍及全国六十多个省市。1997 年又引进美国 LASERMASTER 公司 DME 设备,实现了大型户外喷绘与高清晰度户外喷绘的完美结合。1998 年隆重推出美国威特公司最新研制的高清晰高超大型宽幅 5300 型喷绘机,使广告喷绘效果更加鲜艳、亮丽。

现在,无论您需要的是户外大型广告远观的整体效果还是近在咫尺逼真的图像;无论是户外灯箱、室内外装饰图,还是广告招贴及车身广告,标正公司都可为您提供高品质的产品。

标正恪守:“客户的利益就是标正的利益”。我们深深懂得没有客户的信任和支持,就没有标正的一切。重守信誉永远是标正的生命之本。

北京恒美广告有限公司

地　址:北京市朝阳区雅宝路丙 12 号
邮　编:100020
电　话:(010)65913565－72
传　真:(010)65911797
负责人:陈以聪
联系人:车硕知

凭借创意的引领,成就了客户,也成就了恒美广告的今日。

北京好心专递广告有限责任公司

地　址:北京市朝阳区工体东路 14 号
邮　编:100020
电　话:(010)65007966　65007996
　　　　65855406　65855038
传　真:(010)65007996

北京好心专递广告有限责任公司,是经北京市工商行政管理局批准成立的一家专业广告公司。由数家具有市场运作经验的实体共同投资组成。为北京市广告协会会员单位之一,注册资本 120 万元。

公司不但拥有北京数十家寻呼台联建而成的北京“好心专递”中文寻呼广告网,而且得到了中央电视台、北京电视台、北京人民广播电台、法制日报、北京日报、北京晚报、北京广播电视报、北京青年报、精品购物指南报等首都各大新闻媒介的鼎力支持,并专项代理《中国经营报》通讯时空版广告。客户涉及房地产、金融、家电、汽车、机械服务、医药等各个行业,先后曾为国内及美澳等国的通讯、电子、食品及其他行业企业进行优质服务,并收到了很好的效果。

北京京路广告公司

地　址:北京市西城区东太平街 36 号
邮　编:100031
电　话:(010)66032820
总经理:刘铁军
经营范围:

设计、制作、代理和发布国内和外商来华广告业务。

总代理北京市公路局占地范围内公路、高速公路的各种广告业务。

北京歌华广告艺术公司

地　址:北京市西城区宣武门西大街甲129号金隅大厦15层
邮　编:100031
电　话:(010)66079912
传　真:(010)66079920
电子邮件:gehua@gehua.com.cn
负责人:郑谊军

北京歌华广告艺术公司是北京歌华文化发展集团的全资子公司,成立于1956年,其前身为北京广告艺术集团。

歌华广告熟谙中国本土文化,了解本土市场,采用科学的操作方法,规范的作业流程,严谨的品质管理,致力于对中国本土消费者进行科学研究和广告传播,积累了丰富的经验。

歌华广告曾服务过海内外多家知名的工商企业创造了许多成功案例,为众多企业,提供了包括企业识别系统导入、市场调查、营销策划、广告整体策划、广告媒介发布、公关实施在内的全方位的广告代理服务。

歌华广告曾被国家工商行政管理局等权威机构评估为"中国最大的五十家广告公司"之一,并屡获国家工商行政管理局、中国广告协会所颁发的"全国广告业重信誉,创优质服务先进单位"奖牌。信誉卓著,美名远播。

歌华广告全面代理运作了以消费大众为读者对象的新热点媒体《北京晨报》主要版面的广告。

歌华广告多年来一直跟踪海内外户外广告媒体在造形、体量、照明、材料、技术上的发展,并与之保持同步。

歌华广告与北京广播学院合作编辑出版了《1997－1998 IMI消费行为与生活形态年鉴》。

歌华广告在北京地区的黄金路段,拥有包括路牌、霓虹灯、三面翻转看板、灯箱、一柱看板在内的各式户外广告媒体21000平方米。

北京京视广告公司

地　址:北京市海淀区西三环北路甲3号
邮　编:100081
电　话:(010)68421431/32/33/35
传　真:(010)68421432
负责人:朱荣民

北京京视广告公司(简称京视广告公司)成立于1993年,隶属于北京电视台。作为北京电视台唯一的广告公司,已逐步发展成为一家功能齐全,能够为国内外大型客户提供全面服务的综合性全能型广告公司。尤其在电视媒体方面,将显示其鲜明的特点和较强的实力。这主要体现在为客户提供市场调查分析、广告策划、创意、媒体计划、监测、收视调查等全方位服务的能力。同时,电视节目交换也是公司业务的重要组成部分,并同全国各地电视媒体单位保持了良好的合作关系,这也为公司更广泛的服务客户、拓展业务打下了良好的基础。

公司人员专业从事电视台编辑工作或长期服务于大型外资广告公司,具有较强的专业知识及广告行业经验,保证了对于各类客户提供可靠的服务。在公司经营管理过程中,严格推行国际化广告公司的先进管理方式,服务水平赢得了众多国际国内品牌客户的认可。在电视媒体上的创意、摄制、编播及广告策划方面具有较强的专业水平。

京视广告公司代理北京电视台新闻标版广告及独家代理《北京特快》、《北京您早》栏目广告。京视广告公司始终坚持积极、严谨的态度,不断完善提高对于客户的服务质量水平,真诚希望和更广大的客户朋友共同合作。

中国精信广告有限公司

地　址:东城区朝阳门北大街8号富华大厦A座2层
邮　编:100027
电　话:(010)65541363
总经理:陈志明
联系人:李建江　曹向红

中国精信广告有限公司是由美国Grey广告公司与中国国际信托投资公司旗下的国安集团合资组成的广告公司。凭籍着Grey在全球87个国家内的网络优势,我们为客户创造了众多的成功品牌,如:潘婷、达能、LG电子、芬必得、康师博、箭牌口香糖等都是家喻户晓的中国市场第一品牌。

北京万隆广告公司

地　址:北京市海淀区增光路45号7号楼二层
邮　编:100037
电　话:(010)68483214　68483215　68429850
传　真:(010)68429850　68483214
总经理:郑　治

主要服务项目:①国内外电视广告的策划、创意、制作、代理。②美术设计、广告摄影制片。③年历、目录、样本、画册的印刷。④国内外展览业务。⑤广告媒介咨询、广告礼品、市场调查。

北京杰威广告公司

地　址:北京市朝阳区亚运村安慧里四区16楼
邮　编:100723
电　话:(010)64949074　64915484
　　64914455-2264/2247/2463
传　真:(010)64949084

经营范围:

营销策划、CIS设计、电分制版、印刷发行、广告摄影、装饰装璜、展示展览、公关策划、礼品开发、媒体代理;

中国长城电子展览公司

地　址:北京市海淀区学院路丁37号
邮　编:100083
电　话:(010)62013363　62057073
传　真:(010)62013361
负责人:王树华
联系人:许晓江

中国长城电子展览公司是经中华人民共和国电子工业部批准具有法人资格的国营展览专业公司。业务以组办国内外展览为主,兼营广告、资料制作和展具租赁业务。公司宗旨是为电子与计算机行业服务,组织开发产品市场。推广应用、交流技术、传递信息,为产、供、销和广大用户架设金桥。

中丝广告有限公司

地　址:北京市北河沿大街105号
邮　编:100006
电　话:(010)65137601　65120379
传　真:(010)65137601
负责人:陶孝娴
联系人:俞剑平

中丝广告有限公司拥有自己的媒体——《中国丝绸》(ELEGANCE CHINA SILK)杂志,因此具有较强的整体运作能力,能为广告主提供全面的广告服务,并具有良好的信誉保证。欢迎各界朋友与我们携手努力,为我国经济贸易的发展开拓一条通向世界的新丝绸之路。

人民画报广告艺术公司

地　址:北京海淀区车公庄西路33号
邮　编:100044
电　话:(010)68412387
传　真:(010)68412387
负责人:徐　卫

本公司经营国内外广告,代理外商来华广告,可承接拍摄、编辑、设计、印刷等全套业务。在《人民画报》中文版刊登,可发行到全国各个省、市、自治区;在各外文版《中国》画报上刊登,可发行到世界五大洲180多个国家和地区。

北京通成推广公交广告有限公司

地　址:北京市朝阳门外大街18号丰联广场2001-4室
邮　编:100020
电　话:(010)65881066　65881071-1075
传　真:(010)65881076

北京通成推广广告有限公司是香港通成推广集团在中国的合资机构,目前在国内近20个大中城市中投资经营双层公共汽车和空调车车身媒体网络,为中国公交和广告事业的发展做出了巨大努力和贡献。

中诚证券广告公司

地　址:北京海淀区西苑饭店5423房间
邮　编:100044
电　话:(010)68312719　68341296
传　真:(010)68313128
负责人:陈立群
联系人:许　静

中诚证券广告公司是中国诚信证券评估有限公司的全资子公司。注册资金200万元,具有国内外广告设计、制作、代理、发布权。

本公司拥有一流的广告、策划、创意、制作人员。公司成员来自知名度很高的合资广告公司、中央新闻单位及西影、科影等电影制片厂。中诚证券广告公司成立以来,已有多项为企业策划的成功经历,并长期代理数家国内知名企业的广告业务。在企业界和广告界具有了良好的服务记录和一定的商誉,而与媒介的良好关系更是我们服务于企业的有力保证。

中诚证券广告公司与深圳证券登记公司合资建立了深圳亚星证券广告公司,在海南、湖南、湖北、广州、上海、宁波等地设立了业务代表处。

北京华艺广告公司

地　址:北京市海淀区紫竹院路 10 号
邮　编:100044
电　话:(010)68456232　68456234　88495680
负责人:杨旭霞
联系人:浦　瑛

一滴水可以折射出太阳的光辉

西京广告中心

地　址:北京市朝阳区工体东路 8 号
邮　编:100020
电　话:(010)65093183　65074201
传　真:(010)65074201
联系人:潘良明

西京网印适用于灯箱、路牌、车体、看板、海报、挂历、彩旗、地面等户内外广告。

西京的服务宗旨是:质量第一、客户至上、价格合理、交货迅速。

爱童广告公司

地　址:北京市朝阳区团结湖中路南一条 5 号小楼
邮　编:100026
电　话:(010)65985404　65985938
传　真:(010)65985938

爱童广告在高档电器、电子、机械产品、房地产以及医药、保健品等产品的整体广告企划及代理、公关和促销活动、展览展示会的设计、制作方面有丰富的经验和实实在在的服务。

汉仪科印信息技术有限公司

地　址:北京海淀区翠微路 2 号
邮　编:100036
电　话:(010)68285008/5561/5996
负责人:方　猛
联系人:李　菁

汉仪公司是专业的造字公司,设有管理、业务、技术、造字、质量管制、字型开发等部门。其汉字字型的生产规模、生产效率及产品质量堪称同行之冠。遵照国家有关印刷字体字型的知识产权保护政策,公司开发汉仪字库的原字稿经合法授权使用。

北京金通达广告有限责任公司

地　址:北京北三环中路 27 号福尼特大厦 608 室
邮　编:100029
电　话:(010)62073732
传　真:(010)62073756
负责人:田长江

北京金通达广告有限责任公司是一家在北京地区专业从事 DM 直递广告业务的公司。1998 年度公司每月将几百万份彩色印刷广告通过夹报和其它方式分发到公司、机关、厂矿和居民手中。公司是 1998 年唯一签约代理北京青年报夹报投递广告业务的广告公司。

北京金海岸广告公司

地　址:北京市海淀区复兴路乙 12 号 608 室
邮　编:100814
电　话:(010)63975588－6081/6082
传　真:(010)63965383
总经理:张春甫
联系人:卢幸子　马永平

本公司现已接受中国有色金属报社委托代理其广告业务。有要在中国有色金属报上刊登广告的客户,请与我公司联系,本公司愿竭诚为您服务。

北京海德广告公司

地　址:北京东城区海运仓 2 号
邮　编:100702
电　话:(010)64013619
传　真:(010)64013619
负责人:李　军

北京海德广告公司是中国青年报创办的专业性广告公司。

经营范围:

承揽、代理国内和外商来华各类广告业务。

中国国际广告公司

地　址:北京市建国门外大街 12 号(5 层)
出　编:100022
电　话:(010)65686175
传　真:(010)65683327
负责人:陈孝文
联系人:迟　伟

经营代理国内外广告业务

——为企业提供以营销目标为中心的广告总体策划,包括市场调查、广告策划、创意设计、媒介代理、广告监测及销售信息反馈;

——配合企业导入市场营销体系,包括确定发

展目标、市场营销机构,建立营销网络,推进人员培训;

——企业 CI 策划及导入过程。

举办国内外展览,组织国际商贸洽谈、科技交流;

——作为外贸企业,在海内外举办各类展览会;

——组织国内企业参加在世界各地的大型国际博览会及商贸洽谈;

——组织国际学术研讨及技术交流活动。

组织国际广告交流及文化、体育等大型活动,拥有一流的时装艺术表演团。

经营代理进出口贸易,形成从市场调查、展览促销及至外贸进出口的“一条龙”服务。

北京回之声企划管理(顾问)有限公司

地　址:北京 1448 信箱
邮　编:100013
电　话:(010)64296060　64203636　64283636
　　　　64286060　64213636　64293636
传　真:(010)64206060
董事长:尹延京
总经理:李文江

平面设计、制作印刷:企业形象策划与实施;展览展示制作;大型户外广告制作;商贸代理、营销服务;技术推广及应用;信息咨询服务;设计、制作、代理、发布各类广告。

北京佳易广告公司

地　址:北京市阜成路 51－2 号银谷湾大厦 6 层
邮　编:100037
电　话:(010)68417260　68417262
传　真:(010)68417228
负责人:刘贵增
联系人:刘渠金　魏小玲

北京佳易广告公司创立于 1992 年,是第二炮兵投资主办的全民所有制综合型专业广告公司。北京佳易广告公司拥有训练有素的市场营销、整体策划、影视创意、电脑制作和美术设计队伍。在短短几年中,佳易人经不懈努力,已逐步向市调、策划、创意、制作、传播的整体运作和综合服务体系发展,取得令人瞩目的成果。

公司下设的制作部——佳易电子艺术中心,拥有美国 SGI 高级图形工作站、Wavefront 三维动画全套软件,并配备了广播级后期编辑和数码制作设备。经多年实践,已在计算机图像处理、三维动画、电视节目数字特技等方面积累了丰富的制作经验,成为北京地区较有影响的专业制作中心之一。

北京国风广告公司

地　址:北京海淀区花园东路 8 号
邮　编:100083
电　话:(010)62010787　62047015
传　真:(010)62010788
负责人:欧阳旭
联系人:上官禾

国风广告鼎力助您与市场良好连接。

北京金达顺电子技术有限公司

地　址:北京市海淀区白石桥路 3 号友谊宾馆雅园
　　　　64314 室
邮　编:100873
电　话:(010)68498702　68498766
传　真:(010)68498702
负责人:褚　琦
联系人:纪海彤

名牌信誉　行家推崇
全新美国奥莱 IOLINE 超级 88 型刻字机
雕刻能手　尽显天工
美国 MultiCam 专业雕刻机
欲索详细资料,敬请接洽。

北京科利达广告有限责任公司

地　址:北京市海淀区苏州街 78 号
邮　编:100080
电　话:(010)62551531－3052
传　真:(010)62551531－3052
联系人:郭春景　张雅玲

广告主要承接内容:设计、制作、代理、发布国内和外商来华广告。

广告主要运作部门:财务部、媒介部、客户部、策划部、创作部、影视部、市场调研部。

广告传播的根本:我们与客户、消费者沟通,并让客户与消费者沟通。

国人广告公司　国人印刷公司

地　址:北京市海淀区白石桥路 32 号
邮　编:100081
电　话:(010)62179146　62185309

传　真:(010)62185310
负责人:康瑞鑫

北京笔克展览服务有限公司

地　址:北京市朝阳区洼里南口甲1号笔克办公楼
邮　编:100012
电　话:(010)64940999
传　真:(010)64916591
董事长:郑心民
总经理:朱世熙
经营范围:

1992年9月2日正式合资后,本公司成为目前在国内展览行业里一家具有现代化的加工技术设备及具有科学管理水平的大型合资企业。公司拥有近二万多平方米的仓库,所存放的展架可以承建8000平方米面积的展台。该公司能够独立作为主办单位指定的承建商,以优惠的价格、便捷的服务为参展商提供设计,搭建各种类型的展台,该公司也经营室内装修、广告牌制作,家具及电器租赁等业务。

北京天哲国际旅游广告公司

地　址:北京市朝阳区定福庄南里一号
邮　编:100024
电　话:(010)65767912　65778408
传　真:(010)65778406
总经理:胡　斌
联系人:姚　晖

北京天哲国际旅游广告公司是北京第二外国语学院校办企业,为全面代理型广告公司。市场调研,创意策划,设计制作,广告发布,为国内外企事业单位拓展国内外市场提供广泛服务。

得天独厚的人才优势,使公司的各类服务精良、周到、入微。文人下海,以诚为先。多年来北京天哲国际旅游广告公司真诚为广大客户服务,已得到满意的社会效益和经济效益。

朋友,北京天哲国际旅游广告公司真诚期待与你共创繁荣!

信龙国际广告公关公司

地　址:北京市朝阳区新源南路6号京城大厦13层
邮　编:100004
电　话:(010)64665032　64660088-1356、1319
传　真:(010)64662047
联系人:盖　凡

信龙国际广告公关公司隶属于中国国际信托投资公司(集团),是中国国际经济咨询公司的全资子公司,于1993年正式成立。

我们为您提供:

·策划、代理、发布国内外各类广告业务;

·平面、影视设计及制作服务;

·承办组织各类国际会议(研讨会、开业式、洽谈会等)和商务公关活动;

·承办外公司首脑或商务团体来华接待。

北京文心堂广告艺术有限公司

地　址:北京朝阳区惠新东街6号乡企大厦1005-1009室
邮　编:100101
电　话:(010)64968341
负责人:杨小平
联系人:郝德萍

北京文心堂广告艺术有限公司是一家综合性专业广告公司。成立以来,文心堂与众多客户携手共进、共求辉煌,建立了亲密无间的合作关系。

如今,文心堂已聚集了一批专业广告人,在设计、全案企划、媒体实施等方面皆已积累了丰富的经验,并多次成功地策划、组织了产品促销公关活动和大型文体活动。文心堂人始终深信“诚信、坚定、踏实、奋进”是立业之本。相信文心堂人定能超越自我,向未来挑战。

北京市公交广告公司

地　址:北京市东城区交道口东大街
邮　编:100007
电　话:(010)64030529
传　真:(010)64049428
总经理:宋瑞波

我们的承诺:

整体策划:一步到位

设计发布:双管齐下

北京地下铁道通成广告有限公司

地　址:北京市朝阳门外大街18号丰联广场2001室
邮　编:100020
电　话:(010)65881066　65881071-1075
传　真:(010)65881076

经营范围：

本公司独家发布北京地铁全线月台灯箱、车厢内广告牌、通道及梯旁海报等。

北京华讯广告艺术公司

地　址：北京海淀区黄庄大泥湾乙9号
邮　编：100086
电　话：(010)62563322－208
传　真：(010)62540864
法人代表：王恩生

北京华讯广告艺术公司每年成功的完成报刊、电视、广播、印刷等广告代理业务10000多项。承担户外广告的方案设计、项目审批、结构架施工、版面代理制作100多项，并圆满通过各级部门的验收。

我们将帮您打开通向市场的大门，伴您在市场竞争中走向成功。

北京火车头广告有限责任公司

地　址：北京市丰台区丰台镇文体路5号
邮　编：100071
电　话：(010)63855510
传　真：(010)63855521
总经理：何培民
联系人：索凤利

北京火车头广告有限责任公司，是由北京铁路局和铁路分局等13家股东出资600万元人民币组建的专业广告公司。她以北京铁路局的车站媒体影响力大、传播效果好、辐射能力强的优势，为国内外客户提供全方位的广告策划、设计、制作、代理和发布。

北京公交候车亭广告有限公司

地　址：北京市新街口外大街八号鹰冠庄园写字楼201－212室
邮　编：100088
电　话：(010)62011963
传　真：(010)62055035
负责人：张锦升
联系人：芳　冬
经营范围：

公司是亚洲公共设施广告有限公司和北京市公交广告公司共同组建的中外合作经营企业。

公司总部亚洲公共设施广告有限公司，在中国是系列化中外合作经营企业形式的广告公司。公司业务从投资、设计、生产、安装、照明，公交候车亭网络媒体和灯箱媒体，到定期清洁维护，从广告创意、制作、印刷、运输、广告发布到广告发布前后的广告效应市场抽样调查，实行“一条龙”综合服务。公司的宗旨是：国际水准中国特色，力求创新与众不同，使客户的广告投资获得最佳效益，同时向中国公众提供公交候车亭设施的公益性服务。

北京通产广告公司

地　址：北京市朝阳区安苑路11号
邮　编：100029
电　话：(010)64962936　64962969
传　真：(010)64963001
负责人：李学文
联系人：刘少华

北京通产广告公司隶属人民邮电报社，是人民邮电报社专门从事通信业广告业务的经济实体。

《人民邮电》报是中国通信业第一大报，发行遍布全国邮电系统内外，发行量达20万份。北京通产广告公司全权代理《人民邮电》报广告业务。

北京通产广告公司立足通信行业，依托人民邮电报社，除受理通信产品广告，企业形象广告外，还办理各种供求信息、牵线搭桥等各方面的分类广告，同时为社会其它报刊及全国二十多家省市邮电报代理各类广告业务。

北京通产广告公司追求的最高目标是让客户满意，公司真诚愿为通信产、供、销企业的发展助一臂之力。

北京意必达公关广告公司

地　址：北京市东城区安定门外胜古中路1号光大蓝宝大厦312室
邮　编：100029
电　话：(010)64436445　64434411－3322
电子邮件：cinc@public.bta.net.cn.
负责人：谢　文
联系人：纪红、柳松、余宁

服务范围：公共关系，广告代理、策划、制作，彩色印刷，展览展示工程设计、制作，商务咨询，目标市场开发，网络信息服务。

天和广告有限公司

地　址：北京朝阳区西坝河东里底商7号
邮　编：100028

电　话:(010)64636832　64633505
传　真:(010)64633503
电子邮件:gsp @ cenpok.net
负责人:王建明
联系人:林汉文

·提供市场调查、营销企划、广告策划、创意、制作、组织促销公关活动。

·全国性媒体代理(报纸、电视、广播、杂志)。

·承接国内外展览制作,室内外装修,路牌、灯箱、POP制作。

协助企业进行CI系统工程,VI设计,电脑化作业,承制印刷品广告。

·公司下属实体可提供各种玻璃深加工服务及其系列钢玻家具产品。

捷先广告公司

地　址:北京市海淀区北三环中路67号中央新影
邮　编:100088
电　话:(010)62040125　62366145
负责人:徐　建
联系人:王家平

捷先广告公司的业务范围:设计、代理、发布国内和外商来华的影视、广播、报纸、平面、户外广告。

我们是广告的终身发烧友。

北京龙歌广告公司

地　址:北京东城区东顺城街22号
邮　编:100007
电　话:(010)64069192　64069190
传　真:(010)64070115
董事长:卢绍平
总经理:武　征

北京中润广告艺术公司

地　址:东城区东二环大雅宝路一号
邮　编:100730
电　话:(010)65220415　65220640
传　真:(010)65220415
负责人:路　荣
经营范围:

设计、制作、代理、发布:国内和外商来华广告。设计制作广告礼品、彩色印刷、产品包装盒(袋)、工艺美术品等等。

中国电子技术应用公司

地　址:北京市海淀区花园路B3号迪蒙大厦10层
邮　编:100083
电　话:(010)68474945　68474934　62388170
传　真:(010)68474934　62388171
负责人:丁诗武
联系人:于晓初
经营范围:

中国电子技术应用公司(CEA)是以拓展电子技术应用为己任,集技、工、贸为一体的新型高科技国有企业。

我公司可为广告、城建、印刷、服装、医疗及金融等行业提供先进实用、价廉物美的电子应用产品与系统,并提供良好的售前售后服务。

北京飞梦电脑图片制作有限公司

地　址:北京建外大街1号国际贸易中心B102、103
邮　编:100004
电　话:(010)67646718
传　真:(010)67646719
负责人:刘惠雁
经营范围:

北京飞梦电脑图片制作有限公司是中外合资大型专业广告制作公司,拥有良好的设计制作能力及创新的策划创意水平。国贸中心的展示厅,作为公司的窗口,向人们展示飞梦,让人们了解飞梦。设立于芳庄的制作部厂房为1200余平方米,拥有各种先进的进口设备,适应各种小型、中型及大型喷绘需求。

目前,飞梦已成为中国广告联合总公司电脑喷绘制作的合作单位,在北京广告协会及同业支持下,经过四年的开拓,飞梦公司已逐步发展成为较具规模的综合性专业广告制作企业。

北京图形开发中心

地　址:北京市朝阳区惠新西街17号1207室
邮　编:100029
电　话:(010)64915566转3207
传　真:(010)64948823
负责人:刘兆平
联系人:马红艳

经营范围:

企业CI设计、VI设计、商标标志设计、产品包装设计、路牌广告设计、展示设计、建筑效果图、插图。此外,还承接展览、装璜、印刷、制作。

北京市奥飞达科技公司

地　址:北京市海淀区北四环西路21号(216房间)
邮　编:100083
电　话:(010)69734504　69737224
传　真:(010)69737224
负责人:李化勤

本公司是海淀区科委直属企业,是北京地区最早从事广告彩球及充气模型制品的专业性公司;多年来凭着丰富的经验,先进的设备,精良的制作工艺,在同行业中独树一帜。

北京天琴之声广告有限责任公司

地　址:宣武区广安门外鸭子桥路29号大金都写字楼300室
邮　编:100055
电　话:(010)63440829
负责人:邹庆怡
联系人:李　红

北京阳光视线广告有限公司

地　址:北京海淀区紫竹院路31号华澳中心3座5E
电　话:(010)88515055/56/57/58
传　真:(010)68715417
电子邮件:market@farvision.com.cn
网　址:www.farvision.com.cn

精准定位
勤力沟通
灵性创意

广播电视类

中央电视台广告部

地　址:北京复兴路11号彩电中心
邮　编:100859
电　话:(010)68509505　68522561　68509311
负责人:郑加强

从无名品牌提升到驰名品牌,从地方品牌提升到全国品牌,从弱势品牌提升到强势品牌。无论您处于成长中的第一个阶段,无论您的广告预算是几十万还是几千万,中央电视台广告部都有训练有素的专业人员为您量身定做,妥贴安排。

中央人民广播电台广告部

地　址:北京复兴门外大街2号
邮　编:100866
电　话:(010)66092522　66092255
传　真:(010)68045591
负责人:赵晓林
联系人:张　农

倾力开播七套精彩节目,每日向全国播出128个小时。

中央人民广播电台——中国最大最权威的广播广告媒体,世界了解中国的窗口,全中国都在倾听的声音。

一流的广告制作专业设备,出色的专业人才,杰出的广告作品。中央人民广播电台广告部——中国广播广告的开拓者,十八年来精心策划运作,为客户提供品质卓然的广告服务,为客户带来了丰厚的经济效益,同时推进广播广告事业的发展。得到业内同行和社会各界的积极肯定。

今天,中央人民广播电台广告部,追求不变,诚信依在、精彩纷呈的套播广告,选择灵活的插播广告,信息充足的专题广告,全面提升企业形象的协办和赞助广告,为客户提供一个广阔的选择空间。

好节目,好时段,低投入,高回报。

天涯咫尺,真情无限。我们愿与各界朋友携手合作,共创未来!

北京电视台

地　址:中国北京海淀区西三环北路三号
邮　编:100089
电　话:(010)68419587　68429587
传　真:(010)68429120
联系人:赵智江

北京电视台自1979年始创至今,历经20年发展,业已成为全国最大规模的传媒资讯产业之一。

北京电视台现已开通包括卫星频道、无线频道、有线频道在内的四套电视节目,每周播出420小时,每日自制节目能力达22小时。第一套节目(6频道、卫星频道)是以新闻为主的综合频道;第二套节目(21频道)为文体频道;第三套节目(27频道)为科教频道;第四套节目(有线频道)为生活频道。北京电视台以强大的播出功率覆盖整个北京并辐射周边地区，面积近5万平方公里，综合覆盖人口达2500万。卫星频道已于国内40家地市以上电视台落地接收，入户超过600万，覆盖人口超过2400万。

北京电视台关注首都观众的特殊要求，精心制作和组织丰富多彩的节目，使不同年龄、不同爱好的观众均有收获。因此，多套节目广受欢迎，收视率一直居于北京地区领先地位。

北京电视台追求国际水准，引入国际运作。拥有高水平、全功能的技术设备，可提供安全高效的国际间电讯传送、大型文体实况直播及后期特效处理。目前已与全球50多个国家和地区的电视机构建立了交流合作关系，与数百家海外影视机构签订了业务协议，并多次派出记者赴国外采访，所作节目在10多个国家和地区电视媒体定期播出。

北京电视台身处商家必争的首都市场经济环境，一直致力于创造良好的机制，积极支持全国乃至全球工商企业界在北京的宣传与发展。自1984年以来，已有上万家企业因为选择北京电视台而取得了可观的经济效益。

深谙资讯时代要义，实践现代传播理念。

北京电视台向所有参与者开放，并使之受益匪浅。

引领视线，创新生活。北京电视台与发展中的中国、与发展中的北京同步。

中国教育电视台广告部

地　址：北京市复兴门内大街160号
邮　编：100031
电　话：(010)66032233－1501
传　真：(010)66084299

中国教育电视台是隶属于国家教育委员会的专业电视台，通过亚太一号卫星播出两套节目，各地有线电视台、教育电视台转播。北京地区通过35频道播出一套教育电视节目。

中国教育电视台广告部，经国家工商部门批准，可在中国教育电视台、《中国教育电视报》上发布国内广告及外商来华广告，承办分类广告。拥有制作、发布等基本技术设备和一定数量的广告管理人员。遵循“教育为本、服务社会”的宗旨，在积极承揽、发布广告业务的同时，还开办了《中国高校之窗》等二类广告栏目，为社会主义精神文明建设服务，为社会主义市场经济服务。

中国教育电视台广告部将以质量高，传播快，影响广，得到您的信赖和支持。

北京人民广播电台

地　址：中国北京建国门外大街14号
邮　编：100022
电　话：(010)65159129
传　真：(010)65159129
负责人：徐志红

北京人民广播电台创建于1949年2月2日，是中国建立比较早的省级地方电台。

北京人民广播电台总播出功率171千瓦，现用7套频率播出。共办400个固定挂牌节目，每天播音128小时，是中国实力比较强的电台之一。

北京人民广播电台的覆盖范围除北京市以外，还可覆盖河北、天津、内蒙古、山西、山东、辽宁等省市的部分地区，服务人口达5000万左右。

为了适应改革新形势的需要，根据广播特点，1990年进行了以主持人直播为主要形式的专业化系列台为龙头的改革，目前已经建有7个专业台。

广告从业人员从1979年的4人，发展到40多人，还成立了一家合资广告公司。广告收入从1992年的800万元，增长到2000年的1.8亿元。

报 刊 类

人民日报

地　址：北京市朝阳区金台西路2号
邮　编：100733
电　话：(010)65092216、1316、1016、2116

《人民日报》广告可信度高，广告效果显著。《人民日报》广告部拥有近30名从业人员，对广告的策划、编排、设计、制作具有丰富的经验，刊登的广告一向以真实、庄重、可信度高著称。特别适宜各行业中影响较大、实力雄厚的大中型企业进行广告宣传。

《人民日报》广告部承办《人民日报》国内外客户的广告发布；向客户提供报刊广告创意和设计、制作业务及信息咨询。

人民日报(海外版)

地　址：北京市朝阳区金台西路2号
邮　编：100733
电　话：(010)65091728
广告业务负责人：乔小宝

人民日报海外版1985年7月1日创刊，是具有权威性的综合性中文报纸，国内外发行。创刊十几年来,以内容翔实、栏目众多、图文并茂、雅俗共赏、印刷精美、注意时效等特色受到海内外各界人士的喜爱。

人民日报海外版国内编排,发行辐射全球。除北京地区印刷外,在香港地区、美国旧金山和纽约、日本东京、法国巴黎以及加拿大多伦多等地均采用当今先进的远程传版技术,当日印刷,向世界八十多个国家和地区发行。

人民日报海外版的广告,编排新颖、设计庄重、制作精良、印刷精美。作为中国在海外发行量最大、具有权威性的中文报纸,是企业开拓国际、国内两个市场,把中国优质企业和名牌产品推向世界的极佳广告媒介。

中国证券报

地　址:北京市西城区宣武门西大街甲 97 号
邮　编:100031
电　话:(010)63077308　63077312
传　真:(010)63071029
电子邮件:ggb@zzb.com.cn
网　址:www.cs.com.cn
负责人:戴小兵
联系人:彭　锐　周　立

潜力巨大的财经媒体。通过对央视调查咨询中心“全国读者调查 2001”,2001 年 3 月至 8 月 15 个城市调查数据的分析,中国证券报在 15 个城市的平均每期阅读率为 3.2%。

中国证券报　可信赖的投资顾问

中国信息报社广告部

地　址:北京市月坛南街 75 号
邮　编:100826
电　话:(010)63449295　63310358
传　真:(010)63262401
电子邮件:zgxxbggb@sina.com
网　址:www.zgxxb.com.cn
负责人:张　鹏　王裕民

中国信息报是国家统计局主办的财经类报纸,它充分利用国家统计系统的各种宏观、中观、微观统计数据,为政府决策、行业决策、企业决策提供有价值的数据支持,促进决策的理性化、科学化。

中国信息报每周一至周五出报,对开八版,彩色印刷,国内外公开发行。

国内邮发代号:1—135　国内统一刊号:CN11—0123　单价:0.66 元　全年订价:168 元

整版广告价位(48×35cm):黑白 8 万元　彩色 10 万元

中缝通条(48×4cm):4000 元

中国石化报社

地　址:北京东城区安外大街 58 号
邮　编:100011
电　话:(010)84271810　84271813
传　真:(010)84273681
电子邮件:xuwz@sinopec.com.cn
网　址:news.sinopec.com.cn
负责人:何绍改
联系人:许维周

《中国石化报》、《中国石化》杂志是由中国石化集团公司主办,国内外公开发行,全国石油、石化行业唯一的综合性、权威性、经济类报刊。

中国石化报社是一家集报纸、杂志、电视新闻和新闻网站于一体的新闻实体。不仅办有《中国石化报》,而且办有《中国石化》杂志、《中国石化新闻界》杂志、中国石化电视新闻和中国石化新闻网站。

《中国石化报》、《中国石化》杂志内容丰富、可读性强、发行量大、服务性好、广告宣传效果佳。欢迎订阅,欢迎刊登广告。

《中国石化报》为对开四版,彩色印刷,每周二、三、四、五、六出版,周六为八版,全年订价 118.8 元。邮发代号 1—136。《中国石化》杂志为大 16 开本,月刊,彩色印刷,全年订价 72 元。邮发代号:82—294。

中国知识产权报社

地　址:北京市海淀区蓟门桥西土城路 6 号
邮　编:100088
电　话:(010)62385212
传　真:(010)62384878
电子邮件:cipnews@sina.com
负责人:胡　倬
联系人:丁燕涛

面向知识经济时代

读《中国知识产权报》

中国知识产权报社是由国家知识产权局主管的具有独立法人资格的事业单位,从事《中国知识产权报》及《世界发明》杂志一报一刊的编辑、出版、发行工作。

《中国知识产权报》注重对社会大众的正确定

位、注重普及性的知识宣传、贴近生活、联系百姓，特别是在我国加入 WTO 方面，为广大企业就知识产权管理运作献计献策。报道内容以专利为主体，商标、著作权为重要内容，兼顾信息社会知识经济的主要要素、给读者以全新的感受和有益的启迪。

《中国知识产权报》对开 4 版，每周三、五出版，每期定价 0.50 元，全年订价 48 元，全国各地邮局均可破季订阅，邮发代号 1—158。

《世界发明》创刊于 1978 年 4 月，是鼓励发明创新，报道国内外最新发明成果，普及知识产权知识的月刊，是关注科技发展的各界人士的好朋友。

《世界发明》杂志为 16 开，彩色 4 封。每期定价 2.50 元，各地邮局均可订阅，邮发代号 2—652。

计算机世界

地　址：北京万寿路翠微中里 16 号 3 号楼 4 层
邮　编：100036
电　话：(010)68259401 - 08
传　真：(010)68259409 - 10
网　址：www.ccw.com.cn

中国报业十强媒体
中国报业唯一合资媒体
中国读者阅读率最高的专业媒体
中国经营规模最大的专业媒体
中国 IT 业首选媒体
中国发行量最大的 IT 媒体
中国信息版面权威的 IT 媒体
中国广告效果更佳的 IT 媒体

《计算机世界》报创刊于 1980 年，由信息产业部电子科技情报研究所与美国国际数据集团（IDG）合作出版，是中国第一份面向计算机与信息产业领域的行业报纸。作为中国 IT 媒体的开创者，《计算机世界》报秉承国际传媒的出版经验，将国际化、市场化的经营理念融进办报实践，凭借 IDG 国际传媒资讯优势，伴随中国信息产业的不断发展迅速崛起，以信息全面、迅捷、准确、权威而成为目前中国 IT 领域的第一大媒体，并以骄人的业绩迈入全国报业十强的行列。

创刊以来，《计算机世界》报一直致力于科技与产业、销售与市场、厂商与用户之间的信息沟通，20 年的锐意创新，精心锤炼，使它成为国内外厂商推介产品、各界用户和读者获取信息的首选媒体：每周 300 余版以上的精选信息吸引了 22 万订户和 150 万忠实的高素质读者，读者阅读率居全国专业媒体首位（新生代公司“中国媒体与市场调查”结果）；厂商、经销商的认同使《计算机世界》在中国信息产品广告的占有率达到 50%，是同类媒体总量之和（中国研究公司“中国计算机类报纸市场分析报告”结果）。

20 年服务于 IT 行业的资深经历为《计算机世界》的进一步发展奠定了坚实的基础。在以信息技术为主体的知识经济新时代，《计算机世界》将继续发挥先入为主而形成的品牌优势和权威媒体的影响力，搭建畅通的信息之桥，和广大读者一道步入数字化生活的美好明天。

2001 年，《计算机世界》推出六大版块，供您选择：

《综合新闻》《产品与技术》《应用与方案》《网络与通信》《市场与渠道》《IT 职场》

管理世界月刊

地　址：北京市海淀区大钟寺 8 号东楼三层
邮　编：100086
电　话：(010)62112235　62115760

《管理世界》杂志是由国务院发展研究中心主办的国家经济管理类权威刊物，是反映中国经济管理理论与政策研究的一家著名刊物。

宗旨：从多角度、多层次、多领域、多学科综合反映中国的经济社会管理问题的研究成果，广开言路、博采众长，为中国经济改革和发展服务。

特点：着眼于中国经济改革和经济发展的热点、难点问题进行理论与实践相结合的前瞻性分析和研究，具有政策性、学术性、实证性、资料性的风格。

本刊主要栏目：

本刊专稿：每期有一、两篇由国家省部级以上领导为本刊撰写的文章。

中国宏观经济管理研究：本栏目主要刊登国家权威部门、著名学者所做的中国宏观经济形势分析和宏观管理热点问题的实证性研究，具有对国家宏观经济政策前瞻性的特点。

中国金融·财政研究：本栏目本着理论性和实证性相结合的办刊方针，对我国金融、财政体制改革、金融机构经营管理、资本市场发展等热点问题进行研究，并及时探讨现实中出现的难点问题。

中国农村经济论坛：主要刊载有关我国农业经济和农村发展问题的理论探讨，政策研究、案例分析等研究成果。

中国公共管理论坛：本栏目主要围绕中国公共管理现实问题进行理论性研究，以及针对中国公共管理现实问题进行实证性的案例分析。

中国工商管理评论:以中国企业管理的案例分析形式,探索、总结、推广符合我国企业管理实际的经营理论与经营战略、组织结构与组织行为,以及管理方法等,是中国首家以工商管理案例形式推出的栏目。

2002 年本刊每月 15 日出版,每期 160 页,25 万字,每期定价 11.50 元,全年 138 元。

邮发代号:82—203

北京观察杂志社

地　址:北京建国门内大街 13 号
邮　编:100005
电　话:(010)65272233-509,512
传　真:(010)65272339
电子邮件:bao@wu.com.cn
负责人:吴　葆
联系人:吕　西

中国人民政治协商会议北京市委员会主办。面向知识层、决策层、管理层,察实情、讲真话、提供新闻背景。每册定价 6 元。

邮发代号:82—918

全国各地邮局均可订阅。

《暖通空调》编辑部

地　址:北京市西外车公庄大街 19 号
邮　编:100044
电　话:(010)88361727
传　真:(010)88373572
电子邮件:chvacj@public.bta.net.cn
网　址:ntkt.chinajournal.net.cn
负责人:王曙明
联系人:王曙明

精益求精

详细介绍请看彩色广告。

建筑技术杂志社

地　址:北京市复兴门外南礼士路 19 号
邮　编:100045
电　话:(010)68033966　68015033
传　真:(010)68015033
电子邮件:jzjs@263.net
负责人:许庆相
联系人:闻　睿

本社编辑出版《建筑技术》和《建筑工人》两本月刊。《建筑技术》以建筑业的高中级科技人员和管理人员为主要读者对象,本刊荣获首届国家期刊奖、全国优秀科技期刊评比一等奖,连续四届被评为北京市优秀期刊,连续二届评为华北地区十佳期刊,发行量在科技期刊中名列前茅。《建筑工人》是以建筑业全员职工和建筑爱好者为读者对象,发行量连续 19 年居全国建筑类刊物之首。两本杂志以推动我国建筑业技术进步为办刊宗旨,受到建筑职工的普遍欢迎。

《建筑技术》和《建筑工人》杂志承接与建筑业有关的产品广告,信誉可靠,效果显著。

中国花卉盆景杂志社

地　址:北京市地安门内大街 41 号
(北京市少年宫对面大院)
邮　编:100720
电　话:(010)64059573
传　真:(010)64017312
负责人:苏本一
广告业务负责人:张世藩

本刊是中央级科普期刊,主要宣传介绍有关花卉盆景的科学知识,传播有关信息,以提高人民群众的环保意识和责任感,为绿化祖国大地、美化城乡服务。本刊具有很强的实用性,是一本赏花、养花、制作盆景和专业园艺生产销售的指南。

本刊大 16 开全彩色印刷,含四封共 68 页,内容丰富,风格新颖,图文并茂,印刷精美,每册定价 6.80 元。全国各地邮局均可订阅,邮发代号 2-573。亦可汇款本刊邮购,平寄免邮费,挂号每册加付 2 元邮费。国外发行中国国际图书贸易总公司 北京 399 信箱,国外发行代号 M767。

本刊刊号ISSN1003—2142

CN11—2444

有色金属广告部(北京矿冶研究总院)

地　址:北京西直门外文兴街 1 号
邮　编:100044
电　话:(010)68333366-6410
传　真:(010)68321362
电子邮件:infonet@bgrimm.com
网　址:www.bgrimm.com

法　人:孙传尧
联系人:朱穗玲

北京矿冶研究总院编辑出版《有色金属》(矿山、选矿、冶炼三个双月刊)和《有色金属》国外版中文季刊以及《国外金属矿选矿》、《中国无机分析化学文摘》、《矿冶》。

《有色金属》涉及采、选、冶、加工等诸多专业,是全国中文核心期刊,本系统最主要的科技期刊之一,拥有众多国内外订户和读者,已跻身国际矿冶类核心期刊之列。

有色金属生产是技术含量、工艺流程十分复杂的工业部门,采矿、选矿、运输、装卸、通风、破碎、研磨、筛分、过滤、冶金炉窑、收尘、浸出、净化、板管棒丝箔等加工设备,炸药、爆破器材、选矿药剂、抗蚀防腐材料、众多的无机及有机化工产品,测量、计量、分析化验,遥控、自控等仪器仪表及电子设备。有色金属工业需要的生产资料及工具可谓遍及电子、机械、交通运输、化工、轻工等领域。

以上各刊辟有广告专栏,欢迎各界广为利用!

航空知识杂志社

地　址:北京学院路 37 号
邮　编:100083
电　话:(010)82317056
传　真:(010)82328259
网　址:www.dragonsource.com
负责人:谢　础
联系人:袁曙红

本社出版《航空知识》月刊和《航空模型》季刊两种公开发行的科普杂志。《航空知识》全面报道国内外航空航天领域的新发展和新知识,目前发行量居国内航空航天报刊之首,曾连续两届荣获全国优秀科技期刊评比一等奖;在世纪之交,又荣获建国五十周年首次设立的中国期刊最高奖——首届国家期刊奖。《航空模型》为目前祖国大陆创刊最早的普及航模、海模、车模制作的科技刊物。

中国水产杂志社广告部

地　址:北京朝阳区华威西里甲 48 号南楼
邮　编:100021
电　话:(010)87781415　87781419
传　真:(010)87781417
电子邮件:2001fish@sohu.com
负责人:姜晓革
联系人:代国庆

《中国水产》是业内最具权威性的媒体

《中国水产》创刊于 1958 年,刊名由国家水产部第一任部长许德珩同志亲笔题写。是农业部主管的唯一一种国内外公开发行的渔业综合性月刊,是由全国水产技术推广总站主办的渔业类核心期刊。

《中国水产》是业内受众最广泛的媒体

《中国水产》的发行量始终居同行业第一位,拥有全国渔业界各层面从事管理、生产、经营、技术及与渔业相关工作的十几万读者以及国外稳定的读者群。

《中国水产》是业内覆盖面最大的媒体

40 多年来,中国水产杂志社在农业部、渔业局、全国水产技术推广总站和各地相关单位的大力支持下,通过不懈地努力开拓,在全国重点省、市、县和重点渔业乡镇建立了各级通讯发行站 50 多个,聘用通讯发行员 300 多人,使《中国水产》的发行覆盖全国。

《中国水产》内容丰富。通过她,您可以及时准确地了解有关我国渔业发展的方针政策、各地渔业情况和市场动态、海淡水养殖加工捕捞技术等全方位的信息。现设有专论与综述、渔业经纬、信息走廊、推广信息、淡水养殖、海水养殖、鳗业动态、原良种园地、病情分析、捕捞技术、加工技术、渔船渔机、船东互保、资源与环境、水产品市场、体闲渔业、国外渔业等栏目。

《中国水产》的权威性、受众广泛和覆盖面大以及适中的广告收费标准等优势,使其成为业内广告发布效果和效益最好的媒体。

商业周刊/中文版(月刊)

BusinessWeek/China
地　址:北京安定门外大街东后巷 28 号
邮　编:100710
电　话:(010)64269733
传　真:(010)64219392
负责人:严卫京
联系人:张　桦

《商业周刊/中文版》(月刊)创刊于 1986 年,由中国对外经济贸易出版社与美国麦格劳·希尔公司(McGraw - Hill Inc.)合作出版。

本刊内容全部选译自美国《BusinessWeek》杂志原版文章,旨在传播介绍世界经济贸易、金融、科技及先进管理经验等权威信息。它特别有助于决策者掌握世界经济动态和提高企业管理水平,是中国工商管理人员、经贸界人士及专家学者不可多得的参考读物。

本刊采用进口高级铜版纸彩色印刷，图文并茂，装帧精美。

本刊愿成为中国企业参与国际、国内市场竞争，走向世界的得力助手。

中国制浆造纸研究院

中国造纸杂志社
地　址：北京市朝阳区光华路12号
邮　编：100020
电　话：(010)65810022
传　真：(010)65817480
广告业务负责人：李　萍

经营范围：

《中国造纸》、《国际造纸》、《造纸信息》承办国内广告，发布外商来华广告。

互联网周刊

地　址：北京建外大街1号国贸二座32层
邮　编：100004
电　话：(010)65053888
传　真：(010)65057270
网　址：www.ciweekly.com
邮　箱：faxing@ciweekly.com

《互联网周刊》由中国科学院主管、科学出版社主办，每周一出版，大16开彩色印刷，面向全国发行。全年45期，每期定价10元。《互联网周刊》长期以来致力于推动网络信息技术在中国社会各个领域的普及和应用，已成为传统企业信息化领域最权威的桥梁媒体，在中国大陆乃至中国香港和中国台湾地区深具影响。

——定位：一份为企业IT采购与应用提供全面指导与咨询的专业媒体，一本面向企业CIO等人群的IT周刊。

作为网络时代的核心IT传媒，《互联网周刊》以IT产业与IT应用之间的桥梁媒体为己任，保持并扩大自己在传统企业信息化领域内的优势，更清晰的树立自身“信息技术桥梁、IT服务通道、网络应用指南、企业E化向导”的核心理念，以“应用”为核心推动传统企业信息化则是我们一直以来坚持不渝的办刊方向。《互联网周刊》以应用为核心，为国民经济各个行业、企业提供三个层面的服务。一是传播行业企业一般IT应用所需要采购的产品、技术、方案；二是提供行业企业运营不同方面所需要的ERP、CRM、PRM、SCM、财务、人事等信息化解决方案，以及行业信息化所需要的整体解决方案；三是对不同行业、企业步入信息时代在商务运营模式、市场竞争方面的变化以及信息时代的产业变革趋势进行报道。在此过程中将IT产业的产品、技术、服务导入社会经济各个领域。

——内容：观察、焦点、评论、应用、行业、技术六大版块

《互联网周刊》的前半部分是特色鲜明的三大板块：观察、焦点、评论，分别定位于全景报道、深度解剖、应用前沿，力图为企业信息化提供全方位的视角；后半部分的三大专刊：应用、行业、技术，重在相关领域发展动态的深度分析性报道。

——多渠道拓展，高密度发放

《互联网周刊》目前已经开辟了包括邮局发行，全国零售点自办发行、数据库赠阅、渠道代理、传统行业系统发行以及与IT企业产品服务定期捆绑销售等六个方面的强大的媒体发行渠道。重点覆盖IT、互联网服务业、银行、证券、保险、电信、广电、家电、电力、石油、化工、交通、医药、教育、房地产、新闻出版、商贸、水利气象等主要领域，以及各级政府主管部门和行业领导机构。是中国信息化前沿影响力最大的新经济周刊及桥梁IT媒体。

文化艺术出版社

地　址：北京丰台区万泉寺甲1号
邮　编：100073
电　话：(010)63457058
传　真：(010)63452006
负责人：张洪宇

文化艺术出版社成立于1980年，是中华人民共和国文化部主管、中国艺术研究院主办的大型综合性出版社。

出书范围：古今中外优秀文学艺术作品、文艺理论、各门类艺术史、艺术科学工具书、部属院校及研究机构的科研成果，普及性的科学技术知识、文化生活类通俗读物。

中医杂志社

地　址：北京市东城区北新仓18号
邮　编：100700
电　话：(010)64035632　64013162
传　真：(010)86472013

负责人:王炳岐
广告业务负责人:刘振海
经营范围:

在《中医杂志》上承办国内与医学有关的广告及发布上述范围的外商广告。

《中医杂志》创刊于1955年,由中国中医药学会和中国中医研究院联合主办。现月发行量近10万册。《中医杂志》英文版、日文版、西班牙文版、意大利文版、比利时文版、德文版和韩文版的出版,促进了中医药学术的国际交流,扩大了中医药在国外的影响。

海外文摘杂志社

地　址:北京西四北五条26号
邮　编:100034
电　话:(010)66182207　66185814
传　真:(010)66185814
邮子邮件:hwwz@midwest.com.cn
负责人:肖顺天
联系人:任晓敏

《海外文摘》杂志社出版发行《海外文摘》、《海外广角》两种月刊。

《海外文摘》杂志创刊于1984年,是一份贴近生活、透视海外的综合性中文月刊。它专门介绍国外以及台湾、香港、澳门的社会万象和风土人情,以传播知识、开阔眼界、陶冶情操为宗旨。设有环球采风、经营之道、海外亲历、名人轶事、影视歌坛、科技知识、台湾万象、西方社会掠影等20多个栏目和8页彩色插图。文字凝练、图片精美,知识性、趣味性兼具。各行各业、各种年龄的人都能从中找到自己喜爱的天地。

《海外文摘》现设北京、上海、广州、重庆、兰州五个分印点,每月18日在全国同时与读者见面。发行量每月50万份以上,在海内外有百万忠实读者。

《海外广角》画刊是《海外文摘》姊妹篇,2000年9月创刊。

《海外广角》画刊是一份品位高雅,贴近生活的彩色月刊。设有看世界、国人在海外、老外在中国、世界漫游、图片故事、海外军警、影视歌坛、摄影日记、环球论坛、名人热线、专题报道、衣食住行、生活情趣、文学窗、艺术宫等二十多个栏目。我们将分别按不同时间、不同地域、不同角度隆重推出。以耳目一新的画面、美丽而强烈的冲击力、伴随着广大读者去周游世界。

大广角,新视野,全景看世界的《海外广角》带着广大读者的关爱,沐浴着新世界的春风、走向千家万户!

《海外广角》每月25日出版,大16开本,96页,全彩色印刷,定价10元。向国内各大中城市、港、澳、台及海外发行。订阅者请汇款至《海外文摘》杂志社。

网络世界

地　址:北京海淀区万寿路翠微中里15号楼1层5号
邮　编:100036
电　话:(010)68251061-1066
传　真:(010)68251067
网　址:www.cnw.com.cn

聚焦于最新网络技术和网络应用

全面面向网络领域的IT专业周报

读者大部分为行业/企业中的信息主管、技术主管、网络管理人员和应用人员,以及IT顾问和有技术背景的企业主管,他们在企业采购中对设备选型和品牌选择起着决定性的作用。

设有"新闻与述评"、"技术与产品"、"行业与应用"和"互联网时空"四大版块,以技术为特色,以应用为重点,全面面向网络及相关领域,为广大读者提供详实、专业的信息服务。

发行量92000份,范围覆盖全国,是目前国内仅有几家通过国际权威商业报刊发行量审计机构——美国BPA公司审计并认证的IT专业媒体。

秉承"服务至上"的宗旨,为广大读者和客户服务。

北京电子报

地　址:北京市东城区史家胡同90号
邮　编:100010
广告部:(010)65252116
发行部:(010)65255241
传　真:(010)65251990
电子邮件:bjdzb@public.bta.net.cn
社　长:张慧芳
总　编:李士平

《北京电子报》创刊已近二十年,现为周报,每期四开八版,月末十六版。

《北京电子报》的读者对象为:广大电子爱好者,大、中专电子专业师生;电子职业教育学生;从事电子技术及相关专业的工程技术人员；从事家电修理、通讯设备、计算机行业的维修人员等。

《北京电子报》的宗旨：为广大电子爱好者服务。

《北京电子报》的特点：短、新、快、易懂、适用。

《北京电子报》是国内发行量最多的电子报刊之一，20余年培养了大批电子技术优秀人才，随着时代的发展，《北京电子报》也在不断自我完善和进步。2001年版的《北京电子报》将会给您一个惊喜！

《北京电子报》合订本集全年报纸为一册，便于保存，方便查找。附加资料收集了当前最新产品维修资料和数据，是工程技术人员、电子爱好者实用方便的工具书。

欢迎订阅2001年《北京电子报》，全国各地邮局均可订阅，订阅代号1-48，全年订价19.20元。

为满足偏远山区广大读者订阅，本报发行部继续办理邮购订阅，全年价24.00元。

欢迎邮购《北京电子报》历年合订本：

《北京电子报》合订本：95年 ………… 26.00元

《北京电子报》合订本：96年 ………… 28.00元

《北京电子报》合订本：97年 ………… 32.00元

《北京电子报》合订本：98年 ………… 32.00元

《北京电子报》合订本：99年 ………… 32.00元

文摘报

地　址：北京永安路106号

邮　编：100050

电　话：(010)63082386　63082388

传　真：(010)63177386

负责人：周连启

《文摘报》是光明日报报业集团主办的综合性文摘类报纸，自1981年创刊以来，一直深受各界读者的欢迎。《文摘报》集全国报刊之精华，成一家之特色；思想性、学术性、知识性、趣味性并重。《文摘报》设有要闻、社会广角、法制纵横、健康之友、文体时空、人物长廊、学林漫步、环球博览、人间万象等专版及微型论坛、要闻集锦、观察与思考、举案谈法、首案传真、大众保健、医生札记、赛场内外、人在旅途等几十个专栏。《文摘报》在手，国事家事，尽收眼底。

《文摘报》四开八版，周二刊，逢周四、日出版，分别在北京、上海、武汉、沈阳、西安、济南、郑州、广州、兰州等地同时印刷，国内外公开发行。

《文摘报》以其丰富的内容、快捷的时效赢得了社会各界读者的好评，因而拥有广大的读者群。

国内邮发代号1-4

国外发行代号：D1340

中国国门时报

地　址：北京朝阳区麦子店街22号

邮　编：100026

电　话：(010)64194022

传　真：(010)65936567

电子邮件：gwd@china.com

负责人：范咏戈

联系人：潘斌祥

中国民航报

地　址：北京朝阳区十里河2264信箱《中国民航报》广告部

邮　编：100021

电　话：(010)67335210　67318866-6039

传　真：(010)67337302

广告负责人：任　娟

联系人：陈娟娟

《中国民航报》是由中国民航总局主办的综合性行业大报，也是中国民航总局唯一指定的机上必配报纸。目前，本报发行于世界五大洲39个国家、98条国际及地区航线、630条国内航线和国内各机场。中国民航每年近6000万乘客，每两人配发一份，全国16万民航员工每3人拥有一份。同时还向国务院各部委、新闻单位、旅游部门、航空航天企业、航空客货代理公司、外国驻华大使馆、商社、外国航空企业驻华办事机构及中国民航各航空公司驻外办事处发行，《中国民航报》对开八版，彩色印刷，每周一、三、五、日出版，每期发行量18万份。

中国电子报社

地　址：北京市石景山路23号

邮　编：100043

电　话：(010)68861801

传　真：(010)68861805

负责人：梁喜英

《中国电子报》创刊于1984年，由信息产业部主管。

《中国电子报》是为电子信息产业服务的一张具有权威性的经济技术类报纸，对与国民经济信息化有密切关系的计算机、通信、微电子和基础电子产品等产业以及系统工程和各类电子技术应用的发展情况进行跟踪报道,对与人民生活息息相关的消费电子新产品以及对市场商情及时宣传介绍。除了《行业综合新闻》外,辟有《计算机与通信》、《微电子与基础产品》、《家电周刊》等专刊。

《中国电子报》是在当时任电子工业部部长的江泽民同志的热情关注和倡导下创办的。十几年来,在政府主管部门领导下,积极宣传党和国家关于发展电子工业的方针、战略,反映和报道电子行业改革与发展中出现的新情况、新问题、新经验,及时刊登各类电子产品的发展趋势和市场动态,为电子信息产业的快速健康发展提供信息,做好助手,为领导机关正确决策提供依据,当好参谋。近年来,为适应市场,进一步贴近读者,服务于企业,坚持了"开门办报"的工作方针,多次进行调整和改革,提高了报纸的针对性和实用性。中央各大媒体经常转发、转播该报的消息和报道,使报纸在行业内外的影响逐步扩大,受到电子行业领导机关、企事业单位和各应用部门的欢迎。

电脑商报

地　址:北京复兴路乙24号豪轩商务会馆
邮　编:100036
电　话:(010)68176429-35(报社集团)
　　　(010)68176428(广告部)
传　真:(010)68176439
电子邮件:ccrw@ccrw.com.cn
网　址:www.ccrw.com.cn

《电脑商报》是中华人民共和国信息产业部主管,国家新闻出版署批准,中国电子报社主办,独家引进IDG全球25家渠道媒体版权,国内第一张以渠道为主导,促进信息化和网络经济发展的IT商业报纸。

《电脑商报》是一份全国性的大型媒体。每周一出版,四开彩色印刷,全国定向发行,目前已在除北京外的上海、广州、深圳、武汉、成都、沈阳、南京、西安、长沙、济南等33个中心城市设立了记者站工作部。

《电脑商报》作为中国信息产业部下属报刊,同国务院有关部委、省市信息化主管机构、中关村、沈阳等高新区及相关协会、商会有着良好的合作关系。

检察日报社广告部

地　址:北京市石景山区鲁谷西路5号
邮　编:100040
电　话:(010)68630301
负责人:韩　红
联系人:涂铁英

《检察日报》由中华人民共和国最高人民检察院主办。是面向国内外公开发行的国家级法制类综合大报。对开八版(周六、日为四版),期发行量40万份,全国有十四个省、市印点,卫星传版,同时印刷。《检察日报》是国内惟一一份向全国各级人大代表赠阅的报纸。

检察日报社的广告业务,以一报两刊为载体,凭借信誉度高、发行量大、覆盖面广、读者爱看、阅报传递频率高等特点,赢得了很多广告客户和广告代理公司,业务逐年扩大。

《检察日报》广告信条是:"所有广告客户都是我们的朋友!热烈欢迎每一位朋友,真诚善待每一位客户"。

体育快报社

地　址:北京市宣武门西大街57号
邮　编:100803
电　话:(010)63072510　63072515(编辑部)
　　　(010)63074846　63072537(发行部)
　　　(010)63071270　63074561(广告部)

《体育快报》是新华通讯社主办的综合性体育报纸。她利用新华社遍布国内和世界的记者网和信息网,为广大读者提供大信息量、全面生动、准确快捷,新颖活泼的体育新闻。《体育快报》在手,体坛新闻尽有。

《体育快报》辟有"甲A快递"、"国际足坛"、"国内篮球"、"棋牌天地"、"NBA"等专版,并设有"专家评球"、"秉烛夜话"、"视点"等一批优秀栏目。《体育快报》博采众长,兼容并蓄,创办以来深受广大读者喜爱。《体育快报》套红印刷,4开16版,卫星传版,全国发行。

《体育快报》为周三刊(遇重大国际、国内赛事出版特刊),其中"明星周刊"以文学写作形式为主,广泛报道活跃在国内外体坛的明星。是国内惟一一份体育人物彩报,辟有"英雄本色"、"真情告白"、"掼篮高手"、"情报驿站"、"新新人类"等十多个特色栏目,信息量大、覆盖面广。有了"明星周刊",您便拥有了全世界的体育明星。

中国青年报广告部

地　址:北京市东城区海运仓2号

邮　编:100702
电　话:(010)64033961　64013619
传　真:(010)64033961
负责人:李　军

《中国青年报》是当代中国具有重大影响的中央级大报,是具有鲜明青年特色的综合性日报。她创刊于1951年4月,现为对开八版,每期发行量近百万份,发行面遍及全国各省区市及海外40余个国家和地区。

《中国青年报》广告版具有较大吸引力,在日益激烈的市场竞争中,《中国青年报》是众多商家开拓消费者市场的理想媒体。据调查,每一份《中国青年报》的读者平均传阅率为1400%,有16.9%的读者对在本报刊登的广告几乎都看,80%的读者看一部分,58.5%的读者在购物时受过本报广告影响。

在《中国青年报》上刊登广告,就意味着走向中国最大的消费群体。

轻轻松松的投入

意想不到的收获

北京青年报社(广告处)

地　址:北京朝阳区东三环南路66号(潘家园立交桥东侧)
邮　编:100021
电　话:(010)67333716
传　真:(010)67333714
负责人:左其友
联系人:朱伟京

一、本社负责发布《北京青年报》、《中学时事报》、《星星火炬报》、《北京青年周刊》杂志国内广告和外商来华广告,承办各项分类广告。

二、尊重广告主和代理公司的意愿,精诚合作,继续发展广告代理制。

三、本社广告业务执行统一计划、统一价格、统一审核发稿的"三统一"广告管理模式。

四、《北京青年报》1997年(日报)期发行量50万份,在国内外公开发行,"白领化"是北京青年报读者群的主要特点,其稳定读者占目前《北京青年报》读者总数的94%。

五、《中学时事报》是一张四开八版、面向全国广大中学生的周报、1996年发行量达100万份。

六、《星星火炬报》为四开八版,面向中、小学生的周报,1996年发行量达60万份。

七、《北京青年周刊》是一份以新闻为主题的周刊杂志,每期公开发行。

精品购物指南报社

社　址:北京市海淀区民族学院南路甲19号
邮　编:100081
电　话:(010)68422754　68422759
传　真:(010)68422979
电子邮件:cbmcjsb@ht.yol.cn.net
联系人:岳　炜　李勇鹤

《精品购物指南》创刊于1993年1月8日,主办单位为《中国经营报》。彩色印刷,每周二、周五出版,是一份迄今为止最成功的生活服务类报纸。发行范围为北京市及远近郊区、县。

《精品购物指南》每周二出版88版,每周五出版100版,及时传递市场信息,捕捉最新消费时尚,倡导科学消费观念,其广告范围几乎涵盖了包括文体、足球、休闲、家电、物业、汽车、家园、旅游等所有生活领域,读者群体主要为25~45岁(男性:43.2%;女性:56.8%),大专学历以上的读者占52.7%。

《精品购物指南》以广告量大而全、反馈效果明显、印刷精美、覆盖行业广而受到各类广告主、广告经营单位的青睐,同时为服务于读者,僻有分类信息、个人非商务广告,业已成为各类工商企业宣传自己产品的最佳媒体之一。

中国有色金属报

地　址:北京复兴路乙12号(6层)
邮　编:100814
电　话:(010)63975588-6082/6081
传　真:(010)63965383
广告业务负责人:卢幸子　马永平
经营范围:

在《中国有色金属报》上,发布国内和外商来华广告,承办分类广告。

中国少年报社广告部

地　址:北京市东城区北新桥草园胡同76号
邮　编:100007
电　话:(010)64053633　64073397
传　真:(010)64053633
负责人:王国祺

在中国,大人有大人的报纸,孩子有孩子的报纸。大人的报纸随处可见。而面对一亿三千万少年儿童的权威综合性报刊只有:

《中国少年报》、《中国儿童报》、《中国初中生报》、《中国儿童画报》、《中国少年文摘》杂志。

中国少年报社所属的四报一刊,均开辟广告专栏,刊登各类与全国少年儿童有关的广告。

占领未来市场是企业家明智的选择。

科技日报社广告部

地　址:北京市复兴路15号
邮　编:100038
电　话:(010)68514042　68515544-4740
传　真:(010)68514042
负责人:王建中
联系人:王志成
网　址:www.stdqily.com

《科技日报》承揽国内外报纸、广播、电视、杂志、展览会等多种形式广告,是工商企业,高新技术企业,民办企业及名优产品进行广告宣传的最佳媒体。《科技日报》广告部热诚欢迎广大客户及广告公司来我报办理广告业务或代理广告,共同为中国科技事业的发展和经济腾飞贡献力量。

经济日报社广告部

地　址:北京市宣武区白纸坊东街二号
邮　编:100054
电　话:(010)63539411　63510762
社　长:武春和
负责人:解廉廉
联系人:张苏生
经营范围:

在《经济日报》上发布各类广告(含外商来华广告),承办分类广告。

经济参考报社广告部

地　址:北京市西城区宣武门西大街57号
邮　编:100803
电　话:(010)63072611
传　真:(010)63071930
负责人:郑晓东

在《经济参考报》上发布国内外各类广告,承办分类广告。

电影创作杂志社

地　址:海淀区北三环中路77号(北影厂内)
电　话:(010)62011606　66031188-89086
传　真:(010)62012059
负责人:刘毅龙

北影厂主办的《电影创作》创刊于1958年。它系国内外发行的大型电影刊物(双月刊,逢单月6日出版)。它精选中外影视文学剧本,具有高质量、高水平,并保证首次发表,特别是中国电影文学剧本,既供摄制,也供阅读,更是初学写作者和观众的良师益友。

本刊特聘文学界专家撰写影人传记、明星特写、新星专访;约请影视专家撰写具有中肯分析的影视评论、理论专著等;发表电影界创作人员的创作谈和心得体会,以及报道影人近况、拍摄花絮。摄制组信息皆来自生产第一线,最新、最快、最准确。

全国各地邮局均可直接订阅《电影创作》。邮发代号:2—317。保证按期送刊到户。国外总发行:中国国际图书贸易总公司(北京399信箱)。

本刊为减轻读者的经济负担,2000年仍不减篇幅,保持原价:每册3.50元,全年21元。本刊编辑部也可办理邮购。

农家女百事通杂志社

地　址:北京市地安门西大街103号
邮　编:100009
电　话:(010)66118728
传　真:(010)66163507
电子邮件:njnbst@ihw.com.cn
负责人:耿　欣
联系人:孙　佳

《农家女百事通》杂志是全国惟一面向乡镇、农村妇女发行的刊物,1993年创刊,读者群基本是农村中最活跃的16—40岁的青年女性,目前月发行量达20万册。

《农家女百事通》主要内容有五个方面:政策法律篇、人生解惑篇、生活指导篇、脱贫致富篇、广告信息篇。开设的主要栏目有:"主编的活"、"第一视线"、"创业"、"专题讨论""封面人物"、"精彩人生"、"情感岁月"、"生活"、"生育与健康"、"产业资讯"、"农博士咨询台"等。另外,杂志社还开展了一系列推动和影响中国农村妇女进步与发展的小型项目。《农家女百事通》作为乡村女性的惟一刊物,已覆盖了除台湾以外的乡村。乡村是未来巨大的商品市场,有远见的企业家已经认识到这一点,先走一步,决胜千里。本刊准确的广告定位与优质的广告策划定能为您打开农村市场。

IT 经理世界杂志社

地　址:北京阜外大街 7 号国投大厦 2 层
邮　编:100037
电　话:(010)68095877　68095898
传　真:(010)68095878
网　址:www.ceocio.com.cn.
负责人:王　超
联系人:刘　洁

新经济　新管理　新媒体

《IT 经理世界》自 1998 年 3 月创刊之日起,就立志成为中国最好的商业性管理杂志,成为"面向更复杂商业环境,更快速的市场变化,更残酷的市场竞争"的跨世纪经理人的益友。

在新世纪中,《IT 经理世界》将针对企业高层管理者和新兴产业的创业者以及政府机构专家学者所关注的新经济带来的种种变革进行报道与评论,"深入探讨面向新经济的企业经营管理问题"的特色将更加突出,立意严肃、内容充实、观点前卫的报道风格也会更加鲜明。

《IT 经理世界》出刊日期为每月 5 日、20 日,零售价:每本 10 元,订阅价:每本 8 元,全年 24 期订价 192 元。邮发代号:2－188。

计算机与应用化学广告部

地　址:北京市中关村北 2 条 1 号
邮　编:100080
电　话:(010)62558482
电子邮件:hwang@lcc.icm.ac.cn
联系人:王　红

中国硅酸盐学会

地　址:北京百万庄
邮　编:100831
电　话:(010)68311144－3269
传　真:(010)68313364
电子邮件:jccsoc@public.sti.ac.cn
联系人:余瑞萍

计算机自动测量与控制杂志广告部

地　址:北京 849 信箱 26 分箱
邮　编:100830
电　话:(010)68372068　68767886
传　真:(010)68372068
联系人:苟永明　白春安

中国电子学会广告经营部

地　址:北京市海淀区玉渊潭南路普惠南里 13 号楼
邮　编:100036
电　话:(010)68278572
传　真:(010)68278572
负责人:张景燕
联系人:蔡土根
经营范围:

承办中国电子学会主办的《电子世界》、《电子学报》和《电子科技导报》杂志国内广告,发布外商来华广告。

《电子世界》是电子类科普月刊,1979 年创刊。以普及电子科技知识,培养电子科技人才,推广电子技术应用,为社会主义建设服务为宗旨,以知识性、实用性、资料性为特色。2000 年扩版至 72 页,大 16 开胶印,四封 128 克铜版纸精印,国内外公开发行,邮发代号 2－892,定价 3.00 元。编辑部电话:(010)68278179。

《电子学报》是高级学术性月刊,1962 年创刊。刊载电子与信息领域论文、技术报告、综述评论,报道理论及应用技术成果、科研通信和学术动态。1999 年起改大 16 开 144 页,国内外公开发行,邮发代号 2－891,定价 20 元。编辑部电话:(010)68285082。

《电子科技导报》是电子类技术月刊,1994 年创刊。以先进性、导向性、信息性、实用性为特色,2000 年起主要刊登电子商务方面的相关技术与产品;传播电子商务市场信息;介绍电子商务的成功经验;推广应用计算机网络技术。大 16 开胶印,正文 44 页,国内外公开发行,邮发代号 82－594,定价:8.80 元。编辑部电话:(010)68284975。

北京机电研究所

地　址:北京市海淀区学清路 18 号
邮　编:100083
电　话:(010)62922277－310 或 318(热)、253(锻)
传　真:(010)62920623
广告负责人:樊东黎　曹敏达
联系人:周　莉(热)　刘辛荷(锻)
经营范围:

在《金属热处理》、《锻压技术》杂志上承办国内与本专业有关的广告,刊登上述范围的外商广告。

广告服务收费价目表(元/次·页)

彩色(铜版纸)　　单色(铜版纸)

《金属热处理》	5000－7500	2400－3300
《锻压技术》	2400－4000	1300－1900
	单色(胶版纸)	分类广告(1/8版)
《金属热处理》	1600－1800	350－450
《锻压技术》	800－1000	200－400

商业文化杂志广告部

地　址:北京市阜成路33号综合楼602
邮　编:100037
电　话:(010)68391177　68417832
传　真:(010)68391178
经　理:王　辉

《商业文化》是由国家国内贸易局主管、中国商业文化研究会主办、国内外公开发行的大型经济、文化综合性期刊,是中国唯一以商业文化为视角的大型期刊。由于基本读者群为全国商业企业的经营管理人员,因此是消费品生产企业让商家了解自已产品的最佳媒体,是产品进入商家、走向消费者的桥梁。

新版《商业文化》为大16开本,64页,全彩色铜版纸精印。本杂志以传播权威性商业文化学术观点,讨论商业领域热门话题,反映最新商业动态,介绍商业企业科学管理经验和新型管理理念,分析商业法规及案例,提供轻松的阅读氛围,推介厂家产品为宗旨,与商业企业、消费品生产企业携手冲浪商潮,共同发展。

新版《商业文化》从不同的角度与层面剖析纷繁的商业现象,给读者奉上商业与文化的完美拼盘。主要栏目包括:“商海风云”、“业界骄子”、“中国企业家世纪论坛”、“学术殿堂”、“文化超市”、“国际商务”、“专业辞典”、“时代感言”、“广角镜”、“轻松一刻”、“商业网讯”、“经理俱乐部”等。

《商业文化》杂志广告部为客户服务热诚周到,对工作严谨务实,对设计精益求精,受到客户的一致信赖,建立了良好的信誉与形象,是客户进行企业形象和产品推介广告策划、实施的好参谋。由于我们的努力,《商业文化》杂志已成为消费品生产企业进行企业形象与产品推介广告宣传的明智选择。

欢迎投稿,欢迎订阅,欢迎刊登广告。

大众电影杂志社

地　址:北京市北三环东路22号
邮　编:100013
电　话:(010)64217845
传　真:(010)64216415
主　编:蔡师勇
联系人:侯立军

《大众电影》月刊由中国电影家协会主办,《大众电影》编辑部编辑,本杂志社出版,国内全国各地邮局发行,国外由中国国际图书贸易总公司发行。

《大众电影》侧重普及电影知识,报道影视动态,为介绍中国电影和促进国际电影文化交流服务。设有银座、银海短波、影人行踪、银河之星、新片评介、新片橱窗、外景地、外面的世界、导演之页、台港娱乐圈、影迷天地、世界电影、读者点登等栏目。图文并茂,全部彩色铜版纸精印,每期68面。

中国循环杂志

地　址:北京市西城区北礼士路167号
邮　编:100037
电　话:(010)68331758
广告业务负责人:朱燕嫣
经营范围:

《中国循环杂志》承办国内外与医疗卫生有关的产品广告,发布外商来华广告。

民主与法制社

地　址:北京西城区新街口航空胡同32号
邮　编:100035
电　话:(010)66182025　66121209
负责人:王强华
联系人:刘　巍

民主与法制社出版发行《民主与法制》杂志(半月刊)和《民主与法制》画报(周报)。此一报一刊均为全国发行量最大的法制类报刊之一。愿与全国各地广告公司、新闻媒介机构建立密切的协作关系,并力争提供高质量的广告服务。热诚欢迎国内外广告客户在本社一报一刊刊登广告。

无线电杂志社

地　址:北京崇文区夕照寺街14号
邮　编:100061
电　话:(010)67129317　67134094
负责人:王维民
联系人:郭莉莎

《无线电》是青少年的良师益友,无线电技术人才的摇篮。以普及无线电电子技术知识,培养电子科技人才为宗旨。每月11日出版,国内外公开发行,全国各地邮局均可订阅。

《高保真音响》科学地、正确地引导“发烧”,介绍国内外音响技术、音响知识,荟萃国内外音响、音乐精品,提高广大音响、音乐爱好者的音响技术水平和音乐欣赏水平。每月 8 日出版,全国各地邮局均可订阅。

中国企业家杂志

地　址:北京市王府井大街 277 号
邮　编:100746
电　话:(010)65131207,65131206
传　真:(010)65125046

创刊于 1985 年的《中国企业家》杂志,是由经济日报社主办、国内外公开发行的大型综合性月刊,主要读者是企业的经营管理者、决策者。多年来,《中国企业家》以培养、造就一批职业企业家为己任,成为经济界、企业界、新闻界公认的一本高品质杂志。

1997 年,《中国企业家》以崭新的面貌,精彩的内容赢得了广大读者的厚爱。特别是“封面故事”、“特别策划”、“本刊观察家”、“观点新闻”、“昨日星辰”、“名牌故事”、“案例分析”等权威性栏目几乎篇篇赢得读者喝彩。1998 年,《中国企业家》将再上一层楼,除保持一批精品栏目的风格和特色外,每期都将放出“重炮”轰掉企业家心中的块垒,每期都有各色佳肴供品尝。

中国农村杂志社

地　址:北京市海淀区复兴路 61 号
邮　编:100036
电　话:(010)68271373
社　长:王文德
总编辑:周鸿飞
联系人:董祐明

中国农村杂志社(原名农村工作通讯杂志社)是全国性的新闻出版单位,目前编辑出版面向全国农村干部的政策性月刊《农村工作通讯》、面向全国农民的文摘性月刊《农民文摘》和外向型农村期刊《中国农村》(双月刊)三种刊物。目前,月发行量近 300 万份。

中国农村杂志社广告部承办《农村工作通讯》、《农民文摘》和《中国农村》杂志国内广告,发布外商来华广告。

《石油炼制与化工》

地　址:北京学院路 18 号
邮　编:100083
电　话:(010)62311582
传　真:(010)62311290
负责人:李孝斌
联系人:刘迎春

《石油炼制与化工》(原名《石油炼制》,创刊于 1957 年)是国家科委批准出版的全国性石油炼制和石油化工专业科技期刊。主要报道炼油、石油化工科学研究和工程技术开发的新成果及其应用;交流工业企业技术革新改造和提高经济效益的经验;介绍国外新技术和发展动态等。选用文稿注重实用性,兼顾学术性。刊物被国家科委定为“中国核心期刊”,被国外著名检索性刊物:Ei、CA 和 API 等收录,收录率达 80%以上。在 CA1995 年“千名表”中列第 515 名,在进入该“千名表”的国内 71 种期刊中,排名第 16 位。1992 年获第一届全国优秀科技期刊二等奖,1997 年获第二届全国优秀科技期刊一等奖。

北京广告人书店

地　址:西四北大街太平仓胡同甲 16 号
邮　编:100600
电　话:(010)66164526
传　真:(010)66164526
负责人:徐智明

广告专业书籍,工具书,理论专著,经验结晶,个案汇总等。

广告人智慧快餐车　广告学经典美食城

上 海 市

公 司 类

上海广告有限公司

地　址:上海市中山南路 600 号
邮　编:200010
电　话:(021)63668828
传　真:(021)63668318
电子邮件:sacgroup@public.sta.net.cn
网　址:www.shanghai-adv.com
负责人:郭丽娟
联系人:于素贤

上海广告有限公司成立于 1962 年,曾独家代理全国进出口商品的广告业务。九十年代初期,作为本土最先引进国际先进传播思想和运作模式的公司,与奥美、博报堂等跨国广告公司成立合资公司,并从中吸收了大量国外广告运作经验,已成为一家国际化专业水准和本土资源优势相结合的综合代理型广告公司。在仅有的几次全国广告公司综合实力排名中曾两度问鼎。

上广拥有丰富的本土经验、国际化的品牌服务理念、广泛而牢固的公关资源、高度专业化的人才资源及得天独厚的信息资源、协作资源等,并拥有成熟的资源整合能力,能更高效地为品牌提供完善的全面服务。

曾由上广代理的“雀巢”咖啡,其广告语“味道好极了”至今脍炙人口,而现在代理的国际品牌(如现代汽车),在中国市场正取得骄人业绩,服务的国内知名品牌(如中国电信),在稳固中国市场的同时,也正一步步迈向世界。

上海美术设计公司

地　址:漕溪路 258 弄 23 号
邮　编:200035
电　话:(021)64836699-307　64836488
传　真:(021)64849530
电子邮件:shart@online.sh.cn
负责人:王濂洪
联系人:罗　霞

随着中国的入世,如何在广告创意和设计上求新求精,借鉴、引进、吸收国际最新广告技术与资讯信息,继承和发扬传统文化,增强竞争力,成为我们一直关注的焦点,因此在该形象广告的设计上也力求突出这一主题,将中西两种乐器:琵琶和小提琴进行重新加工,合二为一,寓意将传统与现代、本土与外来、古典与时尚完美结合,赋予其新的时代意义,象征上海美术设计公司在中西文化的交流中不断进步,开拓创新,精益求精,以高品质,综合性的专业整合传播服务、昂首迈步登上入世后的广告舞台,奏响新一页华丽、辉煌的乐章。

上海市广告装潢公司

地　址:上海巨鹿路 417 号三 F
邮　编:200020
电　话:(021)62720973
传　真:(021)62713651
电子邮件:publicad@online.sh.cn
负责人:王建萍
联系人:张仲礼

上海市广告装潢公司成立于 1956 年。四十余年来,上海市广告装潢公司与中国广告业共同成长的不凡经历,炼就了一家深悉传统与现代广告精髓、经验丰富、深具专业化水准的本土广告公司,形成了集市场调查、策划、创意、制作和传播服务于一体的现代广告整体运作体系。通过公司专业人才以及负有社会声望的专家和全体员工的不懈努力,以“给消费者带来利益、给企业带来市场”为服务宗旨,根植本土文化,尊重客观,凭借对市场动向、受众需求和传统规律的熟知,通过多元有效的广告运作,令企业品牌与产品在中国市场出色舞动。

上海李奥贝纳广告有限公司

地　址:南京西路 1038 号梅龙镇广场 1901-1905
邮　编:200040
电　话:(021)62186238-335
传　真:(021)62186476
负责人:陈兆宇

我们对中国消费者的了解,可能是你所意想不到的深入和透彻。这也正是李奥贝纳能够在中国成功建立像麦当劳、箭牌、宝洁和可口可乐旗下的知名品牌的个中原因。

上海奥美广告有限公司

地 址:上海南京西路 1038 号梅龙镇商厦 31 楼
邮 编:200041
电 话:(021)62183009
传 真:(021)62184199
网 址:www.ogilvy.com.cn
负责人:宋秩铭
联系人:屠玉华

奥美是一家国际性全方位服务的行销传播公司,隶属于全球知名的 WPP 集团。奥美为全世界各地的客户提供全方位的服务、包括广告、直效行销、公共关系、促销、健康发展、行销规划与研究、企业识别管理与设计等。奥美笃信其创办人大卫·奥格威(David ogilvy)一贯坚持的理念:“我们所做的一切,都是以充满创造力的方式,协助销售客户的产品,并建立品牌”。

上海奥美广告有限公司是国际奥美集团与上海广告公司的合资公司,成立于 1991 年 10 月。上海奥美服务的客户有:上海大众、联合利华、上海旁氏、上海利华、肯德基、柯达、统一、健力士、西门子、IBM、摩托罗拉、东盛科技、万基药业、麦斯威尔、冷酸灵、安联大众、中国移动通信、好时、生力啤酒、白兰氏鸡精、春兰、屈臣氏、中国联通、科龙等。

上海灵狮广告有限公司

地 址:南京西路 1168 号中信泰富广场 12 楼
邮 编:200041
电 话:(021)52984428
传 真:(021)52984343
负责人:沈赞臣
联系人:徐建成

灵狮广告,位踞全球 5 大广告集团之一,机构遍布 80 多个国家,是唯一一家连续 2 年获嘎纳广告评比全场大奖的广告公司。在竞争激烈的今天,灵狮称雄业界,绝非偶然。

本土化经营理念加之全球一体化操作模式,使灵狮广告和她所传播的品牌一同倍受赞誉。无论世界哪个地方,联合利华、美国强生、汇丰银行、3Com、雀巢、喜力啤酒皆早已深入人心。

1996 年,灵狮与光明日报报业集团合作,成立上海灵狮广告有限公司并设立北京办事处。公司汇聚众多广告精英,在中国成功管理奥妙、强生婴儿、奥迪、中华、多美滋、阿迪达斯等多个著名品牌。年营业额突破 5 亿。

公司最新独创策略性“消费者心理测定”和“创意 7 大准则”,以此确保公司广告服务之顶尖水准。实践证明,它是独特有效的营销传播工具;加之 70 多年广告运营之经验累积,灵狮的品牌管理服务体系,必将以其全面科学性,把握市场,推动品牌消费!

上海博报堂广告有限公司

地 址:上海市淮海中路 918 号久事复兴大厦 12 楼
邮 编:200020
电 话:(021)64156776
传 真:(021)64156778 64157933
电子邮件:h.hanlp@hakuhodo.com.cn
网 址:www.hakuhodo.com.cn
负责人:稻垣正实
联系人:赵明

上海博报堂创立于 1996 年 9 月,它扎根于日本第二大广告公司博报堂历经百年风雨浸润的丰沃土壤中,将生活者的概念充分应用到中国市场上,为现代化的中国提供全方位广告代理服务。博报堂是日本第二大广告公司,创立于 1895 年,亚洲排名第二,历年世界排位名列前茅。作为博报堂海外的分支机构——上海博报堂广告有限公司,是与上海广告有限公司合资成立的,经过 5 年的发展壮大,现有员工 130 人,年营业额超两亿元,是一个能够为客户整合营销策划、创意,提供全方位服务的知名广告代理公司。公司设有客户、市场、媒介、创意和管理等部门。1998 年 7 月成立了上海博报堂广告有限公司北京分公司。1999 年,广州分公司成立。2000 年,上海广告业排名第 11 位,其事业不断壮大,全体员工众志成城,正迎接更大的挑战。

上海旭通广告有限公司

地 址:淮海中路 887 号 9F
邮 编:200020
电 话:(021)64674118
传 真:(021)64747803
网 址:www.adk-sh.com
负责人:韩金科
联系人:陈慰慈

日本 ADK 集团是一家与全球知名的 WPP 集团

合作的国际化日资广告会社。上海旭通广告有限公司是由日本 ADK 与上海一百(集团)有限公司合资,成立于 1993 年的全面代理综合广告公司。新世纪,上海旭通已步入中国广告业三十强之列。

公司奉行"追求世界标准,追求客户满意度第一"的企业精神;提倡"科学技术 + 信息服务"的经营理念;不断引进全球化广告传播战略、网络技术和先进管理经验;拥有一批稳定的国际著名品牌与广告主。形成了富有特点及竞争力的服务项目:"全球化标准,本土化执行";"以消费者利益为出发点的品牌整合行销策略研究";"全国范围内的电视和报纸媒体投放、市场调研、影视广告与平面广告的创意制作、大型的公关促销展示活动等"。

具创新、挑战及人文资源为一体的,永远走在时代前列的上海旭通,愿成为您的品牌实现国际化、本土化鼎力支持的广告战略伙伴!

TBWA 上海李岱艾广告有限公司

地　址:上海市淮海中路 283 号香港广场南座 29 楼
邮　编:200021
电　话:(021)63906798
传　真:(021)63906279
电子邮件:tbwash@tbwa - sh.com
负责人:李峰权

时间的巨轮,转得比想象中快,中国加入 WTO 后,这个巨轮转得更快,各行各业的经营者,主政者,如果不及时调整脚步及方向,就很容易变成轮下的牺牲者。

TBWA 李岱艾广告深明昨日的经验,已不足以作为明日行事的指标,只有丰富的知识及伟大的想象力,才足以令我们有新的动力,配合时代的转变。

自从 1993 年立足中国以来,TBWA 李岱艾广告不停地在变,除了从一间办事处增添至四间,人数又翻了几倍外,最重要的是我们体现了与众不同的想象力。例如,我们的 Power - In - One 管理概念,就是把全国统一管理,由最高管理层按需要调配全国资源,切实做到人尽其才的概念,并为客户提供了最高效率的服务及最合理的预算。

丰富的想象力,亦为我们赢得不少海内外的创作奖项,TBWA 多年来,在康城以及其它国际创意比赛中,均名列前茅。

知识加上想象力,配合完善的服务网络,是我们未来的力量所在,TBWA 李岱艾广告的目标,不单只为客户提供 360 度之品牌管理广告服务,令品牌有一个更新的蜕变,更为客户在中国以至国际开拓新的市场空间,为未来占据更大的市场份额。

上海梅迪派勒广告有限公司

地　址:上海市高安路 8 号
邮　编:200030
电　话:(021)34014533
传　真:(021)64664821
网　址:www.mpi.com
负责人:杜碧珊
联系人:梁贵铿

全覆盖、全网络。

详细介绍请看彩色广告。

上海巍珂 - 庆余广告有限公司

地　址:南京西路 128 号永新广场 17 楼
邮　编:200003
电　话:(021)62897777
传　真:(021)63593000
电子邮件:Marketing@whiteco - qingyu.com.cn
网　址:www.whiteco - qingyu.com.cn
董事长:许　竖
总经理:Jack Dodds
联系人:朱　辉

经过 5 年多来的市场运作,巍珂 - 庆余已经成为在中国上海最具规模的、知名的专业户外媒体公司之一,她不仅带来了源自于美国巍珂国际的优秀的管理模式,更为上海带来了先进的户外广告理念。

如今,巍珂 - 庆余在上海的主要交通干道沿途已经拥有超过 275 个广告版面,包括连接虹桥机场和市中心商务区的虹延高架,去往浦东国际机场的必经之路龙东大道、远东大道、迎宾大道,市内主要道路内环线高架,南北高架,武宁路等,还有一些特殊的、超大规模的户外媒体,基本涵盖了本市的各个主要路段,可以满足不同客户对于路段、目标人流的传播要求。

数年来,巍珂 - 庆余正是以其一流的媒体、优质的服务,赢得了众多客户的支持,他们之中包括国有大型企业、银行、金融机构、跨国公司以及各类知名品牌,在彼此双方的合作取得双赢的基础上,进而成为了长期的战略合作伙伴。

当我们在树立一个品牌,再让客户去了解、熟悉过程中,可以采用的方法有很多种,但无疑户外广告将是众多广告方式中较为切实可行以及有效的方法之一。

黑白广告有限公司

地　址：上海市虎丘路 50 号 10 楼 1001－1002 室
邮　编：200002
电　话：(021)63236899　63214590(总机)
传　真：(021)63508628
电子邮件：bawadv@21cn.com
总经理：李中民

公司由中化国际广告展览有限公司、中化上海进出口公司、香港兴达明有限公司三方合资组建。成立于九十年代初，是上海外经贸系统最早成立的中外合资广告公司。

公司汇集了一批资深广告人，在广告策划、创意设计、样本印刷、展览陈列、实物广告等方面均有独到之处。公司追求一流创意；配备先进的电脑设备；为客户提供便捷的高质量的广告服务。

公司自成立至今，为诸多外贸单位代理出口广告；成功组织外烟“大卫杜夫”、“七星”、“骆驼”、“沙龙”香烟形象专柜，灯箱广告 POP 促销活动，成功策划、推广国烟“金鹿”新产品上市；为罗森连锁店制作了整体策划、宣传品；并多次为耐克体育用品公司的广告活动做视觉设计制作；为华谊集团设计、制作北京国际化工展数百平方米的展区。近年来，又承接了法国欧莱雅化妆品公司的广告制作以及精顺电器厂整体设计制作。此外，挂历印刷、样本设计、印刷均为我司强项，曾多次得到客户的好评。

一流的创意与高水准的制作能力，是广告总体策划顺利实施的保证。黑白广告有限公司将一如既往地向着这一目标不断进取！

上海大西洋贝尔黄页广告有限公司

地　址：延安东路 618 号 16F
邮　编：200001
电　话：(021)63520000
传　真：(021)53854104
负责人：John Rafferty

1998 年 4 月，美国大西洋贝尔与上海市电话号簿公司合资组建上海大西洋贝尔黄页广告有限公司。

2000 年 6 月，合资公司一方——美国大西洋贝尔(Bell Atlantic)与财富排名第 55 位的通用电信电子(GTE)合并成立 Verizon 通讯公司。合并后的 Verizon 目前财富 500 强中名列第 10 位，是全美最大的有线及无线通讯服务商，也是全球最大的纸质黄页与网络黄页提供商。

作为全国首家中美合资成立的黄页广告媒体经营单位，上海大西洋贝尔黄页广告有限公司多年来致力黄页广告市场的分析研究，积极将国际先进的市场和广告理念融入中国黄页市场，为每一位黄页广告客户提供耐心、细致、周到服务。公司发展至今，业务遍布全国 16 省，并已与海外多个国家与地区建立海外业务代理关系。

上海东派广告有限公司

地　址：上海市漕溪北路 18 号实业大厦 38 层
邮　编：200030
电　话：(021)64272467－43
传　真：(021)64272467
电子邮件：dongpai@sopadv.com
负责人：黄枫
联系人：帅俐敏

电通集团上海东派广告有限公司，承袭电通的一贯宗旨：拥有一群热情洋溢、头脑灵活、富于进取的广告人才。在营业、市调、创作、媒介乃至公关、促销等各方面，将国际化素质运用在本土化的市场运作之中。——云众之所长，集各路之优势，带给客户全方位的信息交流服务。

公司从无到有，从小到大地取得的进步，都是凭借周到的营业服务、出色的创意、准确的市场、完整的网络以及形式多样的公关、推广促销等支持，目前已拥有夏普、杜邦、美能达、三洋、资生堂、久保田、NEC 等客户群。

中国加入 WTO 后，公司在面临激烈竞争的同时，亦将迎来前所未有的机遇；就广告而言，中国的广告业未经历高度发达的工业化商品经济，便跳跃式地卷入数字信息时代的竞争潮流，但公司在这一新的竞争面前，相信自己会迎难而上，取得更大的成功。

上海新大陆传播有限公司

地　址：延安西路 1088 号长峰中心 1308 室
邮　编：200052
电　话：(021)63848555
传　真：(021)53065170
电子邮件：newcom@nc－media.com
网　址：www.nc－media.com

负责人:赵抗卫
联系人:张念红

在东方明珠下、黄浦江畔,我们拥有一万平方米的户外广告阵地。

我们的广告与浦东的高楼一起在黄浦江边闪亮,遍布闻名全国的“世纪大道”,直至全国最大的浦东国际机场。

在上海著名的延安东路隧道两侧及隧道内,也都是我们的广告阵地。

我们曾经策划、组织了一系列上海及全国性的大型活动,如2001年上海科技馆APEC展示活动等。

我们的平面设计与国际同步,承担着各类中国对外宣传的设计、制作任务。

我们的户外制作中心,不断以最新的户外制作手法点缀着我们黄浦江畔的广告景观。

当然,各种电视、广播、报纸的广告代理同样也是我们的特长。

作为中外合资企业,目前我们已成功地投资于教育业、出国留学咨询业、“新大陆教育”即将形成。

上海经济社广告有限公司

地　址:衡山路62号新华社13楼
邮　编:200031
电　话:(021)64734710
传　真:(021)64710786
电子邮件:gettman@online.sh.cn
负责人:肖文捷
联系人:夏宜兵

上海经济社广告有限公司系由解放日报报业集团和日本、美国投资方共同组建的中外合资传媒广告企业,公司注册资金为200万美元。

公司经营杂志媒体,并有着8年丰富的运作经验。在已运营男性生活时尚杂志《创意》等品牌杂志媒体的基础上,公司于2002年推出立足于上海地区,以330×250mm大开面精品印刷形式,在高档住宅、写字楼、会所、商场、餐饮娱乐场所、宾馆、高尔夫球会所等地免费派送,直接传递高档消费品广告信息的固定形式印刷品广告《呼吸·Breath》。

公司将不断探索新时代中的杂志广告传播商业模式,并一如既往致力于杂志媒体的广告、发行业务经营。

上海新浦文化企业有限公司

地　址:上海市虹桥路808号加华商务中心A-8319
邮　编:200030
电　话:(021)64861061-30 64867480
传　真:(021)64861063
电子邮件:singpu_c@online.sh.cn
负责人:钟　健
联系人:钟　健　张宝芳

自1996年成立至今,上海新浦文化企业有限公司已发展成为一家具有广告策略、创意、设计、制作及全国性媒体购买的全能性广告公司,为多家跨国公司和国内知名企业的产品进行广告代理。了解市场、了解客户是新浦文化服务客户的准则,以行销观念为导向,聆听客户的声音,积极主动地向客户提出对市场的分析和看法,为客户留意和寻找新的商机。

新浦文化以专业精神作为行动准则,准确的设定目标,策略性的思维和计划,一丝不苟地执行,客观诚实的事后评估,并在实践中汲取经验,持续进步。

新浦文化企划部以时刻把握市场动态和发展趋势为已任,仔细深入地调查市场,为客户提供切实可行的企划案和准确可靠的市场资讯。

创意制作部拥有独具风格的平面创意能力,和广泛的印刷制作协作关系,组成了创意鲜明、服务及时的设计、制作阵容。

媒介部拥有系统全面的媒介资源和媒介关系,为客户提供科学强效的媒介策略、计划、执行和监播。

新浦文化是一家富有年轻活力和蓬勃创造力的广告公司,无尽的开拓力和团队凝聚力,激励我们积极进取,永不满足,追求创意新境界,努力创造奇迹。

电通(上海)广告公司

地　址:上海市南京西路128号永新广场21楼
邮　编:200003
电　话:(021)63501660
传　真:(021)63508552 63508556
负责人:冈敬二
联系人:顾翔文

从1995年1月公司成立以来,电通上海广告公司秉承电通独具创造性的“全方位信息交流服务”特色,通过强大的全球广告传播服务网络,不断的以精准的市场行销理念,致力于为客户创造更高的品牌价值，并通过先进的广告作业能力，为客户提供更完整的传播服务。

与一般的广告公司不同的是，电通不但为客户创造出符合营销策略的新颖贴切的创意沟通方案，适合产品的周密详尽的沟通实施服务，而且还针对不同的企业产品所面临的市场问题提供准确有力的市场分析、解决方案，与客户共同制定出行之有效的市场营销方案。

我们相信，电通的发展是建立在客户品牌的成长之中的：为客户品牌力度进行诊断，构筑适当的品牌形象，不断的提高品牌知名度和市场占有份额。为此，电通将进行不懈的努力。一如既往的，电通愿与您携手驰骋国际市场，成为您最值得信赖的传播伙伴。

达美高广告有限公司上海分公司

地　址：上海静安区南京西路 1168 号中信泰富广场 1606 室
邮　编：200041
电　话：(021)52984333
传　真：(021)52984111
电子邮件：helen.zhang@darcyww.com
网　址：www.darcyww.com
负责人：Robin chen
联系人：Helen zhang

达美高、李奥贝纳、电通组成的 B|com3 集团在全球 90 个国家拥有 500 间事业单位，联盟收益高达 10 亿 9 千万美元。

值得注意的事实是，在世界上占据领导地位的 300 个品牌中，达美高一手创造了其中的 109 个。

我们相信："每个事件都能达成传播沟通。"但是，我们选择其中最具创造性事件作为"最佳沟通"的工具。

我们满怀激情帮助客户设计周全的市场方案、运用创新的构思建立领导品牌。

与客户紧密交流合作，激发灵感成为客户的"点子"公司。

主要客户：飞利浦、光明乳业、上海家化美加净、西门子。

联通黄页信息有限公司上海分公司

地　址：成都北路 500 号峻岭广场 26F
邮　编：200003
电　话：(021)63220899
传　真：(021)63220990
电子邮件：market - sh@chinabig.com.cn
网　址：www.chinabig.com.cn
负责人：张广达
联系人：倪　勇

联通黄页信息有限公司由香港电讯盈科、中国联通、美国 RH 当纳利及美国讯通等共同投资组建，是中国专业提供多媒介"市场传播和商业资讯服务的公司，于 1998 年 10 月在北京成立、并先后在香港、深圳、广州、上海成立分公司。经过几年长足的发展，已经打下了坚实的用户基础，并构建起了包括印刷黄页和电子黄页在内的"一站式"互补媒体体系。

我们的远景：联通买卖双方，成为数据资源、销售和市场的领先者。

东方航空广告服务公司

地　址：上海虹桥国际机场空港一路
邮　编：200335
电　话：(021)62695276
传　真：(021)62690074
电子邮件：xianhe007@sohu.com
负责人：张小平
联系人：周　平

创建于 1988 年的东航广告公司，系中国东方航空的全资子公司。自成立之日起，就全权负责中国东方航空国内外电视、电台、报刊、街头路牌广告的创意策划、设计制作、投放代理等业务以及各种大型活动期间的展览设计制作、布展和场地广告；经营东方航空辖内各类媒体的海内外广告招缆、制作、发布业务；承担东方航空纪念品、礼品的策划设计、监制、采购、经销和机上销售业务。为提高东方航空社会知名度、树立良好的企业形象，奠定了一定的基础。

十多年来，东航广告未曾满足于自身"得天独厚"的媒体优势，而是秉持"服务东航、面向社会"的经营思路，积极参与市场竞争，在变幻莫测的商海中锻造出自身腾飞的有力翅膀。中国民航界唯一的一本双语种月刊——《东方航空》杂志，印刷精美、品味卓然，在国内画报、期刊的评选中获得殊荣；全新改版的《东方频道》机上影视节目，内容精彩纷呈，极具观赏性；机票、票套、登机牌、班机时刻表的广告业务稳步增长；而东航在 2000 年博览会、大赛上的捧杯、获奖，倍受世人关注的东航"世纪首航"号飞机上的喷涂方案，新近完成的虹桥机场内面积最大的广告路牌——无不凝聚着东航广告人的奇思妙想与心血汗水。

展望未来,东航广告将以一流的专业化、特色化广告服务,为实现企业发展目标,继续展翅高飞。

上海东湖广告装饰有限公司

地　址:东湖路70号
邮　编:200031
电　话:(021)64157763
传　真:(021)64156934
电子邮件:donghuf@online.sh.cn
网　址:www.donghu-ad.com
负责人:贾春林
联系人:胡文俊

上海东湖广告装饰有限公司隶属上海东湖(集团)公司,公司制作、代理和发布国内外各类广告,承办广告全面策划与实施,承接各类宣传印刷品、大型展览、展销及室内外装饰等。公司在本市拥有户外媒体二万余平方米,并投资参股建立了多家专业公司,竭诚为客户提供优质服务。长期以来,公司与全国各地的广告同行、媒介等有着良好的业务合作关系。公司凭借集团优势,不断开拓广告新业务,曾在沪宁高速公路上海段为"上汽集团"独家制作发布了企业形象和产品宣传广告,并获得大世界吉尼斯纪录。2001年公司又受本市多家驰名品牌企业的委托,策划、代理、发布其广告。近年来,公司多次被评为"重合同,守信誉"先进单位,连续十年被评为"上海市重信誉,创优质服务先进单位",并且被授予"全国广告行业文明单位"及"中国优势广告企业"的光荣称号,公司在国内广告业具有一定知名度和影响力。

上海地铁广告有限公司

地　址:黄浦区黄河路357号
邮　编:200003
电　话:(021)63583718
传　真:(021)63581615
电子邮件:shmac@shmac.com
网　址:www.shmac.com
负责人:伏相华
联系人:蒋惠芳

上海地铁广告公司成立于1992年。1999年,按照现代企业制度要求,改制为上海地铁广告有限公司。公司现有职工31人,是上海地铁运营有限公司直属的一家独立核算、自负盈亏的媒介型专业广告公司,主要经营地铁范围内的广告媒体发布。

公司拥有地铁站出入口楣头广告、灯箱广告、列车广告、磁卡广告、播音广告及海报广告等众多媒体,其位置醒目,效益集中,形式雅致,逐步成为国内外广告主的新宠。公司也因此取得了无可比拟的优势,在广告界拥有相当的影响力,自1998年开始,公司连续四年获得广告业"重合同守信用,优质服务单位"的先进称号。同时,公司还集中了一系列广告专业设计人才,能自行设计制作,体现地铁广告传媒的独特效果。

数年来,公司利用"得地独厚"的独特优势,通过竞争激励,不断增效。在创利同时,公益广告发布量占广告媒体的10%,涉及内容广泛。

随着上海轨道交通的发展,公司将推陈出新,不断开发新的广告媒体,寻找新的经济增长点,使公司业务步步高升,让地铁广告形成一道独特的风景线。

上海邮政广告有限公司

地　址:上海市武定路458号洪安大厦11楼
邮　编:200041
电　话:(021)64336499　62728999
传　真:(021)64747153
网　址:www.dm.com.cn
负责人:祝晋三
联系人:窦丽萍

上海邮政广告有限公司创建于1984年,是全国邮电系统第一家颇具实力的专业广告公司。公司注册资金200万元,1998、1999、2000年连续三年跻身中国广告公司100强,在广告界显示出较强的综合实力。

上海邮政广告有限公司坚持贯彻以人为本的管理思想,充分发挥邮政网络优势,开拓广告市场,竭诚为社会各界提供多种新型邮政广告业务,使公司走向稳定、健康、有序的发展道路,取得了理想的社会效益和经济效益。

公司主要业务有《中邮专送》专版、《邮广专送》专版、单页投送广告、霓虹灯、灯箱、路牌等,其中《中邮专送》、单页广告投送实行国内联网全国派送,户外广告媒体遍及上海闹市及近郊。

"邮广专送"广告是经上海市工商局审核批准发布的印刷品广告,是通过强大的邮政网络来传递市场信息的一种新颖、独特的广告媒体,日发布量高达300万份。

今年上半年,我公司又推出了"本册型广告目录——〈绿色频道〉(中邮专送)",从前期市场定位,分析策划、内容编排到定稿印制,一本集饱览经典、白热话本、创业空间、时尚风采、人物频道、旅游频道、车道等多种栏目的免费广告读物已正式出版,迄今已制作了六期,现每期发行量10万册,受到了兄弟省邮政同行及大多数客户的普遍好评。

"邮广专送"凭借其幅射面广、价格低廉等优势已得到越来越多的消费者和广告客户的青睐,拥有更广阔的天地。

上海市公共交通广告公司

地　址:威海路48号8楼B座
邮　编:200003
电　话:(021)53857878－51
传　真:(021)63271222
负责人:刘学坤
联系人:麦家东

当您穿行在市区繁华街道间的时候,扑入您眼帘的除了熙来攘往的人群,高耸入云的大厦,恐怕还有在您身边的一道新的城市风景线——公交车身广告。这些城市的流动风景不但让您置身于色彩斑斓的户外广告之中,而且同时也让公交广告公司有了一个与您亲近的机会。

上海市公交广告公司成立于1988年,至今已有十余年的历史。作为全市最早的专业公交广告经营单位,其已拥有涵盖全市400余条公交线路的媒体网络,10000余辆公交车,2000多个公交站点,10余种不同形式的发布样式。公司全体员工通过多年的努力,不断对公交车车身广告的媒体特征与发布质量进行探索与改进,在引进新设备吸收先进经验的同时,作为一家车身广告专营公司,他们着力于探索与开发公交媒体本身的巨大优势与发展潜力,并积极在媒体规模上寻找突破口,在不断充实专业队伍的同时,努力使自己发展成多元化,全方位,高素质,集媒体发布,设计,制作,代理为一体的专业广告公司。1999年跻身于中国广告公司100强之列。

上海运筹国际广告有限公司

地　址:零陵路800号东亚大厦16楼
邮　编:200030
电　话:(021)64391220　64391381
传　真:(021)64390993
电子邮件:excel@citiz.net
负责人:胡神奇
联系人:周　奋

主要策划代理客户:

- 松下电器
- 澳大利亚外贸局"创新的澳大利亚"
- 百事可乐
- 虎牌啤酒
- 富士胶卷

大型活动:

- 郁金香电脑展示会
- 沙龙保龄球大赛
- 万宝路锣鼓大赛
- 一年一届上海桥牌八强赛及名人赛
- 全国A类桥牌俱乐部锦标赛及全国名人赛

全国性大型活动:

- 中华人民共和国第八届运动会
- 中华人民共和国第五届残疾人运动会
- 中国上海国际艺术节

上海西南广告有限公司
上海飞帆广告有限公司

地　址:中山南二路777弄东安花苑2号楼14层
邮　编:200032
电　话:(021)64562779(总机)
传　真:(021)64578300
电子邮件:xifei@sh－xifei.com.cn
网　址:www.sh－xifei.com.cn
负责人:应曙光
联系人:王伟成

西南·飞帆广告是一家集代理、策划、设计发布制作于一体的综合型广告公司。在创意、媒体发布、整合营销企划、品牌规划、CIS形象策划等领域均有出色的成绩。

公司在霓虹灯、灯箱、路牌、喷绘、立体造型等户外广告方面有着独特的优势。我司在沪上的黄金地段均有大型户外媒体。迄今为止公司的户外媒体拥有量达到20000平方米,媒体形式多样化,灯箱,霓虹灯、喷绘广告牌,遍布于浦江两岸、人民广场、淮海路、南京路、徐家汇、机场、火车站等繁华街区。

设计的广告作品:雕塑:"滴滴是活力"霓虹灯、"奥林巴斯照相机"、"柔情200"分别获得第四届全国广告优秀作品展优秀奖;第五届全国优秀广告作品展银奖;第七届上海市优秀广告作品二等奖。

公司非常注重人才的引进与培养,不断地注入新的国际化经营理念，同时与诸多大型广告公司、4A跨国广告公司、新闻媒体、工商、市政、规划等建立了稳固、良好的合作关系。公司连续多年被评为市级重合同守信用单位及区级文明单位的荣誉称号。

上海电力广告有限公司

地　址：上海市徐家汇路430号(上海电力大楼)607－615室
邮　编：200025
电　话：(021)64154303　64154304
传　真：(021)64152167
总经理：李维正

上海电力广告有限公司，成立于1993年3月，经过八年以来的发展，我们业已从单一的户外媒体公司发展为具国内外代理能力的综合性广告公司。

在户外媒体经营方面，我们一直保持着领先地位。在上海的淮海路、南京东路步行街、外滩等黄金地段都有我们各式的广告位。在全国，我们携手二十几个城市的电力系统广告公司，共创中国电力广告集团，实现全国户外媒体网络式经营。目前麦当劳等国际知名品牌已将我们视为长期的合作伙伴。

公司还积极于电视、广播、报纸等大众媒体的开拓，公司成为中央电视台代理公司，迈出了向全国性电视媒体发展的第一步。我们同各大媒体机构保持着良好的合作关系。

我们的广告策划、创意能力正日益提升，全国代理业务涉及餐饮、家居用品、房地产、保健食品等行业，得到了客户的认可。

我们将不断努力，塑造今天、设计未来。

上海国际机场股份有限公司广告分公司

地　址：上海市虹桥路2550号
邮　编：200335
电　话：(021)62688899－44087
传　真：(021)62684442
电子邮件：shiaad@online.sh.cn
网　址：www.adairport.com
负责人：江　涛
联系人：姚时宏

上海虹桥国际机场是中国最大的航空运输基地之一，年进出港旅客1770万人次，年飞机起降16万架次。

上海浦东国际机场于1999年9月落成通航，一期工程能满足年12.6万架次飞机起降、年2000万人次旅客吞吐量和年75万吨货邮吞吐量的要求。它的建成标志着上海已成为中国第一个拥有两个大型民用航空港的城市。上海国际机场股份有限公司广告分公司负责经营和管理虹桥和浦东两个机场范围内灯箱、霓虹灯、路牌、龙门架、实物展示、航班时刻表、闭路电视、行李手推车等多种广告媒体。

公司给一批优秀的客户日本丰田、金杯汽车、爱普生、伊都锦、英特尔奔腾、上海宝钢、东方航空等国内外著名企业进行了广告宣传，并为上海大众、美国摩托罗拉成功代理了广州白云机场、武汉天河机场、内蒙古机场、昆明机场的系列广告。多年来，我们以优质高效的服务在广大客户中赢得了良好声誉，也使得公司业务迅速发展，实力日益增强，在全国民航机场广告公司中雄居榜首，并连续获得上海市工商局、市广告协会认定的“重信誉、创优质服务”先进单位和工商部门颁发的“重合同、守信誉”荣誉称号，1999年中国广告公司百强排名第62位。

上海航空传播有限公司

地　址：上海市静安区延平路69号10楼
邮　编：200042
电　话：(021)62998515
传　真：(021)62999410
负责人：李祖安
联系人：冯跃华

上海航空传播有限公司依托上海航空企业集团，拥有上海航空股份有限公司颇具航空特色的全部宣传媒体。公司负责编辑出版有国际标准刊号和国内统一刊号，集旅游、休闲、娱乐、商务为一体，中英文双语的《上海航空》杂志。杂志为月刊，在上海航空公司所有的航班上向旅客赠阅，并陈列在上海的一些宾馆中供宾客阅读。公司负责制作引人注目、可视性强、传播面广的闭路电视《上航荧屏》，在上海航空公司的航班上播放，供旅客欣赏。根据客户的要求公司负责在《上海航空》、《上航荧屏》以及上海航空公司的机票、登机牌、飞机客舱中的座椅片等媒体上发布广告业务，并提供可靠的广告咨询服务。

上海航空传播有限公司代理、发布在全国民航系统内和上海市的户外媒体广告业务；承接各种彩色样本、资讯录像、资料片及VCD、室内外装潢的设计、展览设计等制作和印刷业务。

上海航空传播有限公司将竭诚为海内外各界人士服务，并以真挚的热情迎接各方商务嘉宾和接待需要我们服务的客户。

上海电气(集团)广告装潢公司

地　址:上海市淮海中路398号中海大厦8楼D座
邮　编:200020
电　话:(021)63841389　63854566
传　真:(021)63875999
电子邮件:dianqiad@online.sh.cn

我们不只是研究客户要求,了解时刻变化的市场,更希望用专业的技能帮助我们的客户了解消费者。

我们相信市场为消费者所决定,我们与客户站在消费者的立场同策同力。

我们与客户共成长,在中国这个最被看好的市场中共同耕耘。

上海申空广告有限公司

地　址:上海蒲西路166号
邮　编:200030
电　话:(021)64388672
传　真:(021)64389392
电子邮件:shskac@online.sh.cn
网　址:www.sk92.com.cn
负责人:张建荣
联系人:徐健华

上海申空广告有限公司是一家集策划、创意、设计、制作、发布于一体的综合性广告公司。公司的技术优势、卓越的设计创意理念、科学合理的广告操作模式、优良的服务态度,在激烈的市场竞争中赢得了众多客户和媒体的信赖与支持,连续多次获得上海市广告业"重信誉,创优质服务"先进单位称号,上海市"重合同,守信用"先进单位。上海市徐汇区广告协会常务理事单位。

公司独家代理上海电视台、东方电视台天气预报栏目广告。

同时还推出气球、遥控飞艇、过街横幅、户外媒体,成套礼仪服务等多种广告经营项目,并与全国100多家省市级气象广告代理公司建立了良好的业务关系,形成为客户提供全方位、多层次、高质量、高效益的广告促销体系和信息传播体系。

上海影视广告有限公司

地　址:上海市打浦路1号2305室
邮　编:200023
电　话:(021)53960845、53960846、53961418
传　真:(021)53521224
电子邮件:shfva@online.sh.cn
负责人:沈培君
联系人:齐乃瑾

成立于1993年的上海影视广告有限公司,发展至今已成为一家全面代理型的综合广告公司。可承接代理各类广告策划、设计、制作与发布,并从事各类艺术设计和文化事业。尤其在影视广告制作中,有着丰富的多元化影视广告片拍摄制作经验,是公司的主要特色。在各展评赛中,屡屡获奖。历年来,公司制作的公益广告"自强创辉煌——做一个有用的人"、"远离网络毒害——健康网上行"、"保护水资源"分别获得全国公益广告政府奖和全国大奖。

"以创意服务制胜,与客户共谋成功"是公司的服务理念。公司连年被评为上海市广告业"重信誉、创优质服务"先进单位。1999年至2001年,分别被评为全国广告业文明单位和先进个人。

上海美亚文化传播有限公司

地　址:上海市长宁区仙霞路8号仲盛金融中心二楼
邮　编:200336
电　话:(021)62782222
传　真:(021)62785555
电子邮件:jameshu@cnmaya.com
网　址:www.cnmaya.com
负责人:胡炯亚
联系人:赵凌华

上海美亚文化传播有限公司成立于1998年12月,凭籍高素质的广告创意和制作英才、完善系统的客户服务、良好的政府和社会关系网络以及美亚机构丰富的跨媒体资源,日渐成为广告界颇具规模的多元化专业媒体代理公司。

我们拥有丰富的媒体资源,涉及户外及电视等多个领域。户外媒体方面,拥有遍布上海浦东、浦西最大的户外灯箱媒体网络,采用国际标准户外广告模式,涉及超市、商务区、厂区、医院等区域,这一优势媒体发布面广、视觉冲击力强、地理位置优良,便于广告客户打响品牌知名度、提升企业形象。

由国家公安部和中央电视台合作开办的电视专栏《中国警务报道》将在全国各地电视台播出,作为全国性警务栏目的新生儿,正以势不可挡的媒体攻势冲击着中国电视媒体市场,其覆盖面遍及全国31

个省、市、自治区,200多家电视台,收视人口达10亿左右,我们美亚文化传播有幸成为其独家广告代理商。

与此同时上海美亚文化传播有限公司的业务涉及各个行业,诸如拥有百余家连锁店、三十万会员的美亚音像、110立杆灯箱广告等大型媒体并行运作。美亚文化传播一贯坚持以深厚的文化底蕴为基础,在广告经营方面集天时、地利、人和为一体,必将在今后的信息时代拥有不可限量的发展前景。

上海白马开成广告有限公司

地　址:上海市黄陂北路227号2602-2604室
邮　编:200003
电　话:(021)63758789
传　真:(021)63758768
负责人:韩紫靛
联系人:王海生

上海白马开成广告有限公司在上海已成长了5年,隶属海南白马广告媒体投资有限公司的下属企业之一,与全国26个省市的兄弟城市的候车亭网络有着紧密的联系,在沪经营侯车亭户外媒体的广告设计、制作、代理、发布。

上海彩虹广告装潢有限公司
上海现代高速公路广告有限公司

地　址:会文路50号18楼
邮　编:200071
电　话:(021)66531197(总机)　66530776
传　真:(021)56632026
负责人:黄西辰
联系人:陈莉萍

上海彩虹广告装潢有限公司、上海现代高速公路广告有限公司分别成立于1992、1996年,是二家专业从事开发、经营高速公路户外广告媒体的专业户外广告公司。公司投资2000余万元兴建了巨型跨街灯箱4座、大型立柱式灯箱80余座,各类小型灯箱170余座,公司资产规模达3500多万元,媒体覆盖上海所有高速公路沿线。

公司本着一流的服务,为中外客户树立企业形象,宣传产品品牌提供一流的广告媒体。

上海元太广告有限公司

地　址:南京西路1168号中信泰富广场1403~1406室
邮　编:200041
电　话:(021)32144518
传　真:(021)32144519
负责人:孙晓刚
联系人:钱　敏

上海元太广告有限公司是一家具有全面代理国内外客户能力的综合性广告公司。元太广告以"国际化的思考、本土化的行动,通向中国市场的成功之桥"为企业理念,并树立了"元太广告——中国体育传媒的合作伙伴"企业形象。经过数年的成功运作和经营,元太广告已发展成为全国广告行业排名100强中前20位的广告公司,是目前上海规模最大的私营广告公司之一。元太广告的业务以媒体代理为主,尤其是体育媒体的代理,是国内销售规模最大的体育媒体广告购买公司之一。元太广告总代理的媒体资源有:"上海电视台体育频道"、"北京电视台体育频道"、《中国体育报》、《运动休闲》杂志、《旅游天地》杂志等。元太广告愿与您携手合作共创美好未来!

上海伊斯顿广告有限公司

地　址:南京西路555号1302室
邮　编:200041
电　话:(021)62558285
传　真:(021)62556615
负责人:李　雷
联系人:黄德明

上海伊斯顿广告有限公司成立于1994年,是一家拥有国内外广告代理资质的民营公司。经过多年的市场开发和企业内部组织的不断发展和完善,公司已经从单纯的广告媒介投放,逐步形成了向客户提供广告策略、市场咨询、创意设计、广告制作、媒介策划和购买等全面服务的能力;同时也培育了一支具有为国际客户群服务资质的员工队伍。成为上海的一家知名广告公司。

自1996年起,上海伊斯顿开始代理上海电视台所有体育节目广告的业务。

1998年,上海伊斯顿成为东方电视台和上海电视台影视节目的广告代理。当年,获得"上海百强民营企业"称号,成为百强企业中唯一的一家民营广告企业。

近三年来,公司在广告业务上稳步增长。在全国广告行业排名50强之列,在上海广告行业排名20强之列、"上海市民营企业百强"之一。

北京通成推广公交广告有限公司上海分公司

地　址:上海市南京西路1168号3401室
邮　编:200041
电　话:(021)52925855
传　真:(021)52925856
电子邮件:sh@top-result.com.cn
网　址:www.medianationinc.com
负责人:林绅龙
联系人:赖戈容-上海分公司

北京通成推广公交广告有限公司是香港媒体世纪集团在中国的下属机构。

媒体世纪集团在户外广告领域的三大主要业务项目为:

1. 公交车广告。北京通成推广公交广告有限公司目前在国内8个城市中都设有办事处(包括北京、上海、广州、武汉、成都、沈阳、杭州、天津),而其母公司——媒体世纪集团则透过通成在内地17个主要城市以及香港投资并管理着22,000辆公交车的车身广告。

2. 地铁广告。媒体世纪集团通过北京地铁通成以及上海地铁通成,为客户提供了全国最大的地铁广告网络。公司拥有全国八条地铁中的五条线路的广告代理权:北京地铁的1号线、环线、复八线;上海地铁的2号线、明珠线。在这两大城市中,我们总共代理及管理着超过23,500个地铁广告展示位。

3. 户外广告策划、媒体购买、以及媒体执行和监测服务。媒体世纪集团旗下的专业户外广告服务公司——成科互动,在北京、上海、广州、香港分别设有办事处。凭借着资深的户外广告专业知识和经验,成科互动为客户提供策略性的媒体策划、购买—从广告形式的选择到广告发布后的监测的一站式服务。加上特有的网上户外资讯平台——outdoormachine.com,可以帮助客户了解全国23个主要城市的户外广告的11种媒体形式的使用情况。outdoormachine.com兼有的电子地图查寻系统,能够帮助提供针对性的媒体策划和媒体购买的决定。

作为目前内地以及香港地区最大的户外媒体经营公司,媒体世纪集团拥有庞大的户外媒体网络及周全的服务体系;加上在户外广告行业拥有丰富经验的专业人员,是客户利用户外广告来支持市场推广的最佳合作伙伴。

上海中润广告有限公司

地　址:广东路500号世界贸易大厦12楼
邮　编:200001
电　话:(021)33044599　33044590
传　真:(021)63224864
电子邮件:tangyong@newmedia.sh.cn
负责人:唐　咏
联系人:陈　晓

我们代理的报纸就是有这样的影响力

《新闻晨报》平均每期阅读量为71%,2001年发行量接近50万份,是一份具有新闻性、信息性、可读性的综合性都市晨报。

《申江服务导报》平均每期阅读量为72%,到2000年底,发行量已经突破40万份,是一份在上海报业中独树一帜并处于领先地位的时尚流行的周报。

《青年报》是一份满足读者阅读口味,体现时代青年风格的都市型日报。

上海倚天广告有限公司

地　址:南京西路580号4205室
邮　编:200041
电　话:(021)52342298
传　真:(021)52342348
电子邮件:etadsh@et-ad.com
负责人:祝卫东
联系人:朱斌星　钱吉美

倚天广告是一个以全面代理为主的全国性广告公司,已在北京、广州、成都开设了分公司,并在沈阳、杭州开设了办事处。倚天把“品牌互动”作为长期的经营理念,倡导“Change is good”。倚天拥有多位长期服务于国际国内大型广告公司的广告专业人才,在策划、创意设计和媒介经营方面都有显著优势。目前,公司代理喜悦系列保健品、红桃K系列、恒源祥、欧培德、快译通、贝梵纳内衣、上海牙膏厂美加净、防酸牙膏、美粤华大酒店等品牌的相关广告操作。公司独家代理2002年上海财经频道所有广告时段,作为对客户的广告投放支持。

上海博洋广告有限公司

地　址:延安中路839号502室
邮　编:200040
电　话:(021)62476909　62473616
传　真:(021)62473719
电子邮件:info@boyang.com.cn
网址:www.boyang.com.cn

负责人:励　珺

联系人:施文卫

上海博洋广告公司多年来迅速发展的历程,使现在的博洋已拥有全国广告业排名第54位的综合经营实力,更重要的是拥有一支集媒体投放、品牌代理、策划创意等领域的精英组成的专业团队。在平面媒体方面,更有得天独厚的优势与丰富的客户服务经验。连续多年在《新民晚报》、《文汇报》等强势媒体广告投放总量高居三甲,独家创办经营的完全生活手册开创同业之先河,并先后与众多4A广告公司合作,为著名国际品牌提供完美服务。在不断融合国际广告业先进的服务方式和管理经验的过程中,公司积极奉行"认真负责、严谨踏实;诚信为本、创意为先"的服务理念,与各大媒体建立了长期稳固的全面合作关系,缜密的计划、灵活的操作、强大的传播效应,必将使您的一分投入得到十分的回报。

上海天波广告有限公司

地　址:上海市延安中路839号新民晚报大楼16楼

邮　编:200040

电　话:(021)62477226

传　真:(021)62473173

负责人:陆云帆

联系人:董世芳

上海天波广告有限公司是一家从事广告设计、制作、代理与发布的综合型广告公司,她不仅是上海最大的平面广告代理公司,而且是具有巨大潜质与发展前途的有限责任公司。

天波在全体员工的不懈努力下,经营状况得到了持续、稳定、快速的良性发展。2000年与2001年的营业额均达到6000余万元,在上海数千家广告公司中跻身前35名,在全国名列58位。

天波与上海邮政广告公司共同打造而成的《中邮专送广告》是一种全新的广告宣传方式,中邮专递广告是面向上海68万户家庭,集时尚生活、消费于一身,全部铜板纸印刷,由邮政局负责准确投送,使受众面达300万人左右,占上海人口总数的1/5。

上海形上传播有限公司

地　址:上海市淮海中路283号香港广场6楼

邮　编:200030

电　话:(021)63906055

传　真:(021)63906442

电子邮件:icon@guomai.sh.cn

负责人:林梦雅

联系人:张　慧

形上传播以国际化的运作规范,致力于为中国本土品牌提供专业的全面代理服务。

我们的人员兼具4A国际广告公司专业的水准、敬业的态度和资深的经验,以及适应本土化市场的推广实践的灵活性。

立足本土的形上传播,通过国际化的专业运作,可以为客户提供:

(1)严密深入地配合客户的市场状况,制定强有力的全国性品牌策略。

(2)出色而有的放矢的创意方案,针对本地消费心理,新颖、强力。

(3)科学而实际有效的预算分配方法和全国媒介购买执行能力。

形上传播凭借主动性的工作态度,专业导向的沟通能力,高效的创意水准,正在用强劲的综合实力,为每一位客户提供理想的全年整合行销方案。

上海唐神文化传播事务所

地　址:上海天目西路547号恒基不夜城广场逸升阁2106室

邮　编:200070

电　话:(021)63533155

传　真:(021)63533161

电子邮件:tangshen@sina.com

负责人:沈　刚

联系人:柴金荣

沪上业界名列前茅的本土广告公司,具资讯市调、策划创意、影视制作、媒体发布等全面客户服务能力。

全面代理:上海电视台电视剧频道(电视剧周末版)片前、片中广告

该频道集中播映,脍炙人口的港台电视连续剧以及赏心悦目的中外精品影视剧佳作。四集连播、明星、偶像荟萃、情节跌宕起伏、引人入胜,深受女性观众喜爱。周平均收视率达9.97%,成为诸多国际品牌及国内知名企业产品广告投放的热点。

全面代理:上海电视台、上海东方电视台

强势软性套装广告栏目(新市场热点)

该栏目横跨"财经"、"纪实"、"音乐"、"戏剧"四大专业频道。

利用专业频道,针对目标人群,每天重播四次,

低投入,高频次,大回报,是国内外优秀企业产品推广促销的高效媒体。

上海华基广告有限公司
上海中则广告有限公司

地　址:延安中路839号19楼
邮　编:200040
电　话:(021)62895151　62893131　62891515
传　真:(021)62893778
电子邮件:huaji@online.sh.cn
负责人:赵　萍
联系人:吴　颖

华基行销传播机构为一家专业房产行销企业。机构由上海华基广告有限公司、上海中则广告有限公司和上海中则房地产投资咨询有限公司联合组成。以房产市场调研分析、推广企划、楼盘整体包装、整合传播而著称。

机构属下的上海中则房地产投资咨询公司,是华基人在企划推广这一强项的基础上拓展出的一家房地产销售代理公司。成立至今已代理了不少具有市场影响力的个案,取得了卓著的销售业绩,并获得了业主良好的赞誉。

自创建来,华基人始终以一流行销传播企业的标准严格规范自己。以永不停息、锐意进取工作精神,为近百家著名发展商及楼盘提供推广和企划服务,尤其在产品整体包装方面和媒体的合作中优势独到,进而从激烈的行业竞争中脱颖而出。已成为目前沪上房地产广告行业中最具实力的企业之一。

上海创亚广告有限公司

地　址:南京西路1266号恒隆广场12楼1201室
邮　编:200040
电　话:(021)62891212　63509156
传　真:(021)62790660
电子邮件:creasaa@online.sh.cn
负责人:杨慧文
联系人:陶传丽

变幻的市场、更为善变的消费者,已经让广告不能再抱着框框、捧着金科玉律进入新时代,创亚广告就是一家致力于打破框框的品牌策划广告公司。创亚广告由两位合共拥有40多年国际广告经验和20多年本土广告经验的广告人共同创立,并且是第一家独立的由本土广告人经营的香港4A广告公司。我们拥有一个整合的破框计划,包括:“品牌基因专诊”从根本上分析品牌的状态;“破框120”以120种方法彻底打破广告创意的框架;“iPromo”以线上、线下、在线、无线整合的沟通方式将消费者与品牌形成有效的互动沟通;“cash影视制作”则让原创者亲自导演广告,演绎出原汁原味的创意理念。

上海志上广告有限公司
上海海联广告有限公司

地　址:延安中路839号新世纪广告交易中心17楼
邮　编:200040
电　话:(021)62476393
传　真:(021)32220362
负责人:应　毅
联系人:严忠玲

上海志上广告有限公司成立于一九九二年,经过几年的努力,公司迅猛发展,已成长为拥有近六十名员工,七个部门(客户部、创意部、媒介部、媒体代理部、项目开发部、财务部、人事部),并具有先进的管理体系及严密组织的广告公司。公司营业额多次进入上海市广告公司百强之列。

一九九九年年初,上海海联广告有限公司和上海志上广告有限公司合作,并以海联广告有限公司的名义成为了由新民文汇报业集团主办的、上海最知名、也是历史最悠久的专业体育类报纸——《新民体育报》的广告总代理,并在第一年就使《新民体育报》的广告状况发生了质的变化,广告营业额从代理前的不足三百万人民币,一跃突破八百万人民币。二〇〇一年,在原有业务的基础上,上海志上广告有限公司成立了公关部门,在短短的六个月里,相关的营业额超过了1500万元。并使整个公司具备了线上及线下整体行销和策划的能力。

上海焦点广告传播有限公司

地　址:上海徐家汇路550号宝鼎大厦29层
邮　编:200025
电　话:(021)63055858
传　真:(021)54560251
电子邮件:focusadv@sh163.net
负责人:徐　丽
联系人:杨辰如

上海焦点广告传播有限公司是目前上海卓为成功的全行销传播公司。我们懂得广告的最终使命是“善卖产品”和“经营品牌”。在行业人眼里,焦点广告的成功，一方面是客户较为稳定，合作关系都超出三年以上；另一方面，客户在目标市场取得的业绩都十分骄人，品牌力持续发展。焦点背后的力量在哪里呢？

先看看我们是如何定位什么是出色的广告人：首先必须是一个杰出的市场行销人员，懂得市场，有生意观念和销售知觉；其次你是一个能深入生活的"普通人"，能知道消费者的需求。所以在以人为本的基础上，焦点有自己年营业额超过亿元的销售代理公司，管理和规划通路的建设；有自己独立市场调研和策略研究机构，做出策略分析和抉择。所以，客户往往会把产品概念的发想、取名、包装设计、价格策略、通路选择、直效行销及整合传播交给焦点。就如金日集团老总李忠树先生所说："焦点对市场和产品的了解超出了我们的预想，焦点对市场和产品的定位不是匆匆下结论，而是思考周密完整，很专业很用心。"

上海沪通广告有限公司

地　址：淮海中路138号上海广场803－805室
邮　编：200021
电　话：(021)53860088
传　真：(021)64400506
电子邮件：chen.wen@firstell.com
负责人：陈　汶
联系人：朱莉莉

互通事业(中国)公司(下属北京互通广告有限公司、上海沪通广告有限公司、广东互通广告有限公司)，作为中国现代广告业的先锋之一，积淀了近8年的中国广告经验，以扎实的团队和扎实的本土经验服务于国内外各大品牌，其中包括：LG，家乐福，路易威登旗下的轩尼诗、克丽斯汀·迪奥、娇兰，以及京瓷等其他众多知名品牌。

8年的积累造就了互通对广告的理念。互通始终认为，拨动消费者的心弦，识他、知他、爱他、洞察他、深谙他、引导他是广告传播的主旋律。我们摈弃所有对广告的偏见，我们在中国的大地上为中国的消费者营造中国的消费氛围，把全世界的希望、满足和愉悦传达给他们。我们总是洞察到消费者喜欢什么，要什么，想什么，首先找到在什么地方告诉他们，再去找到适合在那些地方说什么样的话。

在上海或者在北京或者在广州，希望您能找到互通，找到与互通共通的话题。

上海圣峰广告有限公司

地　址：四川北路1318号1608室
邮　编：200080
电　话：(021)63937558
传　真：(021)33011382－801
电子邮件：shsfgs@online.sh.cn
负责人：朱　骏
联系人：朱持英

在天地则气化流行，生生不息是为势。势者，时机、资源、力量、趋势也。

广告，以传播为无上教义，香播四野；本土广告公司，顺、借、助、造文化民族主义之势，生生不息。

1997年，上海圣峰广告有限公司顺势而生。在广告业奋斗多年的圣峰主创者，身经百战，长袖善舞，引领公司借势发展，在短短的几年中获得神话般的成长，跻身于上海广告业50强之列。

4年来，少年得志的圣峰，希冀推波助势的境界。从零散媒体发布到品牌战略全面代理，从以折扣吸引客户到凭创意服务倾倒客户。圣峰不断将资源整合优化、催生膨胀，并将这种力量大肆演化扩张，谋求广告主、广告代理商和媒体的共同发展。

为合作伙伴创造优势，协助合作伙伴创新资源，圣峰将你的产品变成赚钱的商品。

说英雄，谁是英雄！

上海雅视广告有限公司

地　址：上海打浦路1号金玉兰广场1207室
邮　编：200023
电　话：(021)53960848
传　真：(021)53960653
电子邮件：vpawyc@online.sh.cn
负责人：周晓鹃
联系人：赵吴娣

雅视广告　专业投手
职业球员
才有不凡身手
精通专业
才能得心应手
职业能力
才如此熟练到位

上海合力广告有限公司

地　址：江宁路420号15楼B座(和一大厦)
邮　编：200041

电　话:(021)62670340　62870354
传　真:(021)62870353
电子邮件:shheli@online.sh.cn
负责人:路　通
联系人:刘庆华

上海合力广告有限公司是一家具有广告设计、制作、代理、发布资质的综合性专业广告公司。公司成立于一九九七年。

公司秉着诚实、守信的服务宗旨,汇集了二十余名从事广告事业多年的专业技术主创人员,在我们周围更是聚集着一群被称之为“广告发烧友”的精英人才!

公司拥有独立的媒介部(新世纪广告交易中心入驻单位)和设施完备的制作工场,专业从事展览,展台、户外广告设计制作“动手能力”是公司的显著特长。

公司成员中从新闻行业“转业”的人才占有相当比例,信息、传媒的通路是我们的老本行。

公司最大的“产业”,是被称作现代化城市衣衫,企业品牌“点睛之笔”的户外媒介的占有。

上海精域广告展示服务有限公司

地　址:延安中路839号16A
邮　编:200040
电　话:(021)62791689　62892375
传　真:(021)62895172
电子邮件:jingyuadv@sohu.com
负责人:金志芬

上海精域广告展示服务有限公司是一家集广告制作代理、公关策划宣传、会展活动操作于一体的全方位专业展示服务公司。公司致力于在这个高速发展的新经济时代,基于对华东市场特别是上海市场的深刻理解与洞察,凭借自身丰富的媒体资源、专业的创意设计、广泛的市场关系和先进的制作工艺,为来自各地的有广阔发展前景的企业贡献一份微薄的传播之力。

未来的上海必将成为一个重要的国际会展中心,因此我们渴望通过尽心努力,换来与广大客户长期稳定的合作关系,在共同发展、互惠互利的原则下,一起走向美好灿烂的明天。

上海联业广告有限公司

地　址:上海市武宁南路195弄8号联业大楼206室
邮　编:200042
电　话:(021)62319238
传　真:(021)62317573
电子邮件:zhouzhengyu@163.com
负责人:魏荣根
联系人:魏荣根

上海联业广告有限公司总部座落于武宁南路195弄8号206室(联业大楼内),分部座落于延安中路839号新民晚报报社1101室,是上海市大型集团企业联业集团的下属单位,全面代理由上海市人民政府新闻办公室、上海市国际文化传播协会主办的《今日上海》杂志及国内外广告业务。拥有雄厚的资产与丰富的经营管理经验。公司专业代理国内各大报刊杂志,有着良好的媒介资质。同时集创意、策划、平面设计、代理发布于一身。

上海联业广告有限以司秉承“以媒体代理先行,以策划创意为中心,以销售为目的”的广告经营风格和理念,籍一批充满活力,勇于创新开拓的广告专业人才,全心奉献于广告事业。凭借从中央到全国各地方雄厚的媒体实力,诚实的服务信誉及完整的市场作业体系,赢得了广大客户的信任和支持,电视媒体购买及代理遍及中央、上海、北京、天津、卫星电视等全国几十个省级电视台和一百多家城市级电视台。我们力求创造性地运用那些广为接受的广告宣传及市场营销手段,抓住每一次机会,以履行我们对客户的职责。

作为《新民晚报》的最大广告代理公司之一,本公司每月业务额400万元左右。曾代理策划了国际及国内的一些知名企业,如通用汽车、礼来、柯达、爱立信、诺基亚、索尼、松下、虎牌啤酒、肯德基、北大方正、精品商厦、远东电器商厦、第一西比利亚、兽王皮衣、亚新生活广场、永兴家具总汇、汇丽集团家庭装潢总汇、鹏元汇丽建材商厦、荣联世纪之门等,另外,城建集团、智业房产、申物物业等都与我们保持着密切的合作关系。

上海广集广告有限公司

地　址:上海市打浦路1号金玉兰广场2010室
邮　编:200023
电　话:(021)53961010
传　真:(021)53960818
电子邮件:sh.cnguangji@eastday.com
负责人:宋　颂
联系人:李　萍

广集广告信奉的哲学是:为客户创价值,我们的成功来自于客户的成功。支持这一哲学的基础,即:强化专业,专业贡献。

广集广告的行为原则是:一切以客户利益为驱动,因为客户的金钱是宝贵的,我们所擅长就是让客户以最小的投入,回报最大的产出。

广集广告对传播的理解是:简单、持久。简单容易传播,持久容易加强印象。

广集广告对传播的态度是:无论是精彩的创意表现,还是科学的媒体组合,其核心就是以小博大,让客户的资金效益发挥极至。

上海华亭广告装潢合作公司

地　址:延安中路839号1202室
邮　编:200040
电　话:(021)62476396　62792428
传　真:(021)62476202
负责人:尤敏
联系人:尤敏

华亭广告公司以策划为主,擅长策划化妆品、保健品、药品;善于从实战出发,巧妙运用媒体组合,力求较少花费,在短时间取得特别好的效果,甚至独占业界鳌头,并拥有完善的媒介网络。

公司成功策划过化妆品、保健品、药品等,在全国都有重大影响,为企业带来丰厚利益和良好的品牌形象。

1991－1993年只用极短的时间就令洁士苗条霜等化妆品热销上海、风靡全国,短时期资金回笼令人看不懂;

1993－现在,成功策划香港独资郑明明化妆品,使其自1995年起保持上海销售冠军,年销量连年上升;

1999至今,成功策划瑞德梦减肥茶,2个月即使其走出滞销窘境,成为同类产品市场销售的排头兵。

上海华亭广告公司将秉承以企业效益为第一的宗旨,着眼于将来,着眼于长远,无私地为客户服务。

上海泰格广告有限公司。

地　址:上海茂名南路58号锦泰商务楼403－405室
邮　编:200020
电　话:(021)64450117　64450118
传　真:(021)64450118
联系人:吴中伟

上海泰格广告有限公司成立于1995年,是一个侧重媒体代理服务的专业广告代理公司。短短几年的经营时间,业绩逐年大幅上升,在沪上具有一定的声誉。

公司主要经营范围包括:

全方位媒体广告的代理(包括电视电台、报纸期刊等媒体广告代理)服务;

各类应用设计与平面广告设计制作服务;

企业整体广告运作之策划与实施等;

公司的主要优势:

上海泰格广告有限公司在近几年业务来往过程中,和各主要媒体单位建立起了广泛、稳定、良好的业务关系,具备知名品牌运作的丰富经验,善于为客户争取更精准的媒体版位、赢取合理的媒体广告价格、协助客户整体媒介计划的实施。

上海乔思广告有限公司

地　址:打浦路1号金玉兰广场803室
邮　编:200023
电　话:(021)53960808　64661110
传　真:(021)53961206
电子邮件:hotline@megachoicead.com
网　址:www.megachoicead.com
总经理:马　勇
联系人:谢君明

我们力争事事圆满

国际化专业体系与本土化灵活操作的完美结合,以综合全面服务能力为客户创造切实的市场进步。现已开辟专业品牌管理、媒介营销、医保营销、活动营销、网络营销和数据库营销服务,为你提供更多有效选择。

上海影剧人传播有限公司

地　址:上海市虹桥路1376号广播大厦21F
邮　编:200051－518信箱
电　话:(021)62080909　62097766
传　真:(021)62081919　62196778
电子邮件:yingjuren@163.com
总经理:汤　军
联系人:谢　伧

我们不断地研究市场,分析市场的变化;我们不断地接受最新的广告理念,取其精华;我们不断地和上海的广告界学者及教授探讨和交流;我们不断地用我们新的理念和新的创意、全面的策划为客户服务。专业不是我们的唯一,我们是所剩无几的完美主义者,我们对每一件事情负责到底。优秀的策划和创意人才,资深的平面设计师,严谨的制作过程,一流的客户服务,丰富的实战经验。演绎您的精彩,完美您的事业……“我们害怕没有挑战!”我们面临机遇,我们迎接挑战,我们不断地努力,从不间断……

上海立特广告信息有限公司

地　址:上海市延平路69号延平大厦5楼
邮　编:200042
电　话:(021)62776338　62992310
传　真:(021)50626022　62771582
电子邮件:hongjun@itinfo.com.cn
网　址:www.itinfo.com.cn
负责人:洪　军
联系人:洪　军

上海立特广告信息有限公司(简称立特信息公司)是专业的IT市场资讯服务提供商,是美国国际数据集团(IDG)在中国的长期合作企业。目前在中国各主要城市设立了机构,有:北京、上海、杭州、南京、合肥、苏州、无锡、徐州、沈阳、西安、成都、重庆、长沙、济南等。

立特信息公司自成立以来一直专业从事IT市场的信息采集、信息分析、公关策划、市场研究、广告代理等业务,拥有专业的信息采编人员、技术人员与咨询人员500多名,为中国各地的IT厂商、经销商提供各类IT资讯服务,协助IT企业成功发展。

立特信息公司拥有丰富的IT市场资讯服务经验,和众多知名海内外IT企业建立了良好的业务合作关系,在中国IT传媒领域中拥有极高的信誉度与知名度。每年为2000家以上的IT厂商、经销商提供各类IT市场资讯服务。

主要业务

1.每周发行IT产品导购商情《立特信息·广告》,内容汇集计算机产品与办公设备、通讯产品,共有200多个类别的数万条信息。
2.全国IT产品导购网站——www.PC365.com.cn
3.各类IT信息报告,有:中国IT信息报道、IT产品报刊广告统计、IT产品广告投放分析、IT厂商公关形式跟踪等
4.公关开展、促销活动与市场策划
5.广告设计、制作、代理

上海山鼎广告有限公司

地　址:上海打浦路398弄3号东晖楼206室
邮　编:200023
电　话:(021)63019324　63019839
传　真:(021)63022045
电子邮件:cykang@china.com
负责人:蔡永康
联系人:李玉清

上海山鼎广告有限公司是一家本土专业广告公司,下属有印刷厂、制作工场,公司依托专业的广告英才,凭借多年的市场经验,在广告策划、设计、媒体代理、制作上具有一定的竞争能力。我们始终相信:出众的创意是广告的灵魂,到位的服务是市场的基本。

我们愿以专业水准和真挚热忱为您的产品服务。

中外合资上海三河电脑喷画公司

地　址:上海市虹漕路11号
邮　编:200233
电　话:(021)64082826　64518729
传　真:(021)64844136
手　机:(0)13801639333
电子邮件:mltzlhc@online.sh.cn

公司成立已有八年,拥有美国威特5米宽大型喷画机叁台,最高精度360DPI。HP写真机伍台,宽度1.5米,最高精度1220DPI。同时在浦东国际机场及主干道拥有高架立柱广告灯箱32座。忠心欢迎同行前来合作,共谋发展。

媒体:联系电话:(021)50819303　58203936
　　　传真:(021)68751802
电子邮件:meitong_gbw@163.com

广播电视类

上海文化广播影视集团广告经营中心

地　址:南京西路651号广电大厦11楼
邮　编:200041
电　话:(021)62565899
传　真:(021)62678022
电子邮件:smg.ad.web@stv.sh.cn
网　址:www.smg.sh.cn
负责人:沈明昌　梅利君

上海文广新闻传媒集团广告经营中心是集团下属的一家具有广告经营和管理双重职能的机构，代表集团独家承接、发布上海文广新闻传媒集团下属所有传媒的广告业务；管理、协调集团下属各传媒的广告公司。

中心代表集团行使经营、管理权限的媒体广告资源如下：

电视媒体为：上海电视台新闻综合频道、电视剧频道、生活时尚频道、财经频道、体育频道、纪实频道、电影频道和卫视频道；东方电视台新闻娱乐频道、文艺频道、戏剧频道和音乐频道，共12个电视频道。每周播出时间达990小时，除上海外，还覆盖江苏、浙江、山东、江西等省的部分地区，覆盖地区总人口接近2亿；另外，上海卫视通过卫星传输上海的电视节目，能覆盖全中国和其他亚洲地区。

广播媒体为：上海人民广播电台和上海东方广播电台共计10个广播频率，每天播音时间达到191小时。

平面媒体为：上海每周广播电视节目报，有线电视报，新闻午报和上海电视周刊。

网络媒体为：东方网。

中心下设四部一室：业务部、策划部、编审部、财务部和综合办公室，负责业务承接、信息策划、媒介推广、广告价格制定审核以及广告编排、广告播出、广告监播、行政管理协调和财务结算等业务。

中心将在整体经营和广告运作方面转变观念，创新广告投放方式，努力实现广告效益的最大化，以客户为一切工作的出发点，与客户共同成长。

上海人民广播电台

地　址：上海市虹桥路1376号
邮　编：200051
电　话：(021)62788177－2040、2041、2042、2043
传　真：(021)62082840
网　址：www.radioshanghai.com
负责人：张峻华
联系人：郑昇庭

创建于1949年5月27日的上海人民广播电台经过50多年的风雨历程，已拥有16个频率(8个调幅、5个调频、3个短波)，成为具有全国和国际影响的广播电台。

贴近社会，贴近百姓，服务听众，关注热点，是上海人民广播电台精办各档节目时所遵循的新理念。全台设有新闻、经济、交通、音乐、文艺、浦江之声(对台广播)6套广播节目。每天播出90.5小时节目，每套节目均以调幅与调频(或短波)双频播出。广播覆盖上海市和长江三角洲地区，经常性听众约5000万人。

上海人民广播电台采用当今国际先进的数字化音频技术设备采制、传输节目，并在国际互联网上建立独立域名网站——上海电台网，进行“网上广播”，以扩展广播的传播方式和节目的影响力。

上海人民广播电台与中央电台及全国各地广播电台有着广泛的联系，并通过举办上海国际广播音乐节，合办音乐和外语教学节目等形式，与世界50多个国家和地区的广播机构建立了友好交流合作关系。

上海人民广播电台在全国率先播出商品广告节目，广告经营额随着节目的不断创优和管理上等级而逐年递增，并多次获得全国广告行业“优质服务精神文明单位”称号。

愿上海人民广播电台成为您的知心朋友，陪伴您度过每一天。

上海东方广播电台

地　址：上海虹桥路1376号1608室
邮　编：200051
电　话：(021)62788177
传　真：(021)62082773
电子邮件：ad@eastradio.com
负责人：贺亚君
联系人：顾亚东

上海东方广播电台成立于1992年10月28日，目前，我们的节目通过四个广播频率和亚洲一号卫星向全国400多个城市播送。东方电台广告部即上海东广广告总公司，是专业策划、经营广播广告的机构，2001年全年营业额达8000余万。广告部拥有三十多位锐意进取的广告精英，在这里我们秉持建立互信，追求卓越的理念，为客户提供真诚的广告服务。

东主电台所属各频率：AM792/FM104.5新闻、综合频率，特快传递国内外重大新闻，融经济、娱乐、服务于一体；FM101.7音乐频率滚动播出各类中外音乐精品；FM977金融频率大容量地传递金融信息，FM92.4老少频率为老人和儿童创造一片金色空间。数字音频和卫星技术的运用以及国际互联网上网，已使我们的电波跨越国界，在电台广告蓬勃发展的过程中，我们将努力实现东广广告是广告业界精英的理想。

报刊类

上海文汇新民联合报业集团广告中心

地　址：上海市延安中路 839 号
邮　编：200040
电　话：(021)62791234　62474233
传　真：(021)62473405
负责人：王健生
联系人：杜俊华

成立于 1998 年 7 月 25 日的文汇新民联合报业集团，是上海第一家大型报业集团。由创刊 60 多年的《文汇报》和创刊 70 多年的《新民晚报》为主体，并吸纳和创办了《新民体育报》、《文汇读书周报》、《新民周刊》、《SHANGHAI DAILY》、《上海星期三》、《文学报》、《上海家庭报》、《行报》等多个报刊媒体，构筑成一艘装备精良、实力强劲的"媒体航母"。目前，集团所属报刊媒体的日均发行量已达 250 万份，在全国名列前茅。

《文汇报》是以知识分子为主体读者的综合性日报，立意新、层次高、权威性强。该报立足上海，面向全国，发行通达 40 多个国家和地区。并在华盛顿、东京、巴黎、墨西哥城、马尼拉、基辅、德黑兰、新德里、加德满都、澳门等 11 个国家和地区及联合国派有常驻记者。

《新民晚报》始终坚持紧随时代潮流、贴近生活实际的理念，是上海社会生活最真切的镜子，也是这座城市日日更新的"活字典"。该报日出 4 开 32 版，立足上海，面向全国，其发行量在全国晚报中首屈一指。《新民晚报》独具超强的信息量及无法替代的亲和力，并因此而成为备受欢迎和推崇的广告载体。

集团于 2000 年创办的"上海新世纪广告交易中心"，是全国首家广告交易专业机构。中心以"公开、公平、公正"的原则介入媒体广告的经营，引起了强烈的社会反响和业界的广泛欢迎，并以显著的业绩，证明了这是一种符合市场发展方向的科学运作模式。因而获得 2001 年中国报协"创新奖"的殊荣。

中心下属的文汇新民广告公司、文汇新民企划发展公司、文汇新民传媒设计经营有限公司、文新飞艇广告有限公司等经营实体，从市场需求的不同角度出发，分别建立了专业性较强的服务团体，为社会各界提供特色鲜明的、全方位的专业服务。

解放日报报业集团
上海解放广告有限公司

地　址：上海市汉口路 309 号
邮　编：200001
电　话：(021)63605510
传　真：(021)63609100
负责人：范幼元
联系人：成雅珍

解放日报报业集团成立于 2000 年 10 月 9 日，是以中共上海市委机关报《解放日报》为龙头组建的一个具有相当影响力和综合实力的媒体集团。目前拥有以《解放日报》为首的九报（解放日报、新闻晨报、新闻晚报、报刊文摘、申江服务导报、上海学生英文报、人才市场报、房地产时报、I 时代）三刊（支部生活、上海小说、新上海人）一网络（解放日报网络版）一剧院（上海沪剧院。）

解放日报报业集团媒体种类齐全、结构合理，下属报刊期发总量 330 万份以上，具有雄厚的传媒能力、人才优势和经济规模，2001 年综合经济实力位居全国报业集团前列。

解放日报报业集团面对新形势、新机遇、新挑战，坚持正确舆论导向，致力于深化改革、开拓创新，以全新的发展战略探索积极有效的宏观管理体制和富有活力的微观运行机制，实现跨越式发展，努力做大做强集团事业，走出具有中国特色、时代特征、上海特点、解放风格的新闻传媒集团可持续发展新路。

天 津 市

公 司 类

天津市金秋广告有限责任公司

地　址:天津市红桥区西青道47号
邮　编:300122
电　话:(022)27320208
传　真:(022)27320208
负责人:蒋振兴
联系人:孙靖媛

天津市金秋广告有限责任公司是致力于社会主义市场经济现代化发展的综合型专业广告公司。设有策划部、制作部、业务部、公关部、装修部、打印部。

经营范围:策划、制作、发布、代理户外路牌、灯箱、旗帜、霓虹灯广告,报刊广告,影视广告,广播广告,样本画册、礼品广告,承办各种会议、室内外装修、喷绘、打字、植字、复印、电传等业务。

天津市广告公司

地　址:天津市河西区绍兴道21号
邮　编:300203
电　话:(022)23321545　23303393　23315444
传　真:(022)23317045
负责人:孙宝成
联系人:李　莉

天津市广告公司隶属天津市对外经济贸易委员会,成立于1979年,在国家工商行政管理局、中国企业评价协会1994年评价中国广告公司实力排序活动中名列第26位。

公司下设三个国际业务部、三个国内业务部和企划部、创作部、客户部、展览部、影视部,拥有一批具有创造活力的广告、外贸、外语、中文等专业人才。公司备有高级电脑、广告专业用照像器材和现代展览专用器材。由于公司专业人才济济,设备先进,经验丰富,服务上乘,已牢固形成了广告策划、创意雄厚实力,具备为企业CI整体策划、市场调查,设计制作、媒介代理、整体运作能力,并承办国内外多种类型展览会,与国内外许多著名企业及广告公司建立往来,代理了国内外一批著名企业广告业务。

天津津工广告公司

地　址:天津市和平区解放北路74号
邮　编:300041
经营地址:天津市河北区民族路86号
邮　编:300010
电　话:(022)24464593
负责人:杨大纯
联系人:郭大成

津工广告公司隶属天津市总工会,1991年成立时原称奥艺广告公司。主要经营范围是:发布、制作、代理国内外各类广告。近几年,我们主要发展户外广告及样本广告,从普通的绘画广告发展到仿真电脑喷绘广告,深受广告用户的欢迎、信任。1995年根据上级领导的要求,广告公司摄影部承担了全市劳动模范事迹宣传中心的工作。同时摄制劳模宣传专题片,承担CI企业形象策划、拍摄影视广告。在全总中央电视台的评选中获一、二、三等奖。受到上级领导的好评。随之广告公司根据总工会领导的指示精神更名,现称"天津津工广告公司"。

天津市正方广告展饰制作公司

地　址:天津市河西区南京路58号
邮　编:300042
电　话:(022)23314389
传　真:(022)23191412
负责人:苑志英
联系人:郭海平

本公司隶属于中化天津进出口公司,设计、制作、发布广告,为公共事业、工厂企业进行CI设计。

我公司聚集着设计、广告摄影、广告制作方面的专业人才,参与设计了多个国内外大型展览会、博览会,具有承办大型专业及综合性展览会的能力。我公司承揽的海外广告,遍及亚洲、欧洲、美洲,为广告客户带来了极为可观的收益。

天津铁路分局天列广告公司

地　址:河北区民生路19号
邮　编:300010

电　话:(022)24467287
负责人:王淑霞

天列广告公司是天津铁路专业广告公司,主要承办全国铁路各车次列车的广播广告、挂牌广告、灯厢广告、电子广告、闭路电视广告、车站霓虹灯广告、镜框广告、餐车广告、卧铺牌广告、旅客列车冠名权及广告载体使用权广告、信息快速印刷广告、馈赠广告等多种形式。同时办理全国铁路各大、中型车站各种广告业务。

我公司1983年成立,十多年来已形成具有一定策划能力、良好的办公条件,广阔的发布场地,现代化的录音设备、专业设计制作人员和开拓型的领导班子。我们愿竭尽全力为您服务。

天津市美术广告公司

地　址:天津市南开区东马路152号
邮　编:300090
电　话:(022)27350298
传　真:(022)27350298
负责人:王　东

天津市正源广告公司

地　址:天津市南开区鞍山西道风荷园20号楼门
邮　编:300193
电　话:(022)27483958
传　真:(022)27485100
负责人:宋金山
联系人:孙　芳

天津晶彩广告冲印有限公司

地　址:天津市和平区西康路70#
邮　编:300074
电　话:(022)23288343
传　真:(022)23284750

天津港保税区中广达国际科工贸公司

地　址:天津市和平区卫津路143号
邮　编:300070
电　话:(022)23359535
传　真:(022)23359535
负责人:金树华
联系人:刁树杰

广播电视类

天津电视台广告部

地　址:天津市河西区马场道188号(干部俱乐部院内)
邮　编:300074
电　话:(022)23539283　23539285
传　真:(022)23537272
负责人:刘红春
联系人:夏益民

充分利用电视媒体,承揽、发布国内外电视广告业务。同时,代理其他宣传媒体广告业务,以及礼品馈赠、车身广告、户外广告等。还为国内外企业和商家设计、制作电视广告宣传片,为客户进行各类广告策划宣传活动,举办大型文艺晚会及电视剧的发行和译制等。

天津市有线广播电视台

地　址:天津市南开区安康路9号
邮　编:300074
电　话:(022)23522471　23510959　23525027

天津有线电视台,贴近生活,服务百姓。

一套影视频道,每日播出16.5小时节目,二套生活娱乐频道,每日播出16小时节目,三套体育频道,每日播出15小时节目。

有线电视,无限风光!

报刊类

天津日报广告处

地　址:天津市河西区大沽南路873号
邮　编:300211
电　话:(022)28201158
传　真:(022)28201158
电子邮件:lgq—1001@sina.com
网　址:www.tianjindaily.com.cn
负责人:王　敬
联系人:朱　霖

《天津日报》是中共天津市委机关报,声誉高,影响大。国内外公开发行,主要面向1100万都市人口,读者定位较高,日发行40万份,发行份数稳定,传阅率高。

《天津日报》是综合性地方报纸。纵观时事,报道翔实。宣传党的政策,反映民众呼声。

《天津日报》信息载量大。除要闻、国内、国际、都市、体育、文娱、经济、城乡报道、热线寻呼等新闻版外,还辟有财富观察、产经资讯、一周证券、理论创新、读书、满庭芳、海河之声、老年生活、健康关怀、教育视点、名师家教、滨海新区、每周活页、北方周末、法制时空、七色社会、温馨家园、卫视剧情、体坛、百科之窗、IT时代、汽车世纪、百姓理财、市场与消费、通讯无限等30余个专版,日理万"讯",可满足广大读者不同的信息需要。

《天津日报》每日对开16版,彩色印刷,广告创意新奇,设计精美,是刊登广告的理想媒介。

《天津日报》广告经营范围:利用自有《天津日报》发布国内外报纸广告,承办报纸分类广告和发布外商来华广告。

东南西北情,尽见《天津日报》中。

天津工商报

地　址:天津市河北区庆安街38号
邮　编:300010
电　话:(022)24451982　24469882
负责人:张真铎
联系人:陈　彤

《天津工商报》:传播政策法规、服务市场经济、关注经济热点、引导大众投资。

《天津工商报》是本市工商行政管理局主办的,在我市较有影响的一张经济类报纸,已连续两年荣获我市报界的最高荣誉——天津市一级报纸称号。

《天津工商报》主要版面有:要闻版、经济与法、市场经济学、神州工商、综合新闻、工商史话、财经纵横、消费专刊、企业家论坛。

周末版特有对开彩报奉献,辟有职业体育、放眼环球、大众投资、社会大观、演艺聚焦、广告世界等专版,图片精美,文章诱人。

《天津工商报》刊登中外企业公告、商品广告、公类广告、礼仪广告等,由天津卓越广告发展中心独家代理。

今晚报

地　址:天津市和平区河北路26号
邮　编:300020
电　话:(022)27500778
传　真:(022)27309800

天津老年时报

地　址:天津市南开区南京路358号今晚报社内
邮　编:300100
电　话:(022)2750088

中国书画报

地　址:天津市河西区黑牛城道柳江里16号
邮　编:300061
电　话:(022)88357942

天津市医学科学技术信息研究所

地　址:天津市和平区成都道131号
邮　编:300050
电　话:(022)23302570　23311705
负责人:刘宝祥
联系人:马海燕　陈秀英　郑金荣　李葆林
经营范围:

在《天津医药》、《国外医学妇产科学分册》、《国外医学计划生育分册》、《国外医学临床放射学分册》和《中国计划生育学杂志》五种国内外公开发行杂志上,发布国内、外药品、医疗器械及其它广告。

本所是天津市医学专业信息中心,负责医学信息的收集、整理、分析研究和报道。向卫生系统和社会各界提供文献资料、查验检索、信息研究,科技咨询、编辑出版、声像以及计算机信息网络等信息服务。

重 庆 市

公 司 类

重庆金朝广告有限公司

地　址:重庆高新区科园三路 68 号金果园商务楼 D1 幢 9 - 1 - 1
邮　编:400039
电　话:(023)68636833
传　真:(023)68631991
电子邮件:cqjzad@cta.cq.cn
网　址:www.jinzhaoad.com
负责人:熊　帆
联系人:王昌渝

重庆金朝广告有限公司创始于 1997 年,是一家提供全方位广告代理服务的综合性广告公司。公司拥有 800 多平方米自有产权写字间,下辖客户部(含地产品牌部、IT 专刊部、综合服务部)、创意部、媒介部、户外印务部、资讯管理部、流程管理部等六个专职业务部门及一个策划执行促销及公关活动的专业分公司——重庆今今现代营销推广有限公司。金朝广告立足本土实际,秉持国际化专业服务标准,并不断探索和实践系统高效的广告作业模式,在家电、IT、地产、汽车、传媒、金融、餐饮及酒店、日用消费品等多个行业卓有建树,赢得众多客户的广泛认同。人是广告公司最重要的资产,每年请进来,送出去,多达数十人次的广告专业培训是金朝决策层最舍得投资的项目。公司现有 45 位员工,大部分毕业于工商管理、市场营销、市场调研、商务策划、商业美术等广告相关科系,部分骨干已成为业界精英。

为迎接 WTO 的机遇和挑战,公司在媒介经营及自有媒体建设上独辟蹊径,开创了具金朝特色的客户、媒体、金朝三赢战略格局:一方面媒体借助金朝广告的专业优势,为媒体自身的品牌建设推波助澜;另一方面,金朝借助强势媒体网络为广大客户构筑了一个品牌推广和产品促销的优化传播平台。截至 2001 年 12 月 31 日,金朝广告在重庆各大路口 及交通干线上拥有户外广告位近 20000 平方米;还与《重庆晨报》、《重庆商报》、《重庆经济报》等强势媒体长期联办 IT 信息专版,在业内累积了丰富的运作经验。

五载风霜,刻画金朝足迹;同舟而驰,印鉴共同辉煌:1997 年金朝广告成立到 2001 年 4200 万广告含金量,国际化作业品质配合本土化服务模式实现无数品牌梦想,2000 年度中国百强第 86 位证明团结的力量。更有 2001 年重庆市十强广告企业、1999—2000 年公益广告全国奖、重庆第四届优秀广告作品评比 6 个等级奖暨中国第八届广告节 7 个入围奖……俱往矣,金朝又将扬帆起航!

金朝广告五周年向新老客户拜年!

重庆天地广告有限公司

地　址:重庆市渝中区健康路花园大厦 B 栋 6 楼
邮　编:400014
电　话:(023)63638008
传　真:(023)63894774
电子信箱:cqspad@sina.com
网　址:www.cqadnet.com
总经理:陈友仁

重庆天地广告有限责任公司成立于 1995 年,1997 年被评为国家 A 级广告企业,2000 年被评为重合同守信用单位,是一家由三峡水利电力集团(上市公司)控股的股份公司。

天地广告有限公司是重庆地区最大、拥有户外广告媒体最多的广告公司之一,已形成重庆市媒体门类多、数量大、档次高的多个户外媒体网络。

公司独家拥有、经营以下媒体:

●全市的公共交通候车亭媒体(包括亭房式候车亭和新型候车亭)

●全市 95%的人行天桥媒体

●全市 80%的 T 型广告塔

●市内主要的过江大桥灯杆灯箱媒体

●同时公司还投资建成大量的全市楼顶户外大牌、三角塔、机场路迎宾广告牌

天地广告致力于对客户的全面服务能力与质量的提高,提出“为客户的销售竭尽全力”的经营思想;在对客户的媒体推荐、媒体评估、广告发布与执行、广告发布宣传效果的分阶段测评、广告投入计划建议、广告发布的后期维护与服务等各个方面都确定

了严格的服务标准与制度，公司按 ISO9000 系列的服务质量标准为客户提供全面媒介代理服务。

重庆亚光霓虹广告有限责任公司

地　址：重庆市渝中区枇杷山正街 233 号
邮　编：400014
电　话：(023)63531588　63506844
传　真：(023)63538362
总经理：林永洁
联系人：石明慧

重庆亚光霓虹广告有限责任公司是中国广告协会会员单位、中国霓虹技术协作会副主任委员单位、重庆市广告公司委员会副主任委员单位、重庆市 10 强广告公司、重庆市 A 级广告公司，是以“苹果”系列设计、制作、发布霓虹灯为主的大型户外广告公司。本公司拥有 1000 多平方米的现代办公设施和生产厂房，配有世界领先的电真空气体设备，彩用世界各国先进的霓虹工艺和广告材料，具有安装维护等一系列完善的科学管理和技术力量。

公司宗旨：质量是立足之本，信誉是生存灵魂。

公司承诺：不装雨装，一年亮灯时间在 350 天以上。

以星经服务水准，达到最佳效果。

重庆美年广告有限公司

地　址：重庆市渝中区中山二路 192 号 B18－3
邮　编：400014
电　话：(023)63530628　63539612
传　真：(023)63522708
电子邮件：mediaad@sina.com
负责人：吴　捷
联系人：王　媛

重庆正宗广告有限公司

地　址：重庆市石桥铺渝州路 33 号西亚商务大厦 13 楼
邮　编：400039
电　话：(023)68633144
传　真：(023)68633134
网　址：www.zzads.com.cn
电子信箱：fuwenjun@public.cta.cq.cn
总经理：傅文俊

重庆正宗广告有限公司是集广告策划、CI(MI、BI、VI)策划、市场调查、公关促销、媒体发布、大型户外广告施工等一体的综合型专业广告公司。下设策划、设计、市场营销、媒介开发、制作施工等多个专业部门，拥有一流的软、硬件设施和开放性的战略构想，已步入良性运作的国际化轨道，实行国际化管理和运行代理机制。

重庆市市政广告总公司

地　址：重庆市渝中区中山二路 99 号华安大厦 18 楼
邮　编：400014
电　话：(023)63530008　63539928
传　真：(023)63530006
网　址：www.szads.com.cn
电子邮件：cqszads@163.net
总经理：周豫西
联系人：杨学仿

重庆市市政广告总公司是重庆市市政管理局直属企业，是集各种媒介广告经营、设计制作、策划代理、装饰装修、建材商贸为一体的集团型企业。其下属实体有策划公司、视屏公司、影视公司、材料公司、装饰公司、综合服务部、制作厂、霓虹灯厂等。开拓性的经营，科学化的管理，使公司迅速发展成为重庆市 A 级广告公司，并被授予“重合同，守信誉”称号。公司经济实力及广告经营额等连续几年在重庆市广告公司排序中名列前茅。

公司媒介种类齐全，技术力量雄厚，策划创意新颖，严守信誉合同，先后设计、制作、发布了一大批极具特色的各类广告，策划、组织、实施了若干具有轰动效应的各类大型活动，受到客户的普遍赞赏。我们将始终坚持把“优越的媒介，优秀的创意，优惠的价格，优质的服务”奉献给客户，使客户的产品和企业形象在重庆和全国都留下美好的、难以磨灭的印象，共同为发展社会主义广告事业和社会主义市场经济作出我们应有的贡献。

重庆百货大楼百佳艺术广告公司

地　址：重庆市民权路 2 号
邮　编：400010
电　话：(023)63833796　63713623
传　真：(023)63817483
负责人：刘嗣明

重庆百货大楼百佳艺术广告公司是重庆百货大楼股份有限公司全资子公司，是以营销策划、商品展示、商场促销、POP 设计、产品摄影、媒体代理为优势特长的重庆市 A 级广告公司，为重庆市综合实力较强的广告公司之一。

重庆容易广告有限公司

地　址:重庆市江北区建新西路1号6楼
邮　编:400020
电　话:(023)67720096　67710602
传　真:(023)67710602

重庆容易广告有限公司隶属于重庆容易(集团)有限公司,注册资金500万元,是集广告策划、设计、制作、发布于一体的综合性广告公司。本公司先后为容易集团内外部广大客户制定并实施了企业CI策划、商品促销活动、户外广告、报纸、电视广告等一系列策划方案。公司依托雄厚的经济实力,以"创一流企业,一流服务"为目标,遵循"敬业、智慧、守信、胆略"的企业精神,热忱为广大客户服务,欢迎广大客户来人来函洽谈业务。

容易广告让一切都变得容容易易!

重庆正点广告有限公司

地　址:重庆市渝中区中山三路155号5层
邮　编:400015
电　话:(023)63876399　63612556
传　真:(023)63607942

正点广告创立伊始,便抱定"我们的目的是销售,否则便不是作广告"这一宗旨,坚定推行现代化管理和运作,深谙"业精于勤"的真谛,孜孜以求,不断进取,为客户进行卓有成效的行销传播。从广告咨询、市场调研、行销策划、创意制作、代理发布、广告监测与评估等全过程,均能提供全面周到的服务。

重庆空港广告有限公司

地　址:重庆市渝北区两路镇江北机场内
邮　编:401120
电　话:(023)67856138转52159　52539
传　真:(023)67712457
负责人:魏东前
联系人:孙先禄　凌　玲

我公司是隶属民航重庆市管理局自主经营的有限责任制企业。公司设有业务部、策划部、美工制作部、财务部、印刷厂等专业工作部门,承接电脑设计、广告策划、制作、发布各种字牌、路牌、灯箱、霓虹灯、登机牌、票袋、航班时刻表、电子显示屏等各类广告,兼营各类社会杂件印刷,代理各类报刊电视广告。

重庆华轻广告公司

地　址:重庆邹容路107号4楼
邮　编:400010
电　话:(023)63837302　63837364
传　真:(023)63837364

重庆华轻广告公司组建于1988年,是一家集广告、装饰于一体的综合性广告公司。

可全方位地为客户策划、代理、制作各类广告及主办大型公关活动。

公司独家拥有全市TAXI顶灯广告媒体发布权。

华轻人的宗旨:把握时代脉搏,创造崭新未来。

重庆铁路宏达广告有限责任公司

地　址:重庆市渝中区中山支路5号
邮　编:400014
电　话:(023)63893666　63855465
传　真:(023)63893666

本公司系重庆铁路分局直属的综合性广告公司。以重庆铁路分局管辖的32对旅客列车和108个车站的广告媒体为基础,拥有水平很高的广告创意、策划、设计、制作、经营、管理人才和现代化的电脑设计系统,在重庆火车站投资500多万元设立长10m,高6m的大型户外LED电子显示屏,能为客户制作电脑三维电视动画广告;具有大型广告宣传活动整体策划和实施能力;对于重庆市场的情况相当熟悉,具有迅速打开重庆市场的营销策划实施能力,与重庆嘉陵集团公司、宜宾五粮液酒厂、杭州娃哈哈集团公司、贵州鸭溪窖酒厂等大型企业保持了良好的合作关系。

重庆索通广告传播有限公司

地　址:重庆市渝中区西来寺4号西南图书大厦14楼
邮　编:400010
电　话:(023)63834265　63837717
传　真:(023)63806922

重庆索通广告传播有限公司1994年初具雏形。

1996年,索通广告传播有限公司正式成立。

从创业到现在,索通广告传播有限公司已发展为策划、设计、制作、印务、广告材料五个部门,拥有百事可乐、美孚、壳牌、五粮液等品牌的客户。这种格局,使公司在完成广告传播行为的过程中,更加完善合理、质量优异。

重庆市影视广告中心

地　址:重庆市渝中区中兴路 5 号(穆斯林大厦 4 楼)
邮　编:400010
电　话:(023)63811783
传　真:(023)63830728

重庆市影视广告中心是集广告设计、制作、发布于一体的全民所有制广告专业单位。

我中心设备精良、人才荟萃、占有良好的口岸优势,拥有与电视新闻采录、电视广告内、外景制作相应的广播技术设备和系统配备,能摄制高质量、高清晰度的磁带、电影胶片、电视广告、动画广告及各类专题片。并具有设计、制作大型路牌、霓虹灯、灯箱、幻灯广告之能力,同时能拍摄印制各类产品广告和包装广告。

重庆大方广告艺术公司

地　址:重庆市渝中区上清路寺 65 号(市政综合大厦)4 楼
邮　编:400015
电　话:(023)63618004　63618014　63618015
传　真:(023)63868358

重庆大方广告艺术公司是一家区域性综合广告公司,谙熟西南市场,与传媒公共关系良好,在成渝两地的广告策划、代理业务表现不俗,并在黄金路段拥有大型户外媒体。

重庆火车站华康广告公司

地　址:重庆市渝中区菜园坝火车站
邮　编:400014
电　话:(023)63865113　63851659
传　真:(023)63855261

重庆火车站华康广告公司系重庆火车站直属企业,是集营销策划、广告创意、设计、制作和发布为一体的综合性公司,拥有熟悉重庆市场的市场调研,营销策划、广告创意、设计制作的优秀人才,与各大客户建立良好的关系。重庆火车站华康广告公司广告媒体十分强大,拥有霓虹灯 1500 平方米,喷绘 2500 平方米,灯箱 5000 平方米,本公司机构完整,管理严格,从 1987 年建立以来,与 500 多家企业进行非常愉快的合作,为企业形象的宣传和产品进入市场,达到了预期目标,客户非常满意,因此,我公司热情诚邀在重庆发展的企业及各大广告公司与我们共同开发市场,占领市场,我们将和你们携手共进,互相配合,共创辉煌。

重庆华灵广告装潢有限责任公司

地　址:重庆市渝中区捍卫路 6 号临华大厦 1 号楼 14 层
邮　编:400013
电　话:(023)63509342　63509037
传　真:(023)63509489

我们的工作就是筑一座桥,助您到达目的地……

重庆对外广告公司

地　址:重庆市江北区建新北路 65 号外贸大厦裙楼 5 楼
邮　编:400020
电　话:(023)67855154　67853147
传　真:(023)67853093

伴您搏击商海
与您共创辉煌

重庆黑豹广告公司

地　址:重庆渝中区中一路 114 号
邮　编:400013
电　话:(023)63512609
传　真:(023)63513756
经营范围:

中国供水行业的广告代理。

新世界广告装璜公司

地　址:重庆渝中区大坪正街 140-1 号
邮　编:400041
电　话:(023)68810072　68800016

重庆新创意广告有限公司

地　址:重庆市渝州路 108 号昭华大厦 4 楼
邮　编:400041
电　话:(023)68616310　68613903
传　真:(023)68616310

重庆市首家民营广告经营单位。

部门设置:

市场部　媒介部　设计策划部　客户部　制作部　财务部　电脑工作室

经营范围:

市场调查、广告策划、设计制作、媒介发布、效果测定、CI 设计。

重庆市半岛广告公司

地　址:重庆市鹅岭正街 176 号
邮　编:400014
电　话:(023)63856678

铁路是我国国民经济大动脉。除西藏拉萨外,各省、自治区有 200 多个大中型铁路客运站台,每年全国铁路运载中外旅客达 12 亿多人次。重庆市半岛广告公司与铁道部合作拟向全路数百个大中型铁路客运站台提供万辆流动售货车,并发布企业广告。目前广告业务遍布河南、陕西、湖北、四川、云南、贵州、重庆等省市的 30 多个大中型铁路客运站台。

重庆长樱广告装璜有限公司

地　址:重庆渝中区解放西路 43 号金紫门大厦 8 楼
邮　编:400012
电　话:(023)63822759　63724307
传　真:(023)63822759
经营范围:
电脑设计
大型广告
精美印务
广告礼品
欢迎国内外客商前来洽谈业务。

广播电视类

重庆人民广播电台广告部

地　址:重庆市渝中区中山三路 159 号
邮　编:400015
电　话:(023)63851246　63864046
传　真:(023)63851246
电子信箱:99b@cqbs.com
广告部主任:张荣贵
副主任:钟廷远
联系人:叶　伟

重庆市是享誉中外的历史名城,中央直辖市,中国西南地区最大的经济中心。重庆人民广播电台是重庆地区覆盖面最广,信息传播速度最快的主要媒体之一。

重庆人民广播电台节目不仅直接覆盖重庆直辖市所属 40 个区市县,而且还可覆盖四川、贵州、湖南、湖北、广西、云南等部分地区,节目覆盖区域听众超过 5000 万人。

重庆人民广播电台市区主要发射频率:调频 105.5 兆赫,中波 1314 千赫;郊区转播频率:调频立体声 102.8 兆赫(永川),104.4 兆赫(铜梁)、96.5 兆赫(万州)、94 兆赫(涪陵)、96.8、99.9 兆赫(黔江)。

据重庆市统计局城调队、农调队抽样调查统计,重庆人民广播电台的综合收听率达到 50% 以上。重庆人民广播电台除全天 17 次正点新闻滚动播出外,收听率较高的节目依次有《重庆新闻和报纸摘要》、《新闻广角》、《时政热线》、《生活新空间》、《五洲乐坛》、《欢乐时光》、《体育天地》、《希望的田野》、《商务广播》、《今夜星辰》和《假日开心族》、《流行音乐榜》、《走进直播室》等。以上节目听众分别为 1500 万至 2000 万以上。

听众层次、年龄为:机关干部 30—60 岁,文化程度为高中——大学;工矿企业职工约为 400 万人,文化程度以初中——高中为多;农村城镇听众系我台庞大听众群,约有 1500 多万人,文化程度小学占 70%;许多大专院校师生是晚上节目的热心听众,约为 8 万多人;中学生听众人数约为 28 万人左右,喜欢收听并参加广告性活动,如广告游戏,竞猜、知识竞赛等。

重庆人民广播电台的广告策划能力较强,拥有一支以高级编辑、记者为主的策划创意队伍。近 20 年,经过我台创意推广的广告活动数百个,都取得了较好的效果。

重庆电视二台

地　址:重庆市渝州路 68 号
邮　编:400041
电　话:(023)68612013　68605541
联系人:雷　卫

重庆电视二台创建于 1989 年,发射频道 - 14,发射功率 30 千瓦,覆盖到全市城乡及川东、川南部分地区,收视观众可达 1500 多万。1992 年 12 月,重庆市统计局对重庆地区电视收视情况进行抽样调查,结果表明,重庆电视二台的收视率达 87.6%,雄居榜首。

重庆电视二台除办好自制的数十个节目外,还同时播出全国省级市级电视台及国内外影视进出口公司提供的国内外各类优秀影视节目,节目内容丰富，深受各界观众好评。

广告节目是重庆电视二台的重要组成部分，以讲求信誉、热情服务为宗旨，帮助客户实现“花钱少，效果好”的目的，是各厂家商界在重庆地区开拓市场、推销产品的好伙伴。

重庆经济广播电台

地　址：重庆市渝中区中山三路159号
邮　编：400015
电　话：(023)63616338　63852518　63851612
传　真：(023)63852518　63852128

重庆经济广播电台是全国广播系统第一家靠自收自支生存发展的国家事业单位，是一座大众型、信息型、服务型、娱乐型的数码微波立体声广播电台。建台八年来，以快捷迅速的新闻信息，经典时尚的音乐，轻松休闲的娱乐有奖竞猜，尽善尽美的广告服务受到了山城广大听众的喜爱。据市城调队调查，经济台收听率达到70%，在重庆市各电台中始终居于领先地位。

重庆设立直辖市以后，拥有3002万人口，市场前景广阔。重庆经济台在重庆市新闻界及广播界，广告界的优势地位尽显，成为各企业商家广告宣传首选媒体之一。重庆经济台广告部主要负责代理，发布全国广播广告，拥有强大的策划设计制作业务能力。1997年，重庆经济台荣获重庆市广告行业精神文明单位称号。近年来，广告收入以百万元为单位高速递增，并连续几年位于西南地区各电台广告收入榜首。

重庆商业广播电台

地　址：重庆市渝中区中山三路159号
邮　编：400015
电　话：(023)63883599　63859935
法人代表：詹　卡

重庆商业广播电台是一家坚持党和政府喉舌功能，侧重商业信息传递的专业性电台。开播三年来一年上一个台阶，1996年创收五佰余万元。并在广播行业中率先建立了计算机数字、音频共享系统。三年的努力培养了大批优秀的节目主持人和有社会责任感的记者。不断创造和沉淀了一批颇受欢迎的节目如：《九五五早、中、晚新闻》、《股市沙龙》、《投诉热线》、《红豆点点情》、《佳佳姐姐》、《家庭广场》、《体育大看台》、《商广流行网》以及《空中导向》等等。

重庆商业广播电台的职责任务和服务范围包括：制作、播出广播节目，面向大商业、大流通、大市场，开展咨询信息服务，传播商业经济信息等。

报刊类

重庆日报

地　址：重庆市渝中区较场口85号
邮　编：400010
电　话：(023)63907707　63845089
传　真：(023)63836473

《重庆日报》是重庆市发行量最大、覆盖面最广、订阅量最稳定的综合性日报。

《重庆日报》以读者需求为导向，不断创新发展。提倡“现场直播”“第一时间报道”、提供丰富的娱乐资讯、生活信息、看点新闻，并开辟《网络电子》、《财经证券》、《医疗保健》、《汽车天地》、《假日体闲》、《人才教育》、《房产视界》等多个专刊版面，力求贴近生活，服务大众。

《重庆日报》版式新颖、彩色印刷、富时代气息、疏朗俊秀。深受读者喜爱。欢迎刊登广告。

重庆晚报广告部

地　址：重庆渝中区较场口85号(大元广场底层)
邮　编：400010
电　话：(023)63907773　63832531
传　真：(023)63812350
负责人：兰晓莉
联系人：李丕强

《重庆晚报》是中共重庆市委主办的一张党报，是重庆直辖市报业的第一品牌，创刊于1985年5月1日，一直引领着重庆传媒的发展，现隶属于重庆日报社报业集团。

《重庆晚报》每日对开彩印，期发行量超过30万份，是重庆直辖市发行量最大，阅读率最高、读者最满意的报纸之一，据新生代、央视调查等有关权威机构统计，《重庆晚报》大多数技术指标名列重庆报业榜首。《重庆晚报》的零售量占整个重庆报业零售市场的47.8%份额。《重庆晚报》经营管理灵活而有序，一年上一个新台阶。2000年广告收入达1.45亿元，居全国报业前列，以极大优势排名重庆直辖市之首。

随着中国加入WTO，《重庆晚报》紧跟时代，广为传递各类生活资讯，参与指导消费行为，改善百姓生活形态，深受读者与客户欢迎，他们称赞《重庆晚报》："广告效应，有口皆碑"。

欢迎来重庆考察，欢迎投资重庆！

重庆广播电视报

通讯地址：重庆市渝中区中山三路159号
办公地址：重庆市渝中区上清寺聚兴村4号乙单元（三楼）
邮　编：400015
电　话：(023)63852963　63875740
联系人：延永康

本报为重庆广播电视局下属单位，全国公开发行的报纸，每周4开24版，彩印4个版，每周星期二出版，阅读期在10天左右，发行量25万余份，覆盖重庆市各区、县、市。刊登所有中央电视台、当地电视台、上星电视台及有线电视台的节目预告表和内容介绍，《重庆广播电视报》是千家万户必备的收视指南，是重庆市阅读率最高的报纸。

在本报上刊登各类广告，将会使您收到不少的收益，是各商家、厂家及广告主的首选媒体，欢迎在本报刊登各类广告，我们将热诚地为您服务，使您在重庆这竞争激烈的市场中占有一席之地。

《重庆广播电视报》广告价目表

版位	版面尺寸	单位金额
整版	23.5厘米(宽)×33.5厘米(高)	40000元
半版	23.5厘米(宽)×16厘米(高)	20000元
通栏	23.5厘米(宽)×8厘米(高)	节目表版：11200元
		普通版：8400元
五栏	17厘米(宽)×8厘米(高)	节目表版：8000元
		普通版：6000元
四栏	13.5厘米(宽)×8厘米(高)	节目表版：6400元
		普通版：4800元
三栏	10厘米(宽)×8厘米(高)	节目表版：4800元
		普通版：3600元
二栏	6.5厘米(宽)×8厘米(高)	节目表版：3200元
		普通版：2400元
经济信息专版	整版：20000元　半版：10000元	
报眼	9厘米(宽)×5厘米(高)	5000元
节目表报眉	17厘米(宽)×1.5厘米(高)	1500元
节目表版中缝	4厘米(宽)×8厘米(高)	2500元
中缝	整条5000元，半条2500元，不足半条每字4元(含标点符号)	

另：外商广告按国内广告三倍收费。彩版广告加收100%。

重庆晨报

地　址：重庆市解放西路66号
邮　编：400012
电　话：(023)63704684　63820165

《重庆晨报》是由中共重庆市委宣传部主管、《重庆日报》社主办的一张指导和服务市民生活的日报，四开十六版，天天套红，周末彩版。1995年4月28日创刊以来，《重庆晨报》以其贴近生活、贴近市民的特点受到读者的欢迎，1997年7月1日由八版扩为十六版，目前日发行量达15万份，是重庆地区影响力最大、读者面最宽的三大报之一。"早起看晨报，事事先知道"已成为重庆及其周边地区读者的口碑。

《重庆晨报》热诚为商家服务，在商家与读者之间架起一座连心桥，广告创意独特、设计新颖、刊登及时、服务周到，形成了读者爱看晨报广告、商家爱在晨报刊登广告的良性循环上升的可喜态势。"登广告、找晨报"是来渝发展的客商们的一致看法。

现代工人报

地　址：重庆市渝中区中山三路157号
邮　编：400015
电　话：(023)63873472　63850962

《现代工人报》是重庆市总工会机关报，原名《重庆工人报》，创刊于1950年。1956年后因故停刊，1984年7月复刊，仍定名《重庆工人报》，1988年5月始用现名。现为对开周五刊，全国公开发行。

《现代工人报》现有重庆市协和广告公司和重庆市大地广告公司，分别从事报刊广告和户外广告，从业人员10余人，年广告营业额数百万元。

电脑报

地　址：重庆渝中区双钢路3号
邮　编：400013
电　话：(023)63658888－13099、13097、13095
　　　　63658999　63658997
传　真：(023)63658888－13088
电子邮件：dnbadv@public.cta.cq.cn
网　址：www.cpcw.com
负责人：张朱锋
联系人：翁小姐、郑小姐、周小姐

《电脑报》自1992年创刊至今，始终坚持为读者服务，为厂商服务的办报方针，注重突出"通俗、实用"的鲜明特色，现成为全国发行量和影响力最大的计算机媒体之一。

《电脑报》兼具专业媒体与大众媒体的特性，她是"大众化的专业媒体"，读者群中有较高比例的IT专业人士及数量庞大的企业和家庭用户；她又是"专业化的大众媒体"，拥有和知名大众媒体相当的约七十万份的发行量，其面向大众的知识及信息对各行各业各个层次的读者都具有巨大的吸引力和影响力。

《电脑报》以一流的报纸质量,巨大的品牌效应,完善的配套服务,在三百多万读者、企业及个人用户及IT业界享有盛誉。由于读者人数多、覆盖范围广,广告效果好,广告客户不断增加,广告量也急剧增长。《电脑报》已成为IT厂商树立企业及产品形象,拓展市场,推介产品的理想平台。

重庆商报

地　址:重庆市渝州路126号
邮　编:400041
电　话:(023)68716640
传　真:(023)68890888

《重庆商报》是由国家新闻出版署批准,重庆市人民政府指导,重庆市新闻出版局,重庆市人民政府财贸办公室主管主办的一张综合性经济类日报。

《重庆商报》突出经济报纸的服务特点,融新闻性、权威性和可读性为一体,每天轮流刊出金融证券专刊;市场纵览专刊;商报视点专刊;消费大观专刊;商贸企划专刊;休闲时尚专刊,天天副刊等。

《重庆商报》四开十六版,国内外公开发行,每周一至周六出版。

国内统一刊号 CN51－0051

科技与经济画报

地　址:重庆市渝中区中山三路182号
邮　编:400015
电　话:(023)63878274
传　真:(023)63877173
总　编:刘　见
联系人:王　静　陈　俊

《科技与经济画报》是由国家发展计划委员会主管的中英文、八开本大型综合性画报,国内外公开发行。国内统一刊号:CN51—1409/N,国际刊号:ISSN1005—1333,邮发代号:78—96。画报采用进口铜版纸印刷,图文并茂、雅俗共赏。集权威性、学术性、可读性、实用性于一体。主要栏目有《LOOK世界》、《改革与发展》、《科技时代》、《世界经济要闻》、《时尚·消费》、《人物星座·社会经纬》、《写字楼》、《艺廊》、《神州》、《绿色视野》等。

本社诚征广告业务代理商,有意者请与本社联系、协商,共谋发展。

中外交流月刊

新闻中心:北京市府右街99号4楼
邮编:100031
电话:(010)66053468
传真:(010)63093628
地　址:重庆市渝中区捍卫路32号8楼
邮　编:400013
电　话:(023)63509304　63508744
图文传真:(023)63509364

《中外交流》广泛报道国际国内政治、经济、文化、科技、外交、军事等领域重大时事,促进中外经济、文化交流。

《中外交流》辟有"本刊特稿"、"世纪论坛"、"焦点透视"、"环球会客室"、"中国建设"、"科技与经济"、"国际商务"、"海外飞鸿"、"环球经纬"、"港澳台侨"、"东方艺术长廊"、"异域风情"等数十个栏目。

河　北　省

公　司　类

河北霓虹电脑图文有限公司
河北霓虹电脑图文有限公司内蒙分公司

地　址:石家庄市光华路167号
　　　呼和浩特市新城西街5号新城古楼将军衙署东院
邮　编:050041
　　　010030
电　话:(0311)6681208　6681308
　　　(0471)6900018　6902716　6922755
传　真:(0311)6681308－8003
　　　(0471)6900018－8004
负责人:王　琨　唐　伟
联系人:寇建强　朱红霞

河北霓虹电脑图文有限公司成立于九十年代中期,是一家从事广告及电脑喷绘制作的大型综合性广告公司，现不仅拥有高素质的广告专业人才，同时拥有美国威特大型喷绘设备，以色列赛天使370DPI大型写真喷绘机以及Ever Smart扫描仪、苹果G4等最先进的前端处理系统。

进入新世纪以来，霓虹人更是以朝气蓬勃的奋发精神，积极不断地开拓新的市场和商机，不仅使其精美的作品遍布大江南北，而且在内蒙呼和浩特市成立了面向西部的“西北区域”公司，为祖国西部地区的建设贡献自己的力量。

霓虹人在努力探索经济发展的同时，还十分注重不断完善自身建设，随着公司股份制改造的顺利完成和现代企业制度的应用，公司的综合实力得到进一步的增强，公司的服务项目也更加完善。

霓虹人仍将继续以“始终将多半利益让给客户”的经营方针和“诚实做人，认真做事”的处事原则，真诚欢迎各界新老朋友的光临。

愿一个崭新的霓虹继续成为您构筑成功的基石。

承德广告总公司

地　址：承德市南营子大街承德剧场院内
邮　编：067000
电　话：(0314)2071753
传　真：(0314)2071753
总经理：王　琳

承德广告总公司地处毗邻北京、驰名中外的历史文化名城承德市中心。主管部门是承德市美术家协会。公司融策划、设计、制作、发布于一体，集户外、印刷、网络、媒介代理广告之大成。以其人才优势、良好信誉，经十多年奋斗，已成为社会各界可信赖的、有文化艺术底蕴的、有实力的专业广告公司。中国加入WTO、北京举办2008年奥运会，承德避暑山庄肇建300周年，都给承德广告带来无限生机。承德广告总公司承办了“中国国情承德市情网”(www.cheng decs.com)和承德旅游经贸人才资讯网(承德广告网)(www.cdgg.net)。愿与国内外广告主、媒介及广告公司加强联系，沟通交流，联营合作，共同发展。

承德广告，情系五洲客户；避暑山庄，景飨四海宾朋。欢迎您到承德来。

石家庄市广告总公司

地　址：石家庄市平安北大街副17号
邮　编：050011
电　话：(0311)6033709　6033544
负责人：金可源
联系人：马宝珍

石家庄市广告总公司是河北省成立最早、规模较大、实力较强的广告专业公司。有广告整体策划及实施的能力，可承办国内外各类广告业务：路牌、灯箱、霓虹灯、电子显示屏、立杆、护栏、立体模型广告、样本印刷、展览、影视制作、室内外装修、电脑刻字、电脑喷绘、柔性灯箱和公关活动。

本公司是市确定的综合代理的广告公司，承办电视、广播、报纸、杂志、户外等广告的全面代理业务。

唐山市美术广告公司

地　址：唐山市路南区复兴路193号
邮　编：063001
电　话：(0315)2861623
负责人：张建国
联系人：张　弦

河北日报广告公司

地　址：石家庄市裕华东路210号
邮　编：050013
负责人：石银平
总经理室：(0311)6052990　8631118
客户部：(0311)6046753　8631188
财务部：(0311)8631126
传　真：(0311)6046753　6055237

发挥省报优势，服务社会大众——河北日报广告公司是您可信赖的朋友。

河北日报广告公司是由《河北日报》社主办，在河北省工商行政管理局注册，以经办《河北日报》广告业务为主的广告经营公司。

河北日报广告公司以“党报人”的标准，坚守“信誉第一、客户第一”的宗旨，尽心竭力满足各界客户的广告业务需求。

河北日报广告公司可代办全国及国外众多新闻媒体的广告业务，诚望在广阔的广告业务领域与广大客户合作，并提供优质服务。

石家庄市公交广告公司

地　址：石家庄市建设北大街6号
邮　编：050011
电　话：(0311)6033203

总经理:王喜才

石家庄市公交广告公司自1988年创办以来,以至诚的服务、优美的创意、高速度的发展,创出了辉煌的业绩,被列为河北省十强广告单位之一,并连年被省市广协、工商管理部门评为"重信誉,创优质服务"先进单位。现为中国广告协会理事、全国公交委员会副主任、河北省及石家庄市广告协会常务理事单位。

该公司是石家庄市公共交通总公司直属的全民所有制专业广告公司。拥有40多条线路,1000多部营运车辆和市区数百座高档次的候车亭及月票卡的独特广告媒体发布权,并享有全面广告代理权,可为各界朋友提供全方位的专业广告服务。

石家庄市公交广告公司,现已拥有一流的设备、一流的创意设计和一流的调查策划、制作队伍。先进的"大图静电写真喷绘制作系统"可为您提供河北省独家服务。

愿您的企业,您的事业,伴随我们奔驰的车轮一并向前腾飞。

承德市希望广告公司

地　址:承德市西大街路北64号
邮　编:067000
电　话:(0314)2181844(办公室)
　　　　(0314)2183743(业务室)
总经理:冯志忠
联系人:麦源真

承德市希望广告公司是隶属于承德市计划委员会的全民所有制企业,是承德市最具实力的专业广告公司,公司经济效益连续三年名列全市第一。

承德市希望广告公司在省广协"95全省广告公司综合实力排行榜"上名列第8名,是承德市唯一一家进入排行榜的广告公司,被评为省市两级95-96年度"重信誉、创优质"服务先进单位。

承德市希望广告公司创意设计发布的广告作品多次入选国家、省、市广告作品展,并多次获奖。

承德市希望广告公司曾成功地为小天鹅洗衣机、TCL王牌彩电、雪花啤酒、长城酿酒公司、露露集团等全国知名度较高的产品和企业在承德搞广告促销活动。

承德市希望广告公司以"绿色的业务关系、执着的创意追求"为宗旨,愿与客户一荣俱荣、共创辉煌。

业务范围

提供市场调研、广告策划、营销战略、CI形象设计等全面服务。

户内广告:代理制作各类电视广告、报纸广告、广播广告、杂志广告等。

户外广告:设计制作各类广告牌、灯箱、霓虹灯、车身、民墙、路标、展台、橱窗、气模、磁翻转、电子屏幕、POP广告等。

印刷广告:承印各类企业和产品样本、说明书、招贴画、画册、年历、商标、装璜等。

公关活动:组织各类新闻发布会、产品促销会、厂商联谊会及各类公关促销活动等。

广播电视类

河北人民广播电台广告部

地　址:石家庄市裕华东路203号
邮　编:050012
电　话:(0311)6044143
负责人:曹宏耀
联系人:何慧芳

在本台发布各类国内、外广播广告。

保定电视台广告经济信息中心

地　址:保定市东风中路41号
邮　编:071051
电　话:(0312)3032449　3025710
传　真:(0312)3032449
负责人:黄利强　卢小平

保定电视台一、二套节目,覆盖保定市25个县市区及沧州、廊坊、衡水、北京、石家庄、山西等毗邻地区,人口2000多万人。

保定电视台广告经济信息中心是从事经济宣传、传递经济信息的职能部门和合法的广告经营单位,拥有先进的电视采录和节目制作设备,有一支经验丰富,业务素质较高的从业人员队伍。保定电视台广告经济信息中心以"只有您的成功,才是我们的成功"为宗旨,连续六年荣获河北省"重合同、守信誉先进单位"荣誉称号。我单位还是中广协电视委员会委员台、全国城市电视台广告联播成员台,北方五省城市电视台广告协作会理事长台,优惠代理全国近百家及北方50家电视广告业务。

邢台有线广播电视台信息部

地　址:邢台市中兴东大街176号

邮　编:054000
电　话:(0319)3021234
传　真:(0319)3030800
负责人:刘武生
联系人:马春英

邢台有线电视台始建于1993年,目前入网户30万。邢台有线电视台拥有先进的光缆传输系统和完善的制作、播出设备。开办综合频道、经济频道两套节目,栏目丰富多彩,电视剧引人入胜。经济性栏目有《消费时尚》、《七彩驿站》、《广告文体欣赏》等。可视性强、收视率高,为客户提供全方位服务。

邢台有线电视台广告信息部将秉承客户利益至上的原则,竭诚服务。

邢台有线广播电视台广告时段价格

频道	段位	播出时间(位置)	时间(分)	价格(元/次)		
				5”	15”	30”
综合频道	A	中国音乐风云榜前 17:55	5	100	200	400
	B	动画大观前 18:28	2	150	300	600
	C	中央台新闻联播前 18:55	5	200	450	900
	D	中央台天气预报后 19:35	2	400	900	1800
	E	预告节目后 19:40	5	400	900	1800
	F	邢台天气预报前 20:00	3	400	900	1800
	G	邢台天气预报后 20:08	2	400	900	1800
	H	黄金剧场(第一集)/周末剧场/周日影院前 20:15	5	400	900	1800
	I	黄金剧场(第二集)21:05	5	300	750	1500
	J	互动娱乐网前 21:55	5	150	300	600
	K	有线 60 分前 22:30	3	150	300	600
	L	断剧广告	1	600	1200	2400
经济频道	A	《七彩驿站》前 18:30	2	100	200	400
	B	《动画片》前 19:00	2	150	300	600
	C	第一集电视剧前 19:40	4	300	800	1200
	D	第二集电视剧前 20:25	5	300	800	1200
	E	《消费时尚》(周一至周五)/《有线报道》(周六)/《生活茶座》(周日)前 21:15	5	200	600	1000
	F	第三集电视剧(周一至周五)/《邢台人》(周六)/《百姓》(周日)前 21:30	5	200	600	1000
	G	第四集电视剧前 22:20/22:30	5	150	400	800
	H	七彩驿站前 23:15/23:25	2	100	200	400
	I	特约或断剧播出		600	1200	2000

报 刊 类

河北日报社广告信息处

地　址:石家庄市裕华东路210号
邮　编:050013
电　话:(0311)8631118　8631021　8631168
负责人:石银平

《河北日报》系中共河北省委机关报,是河北省最具权威性且日发行量最大、覆盖面最广的大型综合性报纸,平日对开八版,周二、周四十二版,周末彩色印刷。发行立足河北,面向全国,日发行量高居河北报业之首,其中省会石家庄达1/5。据权威的河北省新闻调查组统计,《河北日报》受众达230万人,读者涵盖党政机关、群众团体、企事业单位、学校、街道、个体经营者及千家万户。

《河北日报》发布广告以内容翔实、真实可信著称。广告信息处理拥有一流的广告从业人员和先进的设计系统,创意新颖,制作精美,视觉冲击力强,效果显著。《河北日报》除刊发工商广告外,还辟有“名牌纵横”、“消费指南”、“信息传真”、“燕赵楼市”和“旅游”、“电脑”、“汽车”等专栏、专版及分类广告。

《河北日报》广告价格按报纸发行量平均计算,在河北报界极为经济。

《河北日报》是您理想的媒介选择。

《河北日报》愿做您最忠实的朋友。

秦皇岛日报社广告部

地　址:河北省秦皇岛市海港区迎宾路139号
邮　编:066001
电　话:(0335)3064764　3088755　13903357783
传　真:(0335)3612682
广告部主任:柳　柏
联系人:董淑梅

秦皇岛是我国14个沿海开放城市之一,下辖三区四县,总人口270万,是我国北方重要的对外贸易口岸。“夏都”北戴河闻名中外,天下第一关——山海关天下驰名。这里每年接待国内外游客800余万,处处洋溢着改革开放的蓬勃生机。也正是这一片充满生机和活力的土地孕育了《秦皇岛日报》、《秦皇岛晚报》这两份读者范围广、时效性强、影响力大的综合性地方报纸。

《秦皇岛日报》为中共秦皇岛市委机关报,对开四版周七刊,设有彩版,日发行量6万多份;《秦皇岛晚报》四开二十四版,周六刊,期期彩报,日发行量5万多份;暑期两报发行份数均达8—10万份,是本地区重要媒体,自办发行。

日报、晚报广告由秦皇岛日报社广告部统一经营,统一管理,统一价格,统一接发稿,统一对外承揽接待广告业务。

我们的宗旨是:秦皇岛日报社广告部——您的同志、谋士和朋友!

保定日报广告部
保定报业广告公司

地　址:河北保定新华路68号

邮　编:071000
电　话:(0312)2025726　2025739　2024775
传　真:(0312)2024775
经　理:展　宁
联系人:蒋志芬

《保定日报》广告部、保定报业广告公司全面负责《保定日报》、《保定晚报》广告。

《保定日报》广告部、保定报业广告公司现设有接待部、客户部、策划部、出版部,有专业水准的创意、策划和制作出版人员及一流电脑制作系统,可为客户提供图文精良,极具实效的广告方案,并能立足地方市场实际情况,为客户提供切合实际的广告媒体组合策划。

我公司与全国的重要媒体和大型广告公司有着稳定良好的合作关系,可为客户代理各种产品、企业广告的异地发布并能提供市场调研、专项产品促销计划。目前,公司又开设户外广告业务。遍布全市主要街道的80余块高级报栏灯和广告均立于黄金地段。

本公司愿与全国工商企业和广告界同仁交朋友。为您在人口上千万的保定市场发展业务助一臂之力。

中国电梯编辑部

地　址:河北省廊坊市金光道61号
邮　编:065000
电　话:(0316)2040577或2311446
传　真:(0316)2311447
网　址:www.cea-net.org
电子信箱:chinaem@public.Hptt.he.cn
负责人:李增健

《中国电梯》杂志归口建设部主管,由中国电梯协会和中国建筑科学研究院建筑机械化研究分院联合主办,是国内唯一公开发行的专门介绍电梯、自动扶梯、自动人行道和立体停车场设备等内容的综合性期刊。全铜版纸、全彩色印刷,杂志尺寸285mm×210mm,每月15日出版,每册定价16元,国内外发行量6000份。正文80页,另附平均60页的广告信息。广告品种有:封面、封2、封3、封底及插页广告,主要刊登电梯、自动扶梯、自动人行道、立体停车场及配件等内容的广告。

老人世界杂志社

地　址:河北石家庄市裕华西路408号
邮　编:050051
电　话:(0311)7874481
传　真:(0311)7874481
负责人:张玉生
联系人:郝白峰

刊登广告内容:

保健器械,药品,医疗机构。

山　西　省

公　司　类

山西省广告装潢公司

地　址:山西省太原市迎泽大街330号
邮　编:030001
电　话:(0351)2026548　2023306
传　真:(0351)4070592
电子邮件:zzg53@163.com
负责人:张中青
联系人:李菊香

经营范围:

路牌、灯箱、霓虹灯等各类户外广告的设计、制作、发布,大型展览设计制作,美术画类与建筑壁画,室内外装饰装潢,代理策划国内广告业务。

山西博翔国际广告公司

地　址:山西省太原市并州东街4号
邮　编:030012
电　话:(0351)4182998
负责人:博继春
联系人:李博钊

山西博翔国际广告公司创建于1992年,经过多年的开拓进取,现已成为山西省实力雄厚的大型综合性广告公司，连续三年被太原市政府授予“重合同，守信用”单位，1996年山西省工商局认定“博翔”广告为“山西省著名商标”。山西博翔广告公司成为本省广告行业唯一名牌企业。

公司拥有一批酷爱广告事业的专业人才，具备全方位市场调研、营销企划、CI导入、平面设计、影视制作、代理各类广告及策划和组织各种大型活动的能力。公司硬件设备除性能先进的微机外，还配置了广播档影视制作系统，美国SGI三维动画工作站，日本TT——1作曲系统，电脑平面设计系统等价值400余万元的先进设备及电视演播厅，基本上满足了现代广告的高技术要求。

博翔广告公司自创建以来，创作、发布了大量精品广告，成功策划和组织了多项大型活动，为中央电视台、山西电视台、黄河电视台、太原电视台的栏目和节目制作了大量三维动画片头，并分别与山西电视台、黄河电视台联办了综艺电视栏目。

博翔广告公司的广告媒体覆盖了户外、广播电视、报刊杂志等诸多领域，形成了从各省、市广播电台电视台到各地报刊杂志的互通媒体网络，具备了强大的价格优势，为各地广告主发布广告创造了良好的条件。

山西省国际贸易广告公司

地　址：山西省太原市新建路15号
邮　编：030002
电　话：(0351)4071520　4081458
负责人：黄新智
联系人：杨　毅
经营范围：

设计、制作、发布、代理国内外各类广告。

大同市美术设计院

地　址：大同市迎宾东路21号
邮　编：037008
电　话：(0352)5100551　13903521148
负责人：张广札
联系人：许跃先
经营范围：

本院对外承揽雕塑、壁画、展览、室内设计、广告装潢等业务，大同市繁华区的路牌广告和巨型户外广告，本院参与经营。本院平面广告设计、室内装饰设计的专业人员较全面，配备了电脑设计工作室。

所属企业有大同市装饰建筑公司、大同市广告装饰公司、大同市新大地装饰公司。

广播电视类

山西电视台经济广告中心

地　址：太原市迎泽大街318号
邮　编：030001
电　话：(0351)4041592
传　真：(0351)4049644　4041592
电子邮件：sxtvecom@public.ty.sx.cn
网　址：www.shanxitv.com
负责人：王惠跃
联系人：刘云彩

山西电视台是通过卫星覆盖全国的省级电视台，每日播出时间为7:00至次日01:20。1998年年底已在北京等20个省会城市落地。在山西省，可覆盖全省95%以上的人口。节目内容丰富，其中“山西卫视新闻”、“记者观察”、“公民与法”、“经济广场”、“黄土地”等深受观众喜爱，是全国名牌栏目。

山西电视台经济广告中心经营、发布国内外电视广告并拥有经验丰富的广告设计和制作人员，配备一流的数字特技设备，以重合同、守信誉、发布时间准确、效果好，受到客户赞誉。

大同电视台广告部

地　址：大同市新开南路七号
邮　编：037006
电　话：(0352)234105　2014566
传　真：(0352)2034105
负责人：陈占明
联系人：赵武山

大同电视台拥有最先进的电视摄制设备和发送设备，发射塔高150米，发射功率10千瓦，电视覆盖大同全市及周边地区300万城乡居民。自办节目丰富多彩，富有地方特色，每周播出7次，日自办节目12小时，播转时间近48小时，拥有广泛的观众及稳定的收视率。

大同电视台广告制作重创意和摄制技术的完美结合，努力追求为客户塑造良好的企业形象和商品形象，在全国以及省、市广告节目评比中多次获奖。本台与全国60多家城市台有业务联系，可联播广告。

大同电视台广告部全体人员欢迎您的光临，愿用知识和技术为您提供完美、周到的服务，愿我们的服务能使您的企业和商品如虎添翼，展翅翱翔。

大同人民广播电台二台广告部

地　址：大同市御河北路1号
邮　编：037044
电　话：(0352)6021245　6021203
负责人：耿建贵
联系人：田　林
经营范围：

承办大同人民广播电台二台国内广播广告业务，代理国内广播广告。大同人民广播电台二台由原来的中波节目改为调频立体声节目，同时，大同人民广播电台二台《健康之声》广播现已开播。调频立体声节目、健康之声广播两套节目全部采用直播、录播方式，所有设备均从合资厂家购进，这在全省地、市广播电台中设备是最先进的。大同人民广播电台二台地处市区东门外，覆盖范围包括大同市区、各县、朔州市、忻州北部地区以及邻省河北西部、内蒙丰镇、凉城、乌盟一带。

报刊类

山西广播电视报

地　址：山西太原迎泽大街318号
邮　编：030001
电　话：(0351)4036651
负责人：李蓝翔
联系人：杜晓光

《山西广播电视报》是山西省发行量最大、读者面最广的一张报纸。

本报预告、介绍山西人民广播电台、长城广播电台、山西文艺广播电台、山西电视台、黄河电视台、中央电视台、本省电视台、邻省电视台及上星台的节目内容，并辟有“声屏苑”副刊及文化生活等专版。

本报承办国内商品及服务广告、文化娱乐广告、节日与民俗活动广告、社会公益广告、社团活动广告等。本报彩色印刷，逢周二出版，在读者手中的阅读期长达十天以上，是传播信息的理想媒介。

山西工人报

地　址：太原市精营西边街29号
邮　编：030001
电　话：(0351)3043705
负责人：贺海毅

承办《山西工人报》广告业务，代理国内同行业广告业务。

市场信息报

地　址：太原市迎泽大街229号省贸易大楼
邮　编：030001
电　话：(0351)4042039　4040784
负责人：姜晖明
联系人：胡晓明

本报国内外公开发行，拥有遍及全国31个省、市、自治区的读者，以工商企业、中小企业、乡镇企业、私营企业和个体工商户为主要对象，以信息量大、实用性强、覆盖面广、咨询方便、在读者手中持续时间长为显著特色。

本报除专门辟广告版外，还设有独具特色的收费栏目，如《互通有无》、《商情大世界》、《牵线搭桥》、《招商引资》、《专利柜台》、《合作机会》等，收费不高，效果很好，经济实惠，深受全国商界同仁的欢迎。

大同晚报社广告部

地　址：山西省大同市雁同东路甲1号
邮　编：037044
电　话：(0352)623935
负责人：刘学峰
联系人：姜　敏

《大同晚报》是中共大同市委机关报，以宣传党的路线、方针、政策，促进社会主义物质文明和精神文明建设为己任。坚持时效性、指导性、可读性的统一，立足大同、宣传大同，面向山西，走向全国；富有历史文化名城晚报特色，是一张深受广大人民群众喜爱的综合性报纸。《大同晚报》前身是《雁北日报》，创刊于1958年。《大同晚报》为周七刊，四开十六版。它栏目众多，内容丰富，图文并茂，贴近时代，贴近社会，贴近生活，贴近群众，集思想性、知识性、趣味性、服务性于一体。本报刊登广告迅速、及时、准确，效果颇佳。热诚欢迎国内外朋友来大同投资、开发、旅游，欢迎您在《大同晚报》刊登广告。

山西日报社广告处

地　址：太原市双塔东街124号
邮　编：030012

电　话:(0351)4046561
负责人:吉明清

在《山西日报》上发布国内外各类广告,承办分类广告。

太原日报社(含太原晚报)

地　址:山西省太原市桃园之巷113号
邮　编:030002
电　话:(0351)4227001　4227033
电　传:(0351)4225990
负责人:兰大中
联系人:闫成荣

承办国内报纸广告业务,代理国内报纸广告业务。

三晋工商报

地　址:太原市新建南路239号
邮　编:030012
电　话:(0351)4063350　4062154
负责人:朱云忠

《三晋工商报》是山西省工商局主管、太原市工商局主办的一份具有国内统一刊号(CN14-0059)、面向全国发行的省级行业报纸,对开四版,每周二、五出版。

《三晋工商报》覆盖面广,发行量大,是传播信息的良好媒体。

《三晋工商报》的办报宗旨是:立足工商,面向市场和消费者,采百家之精华,走百家之捷径。宣传工商法规,为市场主体服务,为社会主义精神文明和物质文明鼓与呼。

欢迎广大客户来本报刊登广告,用我媒介,传你美名!

内蒙古自治区

公　司　类

内蒙古卡乐广告有限公司

地　址:呼和浩特市新城东街21号
邮　编:010010
联系电话:(0471)13804718157
法定代表人:刘永忠
经营范围:设计、制作、发布、代理国内各类广告

内蒙古赛马场金马广告中心

地　址:呼市呼伦北路513号
邮　编:010050
联系电话:(0471)6500657
法定代表人:魏永平
经营范围:设计、制作、发布、代理国内各类广告

内蒙古先行广告有限责任公司

地　址:呼市公园西路先行大厦
邮　编:010020
联系电话:(0471)6289800
法定代表人:杜德明
经营范围:设计、制作、发布、代理国内各类广告

内蒙古国广广告有限责任公司

地　址:呼市中山路101号
邮　编:010020
联系电话:(0471)6967071
法定代表人:郭连壁
经营范围:设计、制作、发布、代理国内各类广告

内蒙古东方广告有限责任公司

地　址:呼和浩特市新城北街30号
邮　编:010010
联系电话:(0471)6285018
法定代表人:王蛟立
经营范围:设计、制作、发布、代理国内各类广告

内蒙古思必达广告有限责任公司

地　址:呼和浩特市新城区北垣街28号北垣大厦2楼
邮　编:010010
联系电话:(0471)6926781
法定代表人:秘雪峰

经营范围:设计、制作、发布、代理国内各类广告

内蒙古金视大成广告有限责任公司
地 址:呼市新华大街55号
邮 编:010020
联系电话:(0471)6931973
法定代表人:沈超英
经营范围:设计、制作、发布、代理国内各类广告

呼和浩特市邮电广告经营中心
地 址:呼市新城西街185号
邮 编:010010
联系电话:(0471)6283646
法定代表人:王少荣
经营范围:设计、制作、发布国内各类广告

内蒙古吉祥广告艺术有限公司
地 址:呼市新城区建设街48号集团楼
邮 编:010010
联系电话:(0471)6932388
法定代表人:安吉祥
经营范围:设计、制作、代理国内各类广告,发布路牌、灯箱广告

内蒙古佳音装饰装潢广告有限公司
地 址:呼市呼伦南路物资大厦15楼
邮 编:010020
联系电话:(0471)6952299
法定代表人:王佳音
经营范围:设计、制作、发布、代理国内各类广告

内蒙古金马集团广告有限公司
地 址:呼市钢铁路内蒙建校巷
邮 编:010030
联系电话:(0471)3971503
法定代表人:李惠香
经营范围:设计、制作、发布、代理国内各类广告

内蒙古三鼎龙广告有限公司
地 址:呼和浩特市新城区水源开源房地产一号楼
邮 编:010010
联系电话:(0471)6290400
法定代表人:刘选茂
经营范围:设计、制作、代理国内各类广告,发布户外广告

呼和浩特市天下广告有限责任公司
地 址:呼市呼伦南路四千米巷65号
邮 编:010020
联系电话:(0471)13704783833
法定代表人:董志宏
经营范围:设计、制作、发布、代理国内各类广告

内蒙古星空广告有限公司
地 址:呼市内蒙古展览馆西路8号楼
邮 编:010010
联系电话:(0471)13804741168
法定代表人:曹艳冬
经营范围:设计、制作、发布、代理国内各类广告

呼和浩特市海荔广告策划有限公司
地 址:呼市公园南路201号
邮 编:010020
联系电话:(0471)5961428
法定代表人:倪志平
经营范围:设计、制作、发布、代理国内各类广告

内蒙古豪博商标广告咨询服务中心
地 址:呼市新城东街21号内蒙古电子产品检验所302房间
邮 编:010010
联系电话:(0471)6953527
法定代表人:宝 音
经营范围:广告咨询服务,设计、制作、发布户外广告

内蒙古唯本广告有限责任公司
地 址:呼市公园西路综合楼先行大厦六楼
邮 编:010020
联系电话:(0471)9021902
法定代表人:王 珂
经营范围:设计、制作、发布、代理国内各类广告

呼和浩特市市政广告公司
地 址:呼市公园西路20号
邮 编:010020
联系电话:(0471)6917558
法定代表人:王潇涓
经营范围:设计、制作、发布国内各类广告

呼和浩特市铁鑫美术装潢广告中心

地　址:呼市火车站东侧呼铁多经大厦3楼

邮　编:010050

联系电话:(0471)6244935

法定代表人:王立伟

经营范围:设计、制作、发布、代理国内各类广告

内蒙古龙媒广告有限责任公司

地　址:呼市新城区乌兰察布路统计局

邮　编:010010

联系电话:(0471)6511188-3083

法定代表人:王　贵

经营范围:设计、制作、发布、代理国内各类广告

呼和浩特市新创广告有限公司

地　址:呼市大学西路110号

邮　编:010020

联系电话:(0471)6958844

法定代表人:韩俊田

经营范围:设计、制作、代理国内各类广告,发布户外广告

内蒙古珠达广告有限公司

地　址:呼市车站东街188号三源大酒店五楼

邮　编:010050

联系电话:(0471)6299946

法定代表人:李洪飞

经营范围:设计、制作、发布、代理国内各类广告

报　刊　类

呼和浩特日报社

地　址:呼市地质局南街8号

联系电话:(0471)6284957

法定代表人:彭君廷

经营范围:利用《呼和浩特日报》、《呼和浩特晚报》发布国内各类广告

内蒙古经济报社

地　址:呼市新城大街55号

邮　编:010010

联系电话:(0471)6266852

法定代表人:王学明

经营范围:利用《内蒙古经济报》发布国内报纸广告,承办分类报纸广告业务

内蒙古青年报刊社

地　址:呼市大学东路19号

邮　编:010020

联系电话:(0471)4929522

法定代表人:阿古拉泰

经营范围:设计、制作印刷品广告,利用《这一代》杂志发布国内各类广告

呼和浩特广播电视报社

地　址:呼市公园西路159号

邮　编:010020

联系电话:(0471)6926583

法定代表人:崔国庆

经营范围:利用《呼和浩特广播电视报》发布国内报纸广告,承办分类报纸广告业务

实践杂志社

地　址:呼和浩特市新城北街青城巷

邮　编:010010

联系电话:(0471)4812973

法定代表人:刘玉槐

经营范围:设计、制作印刷品广告,利用本社出版的印刷品发布广告

警察杂志社

地　址:呼市新城区海拉尔东路501号

邮　编:010050

联系电话:(0471)6511188-3083

法定代表人:张德利

经营范围:设计、制作印刷品广告,利用本社出版的印刷品发布广告

内蒙古妇女杂志社

地　址:呼市呼伦北路36号

邮　编:010010

联系电话:(0471)6955947

法定代表人:张秀梅

经营范围:设计、制作印刷品广告,利用本社出版的印刷品发布广告

草原税务杂志社

地　址:新城区大台什路

邮　编:010010
联系电话:(0471)4306657
法定代表人:北朝夫
经营范围:设计、制作印刷品广告,利用本社出版的印刷品发布广告

老年世界杂志社

地　址:呼市兴安南路117号
邮　编:010010
联系电话:(0471)4913409
法定代表人:张　忠
经营范围:设计、制作印刷品广告,利用本社出版的印刷品发布广告

辽　宁　省

公司类

辽宁公路广告公司

地　址:沈阳市和平区太原南街222号
邮　编:110005
电　话:(024)23500849
传　真:(024)23524026
负责人:宋德祥
联系人:赵　嶶

辽宁公路广告公司是辽宁省交通厅公路管理局下属国有企业,是辽宁省广告协会理事单位,独家代理省内公路沿线广告。

本公司集设计、制作、发布于一体,拥有先进的设备和优秀的设计人员,几年来先后发布大型广告数十个,以可靠的信誉、合理的价格、周到的服务,赢得了客户的信赖。

公司现有大型单立柱、龙门架、电子屏和票据等广告媒体。主要分布在沈大线、沈山线、沈抚线、京哈线等多处干道沿线及沈阳四周主要出入口处。媒体地点优越,广告效果极佳。

愿与各界朋友真诚合作、共创美好未来!

辽宁广播电视艺术中心

地　址:沈阳市和平区云集街18号
邮　编:110003
电　话:(024)23855341　23224778
传　真:(024)23864955
负责人:杨　旭
联系人:蔡丽虹、刘　航、杨　君

广告业的军团行为,媒介执行准确

网络般的控购时段,一流投放能力

辽宁广播电视艺术中心简介

辽宁广播电视艺术中心拥有二十二家全资或控股的广告公司,发挥集团作战的优势,实行严格管理、分工合作、统一政策、统一执行的运作理念。1997年、1998年及1999年在辽宁地区广告业中创造了多项记录,在多家媒体广告代理额均列首席。

辽宁广播电视艺术中心购买辽沈地区主要报纸专版12个,包括旅游、购物、医疗、问药、汽车、商情等。购买电视及广播广告时段18个,有一大批高素质的媒介执行、监控及发布人员为客户服务。深受省内外广告主所信赖。

辽宁广播电视艺术中心拥有400名员工,拥有资产3000万及一流的专业设备——极光动画工作站、极点监控中心、极风电视编辑系统。以一流的专业水准为客户服务。为全国多家知名品牌占领辽宁市场做出佳绩,亦为辽宁产品走向全国而露神奇。

专业发布队伍,专业监控队伍,超群的购买能力,低廉价格,发布科学准确,是广大客户投放广告首选、是外省市广告公司最佳合作对象。

辽宁广告策划中心简介

我们的时间以分秒计算

我们的动作象钟表一样精确!

比较中国现代广告业20年的发展历程,1991年成立的辽宁广告策划中心从起步至今,已在市场中摸索前行了近10年。经过不懈的努力和完善,我们现已创建了良好的媒介环境、拥有了缜密的市场调研、培养了超群的广告创意、积累了可贵的运营经

验。经营媒体达10余种,客户遍及全国各地。自1996年以来,在辽宁电视台广告公司营业额中持续排名第一,并同时获得辽沈地区《沈阳日报》等多家主要新闻媒体的甲级代理等,是东北地区最大的综合性广告经营单位之一。我们深信,简洁的媒介通道、理想的媒介组合、有效的媒介执行才能实现精准的广告创意;我们期望,能与客户共同发展;我们的时间以分秒计算;我们的动作象钟表一样精确。

辽宁轻联广告有限公司

政府与媒体携手　共铸广告业辉煌

没有政府与媒体的支持,我们不会发展如此迅速;

仅仅依靠这种支持,我们永远不会壮大。

1997年8月,为繁荣辽宁经济,实施名牌战略,辽宁省轻工总会和辽宁省广播电视厅有关部门联合筹划成立辽宁轻联广告有限公司,扶持以轻工产品为主的辽宁地产名牌产品;

1997年10月,辽宁轻联广告有限公司宣布成立,本着高起点、优质服务的原则,以年轻化、知识化、专业化和科学化武装队伍;

1997年11月3日,辽宁省轻工总会向省政府递交了《关于加强辽宁轻工产品宣传的请示》,要求辽宁轻联广告有限公司买断辽宁卫视等媒体部分时段和版面,以让利于辽宁轻工企业,请求各新闻媒体给予支持。11月5日,郭廷标副省长做出了"请省广播电视厅给予必要的支持"的批复;

1998年1月1日,在辽宁卫视台和有线台开辟轻工产品推荐品牌时段,服务企业,让利轻工。

1998年,公司不断开拓新业务,并获成功;

策划《辽宁轻工名牌榜》栏目;

策划"辽宁轻工改革开放二十周年龙头企业(产品)榜"宣传活动;

成立辽宁轻联创意制作工作室,并免费为省内轻工企业设计企业及产品标识、样本、包装等;

与《辽沈晚报》、《沈阳广播电视报》等媒体建立良好、持久的代理关系,营业额逾千万元……

1999年,辽宁轻联广告有限公司在省轻工总会和广电厅的领导下再创佳债。

沈阳路灯广告公司

地　址:沈阳市铁西区北滑翔路6-7号
邮　编:110021
电　话:(024)25916853
传　真:(024)25898766
负责人:牛立新
联系人:姜桂君

我公司承制的广告,以路灯电源为照明广告电源、能昼夜发挥广告的商业经济媒体作用。我公司配有电力、美工、设计、制作、安装等专业技术人员和专业设备。

主要承接照明广告、灯箱广告、户外广告、霓虹灯广告、立体照明广告的设计、制作、安装业务。

为保证广告媒体的效能,不间断地发挥作用,更好地为用户服务,施行全年维护业务。

沈阳国际广告贸易有限公司

地　址:沈阳市沈河区北三经街55号
邮　编:110014
电　话:(024)22844851　22844850　22846808
负责人:李　东
联系人:李克实

沈阳国际广告贸易有限公司集广告、信息、贸易、高新技术开发、国际交流于一体,系经营多元化、国际化的新型企业。1996年被工商局、广告协会评为"广告行业15强。"

主营:各类广告的策划、创意、设计、制作和发布,代理电视、广播、报刊广告、外商来华广告。

国内外商品展览、商务考察、信息咨询、中介服务。

经营国内一般贸易。

华高国际企业发展企划有限公司

地　址:沈阳市沈河区青年大街215号河畔花园内
邮　编:110015
电　话:(024)23892488　23843288-3406
传　真:(024)23893441
负责人:李业民
联系人:王　群　杨　红

沈阳沙诺国际广告有限公司

地　址:沈阳市沈河区小西路79号4门
邮　编:110014
电　话:(024)22921001　22734948
负责人:王成城
联系人:刘　丹

沈阳沙诺国际广告有限公司是中国和以色列国合资的国际性广告公司，公司机构健全。上设董事会、总经理，下设八部一室。公司坚持合作精神，注重整体运作。

沙诺广告拥有一流的平面设计和三维动画制作系统，又新添高精度电脑喷绘机；沙诺员工平均年龄28岁，全部具有大学学历。充实的硬件、软件，使沙诺的发展健步如飞。

沙诺广告对客户实行全方位服务：市场调查、整体策划，广告创意、执行导入、监督评估等。新颖的创意、周密的策划，清晰明丽的喷绘赢得客户的普遍赞誉。

沙诺广告是辽沈地区颇具经验的大型户外广告代理公司，也是公益广告的热心支持者。1997年在沈阳建造的100个公交车候车亭，既为群众提供了方便，又增添了发布公益广告的媒体，已成为沈城一道美丽的风景。

辽宁省辽广对外经贸集团公司

地　址：大连市中山广场2号省外贸营业楼二楼
邮　编：116001
电　话：(0411)2644619　2644611
传　真：(0411)2644606
负责人：于洪江
联系人：徐晓凤

辽宁省辽广对外经贸集团公司创建于1980年，是经国家对外经济贸易合作部批准，经营国内外广告、展览业务和进出口贸易的辽宁省专业性进出口公司。

公司拥有从事广告、展览、影视、设计、策划制作和进出口等业务经验丰富的各方面专门人才。他们积极活跃于广告代理、策划、设计、影视制作、商品展览以及国际贸易市场。

本公司愿竭诚欢迎海内外各界人士与我公司联手协作，共同开辟更广泛的合作领域，共同创造更加灿烂辉煌的未来。

辽宁广播广告公司

地　址：沈阳市和平区光荣街10号
邮　编：110003
电　话：(024)23867986
负责人：孙立国
联系人：庞志健

主营：路牌，灯箱，霓虹灯广告，立体造型，高空建筑广告，代理广播、电视、报刊、外商来华广告。

兼营：信息咨询服务，产品样本，馈赠广告，美术装璜设计，室内装饰，广告策划。

大连铁道广告有限公司

地　址：大连市中山区七七街10号
邮　编：116001
电　话：(0411)2643289　2834147　2834157
传　真：(0411)2658498
总经理：杨永植

大连铁道广告有限公司，简称“大连铁广”，是国家一级综合性大型广告公司，是大连市五家一级广告企业之一。作为大连广告业唯一代表，获得中国广告协会评定的98—99年度“全国广告行业文明单位”殊荣。

近年来，大连铁广纵横驰骋于中国广告市场。在大连，全面代理’99秋季全国糖酒会；在河北，首创推广“奥运冠军庆功酒”；在北京，成功发布《澳门的故事》电视连续剧广告。为大连“国际名城”创意定位，为“3.15”消费者权益活动策划组织，为“中国铁路大提速”设计宣传。三度举办“世界影视广告精品展演(《广告饕餮之夜》)”，几十列品牌列车冠名，上百块户外广告推出，上千万客票广告发布，一系列著名企业成为大连铁广的合作伙伴。

大连铁广可为客户提供从总体策划、广告实施到市场推广的整合营销传播服务。

我们的服务理念：迅捷、精益、亲和

我们的经营理念：敬业、专业、创业

大连交通广告公司

地　址：中山区解放路812号
邮　编：116013
电　话：(024)2881116
总经理：于兴波

大连交通广告公司是大连市第一公共汽车公司下属的全民所有制企业，以承揽、设计、发布公交广告为主，设置了最新型苹果电脑和大型施乐静电图文写真机相结合的大图制作中心。公司拥有技术精湛的创意人员为客户提供设计服务。

我公司拥有大连繁华市区三十余条线路，千余辆运营车辆的广告发布权，具有宣传效果好、覆盖面强、客流量大、信息传播迅速的特点，是各企业厂商宣传产品知名度，提高企业经济效益和社会效应的良好媒体。

施乐静电图文写真机适应广告业高速发展的需要,可输出幅宽1.34米,长度无限,精度达300dpi的高品质图像,是制作海报、广告牌、灯箱广告、车体广告、室内外装饰壁画、人物肖像画、展板及精美的POP广告的理想工具。

大图制图中心:

精度高　输入精度为4200dpi,输出精度为300dpi

质量佳　室内外兼用、防水、防紫外线、三年不褪色

速度快　每小时为42平方米

沈阳影视霓虹广告策划制作中心

地　址:沈阳市皇姑区辽河街65号

邮　编:110032

电　话:(024)86855844

负责人:尚德威

联系人:杨定文

我中心是沈阳市教委所属的大型广告公司,成立于1991年。中心现有先进的电影、电视广告制作设备;电影动画室,300多平方米现代化的演播厅。中心下设客户部、策划部、创作室及制作部等,能够为客户提供整体策划、创意制作、代理发布等全方位服务。中心拥有精干的广告队伍,对创作满怀热情,力争新颖独特;对制作精益求精、追求完美,创作的广告作品深受客户好评。被沈阳市工商行政部门命名为“沈阳市广告十五强企业”。

1994年,中心荣获省、市工商行政管理局,广告协会颁发的“重信誉、创优质服务”广告经营先进单位光荣称号。

辽宁廿一世纪广告公司

地　址:沈阳市皇姑区黄河南大街85号

邮　编:110031

电　话:(024)86846613　86860239

负责人:黄安石

辽宁廿一世纪广告公司是辽宁教育电视台主办的对外广告经营实体,是融信息、调研、策划、制作、营销为一体的多功能广告公司。

主营:1、代理辽宁教育电视台及其他媒体广告业务。

2、营销策划、市场调研、媒介服务、媒体选择、宣传服务。

3. 创意、编导、摄制现代高档电视广告片、经济专题片、平面广告设计、CI设计。

公司拥有一流市场调研、广告策划、创意、编导、摄制、美术设计、电脑制作人材,拥有全套Ikegami HC-390摄录机、Ailadin特技系统(亚拉丁特技系统)、AVID MC1000多媒体工作站、3DS动画系统,300m^{3}现代化拍摄演播大厅,胶片摄影设备等,技术先进、实力雄厚、一流服务。

丹东市美术广告公司

地　址:辽宁省丹东市振兴区十一纬路3号丹铁大厦二楼写字间205室

邮　编:118000

电　话:(0415)2121218

经　理:艾　青

联系人:尹琳琳

丹东市美术广告公司位于我国与朝鲜毗邻的最大边境城市——辽宁省丹东市。

本公司专业技术人才荟萃,创意策划设计新颖,以策划创意制作发布国内各种广告的专业公司。

承揽三翻转广告,高空广告,彩色喷绘广告,霓虹灯广告,灯箱广告,气体充气广告,路牌广告,招贴广告,包装装璜产品样本广告,挂历台历工作历印刷及室内外装饰装修。

我们将以热情周到的服务,诚实信誉的品格奉献给我们尊敬的客户。

大连北洋广告公司

地　址:大连市西岗区长江路588号

邮　编:116012

电　话:(0411)3640928　3634159

传　真:(0411)3640948

负责人:郑永瑾

联系人:高春维

广播电视类

辽宁电视台广告传播中心

地　址:沈阳市和平区光荣街十号

邮　编:110003

电　话:(024)23867736　23866523

负责人:赵　颖

联系人:孔祥林

辽宁电视台1959年建台，是省内唯一可以覆盖辽宁全境的电视传播媒介。辽宁电视台开办两套节目，第一套是辽宁卫视台节目，1997年1月1日起通过亚洲2号卫星向全国乃至亚太地区传送节目信号。现在辽宁卫视台的省内人口覆盖率已达80%以上。辽宁卫视台属综合性电视频道，每天从早6:30到次日凌晨1:00播出18.5个小时。第二套节目是辽宁北方电视台节目，以经济类和娱乐类节目为主。第二套节目可以直接覆盖沈阳地区，同时还进入全省有线网覆盖省内各市，每天从上午9:00到13:00，下午从17:30到24:00播出近11个小时节目。

辽宁电视台广告传播中心（即辽宁电视台广告部），主营辽宁电视台的一、二套节目的广告业务，同时兼营与广告相关的产品经营、信息咨询服务等。法人代表刘凤岐（辽宁电视台副台长），现任负责人赵颖。辽宁电视台广告传播中心是代表辽宁电视台从事广告经营的唯一窗口。

辽宁电视台愿与国内外朋友密切合作，共同开创美好未来。

锦州有线广播电视台广告部

地　址：锦州市中央大街二段58号
邮　编：121001
电　话：(0416)3158357
传　真：(0416)3158127
负责人：肖玉成
联系人：杨　昱

锦州地处辽西走廊，是连接东北与华北的咽喉重镇和交通枢纽。锦州工业基础雄厚，门类齐全，农业物产丰饶，种类繁多；商业繁荣兴旺，颇具特色。锦州是经济贸易，科技文卫比较发达的沿海开放城市，是辽西经济文化中心、是东北地区重要的物资集散地，也是国家重点开发建设的旅游区。锦州有线广播电视台自办节目三套，入网总数18万户，节目覆盖锦州全地区。

报刊类

丹东日报

地　址：辽宁省丹东市十纬路23号
邮　编：118000
电　话：(0415)2124489　2130177
广告负责人：姜宗方

丹东位于辽宁东南鸭绿江畔、黄海之滨，是中国最大的边境城市，人口230万。《丹东日报》已创刊半个多世纪，是一张对开四版、激光照排胶印，发行遍布市区及所辖东港市、凤城市和宽甸县的具有权威性的综合性日报。

收费标准（1998年1月1日起实行）
整版48000元（48cm高×35cm宽）
半版24000元（24cm高×35cm宽）
通栏12000（12cm高×35cm宽）

铁岭日报社

地　址：辽宁省铁岭市银州区银州路22号
邮　编：112000
电　话：(0410)2825614
传　真：(0410)2824804
负责人：徐秀菊
联系人：孙景志

欢迎您在《铁岭日报》刊登广告

《铁岭日报》是中共铁岭市委机关报。四版周七刊，发行量4.7万份。是本市唯一的一张综合性日报。

铁岭市地处辽宁省北部，南、西与沈阳市毗邻；北与吉林省四平市相连；东与吉林省辽源市、我省抚顺市接壤，全市面积近1.7万平方公里，所辖铁岭、昌图、西丰三县；开原、铁法二市；银州、清河二区，总人口310万，是以生产粮食、能源为主的新兴城市，素有"辽北粮仓"之称。交通方便，京哈铁路、京哈、哈大高速公路贯穿全市，旅游景点，名胜古迹颇多。

欢迎各界朋友光临并在《铁岭日报》刊登广告。

卫生与生活报广告部

地　址：沈阳市皇姑区嘉陵街57号
邮　编：110031
电　话：(024)86858435
传　真：(024)86241001
负责人：于国成
联系人：赵青魁

辽宁日报

地　址：沈阳市中山路339号
邮　编：110014
电　话：(024)22829746

传　真:(024)22829872
负责人:姜凤羽
联系人:马振坤

沈阳日报

地　址:沈阳市沈河区北三经街67号
邮　编:110014
电　话:(024)22821115　22921451
传　真:(024)22846147
负责人:裴风安
联系人:倪沁佳

大连日报

地　址:大连市中山区世纪街76号
邮　编:116002
电　话:(0411)2633004
传　真:(0411)2824782
负责人:孙寿洪

沈阳晚报

地　址:沈阳市沈河区北三经街67号
邮　编:110014
电　话:(024)22826007　22859602
传　真:(024)22826007
负责人:胡凤廷
联系人:朱凤仁

辽沈晚报

地　址:沈阳市沈河区中山路339号
邮　编:110014
电　话:(024)22829225
传　真:(024)22830480
负责人:陈学良
联系人:李可筑

辽宁法制报

地　址:沈阳市皇姑区松花江街10号
邮　编:110032
电　话:(024)26226034
传　真:(024)26900900—8809
负责人:端木德民
联系人:邵荣富

中国果树编辑部

地　址:辽宁省兴城市温泉中国农科院果树所
邮　编:125100
电　话:(0429)5152273－320
传　真:(0429)5157700
负责人:翁维义

生产与市场的纽带,企业与果农的桥梁

我刊是中国农科院果树所主办的专业技术期刊。1959年创办,现为双月刊。期发行量16000份。在同类期刊中具有较高的知名度,曾获第一、二届全国优秀科技期刊二等奖和多项省、部级期刊奖。1984年开始兼营广告业务,长期以来,在传播农业生产资料产品信息、繁荣农村经济等方面发挥了积极作用。曾获辽宁省广告业1994年度,“重信誉、创优质服务”先进单位称号。逐渐成为发布果树种苗、农药等产品的重要广告媒体,农业产业结构调整和西部开发为果树生产发展带来了新的契机,欢迎相关企业利用我刊发布广告。

广告收费标准16开彩版:封底5000元,封二、封三、加页3800元,文字介绍:整版1500元,1/2版750元,1/3版500元。

农药杂志广告部

地　址:沈阳市铁西区兴工街沈阳化工研究院内
邮　编:110021
电　话:(024)25617248
负责人:姜雅君

饲料工业杂志社广告部

地　址:沈阳市岐山中路1号
邮　编:110032
电　话:(024)86219263　86864183
负责人:荣立南
联系人:林　勇

铸造杂志社广告部

地　址:沈阳市铁西区云峰南街17号
邮　编:110021
电　话:(024)25852311－205
电　报:5060
负责人:高维纲

吉 林 省

公 司 类

吉林省通化市通达广告有限公司

地　址:通化市新站路一号
邮　编:134001
电　话:(0435)3617395
传　真:(0435)3616290
负责人:孙贺春
联系人:曲丽华

吉林省通化市通达广告有限公司成立于1994年6月28日。公司内设:策划部、公关部、制作部、微机室、后勤部等部门,下设通达广告集安分公司。

本公司自成立以来,在总经理孙贺春同志带领下,全体员工努力拼搏,奋发向上。从广告策划、设计、制作到发布形成了完整的运作体系。“阳光共浴、风雨同舟”是公司对外的承诺。“新观念、高素质、快节奏”是通达人的追求。几年来公司坚持以“高科技的设备、高素质的人才、高质量的产品、高标准的服务”赢得了广大客户的信赖和支持。

1997年公司被省工商局、省广告协会评为“吉林省三十强”广告公司。连续多年被省广告协会评为全省同行业“精神文明先进单位”。1998年被人民日报“海外版”聘为广告常务理事单位。2000年被省CI协会聘为理事单位。2001年荣获全国首届企业徽标艺术大赛“优秀设计机构奖”。

吉林市环球广告公司

地　址:吉林市吉林大街105号
邮　编:132013
电　话:(0432)4650988
传　真:(0432)4656629
负责人:刘艳秋
联系人:于　娜

环球广告公司位于吉林市风景秀丽的松花江畔,中国四大自然奇景—吉林雾凇,每年冬季就出现在这座城市。

公司设有制作部、业务部、策划部三个部门。工作人员全部是具有大专以上文化的广告、策划、制作、设计专业人才。公司组建12年来,与中央以及各地的媒体都建立了密切的关系,并有良好的合作。

公司1992年承办了“92中国长春电影节”、1994年承办了“94中国吉林雾凇冰雪节”的广告策划和实施;承制了吉林市第一块大型喷绘路牌;投资一百伍拾万元,在吉林市最繁华的街道—河南商业街两侧建立广告灯箱;投资四百余万元制作立式钢制果皮箱广告牌;为美化街道新环境,塑造城市新形象做了很大贡献。

目前公司可承办:媒体新闻发布、媒体广告代理、广告词曲创作、影视广告创意、公关礼仪服务、灯箱路牌制作、霓虹灯制作、市场营销策划、电脑平面设计等。

吉林市环球广告公司将以崭新的面貌、雄厚的实力、优质的服务、更高的效率为您提供尽善尽美的服务。

吉林市广告公司

地　址:吉林市朝阳街1号楼
邮　编:132001
电　话:(0432)2432064
传　真:(0432)2432063　2453139　2491151
总经理:鲍长青
联系人:韩丽芬

吉林市广告公司是吉林地区专业性广告公司省级重信誉、创优质服务先进广告经营单位,吉林省广告行业文明单位,吉林省三十强广告公司,成立历史悠久,技术力量雄厚,主要经营彩喷广告、高空广告、印刷品广告,代理电视、广播、报刊等各类广告业务。

吉林省广告公司

地　址:吉林省长春市大经路156号
邮　编:130041
电　话:(0431)8757598　8745182转332
传　真:(0431)8717687
负责人:冯长春
联系人:郎　枫

本公司是一家具有全面现代管理能力的综合型专业性国有企业。

主营:各类广告的代理策划、创意、设计、制作;新闻发布会、展销定货会、交易会等的组织及广告的代理、会刊制作;塑造企业形象及产品宣传画册、产品说明书、商标的设计、印制;中外广告,包括路牌、路标、街头屋顶广告牌、灯箱及霓虹灯、大屏幕广告的策划、制作;影视制作;以及组织举办大型体育活动及时装表演等。

吉林省国际广告公司

地　址:长春市同志街 88 号
邮　编:130021
电　话:(0431)5696157　5696045
负责人:李长法
联系人:高　明

吉林省国际广告公司成立于 1984 年,是中国对外经济贸易部批准经营代理外商来华广告和出口广告的专业公司。

长春市美术广告公司

地　址:长春市长春大街 100 号
邮　编:130042
电　话:(0431)8744766
传　真:(0431)8744766
负责人:王宪臣
联系人:白晓明

长春市美术广告公司是长春市文化局创办的国营专业广告公司,是中国广告联合总公司的成员公司。

公司拥有全面的广告策划、美术设计、广告制作等专业人材和施工队伍。

公司主要经营:企业形象设计、策划,各类户外广告设计、制作。同时还经营特色广告业务:以文艺形式为载体的大型广场(剧场)专题晚会及电影片头广告。承办国内外广告业务。

华远广告发展有限责任公司

地　址:长春市同志街 72 号(大世界北门二楼)
邮　编:130021
电　话:(0431)5666006
传　真:(0431)5666066
负责人:纪小华
联系人:孙红梅

本公司是一家建立在科学的广告策划、广告定位基础上的,集广告策划、设计、制作、发布代理为一体的综合性广告公司,为电视台、电台、报刊代理广告业务。

本公司在影视和三维动画制作上独具特长,拥有一支实力较强的专兼职影视广告创意和制作队伍,并具有较强的 CI 设计、平面设计和环艺设计能力。同时,以组织、筹划大型活动和企业营销整体策划见长。

本公司 1997 年被评为吉林省"广告行业三十强"广告公司。

长春市公交广告公司

地　址:长春市红旗街德昌小区 7 号楼
邮　编:130021
电　话:(0431)5910999　5910666　5912999
总经理:吴凤翔
联系人:黄春艳
经营范围:

车身广告、户外外打灯广告牌、大型路牌灯箱广告、公路桥梁路牌、宣传广告牌、大型招贴画、户外灯箱片、展览会布置、户外广告牌、灯箱图。

专业图文设计:

由 Xerox8954、Howtek4500 滚筒扫描仪、Seal6000 覆膜机、苹果电脑等组成的高档配置,将为您制作出一流的画面。

吉林铁路分局铁笛广告艺术公司

地　址:吉林市中康路 5 号
邮　编:132001
电　话:(0432)2531945
传　呼:(0432)1275629836
手　机:013904407896
负责人:王　太
经营范围:

路牌、霓虹灯广告,铁路分局管内各站区广告,装潢材料、电脑喷绘、美术装潢、牌匾,电视广告、图片广告制作。

延边广播电视报广告公司

地　址:吉林省延吉市局子街 324 号
邮　编:133000
电　话:(0433)2620474　2561578
传　真:(0433)2612667
负责人:于　雷
联系人:常运生

延边广播电视报广告公司是延边广播电视报社的下属机构,以广播电视报为基础,为您承办电视、报纸、广播等媒介的广告代理业务，提供广告策划、CI战略等服务项目。本广告公司设有产品经营部，营销代理广告产品。

梅李美文化包装有限责任公司

地 址：长春市岳阳街52—2号
邮 编：130022
电 话：(0431)5667276
传 真：(0431)5667276
负责人：周志先
联系人：卢 生

长春市邮政局广告邮购公司

地 址：长春市吉林大路202号
邮 编：130031
电 话：(0431)4949394
负责人：康家祝

飞龙国际广告装饰工程有限公司

地 址：长春市清华路1号清华宾馆6楼
邮 编：130021
电 话：(0431)5674377
负责人：程绍岩

长春电影制片厂广告公司

地 址：长春市红旗街16号
邮 编：130021
电 话：(0431)5914554
负责人：聂凤伦
联系人：董安阳

长春思特国际广告有限公司

地 址：长春市解放大路80号吉祥酒店三层B区
邮 编：130021
电 话：(0431)5674383
传 真：(0431)5674383
负责人：廖永亮

广播电视类

四平市广播电视广告节目中心

地 址：吉林省四平市铁西区南新华大街56号
邮 编：136000
电 话：(0434)3223357
传 真：(0434)3223357
负责人：高建新
联系人：杨兆勇 王英豪

四平市广播电视广告中心成立于1997年1月1日，是集广播、电视台(一套、二套)、吉林省《视听导报》四平地区专版广告为一体的广告经营单位。媒体广告可覆盖市区及所辖梨树县公主岭市、双辽市、伊通县及辽宁省昌图县部分地区，多路微波电视可覆盖农村千家万户。辖区总人口460万人。

中心本着“客户第一、质量第一、服务第一、信誉第一”的宗旨，竭诚为广大新老客户提供最为方便快捷、更为优质的服务。

吉林市电视台广告部

地 址：吉林省吉林市重庆路28号
邮 编：132001
电 话：(0432)2454609 2458656
传 真：(0432)2434921
负责人：刘晓柏
联系人：常一凡

山清水秀的吉林市，位于吉林省中部，是吉林省第二大城市，是国务院批准的全国历史文化名城、全国甲级开放城市和全国30个特大城市之一。全市辖昌邑、船营、龙潭、丰满四个区以及舒兰、磐石、蛟河、桦甸四个县级市和永吉县。面积2.7120万平方公里，市区1748平方公里，总人口达435.4万人，市区人口140.5万人。

吉林市电视台始建于1960年，现已发展成为功能齐全，拥有三个频道能制作各类电视节目，融新闻、娱乐、服务为一体的传播机构。发射功率为32千瓦，每天用一频道、八频道、十六频道播出，覆盖面达到市区人口百分之百及所辖外五县(市)大部分地区。电视台广告部拥有一流的先进设备和一流的设计制作手段及一流的专业人员。1997年广告营业额首次突破千万元，并被中国广告协会评为全国广告行业文明单位。

报 刊 类

家庭主妇报社

地 址：吉林市松江中路69号
邮 编：132011

电　话:(0432)2026561－2084
传　真:(0432)2024364
电子邮件:jtzfb@public.jl.jl.cn
负责人:王传宝
联系人:张丽华

家庭主妇报是全国发行量最大、传阅率最高的家庭娱乐性报纸之一,读者遍及全国各地。

家庭主妇报四开二十四版彩色印刷,内容广泛,以报道独家新闻、引领潮流时尚、探索家庭教育、品味婚姻生活见长。同时还设有心理、短新闻、大特写、儿童天地、健康保健等版面,并有专职翻译为您第一时间介绍国外的相关生活资讯,以知识性、趣味性在同类报纸中独领风骚,深受广大读者喜爱。

经贸时报社

地　址:吉林省延吉市天池路63号
办事处:北京市丰台区西罗园邮局7712信箱
邮　编:133001
电　话:(0433)2854965
　　　(010)87283909
负责人:路敦亮
联系人:何亚婷(010－87283909)

《经贸时报》是全国公开发行的商贸类经济大报。她为我国的大经贸、大市场、大流通殚精竭虑地做好宣传服务工作,为企业开拓市场、占领市场、提高知名度起到有效的参谋指导作用。《经贸时报》特开辟格调高雅轻松、内容丰富多姿、版式新颖活泼、读者喜闻乐见的"周末文萃"和"周日大观"。

《经贸时报》为周四刊,每周二、四、六、日出版,全国公开发行。半年价:50.00元,全年价:100.00元。凡订阅全年《经贸时报》者可享受一次性小广告优惠。《经贸时报》热诚承揽国内外广告业务,价格合理偏低。

国内统一刊号CN22—0043　邮发代号11—45

欢迎订阅报纸　欢迎广告业务

江城晚报社广告部

地　址:吉林市恒山西路58号
邮　编:132013
电　话:(0432)4679206　4679207
负责人:田春发
联系人:徐琳琳

《江城晚报》创刊于1992年6月,是国内公开发行的综合性报纸。目前为周七(日)刊,四开八版(其中周六为十六版、周日为二十四版)。吉林市是吉林省第二大城市,人口425万,环境优美,资源丰富,是旅游经商的宝地。

全国统一刊号:CN 22—0033

江城日报社广告部

地　址:吉林市松江路69号
邮　编:132011
电　话:(0432)2011973
传　真:(0432)2011973
负责人:李延浩　关连芳
联系人:黄　群

《江城日报》是中共吉林市委机关报,对开四版周七刊综合性报纸,日发行量近10万份。

《江城日报》是吉林省主要新闻媒体之一,她以刊发报纸广告为主,同时制作分类广告。

时代姐妹杂志社

地　址:吉林省长春市人民大街61号
邮　编:130051
电　话:(0431)8902692
总　编:王玉洁
联系人:刘　波

《时代姐妹》杂志系大型女性都市生活娱乐月刊,1998年的发烧栏目:世纪之交、男士免读、时尚BAZAAR、休闲别墅、家庭幽默录像、男人偏见、校园威风、MARY小屋、城市故事、女性话题、芳名卡门……休闲娱乐中不失真知灼见,典雅高深中不乏幽默轻松。

经营范围:

承接与发布本杂志的化妆、美容、服装、饰品、医疗、药品、保健、征婚、交友、妇女用品、家庭用品、函授的广告业务。

黑 龙 江 省

公 司 类

哈尔滨远洋广告有限公司

地　址:哈尔滨市南岗区隆顺街18号昆仑商城
邮　编:150090
电　话:(0451)2309771　2309772
传　真:(0451)2309773
负责人:高韫韬

我们的信念是"优秀是习惯而不是行为"。

1992年公司成立以来,我们始终把优秀视为不断超越的目标,形成了以媒介代理为主,策划、设计、调研评估全面并进的综合型代理公司。为追求更大的发展空间,先后在北京、上海、深圳设立了分公司。厚积薄发,依靠多年的合作基础,远洋建立了"以黑龙江省地、市、县媒体整体操作为核心,各外埠公司业务、媒介业务同步拓展"的经营格局。星火蔓延,生息不断,远洋在挑战中把握明天。

主要服务客户及品牌:丝宝集团——舒蕾、柏兰、洁婷、美涛;郑州长甲药业——百消丹;摩托罗拉——宝典828;索肤特系列保健化妆品;长虹电器等知名企业。

哈尔滨天和广告有限公司

地　址:哈尔滨市平房区建安街326楼45号
邮　编:150066
电　话:(0451)6503789　13904656210
　　　　6506888-9567(传呼)
负责人:宋国强
联系人:赵欣晶
经营范围:
　设计、制作、发布、代理国内外各类广告业务。

哈尔滨装饰广告设计总公司

地　址:哈尔滨道里区石头道街84号
邮　编:150010
电　话:(0451)4614944　4670729
传　真:(0451)4670729
总经理:刘长荣
联系人:耿艳玲

哈尔滨装饰广告设计总公司是哈尔滨市商业委员会直属的国有企业。公司辖有装饰工程公司、环境艺术设计公司、商业广告公司、商业文化艺术交流公司、贸易公司及商业旅行社等分支机构,是集装饰施工、艺术设计、商业广告、商业文化艺术交流、装饰材料、贸易及商业旅游为一体,全方位一条龙服务的专业公司。在黑龙江省和哈尔滨市同行业名列前茅。被排入全国装饰广告企业100强行列。

公司的经营范围:承接各类大型环境设计、装饰美术展示设计和装饰工程施工;代理发布制作国内外各类广告,企业整体营销策划,"CI"策划,广告创意效果监测及信息反馈,市场信息联网交流,高空广告,印刷广告,礼品广告;商业文化艺术交流,旅游服务和产品展示、展销,文化艺术品的生产销售以及装饰材料贸易等。

北亚国际广告策划有限公司

地　址:哈尔滨市南岗区红军街26号
邮　编:150001
电　话:(0451)3600736　3600777
总经理:高　驰

北亚国际广告策划有限公司是面向国际市场的专业性公司,以高质量的策划、创意,高效率、快节奏的服务,致力于东北地方产品的推介。

公司聚集了企业形象策划、广告学、管理学、市场行销、平面设计、电脑绘制、影视广告等专门人才,拥有先进的专业平面、三维设计系统和真彩色各种幅面的输出打印设备,为客户策划立体广告宣传攻势,为企业提供整体营销策划设计。

中联广告有限公司

地　址:哈尔滨市道里区经纬街214号
邮　编:150010
电　话:(0451)4224290
传　真:(0451)4213525
负责人:张金声
联系人:张丽霞

中联广告有限公司是由中国哈尔滨市及日本国东京都的两个多年从事广告经营的专业公司共同投

资创办的合资企业。拥有一批文化素质较高,富有实践经验的广告专业技术队伍。重合同、守信誉、客户至上、优质服务是公司的宗旨,求实、创新、开拓、进取是公司的追求。

承制、发布、代理国内路牌、霓虹灯、冰灯、摄影、报刊、电视、产品样本、招贴、画册、三维动画等各类广告,承办国外来华广告业务。拥有一流的电脑设备及高质量的 CI 策划人员。

齐齐哈尔市阔达广告装潢公司

地　址:铁锋区平安南街龙华 14 号楼 A 座
邮　编:161000
电　话:(0452)2122690
电　报:0452
负责人:崔启民

我公司是集影美、创意、策划及以多种媒体发布各类经济广告的综合性广告公司。拥有全套采、录、编设备,并在市内最繁华的商业中心区——中心广场设有 80m^2 的电脑磁翻转大屏幕广告显示系统。

松原市新文广告有限公司

地　址:松原市郭尔罗斯大路 32 号
邮　编:131100
电　话:(0438)2125740
负责人:李思华
联系人:李思华
经营范围:

路牌广告、灯柱广告、车身广告、灯箱广告、报纸广告、霓虹灯广告、电脑喷绘广告、企业形象策划。

广播电视类

哈尔滨电视台经济信息部

地　址:哈尔滨市南岗区满洲里街 33 号
邮　编:150006
电　话:(0451)3638085　3658959　3658964
传　真:(0451)3630068　3658959
负责人:张　纯　陈晓滨
联系人:何静华

哈尔滨电视台经济信息部拥有现代化的摄录设备、制作力量雄厚,创办了深受广大观众喜爱的《文体广告大观》栏目,每天以十六个段位播出广告节目。因注重信誉,被评为全国广告媒体重信誉、创优质服务先进单位。

真诚欢迎各界朋友合作。

伊春人民广播电台经济信息部

地　址:伊春市区通河路
邮　编:153000
电　话:(0455)3604482－3029
负责人:陈　明
联系人:范千成

伊春,是一座新兴的林业城市,面积 3.7 万平方公里,人口 137 万。

伊春人民广播电台 1958 年 12 月 1 日正式播音,发射功率为 10 千瓦,可辐射伊春境内各个角落伊春电台自办节目 320 分钟,所设置的广告类节目有30 多分钟,包括“广告”、“经济窗口”、“为您服务”、“信息与服务”等,这些节目安排在每天的黄金时间播出,影响力较强。

报刊类

黑龙江新闻社广告信息部

地　址:哈尔滨市道里区经纬二道街 97 号
邮　编:150010
电　话:(0451)4227407、4214172
传　真:(0451)4223408
负责人:朴秀京
联系人:金丽顺　文金哲

《黑龙江新闻》是黑龙江新闻社编辑出版的综合性朝鲜文日报。对开四版,指导性、知识性、可读性、趣味性较强,深受海内外朝鲜族读者欢迎,是对韩国经贸交流的一大窗口。本报广告信息部承揽、设计、制作、发布国内外报纸广告业务,国内印刷品广告业务。

齐齐哈尔日报社广告部

地　址:齐齐哈尔市劳卫路一号
邮　编:161005
电　话:(0452)2472278
传　真:(0452)2472278
负责人:陈连科

负责经营《齐齐哈尔日报》《鹤城晚报》报纸媒介的国内各类广告业务。

黑龙江农村报广告部

地　址:哈尔滨市道里区地段街2号
邮　编:150010
电　话:(0451)4642392　4619996-247
负责人:韩国丽

我报广告主要对象是黑龙江省及东北广大农村,发布本地域内农业生产、农村生活所需物资、信息供求广告。

牡丹江日报　镜泊晚报

地　址:牡丹江市七星街97号
邮　编:157000
电　话:(0453)6223704　6230572
负责人:李景山
联系人:张春志　李玉宝

《牡丹江日报》创刊于1958年5月1日,是中共牡丹江市委机关报,为对开四版周六刊;《镜泊晚报》创刊于1994年1月1日,由牡丹江日报社主办,为四开四版周六刊。两张报纸在搞好新闻报道的同时,都承担广告的承揽、设计、制作和发布任务。广告设计和印刷在黑龙江省内受到好评,有多幅广告作品获国家及省的优秀奖和二等奖。

双鸭山日报社广告部

地　址:双鸭山市尖山区
邮　编:155109
电　话:(0469)4226149
传　真:(0469)4226149
负责人:孙　艳

承办代理《双鸭山日报》国内报纸广告,广告产品销售。

鹤城晚报广告部

地　址:齐齐哈尔市劳卫路一号
邮　编:161005
电　话:(0452)2472278
传　真:(0452)2472278
负责人:陈连科

以报纸媒介经营国内各类广告

中国医院管理杂志社

地　址:哈尔滨市香坊区香顺街41号
邮　编:150036
电　话:(0451)5663359　5663376
传　真:(0451)5663376
广告业务负责人:郝秀兰
经营范围:

以《中国医院管理》杂志为媒介,经营国内广告业务;发布和代理涉外广告单位委托的外商广告。

《中国医院管理》杂志是卫生部主管的综合性国家级核心期刊,它面向全国各级各类医疗卫生机构和卫生行政部门、医学院校,是国内创刊最早、影响最大、发行面最广的卫生软科学期刊。

林业机械与木工设备编辑部广告部

地　址:哈尔滨市学府路374号
邮　编:150086
电　话:(0451)6663021
负责人:李克尧
联系人:白　帆
经营范围:

利用本刊设计、制作、发布、林业与木工机械方面的广告。

江　苏　省

公　司　类

南京雷迪欧广告公司

地　址:南京市太平南路278号1号楼2层
邮　编:210002
电　话:(025)4457475、4541108、6644699
传　真:(025)4540055
电子信箱:radioad@vip.sina.com
公司法人:汤永坚
联系人:任永青

南京雷迪欧广告公司隶属南京人民广播电台,

成立于1992年，是一家专业性、有责任感的广告公司。为客户提供广告策划、创意设计及区域性的市场调研、营销咨询、媒介计划与购买、广告监测等专业服务。公司下设客户服务部、策划部、创意设计部、户外部等业务机构，并先后组建了南京雷迪欧媒介有限责任公司、南京雷迪欧展示设计有限公司。公司以系统的职能组合、科学的组织结构、整合的运行机制，全程推进广告运动和广告服务。自1997年起，公司连续被评为南京市"十佳"、"十强"广告公司。

公司除拥有自身的媒介资源，如南京人民广播电台四个系列电台和十八频道电视台外，还成为江苏电视台、南京电视台、扬子晚报、现代快报、南京广电报、南京日报等省内强势媒体的一级代理公司，并在全国广播广告联网运作上拥有无可比拟的优势。在南京市区各主干道，公司拥有3000多平方米的自身户外媒体资源，更为企业品牌形成展示提供了良好的舞台。

苏州太湖广告有限公司

地　址：苏州市人民南路宝带西路口国贸大厦3F
邮　编：215128
电　话：(0512)65287750　65281519　65257295
传　真：(0512)65620181
负责人：陈云龙

本公司成立于1993年，创办初期为国有集体企业。97年转制为有限责任公司。公司设有市调部、策划部、创意部、媒介部、制作部和客户部等专业部门。公司一贯秉承"利己更利人"的经营宗旨，坚持"广告的生命在于创意，广告的目标永远是促销"的创作理念。作为一家区域性广告公司，我们更了解本地的人文地理、消费形态和市场实情。曾经策划(或代理)苏州虎丘艺术花会、庙会、苏州乐园、三星电子、春兰空调(摩托车)，中国联通，三枪集团、新飞电器、百安居建材、万易通、吴中经济开发区和环太湖国际飞行大赛等苏州市场的广告业务。

多年来，设计创意作品在全国和省、市地区的各类广告大赛屡屡获奖，最近三年，连续成为苏州市获奖数量和奖次最多的广告公司之一。2001年《碧凤坊'吃贯中西'篇》获第八届中国广告节唯一户外类金奖。

卧薪尝胆，苦练内功，是太湖的今天；战上海，上北平，赴重庆，下广东，是太湖的明天。

南京市广告公司

地　址：南京市洪武北路116号
邮　编：210018
电　话：(025)4419488
传　真：(025)6641741
电子邮件：nac@advertising-in-china.com
网　址：www.advertising-in-china.com
负责人：潘祥生
联系人：蒋　明

代理国内外各类广告
CIS企业形象方略
企业公关活动及实施
市场调查及产品销售策略
广告评估及信息反馈
平面广告创意

编导、摄制广告电视片、资料片，制作发布路牌、霓虹灯、立柱、灯箱、橱窗等各类户外广告。

承办各类展销会、展览会及室内外装饰的设计施工。

南京禄口国际机场广告有限公司

地　址：南京市汉中路180号星汉大厦8楼D座
邮　编：210029
电　话：(025)6523668
传　真：(025)6500791
董事长、总经理：葛建亚

南京禄口国际机场广告有限公司主要承担禄口国际机场广告的经营、发布和管理。同时，面向社会开拓广告业务。自1995年成立以来，按照"一流机场、一流广告"的总体要求，大力开拓广告业务，积极营造高品位的广告环境，以良好的创意、优质的服务，赢得了广大客户的信赖，累计开辟户内外广告媒体241个，面积达7000多平方米，注册资金755万元，资产总额981万元。公司先后控股建立了江苏广告人书店有限责任公司、南京空港印务有限公司、北京南北人影视文化发展有限公司，从初期的单一广告经营迅速发展成为以广告经营为核心，印刷、书刊、影视制作为三大支柱的经济实体。

1998年，公司被省广告协会吸纳为执行理事单位；2000年8月，公司被吸纳为中国广告协会直接会员。1998年，公司被省广告协会评为江苏省公益广告先进单位和全省广告行业精神文明先进单位；2000年3月，公司被中国广告协会评为1998—1999广告行业文明单位。

南京禄口国际机场,作为江苏的“空中门户”,规模宏大,环境优美,客流层次高,是广告发布的理想境地。竭诚欢迎各企业单位在机场展示形象和名牌产品,公司愿为企业腾飞铺设金色跑道,共创美好未来。

江苏中邦国际传播有限公司

地　址:南京五台山1-6号省体育中心综合楼2楼
邮　编:210029
电　话:(025)6520999
传　真:(025)6655111
电子邮件:copy365@sohu.com
负责人:凌小晋
联系人:包玉杰

江苏中邦国际传播有限公司是江苏地区规模较大、经验丰富的全面代理广告公司之一,具备强大的信息咨询、企业形象策划、大型活动策划及媒体执行优势。致力服务于多个国际、国内知名品牌,成功策划执行了多例大型活动。在这里,聚集着一群热情而又才华横溢的年轻广告人,他们以“专业创造价值、市场决定销售”为信念,用广告人敏锐的市场洞察力,时时捕捉市场信息,为品牌赢得了广阔的市场份额。

我们的服务:

■整合营销策划与协同执行
■品牌文化和品牌视觉形象的设计与建立
■营销信息系统网络的建立
■一流的广告创意,精湛的广告制作
■公关营销活动策划与执行
■绝对优势的媒体发布与代理服务能力
■良好的政府关系与沟通协调能力

公司采取人性化、科学的现代管理模式,给你一个充分施展才华的理想空间,让你可以感受到自由快乐的工作氛围,只要你是大家公认的广告精英,请与我们同享成功的喜悦,此信息长期有效。

南通市广告美术有限公司

地　址:南通市姚港路九号
邮　编:226006
电　话:(0513)5518758　5586979　5517662(总机)
传　真:(0513)5524010
电子邮件:ntacc@pub.nt.jsinfo.net
负责人:王国民
联系人:韩雪玲

本公司是一个集广告策划、设计、制作、发布为一体的综合性专业广告公司,系中国广告联合总公司理事单位、中广协广委会华东协作会会员单位。公司座落于繁华市区,拥有宽敞、现代气派的办公大楼,内设广告部、策划部、装饰工程经营部、市场调研室、设计室、霓虹电器厂、彩印厂等部门。本公司以“重合同、守信誉、质量第一、价格优惠、用户至上、优质服务”为宗旨,以实体优势积极参与激烈的市场竞争。诚挚欢迎各界人士光临!

连云港市太平洋广告公司

地　址:连云港市新浦民主中路405号
邮　编:222003
电　话:(0518)5456586　5453886
负责人:杨书平
联系人:赵岩松

连云港市太平洋广告公司隶属于连云港市广播电视局,系全民所有制法人企业。主要代理连云港人民广播电台、连云港电视台、连云港有线电视台和《连云港广播电视报》的广告发布业务,经营苏、鲁、豫、皖四省淮海经济区城市电视台广告联播网电视广告发布业务,连云港市区主要路段及楼体的户外广告发布业务,提供大型公关礼仪活动的全套服务。

太平洋广告公司拥有出色的广告策划、创意、设计、制作人才和先进齐全的摄、录、编等专业设备,可为客户创意制作电视广告片和电视专题片。公司下属综合性商场——太平洋商场,拥有出色的市场营销队伍,可为客户提供从广告发布到市场信息反馈及产品销售的综合代理。

博击商海,太平洋广告愿助您一臂之力!

常州市霓虹广告公司

地　址:常州市清凉新村商业楼3号
邮　编:213014
电　话:(0519)8832165
传　真:(0519)8832165
负责人:薛　荣
联系人:朱文君

常州市霓虹广告公司主要设计制作电脑喷绘霓虹灯、灯箱广告牌、代理发布各类广告业务,同时经营霓虹灯器材及各类广告器材。

常州市霓虹广告公司自成立以来,本着真诚为客户服务的宗旨,积极拓展业务,努力探索,在开展业务的同时,锻炼了职工的业务能力及素质。

本公司设有经理室、经营部、业务部、工程部、财务部,在常州主要道路都有各类媒体,如龙门架、落地灯箱等,本公司也为常州市的不夜街建设作出了巨大的贡献,改善城市容貌,丰富市民的夜生活,美化了城市夜景。

我们将以精谌的专业技能为各界服务。

常州环球公共关系公司

地　址:常州市博爱路72号博爱大厦11楼
邮　编:213003
电　话:(0519)8112828(总机)
传　真:(0519)8152218
电子邮件:hqprbc@public.c8.js.cn
网　址:www.huan-qiu.com
负责人:周庆明
联系人:石小虎

1993年,我们——常州环球公共关系公司昂首进入了公共关系和广告领域,从此和策划、形象、品牌、营销、影视等文化传播事业融为一体。

我们以"做事先做人"为核心思想,凭借快捷的信息通道、专业的复合型人才、先进的设备、完善的业务网络和技术等优势,创造了一系列骄人的业绩。我们的员工具有丰富的从业经验和敏锐的洞察力;我们的客户部、网络工程部以及媒介部,都配备了当前最先进的装备;我们积极加入国际公关组织,应邀参加各类国际公关大会,并与世界知名公关公司交流……正是凭借这些优势,我们已发展成为本地区最大的专业公关顾问公司。

环球是公关界的一面旗帜,环球人正昂首以待,全力以赴攀登新的事业高峰。

博闻广告(常州)有限公司

地　址:江苏省常州市局前街101号春源大厦905座
邮　编:213003
电　话:(0519)6687398　6689398　6689368
传　真:(0519)6689328

我们以"智力"争取客户

我们以"服务"赢得客户

主营推广:

(1)江苏省报纸、电视、广播广告特约代理
(2)新品推介及终端促销企划
(3)常规媒体、户外媒介策划发布
(4)CIS全面导入
(5)广告礼品制作
(6)承办大型户内外活动
(7)承办专业会议主持、策划
(8)为客户度身定制各类创意文案,提供专业营销顾问

淮阴市黑马广告有限公司

地　址:淮阴市引河北路18号
邮　编:223001
电　话:(0517)3665688
传　真:(0517)3665688
电子邮件:Ly368008@pub.hy.jsinfo.net
负责人:赵北京
联系人:钱素芹

淮阴市黑马广告有限公司是从事广告整合代理,户外广告设计、制作,各类平面广告设计,展览展示,企业形象策划,CI导入,各类媒介代理发布等业务的综合性专业广告公司。在深圳设有办事处。

黑马广告有限公司人才荟萃,综合实力较强,广告作品多次在全国、省市广告展中获奖,作品入选《第六届全国广告优秀作品展获奖作品集》、《2000年中国广告作品年鉴》、《世界包装》。近年来,整合代理了全国饲料三强的"淮阴正大有限公司"等一些企业集团的广告,成功地为一些著名企业导入了CI,承接了许多企业标识、产品商标及样本、画册、招贴的设计制作。设计的淮阴市有线电视台台标,在全国征集中被采用。拥有市区黄金地段的户外广告媒体。

公司理念:"我们以品质创造未来"。我公司将以精湛的专业技能,丰富的从业经验,高度的敬业精神,为广大客户提供高品质、专业水准的服务。

黑马广告公司愿成为您驰骋市场最得力的助手,最亲密的伙伴。

天地科技股份有限公司常州自动化分公司

地　址:江苏省常州市木梳路1号
邮　编:213015
电　话:(0519)6974971
传　真:(0519)6960492
电子邮件:cari@public.cz.js.cn
负责人:徐　瑛
联系人:王　晖

《煤矿自动化》创刊于1978年,公开发行。本刊为中国科技论文统计源刊、全国中文核心期刊、中国

煤炭学会煤矿自动化专业委员会会刊,是唯一集中报道我国煤矿通信、生产自动化、安全监测监控、计算机应用等国内外新技术、新成果、新工艺、新动向的专业技术期刊,在煤矿电工、电子产品领域颇具影响。

本刊以"为煤炭工业生产及现代化服务"为宗旨,从国情出发、从煤炭工业实际出发、从不同层次的矿井条件及特点出发,以针对性、科学性、及时性为原则,以实用性、先进性、科学性,通俗性为特点,设有科研成果、实验研究,问题探讨,经验交流、技术进步、综述、新产品介绍、国外动态报道等栏目,内容丰富、信息量大,可满足不同层次的读者需要,对从事煤炭生产建设、科研、设计的机电工程技术人员、工人及大专院校师生均有参考价值。

本刊承接广告业务,欢迎来人来函洽谈。我们将以全新的创意、完善的策划、精心的制作,为您提供优质的服务。

卓越形象

地　址:南京汉中路180号星汉大厦8楼C座
邮　编:210029
电　话:(025)6799299　13705157156
传　真:(025)6799413
电子邮件:excellen@public1.ptt.js.cn
负责人:贾丽军
联系人:季华茂

沸点广告传播公司

地　址:南京市新街口羊皮巷24号2楼
邮　编:210002
电　话:(025)4560180　4401930　4527648
传　真:(025)4401930
负责人:孙宝旌
联系人:樊义华

沸点传播有限公司创立于1992年,是江苏省广告协会执行理事单位。

沸点拥有资深影视创意、制作群及专业影棚,运用电影胶片摄制工艺,独立完成前期内、外景拍摄和后期数码视频剪辑、特技合成、三维动画的全程制作,并与香港、广州、上海、北京的电影冲印、胶转磁、数码图形公司有着长期密切的业务往来。

沸点多套高配置 Macintosh 可高效地完成报纸、海报、样本、包装等平面广告的印前设计并提供品质上乘的印刷制作。

沸点与多家大众媒体有着良好的关系,代理各类广告的发布。

徐州市公共交通总公司广告部

地　址:江苏省徐州市淮海西路255号
邮　编:221006
电　话:(0516)5755425
负责人:何彭城
联系人:万矛珊

徐州市公共汽车公司广告部隶属于徐州市公共交通总公司。本部拥有资产80万元〈固定资产30万元、流动资产50万元〉,员工18人。

经营范围:

主营:公共汽车车身广告、招贴广告、站牌、路牌、站亭广告、月票广告、票花、语音广告、灯箱广告。

兼营:装饰工程。批发零售、装饰材料、工艺美术品。

徐州市是淮海经济区的中心城市,淮海经济区拥有人口近亿人,是苏、鲁、豫、皖四省结合部,人口密集、城乡众多、交通发达、市场繁荣。

徐州市位于淮海经济区中心位置,人口近千万,是我国较特大城市之一。徐州市商业网点众多,是淮海经济区的商品集散地和科技、文化、金融、商贸中心。同时还是古代汉文化的发祥地,文物景点众多。本部成立10年来,积极为全国各地厂、商宣传企业,介绍产品,努力做好各厂、商企业的宣传员、服务员,受到广大客户的一致好评。我们将用优质的服务,优良的媒体及创作来宣传全国各地厂、商的企业及产品形象,使我们的事业共同发展壮大,繁荣昌盛。

常熟广播广告服务公司

地　址:江苏省常熟市琴湖路86号
邮　编:215500
电　话:(0512)52725129　13606237296
法人代表:缪　缤
联系人:郑明晓

全国历史文化名城常熟地处长江三角洲上海经济区,毗邻上海、苏州、无锡。人口104万。1998年国民生产总值205亿元,财政收入15.95亿元,为全国十大财神县市之一。其市场购买力之强势在全国县级城市中处于领先地位。

常熟广播广告服务公司隶属于常熟广播电视台。主营代理广告发布媒介为1116千赫、927千赫、调频100.8兆赫,三套频率并有与中波广播1116千赫同步播音的全市有线广播喇叭20多万只,影响遍及长江三角洲。

公司是一家集创意、策划、广告代理、信息采编、热线直播、商务服务为一体的综合性广告公司,代理全国各级电台的广播广告。

全年广告额达280万元。

江苏省电话号簿公司

地　址:南京市中山北路287号
邮　编:210003
电　话:(025)3407788　3413355
负责人:田志仁
联系人:张永明
经营范围:

编辑发行电话号簿,省内电话磁卡的印制、发行,利用电话号簿、电话磁卡设计、制作、发布国内外广告,以及复印服务等项业务。

江苏新闻发展公司
江苏新华文化传播中心

地　址:南京市中山东路46号
邮　编:210005
电　话:(025)4708963
传　真:(025)4716084
法人代表:杜晓明

经营范围:

代理国内报刊、影视、印刷品广告,承接广告策划、设计、制版业务;

书刊编辑、出版、印刷(领取许可证后经营);

公关、信息咨询服务。

南通公交广告装潢公司

地　址:江苏省南通市人民东路53号
邮　编:226001
电　话:(0513)5584451
传　真:(0513)5516282
法人代表:程信汤
联系人:吴　艳

南通公交广告装潢公司成立于1988年初,10年来,由小到大,由弱变强,集策划、设计制作发布于一身。成为市区一家较有实力及影响的广告公司。

经营范围:

设计制作、发布国内车身、站牌、亭牌、路牌灯箱,印刷品、条幅广告。

盐城市广告装璜总公司(盐城市广告公司)

地　址:江苏省盐城市解放北路7号
邮　编:224001
电　话:(0515)8327437　8323809
传　真:(0515)8311744
负责人:吕解生
联系人:王生华

盐城市广告装璜总公司专门从事广告创意、策划、制作、发布的专业公司,是盐城市唯一拥有代理、发布国内外各类广告权的全方位经营性公司。公司拥有较高水准的策划、创意及电脑制作专业人才。本公司愿与所有的企业和广告界同仁携手合作,为您的事业,也为我们的事业共创辉煌。

仪征市广告公司

地　址:仪征市亲河路73号
邮　编:211400
电　话:(0514)3452042
负责人:乔　军
联系人:臧荣春

我们的经营项目有:承接路牌广告设计、制作、发布代理业务,产品包装、样本设计、印刷业务;各类灯箱、霓虹灯制作安装业务。承接室内外装饰工程、环境艺术设计、施工业务。

南京港长江广告音像公司

地　址:南京市下关区江边路17号滨江大厦12楼
邮　编:210011
电　话:(025)8802803－2833　8823607
传　真:(025)8823607
负责人:姚　翔
联系人:张益波

隶属中国内河第一大港,国有大型企业——南京港。

地处津浦铁路线和长江黄金水道两大动脉交汇点,"万贾云集之地"的南京外滩。

拥有实力强劲的人才组合、功能齐配的摄录设备以及印刷、灯箱广告制作中心,配套服务。

从事市场调研、策划创意、设计制作、媒体发布、广告代理等全方位广告活动。

同时拥有一支实力雄厚的商品经销队伍,竭诚为您的产品在市场生辉,为您的企业在长江经济走廊放彩而奉献所有。

吴县市广告公司

地　址:江苏省吴县市东苑路 54 号
邮　编:215128
电　话:(0512)65279792　65625010
负责人:任元孝
联系人:韩桂芳

我公司是集设计、制作、发布、加工、服务为一体的专业广告公司,承办和代理国内外各类广告业务,兼营摄影、摄像、冲扩、打字、复印及零售照相器材。

江苏省广告公司

地　址:南京中山路 402 号
邮　编:210002
电　话:(025)4522495
负责人:尹开国

江苏苏荧广告公司

地　址:南京市北京东路 4 号
邮　编:210008
电　话:(025)7713203
传　真:(025)3610077
总经理:马嘉益
联系人:完　嫿

在江苏电视台各套节目中发布各类电视广告。

徐州报业广告总公司(徐州日报广告部)

地　址:徐州市中山南路 142 号
邮　编:221003
电　话:(0516)5690469
负责人:王德义
联系人:夏国铨

徐州报业广告总公司是徐州及淮海经济区最具规模的专业广告公司之一。

公司信奉"客户就是朋友、朋友就是智慧、朋友就是力量、朋友就是财富"的经营理念。

目前,总公司除承揽"三报一刊"的广告业务外,还代办全国各地报纸广告及各类印刷业务,开展咨询服务。

格美广告公司

地　址:常州市新闻大厦 924－926
邮　编:213003
电　话:(0519)6629922

不管是在房地产业,还是广告业,作为专业的房地产广告代理商,格美以倣增进销售的广告而闻名,因为他们遵循如下原则:

■在演出的舞台上,广告不是独角戏,它是营销活动这个集体演出中的一员。

■建立服务关系的唯一坚实基础,在于彼此信任与尊敬。除非一开始就如此,否则客户将以赔钱与失望收场。

■广告无法为一个人们不需要、不渴望拥有的产品塑造奇迹。但是,一位专业而有技巧的广告人可以将产品原被忽略的特点表现,从而激起人们拥有的欲望。

■广告作品应是温暖的、人性的,它触及人们的需求、欲望、希望和梦想。

常州市江南广告装潢有限公司

地　址:常州市清凉路 86 号
邮　编:213001
电　话:(0519)6648467
经营业务:

电脑包装设计
样本印刷
媒体广告发布
个性化名片设计制作
美国 ENCAD1.5 米
Novajet Pro600
写真喷画机
灯箱制作
展板设计制作
展会布置

腾龙广告公司

地　址:常州市格林大厦 707、709 室
邮　编:213003
电　话:(0519)6868228
传　真:(0519)6868228
负责人:王　勇

腾龙广告公司主要是从事营销企划,国内广告业务的设计、制作、代理、发布及信息咨询服务的专业性广告公司。以"灵感、顿悟、创意、行动"的理念,将努力开拓自身的资源优势,不断提升在广告市场中的竞争力,立志与本土品牌共同成长,为民族企业的再次崛起贡献自身的微薄之力。

美凯龙国际文化广告公司

地　址:常州北环路32号
邮　编:213017
负责人:车建新
电　话:(0519)5318888-5030
传　真:(0519)5319088

美凯龙国际文化广告公司隶属于中国红星家具集团,是一家依托中国红星广告制作、发布为基点,以国内广告代理为核心,从市场调研、制定广告策略到广告设计制作、媒体发布监控的一个完整的服务体系,下设三大部门:客户部、创意部、媒介部,主要骨干均有较丰富的广告工作经验,他们秉怀着先进的广告理念,使每个广告活动都经过全面分析精心策划、严格执行。

美凯龙广告认为:广告的实质既是一种商业活动,更是一种社会服务,其效益反映在以下三个方面:

■给客户带来效益:不断地增加其产品的销量、建立有利的品牌形象。

■给消费者带来效益:让他们买到更好的产品。

■给美凯龙广告带来效益:从客户的不断壮大和消费者的最大利益中得到快乐和成就感。

常州开来广告有限公司

地　址:常州市劳动西路1-3号
邮　编:213001
电　话:(0519)6981222
传　真:(0519)6981222-808
负责人:徐　翔
联系人:许　云

本公司是一家集营销策划、设计制作、媒体发布于一身的综合型的广告公司,一直致力于各类广告的设计和策划工作。我们以全新的时代理念与务实的业务精神服务于客户,策划并操作过大量广告传播活动。

我们的优势:宏观上,我们拥有积级全新的广告意识;业务上,我们具备丰富的经验与良好的素质;实际操作上,我们有创意先进的技术力量与广告制作;实施推广上,我们更能为客户争取最佳的媒介安排和切实削减市场营运成本。

要是您正在寻找能帮上一把的理想沟通伙伴,我们建议,您所选择的广告公司不仅要有统领全球的眼光,还应具备洞穿市场的策划及创意专长。我们坚信,开来正是您在寻找的另一半。

常州市霞峰广告创意装饰有限公司

地　址:常州市关河西路37号银苑大厦
邮　编:213002
电　话:(0519)6604686
传　真:(0519)6615202
负责人:陆建国
联系人:范剑安

本公司是一家集平面设计、展板灯箱制作、企业形象设计、展台、展位设计搭建、室内设计与施工、户外媒体代理及发布等于一体的综合型广告公司。先进的硬件配置、专业化的人才体系和资深的操作经验,使我们成为众多广告主良好的合作伙伴。

公司现开发、生产展示产品:共分为拉网展架、拉卷展架、折叠展架、转折展架、多向连接展架、易接展架等系列多个品种,可满足各层用户流动展示的各种需求。

丰富的品种、优良的品质、一流的服务,使“霞峰”牌系列展具不但热销国内,同时在较短的时间内还将远销海外市场。霞峰展示企业将不断开拓、锐意进取。为广泛赢得市场的信赖、赢得客户的满意而攀登高峰。

常州市时空广告有限公司

地　址:常州市迎春花园8幢10层C座
邮　编:213003
电　话:(0519)6680512 13906112201
传　真:(0519)6680512
负责人:鲍琴燕
联系人:鲍莉萍

常州市时空广告有限公司是一家专业性、高水准的大型综合性广告公司,公司集营销,策划,创作为一体,代理国内各大媒体的广告业务,秉承永创新高的企业精神服务于各类客户,以优秀的创意作品,全新科学的广告思路满足客户的需求,在广告界享有良好的声誉。

媒体服务范围:华东地区各地方电视台及卫视台、华东地区各大报纸、电台及户外广告牌发布业务。本公司可根据各类产品的不同需求提供符合优秀的设计、策划,为参与激烈的市场竞争奠定了坚实的基础。时空广告以至诚的服务,优异的广告创意开拓美好的未来!

常州英才广告设计有限公司

地　址:常州市双桂坊70号

电　话:(0519)6634632
传　真:(0519)6600338－301

常州金利广告有限公司

地　址:常州市劳动西路90号
邮　编:213001
电　话:(0519)6862288、6860018、6861098、6861958
传　真:(0519)6862288

常州新区参天广告有限公司

地　址:常州市劳动中路9号常州教科研活动中心8楼
邮　编:213001
电　话:(0519)6668735
传　真:(0519)6658236

艾力特广告公司

地　址:常州市桃园路13号
邮　编:213001
电　话:(0519)8100303
传　真:(0519)8111518

●实施“手段”

产品广告代理
企业形象策划
印前桌面设计
展示风格定位
广告礼品定位
广告礼品开发

●拿手“好戏”

旅游涉外饭店星级评定
旅游区(点)质量等级评定标准方案实施

●终极“目标”

只是为了您的形象和您的产品倍受瞩目!

●公司“成份”

江苏省广告协会会员单位,江苏省常州市广告协会常务理事单位

常州市华灯广告有限公司

地　址:江苏省常州市博爱路124号
邮　编:213003
电　话:(0519)8128074 8103297
传　真:(0519)8128074

本公司是专业的户外媒体广告公司,七年多来,我们已成功地为电子、家电、纺织、服装、通信、家具、房地产、饮食、饮料、食品、化妆品等行业几百个企业作出卓越的形象和品牌宣传,赢得了广大客户的认可和信赖。

公司为广大客户提供各种广告的审批、设计、制作、安装维修等一体服务,并拥有自己的跨度为16米的龙门架、立杆式及落地式等各种灯箱广告媒体。

常州市华灯广告有限公司愿与广大客户真诚合作,共创未来。

常州市日强广告有限公司
常州日强霓虹灯饰照明工程有限公司

地　址:江苏省常州市博爱路124号
邮　编:213003
电　话:(0519)8120102 6976239

本公司是常州市路灯管理处下属企业。主要经营:设计、制作、发布各类霓虹灯、灯箱、看板等广告业务。承建道路照明、室内装饰照明、大楼泛光照明、电子礼花树等工程。

公司拥有全套国外进口霓虹灯生产设备。确保霓虹灯质量优异。本公司曾多次被常州市人民政府、常州市建委评为灯光建设的先进单位。

常州市通力达信息传播有限公司
常州市通力达摩托车商情网络有限公司

地　址:常州市关河中路143号益丰大厦二楼
邮　编:213002
电　话:(0519)8124203
传　真:(0519)8117465

东亚广告策划有限公司

地　址:常州市博爱路72号博爱大厦10楼
邮　编:213003
电　话:(0519)8116533
传　真:(0519)8103241

董事长、法人代表:邵伴鸿
总经理:张军华
副总经理:许志平

东亚广告策划有限公司是常(州)武(进)地区实力雄厚的专业性广告公司之一。公司经营范围为:策划、设计、制作、代理影视、广播及报刊等全国各类广告业务,代理外商来华广告业务。承接霓虹灯、路牌、灯箱、建筑物、墙面、庭园等广告的设计和制作。

公司将以不断完善的创意,高水准的整体创优能力,并以您的目的为目标,成为企业家的真挚朋

友,新产品销售的桥梁。您的成功就是我们辛勤劳作的收获。

常州市中体广告有限公司
地　址:常州市吊桥路 131 号
邮　编:213003
电　话:(0519)6622788　6800118
传　真:(0519)6800058
负责人:姜立新

常州中体广告有限公司隶属于国家体育总局中体广告,主要从事媒介购买、媒介代理以及大型项目的运营操作,有着品牌维护、企业形象整合行销等方面的众多成功案例。主要客户有:云南红河、红塔集团、云南大重九、浙江大红鹰、江苏红杉树等。

天人合一文化传播有限公司
地　址:常州市延陵西路 57－61 号常信大厦 15 楼
邮　编:213003
负责人:宋　江
电　话:(0519)6638111

常州新区正泰广告公司
地　址:劳动西路 47 号
邮　编:213001
负责人:邹建清
电　话:6667188

常州市天艺广告公司
地　址:西横街北弄 1 幢 101 室
邮　编:213001
负责人:王友健
电　话:6612048

常州市蜻蜓广告有限公司
地　址:局前街天成苑春晖阁 305 室
邮　编:213003
负责人:冯　丹
电　话:6685971

顺艺广告装潢有限公司
地　址:南大街 142 号华侨大厦 702 室
邮　编:213003
负责人:钱常华
电　话:6629955

常州市公共交通总公司鹏程广告装潢公司
地　址:红梅路(天宁寺西公交回车场)
邮　编:213003
负责人:张方铭
电　话:8106782

华安广告装潢有限公司
地　址:戚墅堰中街 24 号
邮　编:213011
负责人:王　钰
电　话:8770645

月星广告有限公司
地　址:光华路东
邮　编:213001
负责人:丁佐勇
电　话:8859918

辉煌广告策划有限公司
地　址:延陵西路 121 号
邮　编:213003
负责人:任旭飚
电　话:6633051

常州新区整合广告有限公司
地　址:和平南路金融大厦 18 楼
邮　编:213003
负责人:陈　瑜
电　话:8102171

艾力营销策划发展有限公司
地　址:和平南路 150 号
邮　编:213003
负责人:钱忠保
电　话:8122988－1802

常州市外事旅游广告公司
地　址:延陵西路 65 号周线巷金秋大厦
邮　编:213003
负责人:冯春华
电　话:8150656

海马广告装饰有限公司
地　址:劳动中路 30 号二、三楼西边

邮　编:213001
负责人:黄惠斌
电　话:6640101

常州市长城广告公司
地　址:杨柳巷35号
邮　编:213003
负责人:龚建国
电　话:6623812

常州文化宫广场广告有限公司
地　址:延陵西路2号
邮　编:213003
负责人:须建航
电　话:8106173

常州市民航广告装饰公司
地　址:博爱路35号
邮　编:213003
负责人:董纪坤
电　话:8107222-3409/1272380159

常州市远航广告有限公司
地　址:北直街13号
邮　编:213003
负责人:姚林福
电　话:13901501121

常州市报业广告公司
地　址:大庙弄24号
邮　编:213003
负责人:万忠群
电　话:6680140/6621273

常电集团装饰有限公司
地　址:局前街27号
邮　编:213003
负责人:陆晋荣
电　话:8103441-2212

常州日报社印刷厂
地　址:大庙弄24号(新闻大厦六楼)
邮　编:213003
负责人:万忠群
电　话:6600124

中亿企业形象传播有限公司
地　址:博爱路76号
邮　编:213003
负责人:颜照友
电　话:8124529/13806110806/6680008-8775

常州礼品公司
地　址:北直街19号
邮　编:213003
负责人:汪沅洪
电　话:6683542

常州市摄影广告制作中心
地　址:延陵西路7号楼
邮　编:213003
负责人:胡乃鼎
电　话:6605867/6601333

常州交通建设投资开发总公司通宇广告公司
地　址:邮电路1号
邮　编:213001
负责人:谈维平
电　话:6624936

常州市利笛广告有限公司
地　址:延陵西路106号
邮　编:213003
负责人:钱清波
电　话:6686779/13906117021

常州气象科技服务有限公司
地　址:清潭广成路30号
邮　编:213015
负责人:薛留芳
电　话:6972042/13801507679/1272338882

常州市国际翻译广告公司
地　址:大庙弄21号
邮　编:213003
负责人:邱建国
电　话:6631777

常州市先驱广告有限公司
地　址:永宁北路 12 号(四楼)
邮　编:213003
负责人:张晓明
电　话:5304112

常州市钟楼区三诺广告有限公司
地　址:西横街 61 号
邮　编:213001
负责人:钱蓉蓉
电　话:6633815

常州市红日广告印刷设计部
地　址:和平南路 37 号
邮　编:213003
负责人:吴红秋
电　话:8107301

南京扬子广告有限公司常州分公司
地　址:广化街 281 号 1301 室
邮　编:213001
负责人:彭　凯
电　话:6621293

成功广告装潢有限公司
地　址:周线巷 24 号金秋大厦辅楼 2 楼
邮　编:213003
负责人:谢鸿志
电　话:8108664

友人广告有限公司
地　址:关河西路 37 号银苑大厦 703 室
邮　编:213002
负责人:张亚娟
电　话:13706111789

常州市青藤展示艺术广告有限公司
地　址:怀德苑 37 幢乙单元 301 室
邮　编:213001
负责人:戴　洽
电　话:6622063

常州中视广告传播有限公司
地　址:南大街 50 号 812 室 - 816 室
邮　编:213003
负责人:胡明良
电　话:6620358

常州优视广告传播有限公司
地　址:西横街 10 号
邮　编:213001
负责人:张小燕

百事利广告有限公司
地　址:吊桥路 18—314 号
邮　编:213001
负责人:孙文进
电　话:8812188

常州市园方广告设计有限公司
地　址:北直街 7 号
邮　编:213003
负责人:何　钰
电　话:6688492

常州市远方信息技术有限公司
地　址:劳动中路 35 号(北二楼)
邮　编:213001
负责人:丁金生
电　话:6645907

江苏光明国际资讯发展有限公司常州分公司
地　址:广化街 7—9 号(国税大厦 909 室)
邮　编:213001
负责人:周　萍
电　话:6645518

常州市中天广告有限公司
地　址:武青北路 5 号金隆大厦 425—426 号
邮　编:213003
负责人:徐玉华
电　话:8121291　6671291

常州广电广告有限公司
地　址:广视路 88 号
邮　编:213003
负责人:蒋雅芬
电　话:3270940

常州友好信息传播有限公司
地　址:吊桥路4号—2
邮　编:213001
负责人:王宝林
电　话:8100018

常州新世纪房产发展有限公司
地　址:北大街2—8号
邮　编:213003
负责人:俞可伟
电　话:6635673

常州市易辰广告有限公司
地　址:劳动西路26号2号房
邮　编:213001
负责人:杨　俊
电　话:6668311

常州市空调资讯有限公司
地　址:杨柳巷50号七楼(705—706)
邮　编:213003
负责人:丁　文
电　话:6610873

常州市金秋广告有限公司
地　址:周线巷24号711
邮　编:213003
负责人:顾东辉
电　话:8120352

常州市华玉广告有限公司
地　址:永宁路11号交通大厦604室
邮　编:213003
负责人:王　玉
电　话:8159966

常州市凡盛广告有限公司
地　址:延陵西路121号商业大厦1004室
邮　编:213003
负责人:蒋　春
电　话:6672242

常州揽月广告有限公司
地　址:通江大道388号—108
邮　编:213001
负责人:梅郁芬
电　话:5100290

常州市贝塔莲花广告有限公司
地　址:常州劳南11—甲—101
邮　编:213001
负责人:孙　鉴
电　话:1300443755

常州市新翔广告印务有限公司
地　址:武青北路听松大厦B座303
邮　编:213003
负责人:朱　弘
电　话:8125199/8125200

常州市超凡信息广告有限公司
地　址:北直街52—已—302
邮　编:213003
负责人:承来琴
电　话:6631384/8350561

常州市同志广告设计有限公司
地　址:怀德苑D12
邮　编:213001
负责人:王惠琴
电　话:6979968

常州家庭装饰服务中心
地　址:延陵西路8号二楼
邮　编:213003
负责人:
电　话:8123123

常州市创艺广告有限公司
地　址:光华路13号农业局大楼312室
邮　编:213001
负责人:张鸣宇
电　话:6856310

常州市美林广告有限公司
地　址:关河路农贸市场2楼
邮　编:213002
负责人:何　涛
电　话:1300440565

常州市鸿雁邮电广告印刷公司
地　址:常新路 18 号
邮　编:213002
负责人:钱广华
电　话:6757113

常州市大禾广告有限公司
地　址:商业大厦十楼 1003 室
邮　编:213003
负责人:李雪梅
电　话:6630800－8820

常州市金辉广告有限公司
地　址:劳动西路 47－3 号二楼
邮　编:213001
负责人:欧　晖
电　话:6854316

常州市新视角广告有限公司
地　址:杨柳巷 4—丙—101
邮　编:213003
负责人:吴建伟
电　话:6605076

常州市久久广告有限公司
地　址:和平南路 150 号
邮　编:213003
负责人:杨建贵
电　话:8122988－1906

常州市天宇广告有限公司
地　址:吊桥路 18 号 207 室
邮　编:213001
负责人:范静巍
电　话:13606110521

常州市大地广告信息有限公司
地　址:和平北路 9 号总工会大厦 B 楼 511 室
邮　编:213003
负责人:刘　波
电　话:8121210

常州市国人广告有限公司
地　址:清潭路 212 号
邮　编:213015
负责人:杨培成
电　话:13906116771

常州市扬子江广告营销策划有限公司
地　址:广华街 281 号(金都大厦 1304 房)
邮　编:213001
负责人:冯　娟
电　话:6616907

丹阳市天天广告装璜有限公司常州分公司
地　址:延陵西路 121 号 1002 室
邮　编:213003
负责人:曹新波
电　话:13801503403

常州市金水商务咨询有限公司
地　址:清潭路 85 号
邮　编:213015
负责人:盛中克
电　话:6960278/6960441

常州市大手笔创意广告有限公司
地　址:清潭路 102 号(清潭体育馆内)
邮　编:213015
负责人:赵　红
电　话:6990378

常州市华讯商务广告有限公司
地　址:永宁路 77 号
邮　编:213003
负责人:刘红梅
电　话:5326759

常州市品墨广告有限公司
地　址:通江大道 240—4 号
邮　编:213001
负责人:李仁芳
电　话:5112197

常州市金鹰广告印刷设计有限公司
地　址:清凉路 32 号
邮　编:213001
负责人:谢　琪

电　话:6692093

常州市艳阳天广告有限公司

地　址:武青北路19号新丰大厦518室
邮　编:213003
负责人:殷毅强
电　话:8101528

常州市和平广告有限公司

地　址:迎春花园3幢13号
邮　编:213003
负责人:吉锁英
电　话:5305641

常州市好好广告有限公司

地　址:和平北路71号
邮　编:213003
负责人:王　岗
电　话:8125819

常州市雨冬广告企划有限责任公司

地　址:邮电路商贸中心四楼
邮　编:213001
负责人:黄金妹
电　话:6613355

常州市颖珍妮广告有限公司

地　址:木梳路5—1号
邮　编:213015
负责人:刘青霞
电　话:6968181-584

常州市霞峰广告创意装饰有限公司

地　址:关河西路37号银苑大厦1504号
邮　编:213002
负责人:陆建国
电　话:6604686

常州市华鹏广告装潢有限公司

地　址:西河沿200号
邮　编:213001
负责人:徐建华
电　话:6852970/13901500557

常州市中安商务有限责任公司

地　址:杨柳巷50号信息大楼6楼A座
邮　编:213003
负责人:徐赓庭
电　话:6800045

常州博奥广告有限责任公司

地　址:武青北路5号金隆大厦511室
邮　编:213003
负责人:王　宏
电　话:8161155

常州兰洋国际信息技术研究所

地　址:清潭路212号
邮　编:213015
负责人:杨培成
电　话:13906116771

常州市国人广告有限公司

地　址:北直街37号
邮　编:213003
负责人:时列东
电　话:6639004/13706119697

常州市来来往往广告有限公司

地　址:常州市吊桥路36号
邮　编:213001
负责人:邹惠琴
电　话:6608316

常州市医学会

地　址:延陵西路6号科技大楼十楼
邮　编:213003
负责人:潘福兴
电　话:8101032

常州广电信息咨询有限公司

地　址:大庙弄30号
邮　编:213003
负责人:曹德华
电　话:6615087

常州市群艺书社

地　址:人民公园内

邮　编:213003
负责人:董宝成
电　话:6682731

常州市霓虹广告有限公司
地　址:清凉新村商业楼3号
邮　编:213015
负责人:薛荣
电　话:8832165

常州市方正广告人工作室
地　址:关河中路65号市场二楼209室
邮　编:213002
负责人:丁俊成
电　话:8107000

常州市成是多媒体广告技术应用有限公司
地　址:常州市永宁路11号
邮　编:213003
负责人:钱　俊
电　话:13004383314

常州市巨禾广告有限公司
地　址:常州市和平大厦1009室
邮　编:213003
负责人:黄　远
电　话:8122258/13057157203

常州求索展示广告有限公司
地　址:怀德中路123号
邮　编:213001
负责人:顾钰钏
电　话:6609724

常州三元广告有限责任公司
地　址:关河西路66号
邮　编:213002
负责人:潘　骏
电　话:6631361

常州市今视广告有限公司
地　址:常州市博爱路118号
邮　编:213003
负责人:王晓军
电　话:8114247/13961298490

常州电视实业发展有限公司
地　址:广化街1号
邮　编:213001
负责人:颜晓群
电　话:3332783

常州市海润广告有限公司
地　址:常州市博爱路100号405室
邮　编:213003
负责人:高德华
电　话:8113556

常武新华书店有限责任公司
地　址:常州和平南路151号和平大厦裙楼1-2层
邮　编:213003
负责人:李志明
电　话:13951235599(陈骏)

广播电视类

无锡电视台广告部
地　址:无锡市湖滨路4号A区1楼
邮　编:214061
电　话:(0510)5802239
传　真:(0510)5887997
电子邮件:tva@pub.wx.jsinfo.net

无锡电视台成立于1960年5月1日,是全国最早成立的城市电视台之一。经过40多年的发展,无锡电视台现已拥有三套自办综合性节目,每天节目播出时间在45小时以上。无锡电视台新闻综合频道、文体娱乐频道及太湖明珠(城郊)频道,三个频道发射功率均为10千瓦,天线发射高度为438米,无线电视信号能完全覆盖无锡各行政辖区和周边邻近的15个市县,覆盖面积达18000平方公里,加上播放节目全部进入无锡电视有线网络,使无锡电视台三个频道的覆盖人口近2000万。在当地,拥有的电视观众超过99%,黄金时段最高收视率曾达到31.3%。

作为无锡地区两个文明建设最有力的宣传窗口和城市现代化建设的标志之一,40年来,无锡电视台不仅真正起到了党和政府的喉舌作用,也为丰富人们的文化娱乐生活、传递时事经济信息、引导大众消费、促进社会发展起到了积极作用;同时也为各大商家企业形象的树立、品牌地位的确立、及消费市场的开拓提供了强有力的保证!

媒体是传递信息的载体,媒体在传递信息的同时也为其本身传递着某种信息,体现其本身的品牌特征。无锡电视台以其权威性强、可信度高、影响力大、节目丰富、覆盖面广、收视率高等种种优势当然拥有自身独特的品牌价值。这种强势媒体的品牌效应对其所承载的广告信息必然会起到积极的作用,这已被许多受惠的成功商家所共识。

常州有线广播电视台

地　址:常州市西横街10号
邮　编:213003
电　话:(0519)6611266　6611268
传　真:(0519)6611268
负责人:张　兵

常州有线广播电视台于1994年10月28日正式建台,目前自办3套电视节目,传达31套电视节目,网络覆盖常州市区和所辖武进、金坛、溧阳三市,拥有用户52余万户,直接受众340万。

常州有线广播电视台自办新闻频道、生活频道、图文信息频道三套节目。

新闻频道以新闻节目为主,自办有《常州报道》、《有线播报》、《有线大视角》、《警方传真》等节目;生活频道以生活服务为主要特色,自办了《生活百事》、《龙城旅游》、《环球音乐》、《相聚在荧屏》等栏目;图文信息频道开设了《股市行情》、《房信交流》、《人才劳务市场》、《求职信息》、《调剂市场》、《金融财经信息》等20个信息窗口。节目以丰富多彩的内容,鲜明浓郁的特色,生动活泼的风格,赢得了广大市民的喜爱,达到了较高的收视水平,我台还先后拍摄了上、下集电视剧《太阳底下》、10集电视连续剧《戏梦人生》、20集电视连续剧《围城内外》、电视电影《生死兄弟情》等。建台以来,已有60多件作品获得省级以上大奖。

常州电视台

地　址:常州市广视路88号
邮　编:213003
电　话:(0519)3278659　6669008
负责人:颜晓群

常州电视台建台已二十五周年,是常州新闻系统唯一的省级文明单位。人才、技术、设备、实力雄厚。电视信号覆盖常州全境及邻近部分地区,可收视人口达1500万人。自办两套节目,转播三套节目,全天候播出。节目容量大、节奏快、时效强、信息量大;影视剧内容新、质量好、品位高,99年黄金时段平均收视率达22.74%。在常州可收看到的三十几套节目中名列第一。

自办的一套(九频道)及二套节目,形成了《常州新闻联播》、《社会写真》、《法庭内外》、《新闻播报》、《晚间新闻》、《英语新闻》、《今日常州》、《共度好时光》等各具特色的名牌栏目。

常州电视台技术装备水平居全国城市台前列。具有两个功能先进、技术指标一流的电视播出传输中心。有五个演播室,其中新闻演播室、社教节目演播室已实现全部数字化,一个$600M^2$演播室配备有80只进口变色灯,40台进口电脑灯,最新型的GRANDMA调光台。大型8讯道数字转播车既作$600M^2$演播室的节目录制,又可外出录像,车内配置有12比特数字摄像机,DVW数字录像及SONY数字切换台,EVS慢动作重放机等世界最先进的数字设备。全台有五套配置先进的SGI OCTANE工作站及MAYA、JALEO、SOFTIMAGE等世界先进的三维动画、非线性编辑软件,可制作精良的广告、片头等节目。摄录编设备采用DIGITAL－S及DVW数字格式,自制节目已基本数字化。

发射机总功率18.6千瓦,包括播出自办两套节目及转播上级台三套节目。

淮阴电视台

地　址:淮阴市淮海西路202号四楼
邮　编:223001
电　话:(0517)3942230　3922588
负责人:王达顺
联系人:徐　海

淮阴地处江苏北部,淮河下游,东濒黄海、西接安徽、南连扬州、北与连云港、徐州毗邻。京杭大运河贯穿全境,是举世敬仰的周恩来总理的故乡。下辖淮安市、清河、清浦两个区和淮阴、洪泽、涟水、盱眙、金湖五个县,全市人口近700万。

淮阴电视台是苏北地区的骨干台,拥有186米高电视调频塔。使用4、7、16、22四个频道,其中22频道淮阴电视台使用10千瓦发射机(各县市转播)并进入有线电视网,覆盖全市八个县市区,波及连云港、盐城、扬州等一些地区,收视范围的人口达一千多万。凡在我台播放的广告和经济信息,均能收到良好的经济效益。

本台广告服务宗旨。

信誉第一,客户至上

江苏电视台

地　址:南京市北京东路 4 号
邮　编:210008
电　话:(025)7713368

南京电视台

地　址:南京市解放路 55 号
邮　编:210016
电　话:(025)4402311

江苏人民广播电台

地　址:南京市中山东路西祠堂巷 8 号
邮　编:210002
电　话:(025)4642464

南京人民广播电台

地　址:南京市延龄巷 50 号
邮　编:210002
电　话:(025)6643711

连云港电视台

地　址:连云港市新浦解放西路 219 号
邮　编:222003
电　话:(025)5456586　5453886
经济信息部主任:杨书平
联系人:庄建玉

连云港电视台座落在江苏省东北部的海港城市,覆盖范围为 21 个县市。主要经营电视广告,电视资料片。代理同行业广告。

报　刊　类

常州日报社广告中心

地　址:常州大庙弄口
邮　编:213003
电　话:(0519)6603740 6626118
传　真:(0519)6624880
负责人:曹海金

常州日报社广告中心全面负责《常州日报》、《常州晚报》的广告事务,全方位地为广大企事业单位和广大读者提供服务,承担广告的设计、制作、发布。同时还代理国内各大媒体广告、制作产品样本广告、户外灯箱广告、馈赠礼品广告,承办各种信息发布活动等。

常州日报广告中心人才荟萃、设计水平先进、策划创意一流,下设落户部、市场部、专版代理部、设计出版部四个分部。我们竭诚为广告客户提供全面、周到的服务,为提高企业知名度,树立企业美好形象,拓展产品销售渠道尽心尽力。

中国剪报社广告部

地　址:常州市劳动中路 7 号
邮　编:213001
电　话:(0519)6645803
传　真:(0519)6645803
联系人:沈　琴　强丽清

宜兴日报广告部

地　址:宜兴市氿滨南路 10 号
邮　编:214205
电　话:(0510)7981160
传　真:(0510)7992289　7981540
负责人:徐如升

《宜兴日报》是中共宜兴市委机关报。创刊于 1956 年,1980 年复刊,现为四开八版日报(周六刊)。目前日发行量近 5 万份。

宜兴人杰地灵,被誉为“陶的古都”、“洞的世界”、“教授之乡”。她地处长江三角洲,居苏浙皖三省枢纽地带,受沪、宁、杭等国际化大都市的经济辐射。全市人口 115 万,总面积 1758 平方公里。综合经济实力自 1993 年以来名列全国百强县(市)前茅。

近年来,《宜兴日报》广告经营额一年一个新台阶。1997 年达到 600 万元,是广大工商企业理想的广告媒介。

新华日报

地　址:南京市中山路 55 号
邮　编:210005
电　话:(025)741644　647994

南京日报

地　址:南京市解放路53号
邮　编:210016
电　话:(025)412148　412494

江苏工人报

地　址:南京市中山北路202号
邮　编:210003
电　话:(025)6635238转35308或35309

服务导报

地　址:南京市沈举人巷5号国药大厦七楼
邮　编:210029
电　话:(025)4717979　4701970(广告部)
传　真:(025)4712058
负责人:刘守华

工矿自动化杂志社

地　址:江苏省常州市木梳路1号
邮　编:213015
电　话:(0519)6974971-243
传　真:(0519)6960492
电子邮件:cari@public.cz.js.cn
网　址:www.cari.com.cn
负责人:徐　瑛
联系人:王　晖

《工矿自动化》杂志原名《煤矿自动化》,创刊于1978年,公开发行。为中国科技论文统计源刊、全国中文核心期刊、中国煤炭学会煤矿自动化专业委员会会刊。

《工矿自动化》杂志主要报道井巷环境和地面恶劣环境的安全监测监控技术和生产自动化技术:(1)工矿环境安全、设备状态监测监控技术;(2)工矿生产过程自动化技术;(3)工矿电力调度监测监控技术;(4)工矿通信与信号技术;(5)工矿用传感器及仪器、仪表技术;(6)工矿用电子产品测试与标准化技术;(7)工矿用产品防爆技术;(8)工矿用电气产品保护技术;(9)计算机在工矿领域的应用技术;(10)工矿电气节能技术;(11)工矿其它节能技术等。

《工矿自动化》杂志刊号为CN32-1627/TP,ISSN1671-251X。邮发代号为28-162。

《工矿自动化》杂志承接广告业务,欢迎刊登!

广告大观杂志

地　址:南通市青年西路39号
邮　编:226006
电　话:(0513)3519039
传　真:(0513)3519039

《广告大观》是面向全国读者的一份融新闻性、知识性、趣味性、实用性于一体的广告专业刊物,是我国目前唯一的一份文摘类广告月刊,可读性强,富含营养与启迪,被誉为广告人案头上的"精美快餐"。《广告大观》目前已成为全国最具影响力的广告刊物之一。

《广告大观》立足传播与交流,实用性与可操作性强。遍采国内外千余种报刊的精华,追踪国内外广告新潮,图文并茂,深受企业界、公关界、经济界及广大广告从业人员的欢迎和喜爱。本刊坚持奉行倡导广告文化、树立广告形象、传播广告信息、普及广告知识、推介广告经验、干预广告生活的办刊宗旨,坚持高起点、高品位、多角度的编辑方针,为广大读者采撷"短、小、精"的上乘文稿。

《广告大观》设有最新动态、独家策划、本刊特稿、典型案例、广告创意、策划舞台、广告技巧、广告人物、广告策略、广告法苑、CI专栏、品牌营销、商标与传播、广告书苑、八面来风、曝光台、问题探讨等数十个栏目。

目前,《广告大观》以其超大的信息量(每期发稿在70篇左右),高品位的文稿质量,独特的市场定位,自成特色的编排在全国广告类杂志中独树一帜。

《广告大观》为月刊,每月1日出版,国际标准16开本,全年订价96元。1999年将全面革新版面,进一步扩展信息,增加彩色插页,全铜版纸印刷,遍及全国31个省市自治区的新闻媒介、广告公司、展览公司、企业企划部门及有关大专院校等。

《广告大观》是广告专家学者的资料库,广告从业人员的参谋部,企业企划部门的智囊团。

一册在手,遍览天下广告精华。

《广告大观》力求在平等互利的基础上,坚持"诚实、信用"的原则,广交海内、外朋友,全方位,多渠道与广告业、展览业等行业交流与合作。

欢迎订阅　欢迎赐稿　欢迎交流合作

科学养鱼杂志社

地　址:无锡市宝界桥中国水产科学研究院淡水渔业研究中心
邮　编:214081

电　话:(0510)5550198　5569113
传　真:(0510)5555133
电子邮件:kxyy@pub.wx.jsinfo.net
社长、主编:戈贤平
联系人:魏友海
经营范围:
承接与水产有关的各类广告刊登业务。

翠苑杂志社

地　址:横兴路102号
负责人:冯光辉
电　话:6608200

经济时刊杂志社

地　址:常州局前街180号(市府大院4号楼4楼)
邮　编:213003
电　话:6600617

浙　江　省

公　司　类

浙江华林广告有限公司

地　址:杭州文苑路沁雅花园13-2-101
邮　编:310012
电　话:(0571)88988774
传　真:(0571)88983672
电子邮件:hangzhoulao@163.net
负责人:项建中
联系人:红　坚

大茶壶朴实无华,粗瓷碗雅俗共赏。我们的大碗茶,壶内乾坤大。

营销方略、市场策划、新颖创意、奇妙手法,全在里面装!

旧友新交,我们恭侯大驾,请来走走看看、坐坐聊聊,请来品尝——大碗茶。

浙江省国际广告有限责任公司

地　址:杭州体育场路596号
邮　编:310007
电　话:(0571)85150464
传　真:(0571)85150444
电子邮件:ziac@mail.hz.zj.cn
网　址:www.ziac.com.cn
负责人:韩明东

浙江省国际广告有限责任公司的前身为浙江省国际广告公司,于1984年12月12日经国家对外经济贸易部批准成立。公司现已发展为集国内外广告发布及代理、展览、印刷、内外贸于一体的多元化经营企业,公司与国内外、港澳地区的广告客户建立长期稳定的业务关系,与广告同行、各大媒介保持良好的合作关系。公司综合实力居浙江省广告行业第一,浙江省广告资质等级审定为AAA级,被评为全国广告行业、浙江省广告行业的文明先进单位和"重合同、守信誉"单位。

南方广告有限公司

地　址:浙江省舟山市定海区昌国路234号
邮　编:316000
电　话:(0580)2609373　2609313
传　真:(0580)2046126
电子邮件:zsnanfang@163.com
总　监:朱　曦
联系人:纪有权
注册资金:200万元
业务范围:
策划公益商务活动,承接国内广告业务;代理外商来华广告。

余姚市广播电视传播有限公司

地　址:余姚市世南西路152号
邮　编:315400
电　话:(0574)62721166
传　真:(0574)62723211
负责人:沈敖忠
联系人:陆丹红

余姚市广播电视传播有限公司系余姚电视台直

属部门。以余姚电视台信息节目发布广告为主，同时主管承办余姚电视台演播厅综艺节目、余姚市广播电视艺术团。

传播公司在广告经营中一大特色是，媒体广告与社会公关活动有机结合。媒体广告推动社会活动，社会活动提高媒体广告影响。几年来策划承办各种大型活动近百项。较有影响的全国性活动有：1999年《中国吉尼斯之最奇人绝技大展演》、2000年《全国体育大会体育舞蹈比赛》、《第二届中国塑料博览会形象小姐选拔赛》、2001年《第十届中国金鸡百花电影节电影歌曲大赛余姚赛区选拔赛》、《“大红鹰”全民健身万里行，支持申奥大签名暨余姚市群众体育活动大汇展》。赢得了较好的经济效益和社会效果，成为该地区有较大影响的广告公司。

杭州电力广告公司

地　址：杭州市解放路102号
邮　编：310009
电　话：(0571)7071418　7261637
传　真：(0571)7025830

杭州电力广告公司是杭州市电力局下属企业，具有设计、制作、发布国有广告之能力。公司自1993年成立以来，响应市政府创建文明城市的号召，重点在杭城路灯杆、电力杆、马路人行道上发布中小型灯箱、路牌，并拥有杭城高层建筑广告牌等其他广告媒体。公司大量引进和使用户外广告新材料，短短几年时间，灯箱式样推陈出新，从单一的长方形、圆形到如今开发出20余种款式。先后在杭城许多主要街道上成功发布大批量群体灯箱，在广告界引起较大反响，并受到市政府主管部门好评。公司在发展广告业务的同时，积极在杭城主要街头设置公益性广告，从而大力弘扬了中华好风尚。

一个好产品需要一个好广告为其宣传，一个好广告需要一个好媒体来展示。几年来，杭州电力广告公司本着“客户至上，真诚服务的企业精神，先后与娃哈哈、海尔电器、小天鹅、东方通信、可口可乐、肯德基、麦当劳等一批国内外知名企业愉快合作，都取得了客户肯定。在已拥有一大批稳定客源的今天，公司不满足现有成绩，承揽广大客户，希望通过挚诚的合作，换来满意的回报。

通达理·宁波广告公司

地　址：宁波市北郊路长安巷20号
　　　　宁波市西北街1号
邮　编：315010
电　话：(0574)7363658　7273035　7273908
传　真：(0574)7363658
负责人：乐明行
联系人：张吉祥　乐明律　金一波

通达理·宁波广告公司是由1992年成立的通达理广告有限公司与1979年成立的宁波广告公司于1994年联合的专业广告公司，拥有股份企业6家，全资企业5家。本公司是中国广告联合总公司理事单位，中国联达广告有限公司股东单位，浙江省广告协会会员单位，华东广告协作创始发起和会员单位，宁波市广告协会常务理事单位，中国霓虹技术协作会委员单位，连续十年荣获“重信誉，创优质服务单位”称号。两家均为浙江省广告实力排序50强广告公司。

本公司拥有现代化专业设备，汇集了创意设计、公关、工程等广告专业人才，是宁波市级最大的两家专业广告AAA级企业。

杭州阳光创意广告有限公司

地　址：杭州市中山北路西湖新城青松阁七层
邮　编：310014
电　话：(0571)5302337　5302338　5302339
传　真：(0571)5300265
电了信箱：youngod@mail.hz.zj.cn
网　址：home.chaozhou.gd.cn/~youngod
负责人：卢　熙
联系人：程　冬

“阳光创意”是目前浙江省最具专业水准的综合性广告公司之一。公司以“植根本土文化，服务中华企业，研究国人心态，创造健康需求”为经营理念，坚持“做事不做秀”的工作原则，坚持策略性创意导向，始终把“给消费者带来利益，为企业带来市场”作为自己的唯一责任。公司经营上的特色是全方位地为客户进行整体策划，制作并代理。公司下属影视制作及节目发行机构，可为国内外各影视机构的电视剧、电影、电视综艺节目提供代理发行及拍摄等方面的服务。1996年公司被评为杭州市30强广告公司及浙江省50强广告公司，并在国内专业广告评比中多次荣获各项大奖。

宁海经纬广告图文有限公司
宁海县广告公司

地　址：浙江省宁波市宁海县人民大道128号

邮　编:315600
电　话:(0574)5582892
传　真:(0574)5582892
手　机:(0)13906603392
总经理:仇海斌

我们善于破坏一个旧世界
我们更善于建立一个新世界

杭州市公交广告公司

地　址:中山北路481号
邮　编:310003
电　话:(0571)5171717　5107537
传　真:(0571)5171717

杭州市公交广告公司隶属杭州公交总公司,是浙江省50强广告公司之一,具有全方位发布资质,拥有在杭城公交车体独家经营广告之特势,集策划创意、客户服务、设计制作、媒体代理、发布监控于一体。所开发的车体、候车亭、灯箱、站牌、路牌等媒体,业务遍布国内外。

用我们庞大的媒体与实力,执行出令人惊喜的作品,为您渲染上不朽的色彩,让您的产品穿梭于杭城东南西北。

宁波海王星装饰广告总公司

地　址:浙江省奉化市大桥镇岳林路东端
邮　编:315500
电　话:(0574)8924441　8924443
传　真:(0574)8924441
负责人:童海啸
联系人:江孝定

本公司创办于1988年7月,是一家融广告、装饰、园林为一体的综合性配套服务的经济实体。企业占地20亩,建筑面积8000m²,自有资产1200万元,年施工能力3000万元以上,拥有数名省内一流的广告、装饰设计师和美工、木工、泥工、油漆工、电工、钣金工、铝合金制品工、玻璃制品工等配套齐全的施工队伍。业务辐射宁波地区各县(市)、大榭岛开发区、杭州、上海等地,已在宁波市区设立分公司。企业是奉化市先进企业,奉化市文明单位,宁波市"重合同、守信用"单位,宁波市AAA级资信等级企业,浙江省"重信誉、创优质服务"先进单位,浙江省广告行业精神文明建设先进单位,1996年列浙江省广告公司50强之一,1997年1月被国家轻工总会评为宁波地区第一家室内装饰甲级施工企业,企业已在宁波地区享有较高的声誉和知名度。

宁波市奥达装饰广告有限公司

地　址:浙江省奉化市惠政西路50号
邮　编:315500
电　话:(0574)8529034
负责人:敖德观
联系人:范大昌

嘉兴市东南广告公司

地　址:嘉兴市中山西路231号,吉明路6-12号
邮　编:314001
电　话:(0573)2079144
负责人:李仁良

浙江日报社广告中心

地　址:杭州市体育场路178号
邮　编:310039
电　话:(0571)5310296　5199301　5310299
传　真:(0571)5151999　5199634
负责人:季　阳
联系人:徐　勇　钟玉林

设计、制作、报刊广告,全权负责在《浙江日报》、《经济生活报》、《钱塘周末》、《美术报》上发布及代理国内外报纸广告。

宁波市友谊广告发展有限公司

地　址:望京路燎原桥3号楼
邮　编:315010
负责人:陆有勇
电　话:(0574)7271618-617

宁波金星广告策划有限公司

地　址:中山东路137号
邮　编:315000
负责人:张利萍
电　话:(0574)7241419

宁波中房广告有限公司

地　址:孝闻街66号
邮　编:315010
负责人:葛介勋
电　话:(0574)7251246

宁波市敦煌影视艺术有限公司

地　址:广济街56号30幢

邮　编:315010
负责人:方　平
电　话:(0574)7321215

宁波航空港广告有限公司
地　址:世贸中心9楼A12
邮　编:315000
负责人:余文明
电　话:(0574)7288658－6912

宁波图文电视公司
地　址:长春路146号
邮　编:315010
负责人:黄培建
电　话:(0574)7320633

长城航空公司广告部
地　址:太古城南柳街4号
邮　编:315040
负责人:曾云祥
电　话:(0574)7708878

宁波市四方广告装潢有限公司
地　址:白沙路96号
邮　编:315000
负责人:许志峰
电　话:(0574)7666028

宁波市音像公司
地　址:兴宁路41号三楼
邮　编:315040
负责人:孙有堂
电　话:(0574)7878609

宁波电力广告装潢有限公司
地　址:兴宁路248弄6号
邮　编:315000
负责人:唐建国
电　话:(0574)7102288

宁波香溢广告策划有限公司
地　址:中山西路53号
邮　编:315000
负责人:董　理
电　话:(0574)7196440

宁波嘉和公交广告有限公司
地　址:联丰民丰街11号二楼
邮　编:315012
负责人:邱珊宏
电　话:(0574)7126666

宁波市长城广告创意公司
地　址:中山东路238号19楼
邮　编:315000
负责人:栾勇安
电　话:(0574)7361088

宁波四元文化传播中心
地　址:扁担巷2号
邮　编:315040
负责人:陈彩云
电　话:(0574)7719111

宁波市豪邦公关广告有限公司
地　址:南雅新村9弄18号410室
邮　编:315010
负责人:邱　弘
电　话:1923790889

宁波市体育中心广告部
地　址:中兴路360号
邮　编:315040
负责人:仉明华
电　话:(0574)7776933

宁波市三维影视图片中心
地　址:尚书街10号
邮　编:315000
负责人:谢苏红
电　话:(0574)7120998

宁波市银影广告有限责任公司
地　址:毛衙街14号
邮　编:315000
负责人:梁家骥
电　话:(0574)7296313

宁波汇众广告企划有限公司
地　址:和义路104号

邮　编:315000
负责人:姚绪泰
电　话:(0574)7272688

宁波嘉德文化传播有限公司

地　址:甬江新村 17 幢 27 号 402 室
邮　编:315040
负责人:何爱珍
电　话:(0574)7723412

宁波市园美广告公司

地　址:公园路 188 号
邮　编:315010
负责人:沃建平
电　话:(0574)7362696

宁波市远景广告设计有限公司

地　址:鄞奉路 171 号
邮　编:315010
负责人:王景行
电　话:(0574)7330243

宁波市新芝广告公司

地　址:大庆南路 62 号
邮　编:315010
负责人:徐文军
电　话:(0574)7213635

宁波铁路广告有限公司

地　址:南站西路 61 号
邮　编:315010
负责人:蔡福康
电　话:(0574)7111711

宁波市鸿业企划传播有限公司

地　址:迎春街 88 弄 3—226
邮　编:315010
负责人:宋立平
电　话:(0574)7139981 - 8010

宁波大自然广告公司

地　址:迎春街 88 弄 29 号 216 室
邮　编:315000
负责人:杨勇斌
电　话:(0574)7135319

宁波新闻发展中心

地　址:柳汀街 115 号 8 楼
邮　编:315000
负责人:郑　黎
电　话:(0574)7122646

宁波摄影家协会图片中心

地　址:柳汀街 98—1 号
邮　编:315000
负责人:郭一清
电　话:(0574)7312093

宁波大学品牌形象设计事务所

地　址:半路张(宁大校内 2 号楼)
邮　编:315000
负责人:陈月明
电　话:(0574)7604294

宁波风云信息传播有限公司

地　址:气象路 118 号
邮　编:315000
负责人:徐　元
电　话:(0574)7117104

宁波市展览馆

地　址:药行街 117 号
邮　编:315000
负责人:傅德伟
电　话:(0574)7195071

宁波华联广告部

地　址:江厦街 21 号 13 楼
邮　编:315000
负责人:陈梅秋
电　话:(0574)7367046

宁波国际会议展览中心有限公司

地　址:江东百丈路 168 号
邮　编:315040
负责人:葛建刚
电　话:(0574)7730214

宁波市视广传播发展中心
地　址:永丰西路98-高塘花园9号
邮　编:315010
负责人:弭海燕
电　话:(0574)7219824

宁波市甬江新区南方文化新闻发展中心
地　址:西湾路137弄9号
邮　编:315010
负责人:党国华
电　话:(0574)7276904

宁波市甬江广告企划咨询有限公司
地　址:甬江新区1号启动区
邮　编:315051
负责人:邬丽君
电　话:(0574)7305340

宁波市甬江新区万达广告有限公司
地　址:王隘路109号
邮　编:315040
负责人:文明华
电　话:(0574)7880883

宁波市甬江新区极地传播有限公司
地　址:大沙泥街99弄1号413室
邮　编:315000
负责人:罗悠悠
电　话:(0574)7308669

宁波蓝图市场调研传播有限公司
地　址:世贸中心16楼A15
邮　编:315000
负责人:李国康
电　话:(0574)7271356

宁波佳德展览服务有限公司
地　址:甬江新区清水桥路98弄4幢606室
邮　编:315051
负责人:常海鹰
电　话:(0574)7707853

宁波高特电视广告发展有限公司
地　址:马园路70号
邮　编:315010
负责人:王仁祥
电　话:(0574)7321818-6500

宁波市南苑国际文化交流有限公司
地　址:灵桥路2号
邮　编:315010
负责人:张宁象
电　话:(0574)7295678-3503

宁波恒德广告有限公司
地　址:沧海路1号
邮　编:315040
负责人:王国俊
电　话:(0574)7303589

宁波大众媒体传播有限公司
地　址:沧海路6号
邮　编:315040
负责人:李　慧
电　话:(0574)7226261

宁波广告公司
地　址:西北街1号
邮　编:315010
负责人:乐明行
电　话:(0574)7280523

宁波市华威广告企划有限公司
地　址:华夏巷19号401
邮　编:315010
负责人:胡　炜
电　话:(0574)7318725

宁波伟业超越形象策划有限公司
地　址:后河巷19号
邮　编:315010
负责人:徐松勇
电　话:(0574)7285959

宁波市鼓楼广告有限公司
地　址:孝闻巷50-3
邮　编:315010
负责人:施阿忠

电　话:(0574)7284233

宁波市旗美广告有限公司

地　址:冷静街52号11幢104
邮　编:315010
负责人:陈大磊
电　话:(0574)7314326

宁波永盛文化传播有限公司

地　址:西河街123弄1号103
邮　编:315010
负责人:何良建
电　话:13906688662

宁波银屏传播制作有限公司

地　址:翠柏路筱墙巷150号308
邮　编:315010
负责人:李忠平
电　话:(0574)7280855

宁波唐成广告装饰设计有限公司

地　址:柳汀新村1幢3号103
邮　编:315010
负责人:林　雷
电　话:(0574)7131920

宁波市创昱广告有限公司

地　址:南苑街229弄213号208
邮　编:315010
负责人:孙　军
电　话:13805894997

宁波市海洋印务有限公司

地　址:马园路99号马园坊13座
邮　编:315010
负责人:陈建伟
电　话:(0574)7138218－2313

宁波市语规文化广告有限公司

地　址:白云街16弄1号3幢201
邮　编:315010
负责人:孙友贵
电　话:(0574)7128949

宁波一苇广告策划有限公司

地　址:灵桥路183号兴宁大楼
邮　编:315000
负责人:曹红辉
电　话:(0574)7301888－806

宁波东艺策划设计有限公司

地　址:解放南路63号
邮　编:315000
负责人:徐昌华
电　话:(0574)7295801

宁波市星月广告有限公司

地　址:汪弄14号103
邮　编:315010
负责人:徐　健
电　话:(0574)7292162

宁波之行企业形象策划有限公司

地　址:三市路3号二楼
邮　编:315010
负责人:赖俊卿
电　话:(0574)7298348

宁波国坚广告有限公司

地　址:博文巷12号604
邮　编:315010
负责人:徐芳英
电　话:13805884573

宁波市甬联广告有限公司

地　址:中山西路138号天宁大厦412
邮　编:315010
负责人:邓敬中
电　话:(0574)7288728－1518

宁波市海曙金利广告企划公司

地　址:高塘二村20幢71号101
邮　编:315010
负责人:施　群
电　话:13805883159

宁波市利群广告有限公司

地　址:环城西路南段299弄12－13

邮　编:315010
负责人:马宁萍
电　话:13905746630

宁波嘉诚策划传播有限公司
地　址:望京路燎原桥
邮　编:315010
负责人:竺济法
电　话:(0574)7288703

宁波市金马广告企划有限公司
地　址:解放南路 38 号 409
邮　编:315010
负责人:李传廉
电　话:(0574)7307431

宁波市浪涛企划广告有限公司
地　址:望春路 490 弄 28 号
邮　编:315010
负责人:魏仲操

宁波市白马广告装潢有限公司
地　址:天一街 34 号
邮　编:315010
负责人:郑嘉根
电　话:(0574)7726179

宁波钟山广告公司
地　址:冷静街 14 号
邮　编:315010
负责人:张国平

宁波明红广告有限公司
地　址:联丰新村国安巷 37 号 408
邮　编:315010
负责人:张仁夫
电　话:(0574)7129256

宁波市多雅设计摄制图片有限公司
地　址:永丰路 32 号
邮　编:315010
负责人:袁佩良
电　话:(0574)7283009

宁波华讯商情调查策划有限公司
地　址:孝闻街中宪巷 8 号
邮　编:315010
负责人:刘晓敏
电　话:(0574)7276714

宁波大名字牌制作有限公司
地　址:解放南路 10 号
邮　编:315010
负责人:陈明伟
电　话:(0574)7318244

宁波一通广告有限公司
地　址:白云街 12 号 2 楼
邮　编:315010
负责人:余伟阳
电　话:(0574)7125080

宁波新上游广告策划有限公司
地　址:大沙泥街 168 号
邮　编:315000
负责人:尹　芳
电　话:(0574)7294347

宁波蓝色天空形象策划传播有限公司
地　址:世贸中心 9 楼 B03
邮　编:315000
负责人:李启明
电　话:(0574)7288658－6923

宁波洛可企业形象策划有限公司
地　址:马园坊 B 座
邮　编:315010
负责人:廉鹏程
电　话:(0574)7138218－2403

宁波华森文化传播有限公司
地　址:新芝路 19－2 号
邮　编:315010
负责人:徐国权
电　话:(0574)7245669

宁波世纪威博文化传播有限公司
地　址:柳汀街 115 号

邮 编:315010
负责人:冯 平
电 话:(0574)7136827

宁波浩博广告有限公司
地 址:药行街 6 号
邮 编:315000
负责人:郑俊毅
电 话:(0574)7275402

宁波市经纬广告传播有限公司
地 址:国丰街 12 弄 12 号 106 室
邮 编:315010
负责人:刘瑶春
电 话:13003730595

宁波银色广告有限公司
地 址:天之海大厦裙楼 B304 室
邮 编:315000
负责人:胡 敏
电 话:(0574)7318524

宁波市东海广告有限公司
地 址:江东太古城别墅 9 号
邮 编:315040
负责人:张贤文
电 话:(0574)7708999

宁波市康琴广告有限公司
地 址:百丈东路 819 弄 2 号 310 室
邮 编:315040
负责人:徐安康
电 话:(0574)7728199

宁波市地平线形象策划有限公司
地 址:彩虹北路虹桥巷 5 弄 1 号
邮 编:315040
负责人:阮 解
电 话:(0574)7338908

宁波市艺晟文化广告传播有限公司
地 址:百丈东路 819 弄 85 号 101 室
邮 编:315040
负责人:何建敏
电 话:(0574)7716012

宁波市升升广告有限公司
地 址:百丈东路 787 号 7 楼 702 室
邮 编:315040
负责人:郑 辉
电 话:(0574)7713769

宁波市智美广告有限公司
地 址:百丈东路 819 弄 27 号 16A
邮 编:315040
负责人:胡光荣
电 话:(0574)7723005

宁波市大公广告有限公司
地 址:彩虹南路 132 号
邮 编:315040
负责人:徐春妃
电 话:(0574)7879214

宁波市江东木林森广告发展公司
地 址:鄞信大厦 802 室
邮 编:315040
负责人:汪梅康
电 话:(0574)7301668 - 8082

宁波市天盛图文制作有限公司
地 址:中山东路 531 弄 23 号 222 室
邮 编:315040
负责人:陆海波
电 话:13906612264

宁波宝马广告有限公司
地 址:中山东路 284 弄 15 号三楼
邮 编:315040
负责人:戴继宏
电 话:(0574)7335590

宁波中联广告有限公司
地 址:兴宁路 220 号五楼
邮 编:315040
负责人:张芳敏
电 话:(0574)7395909

宁波象岛广告创意有限公司
地 址:江东南路 149 号 - 1

邮　编:315040
负责人:秦银辉
电　话:(0574)7889877

宁波启明星广告艺术有限公司

地　址:宁徐路 7 号
邮　编:315040
负责人:蒋　明
电　话:13003706569

宁波中粤礼品广告有限公司

地　址:百丈路 168 号 A 楼 18G 座
邮　编:315040
负责人:曹希平
电　话:(0574)7712825

宁波大名广告传播有限公司

地　址:现代建筑装潢市场内
邮　编:315040
负责人:吴纪财
电　话:(0574)7875887

宁波广联广告企划有限公司

地　址:宁舟巷 68 号 101 室
邮　编:315040
负责人:虞鹏鸿
电　话:998110472

宁波大观企业策划有限公司

地　址:东港大酒店 3016 房间
邮　编:315040
负责人:邱继明
电　话:(0574)7373188

宁波市信诚广告有限公司

地　址:彩虹南路 132 号 901 室
邮　编:315040
负责人:赵清占
电　话:13906680206

宁波金桥广告有限公司

地　址:百丈路 168 号 A 楼 8 层 H 座
邮　编:315040
负责人:张　宁
电　话:13906681050

宁波市东兴广告有限公司

地　址:宁穿路 3 号
邮　编:315040
负责人:程健捷
电　话:(0574)7724563/13906624457

宁波文荟广告策划有限公司

地　址:百丈东路 787 号鄞信大厦 703 室
邮　编:315040
负责人:王亚芳
电　话:13805877495

宁波起点广告设计有限公司

地　址:会展中心 28 楼 D1
邮　编:315040
负责人:许敏健
电　话:13606582499

宁波赤色飓风广告设计有限公司

地　址:百丈东路 815 号碧华阁 13 – D
邮　编:315040
负责人:史　波
电　话:(0574)7717948/13706747346

宁波市江东汤臣文化传播有限公司

地　址:鄞信大厦 15 楼 1505 室
邮　编:315040
负责人:周增才
电　话:13003799440

宁波市奥达装饰广告有限公司

地　址:现代装璜市场
邮　编:315040
负责人:敖　亮
电　话:(0574)7842173

宁波市金麒麟文化商务有限公司

地　址:戎家 335 号
邮　编:315040
负责人:郑英杰
电　话:(0574)7212932

宁波市邦达广告有限公司
地　址:百丈路158号杉杉金贸大厦1105室
邮　编:315040
负责人:王静波
电　话:(0574)7716294

宁波市广告美术有限公司
地　址:江北区清河路1号
邮　编:315020
负责人:蒋国光
电　话:(0574)7355588-1921/7355274

宁波市甬达广告美术公司
地　址:宝鸡巷14号
邮　编:315020
负责人:周国良
电　话:(0574)7356895

宁波市威特广告有限公司
地　址:大闸北路73号
邮　编:315020
负责人:柯国民
电　话:(0574)7665113

宁波市港城企划广告有限公司
地　址:中马路202号(海运饭店)
邮　编:315020
负责人:郑正元
电　话:(0574)7356271-5302

宁波市江北区飞白斋广告装潢谋划公司
地　址:槐树路57号109
邮　编:315020
负责人:王呦呦
电　话:1395743367

宁波市江北文教广告公司
地　址:范江岸路138弄9号102室
邮　编:315020
负责人:穆国龙
电　话:(0574)7216281

宁波能达广告策划有限公司
地　址:翠柏西路207号34幢308室
邮　编:315020
负责人:陈安达
电　话:(0574)7224450

宁波市正大企划广告有限公司
地　址:槐树路6号海政楼15F
邮　编:315020
负责人:周雪芬
电　话:13905748426

镇海中亚广告装饰总公司
地　址:城关大西门路32号
邮　编:315200
负责人:李　静
电　话:(0574)6252082

镇海非凡广告有限公司
地　址:城关城李衙弄8号
邮　编:315200
负责人:郑　凯
电　话:(0574)6270823

镇海威远城广告公司
地　址:骆驼工业区
邮　编:315000
负责人:宋友良
电　话:(0574)6264136

镇海同心广告装饰有限公司
地　址:庄市街151号
邮　编:315000
负责人:张华芬
电　话:(0574)6692641

镇海鑫玱广告装饰有限公司
地　址:骆驼工业区303室
邮　编:315000
负责人:钟明娟
电　话:(0574)6584075

镇海源丰广告装潢有限公司
地　址:澥浦工业开发区
邮　编:315000
负责人:吴力丰

电　话:1396695931

宁波市北仑长城广告装潢有限公司

地　址:新矸新大路新恒公寓5号楼
邮　编:315800
负责人:王青松
电　话:(0574)6880537

宁波市北仑港讯影视传播有限公司

地　址:北仑港埠公司机关大院内
邮　编:315800
负责人:王文晶
电　话:(0574)7697162

亚太传播实业有限公司

地　址:开发区东方贸易城
邮　编:315800
负责人:马　良
电　话:(0574)7324664

正大电视公司

地　址:江东王隘路29号
邮　编:315040
负责人:何良冠
电　话:(0574)7399181－58

中兴广告公司

地　址:开发区东方贸易城
邮　编:315800
负责人:霍文耀
电　话:(0574)7272691

新江厦国际文化发展公司

地　址:中山东路301号
邮　编:315040
负责人:翁启南
电　话:(0574)7372500

宁波日报社印务公司

地　址:开发区东方贸易城
邮　编:315800
负责人:费志军
电　话:(0574)7367333－5116

太平洋广告有限公司

地　址:开发区东方贸易城
邮　编:315800
负责人:李伟达
电　话:(0574)6883211

广播电视服务公司

地　址:开发区商品经营基地
邮　编:315800
负责人:颜　放
电　话:(0574)6880649

宁波东富科技广告有限公司

地　址:开发区东方贸易城
邮　编:315800
负责人:周文武
电　话:13905748859

宁波有线电视发展总公司

地　址:开明街4号
邮　编:315010
负责人:邹大鸣
电　话:(0574)7322006

宁波万讯广告装潢有限责任公司

地　址:保税区兴农大厦B－01813
邮　编:315800
负责人:翁孝璋
电　话:(0574)7181012

宁波华能无线传播有限公司

地　址:彩虹南路16号
邮　编:315040
负责人:冯　伟
电　话:(0574)7729735

宁波金港传播有限公司

地　址:宁波保税区
邮　编:315800
负责人:徐艰奋
电　话:(0574)7321616

宁波进口商品展览有限公司广告分公司

地　址:宁波保税区发展大厦
邮　编:315800
负责人:冯　军
电　话:(0574)6888703

宁波保税区金茂国际展览有限公司
地　址:外经贸大厦副楼1楼
邮　编:315010
负责人:任伟国
电　话:(0574)7313854

大榭开发区大红鹰经贸有限公司广告分公司
地　址:大榭峙岭山庄别墅11号
邮　编:315812
负责人:金恩伟
电　话:(0574)6768452

大榭开发区香岛广告装饰有限公司
地　址:大榭樟湾小区1幢506室
邮　编:315812
负责人:史勤勇
电　话:(0574)6873271

宁波友谊喷绘制作有限公司
地　址:大榭信谊大厦1207室
邮　编:315812
负责人:陆有勇
电　话:(0574)7271618－615

宁波东钱湖广告旅游有限公司
地　址:鄞县东钱湖镇市场南路23号
邮　编:315121
负责人:虞强民
电　话:(0574)8497274

宁波市顺通广告装潢公司
地　址:鄞县东钱湖镇湖西路77弄13号
邮　编:315121
负责人:史佩春
电　话:(0574)8497134

鄞县宁东广告公司
地　址:鄞县东钱湖镇西村
邮　编:315121
负责人:史济宁
电　话:(0574)7499502

宁波盛达广告有限公司
地　址:鄞县石矸镇
邮　编:315153
负责人:李如成
电　话:(0574)9088769

浙江景宁广告艺术发展有限公司
地　址:景宁梅墟扶贫经济开发区
邮　编:315040
负责人:闻建勇
电　话:(0574)7834787

鄞县时代广告有限公司
地　址:鄞县邱隘镇盛莫路
邮　编:315010
负责人:周慈良
电　话:(0574)8413591

宁波布利杰广告有限公司
地　址:鄞县石矸镇
邮　编:315153
负责人:滕伟杰
电　话:(0574)8443501

鄞县邦达广告有限公司
地　址:宁波市江东潜龙路82号
邮　编:315040
负责人:鲁海波
电　话:(0574)7888933

宁波国脉广告有限责任公司
地　址:景鄞扶贫经济开发区梅墟
邮　编:315101
负责人:罗海涛
电　话:(0574)7181046

鄞县日出广告装潢有限公司
地　址:鄞县姜山镇东新西街36号
邮　编:315191
负责人:张静江
电　话:(0574)8455860

宁波奥克斯广告有限公司
地　址:鄞县龙观乡桓村
邮　编:315166
负责人:黄龙飞
电　话:(0574)7322678

鄞县草原皇广告有限公司
地　址:鄞县东吴镇天童街
邮　编:315113
负责人:陈智民
电　话:(0574)8480628

鄞县雄狮广告有限公司
地　址:鄞县五乡镇镇南路1弄6号
邮　编:315111
负责人:胡利峰
电　话:(0574)8485141

鄞县米兰广告有限公司
地　址:鄞县高桥镇长乐村
邮　编:315174
负责人:徐明娜
电　话:13008990998

余姚市广播电视广告有限公司
地　址:余姚镇世南西路152号
邮　编:315400
负责人:朱云楚
电　话:(0574)2703512

浙江帅康集团余姚广告有限公司
地　址:余姚镇北滨江路80-81号二楼
邮　编:315400
负责人:邹国营
电　话:(0574)2638989

余姚市公关策划中心
地　址:余姚镇三官堂路
邮　编:315400
负责人:王新福
电　话:(0574)2662641

余姚市大地广告有限公司
地　址:余姚镇新建路55号
邮　编:315400
负责人:金佐是
电　话:13905841101

余姚市大众广告公司
地　址:余姚镇阳明西路107-109
邮　编:315400
负责人:严冠群
电　话:(0574)2633306

余姚市广告公司
地　址:余姚市大黄桥路16号
邮　编:315400
负责人:黄一江
电　话:(0574)2705683

余姚市东方广告有限公司
地　址:余姚市新建路候青门桥旁
邮　编:315400
负责人:戚盖章
电　话:(0574)2639156

余姚市信诚广告有限公司
地　址:余姚镇北河沿路
邮　编:315400
负责人:王吉江
电　话:(0574)2643425

余姚市金马广告有限公司
地　址:余姚市舜南新村计生委大院内
邮　编:315400
负责人:蒋启明
电　话:(0574)2708085

余姚市兄弟广告发展有限公司
地　址:余姚镇大黄桥南路23号
邮　编:315400
负责人:熊　杰
电　话:(0574)2718060

宁波市飞时达广告设计有限公司
地　址:余姚镇阳明西路16号
邮　编:315400

负责人:劳钊刚
电　话:(0574)2705683

余姚市世通信息广告有限责任公司
地　址:余姚镇南雷路 138 号
邮　编:315400
负责人:周荣根
电　话:13805840087

慈溪广告公司
地　址:浒山镇峙山路 173 号
邮　编:315300
负责人:陈吉彪
电　话:(0574)3815678

慈溪市鸿达广告有限公司
地　址:浒山镇新城大道北路
邮　编:315300
负责人:茹宏迪
电　话:(0574)3828741

慈溪市国脉信息广告有限公司
地　址:浒山镇天九街 44 号
邮　编:315300
负责人:郑松华
电　话:(0574)3818787

慈溪浒山镇张沛伦广告事务所
地　址:浒山镇环城南路 100 号
邮　编:315300
负责人:张沛伦
电　话:(0574)3811988

慈溪市新世纪装饰工程有限公司
地　址:浒山镇环城东路 171 号
邮　编:315300
负责人:方伟军
电　话:(0574)3811039

慈溪市奔达展示艺术有限公司
地　址:浒山镇朱家桥路 6 号
邮　编:315300
负责人:王建江
电　话:(0574)3894765

慈溪市东方广告有限公司
地　址:浒山镇孙塘新村 9 幢
邮　编:315300
负责人:丁聪儿
电　话:(0574)3018790

慈溪市金手指广告有限公司
地　址:浒山镇东山路 235 号
邮　编:315300
负责人:裘雪红
电　话:(0574)3101638

慈溪市大恒数码科技有限公司
地　址:浒山镇青少年宫路 199 号
邮　编:315300
负责人:施　展
电　话:(0574)3880065

慈溪市中房广告装饰有限公司
地　址:浒山镇乌山路 300 号
邮　编:315300
负责人:胡　杰
电　话:(0574)3019956

慈溪市现代广告有限公司
地　址:浒山镇新市路 97 号
邮　编:315300
负责人:郑惠玲
电　话:(0574)3814395

宁波海王星装饰广告总公司
地　址:奉化市大桥镇岳林路东端
邮　编:315500
负责人:童海啸
电　话:(0574)8924441

宁波海涛广告有限公司
地　址:奉化大桥镇广南商城 1 区 1 幢 219 室
邮　编:315500
负责人:陈海涛
电　话:(0574)8521595

奉化市灵通广告有限公司

地　址:奉化市大桥镇南山路 49 号
邮　编:315500
负责人:陆国芳
电　话:(0574)8526372

奉化市电力装饰广告公司
地　址:奉化市大桥镇中塔路 11 号
邮　编:315500
负责人:江岳平
电　话:(0574)8594933

奉化市华东广告装潢设计公司
地　址:大桥镇南山路 162 号国税局内
邮　编:315500
负责人:张乐行
电　话:(0574)8522541

奉化市沧海广告装饰有限公司
地　址:大桥镇南山路 65 号
邮　编:315500
负责人:刘遵义
电　话:(0574)8596783

奉化市天龙装饰广告有限公司
地　址:大桥镇南山路 84 号
邮　编:315500
负责人:郑孝裕
电　话:(0574)8521595

奉化市万胜信息产业有限公司
地　址:大桥镇新丰路 7 号
邮　编:315500
负责人:范祝安
电　话:(0574)8922868

奉化市公交广告服务有限公司
地　址:大桥镇南山路 5 号公交公司内
邮　编:315500
负责人:王裕方
电　话:(0574)8910020

奉化市商函广告有限公司
地　址:奉化大桥南山路 145 号
邮　编:315500
负责人:方永刚
电　话:(0574)8524544

宁海县雁苍山广告企划有限公司
地　址:城关桃源中路
邮　编:315600
负责人:蒋思元
电　话:(0574)5580106

宁海县金桥策划有限公司
地　址:城关中山中路 29 号
邮　编:315600
负责人:竺济法
电　话:(0574)5589166

宁海县丽星广告公司
地　址:城关体育巷 1 号
邮　编:315600
负责人:潘泉海
电　话:(0574)5563117

宁海县福泉广告有限公司
地　址:城关兴宁中路 147 号
邮　编:315600
负责人:葛政学
电　话:(0574)5518987

宁海县经纬广告图文有限公司
地　址:城关人民路 128 号
邮　编:315600
负责人:仇海斌
电　话:(0574)5582892

宁海县春天广告有限公司
地　址:城关气象北路
邮　编:315600
负责人:李　菁
电　话:(0574)5588006

宁海志清广告装饰有限公司
地　址:城关中山路 140 号二楼
邮　编:315600
负责人:陈志成
电　话:(0574)5581088

宁海县大地广告装饰有限公司
地　址:城关兴宁中路164号
邮　编:315600
负责人:吴仁安
电　话:(0574)5511140

宁海县稻草人广告装潢社
地　址:城关经大街18号
邮　编:315600
负责人:杨象富
电　话:(0574)5585225

宁海县逢春设计有限公司
地　址:城关气象路
邮　编:315600
负责人:王逢春
电　话:(0574)5592678

象山石浦高源企划工作室
地　址:石浦渔港南路1号
邮　编:315700
负责人:高　源
电　话:(0574)5983427

象山石浦艺术广告部
地　址:石浦人民路27号
邮　编:315700
负责人:顾红霞
电　话:(0574)5982560

象山大方广告工作室
地　址:石浦渔港中路165号
邮　编:315700
负责人:方卫国
电　话:(0574)5982515

象山东升广告装潢公司
地　址:石浦人民路70号
邮　编:315700
负责人:毛旭东
电　话:(0574)5982288

象山汇一广告有限公司
地　址:西周镇西瀛348号
邮　编:315700
负责人:张风雷
电　话:(0574)5837537

象山县博大广告公司
地　址:丹城镇广场路15号
邮　编:315700
负责人:励和军
电　话:(0574)5725904

象山创新广告装潢有限公司
地　址:丹城镇步峰路28号
邮　编:315730
负责人:何国平
电　话:(0574)5729834

象山天龙广告装潢有限公司
地　址:丹城长寿路4号
邮　编:315700
负责人:奚振析
电　话:(0574)5727459

象山县电力广告有限公司
地　址:丹城天安路173号
邮　编:315700
负责人:周永宝
电　话:(0574)5722426

广播电视类

鄞县广播电视台广告部
地　址:宁波市鄞县中心区麦德龙8号
邮　编:315192
负责人:关　春
电　话:(0574)88212378　88212338
传　真:(0574)88212338
打开宁波市场不可缺少的媒体之一。

舟山人民广播电台
地　址:浙江省舟山市昌国路137号
邮　编:316000
电　话:(0580)2026462
传　真:(0580)2026462

电　报:2330
负责人:傅禹淦
联系人:周国强
经营范围:

本台广告信息部承接各类广播广告,舟山人民广播电台使用调幅684千赫播出,节目内容丰富,收听率高,覆盖面广,广告收费合理,欢迎社会各界通过我台广播传媒发布广告。

温州人民广播电台广告信息部

地　址:浙江省温州市县学前19号
邮　编:325000
电　话:(0577)8223530
传　真:(0577)8223530
负责人:杜奇迅
联系人:邵天京　林小梅

温州人民广播电台建于1950年,是我国华东地区开播较早的一家地区电台。目前拥有三个频率,中波1575.801千赫,调频94.9兆赫,信号覆盖温州地区及浙南、闽北地区。全天播出18小时,其中11档节目近11小时为直播节目。

1996年8月开辟的系列台——温州经济广播电台,频率为87.3兆赫。节目内容以经济、交通信息为主干,以音乐节目为载体,以直播为主要形式,信号覆盖与人民台同样广大。

电台广告信息部主要负责经营温州人民台和经济台的广播广告业务,电台的广告价格按时间及节目分类为甲类、乙类、丙类,广告收费以30秒为单位,分别为30秒/300元、30秒/200元,30秒/100元。同时还可为各地客户代理全国各地广播电台、电视台、报刊等新闻媒介的广告业务。

宁波电视台广告部

地　址:长春路146号
邮　编:315000
负责人:任元君
电　话:(0574)7364730

宁波有线电视台广告部

地　址:开明街4号
邮　编:315000
负责人:杨桂松
电　话:(0574)7322071

宁波电视台电视剧制作中心

地　址:环城西路南段599号
邮　编:315000
负责人:张晓东
电　话:(0574)7463124

宁波人民广播电台广告部

地　址:广济巷3号
邮　编:315000
负责人:王国平
电　话:(0574)7312305

宁波市江北区人民广播站广告部

地　址:新马路61弄3号楼
邮　编:315020
负责人:孙　炎
电　话:(0574)7664987

镇海有线电视台广告部

地　址:城关城河西路213号
邮　编:315200
负责人:陈　央
电　话:(0574)6272871

镇海人民广播电台广告部

地　址:城关大西门路32号
邮　编:315200
负责人:李　静
电　话:(0574)6272156

宁波市北仑区广播电视台广告部

地　址:新矸星中路6号
邮　编:315800
负责人:黄海伟
电　话:(0574)6882703

鄞县电视台

地　址:鄞县中心区宋诏桥
邮　编:315040
负责人:何剑秀
电　话:(0574)7728564

慈溪电视台广告部

地　址:浒山镇峙山路173号

邮　编:315300
负责人:邹达坤
电　话:(0574)3815678

慈溪人民广播电台广告部
地　址:浒山镇峙山路阳光花园
邮　编:315300
负责人:兰　云
电　话:(0574)3897633

浙江省广播电视广告中心奉化分中心
地　址:奉化市大桥镇惠政西路26号
邮　编:315500
负责人:周宁科
电　话:(0574)8523928

奉化人民广播电台
地　址:大桥镇公园路37号
邮　编:315500
负责人:任茂昌
电　话:(0574)8529007

奉化电视台
地　址:大桥镇广南商城1区5幢2楼
邮　编:315500
负责人:任茂昌
电　话:(0574)8522329

宁海广播电视台广告部
地　址:宁海大厦14楼
邮　编:315600
负责人:黄人广
电　话:(0574)5592598

宁海县广播电视台广告部
地　址:城关人民路5号
邮　编:315600
负责人:陈炳寿
电　话:(0574)5584392

象山人民广播电台广告部
地　址:丹城靖南路342号广电大厦4楼
邮　编:315700
负责人:陈秉飞
电　话:(0574)5723061

象山有线电视台广告部
地　址:丹城靖南路广电大厦4楼
邮　编:315700
负责人:胡安平
电　话:(0574)5716053

象山石浦镇广播电视站
地　址:石浦荔港路18号
邮　编:315700
负责人:潘宝华
电　话:(0574)5963472

报刊类

杭州日报社广告部
地　址:杭州市体育场路218号
邮　编:310041
电　话:(0571)85106136　85106137
传　真:(0571)85106157
负责人:曹迪民

宁波日报广告部
地　址:浙江省宁波市公园路19号
邮　编:315010
电　话:(0574)87274009
传　真:(0574)87274783
电子邮件:nbdaily@163.net
负责人:周定华

《宁波日报》为中共宁波市委机关报,是一张综合性大报,在浙东沿海享有较高的声誉和影响。《宁波晚报》和《东南商报》是她的子报,《宁波经济》和《文学港》杂志是她联办的刊物。《宁波日报》现为对开12版彩报。版面分布为:一、二版,要闻版;三版,国内新闻;四版,国际新闻;五版,体育新闻;六版,读者之声和证券投资专版;七版,浙江新闻和社会新闻;八版,摄影作品、汽车专版、国际副刊等专版;九至十二版分别为社会、经济、理论、文娱、生活周刊。《宁波日报》2000年发行量14.8万份,遍及城乡,覆盖宁波城区和宁波所辖慈溪市、余姚市、奉化市、鄞县、宁海县、象山县。《宁波日报》新闻容量大,面目新,时效快,可读性强,获得了广大读者的青睐与厚爱,为宁波市第一大报,是本地最权威的报纸媒体,连续几年被评为浙江省优秀报纸,在全国、全省同行中有较大的影响。

《宁波日报》近年来硬件设备日趋先进,先后引进德国罗兰公司的轮转胶印机二组八台,并拥有先进的激光照排系统和广告创意设备,1998年开始实现了采编电脑化。日印量可达100万对开张,印刷质量历年来全省第一,全国名列前茅。随着报业经济的迅速发展,广告和多种经营收入2000年已达1.8亿元人民币,近几年投入3亿元人民币新建了办公大楼和印务中心。

《宁波日报》锐意革新,开拓进取,正以崭新的时代气息,热情讴歌社会主义现代化国际港口城市。

浙江广播电视报社广告部

地　址:杭州市长生路31号
邮　编:310006
电　话:(0571)7079079
传　真:(0571)7080353
总编辑:王建人
联系人:李玲娟
经营范围:

设计、制作报刊广告,在《浙江广播电视报》上发布国内报纸广告。

台州日报

地　址:浙江省临海市石林路6号
邮　编:317000
电　话:(0576)5111643
传　真:(0576)5310322
总编辑:林晓鸣
广告部主任:钱飞鸿

台州市位于浙江沿海中部,北连宁波南接温州,辖椒江、黄岩、路桥、临海、温岭、玉环、天台、仙居及三门等9县(市、区),总人口530多万。台州属浙江经济发达地区,经济总量位居全省第3位。《台州日报》是中共台州市委机关报,每天对开4版,周五出8版,发行量近8万份,是台州市唯一一份综合性日报。

宁波晚报社广告部

地　址:永寿街8-1号
邮　编:315010
负责人:张业文
电　话:(0574)7243217

浙江农村机电编辑部

地　址:宁穿路128弄9号103室
邮　编:315040
负责人:吴华贤
电　话:(0574)7734283

消费者导报宁波新闻中心经济广告部

地　址:羊行巷34号、宁舟巷72号
邮　编:315040
负责人:董双麟
电　话:(0574)7776933

宁波广播电视报社广告部

地　址:县学街91号
邮　编:315000
负责人:钟一通
电　话:(0574)7320934

人民日报社宁波新闻中心

地　址:小梁街26弄4号
邮　编:315000
负责人:范伟国
电　话:(0574)7193030

宁波侨乡报社广告部

地　址:尚书街4号
邮　编:315010
负责人:陈　寅
电　话:(0574)7240824

宁波信息总社广告部

地　址:县前街61号
邮　编:315000
负责人:王建华
电　话:(0574)7319229

鄞县日报社

地　址:宁波市江东潜龙路82号
邮　编:315040
负责人:张祥仙
电　话:(0574)7376551

余姚日报社广告部
地　址:余姚镇大黄桥路16号
邮　编:315400
负责人:邹嘉俊
电　话:(0574)2713008

慈溪日报社广告部
地　址:浒山镇三北大街443号
邮　编:315300
负责人:邵　丹
电　话:(0574)3014454

奉化日报社
地　址:大桥东门路112号
邮　编:315500
负责人:夏幼卿
电　话:(0574)8976614

茶叶编辑部
地　址:杭州凯旋路268号浙江大学华家池校区
邮　编:310029
电　话:(0571)6971256
传　真:(0571)6971704
电子邮件:yrliang@public1.hz.zj.cn
负责人:刘祖生
联系人:胡月龄　徐梅生

《茶叶》是经国家科委批准,由浙江省茶叶学会和中国茶叶博物馆联合主办的一种普及与提高相结合的科技刊物。本刊立足本省,面向世界,国内外公开发行。本刊曾荣获浙江省和华东地区优秀期刊奖。主要报道茶的栽培、育种、加工、机械、生理生化、品质检验和茶叶经贸、茶叶历史与文化、饮茶与健康以及中外茶讯等。可供茶叶工作者和茶叶爱好者阅读。本刊为季刊,每期56页,每季末月10日出版。国内统一刊号CN 33-1096/S,国际标准连续出版物刊号ISSN 0577-8921。每期定价国内4.5元,全年18.00元。本刊自办发行,订阅者可直接汇款到本刊编辑部。

山海经杂志
地　址:杭州市建德路9号
邮　编:310006
电　话:(0571)7020669
传　真:(0571)7020779
联系人:钱荣根　摇美莲

家庭教育杂志社
地　址:杭州市延安路皇亲苑
邮　编:310003
电　话:(0571)5065218
传　真:(0571)5065220
负责人:蔡国群

文学港杂志社
地　址:柳汀街98号
邮　编:315010
负责人:李建树
电　话:(0574)7312087

宁波出版社
地　址:苍水街79号
邮　编:315000
负责人:李振声
电　话:(0574)7248444

宁波经济杂志社
地　址:县前街61号市府新大楼
邮　编:315000
负责人:陈建章
电　话:(0574)7182556

温州市广告协会
地　址:温州市水心十七中路13号
邮　编:325028
电　话:(0577)8523054
会　长:曾云传
秘书长:余振华

温州市广告协会成立于1989年,在上级有关单位的指导和全体会员的共同努力下,从成立初的33家会员单位、从业人员226人,发展到目前的425家会员单位、从业人员3682人、2000年广告经营额54403万元的规模。

协会自成立以来,利用报纸、广播、电视、招贴等媒介和讲座、知识竞赛、咨询服务等形式,积极向社会宣传广告方面的法律、法规。协会多次组织优秀广告作品评选活动,并先后开展“争创广告行业精神文明先进单位”活动、广告经营单位资质等级认定活动,出台了《温州市广告经营行为自律准则》,提高了广告经营单位的整体素质。会员单位作品曾多次在全国、全省各类广告作品评比中得奖。

协会还协同政府有关部门在我市城镇主要街道，如鹿城区人民路、学院路、瓯海振中街等，开辟了霓虹灯一条街和公益广告一条街，为渲染温州现代都市气氛，弘扬温州精神文明建设作出积极的贡献。

步入新的世纪，协会将继续贯彻改革开放以及“百花齐放、百家争鸣”的方针。团结全市有志于广告行业的工作者，结合我市“二次创业”的时代特征，积极探索我市广告业的发展规划和经营体制，传播广告界的信息及先进的科学技术，以促进温州经济建设和精神文明建设新的腾飞！

安 徽 省

公 司 类

金鹏国际广告有限公司

地　址：安徽省合肥市濉溪路 251 号
邮　编：230041
电　话：(0551)5617788
传　真：(0551)5611100
电子信箱：jinjuan@public.hf.ah.cn
网　址：www.jinjuan.com
负责人：徐建国
联系人：胡　伟

金鹏的“创意突围”

从屡获大奖的广告作品到综合代理的整合营销传播，金鹏以“创意突围”为立业之本，不断创造出令人称道的市场绩效和品牌神话。创意突围创造出一个品牌市场占有率高达 90%；创意突围创造出单一产品上市当年在一个省销售额达 2 亿元；创意突围创造出被判死刑的产品咸鱼翻身成为市场的领导品牌……

立足于本土，成长于本土，且更加熟谙和洞察本土市场及消费者特性的金鹏，业已成为本土最好的综合广告代理公司之一。在金鹏，我们有一个共识：在营销的一切要素上，当创意沉默的时候一切都将同质化，一切都将死亡；剩下的，你只有拿钱去砸。我们的结论：当锁定营销目标之后，我们要做的其实只有一件事：创意。惟有创意才能突出重围，惟有创意才能使品牌永生！……

合肥市广告公司

地　址：合肥市九狮桥街文昌阁三楼
邮　编：230001
电　话：(0551)2672977　2648674
传　真：(0551)2648674
总经理：杨庆云

合肥市广告公司是国有企业，隶属于合肥市文化局，公司下辖合肥市美术服务部、合肥市装璜公司、合肥市艺品斋、合肥市广商场等。企业员工百余人，近半数具有中、高级技术职称。

公司经营以信誉为本，依据《广告法》在市场竞争中热情为客户出谋划策，制定营销和市场推广的战略。公司利用所属文化系统的优势，组织策划大型商业性演出，节假日广场音乐会，配合企业促销，树企业形象。公司经营承办和代理各类广告业务，设计制作发布大型户外广告、霓虹灯广告、展览设计、模型制作。并以策划、CI 设计、品牌管理见长。代理发布全省电影贴片广告。

公司谒诚欢迎各界朋友与我们合作，并携手前进。

合肥市公交广告公司

地　址：合肥市铜陵路 286 号
邮　编：230011
电　话：(0551)4489953
传　真：(0551)4466571
负责人：胡　军
联系人：戴梅君

合肥市公交广告公司是中国广告协会会员单位，成立于八十年代中期，以承揽、制作、发布公交广告为主，同时代理其他广告业务。

合肥是安徽省会。改革开放以来城市建设日新月异，经济发展突飞猛进，现已形成现代化大都市的崭新风貌。合肥市公交广告公司以其优越的地理位置，并依靠公交总公司千余辆公交汽车百余个公交站亭，数百个公交站牌以及设在市内各交通枢纽的公交总站经营公交广告，成为合肥市具有相当实力和信誉可靠的广告公司。

本公司拥有效果独特的广告媒体及现代化的经营管理手段,利用先进的电脑写真设备,创新设计,精心制作,为广告主提供满意的服务。

安徽省广告公司

地　址:合肥市长江路人民巷 61 号
邮　编:230061
电　话:(0551)2655855
传　真:(0551)2655855
总经理:张　磊
办公室主任:张昌瑜
经营范围:
来华广告代理,国内广告代理;
广告创意、策划,企业形象设计(CIS);
三维动画设计、制作;电脑设计;
包装、印刷、广告礼品;
展示,展览设计、制作、布展;
室内装饰、建筑装饰设计、施工。

安徽省国际广告公司

地　址:合肥市金寨路 162 号
邮　编:230022
电　话:(0551)3635060　3631735　3634904
传　真:(0551)3631186
总经理:胡振华
联系人:张红里

安徽省国际广告公司是国家外经贸部批准的省外经贸委的直属企业。创建于 1982 年。经营、代理国内外各类广告业务,拥有一流的广告发布市场以及专业创意策划和制作技术人才,承接的展览、装潢、印刷、设计、制作等,曾多次获奖;经营进出口业务,出口商品主要有轻工、机电、纺织、服装、粮油土畜产品等,出口市场为欧美、港澳等 50 多个国家(地区)。

蚌埠市美术广告公司

地　址:胜利中路 51 号科学文化宫一楼
邮　编:233000
电　话:(0552)2042176
负责人:禹克强
联系人:余隆萱

安徽省华云广告气模有限公司

(原铜陵市华云塑料薄模制品厂)
地　址:安徽省铜陵市经济技术开发区恒威工业园
邮　编:244100
电　话:(0562)2834725　2834727　2820951
传　真:(0562)2808675　2834725
董事长:丁赵平

本公司于 1989 年在国内率先创建气模气球生产专业厂家(原铜陵市华云塑料薄膜制品厂)。十年来,在社会各界关心支持和全体员工的共同努力下,企业发展突飞猛进,现已成为集生产、营销、设计、科研于一体的国内同行业最大企业,成为国内最大的气球气模生产基地。产品品种齐全:PE、PVC 复合膜、尼龙布、牛津布、增强牛津布、透光牛津布等材质的气球气模,以及充气儿童玩具、POP 广告物、水上泳具等产品应有尽有。技术力量雄厚:产品创意独特、选料考究、形象逼真、气势恢宏,并可配置灯光及声控语音发生系统,发光气模等多项产品属国内首创并获专利。其产品一旦充而扩之,投放于广告、庆典、商务活动,视觉效果巍为壮观、十分抢眼,不仅为都市空间增添了一道亮丽的商业文化风景线,更为现代广告人、商人慧眼所识。华云产品更以其质优价廉显示出强劲的媒体竞争力和巨大的市场潜力,产品畅销海内外,部分产品远销德国、新西兰、澳大利亚等国家。

为方便用户,本公司免费提供技术咨询及相关资料,欢迎来电、来函、来人联系!

广播电视类

安徽电视台广告中心

地　址:合肥市马鞍山路 38 号
邮　编:230009
电　话:业务一部:(0551)4678818/8828/8808/8815
业务二部:(0551)4678836/8839/8830/8898/8899
传　真:(0551)4678800
网　址:www.ahtv.com.cn
主　任:吴　涛
经营范围:全面负责安徽电视台各频道广告业务

2001 年 10 月 22 日,新整合后的安徽电视台各频道隆重推出。合并后的安徽电视台设有五个频道:新闻综合频道(安徽卫视)、经济生活频道(原安徽有线一套)、影视频道(原安徽25频道)、文体频道(原安徽有线二套)及2002年新增的科教频道。

安徽卫视目前已在全国31个省会城市及全国80%的地级城市落地,居省级卫视第一!在节目中涌现了在全国知名的"一点"《超级大赢家》、"一竖"《周末大放送》、"一横"《黄金剧场》,据AC尼尔森权威认证:安徽卫视的"一点"、"一竖"、"一横"在全国10大城市收视份额居省级卫视第一!

新世纪、新面貌、全新安徽电视台,将抓住机遇、追求卓越,引领传媒新浪潮!

合肥电视台

地　址:合肥市金寨路283号
邮　编:230061
电　话:(0551)272662

安徽人民广播电台

地　址:合肥长江路89号
邮　编:230001
电　话:(0551)257246

报刊类

安徽老年报社广告部

地　址:合肥市阜南路40号三楼
邮　编:230001
电　话:(0551)2615992
传　真:(0551)2615992
负责人:叶通理　张家望
联系人:张家望　汪德菱

《安徽老年报》是安徽省唯一的省级老年报,每月6期,逢5逢10出版,全国发行。一版新闻、言论,二版保健、生活,三版《枫林》副刊,四版中外文摘,因其文稿短、新、特、精,无套话、无官腔、品位高、信息量大、受到数十万读者喜爱,多次荣获国家一级报纸、省优秀报纸、编校质量先进集体殊誉。报纸发行量逐年递增,零售量日益扩大,自费订阅比例愈来愈多。报纸广告以遵纪守法著称,以诚信享誉客户和读者,效果好,价格适中。

全国统一刊号:CN 34—0051
邮发代号:25-42
开户银行:合肥市工行牡丹支行
帐　号:11524904401

安徽商报社

地　址:安徽省合肥市宁国路136号
邮　编:230001
电　话:(0551)4659424　4651569

安徽日报社广告科

地　址:合肥市金寨路206号
邮　编:230061
电　话:(0551)252356　274359

合肥晚报社

地　址:合肥市阜阳路100号
邮　编:230001
电　话:(0551)253818

福　建　省

公　司　类

福建省广告公司

地　址:福州五四路75号外贸中心大楼17F
邮　编:350003
电　话:(0591)7556107
传　真:(0591)7524238
电子邮件:fac@pub5.fz.fj.cn
网　址:www.fjad.com.cn

1981年,当商品经济的大潮开始拍击东海岸的时候,福建诞生了第一个全省性的专业广告公司——福建省广告公司(FAC),并且首创福建跨国际广告运作的先例。

今天她已迅速成为全省广告业的巨擘,率先进入全国广告公司前50强,属下机构遍布全省及海外一些地区。

"独具匠心,竭尽全力"是公司创立伊始至今所秉承的信念。我们辛勤耕耘,最欣慰的是拥有了美好的"品牌"形象——FAC,她是由广告主无数的信赖、赞誉,及她的一项又一项触目惊心的成功策划凝聚而成的。

我们竭诚希望与广告主携手同心,一次又一次共享丰收的灿烂。

福建新风尚文化传播有限公司

地　址:福州市五四路158号环球广场15层
邮　编:350001
电　话:(0591)7617108
电子邮件:newidea@public.ptptt.fj.cn
网　址:www.fj-newidea.com.cn
负责人:苏国锋

我公司是按国际化理念运作,综合型的文化传播公司,主营业务:公益广告创作、大型公益活动推广、企业形象整合策划、大型网络经营推广等,致力宣扬新道德、新风尚。

福建新思维企划公司,是一个国际化与本土化融合,以理念见长,以实战著称,已成功策划多个品牌的综合型专业广告公司。

经过八年多品牌营销实战的积淀,主张策略创新、创意突围、传播革命的新思维,不但成为福建最大综合型专业广告公司之一,而且为锐意进取的另类广告人构筑了如鱼得水的发展空间。公司现拥有四大专业团队、十大专业部门、四十多名久经考验的专业员工,以及畅达八闽的媒介网络、市场服务网络。

专业、规范、经验、服务、理念、敬业、本土化、执行力等构成了新思维公司的综合实力,也是公司与客户相互合作的重要基础。

思维不止,创意无边——福建新思维!

福州长乐国际机场广告公司

地　址:福州市鼓楼区八一七北路133号国际商厦9层A区
电　话:(0591)7673598
传　真:(0591)7602705
电子邮件:dcl73505@public.fz.fj.cn
　　　　sxx@public.fz.fj.cn
网　址:www.cnaad.com
负责人:戴传楼
联系人:许红玲

福建省新富闽文化传播有限公司

地　址:福州市杨桥东路20号畅安大厦8楼
邮　编:350001
电　话:(0591)7603547 7603647 7518533
传　真:(0591)7504034
电子邮件:xfm747@163.net

本公司本着"策略先行,创意为本"的理念,对客户进行全新策划、全新设计、全心服务、全方位制作。公司具有专业设计视觉系统整合、直销行销、展览、活动行销等方面的优势,拥有公共、展览、影视、设计、策划制作等各方面的专门人才,竭诚欢迎海内外各界人士与我公司联手协作,共同创造辉煌的未来。

福建省高科广告策划发展中心

地　址:1、省药品监督管理局院内后三楼
　　　　2、福建省福州市华林路294号三楼
邮　编:350013
电　话:(0591)7581492　7581453
传　真:(0591)7581469
负责人:谢义白
联系人:邵陆军

福建省高科广告策划发展中心隶属福建省药品监督管理局后勤服务中心。其宗旨是竭诚为医药行业服务,以人为本、励精图治、开拓进取。

一、代理福建省及其他省市药品广告审批和系列服务

1、厂家或经销商提供有关手续(中心备有具体药品广告审批所需资料,欢迎来函索取);

2、委托我中心代理审批(以尽可能快的时间批好);

3、系列的代理服务,包括市场策划、媒体代理、连锁药店铺货、终端运作等。

二、自办媒体

《海峡药学》是由福建省药品监督管理局主办的媒体,是一份医药专业性杂志。

三、媒体总代理

1、作为由国家药监局主办的国内最具行业权威的《中国医药报》福建总代理本中心享有最惠待遇。

2、全国性公开发行的医药专业报刊《医药经济报》由国家药品监督管理局南方医药经济研究所主办,高科广告中心是该报指定的福建总代理。

3、买断《海峡都市报》—《医药与健康》版面

四、媒体代理

1、省外《中国中医药报》、《健康报》等

2、省内各电视台(含地市电视台);

3、省内各报刊(含厦门、泉州、石狮、闽北等),

4、省内各广播电台;

5、由省卫生厅和省物价局主办的半月刊《医药市场》

6、代理电影映前电影胶片广告(省内放映1000－1500场,受众达300万人次左右)。

福建省新气象广告有限公司

地　址:福建省福州市乌山路108号
邮　编:350001
电　话:(0591)3331292
传　真:(0591)3331292
负责人:邱章奴
联系人:李名春

整体策划、三维动画广告制作、影视作品创作、平面广告设计、电视专题栏目开发、企业宣传片摄制、电视〈天气预报〉广告发布、〈天气预报〉节目制作、媒体广告代理。

客户的成功才是我们的成功!

福建奥华(传媒)实业有限公司

地　址:福州市五四路158号环球广场19楼
邮　编:350003

福建奥华(传媒)实业有限公司是一家综合企划型广告集团公司,旗下包括:福建奥华广告公司、新奥户外广告有限公司、京都奥华广告有限公司、北京奥龙网讯科技有限公司、cadgo.com、北京盛世天讯广告有限公司等多家全资子公司,业务范围涵盖广告、网络、软件开发等多行业的立体经营。

全集团的营业额一直稳步增长,1998年为1.2亿人民币,1999年为1.5亿人民币,2000年为1.9亿人民币,2001年为2.5亿人民币。公司在取得一定发展的同时不忘回报社会,近三年来平均上缴税收近300～500万元,至今累计集团缴税逾1200万元。

下属的福建奥华广告公司成立于1995年,经过6年的发展,现已发展成为全国广告公司第十六强(中国广告协会2000年评定)。2000年获得中国广告大奖;2001年荣获第八届中国广告节平面作品银奖、铜奖和入围奖,成为福建省连续三年优秀广告作品评选获奖最多的广告公司。奥华做为福建省第一家综合企划型广告公司,为南孚电池、片仔癀、万利达、惠泉啤酒、银鹭食品、兴业证券、石狮香烟、厦工机械、厦华电子、兴业银行等福建知名企业提供综合服务,为积极推动福建品牌的发展和走向全国做出了积极贡献。

下属的福建新奥户外广告有限公司,是一家在全省范围内经营设计、制作、施工户外广告的大型专业户外广告公司,1999年公司受福建省高速公路经营开发有限公司全面委托,代理福建高速公路全路段户外广告,同时拥有福州市五一南路、五一中路、五四路、东大路及通往福州市南大门的必经之路——则徐大道的路段广告发布权,已成功地发布了健力宝、惠泉啤酒、康师傅、恒安集团、片仔癀、中国电信、中国移动、中国联通、一汽大众、中国石化、福特汽车、上海轮胎、雪津啤酒、诺基亚、中国银行、中国建设银行、中国民生银行、中国兴业银行、云南红、长城干红、龙岩卷烟厂等国际及国内知名企业的户外广告。在福建全省九地市成功发布的户外广告,广告效果与施工质量得到客户与同行及省各地管理部门的一致认可。公司拥有高水平的工程设计师、技术精湛的施工队伍和高品质的材料供应商,发展至今成为拥有全省最多户外广告面积的公司,并成功发布制作超过1万2千平方米的户外广告,秉持“创新取胜,优质保证”的企业宗旨,不断提升专业化管理,目标是办成福建省最好的户外广告公司。

2000年6月进军IT产业,创立北京奥龙网讯科技有限公司,并同期推出了大型专业广告网站——中华广告立即购。

福建省体育广告公司

地　址:福建省福州市环球广场B－19层
邮　编:350003

福建省体育广告公司是属福建省体委编制内的国家事业单位,成立于1991年,经过全体员工的努力,以最佳广告位置,独特设计,优质施工,良好维修等全优服务得到了客户的赞扬。现在公司设有设计部、客户部、工程部、社仪部、财务部、办公室和霓虹灯厂等。公司在全省已发布了6000多平方米的广告,拥有多种宣传广告媒体,如体育场、文艺、竞赛活动、运动队的独特广告发布阵地。我们愿以自己的努力托起您的辉煌。

福建省电话号簿公司

地　址:福州东街7号
邮　编:350001
电　话:(0591)7533021

福建省电话号簿公司是中国电信集团福建省电

信公司下属的专门从事《福建黄页—福建电话号簿》的编辑出版、销售的电信企业,同时,公司还负责各类电话卡的制作发行,并代理"中国黄页"的广告征集业务。其服务宗旨是架起信息交流的桥梁,为广大的用户提供各类及时、准确、适用的通信信息兼购物指南工具书。

"福建黄页"采用行业分类编排的方式使得相关行业信息集中,方便用户查阅,公众无论是从事商务活动,或是购买生活用品,均可通过记载大量电话号码和商务信息数据的黄页号簿获得相关信息;同时黄页广告价格实惠,能收到比其他媒体更大的效益。因此"福建黄页"是各界用户营销与购物的双向指南,也是社会各界进行广告宣传、传递信息的理想媒体。

福建省中视传播公司

地　址:福州市鼓楼区东街43号新都会财经广场20E
邮　编:350001
电　话:(0591)7539833,7539828
传　真:(0591)7539568

福建省中视传播公司成立于1997年,是一家专业从事各种文艺演出、文化艺术活动交流、大型商务公关活动策划执行、影视节目制作、各类广告代理发布、经济信息咨询服务、企业形象策划等综合服务性文化机构。

作为一家专业的文化传播公司,福建省中视传播公司一直致力于传播企业文化、繁荣演出市场,为提升国人文化生活品质而尽心竭力。公司自创建以来,成功地举办了一系列大型演出活动,并与国内外各大艺术团体、文化机构、演出公司、新闻单位建立了密切而广泛的合作关系。我们的客户群跨越了政府、金融、通讯、工厂、房地产、食品、汽车等众多领域,并与之成为携手共进的事业伙伴。

福建省中视传播公司愿以独具匠心的创意、周到细致的策划、尽善尽美的服务、诚实守信的态度与各界成功人士合作,为社会的发展、文明的进步,尽绵薄之力!

福建联合媒体影视节目有限公司

地　址:福州市五四路158号环球广场36层A区
邮　编:350001
电　话:(0591)7818365
传　真:(0591)7853637
电子邮件:refined@pub5.fz.fj.cn
负责人:陈瀚海
联系人:高　静

福建联合媒体影视节目有限公司自1997年11月成立以来,与全国各省级、市级、电视台等电视机构建立了良好的业务往来和良好的合作关系,拥有一批优秀的专业电视制作与广告策划,创作人才,凭借良好而广泛的媒体关系,立足于福建经济文化交汇的黄金地带。公司十分注重开拓港、澳、台地区音像,电视制作市场,拥有广阔的合作空间。

几年来,公司在全国范围内参与投拍,合拍摄制了电视连续剧近百部集,出售国内、港、台电视剧等版权、播映权,收视率一直位居前列,推出的都市剧场,电视剧选择题材新颖,品位高雅,具有极高的观赏性。

本公司深知媒体好比广告的土壤,只有在肥沃的土壤中,再加上精心培育,广告所推广的产品才能枝繁叶茂,欣欣向荣。我们将与时俱进,竭诚为您提供完善而全面的服务。

福建省冠世广告有限公司

地　址:福州市东水路76号
邮　编:350001
电　话:(0591)7607824 7543354
传　真:(0591)7549012
电子邮件:gsjg@163.com

福建省冠世广告有限公司成立于1997年8月,注册资本叁佰万元(¥3000000.00),其中固定资产捌拾肆万元(¥840000.00元),公司隶属于冠氏(福建)机构,该机构下属四个公司:福州冠华服务有限公司、福建省冠恒科技发展有限公司、福建省冠世广告有限公司、福建省冠宇彩印有限公司。

公司经过五年的长足发展,不断调整和完善企业自身的战略发展系统和企业管理系统并建立了一整套行之有效的规章制度,公司现设立七个部门:行政部、编辑部、电脑部、设计排版部、企划部、财务部、审计部;每个部门均配备电脑,并组建成局域网。拥有100平方米的门市和120平方米的仓库以及一个800平方米的印刷加工车间,并在省新闻出版中心(写字楼)13层拥有200平方米的办公场所。

公司注重人才队伍的建设,并以"以人为本,兼善天下"做为公司的经营理念之一。目前公司员工90%是大专以上学历。

正因为有了这一支人才队伍,我公司四年来已开展了如下业务:《电脑世界报》的编辑和发行;《中国计算机报》福建区域广告总代理;承接挂历、画册的设计;户外灯箱、路牌制作;策划新闻发布会、展销会等。

福建现代人广告有限公司

地　址:福州市鼓楼区东街大根路19号3层

邮　编:350001

电　话:(0591)7533311

负责人:郑列胜

本公司成立于1997年4月,主要经营广告设计制作、发布代理国内广告,以及企业咨询。

福建省星华装饰广告公司

地　址:福州市东大路106号

邮　编:350001

电　话:(0591)7506194

传　真:(0591)7520875

福建省星华装饰广告公司成立于1993年,隶属于福建省建筑轻纺设计院,国有企业。公司法定代表人柯东海,广告负责人郑和平。公司擅长策划、设计、制作房地产广告,设计制作各类印刷品广告,代理国内广告。公司愿竭诚为国内外各界朋友服务。

福建四方通文化传播有限公司

地　址:福州市八一七中路329号五楼

邮　编:350001

福建四方通文化传播有限公司是福建省一家以规模化发展、专业化运作为经营理念,集策划、创意、设计、媒体服务、影视片(广告、专题)摄制于一体,致力于卓越的全方位广告运动的大型文化传播机构。与福建电视台是紧密型合作关系企业。

福建四方通文化传播有限公司成功地为新华都实业集团股份有限公司、福建三农集团、厦门旅游集团、上海光大会展中心等十几家企、事业单位全面导入CI;主持了建设银行福建省分行电子钱包在全省的推广策划、周林频谱“送医送到你家里”的全市推广策划、新华都公司购物广场开业策划、厦门市建国五十周年会展策划等近三十个策划案和执行活动;媒体代理及制作的电视广告片四十多条;拍摄电视专题片数十部。

福建金豹影视传播有限公司

地　址:福州市杨桥东路畅安大厦9层

邮　编:350001

电　话:(0591)7524811,7524810

福建金豹影视传播有限公司是一家拥有多种传播手段和雄厚制作实力的综合性影视制作传播机构。主要从事影视、音像节目的制作和传播;媒体经营、企业CIS、营销策划以及相关活动的组织;代理各种国内外广告业务。同时,为各家电视台、广播电台等传播媒体提供制作和供片服务。公司享有独立制片人资格。

福建日月影视传播公司

地　址:福州市杨桥东路15号建兴大厦3层

邮　编:350001

电　话:013910864938 013950323846

电子邮件:ly5c@263.com

福建日月影视传播公司是福建省唯一一家集影视制作,发行,音像制作,发行及广告经营四者兼容的专业影视机构。

公司自1995年成立以来,投入制作《中国百集幽默电视剧》,二十集电视剧《狮城神探》,少儿综艺节目《亲子乐园》;与电视台合办52期广告类栏目《广告杂谈》、《周末别有天》、《幽默大叔》等优秀节目;自2000年,公司本着立足本省,积极开展对外合作,与五洲传播中心共同策划、立项、拍摄、制作52集大型纪录片《西藏的心跳》,52集大型外宣电视栏目《话说台湾》。

公司设有影视部、发行部、广告部、策划部、编辑部等九部一室;拥有精于影视节目制作、发行、CI策划、广告设计、市场营销的大、中专人才30人,其中研究生、大学本科占80%。与此同时,公司逐步建立健全全国影视节目发行网络,培养广告客户。

如今,公司正广交天下朋友,强化专业精神,以国际化标准要求自己,迎接WTO的到来。

把日月推向全国,让日月走向世界!

日月与您相伴,必将共创辉煌!

福建创业股份有限公司

地　址:福州市东街8号利达大厦A座12层

邮　编:350001

电　话:(0591)7509289

传　真:(0591)7604453

福建创业股份有限公司于99年1月经福建省工商行政管理局商广处审批,获得广告经营许可证。几年来,从事车体、户外灯箱、报刊、阅报栏等广告。

公司与影视人员强强合作,为客户拍摄的电视广告获得了客户的好评。公司广告部有12名工作人员,其中大专以上学历的有9人,占广告从业人员70%,为了增强广告企业市场的竞争能力,公司广告部将进一步发掘潜力,适应广告市场,使广告部的发展走向新的台阶。

福建太阳广告有限公司

地　址:福州市八一七路金晖大厦八楼
邮　编:350001
电　话:(0591)7608228
传　真:(0591)7540552
负责人:江雪贞
联系人:林颖晖

太阳广告是福建省专业的区域综合性广告代理公司,有近十年的从业经验,代理日立、松下、曲美、联邦制药、丝宝等国内外知名品牌的广告业务;有近壹万平方米的户外广告发布位,并独家代理多个媒体的广告发布权。太阳广告是福建省最具实力的广告公司之一。

福建经典广告中心

地　址:福州市梦山巷27号
邮　编:350001

福建经典广告中心系福建教育出版社全资公司。在福州,福建经典广告中心是倡导人类智慧与高科技完美结合的先驱。于1995年初投资二百八十多万元,引进了一套苹果电脑桌面印前系统和Indy电脑工作站。率先告别了手工制版的原始状态,实现了设计制版行业的革命性转变。

同时,我们拥有一支业务能力强,朝气蓬勃、不断进取的员工队伍。我们更拥有一批高水平的客户。今天,我们立足于高质量高效率地完成制版工作的同时,更致力于开展企业的广告策划、设计、制版、印刷的一条龙服务。

福建弘盛媒体传播有限公司

地　址:福州市白马北路167号3号楼406室
邮　编:350001
电　话:(0591)7510033　7532059
传　真:(0591)7510033
电子邮件:hshc@pub3.fz.fj.cn
负责人:陈次平
联系人:苍振环

福建弘盛媒体传播有限公司,成立于1997年,是一家综合性民营艺术、信息企业。怀着"弘图容四海,盛誉满三山"的信念,满怀信心和希望,开拓市场,创造未来。

公司的经营活动,在其专业范围内是以详尽全面为特点的,是由几个性质截然不同但又相互关联的业务内容和机构所组成,即广告设计、企业策划、市场调查、代理发布、咨询、制作及维修等。热忱为客户提供全方位、高品质服务。

面对着新时代的挑战,我们全体成员都有一种深深的紧迫感,我们力图寻找一种新的突破,进行一种新的尝试,使我们的经营项目和服务质量与时间同步,竭诚为国内外之精英企业,融合于社会生产及消费、企业进步、商业繁荣发展而作出自己的努力。

福建省爱心装潢广告公司

地　址:福州市广达路68号金源大广场B区16L
邮　编:350001
电　话:(0591)3371098　3371262　3366278
传　真:(0591)3346069
网　址:www.look67.com.cn

福建省爱心装潢广告公司自1995年成立以来,集策划、创意、制作、传播于一体,矢志创造卓越的全方位广告活动。先后为众多国内大中型企业开拓福建市场提供优质的代理服务,被全省各大媒体授予指定代理商,同时,独家经营《海峡都市报》——"房产超市"、"人才大市场"两大专栏,成功创办"安居·人才"网站。

福建省新天地广告公司

地　址:福州市华林路100号茶叶大楼7F
邮　编:350003

福建省新天地广告公司自1996年创办以来,本着"以人为本、以诚取信、美化别人、塑造自己"这一经营宗旨,时时鞭策着我们不断创新的脚步。

本公司是一家为客户提供全方位、高品质服务的综合性广告公司。汇集了一批具有丰富广告实践经验和专业知识的广告精英。为客户提供策划、设计、制作、代理、发布及促销和广告总代理。现拥有福州市区主要干道的落地、墙体及屋顶广告牌和东街口五四路、五一路阅报栏、市区各文明小区公约牌、市区学校门口(绿色通道)等户外广告媒体。同时还综合代理福建省各大电视、报纸、广播等强大媒体。

相信在新天地广告全体员工的不懈努力下,将使新天地的事业蒸蒸日上。

福建宏信广告传播有限公司

地　址:福州市五四路新天地大厦25层
邮　编:350003
电　话:(0591)7848330
传　真:(0591)7844839
电子邮件:hxad88@pub6.fz.fj.cn

福建宏信广告传播有限公司是一家立足服务,以客户之所想全方位运作的综合性广告公司。

本公司位于福州市五四路新天地大厦25层,拥有500平米宽敞明亮的办公区,公司以良好的办公环境,科学的管理制度,一流的硬件设施,为我们的企划设计人员提供了宽敞、舒适的创意空间。公司目前设有客户服务部、企划部、设计部、媒介部,各部门团结协作,以完美的创意使客户获得最好的广告效果。

本公司长期与各大媒体拥有良好的合作关系,一直是福建电视台、东南卫视台等电视台一级代理。我们还将努力拓展网络广告市场,以适应不同客户群体的需要。

本公司还承接各类品牌战略推广、新闻发布会、产品推广活动、晚会、展览会的策划、布展,以及各类型广告印刷品的设计与制作。

福建中景企划有限公司

地　址:福州五四北路融侨花园Ⅱ区11座4A-4B
邮　编:350003
电　话:(0591)7713333　7716666　7719999
传　真:(0591)7713636
电子邮件:reddot@public.fu.fj.cn
网　址:www.sino-shine.com

福建中景企划有限公司是一家专业为国内外大中企业提供全方位、深层面的品牌代理企业。公司拥有多种媒体发布、大型活动组织策划、商务礼品设计制作等强大优势,同时拥有一支精锐的人才团队,为您提供从市场调研、品牌培植策划、人员培训、营销策划、渠道规划、广告策划、制作到媒体发布等的一条龙优质服务。

专业优质的服务依靠的是合理化的人才管理。中景企划有限公司特别注重自身人文环境的建设,吸纳并培养出一支高素质的专业人才队伍。“启迪智慧、着眼未来”,追求尽善尽美的中景人愿与各方有实力、有魄力的企业携手共勉、驰骋未来!

福建中旅广告有限公司

地　址:福州市鼓东路187号6层
邮　编:350001
电　话:(0591)7671313,7671515
传　真:(0591)7602313
网　址:www.ctsad.com
负责人:林野风

福建中旅广告有限公司主要从事CI设计、营销企划、展示、展览、户外广告制作、报纸电视代理以及组织各类商业活动等业务。

专业部门设:客户服务部、策划部、设计部、媒介部、市场调研中心、创意中心、执行部、制作部八个部门。

服务宗旨:在以客户目的为主导下创最佳产品

公司理念:创意、开拓、诚信、务实

福建华进文化传播有限公司

地　址:福建省福州市中山路23号商业大厦13层
邮　编:350003
电　话:(0591)7815033 7828398
传　真:(0591)7812958
负责人:华　靖
联系人:华　青

福建华进文化传播有限公司创立于1996年10月28日,注册资本200万元人民币,以“锐意进取、精诚合作”为信念,以专业化、个性化及全面的至诚服务,赢得了客户的尊重与信任。我们在媒体代理、专业制版印刷、平面创意设计、市场营销策划执行、户外广告制作发布、各类IC卡、磁卡、有价卡制作……都深具优势。

我们将一如既往的奉献自己的智慧和热忱,以客户为本,一切以客户为中心,真诚服务于客户。

福建通联广告有限公司

地　址:福州中山路23号商业大厦13层
邮　编:350003
电　话:(0591)7840001　7840002
传　真:(0591)7840001-8008
电子邮件:tone@pub3.fz.fj.cn
网　址:www.chinese-tone.com
负责人:万　毅
联系人:陈　雯

福建通联广告有限公司(简称:通联广展)是以展览展示为主业的广告公司,是福建省广告协会会员单位。公司遵循“诚信、务实、高效、创新”的宗旨，注重“创意效果与工程质量的统一”，长期致力于策划、设计、制作各类国内政府展、综合展、专业展和国外商业展，积累了丰富的展示经验，在福建展示业中享有很高声誉。

公司在历届“中国出口商品交易会”上参与机电馆与家电馆的布展，为福建 CMEC 集团公司、广东、浙江等省区机电公司以及长虹、康佳、TCL、海信等名牌企业提供全程展览服务。公司还以优秀的整体优势中标承接中国’98 贸洽会、全国旅游博览会、福州经济开发区十五周年成就展、山东德州经贸洽谈会等大型展会的展区设计、制作、施工。

公司优质高效的服务，赢得了委托单位的信赖。公司将秉承一贯的宗旨和原则，为客户提供最佳的设计方案和极具震撼力的展示效果。

福建铁路广告有限责任公司

地　址：福州市五四北路 323 号
邮　编：350003
电　话：(0591)7723618 7735618 7053613
传　真：(0591)7723949
电子邮件：hejkt@pub5.fz.fj.cn
负责人：陈谟武
联系人：韩泽生　张　平

经营范围：承办铁路站车广告：路牌、灯箱、霓虹灯广告、大型 LED 电子显示屏、民墙广告。室内外装潢装修、包装装潢印刷等业务。

本公司立足铁路和特区，面向全国，以策划为主导，创意为中心，为客户提供有效服务的国营专业广告公司，并在厦门特区设立厦门分公司(电话：5153177　负责人：张平、陈佳祥)。

福建同人广告有限公司

地　址：福州市华林路 84 号日报大厦 5 层
邮　编：350003
电　话：(0591)7095750
传　真：(0591)7095750
负责人：郭　隆
联系人：高云清

福建同人广告公司性质为有限责任公司，成立于 1998 年 8 月，是近两年来福州广告业业绩增长势头最好的公司之一。

同人公司是与地方媒体合作关系最为良好的广告代理公司，在致力于房地产专业广告市场经营开发的同时，与各家媒体形成了极为稳固的新闻、信息交流合作。

同人公司是福建省目前最大的分类广告经营商，是省内发行量最大的一家早报—海峡都市报分类广告的独家代理商，拥有一支高素质的业务队伍和庞大的客户网络，信息源覆盖面广，开发前景不可限量。

福建省对外经济服务贸易公司

地　址：福州市湖东路 278 号太阳广场 4F
邮　编：350003
电　话：(0591)7822017
传　真：(0591)7825061
电子邮件：fst@fiec.com
网　址：211.97.116.34
负责人：刘海明
联系人：吴　希

我们公司是全省唯一一家从事国际服务贸易的省级专业公司，肩负着为全省外经贸事业的发展提供服务的重任。公司已形成以展览为龙头，集贸易、广告、咨询、电子商务和国际经济技术合作于一体的多元化格局。公司全体员工在总经理的带领下，齐心协力，大胆开拓，摸索走出一条具有自己特色的发展道路。

福建五洲广告有限公司

地　址：福建省福州市五一中路先施大厦日座 13F
邮　编：350005
电　话：(0591)3333512　3333069　3312297
传　真：(0591)3333512
电子邮件：wuzhouad@sohu.com

福建五洲广告有限公司成立于 1993 年，经公司全体员工的努力，以最佳广告位置，独特设计，优质施工，良好维修等全优服务，赢得了广大客户的信赖。并被美国 3M 公司授予福建省 3M 广告材料特约加工商。我们公司拥有福州市区多处繁华路段的广告位置，并拥有多种广告宣传媒体，如体育场馆、文艺、竞赛活动等，在宁德等地独家代理 200 余部公交车身广告。我们愿意与社会各界同仁携手并进，共创辉煌。

福建省邮政信息广告有限责任公司

地　址：福建省福州市古田路 101 号 2301
邮　编：350005

电　话:(0591)3368204　3354472
传　真:(0591)3365207
电子邮件:postlzd@dmfj.net
网　址:www.dmfs.com
负责人:刘毓娜
联系人:林浙东

福建省邮政信息广告有限责任公司是直属于福建省邮政局的综合性广告公司,依托全省2000多个邮政局(所),与67个市、县邮政商函广告公司联网运行,构成覆盖全省的邮政广告服务网络。主营广告媒体为福建全省版《中邮专送广告》和《商情快车》等信函广告,为客户提供全面的广告策划与推广。同时经营多种新型邮政广告媒体,包括企业邮资明信片、邮资广告信封、福州五一、五四路黄金路段户外广告等。

公司拥有优秀的广告设计、客户服务和管理人才。与众不同、尽善尽美是我们的创作理念;忠诚、勤奋、创新、奉献是我们的服务宗旨;为客户创造财富是我们始终的经营理念;我们将力求以优质的全过程服务,做客户最可信赖的合作伙伴。

福建省东方文化传播中心

地　址:福州市古田路88号华丰大厦10F
邮　编:350005

福建省东方文化传播中心属国有企业。集优秀影视制作人员、三维动画高手。拥有前期拍摄、非线性编辑等设备。承接栏目片头、企业专题片、企业MTV、广告制作及各类影视制作、设计、代理国内报刊广告业务。

福建绿野邮电广告信息有限公司

地　址:福州市古田路101号邮政大厦19F
邮　编:350005
电　话:(0591)3375571　3375572
传　真:(0591)3375570
电子邮件:luyegg@pub6.fz.fj.cn

福建绿野邮电广告信息有限公司,于1993年成立,系福建省邮政局属下机构,福建省广告协会会员单位。代理国内电视、广播、报纸、户外等广告业务,注册资金100万元。

CI形象、公关庆典、市场调研、行销整合是我们常年的课题;平面设计、广告摄影、电脑喷绘、制版印刷是我们每日工作的项目;专业设计印刷DM广告、招贴广告、画册、电话卡、电话充值卡和各类专题邮票折(册)、电话卡折(册)等;设计制作发布户外路牌灯箱广告,兼营广告礼品。

采撷每一季成熟创意,绿野广告为您朝思暮想。

福建省金桥科技广告公司

地　址:福州市古田路89号
邮　编:350005
电　话:(0591)3363934　3318671
传　真:(0591)3312179
电子邮件:dgs-fjstm@sina.com
负责人:游永东

经营范围:设计、制作、发布、代理国内广告业务;摄影、装饰材料的批发、零售。

福视广告有限公司

地　址:福建省福州市古田路7号东升大楼10层
邮　编:350005
电　话:(0591)3353838
传　真:(0591)3353168
电子邮件:fjtvad@public.fz.fj.cn
网　址:www.fjtv.com.cn
负责人:吴志明

诚意向您推荐我们——福建电视台综合频道(一套)广告全权代理机构——福建福视广告公司。

福视所代表的,不仅仅是福建地区收视率最高、受众最多的权威媒体之一——福建电视台综合频道(一套),更是一个日夜吸引3410万福建消费者注意力的魔力磁场,一柄帮助你决胜市场的神兵利器。

专业、创新是福视在进行工作的准则。我们是中国大陆第一家引入与国际接轨的电视收视数据结合于广告经营的电视媒体,AC尼尔森、央视—索福瑞、康赛市场服务公司和多家市场机构长年协助我们为客户提供科学、全面的服务;我们在全国第一个成立专业的电视广告策划部门,发行第一本中国媒体业专业刊物《福视周刊》;通过电脑完成广告下单、编排、播出全程工作。6年来,几百个客户品牌的成功案例见证了我们的实力。我们深信,专业打造优势,创新成就超越。

做为福建最大的媒体广告公司之一,福视拥有一系列骄人的业绩与盛举:连续6年广告经营额持续增长,为福建电视媒体最高;由我们策划培养的《黄金十八点》连续6年收视率居全国同时段剧场之冠;全国首家省级电视媒体特殊广告时段招标会、全球首次电视媒体广告时段网上招标会都在福视的精心策划下大获成功……过往的荣誉是今日成功的奠基石。在崭新的一年,福视将进一步优化全国客户服务网络,以更加积极的姿态和“360°零距离”的服务理念,帮助您实现品牌最大的成功!

纵横福建市场——诚邀您与福视携手!

福建亚太经济文化有限公司

地　址:福州市六一北路亚太中心
邮　编:350009
电　话:(0591)7611863
电子邮件:fj.ytjjl@163.net

“亚太”以形象策划、广告制作、公共活动、图书编辑、媒介代理等多种形式,有效地为社会各界服务赢得了客户的信赖。

福建唐人文化传播有限公司

地　址:福州市六一北路92号实发大厦19层
邮　编:350013
电　话:(0591)7587008　7594199
传　真:(0591)7587118

福建唐人文化传播有限公司创立于1998年8月,是一家以大型商务政务策划、企业CI形象设计、大型展览展示设计、影视传媒经营等为主营业务的专业广告公司。公司曾成功策划执行第四届、第五届中国投资贸易洽谈会(“9·8”)广告总代理,2001年福州国际招商月暨海交会广告总代理,并为福建众多知名企业:如福建炼油厂、七匹狼集团、东南汽车等量身打造企业品牌。

与客户血脉相连,与客户共享成功,是唐人不变的追求。

福建省新世纪广告有限公司

地　址:福州市鼓楼区天泉路38号
邮　编:350013
电　话:(0591)7862111
传　真:(0591)7867888
电子邮件:chinanca@pub5.fz.fj.cn
网　址:www.chinanewcentury.com
负责人:郑开华

主营户外广告业务,在福建省内拥有城市市区、高速公路、机场路、普通公路、汽车站、火车站等户外广告媒体。

福建新立基广告传播有限公司

地　址:福州市鼓屏路139号黄金大厦8层
电　话:(0591)7848973　7848030
传　真:(0591)7848030

福建新立基广告传播有限公司创建于1999年4月22日,是一家正规化、系统化、专业化的广告传播公司。

本公司专业从事电视、户外、报纸等媒体广告的创意设计、制作、发布、代理国内广告;信息咨询服务,独家代理《客家》杂志广告。

本公司本着诚实守信、互惠互利的宗旨,坚持服务到家,为您提供优质高效的服务。

福建康奥文化传播有限公司

福建康奥文化传播有限公司于1999年1月1日在省工商行政管理局注册,主要经营范围:设计、制作国内广告、信息咨询服务。开业至今,公司始终坚持“以人为本,客户至上”的管理理念,并且拥有雄厚的资金、设备和技术管理人才,大专以上学历人员占全员比例的70%左右,专业技术人员占公司全员比例的60%以上。公司注重广告质量,依托技术力量,以企业文化为城市增添光辉。

愿我们为明天的辉煌而携手共进。

福建猎人影视文化传播有限公司

地　址:福州市西二环北路华侨新村7号楼
邮　编:350025
电　话:(0591)3709940　3727758　3799150
传　真:(0591)3709940
电子邮件:hunter@51sp.com
网　址:www.51sp.com
负责人:胡小兵
联系人:林丽榕

猎人文化传播—猎人品牌推广是福建省最具实力及特色的品牌策划、推广专家之一,成功策划并执行过众多知名品牌(如中国移动通信、摩托罗拉、西门子、可口可乐、惠泉集团、统一等)的大型推广促销活动,积累了丰富的促销、推广及现场执行经验,现正向国内其他地区拓展业务。

猎人文化传播—猎人影视部制作了《欢乐大舞台》、《啤酒争霸战》、《厨王争霸赛》、《快乐双响炮》、《综艺先锋—长富之夜》等脍炙人口的大型电视综艺节目,受到众多客户的欢迎。

猎人文化传播—猎人平面设计、拍摄、印刷大量精美画册,在国内外发行。在印刷质量、设计能力方面受到专家及客户的一致好评。

猎人以诚信为本,希望以真诚、专业、一流的服务，与您的企业携手合作，共创成功与辉煌！

福建隆事达·八方传媒

地　址：福建省福州市湖滨路66号中福西湖花园南福楼6A
邮　编：350001
电　话：(0591)7612808　7609286
传　真：(0591)7507323
电子邮件：lsd163@pub3.fz.fj.cn
网　址：www.china－lsd.com
负责人：蔡建隆
联系人：何奋飞

Bafang八方传媒隶属福建隆事达信息有限公司，系福建省工商局正式批准成立的。经营范围：营销策划、广告代理；设计、制作、发布；企业CI；产品展示与代理；户外广告、印刷、礼品、网站制作及发布设计制作等。

Bafang八方传媒为福建日报、福州日报、福州晚报、海峡都市报、福建经济快报等媒体广告一级代理；福建日报、福州日报中缝及版面广告独家代理并全面代理全国各大电视台、电台、报纸及福建电视台、东南台、省有线台、福州台等媒体广告。

Bafang八方传媒追求品质、注重高效，愿与您共创新世纪的辉煌！

厦门分公司：厦门市嘉禾路388号永同昌大厦14A
邮　编：361009
电　话：(0592)5514949　5514747
传　真：(0592)5514747

福建楚天广告传播有限公司

福建环球文化艺术传播有限公司

福建省天人广告传播有限公司

福建大视野文化传播有限公司

地　址：福州市鼓楼区斗东路12号临滨楼5楼
邮　编：350001

福建奥思传播有限公司

福建省莆田市正方广告有限公司

地　址：莆田市石室路173号(台湾街)
邮　编：351100
电　话：(0594)6669880　6363399
传　真：(0594)2684848
负责人：林振芳
联系人：潘仁松

莆田市正方广告有限公司是一家专业大型户内外广告设计制作公司，公司具有多年的户外制作发布经验，为客户专业设计、策划、制作、发布，拥有经验丰富的高素质专业设计人员及工程技术人才，以及先进的电脑设备系统。

正方广告有限公司一向秉承专业、创新、务实的承诺，赢得了众多知名品牌企业的垂青并建立了长期的合作伙伴关系，为中国石化、莆田市医药有限公司及多家外资、合资企业全权代理户外发布及形象策划等，我们将全力以赴，为广大客户做到最好！

年轻，我们渴望成长

成长，我们追求精彩

精彩，我们拒绝平庸

追求无止境，全心全意为客户服务是公司的宗旨。

莆田市大业广告有限公司

地　址：福建省莆田市荔城大道新世纪广场325号
邮　编：351100
电　话：(0594)2694366　2676918　6661861
传　真：(0594)2690648

本公司是莆田市唯一的一家综合性广告公司，集策划创意、设计制作、媒介代理、广告拍摄为一体，具有全方位发布资质，拥有人才与设备的优势。公司创办3年多来，已先后获得福建省第三届“广告人”摄影书画参赛作品优秀奖；福建省第七届优秀广告作品评选二等奖、三等奖、优秀奖；第五届中国摄影艺术节特别贡献奖；莆田市“诚信”企业等荣誉称号。

公司经营理念：做客户最信任的广告人，做广告人最诚势的朋友。

福建莆田市莫比广告传播有限公司

地　址：莆田市城厢区环城路131号银环大厦8楼
邮　编：351100
电　话：(0594)2398298　2381308
传　真：(0594)2381308
电子邮件：xjsheng@public.ptptt.fj.cn
负责人：姜　尚
联系人：徐庆林

品牌策划、管理;企业形象塑造、传播;

新产品市场推广以及二维平面设计创作。

福建省南平市光辉广告有限公司

地 址:南平市八一路441号

邮 编:353000

电 话:(0599)8851986 8682666

传 真:(0599)8851986

负责人:林光辉

联系人:吴秋平

福建省广告行业先进单位,南平市"重合同、守信用"单位,经营广告策划、设计、制作、代理、发布、庆典、室内外广告招牌、灯箱、霓虹灯广告专业制作,各报刊电视媒体代理。

南平市红太阳营销广告策划有限公司

地 址:南平市胜利街综合楼A栋二层左侧

邮 编:353000

电 话:(0599)8833993

传 真:(0599)8833533

电子邮件:redsun.ad@163.com

网 址:www.redsun-ad.com

负责人:杨新明

联系人:张敏芳

世界沸腾了,红彤彤的太阳从东方升起,甲戌年一个阳光明媚的春天,终于诞生了一个动人传说……

创业至今,博采众家,她是那样的出类拔萃,在她的周围团结着与她一样热烈的决策精英,更因为有准确的市场定位,有成熟的营销意识,有个性的企业文化,有科学的经营理念,才使年轻的梦想实现,遵循"品质、服务、人和"成了她永恒不变的追求。一旦融到她的光芒,您会变得闪耀起来,并和她共享"创新"这一永恒的主题。

现代广告进入新的整合营销时代,红太阳的发展目标就是走国际化,公司的经营业务除整合传播、广告代理外,范围还涵盖现代管理资讯、营销策划、公共关系、媒体服务、平面设计等商业活动。

新千年是公司创业的分水岭,一如既往走智慧型现代企业之路,充满朝气的红太阳营销广告策划有限公司在新世纪的时空中创造更美好的明天。

别人在想的时候,我们已走出自己的路!

南平久九霓虹广告有限公司

地 址:南平市八一路38号

邮 编:353000

电 话:(0599)8611799 8611899 8625188

公司成立于1997年3月18日

公司注册资金60万元整

公司自1998年连续四年产值、税利排行全区广告行业前列。

公司机构下设四个分支机构:三明分公司、建瓯分公司、武夷山分公司、政和分公司。公司全员33人。

广告专业制作车间面积1300m^2

公司荣获:中国照协霓虹灯专业委员会、会员单位

福建省广告行业先进单位

南平市连续五年重合同守信用单位

南平市合法权益重点保护单位

南平市私营企业协会理事单位

南平市广告协会理事单位

公司制作广告典型成功案例说明:

A、南孚电池户外高层大型喷绘、霓虹灯广告牌708平方米;

B、中国建设银行户外霓虹灯广告牌390平方米;

C、中国人民保险公司户外高层大型霓虹灯广告牌414平方米;

D、建行、电信、人寿、环岛大型霓虹灯450平方米;

E、南铝型材户外大型霓虹灯广告牌260平方米;

F、南纸星光大厦户外大型霓虹灯广告牌280平方米;

G、军分区户外高层大型霓虹灯广告牌300平方米。

其它:九二医院、闽北大饭店、延城大酒店、华都大酒店、工商银行、农业银行、兴业银行、中国银行、中国邮政、南平房地产管理、天顺啤酒、武夷味精、武夷特曲、佳通轮胎、龙旺集团……,统计约6000多平方米。

建瓯市万盛广告策划中心

地 址:建瓯市人民路79号

邮 编:353100

电 话:(0599)3834056 3834456 3855456

传　真:(0599)3834456
负责人:张景卉
联系人:张桂万

万盛广告策划中心——福建省建瓯市知名的广告专营单位,十年来紧跟着现代广告发展趋势,始终走在本地广告业的前列,在广告代理、策划发布、图文设计、大幅路牌、跨街灯箱、展会庆典、产品促销、商场装饰、文字印刷等方面积累了丰富的经验,以创意新、制作精、效率高、口碑好而深得广大客户的信赖。

福建省辉达广告有限公司

地　址:厦门市湖滨南路388号国贸大厦34层B座
邮　编:361004
电　话:(0592)5167766　5160055
传　真:(0592)5168585
电子邮件:hdxr-2001@hd592.com
网　址:www.hd592.com.
负责人:黄建辉
联系人:徐　锐

成立于1994年3月的福建省辉达广告有限公司是福建省规模最大、实力最强的综合性广告公司之一。总部设在厦门特区,拥有从大专直到硕士的各类专业人才近50名。公司凭着自身实力已成为福建地区数家特大型企业全国广告总代理。

在户外广告发布方面,辉达是福建最具实力的品牌公司之一,在福建省内各地设立了气势恢宏的标准高立柱40座,广告发布量约占福建省1/4。

在媒体代理方面,辉达与《海峡导报》、《厦门日报》、《厦门商报》、《闽南日报》等闽东南主流媒介都有着良好的合作业务,辉达还与全国近百家电视台均有长期投放合作,并自建品牌网站:HD592.com。

辉达已走出福建,与全国各地著名广告公司及知名市场研究机构建立了长期战略合作关系,并共同为客户提供优质服务。

辉耀世纪　达行天下　品牌专家　户外翘楚

福建省超然广告传播有限公司

地　址:厦门市莲前西路卧龙晓城455号503室
邮　编:361009
电　话:(0592)5995508　8850615
传　真:(0592)5192108
负责人:石柏岩
联系人:潘爱玉

经营范围:CIS策划、广告摄影、平面设计、画册印刷、影视资料制作、网页制作、广告活动策划承办、广告媒体代理、建筑三维制作、户内外广告牌、霓红灯制作发布、应用软件开发。

厦门市广告公司

地　址:福建省厦门市天一楼一号
邮　编:361001
电　话:(0592)2031563　2037777(9线)
传　真:(0592)2017463
电子邮件:xmad@public.xm.fj.cn
网　址:www.xmad.com.cn
负责人:林立坚
联系人:白　珀

厦门市广告公司创建于1958年,其规模、业绩和经济效益始终在福建省广告业中名列前茅,是中国广告协会表彰的"全国广告业重信誉创优质服务先进单位"、"全国广告行业文明单位"。

2001年下半年厦门市广告公司调整了发展战略,把精力集中在展示工程、VI设计、户外广告、报纸代理、静电写真等五大优势项目上并成功为"打击厦门特大走私案"、"中国国际果蔬产业博览会"、"中国(厦门)国际绿色环保博览会"、"第四届中国贸易洽谈会"等大型展览会布展。

厦门市广告公司设有企划、设计、客户、媒介、工程制作、财务等多个专职部门及"市广静电写真有限公司"子公司,为您提供值得信赖的服务。

厦门市公交广告有限公司

地　址:湖滨中路64号
邮　编:361004
电　话:(0592)5053054　5098709
负责人:林阿立
联系人:蔡静梅

本公司成立于1995年3月27日,致力于公交车辆媒体的开发。主要经营车身广告、车后玻璃广告、车厢内广告、公交候车廊广告及站牌广告媒体的发布。如今,一辆辆色彩丰富的车身广告已成为厦门一道道亮丽的流动风景线。先后被评为全国公益广告宣传先进单位、福建省广告公司先进单位称号。

经营范围:设计、制作、代理、发布国内广告业务。

厦门华盟广告有限公司

地　址:厦门湖滨北路 59 号中信惠扬大厦商务楼 9 楼
邮　编:361012
电　话:(0592)5082582　5082982　5082585
传　真:(0592)5082685
手　机:13606042452
电子邮件:hamengh@public.xm.fj.cn
负责人:张革展
联系人:郭　红

华盟广告公司是以经营户外广告为主的综合性专业广告公司,多年的积累,已拥有从大型立柱到小小站牌等大批的户外广告媒体,是厦门市主要的户外广告公司之一。

主要客户:日本万事发、松下电器;
厦华电子、LG 电子;
厦新电子、美国科勒等。

可以说:走遍厦门大街小巷,想避开华盟的户外广告,真难!

厦门市博美广告公司

地　址:厦门市湖滨北路 59 号中信惠扬大厦商务楼 22 层 C - D
邮　编:361012
电　话:(0592)5205858　5206868(总机)
传　真:(0592)5207878
电子邮件:bomei@public.xm.fj.cn
网　址:bomeiad.com.cn
负责人:陈茂盛
联系人:陈慧颖

厦门博美广告有限公司一直秉持"博雅精深、至善至美"的经营理念,积极致力于以客户为中心的全方位专业化服务。国内外客户众多,代理全国大中城市(含港澳台)的电视、报纸、广播和户外等媒介的广告发布。在厦门经营着本市最大的户外广告媒体群。

博美广告拥有为客户独立整体策划大型广告活动的经验,具备为各种产品和服务打造强势品牌的运作实力。

博美人以自己严谨负责的工作态度,匠心独具的创意设计和精良完美的制作水准,赢得了国内外客户的交口称赞。

厦门商业广告有限公司

地　址:厦门市思明南路 56 - 72 号大丰商厦四楼
邮　编:361001
电　话:(0592)2016656　2016654
传　真:(0592)2033803
电子邮件:xmadnet@163.net
网　址:www.xmadnet.com
负责人:黄启勇
联系人:廖白燕

我公司成立于 1984 年,具有接受全面代理、企划、设计、制作和发布国内外广告业务的资格。

经过多年的广告代理运作,我公司已建立遍布全国的媒介代理网络,并加强了同国外及港台广告公司及媒体的合作。

多年来,公司的各类广告作品,多次获全国奖和省级奖。

厦门联发(集团)广告有限公司

地　址:厦门国际会议展览中心 5302 区
邮　编:361009
电　话:(0592)5959262　5959289
传　真:(0592)5959201　5959289
电子邮件:advmen@hotmail.com
网　址:www.xicec.com.
总经理:陈　旭
联系人:熊先生　常小姐

厦门地区目前唯一一家中外合资广告公司,创办十八年来,在广告代理、品牌策划、创意设计等方面建树良多,是甲一级广告经营机构;自 2000 年起,全面代理厦门国际会议展览中心、广告资源、展览展示开发经营业务,欢迎新老客户惠顾!

联合发展　镌刻未来!

厦门市路桥广告公司

地　址:厦门市七星路金星大厦 9 楼
邮　编:361012
电　话:(0592)5151919
电子邮件:lqgg1234@public.xm.fj.cn
负责人:杨允红
联系人:蔡细钦

厦门市路桥广告公司,"第八届中国广告节全国优秀作品展"福建省广告行业获奖最多单位,荣获一金、一银、一铜好成绩。历年来,公司设计作品多次获得国际级、国家级、省级、市级奖励。

路桥广告公司商业信誉甚佳，1999年至2000年先后被福建省广告协会和中国广告协会评为“福建省广告行业先进单位”和“全国广告行业文明单位”。

厦门路桥广告不仅拥有高水准的广告专业服务团队和科学的经营管理机制，而且拥有厦门大桥、海沧大桥、厦漳高速公路厦门段、环岛路、莲前大道、石鼓山立交桥等交通要道的户外广告媒体开发经营权，目前，公司已在这些交通大动脉黄金地段开发了10000多平方米的优质媒体，得到众多广告主的青睐。

厦门市路桥广告公司，除从事户外广告媒体的开发、经营、设计、施工、维护外，还经营现代广告业所涉及的设计、制作、发布、代理国内外广告及承揽布展业等项目。

厦门中联广告公司

地　址：厦门市莲前西路2号莲富大厦写字楼16B
邮　编：361004
电　话：(0592)5161908
传　真：(0592)5164300
电子邮件：zhlco@public.xm.fj.cn
负责人：谢文俊
联系人：张莉妙

厦门中联广告公司系全国著名的新闻媒体中华工商时报在厦门创办的全资子公司，成立于1993年，是厦门市广告协会常务理事单位。公司是厦门日报、晚报等厦门市主要媒体及福建各主要媒介的一级代理。在厦门市主要干道拥有多处户外广告资源，是厦门市户外广告主要经营商之一，经营业绩名列厦门市前十位。

厦门中联广告公司拥有一支素质过硬、思维活跃、创意飞扬的广告专业队伍。公司成立八年来，始终以多元的行销传播策略，领先的整合传播理念，完善的客户服务体系，强大的媒体代理优势，为广告主深度有效地整合资源，进行全方位、多层面的广告服务。

福建省广告公司泉州分公司

地　址：福建省泉州市温陵路福华商业中心20楼E－F座
邮　编：362000
电　话：(0595)2596036　2596075
传　真：(0595)2564227
电子邮件：facq@pub1.qz.fj.cn
负责人：张清杰
联系人：钟晓英

福厦高速路、国道324线、福建省各地区户外广告发布、各媒介代理、企业形象策划、市场推广、商标、标志设计、展览展示工程、产品广告摄影。

竭诚希望同国内外广告企业交流、合作、发展！

福建省闽南文化传播有限公司

地　址：泉州市东街5号区1楼三层
邮　编：362000
电　话：(0595)2271250　2266025　2528111
传　真：(0595)2271252
电子邮件：dsds@pub1.qz.fj.cn
网　址：www.mn35.com
负责人：郭丹阳

泉州明星广告有限公司

地　址：泉州明湖路东湖综合楼A座
邮　编：362000
电　话：(0595)2102599
传　真：(0595)2101836
电子邮件：coo－78@sina.com
网　址：www.mingxing.com.cn
负责人：苏崔荣
联系人：林朝霞

泉州明星广告有限公司是家广告专营单位，几年来代理发布了一些有创意高品位的广告作品。《青蛙坟香》荣获福建省第五届广告作品平面类银奖，并选送全国参展。《哈罗、我是地球》荣获福建省第二届广告书法摄影评选摄影类一等奖。1999年被评为福建省广告行业先进单位。现拥有福建省沿海大通道——福、泉、厦、漳高速公路，324线国道，305线省道最佳的户外路牌广告媒体阵地。设计、制作、代理、发布户外路牌广告是我们本分。如果需要帮忙，不妨打个电话，我们将好的路段，好的位置留给您……

泉州市商业广告公司

地　址：泉州市田安路中段丰泽商住城B3座101号
邮　编：362000
电　话：(0595)2986565　2189896
传　真：(0595)2162986
电子邮件：qcado926@public.qz.fj.cn
负责人：邱韶明

联系人:苏远美

公司坚持"客户至上,信誉第一"的宗旨,以创意为中心、策划为主导,为客户提供全面优质服务,经营代理国内外各类广告业务,是福建省广告协会理事单位之一。

公司现有行政部、客户服务部、媒介部和创作设计部;公司员工具有职业广告人的敬业精神,对客户极为负责,本着诚、信两字竭尽全力为客户提供从市场调查、广告策划、创作设计、电视媒介投放等全面而广泛的专业服务,尤其以代理全省各电视媒体投放为主,从而使公司营业额逐年成倍递增。

泉州华荣广告有限公司

地　址:泉州市丰泽区海交馆内华荣楼二楼

邮　编:362000

电　话:(0595)2100208　2100218

传　真:(0595)2103566

电子邮件:hrgg@163.net

负责人:邱其辉

联系人:邱其辉

泉州华荣广告有限公司系泉州市华营投资发展有限公司的下属企业,近年来已发展成为一家初具规模的综合性广告公司,主要业务包括广告整体代理、大型文艺活动的组织策划,同时,享有泉州市公交候车廊的独家广告发布权,以及拥有影视、报刊、路牌、户外 LED 电子屏等多种广告媒体资源。

自成立以来,华荣广告有限公司以"追求卓越创意,提供优质服务"的经营理念服务客户,以成功为客户开拓市场为目标。现愿与知名的企业和广告业同行携手合作,共同谱写未来辉煌乐章……

普拉纳广告公司

地　址:泉州市温陵南路蟠龙大厦 25 层 D 座

邮　编:362000

在浩瀚无垠的宇宙之中,生命是短暂的一瞬,透过永恒穿梭的时光隧道,我们听到了一个强大的声音:凝聚天地能量,创造奇迹人生!

这是普拉纳广告公司的经营理念,正是因为这种对宇宙和存在的理解,我们短瞬即逝的生命才显得美丽;我们甚至愿意超越东方式的宿命,在古老而现代的中国史诗中,谱写属于我们自己的乐章。

的确,我们对中国市场有着独到的理解。在见识了那么多辉煌的文明和深重的灾难以后,我们深谙二十一世纪中国市场的经营之道;而我们从事广告业的时间,恰恰是中国现代广告业艰难的初生阶段,因此我们相信,除了创造和兼容并蓄地面对这个世界,我们别无选择。

福建省广告公司漳州分公司

地　址:漳州市新华北路 32 号外贸大厦

邮　编:363000

电　话:(0596)2932208

传　真:(0596)2932118

电子邮件:faczhangzhou@163.net

负责人:管东海

联系人:管东海

福建省广告公司漳州分公司是集策划、设计、制作、发布为一体的综合型广告公司。公司以高质量、创意新、多方位、多媒介服务于广告主,赢得了广大客户的信赖和支持。做为漳州市广告协会常务理事单位,多次被漳州市政府评为"重合同,守信用"单位。

公司秉着"您的要求是我们追求的目标,您的满意是我们服务的宗旨"的经营理念,以务实和诚意不断拓展各项广告业务,为客户提供优质,全方位的服务。

福建双菱广告有限责任公司

地　址:福建漳州市新华北路嘉华大厦二层

邮　编:363000

电　话:(0596)2055485

传　真:(0596)2055465

电子邮件:fidrad@public.zzptt.fj.cn

负责人:尹　强

联系人:蔡琼洳

设计、制作、发布国内广告,代理电视、广播、报刊杂志及全国各地广告,公司广告业务,美术设计,工艺品,室内外装饰,装修工程及材料。

漳州市广告公司

地　址:芗城区新华商城 1 幢 209 号

邮　编:363000

电　话:(0596)2024082

传　真:(0596)2031008

负责人:高国榕

性质:集体,注册资金 50 万人民币

经营范围:承接国内各种形式广告、设计、制作、发布、装潢装修。

下设:制作服务部、彩喷部。

本公司有较多的电脑、刻写机、电脑写真机,有较强的设计、制作能力。

漳州大地广告有限公司

地　址:漳州市元光南路鑫园小区 5 - 404

邮　编:363000

电　话:(0596)2878818　2875067

传　真:(0596)2875067

电子邮件:zzdadi@yeah.net

负责人:张　玲

大地广告有限公司是从事广告策划、设计、制作发布的甲级专业公司。几年来,我们热爱自己的职业,快乐的工作,积极面对竞争,不断创新、进取。面对成功我们兴高采烈;面对失败也不气馁;特别是全体员工的团结与奋斗精神,使我们成功地运作策划一次又一次的大型展览、房地产、企业促销广告等。作品曾获得省、市金奖及优秀作品奖,得到专家及客户的一致好评。

经营法则:敬业与谦虚经营。

尽心尽力,做得比顾客希望的更好。

漳州市南风广告有限公司

地　址:福建省漳州市延安北路鸿宝大厦

邮　编:363000

电　话:(0596)2021188

传　真:(0596)2048578

网　址:www.nanfeng.ad.com

负责人:朱解放

甲级广告专业公司,全国广告行业文明单位、福建省广告行业先进单位,具有市级营销、品牌策划能力、设计发布,代理国内外各类广告。

法人代表朱解放系漳州市政协委员、漳州市广告协会副会长。

漳州市闽盛广告有限公司

地　址:漳州市平等路 F1 - 104(市财政局对面)

邮　编:363000

电　话:(0596)2058882

传　真:(0596)2058882

电子邮件:abcdefgh@public.zzptt.fj.cn

负责人:伦　宇

联系人:杨君泽

闽盛广告有限公司成立于 1998 年,是一家集广告策划、平面设计、制作、媒体代理、户外广告发布、CI 策划、包装装潢设计于一体的综合性广告公司,拥有众多优秀的合作伙伴。

公司自成立以来始终坚持以人为本,广纳贤才,现有一批经验丰富而又富有创新意识的资深广告人才,同时积极引进先进的广告设备,科学的管理制度紧密跟踪世界先锋广告信息,为客户提供高效优质的服务。公司在全体同仁的共同努力下,成绩突出,广告作品在省市多次获得大奖,2001 年公司创作设计的“片仔癀唇膏”系列平面广告获福建省第七届广告优秀作品评选“平面类”银奖,并入围第八届厦门广告节,深受客户及业界同行的赞赏。先后被漳州市广告协会评为“优秀会员单位”,2001 年被市政府授予“重合同守信用单位”。

闽盛人深知今天成绩取得的不易,将秉承以往,继续以高效、快捷、优质服务于客户。

闽西广告公司

地　址:福建龙岩市溪畔路溪南大厦二楼

邮　编:364000

电　话:(0597)2321319　2306998　2325719

传　真:(0597)2321319

负责人:陈荣泽

联系人:陈荣泽

闽西广告公司始建于 1982 年。福建省广告协会理事单位,市经委下属的国营专业广告公司。多次荣获福建省十佳广告先进单位称号。

公司拥有一批广告策划、创意、制作人才。引进美国、日本先进电脑写真、刻绘、雕刻、激光打印等设备。为客户提供:CIS、营销、广告策划;广告代理;包装设计;广告摄影;大型展览展示工程;路牌、霓虹灯、高立杆灯箱等户外广告发布制作;广告礼品和广告材料等全方位的服务。

我们将竭诚提供专业、周密的解决方案,全面致力于您的成功。

闽西联华广告装修有限公司

地　址:福建省龙岩市西安南路莲花大厦 501 室

邮　编:364000

电　话:(0597)2221318

传　真:(0597)2219889

电子邮件:lh1318@wocall.com

负责人:于莲华

联系人:于莲华

闽西联华广告装修有限公司成立于1996年，是闽西有影响力的专业广告公司，业务范围包括：广告设计，媒介代理，促销活动，公关活动策划，户外广告发布设计，室内设计装修等等。

公司现已实现了资讯电脑化，操作规范化，规格统一化，广告设计，策划，装修等业务独具特色，在福建省广告界保持良好的声誉。

公司有完整的客户服务体系，坚持为客户提供完整、高效、优质的服务，有多次策划实施大型营销活动、社会公关活动以及政府公益活动的经验，有强势的户外广告媒体实力并与各媒体建立友好的协作关系，有媒体发布代理权。社会各界褒评颇高。

欢迎各行业以及广告界的朋友与我们建立伙伴关系，诚信互动，共同发展。

广 电 类

福建人民广播电台广告部
福建电广广播广告有限公司

地　址：福州市古田路2号省广播电视大楼一层
邮　编：350001
电　话：(0591)3313789

详情请看福建专栏彩页。

福建银视联播广告有限公司
华东"930"剧场

地　址：福州市乌山路35号茂泰大楼9层
邮　编：350001
电　话：(0591)3335798　3344566
传　真：(0591)3334288
联系人：王　静　陈雪玲

精彩演泽930。详情请见福建专栏彩页。

南平电视台

地　址：福建省南平市胜利街142号
邮　编：353000
电　话：(0599)8822006　8822800
传　真：(0599)8834753
电子邮件：nptvggb@public.npptt.fj.cn

这里有玉女神韵、大王雄伟、天游之险、竹排之乐……她，就是世界自然和文化双遗产地、位于南平市境内的武夷山。

南平电视台是福建省北部最具影响力的传播媒介。节目覆盖武夷山、邵武、建阳、建瓯四市和顺昌、浦成、光泽、松溪、政和五县及延平区十大县市区，人口300多万。目前自办无线电视节目三套，三套节目均进入南平有线电视网络。

《南平新闻》是南平电视台的强档新闻栏目，以快速、准确、信息量大等特点，全方位、立体式地报道闽北各地最新消息，成为南平人民必看的节目；《今晚九点半》、《武夷方圆》以平民视野诉说身边故事，挖掘新闻背后的新闻，长年占据晚间收视热点，是百姓的贴心栏目。

南平电视台三套节目均设《黄金影视剧场》，精选内地电视连续剧，收视率经久不衰；一套《黄金剧场一》精选大陆及合拍电视剧，收视率经久不衰；《黄金剧场二》则细挑港台最新的电视剧，剧场开辟后形成了晚间又一收视高潮；二套和三套的《幽默剧场》同样深受观众喜爱。

南平电视台广告实行全面代理制。广告部承揽着全台三套节目的广告，负责广告的制作、审核、编排、发布，部门拥有一批高素质的制作和创意人员，可以熟练运用先进的设备为客户制作高质量的电视广告。

广告部现自办的栏目有《闽北经济》、《资讯时空》、《经济报道》。《闽北经济》在三套节目中播出，以"展示地方风采、服务百姓生活、关注经济热点、提供市场资讯"为宗旨，每周一期，时间大约15分钟；《资讯时空》《经济报道》分别安排在一套和二套每天播出，主要提供最新的经济资讯。

选择电视媒体，共创事业辉煌！

漳州电视台广告部

地　址：漳州市胜利西路11号
邮　编：363000
电　话：(0596)2023844
负责人：邱明哲

漳州电视台广告部是漳州电视台的主要创收窗口，承接代理国内外在漳州的所有广告业务，并开办《芗江商情》、《都市房地产》、《金曲点播》等经济类服务栏目，2001年广告创收1300多万人民币。广告部坚持合力、奉献、拼搏、创新的敬业宗旨，积极探索产业化经营新思路，为广大客户提供市场咨询、广告策划、广告创意、电视广告制作以及营销代理等全面广告服务，是广大客户开拓漳州市场的得力伙伴。

福建东南电视台

地　址:福建省福州市圣庙路1号5层
邮　编:350001
电　话:(0591)3329208
传　真:(0591)3361070
负责人:王建新
联系人:刘明鼎

福建东南电视(卫星)台是福建省内强势权威的省级媒体,也是福建省唯一的卫星频道。在福建省内,东南卫视通过微波、有线、卫星三重网络交叉覆盖全境,覆盖率98%,是省内覆盖最完善的电视媒体。在全国范围内,通过亚洲2号卫星辐射全国31个省份及香港特别行政区4亿人口。1998年1月1日,东南电视台成为第一家在台湾落地的省级卫视,独家对台播出新闻、专题节目,影响广泛,辐射力强劲。

开播以来,东南卫视始终致力于推出高品质的节目,打造"面向全国的卫视品牌";周末强档《银河之星大擂台》、《开心100》是目前福建省收视率最高的电视综艺节目,在全国范围内有极大影响力,拥有大量的忠实观众。《东南瞭望》以其立足百姓生活,追踪社会热点的特色,成为福建省新闻直击评论节目第一品牌。而综艺包装的谈话节目《有你有我》自开播以来以其独特的风格逐渐受到观众的青睐。

2001年,东南卫视连续3年在全国范围的观众规模、观众喜爱度、节目竞争力、节目口碑等指标均居省级卫视前4位,成为国内影响力最大的卫视频道之一。

2002年,东南卫视全面改版,实行24小时全天候播出,是国内少数全天候播出的卫星频道。同时推出了多个全新的热门栏目。开播每日直播的《福建卫视新闻》,第一时间向全省全国播报福建时事动态,突显东南卫视在全省的权威地位;应观众的收视需求推出直播证券资讯节目《东南胜券》和大型娱乐互动资讯节目《娱乐乐翻天》,更将掀起收视新高潮。此外,由于台湾及海外覆盖的不断增强,东南卫视推出《英语新闻》,使频道语言播报形成了即有汉语普通话、闽南话、又有英语的特有格局。而22点之后对台栏目重新规划包装,突显中国大陆生活现在时,将充分吸引海峡两岸年轻一代观众的喜爱和认同。

独特的媒体定位、贴近平民的轻松风格,强大的制作能力,造就东南卫视在中国大陆独具一格的媒体形象和非凡的影响力。凭借覆盖全球华语地区的优势,东南卫视正不断提升自身形象,打造名牌节目,进一步扩大国内影响并向国际化发展。

福建东南电视(卫星)台广告总代理——福建东南卫视广告有限公司。

福州广播电视集团广告中心
福州电视台广告部

地　址:福建省福州市金源大广场西区29层
电　话:(0591)3371888　3371777
传　真:(0591)3371999
负责人:林　捷
联系人:刘珏晖

根据AC尼尔森(ACNIESEN)的广告监测数据显示,福州地区广告投放量居全国前十位,福州电视台就是其中的佼佼者。她是福州广播电视集团旗下三大实力媒体之一。[福州电视台(新闻综合频道、影视频道、生活频道)福州广播电台(新闻台、交通台、音乐台)、文化生活报及福州电视网(www.fztv.tv, www.fuzhoutv.com)]。并是其中最具有影响的先导媒体。"城市人·城市台"的定位特色鲜明,为600万城市居民提供源源不断的资讯、娱乐与服务。

[新闻综合频道]:早、午、下午、夜间、评论五档新闻强档轮番播出,市坊内外之最新资讯播不停。

[影视频道]:每天两场影院,演绎两部电影;每天6个影视剧场,全年65部电视剧,看遍中外精典,历练人生百态。

[生活频道]:8个自办栏目,9个引进节目,阵容强大,包容生活世象,叙说坊间风情。

广告中心秉承强势媒体之强劲动力,2001年以40%增速超越自我。黄金的起点成就黄金的事业。福州电视台正致力于成为最具时尚魅力与个性的城市电视全接入媒体。福州广电集团广告中心正致力于成为最具智慧与活力的城市媒体全接入营销中心。

莆田电视台

地　址:莆田市城厢区石室路40号
邮　编:351100
电　话:(0594)2294743
传　真:(0594)2391668
负责人:戴建中

历史悠久·文化发达

莆田市属福建省直辖市,地处福建沿海中部,台湾海峡西岸,历史悠久,文化发达,素有"文化名邦"、"海滨邹鲁"之盛名。1988年、1996年先后设立湄洲岛国家旅游渡假区和湄洲湾北岸经济开发区。

交通便利·市场活跃

北临福州，南接泉厦，交通便利，经济发达。闻名省内外的福建涵江商贸批发中心，已成为闽东南地区重要的商品集散地，市场气氛活跃。

强占优势·地区媒体

莆田电视台拥有三套自办频道，3000w的发射功率，辐射半径约800公里，信号覆盖全市各县区和周边的福清、平潭、长乐、惠安、石狮等部分地区，收视人口达400万以上，有线电视终端用户达35万多户。自办栏目的收视率在当地稳居前列。2001年，采编播实现全数字化，专业人才能独立完成广告设计制作和大型晚会布置的任务。每年都有一批优秀的电视节目在全国性和全省评奖荣获一、二等奖。95年至今，九地市电视台唯一被誉为省级文明单位。

全新改版·更具魅力

2001年7月1日起，全新改版，三个频道重新组合，合理定位，推出主频道《新闻综合频道》。以时效性强的新闻和黄金时间电视剧为主，《影视综艺频道》以经典影片和娱乐类节目为主。《百姓生活频道》以电视剧(每晚三集)和贴近百姓生活栏目为主，更具专业化和个性化，立足莆田，面向全国，尽显地区主媒体魅力。

精诚合作·共享成功

莆田电视台广告公司是莆田最具实力的广告公司，多年被市政府评为“重合同、守信用”单位，获得“福建省广告协会十佳会员单位”荣誉。我们期待，用我们的智慧和热忱与您——精诚合作，共享成功！

厦门人民广播电台

地　址：厦门湖滨北路121号广电中心
邮　编：361012
电　话：(0592)5301098
传　真：(0592)5301088
网　址：www.xmgb.com
负责人：陈和心
联系人：陈和心

厦门人民广播电台创办于1949年12月25日，是新中国较早建立的城市电台之一。目前，厦门人民广播电台已经实现了由“宽播”向“窄播”的拓展，并先后建立了厦广新闻综合台、厦广经济台、厦广音乐台等三个系列台，日播出时数由开始的3个小时30分钟增长到59个小时10分钟。

厦门人民广播电台在实现节目编辑、制作与播出的自动化、数字化的同时，还建立了可视管理系统、自动化办公管理系统。发射功率从刚开始的中波300瓦发展到现在的中波10千瓦一台、调频3千瓦三台，覆盖面积也扩大到闽南金三角地区以及金门等岛屿，成为深受广大听众喜爱的主流传媒。

龙岩电视台广告部

地　址：福建龙岩市中山西路4号楼303-304室
邮　编：364000
电　话：(0597)2232485　2231369
传　真：(0597)2231369
负责人：林　伟
联系人：吴桂林

经营新闻综合频道和社会生活频道的广告业务。

新闻综合频道于1989年9月开播，节目信号送往全市五县一市一区，人口覆盖率为85%，覆盖人口300万。同时，覆盖漳州、泉州和江西赣州、广东梅州的部分县市，总覆盖人口近500万，拥有：《百姓视点》、《龙岩新闻联播》、《社会广场》、《布谷之声》、《下周屏幕》等一批优秀自办栏目。

社会生活频道于1998年12月20日起节目信号实现全市大联网，收视用户30万户以上，自办的主要栏目有：《有线大看台》、《新闻纵览》、《记者追踪》、《下周有线荧屏》等。

同时两个频道还经常播放中外优秀影视剧，深受广大观众喜爱。

报刊类

福建日报

地　址：福州市华林路84号
邮　编：350003
电　话：(0591)7095862　7095932　7095887
传　真：(0591)7095932

作为新中国在八闽大地的第一张报纸，《福建日报》创立至今一直发挥着党和人民群众的喉舌作用，主导八闽舆论，弘扬时代精神，在广大读者中塑造了客观、公正、真实、权威的形象。日发行量37.1万份，成为福建省覆盖面最广、发行量最大、最具权威的报纸。

《福建日报》主要发行于机关党政团体、企事业单位、公检法、军队武警、金融保险、证券、卫生、教育、科学研究、文化艺术、新闻等行业。

读者群中大专及以上学历的人士占79.1%,中年人士占61.5%,中高层领导占60%。在消费行为上表现出自主性较高、品牌意识强的特点。

海峡都市报

地　址:福州市华林路84号福建日报大厦一层海峡都市报社
邮　编:350003
电　话:(0591)7095572　7095562
网　址:www.hxdsb.com

详情请看福建专栏彩页。

福州日报广告部

地　址:福州市鼓楼区小柳路85号
邮　编:350025
电　话:(0591)3799188
传　真:(0591)3721974
电子邮件:rbgg2608@pub3.fz.fj.cn
负责人:林永金
联系人:张益民

您关心天下大事吗?

这里,每天要闻、国际新闻和国内新闻以及本市新闻,让您尽览国内外风云!

您想购置良宅、美化家居、尽享现代生活吗?

这里,《联合房讯》为您提供详尽、便捷的参谋。

您喜欢车吗?

这里,《车界时尚》周刊一定可以满足您的需求。

您想在周末好好放松一下吗?

周末是玫瑰色的,紧张忙碌了五天的你,带上《星期五导刊》追随她好好放松一下吧。

您投资股票吗?

这里,"股市行情"是您的导航图;"证券市场"是您的指南针,让您在股海里劈波斩浪,胜券在握。

您对体育情有独钟吗?

这里,每天体育新闻,让您身临其境,大饱眼福。

……

这就是福州日报

故事林杂志社

地　址:福建福州市西洪路凤凰池
邮　编:350002
电　话:(0591)3790654
传　真:(0591)3739314
负责人:杨　初
联系人:叶少波

名家精品光鲜亮相,新人佳作火爆登场!详情请看福建专栏彩页。

闽南日报广告部

地　址:漳州市胜利西路新闻大楼
邮　编:363000
电　话:(0596)2525081
传　真:(0596)2598333
负责人:庄培松

《闽南日报》是中共漳州市委机关报,创刊于1958年5月1日,漳州市唯一有国内统一刊号(CN35－0017)的报纸,为A,B版对开彩版。A版为新闻和体育版,B版为可读性、服务性较强的专版,辟有"社会大观"、"周末视野"、"经济视角"、"法律纵横"、"荟萃"、"校园内外"、"文化走廊"、"旅游天地"、"九龙江"(文艺副刊)、"万家灯火"(生活副刊)、"美术与摄影"、"影视看台"、"市场消费"、"今日农村"、"科技博览"、"卫生与健康"、"学习与实践"、"投资置业"、"房产周刊"、"股市行情"等栏目,尤其是该报自2001年元旦改版后,从内容到形式都起了很大的变化,报纸曾多次出现新闻贴近党的中心和广大老百姓关心的话题而脱销。

新一年的闽南日报将加大改革力度,使改版后的报纸更具有地方特色,以更精彩的内容,更活泼的形式,走进生活,贴近读者,贴近党的工作中心和老百姓关心的话题,具有指导性、服务性和可读性。目前日总发行量增至18.8万份,邮政局代理发行和自办发行并举,自费订阅和公费订阅并行,覆盖面广,分布均匀。据央视对漳州地区报纸阅读率调查,《闽南日报》周到达率、阅读量市场份额、阅读率周趋势三项主要指标均居各种报纸首位。

闽南日报所处的漳州市位于厦门、汕头两大经济特区之间,与厦门市、泉州市构成闽南金三角,是国务院批准的闽南经济开发区的重要组成部分,作为海峡两岸三通的重要口岸的漳州开发区正在大规模建设中。据权威部门统计,近年漳州GDP递增10%以上,位居福建省各地市前列,手机、电话、汽车、摩托车、家电等高档消费品人均拥有量居全国中等城市前茅。漳州市辖八县一市二区,区域1.3万平方公里,全市及周边地区总人口近1000万,是典型的充满生机活力并极具发展潜力的消费城市。报社每年广告收入总量名列全省前茅。

进入新世纪，闽南日报社社长、党组书记张亚清，总编辑刘惠河带领全体办报人员一如既往高举邓小平理论伟大旗帜，努力实践“三个代表”重要思想，建设一流的队伍，添置先进的设备，制定最灵活的激励机制，在坚持报纸的党性原则，坚持正确的舆论导向，融地方性、时代性、开放性为一体，办出特色的报纸，实现社会效益和经济效益的有机统一，不断推进报业的改革和发展，争取新的更大成绩。

每周文摘

地　址：福建省福州市华林路84号
邮　编：350003
电　话：(0591)7095907
传　真：(0591)7095902

每周文摘选编报海精华，荟萃书山珍闻，被广大读者誉为“小百科全书”，被评为全国百家优秀报刊。

2002年扩为16版

创刊于1981年，全国发行，每周二、五出版。南宁、南昌、西安、石家庄、武汉等市设有印点同时印刷、发行。

海峡消费报社广告部

地　址：福州杨桥路中闽大厦B-12层
邮　编：350001
电　话：(0591)7521816
传　真：(0591)7521816　7525562　7522810
电子邮件：hxxfb@pub6.fz.fj.cn

《海峡消费报》是一份影响范围波及福建全省进入13万户中高收入家庭的精品消费类专业报纸，发行量高居福建省同类报纸榜首，读者遍布福建全省9市83县。

《海峡消费报》专注消费领域的专业报道，既为福建的消费维权先锋，亦是福建的消费时尚向导。

《海峡消费报》为全国各精品消费品厂商进驻福建市场，细分一片诱人的中高收入家庭顾客群，广告影响力自然非同一般。

您的效果，就是我们的骄傲。

海峡导报

地　址：厦门市厦禾路820号帝豪大厦20层
邮　编：361004
电　话：(0592)2691588　2961110

《海峡导报》是《福建日报》社主办的4开16-24版日报，为目前全国唯一以对台宣传为主的综合性市民生活报。以自办发行为主，省外通过邮局发行(邮发代号33-34)。

福建海峡传播总公司是海峡导报的全资公司，是导报广告总代理。海传与导报广告部是两位一体机构，竭诚为广大客户提供最好的服务。

福州晚报

地　址：福建省福州市小柳路85号
邮　编：350025
电　话：(0591)3716333　3736058　3729763
传　真：(0591)3720224

《福州晚报》创办于1982年，经过20年的精心打造，现已发展成对开12版(周三、周四为对开16版)的大报。作为福州地区最具责任感、权威性的城市生活大报，《福州晚报》忠实反映群众的呼声，成为福州地区唱响主旋律的主力军和八面临风的信息总汇，深受广大市民和白领阶层的欢迎。

《福州晚报》以自办发行为主、邮局征订为辅，发行量大，覆盖面广，是福州地区最受欢迎的综合性报纸之一。福州晚报读者群年富力强，学历高，收入高，购买力强。

《福州晚报》广告部信守合同、服务周到，2001年先后被评为福建省广告行业先进单位，及全国广告行业文明单位。在《福州晚报》投放广告，权威性高，可信性强，效益显著，是广大工商企业向榕城市民展示自身形象、扩大知名度的最佳媒介选择。

福建老年报

地　址：福州五四路263号
邮　编：350003
电　话：(0591)7847181
传　真：(0591)7847181
负责人：薛来健
联系人：林成端

《福建老年报》创刊于1986年5月5日，由福建省委老干部局、省老龄委、省人事厅、省劳动和社会保障厅、省总工会协办。2002年起为每周两期，四开八版，全国公开发行。主要读者是中老年人，报纸融思想性、知识性、趣味性于一体，读者群大，覆盖面广，可读性强，深入家庭，它将以更高雅的品位，更丰富的内涵，更快捷的时效，带给百万读者一个精彩的老年世界。《福建老年报》是向老年人传递广告信息的好媒介。

经营范围：

商业广告，药品、医疗、食品、保健产品等广告。

福建侨报

地　址：福州市五四路 155 号丰华苑
邮　编：350003
电　话：(0591)7849730　7813894
传　真：(0591)7814007
网　址：china - window.com/fujian _ w/news/fjqb
负责人：黄金山
联系人：王东声

联系“三胞”之桥

中外交流之窗

创办于 1956 年，立足福建，面向海外，介绍中国涉侨、涉外方针政策；传递福建政治、经济、文化最新信息；报道海外华侨华人社会和居住地动态；提供探亲旅游、投资贸易、留学移民指南及侨务咨询服务。

目前已在中国福州、菲律宾马尼拉、印尼雅加达、澳大利亚悉尼、阿根廷布宜诺斯艾利斯多点印刷。国内发行全国各地，海外发行一百二十多个国家及地区，为中国发往海外每期份数最多的华文报。电子版加入《中国之窗》、《福建之窗》互联网络。

福建画报社、海潮摄影艺术出版社

地　址：福建省福州市东水路 76 号出版中心 12 楼
电　话：(0591)7535672　7515944　7539694
网　址：cities.fz.fj.cn/fujian _ w/news/huabao/
负责人：叶恩忠
联系人：李　伟

《福建画报》是我省唯一以摄影图片为主，融新闻性和艺术性于一体的综合性大型月刊。它以“让世界了解福建，让福建了解世界”为办刊宗旨，立足福建，面向全国，辐射世界。目前已发行至世界 30 多个国家和地区。《福建画报》于 1995 年荣获首届全国社会科学期刊优秀奖，并列入 2001 年中国期刊方阵。

海潮摄影艺术出版社成立于 1988 年，主要出版摄影艺术、美术、文化体育、旅游、经济建设、生活等各类图书、画册、图片、连环画等。

福建科技报

地　址：福建省福州市湖东路 7 号
邮　编：350003
电　话：(0591)7833041　7855558
传　真：(0591)7823067

《福建科技报》是一张以宣传党的路线、方针、政策，贯彻邓小平同志“科学技术是第一生产力”思想，大力推广科技成果、普及科学知识、科学思想科学方法为宗旨的综合性科技报纸。

《福建科技报》致力于提高公众科技意识和科学素质，促进科技成果转化为现实生产力，成为科教兴省的重要宣传舆论阵地和农民科技致富的好参谋。报纸宣传的科技信息、科学知识在生产中发挥重要作用。

《福建科技报》在新的一年里，为周二对开四版彩印，逢周二、五出报，全国公开发行，各地邮局均可订阅。全国统一刊号：CN35 - 0009 邮发代号 33 - 5，半年订价 15 元，全年订价 30 元。

福建轻纺月刊

地　址：福州市白马中路 53 号
邮　编：350005
电　话：(0591)3338817
传　真：(0591)3362442
负责人：刘凯风
联系人：张秋华

《福建轻纺》(月刊)系福建省轻纺情报研究所主办的综合性轻工、纺织业科技期刊，该刊创办于 1988 年，1992 年经国家科委批准为公开发行刊物。国际标准刊号 ISSN1007 - 550X，国内统一刊号 CN35 - 1154/TS。并被评选为中国学术期刊综合评价数据库来源期刊、“中国期刊网”用刊、《中国学术期刊(光盘版)》用刊。2002 年荣获首届《CAJ - CD 规范》执行优秀奖。

《福建轻纺》(月刊)紧密配合我国国民经济发展中心工作，介绍和论述当今国内外轻工、纺织行业生产，科研建设和管理的先进水平和发展方向，集中报道国内外科技发展的新成就、新动向、新进展。刊物辐射面广，读者遍及全国各省、市、自治区。几年来，还先后与省内外多家企事业单位、科研单位及各级图书馆、情报所建立了长期期刊交换关系。刊物在本行业中有一定知名度，具有较高的学术水平和实用价值。热忱欢迎各界有识之士在本刊上刊登学术论文，综述文章，同时也可在刊物上刊登广告。

福建经济快报

地　址：福州市鼓屏路 192 号山海大厦 12 层
邮　编：350003

电　话:(0591)7852790　7852870
传　真:(0591)7801984
负责人:任永祥
联系人:林正端

《福建经济快报》由福建省委宣传部主管,福建日报社主办,是福建省首家综合性经济类报纸,对开12版,彩色日报,以第一时间、第一速度报道环球视野内的时政、财经、社会、体育、娱乐、卫生等城市读者关心的新闻,更有透视经济生活的精彩专刊、特别报道。

《福建经济快报》全国发行,国内统一刊号CN35-0019,邮发代号33-7,全年订价168元。目前发行量达15万份,其中在福州市区发行量达10万份。

《福建经济快报》广告效果极佳,价格优惠,彩版整版价格9万元,套红整版价格7.2万元,黑白整版价格6万元,第一版加收60%。

本公司主要开展《福建经济快报》的发行与广告业务。

警坛风云

地　址:福建省福州市华林路12号
邮　编:350003
电　话:(0591)7093068
传　真:(0591)7836739

《警坛风云》杂志是福建省公安厅主办的综合性公安文学月刊。

《警坛风云》立足公安,面向社会,贴近生活,以刊发公安侦破小说,推理探案小说为主,兼及具有较强文学性的公安法制题材纪实作品。

《警坛风云》1993年获华东地区优秀期刊一等奖;1997年获华东地区最佳期刊奖;2001年荣获中国金盾最佳期刊奖;现为福建省一级期刊。

经营范围:设计、制作、发布、代理国内杂志广告。

广告经营许可证号:3500004000128

海峡摄影时报

地　址:福建省福州市金鸡山路23号
邮　编:350011
电　话:(0591)7331238　7332238
电子邮件:hxsysb@pub5.fz.fj.cn
总编辑:潘朝阳

《海峡摄影时报》由共青团福建省委主管、福建青年摄影协会主办,4开二十四版,彩色印刷,逢周五出版,海内外公开发行。

《海峡摄影时报》是全国首家以摄影图像解读社会、图文并茂的综合性生活报,报道人们所关心的热点和社会新闻,以及海峡两岸的新动向,是百姓饱览世间万象的"百花园",是摄影家的良师益友。"发烧友"的耕耘园地。

全国各地邮局一年四季均可订阅,订价:42元/年,刊号:CN35-0030(Q),邮发代号:33-93。

环境与发展报

地　址:福建省福州市屏东环保路8号
邮　编:350003
电　话:(0591)7814764　7801034　7801020
传　真:(0591)7801034
电子邮件:hiyufz@fm365.com

《环境与发展报》立足本系统,面向全社会,是全国地方环境报的一只"品牌",读者遍及除台湾省外的全国各省、市、自治区。

本报设有要闻、综合新闻、新世纪论坛、新闻纵深、生态时空、绿色消费、生活新干线、文摘等版面。

国内统一刊号:CN35—0044

邮发代号:33—41

城乡建设报

地　址:福州市北大路242号
邮　编:350001
电　话:(0591)7614020　7614017
传　真:(0591)7619141

《城乡建设报》(原《福建建设报》)系彩色印刷全国发行,对开四版的周三报,是立足福建,面向全国,以塑造建设行业崭新形象,传达建设行业声音为己任的专业性权威媒体,是福建省建设厅建设企业资质公告指定发布媒体,福建省发展计划委员会招标公告指定发布媒体。

自1985年创刊以来,《城乡建设报》一直坚持宣传建设、服务建设、参与建设的办报宗旨,是建设主管部门行业管理的助手,建设战线各企事业单位的参谋,建设系统广大干部职工的挚友,各界人士了解建设行业的窗口,得到了各界朋友、建设系统相关企事业单位广大读者的支持和厚爱。

城乡建设报社发展中心(原广告经营部)负责各类广告、专版的策划、设计、采编、发布业务,我们本着"诚招天下客,利让有心人"的经营理念,欢迎全国各地企事业单位前来洽谈认刊。

厦门商报

地 址:福建省厦门市新华路78号华建大厦十三层
邮 编:361003
电 话:(0592)2117069 2139923
传 真:(0592)2117071

《厦门商报》创刊于1995年7月1日,是经国家新闻出版署批准,福建省唯一的一份向海内外公开发行的大型经济类综合性日报。每日对开八、十二版,天天彩版。报社自办发行,专车送报,准确及时。订户主要集中在党政机关、企事业单位。工商、税务、财政、金融、海关、航空、酒店、个体工商户、股民及中等收入以上家庭。

《厦门商报》在福建率先采用国际最流行版式(瘦报);2002年1月改版后品味高雅、商味浓郁、面貌清新、视角新颖。目前发行量和广告额在福建省报纸中名列前茅。《厦门商报》围绕大局抓新闻、围绕经济抓焦点、围绕市民抓服务,正以全新的面貌走向市场,走向千家万户,走向世界。

闽西广播电视报广告部

地 址:龙岩市溪畔路11号(外经委大院内一楼)
邮 编:364000
电 话:(0597)2310306
传 真:(0597)2310306
电子邮件:mkgdb@163.com
负 责 人:张丽娜
联 系 人:陈婉丽

《闽西广播电视报》是我市唯一电视专业报,深入的新闻报道,精彩的影视动态,详尽的节日介绍,实用的生活手册,独特的版面,丰富的内容,高尚的品味,引人入注的栏目,深深吸引你、我、他……

闽西日报社广告公司

地 址:龙岩市登高东路155号
邮 编:364000
电 话:(0597)2324860 2317063 2317062
传 真:(0597)2317061
电子邮件:mxdaily@163.net
负责人:谢成标
联系人:廓亦斌

《闽西日报》系中共龙岩市委机关报,是闽西唯一公开发行的报纸(国内统一刊号:CN35-0037),创刊于1949年9月9日,1969年4月停刊,1987年1月复刊,1995年1月改为对开四版日报,1996年1月实现天天出彩报,现为对开四版日报。2001年1月始周三出版A、B八版,周五出版周末版/生活专刊。

复刊后的《闽西日报》以『鲜明党性,闽西特色』为办报宗旨,全方位多侧面地反映闽西在『两个文明建设』中所取得的成就,为改革开放、经济建设和社会发展提供多方面的服务。

《闽西日报》内容丰富,栏目精彩。有反映闽西方方面面的要文版,国内国际的时事版,群众要求和意见的读者之声、总编办热线,讲述百姓自己故事的生活角,红土地文化的话说闽西、山茶花,师生工作学习的校园内外等等。

《闽西日报》采用激光照排,天天彩报,期发行量居全省地市报前列,是龙岩最有影响的强势媒体之一。在《闽西日报》刊登广告,影响面广,可信度高,效果显著。

展望未来,《闽西日报》仍将一如既往地与各界朋友一道,携手共进绘新图。

江 西 省

公 司 类

南昌新星广告信息公司

地 址:江西省南昌市北京西路154号二楼
邮 编:330046
电 话:(0791)6351377 6351118
传 真:(0791)6351377
电子信箱:xxggxxgs@public.nc.jx.cn
负责人:包荣生
联系人:王 琪

本公司是一家综合性广告公司,现为南昌市广告协会执行理事,华东六省一市广告协会会员,是“重合同、守信用”的先进单位。

经营范围：

①全方位策划；②四大媒介广告代理；③电视广告制作及电视随片广告播出（江西十一家电视台黄金档播出）；④户外广告（大型电脑喷绘，霓虹灯、灯箱、龙门架、巨幔、条幅、气球、立体造型）的制作，发布代理；⑤新闻发布及各类促销公关活动；⑥印刷广告，信息咨询；⑦室内外装饰及装饰材料经销。

江西方圆广告有限公司

地　址：南昌市省府大院西二路监察大楼九楼
邮　编：330046
电　话：(0791)6296766
传　真：(0791)6258289
电子邮件：fyad@public.nc.jx.cn
网　址：www.fyad.com.cn
负责人：杭三龙
联系人：罗赣红

江西现代广告发展公司

地　址：江西省南昌市八一大道1号17楼
邮　编：330002
电　话：(0791)6218734、6219266
传　真：(0791)6219078
负责人：赵　洪
联系人：张晓云

江西现代广告发展公司系综合性广告公司，经营范围：整体广告策划、CI策划与设计、印刷广告、户外广告等，并代理电视、广播、报纸和杂志广告。

南昌市广告公司

地　址：南昌市丁公路111号(市工商局2楼)
邮　编：330002
电　话：(0791)6260027　6214845
传　真：(0791)6251686
电子信箱：nguang@public.nc.jx.cn
负责人：魏一新
联系人：周　强

南昌市广告公司系南昌市广告协会下属的一个综合性广告经营实体，系中国广告联合总公司成员单位，组建于1980年。现拥有户外媒体4000多平方，在繁华路段有200个灯箱广告位。知名广告作品有"IBM PC"、"松下电器"、"锦湖轮胎"、"立邦漆"、"百事可乐"、"三鹿奶粉"、"江铃汽车"等。公司承制、发布大型霓虹灯、路牌、灯箱广告；策划、制作、代理发布电视、报刊、广播广告业务；承接大型装修工程；主持企业CIS策划，企业营销策划等。

南昌邮政广告公司

地　址：南昌市邮政路1号
邮　编：330008
电　话：(0791)6788981　6776544
传　真：(0791)6775244
负责人：刘茂达
联系人：邹正明

南昌邮政广告公司成立于1991年，是一家集策划、设计、制作、发布于一体的综合性广告公司。在广大客户中努力树立起自己的企业形象，是邮政广告不断的追求。而今，邮政广告不仅拥有出类拔萃的人才和先进的设备，更凭借邮政无所不及的网络优势和多年的经验，倍受客户和业内人士赞誉，邮政广告是首批获得代理权资格的广告公司之一，并于1997年被江西省工商行政管理局评为"江西省A级综合性广告公司"。

南昌邮政广告公司的业务范围包括：邮送广告、商业信函(DM广告)、中国贺年有奖明信片广告、广告明信片、报纸、电视、广播等媒介的广告代理，画册、海报等各类平面广告的创意设计及印前制作，整体广告策划。

新干县广告公司

地　址：江西省新干县城滨阳路5号(县文化馆内)
邮　编：331300
电　话：(0796)2605570
经　理：杨九根
业务经营：谢小珍　杨　昆
经营范围：

主营：招牌、路牌、民墙广告设计制作发布、商标设计、电脑刻字。

兼营：工艺美术设计、装潢、制作、霓虹灯制作、摄影、娱乐、玩具、文化用品、钢木家具。

南昌公交广告公司

地　址：江西省南昌市站前西路18号
邮　编：330003
电　话：(0791)6222391　6268184

南昌公交广告公司是一家综合性广告公司，现为中国广告协会会员，中国广告协会公交委员会理事，南昌市广告协会副会长级单位，连续5年被市政府授予“重合同,守信用”先进单位。

主营:交通广告、广告总体策划、霓虹广告、电脑创意设计、装饰工程、印刷品广告。

南昌七彩广告公司

地　址:南昌市八一大道27号
邮　编:330003
电　话:(0791)6222823
负责人:陈明敏
联系人:董　梅

九江市广告公司

地　址:九江市北司路83号
邮　编:332000
电　话:(0792)8222349
传　真:(0792)8223587
负责人:唐新华
联系人:刘玉华

广播电视类

江西人民广播电台经济信息部(广告部)

地　址:南昌市北京西路20号
邮　编:330046
电　话:6201731　6264040
传　真:(0791)6236443
负责人:曾庆洪

江西人民广播电台(中波729.1350千赫调频104.4兆赫)创办于1949年5月,1997年1月上卫星,在江西的有效覆盖达70%以上。安徽、山东、福建、广东、江苏、湖南、湖北相邻地收听效果良好。全天播出18个小时。

江西电视台广告部

地　址:南昌市福州路169号二楼
邮　编:330006
电　话:(0791)6226208　6213653
负责人:张晓建

南昌电视台经济信息部

地　址:南昌市民德路401号
邮　编:330008
电　话:(0791)771987

江西上饶电视台文艺广告部

地　址:江西省上饶市胜利路51号
邮　编:334000
电　话:(0793)8224597　8220009
传　真:(0793)8224597
负责人:洪德恭　袁草岳

九江电视台

地　址:九江市湓浦路14号
邮　编:332000
电　话:(0792)8219798
传　真:(0792)8215958
联系人:张志鹏

报刊类

江西日报广告部

地　址:南昌市豫章路1号
邮　编:330006
电　话:(0791)6849868　6803336
传　真:(0791)6849868
负责人:王福堂
联系人:章华光

《江西日报》是中共江西省委机关报。它围绕江西省委、省政府各个时期的中心任务,紧密结合实际、广泛、深入地反映和指导社会生活、表达人民群众的呼声,为读者提供多方面最新信息。它力求内容新、时间快、形式活、方面广,在思想性、指导性与群众性的有机结合中,让人们领略鄱赣大地上的一幅幅时代画卷和国内外的时事风云。

《江西日报》创刊于1949年6月7日,1984年《江西日报》开始向国外发行,对开四版,每星期二、三、四、五为对开8版,目前《江西日报》发行量达30多万份。

《江西日报》采用电脑激光排版,胶版印刷新技术,图文清晰、版面新颖。在广告策划,版面设计中,不断吸收现代广告创意理论和设计制作手法,努力为企业策划、设计、发布卓有成效的广告作品,是国内外工商企业刊登广告的理想阵地。

山 东 省

公 司 类

山东北方广告有限公司

地　址：山东省济南市经十路山东电视台电视大厦七楼
邮　编：250062
电　话：(0531)2956688 转 1709、1818
传　真：(0531)2958756　2953566
网　址：www.sdtvbf.com
联系人：陶玉茹

山东北方广告有限公司隶属于山东电视台，是山东省最具实力，发展速度最快，集策划、制作、发布于一体的综合性广告公司之一。公司拥有良好的信誉，自 95 年成立以来，连续荣获山东电视台“优秀广告代理公司”的称号，业绩在山东广告行业中名列前茅。

现公司下辖二个分公司，八个业务部门，依托山东电视台的优势，有大量的影、视、图制作器材，硬件设施已达全省前列。

公司本着至诚至信发展广告事业的宗旨，以先进的设备、高素质的人员，完善的服务与社会各界同仁携手共创明天的辉煌！

青岛广告公司

地　址：青岛市人民路 27 号
邮　编：266033
电　话：(0532)3730155　3730156　3730157
传　真：(0532)3730156
电子邮件：bangong@qingdao-ad.com
网　址：www.qingdao-ad.com
负责人：隋　伟
联系人：张培金

青岛广告公司成立于 1978 年，是中国广告协会公司委员会理事单位，是青岛市广告经营一级企业。

公司是专业综合代理公司，具有营销策划、创意设计、代理、发布国内外广告的实力。我们所做的——就是为客户找准企业与市场的最佳切合点。

青岛高科技工业园天诚广告实业有限公司

地　址：青岛鄱阳湖路 7 号
邮　编：266071
电　话：(0532)5725048　5728668
传　真：(0532)5728668
电子信箱：cordial@qd.col.com.cn
法人代表：贾永壮
联系人：殷景迅

公司成立于 1993 年，注重营销创意，追求服务创新，具备专业化的综合服务能力，是青岛市广告经营一级资质企业。

天诚公司坚持以诚为本，唯才是用，建立健全完善的管理体制，拥有各类专业人才近百人。公司下设广告分公司、营销策划分公司、创意展示分公司和装饰装潢分公司，承接 CI 形像设计、信息调研咨询、品牌推广、产品促销、包装设计、影视制作、展览设计、施工制做等广告业务。

山东省栖霞广告装潢总公司

地　址：栖霞市翠屏路环翠巷二院
邮　编：265300
电　话：(0535)5211047　5210910
手　机：13906455877
传　呼：127-2581577
总经理：林德军
联系人：栾志超

济宁市经纬广告有限公司

地　址：济宁市环城北路 1 号经纬大厦 14 楼
邮　编：272100
电　话：(0537)2313143
总经理：李东军
联系人：常红旂

济南市公交广告公司

地　址：中国济南纬十二路 10 号
邮　编：250021
电　话：(0531)5960242
传　真：(0531)5960241

我公司是以城市公交汽电车体、候车亭、站牌为主要的户外广告媒体，近千部车体广告。三十多条路线贯穿泉城的东西南北，形成了一道道美丽的风景线。

本公司下属有恒艺广告制作中心，具备策划、平面设计、精美制作等诸方面的实力，还拥有日本生产的 MICHEIAMGLO 大型喷绘设备和 NOVAJET 小型喷绘机，它适用于户外灯箱广告、车身广告、大型路牌的喷绘制作，并已达到国内先进水平。

北京五洲广告公司青岛分公司

地　址：青岛市香港中路 18 号福泰广场 1301 室
邮　编：266071
电　话：13905321518　13905320701
负责人：徐　辉
联系人：郑　洁

本公司承办各类广告设计、制作和策划代理业务，兼营建筑内外装潢、为企业和团体提供会议策划与组织服务，计算机技术开发。

广播电视类

山东电视台广告部

地　址：济南市经十路 81 号
邮　编：250062
电　话：(0531)2951295 转 6810
传　真：(0531)2955872
负责人：魏　民
经营范围：

在山东电视台各套节目中发布各类电视广告。

山东人民广播电台

地　址：济南市青年东路 11 号
邮　编：250014
电　话：(0531)614242

济南人民广播电台

地　址：济南经十路 14 号
邮　编：250014
电　话：(0531)615549

济南电视台

地　址：济南市经十一路 14 号
邮　编：250014
电　话：(0531)614540

报刊类

大众日报

地　址：济南市经十路 46 号
邮　编：250014
电　话：(0531)2968911－3701
传　真：(0531)2962400
负责人：文风纯

大众日报——山东省委机关报，诞生于 1939 年 1 月 1 日，是目前中国大陆连续出版时间最长的报纸。《大众日报》是山东经济、政治、科技、文化和改革开放的新闻总汇，其报道翔实、准确、权威，在全国报界具有广泛影响。

《大众日报》对开八版，另辟有《大众周末》、《电脑特刊》，发行量 50 万份，是目前山东省发行量最大的综合性报纸。

临沂日报广告信息部

地　址：山东省临沂市即丘路 3 号
邮　编：276004
电　话：(0539)8313043

《临沂日报》系中共临沂市委机关报，是临沂市唯一综合性日报，对开 4 版，每日一刊，激光照排，胶版印刷，发行全市 12 个县区，是一份深受读者喜爱的报纸。

临沂日报广告部是《临沂日报》对外的重要服务窗口。广告部聚集了一批广告人才，具有较强的广告策划手段和市场调查能力，曾连续四年在省同行业中被评为“重信誉、创优质”服务活动先进单位。所设计的广告作品多次在全省报纸广告优秀作品评选中获奖，在首届全国报纸广告评选活动中获优秀奖。

临沂日报广告部愿以优质的服务、优惠的价格，为促进商品流通，繁荣城乡市场，提高企业及其产品的知名度，扩大销售做出应有的贡献。

济南日报广告部

地　址：山东省济南市经七路纬一路 2 号

邮　编:250001
电　话:(0531)6920202

山东经济报

地　址:济南市经四路大纬二路
邮　编:250001
电　话:(0531)613305

青岛日报广告处

地　址:青岛市太平路33号
邮　编:266001
电　话:(0532)264907

解放军健康杂志社

地　址:山东济南市文化东路36号
邮　编:250014
电　话:(0531)6978924
传　真:(0531)2188171
负责人:赵书友
联系人:王立友

卫生顾问　健康指南　老幼可读　各界相宜

本刊系全军爱卫会批准创办的全国惟一向海内外公开发行的具有军队特色的医学科普期刊。创刊十多年来,深受军内外读者欢迎,拥有较高的知名度和良好信誉,先后多次荣获全国、全军优秀期刊奖。其内容丰富,图文并茂,科学实用,新颖活泼,风格独特,雅俗共赏。开设主要栏目有:卫生通讯、军事医学、特种兵卫生、健康论坛、名医谈病、防病天地、中老年保健、妇幼卫生、计生园地、用药之道、心理卫生、医苑新技、医学纵横、人体奥秘、生活顾问、饮食与健康、答病释疑、卫生文学等。

《解放军健康》为大16开本,双月刊。双色内文及彩色封面、中插印制精美,令人赏心悦目。新的一年,她将以更高的品位、更新的面貌展现在您的面前,继续为您拥有健康的身心和亮丽的人生,奉献一份爱心、一份力量!

欢迎订阅全国全军优秀卫生期刊——《解放军健康》

邮发代号:国内24－80　办外BM463　每期定价:3.5元　全年定价:21元　发行部电话:0531－8932244

河　南　省

公　司　类

郑州市广告公司

地　址:河南省郑州市大学路16号广告大厦
邮　编:450052
电　话:(0371)8988188　8988588　8988888
　　　　6990220　6990222
负责人:杨长兴
联系人:张惠君　崔天保
经营范围:
　　广告代理;CI设计;
　　霓虹灯、路牌、大型喷绘广告制作;
　　代办新闻发布会、产品展销会、促销会等。
　　为企业提供市场调查,进行广告策划创意。

郑州市公交广告装璜公司

地　址:京广北路27号
邮　编:450000
电　话:(0371)6974938
企业法人:艾战军
常务总经理:范振河

郑州市公交广告装璜公司(以下简称PCAC)自1984年成立以来,先后被评为河南省"十佳"广告公司和"重合同,守信用"先进单位,是经营郑州市公交公用设施广告的专业广告公司。

郑州市广告装潢公司

地　址:郑州市大学路33号
邮　编:450052
电　话:(0371)6968533　6963540　6969415
电　报:2211
总经理:刘平生
副总经理:唐超英、王建飞

郑州市广告装潢公司是中国广告联合总公司成员单位。可为客户提供如下服务:路牌、霓虹灯、电脑平面设计、雕塑、印刷广告,礼品广告,展览广告,公关广告,广告创意,影视制作,市场调查、策划。代理全国各类广告,包装装潢、装饰工程等。

漯河市丽光广告有限公司

地　址:漯河市交通路167号(亚细亚南侧)
邮　编:462000
电　话:(0395)2131528　2158498
传　真:(0395)2172698
负责人:张金业
联系人:许　燕

漯河市丽光广告有限公司是河南省较有影响的综合型广告企业。连续8年被市政府授予"重合同、守信用企业"。从1999年起,连年被命名为"全国广告行业文明单位"、"河南省广告行业文明单位"、"漯河市文明单位"和省市"广告经营先进单位"及"漯河市先进基层党组织"等荣誉称号。广告作品多次荣获全国、省、市优秀作品奖。

公司主要经营:CI和营销策划;设计、制作、发布各类户外广告,代理国内外各类广告;金属字、霓虹灯、灯箱、标牌制作安装;电脑写真、喷绘、刻绘、招贴、包装设计印刷;各类会议、展示的设计、制作安装;高楼、高塔灯光及各类照明工程设计、安装等业务。

河南省广告公司

地　址:郑州市黄河路120号
邮　编:450003
电　话:(0371)5941529
负责人:毛志强

开封市实用美术广告公司

地　址:开封市寺后街70号
邮　编:475000
电　话:(0378)5950486
负责人:朱庆学
联系人:刘　鸣

开封市路通广告有限公司

地　址:开封市观前街1号
邮　编:475001
电　话:(0378)3987780
负责人:王曾伟
联系人:刘春苹

开封市美术广告公司

地　址:开封市大袁坑沿街94号
邮　编:475000
电　话:(0378)5950036
负责人:李　林
联系人:马　昆

洛阳市广告公司

地　址:洛阳市西工区健康西路中段
邮　编:471000
电　话:(0379)3936896
传　真:(0379)3932964
负责人:孙殿忠
联系人:孙奋勇

洛阳经济报广告公司

地　址:洛阳市西工区凯旋西路19号
邮　编:471000
电　话:(0379)3948733
传　真:(0379)3901720
负责人:寇金城
联系人:宋建国

广播电视类

河南电视台广告部

地　址:河南省郑州市郑花北路18号
邮　编:450008
电　话:(0371)5721308　5729922
传　真:(0371)5725308
电子邮件:hntvggb@public2.zz.ha.cn
网　址:www.hntv.ha.cn
负责人:刘保合
联系人:张　惠

目前,河南电视台拥有卫星频道在内的八套节目对外播出,近4亿观众能够收看到河南电视台,是河南实力最为强大的电视媒介。河南电视台广告部负责全台广告管理、业务、串编与咨询服务,下设六个管理和业务科室,另设有北京、上海、广州三个办事处。

新的世纪,新的开端,河南电视台广告部将以全新的姿态为您提供最完善的服务,让企业和观众满意是河南电视台广告部永不更改的追求。

洛阳电视台

地　址:洛阳市中州中路185号
邮　编:471000
电　话:(0379)3936432　3935872
传　真:(0379)3936432
广告部主任:朱孟献
联系人:张艾珍

承办国内电视广告业务。

洛阳电视台广告部有一套严格的制作、播出管理体系,具有独立策划、创作、拍摄、制作高档次广告的技术实力和设备实力。电视信号覆盖豫西地区的十多个县市,覆盖人口八百多万。洛阳电视台广告部奉行全心全意为广告客户服务的原则,对所有播出广告实行三级审看制度,以保证广告播出质量和宣传效果。除承揽制作各种形式,各种规格的文字、图象广告外,还在黄金时间开办了信息、产品介绍、文化娱乐为一体的《经济十分钟》栏目和天气预报节目。

河南人民广播电台广告部

地　址:郑州市经五路2号
邮　编:450003
电　话:(0371)5951286
电　报:1684
负责人:王扎根
联系人:黄云秋

河南人民广播电台人口覆盖率达89%以上,全国多数省、市区以及日本、东南亚、欧美等一些国家和地区也能收听到河南台的广播。河南电台广告部主要承揽、代理、制作、发布河南人民广播电台、河南经济广播电台、河南交通台、文艺台的广告业务。

开封有线电视台广告部

地　址:河南省开封市文昌后街2号
邮　编:475001
电　话:(0378)5965755
传　真:(0378)5977378
负责人:号志国
联系人:徐央文

主营:设计、制作、发布国内电视广告业务。

报刊类

河南日报

地　址:郑州市纬一路1号
邮　编:450003
电　话:(0371)5951963　5955636　5967680
传　真:(0371)5955636
网　址:www.hnby.com.cn

风风雨雨五十年,河南日报已从稚嫩走向成熟,她以无可替代的权威性、指导性、服务性、可读性而成为商家打开河南市场的首选媒体。

河南日报愿与企业一道走向成功。

洛阳广播电视报社

地　址:洛阳市九都路副67号
邮　编:471000
电　话:(0379)3921872
传　真:(0379)3934027
负责人:王宝林
联系人:党文华　倪　玲

主营:报纸广告。

兼营:与广播电视、家庭生活有关的经济信息,以及户外广告等。

《洛阳广播电视报》每期四开十六版,七版电视节目预告,四版电视节目介绍,另设有影视人物、声屏社会、视听之友、报海采风等专版,集服务性、知识性、娱乐性、可读性为一体,周三出版,套红胶印,最高期发行量20万份,覆盖洛阳市九县六区及郑州、三门峡市部分县市。

洛阳广播电视报广告部有专业的策划、设计、公关人员,几年来一直奉行客户第一、优质服务的经营宗旨,为众多的客户成功地发布了广告,并被洛阳市工商行政管理局授予"信得过先进单位"。

平顶山日报社广告部

地　址:平顶山市建设路西段268号
邮　编:467002
电　话:日报广告　(0375)4944751
　　　　晚报广告　4930123
传　真:(0375)4946700　4963338
负责人:许凌云
联系人:张宝丽

平顶山日报是平顶山市委机关报,是平顶山市最具权威和影响力的媒体，全国发行，日发行量10万余份。平顶山晚报是走进居民家庭的良师益友，日发行量5万余份。

平顶山日报社广告部拥有先进的交通、通讯设施，拥有一流的广告创意微机系统，拥有高素质的专业策划、设计人才，可为客户提供全方位的广告策划、创意、设计、制作、发布乃至市场调查服务。

我们的服务定会为您的产品成功通向市场搭上桥梁，为您的事业发展开拓更广阔的天地。

矿山机械月刊

地　址：河南洛阳市涧西区重庆路
邮　编：471039
电　话：(0379)4218711－4788
(0379)4221660－2706
传　真：(0379)4221800
主　编：刘兴才
广告部：李惠杰　翟晓华　曲素兰

横跨"矿业工程类、煤矿开采类和机械及仪表工业类"三大工程学科的中文核心期刊，应用技术类刊物，已蝉联各届全国和机械系统"优秀科技期刊"奖。已在科技期刊的编辑出版方面闯出自己的特色，受到读者广泛好评。标准大16开(A4)，每期正文80页。期发数11000册。读者分布于与矿山开采和矿物处理装备有关的矿山、选厂、工程建设、化工、电力、建材、工业和生活废物处理以及科研院所、制造厂和设计院等部门。拥有最新的排版和苹果创意系统。热情欢迎各企业在本刊上宣传自己的新技术、新产品。我们将竭诚为您服务。

湖　北　省

公　司　类

武汉三震广告传播有限责任公司

地　址：湖北武汉建设大道562号国贸新都26层C座
邮　编：430022
电　话：(027)85725225　85725226
传　真：(027)85796690
电子邮件：sunson@sohu.com
负责人：朱　林

发布路牌、灯箱、霓虹灯广告；广告设计、制作；代理广告业务；办公设备、文体用品批零兼营。

湖北省有缘广告公司

地　址：武汉市武昌东亭小区牡丹苑101栋
通　联：武昌东亭邮局17号信箱
邮　编：430077
电　话：(027)86776479　86778676　86797716
传　真：(027)86774679
法人代表：卢昌军
办公室主任：高　香

1999年5月31日经湖北省工商局注册登记，是一家以报刊媒体见长的年轻省级广告公司，注册资金为100万元。

经营范围：

1、设计、制作、代理、发布国内各类广告、户外广告；

2、优先代理全国数百家主要报刊媒体广告业务；

3、全权代理《古今故事报》、《大家文摘报》、《中华传奇》、《警笛》、《家庭保健》、《爱情婚姻家庭》、《幸福》等报刊的黄金版面；

4、展览策划服务、文化用品、工艺礼品销售；

5、书报刊批零；

6、咨询服务；

武汉尊荣广告国际传播发展有限公司

地　址：武汉汉口中山大道1056号金源世界中心B座28层
邮　编：430014
电　话：(027)82822828　82851166
传　真：(027)82851166
网　址：www.gloryad.com
电子邮件：gloryad@public.wh.hb.cn

彰显尊贵　赢取荣耀

武汉尊荣广告国际传播发展有限公司系由国家房地产百强、湖北省最大的房地产开发商武汉城市综合开发集团有限公司投资于1995年创立。智囊构成有国立武汉大学新闻学院、武大传播与市场调研中心等。

作为一间综合性专业广告策划、代理及制作公司,我们拥有一群富于经验的业内精英,具有敏锐的市场触觉,对商品、高新企业及房地产有着相当深厚的策划、推广资历。此外,我们对大型活动的组织策划,电视、广播、报刊、户外广告及其他有关的公关、协调、策划、推广、代理、发布等通路都深湛贯达,故能驾轻就熟。

走进新世纪,我们始终抱着纯朴、踏实、刻苦、敬业、尊每一位客户为上帝的永恒服务精神,精诚耕耘、完美创造,共赢、共进、共发展。

荆门市楚天公关广告公司

地 址:荆门日报社新闻大楼一楼

邮 编:448000

电 话:(0724)2335204

负责人:任 颐

联系人:刘茂洁

主营:公关策划、营销策划、广告设计、产品代理、各类广告代理、代办,经济技术信息服务,建筑、装璜材料销售。

湖北省国际广告公司

地 址:汉口江汉北路4号8楼

邮 编:430022

电 话:85795137

传 真:85795117

负责人:李祥海

设计、制作、发布、代理国内外各类广告,自营和代理除国家组织统一联合经营的16种出口商品和国家实行核定公司经营的14种进口商品及技术的进出口业务;开展“三来一补”、进料加工业务;经营对销贸易和转口贸易。

兼营:批零兼营机电设备、农机具、建筑及装饰材料、日用五金、文化用品、工艺美术品(不含金银首饰)、纺织品、服装、农副土特产品。

武汉市公汽广告装璜公司

地 址:武汉市桥口区桥口路160号

邮 编:430030

电 话:(027)83780744 83757569

传 真:(027)83782350

总经理:刘林祥

武汉市公汽广告装璜公司依托公汽总公司,建设了三千多台公交车辆广告,四百多座站杆、站牌,以及一批大型户外光电广告,流动和静止的广告媒体曾获得“湖北省明星广告公司”称号。

我公司具有较强广告创意、设计、制作能力。并拥有九十年代最先进的美国XEROX8954、400dpi电脑静电写真机;苹果9600/200电脑等设备。

我们将以一片诚挚之心和良好的信誉,为您大展宏图而竭尽全力。

武汉市轮渡公司广告服务部

地 址:武汉市武昌区曾家巷轮渡码头

邮 编:430061

电 话:(027)88217852

负责人:王华智

联系人:鲁 旺

武汉轮渡广告部是全国最大城市轮渡企业所辖单位,主要经营轮渡路牌广告业务。地处江城的轮渡广告拥有36座码头,42条机动客轮作为自己的广告媒体,月均客流量达三十余万人次。近年来,轮渡广告精心制作发布霓虹灯、透光彩、灯箱、立体透空等多种形式广告,由于其制作精良、客流量大、广告效果好,因此,深受广告客户的青睐。

湖北电视艺术广告公司

地 址:武汉市汉口解放大道563号

邮 编:430022

电 话:(027)5791814

负责人:李铁骑

湖北龟山广播电视广告开发中心

地 址:武汉市汉阳龟山电视塔

邮 编:430050

电 话:(027)4843113

负责人:谢守时

武汉市对外贸易广告公司

地 址:武汉市西马路球西小区6号楼

邮 编:430077

电 话:(027)5771444 5773021

负责人:高光华

武汉市东方艺术广告公司

地　址:武汉市武昌东亭一路 17 号
邮　编:430077
电　话:(027)6813673
负责人:余化威

武汉市东方充气立体广告制品厂

地　址:武汉市阳逻经济开发区
邮　编:431415
电　话:(027)6961855　6961363
负责人:邱新明

武汉光明广告公司

地　址:武汉市汉口江汉路 33 号
邮　编:430014
电　话:(027)2836062　2844377
传　真:(027)2844377
负责人:张　焰

湖北亚太商业广告有限公司

地　址:武汉市武昌武珞路 45 号
邮　编:430060
电　话:(027)8849129
负责人:高金清

广播电视类

湖北电视台广告部

地　址:湖北武汉市武昌紫金村特 1 号
邮　编:430071
电　话:(027)87329031
传　真:(027)87839224
负责人:景高地
联系人:舒普生

湖北省地处中原九省通衢之地,省会武汉市的水、陆、空交通十分方便,是商吕流通的重要集散地,也是商家的必争之地。

湖北电视台创建于 1960 年 12 月 1 日,是我国最早建立的 6 家电视台之一。湖北电视台经过 40 年的发展,整体实力不断加强。目前,湖北电视台办有两套节目,日播出时间合计 37 小时,其中湖北一套节目(微波频道)通过以武汉为中心的四条微波干线传送到全省各地,覆盖全省 90%以上的人口,同时还覆盖毗邻的河南、安徽、江西、湖南、重庆、陕西等省市的周边地区,拥有一亿多观众。另一套湖北卫视节目,自 97 年 2 月 1 日正式播出以来,覆盖人口迅猛增长,在亚太地区已有 53 个国家和地区能收到湖北卫视节目,在中国有 25 个省、市、自治区及省会城市通过有线网落地,稳定的可收视家庭达 6000 万户,可收视人口达 3 亿人。湖北电视台的两套节目是湖北省内唯一可以覆盖湖北全境的电视传播媒介。

湖北电视台广告部是代表本台从事广告合法经营的唯一窗口,主营湖北电视台两套节目的广告业务,在全国具有较高的知名度和良好的信誉。

湖北电视台广告部愿与您密切合作,共同开创美好未来。

湖北人民广播电台广告信息部

地　址:武汉市解放大道 563 号
邮　编:430022
电　话:(027)85791532　85795743
传　真:(027)85780526
负责人:李忠诚

在湖北人民广播电台、湖北人民广播电台文艺台、经济台、交通音乐台发布各类国内、外广播广告。

武汉人民广播电台经济信息部

地　址:武汉市建设大道 620 号
邮　编:430015
电　话:(027)85774829
传　真:(027)85796479
负责人:孔昭藩
联系人:廖贤霞

在本台发布各类国内、外广播广告。欢迎各广告公司代理本台广告业务。

荆门人民广播电台

地　址:荆门市塔影路 13 号
邮　编:448000
电　话:(0724)2332825　2334567　2332340

荆门市地处湖北中部,人口 280 万,是一座新兴石油、化工明星城市。荆门人民广播电台成立于 1985 年元月一日,副县级、台长胡常义。发射频率 1161KHI、97MHZ、103MHZ;全天分二次播音,总播出时间 13 小时,发射功率 10 千瓦。荆门人民广播电台是全国广播广告协会会员单位,兼营广告业务。

归口单位台经济信息部，负责人王宏静。目前，该台专业广告业务人员有7人，其中中级职称2人，初级职称5人。1997年广告收入60万。

报刊类

湖北日报报业集团广告总公司

地　址：武汉市武昌黄鹂路65号
邮　编：430077
电　话：(027)86791876
传　真：(027)86791716
负责人：张勤耘
联系人：蔡亚枫

湖北日报社

地　址：武汉市武昌黄鹂路65号
邮　编：430077
电　话：(027)86773747　86783522
传　真：(027)86783522
社　长：卢吉安
总编辑：宋汉炎
总经理：陈新民

《湖北日报》是中共湖北省委的机关报，是全省发行量最大的一张综合性报纸。它创刊于1949年7月1日，对开八版，周六彩印。立足本省，面向全国，发行海内外。常年稳定读者540万，报纸阅读率全省第一。

湖北日报社主办的《楚天都市报》、《湖北农民报》、《市场指南报》和《新闻前哨》等系列报刊在全省乃至全国具有一定的影响。湖北日报作为母报与子报协调一致、优势互补，为各界提供服务。

湖北日报社目前拥有一支业务和技术素质较强的新闻专业队伍与技术人员队伍；还有一支较强的广告策划、编辑、美术设计等专业队伍。以新闻采编综合业务网及办公自动化计算机管理系统为主体的电子技术应用初具规模；报纸、书刊印刷实现电脑自动排版、彩色轮转胶印，并拥有一批高新技术印刷设备。

报社在认真抓好广告、印刷、发行等主体经营的同时，积极开拓多种经营项目，兴办有湖北神州广告公司、湖北中新广告艺术有限公司(合资)、湖北日报社实业发展总公司等经济实体，还在北京、上海、广州、海口、深圳等地设有报业经营办事机构。报社印刷厂已发展为集图像扫描、分色创意制版及报纸、期刊、课本、联动装订和包装彩印等综合型的联合企业，是中国500家最佳效益工业企业之一。

报社位于风景优美的武汉市东湖之滨，占地300余亩，已初步建成花园式工作(生产)、生活文明社区；现有资产近3亿元人民币。

湖　南　省

公司类

湖南省金果广告有限公司

地　址：长沙市劳动西路229号凯华大厦6楼
邮　编：410007
电　话：(0731)5159898　5128335
传　真：(0731)5825256
网　址：www.cnhnjg.com
负责人：喻应龙
联系人：邬猋青

湖南省金果广告有限公司成立于1993年，注册资金200万，中国广告协会会员之一。

本公司是湖南最具实力的全面代理广告公司之一。在公司的发展过程中，我们始终坚持以广告策略为市场营销服务的宗旨，通过全体同仁的不懈努力，加之公司良好的社会关系和媒体关系，我们有幸成为：猎豹汽车、维维豆奶、承德露露、南山乳业、超世洋服、忘不了服饰、海尔电器、奇胜电器、冠亚实验学校、波士家具等二十余家知名企业的广告代理商。

面向二十一世纪，为了提高服务客户的综合素质，本公司在湖南师大艺术学院、湖南商学院设立了“金果奖学金”、培养和选拔优秀的专业人才，并聘请十多位专家与教授组成金果顾问团，这一切使我们更具备为客户服务的实力。

株洲市公交广告有限责任公司

地　址:株洲市人民南路 93 号新世界大厦 15 楼
邮　编:412000
电　话:(0733)8216677　8223475　8246147
传　真:(0733)8234666
电子邮件:zzgjgs@163.net
负责人:何　武
联系人:沈　俭

株洲市公交广告有限责任公司是依托自有公交车媒体经营而逐步发展起来的专业广告公司,凭借多年的媒体运作经验,积累了雄厚的资金,锻炼、吸纳了一批高素质的人才,是株洲地区实力强大的广告公司之一。

公司拥有:全市各种高、中档公交营运车辆的车身媒体 600 余台以及各繁华地段公交侯车亭灯箱(1.5 米×3.5 米)和站牌灯箱(1.8 米×1.1 米)各 150 余个。

一流的平面设计,创意能力,吸收各家创意之长,突出媒体特性,根据公交车身及站亭、站牌灯箱特性最大限度表现客户意愿。

良好的客户服务能力:公司拥有一批资深客户服务人员,通过市场分析,为客户提供个性化的表现,并有一班能吃苦耐劳的人员专业司职媒体监查、维护。

公司曾于 1998 年和 2001 年两次被评为湖南省精神文明建设先进单位,并于 1999 年获"株洲市八强广告公司"称号。

我们的宗旨:"做好广告,做有效广告"。

株洲市天时广告公司

地　址:株洲市纺织路 9 号
邮　编:412000
电　话:(0733)8352752
传　真:(0733)8352752
负责人:李跃华
联系人:王水玲

至诚至信服务,您的成功便是我们最大的成功!

设计、制作、代理、发布国内各类广告。

荣获"98、99 年度株洲市八强广告公司"称号、"98、99 年度株洲市精神文明先进单位"称号。

我们的心愿是:从全方位多视角运用新的思维方式、新的制作手法、新的市场营运战略为您出谋划策、塑造企业形象、谋取市场地位,使您的企业在激烈而复杂的同业竞争、市场运作中高人一筹。

为您服务,无怨无悔!

长沙铁路广告装饰公司

地　址:长沙市车站路 68 号
邮　编:410001
电　话:(0731)4119360　4137930
负责人:肖　宇
联系人:黄瑞其

本公司拥有长沙、衡阳火车站等黄金地段的广告媒体,具有雄厚的广告策划、设计、制作能力。公司成立十余年以来,以真诚的态度、清新的创意、精良的工艺和热情的服务赢得了广大客户的好评。荣获"全国广告企业重信誉创优质服务先进单位"、"湖南省明星广告企业"等光荣称号。1997 年又被评为"湖南省广告行业精神文明先进单位"。本公司愿一如既往地与工商企业界的朋友们携手开拓,共创未来。

常德广播电视广告公司

地　址:湖南常德市武陵大道南段 67 号
邮　编:415000
电　话:(0736)7225833－3088　7225163
负责人:汪祚安
联系人:田　电
经营范围:

常德广播电视广告公司由常德人民广播电台广告部、常德电视台广告部、常德有线电视台广告部、常德广播电视报广告部联合组成的专业广告公司。隶属常德市广播电视局,经工商部门批准,专业代理广播、电视、报纸、户外、国内外广告业务。

湖南省国际贸易广告展览公司

地　址:长沙市五一东路 80 号省外贸大楼 25－26 层
邮　编:410001
电　话:(0731)2284201
传　真:(0731)2285826
负责人:杨时音

经营代理国内外各类广告;承办展览展销会;承接广告设计、制作业务。

湖南博创广告有限公司

地　址:长沙市白沙路 88 号天机大厦七楼
邮　编:410002

电　话:(0731)5112263　5111213
传　真:(0731)5115701

本公司主营全面广告策划代理,市场调研,CI策划,行销企划及影视、平面等各类广告创意、设计与制作发布。

长沙市公交广告公司

地　址:长沙市车站路 26 号
邮　编:410001
电　话:(0731)4259012　4210619
总经理:田长云

长沙市公交广告公司成立于 1985 年 8 月,由以前的单一经营车身广告发展成为经营、发布、代理各类广告的专业性广告公司。

公司地处繁华的火车站,目前拥有 1200 多辆各类公交车辆车身广告媒体,拥有成套的高新技术设备和一批高素质人才。公司自 1993 年以来连续四年被市政府授予"重合同、守信用企业",不断的向正规化、现代化、高标准、高质量的方向发展。

株洲市卫生图片社

地　址:株洲市人民中路 46 号
邮　编:412000
电　话:(0733)8216442
法　人:徐中一

株洲市卫生图片社隶属于株洲市卫生防疫站,是一家集广告策划、设计制作、商贸信息于一体的广告企业。主要以拍摄广告图片,广告丝印,灯箱灯片和幻灯片为特色,新引进高科技电脑喷绘系统进行广告创意设计,印刷产品画册,制作各种广告牌展板,灯箱、招牌,同时进行企业专题电视摄像的拍摄及各类礼品广告的经营。广交各界朋友,合作与交流。

广播电视类

常德电视台广告部

地　址:常德市武陵大道南段 69 号
邮　编:415000
电　话:(0736)7225163　7202888　7202883
传　真:(0736)7222617
负责人:姚伟进
联系人:周小群

常德市是湖南湘西北的政治、经济、文化中心城市。常德电视台节目信号居高发射、功率 10 千瓦,节目覆盖全市九个区、县、市以及省内外益阳、怀化、张家界、岳阳、湖北荆沙等邻近地区 1500 多万人口。常德电视台已成为湘西北信息交流的主流阵地,节目新颖,屏幕丰富,收视率高。凡在本台播放的广告和经济信息,均收到了良好的经济效益。

株洲电视台经济信息中心

地　址:湖南省株洲市新华西路 32 号
邮　编:412000
电　话:(0733)8165618　8164628
传　真:(0733)8332231
负责人:吴　宏
联系人:罗　奇

株洲电视台目前自办两套节目。一套是以时政、社会新闻为主干的综合节目。我台 10 千瓦强劲发射功率,使收视半径达 60 – 70 多公里,覆盖株洲地区及邻近地市的十几个市、县、区,收视人口可达两千多万。另一套是我台经济生活频道以经济宣传为主干的经济生活节目,通过我市有线光缆传输网络及 40 多家企业闭路电视台站,覆盖株洲市市区和所辖五县(市),收视用户近 20 万户。

本台广告业务统一由湖南声屏广告影视文化传播有限公司经营和管理。

湖南人民广播电台经济信息部

地　址:长沙市黄土岭
邮　编:410007
电　话:31811

长沙电台广告部

地　址:长沙市五一西路 2 号
邮　编:410005
电　话:447580

湖南省电视台

地　址:长沙市工农路
邮　编:410003
电　话:45674　29731 转 255

长沙电视台广告部

地　址:长沙市五一西路 2 号
邮　编:410005

电　话:447580

报刊类

株洲日报社信息广告部

地　址:湖南省株洲市天元区新闻路
邮　编:412007
电　话:(0733)8823918
负责人:王德智　钟伟然
联系人:王德智

株洲市为三湘重镇,江南交通枢纽,新兴工业城市,商贸中心,下辖五县(市),市区人口70余万,全市人口400万,中华始祖——炎帝的陵寝坐落本市炎陵县,名胜古迹众多,美不胜收。

《株洲日报》为中共株洲市委机关报,彩印对开八版日报,为本地区发行量最大,广告发布最多,最具权威性的综合性报纸之一,是广大读者了解株洲、了解湖南、了解全国和世界的重要媒体。

株洲日报社信息广告部,担负报纸广告策划创意、编排发布及全国报纸广告代理。本部阵容整齐,设备先进,电脑创意、服务周到,"诚""信"为本,竭诚为一切企事业及产品进入株洲市场架起快车道。

常德日报　常德晚报

地　址:湖南省常德市洞庭大道东段410号
邮　编:415000
电　话:(0736)7719505　7717503　7726355
传　真:(0736)7715763
社长、总编辑:王承英

常德位于湘西北,西洞庭湖滨,是湘西北政治经济文化中心,林伯渠、丁玲的故乡。《常德日报》是中共常德市委机关报,前身为1949年创办的《滨湖日报》,1989年4月1日更名至今。现为对开四版周七刊。《常德晚报》由常德日报社主管主办,2000年7月1日创刊,为四开八版周五刊,一面世就以其独到的视角和高格调的品味引起读者青睐。

《常德日报》以"当党的喉舌、传人民心声,办统一报纸"为己任,《常德晚报》以"关注社情民意、服务千家万户、聚焦热点新闻、引导大众娱乐"为己任。两报同时面向全国公开发行,已成为沟通东西、贯穿南北的信息桥梁。

株洲广播电视报社

地　址:株洲市建设中路曹塘坝巷
邮　编:412000
电　话:(0733)8200090
负责人:贺为民
联系人:罗　捷

《株洲广播电视报》是经国家新闻出版署批准公开发行的四开八版周二刊,1986年9月创刊,是湖南省创刊最早的广播电视报之一。本报刊登中央和各省、市电视台的40余套电视节目,辟有明星谱、银屏信息、影视人物、拍摄花絮、社会经纬、报海拾萃、体育世界、休闲时尚、花季雨季、歌坛星座、茶余饭后、家庭生活园地、影视剧情介绍等栏目。本报发行遍布株洲城乡及邻近省、市、县,深入千家万户,是家庭必备的精神食粮。本报所刊广告阅读期长达十五天,广告传播效果极佳,是您发展事业进行广告宣传的最佳选择。

湖南日报社广告部

地　址:长沙市芙蓉中路
邮　编:410071
传　真:(0731)4329190
负责人:周新太(处长)
电　话:(0731)4326024　4326026
电　话:(0731)4329175(广告代理)

《湖南日报》创刊于1949年。1979年《湖南日报》顺应改革开放和经济建设的大潮,率先在湖南省恢复发布报纸广告,由此带动和开启了湖南的广告市场。现在,广告已成为《湖南日报》宣传、传播内容的重要组成部分,是发展社会主义市场经济和丰富人们生活必不可少的巨大信息源地。

经营范围:

在《湖南日报》上发布国内外各类广告。承办分类广告。

湖南广播电视报广告信息部

地　址:长沙市黄土岭
邮　编:410007
电　话:31811-338

化工设计通讯杂志

地　址:长沙市韶山中路272号
邮　编:410007
电　话:(0731)5603960

传　真：5532185
电子邮件：chcd@public.cs.hn.cn
广告业务负责人（联系人）：李金阳

经营范围：在本杂志广告栏中，承办化工（及其相关行业）产品、设备等广告业务。

刊登事项：本杂志系由邮局在国内外公开发行，并拥有广告经营许可证及广告业专用发票，创刊20多年，读者、订户遍及全国各地，发行量大，每版（大16开、铜版纸、照排）广告收费1200元（含设计、制作等费用）。

广　东　省

公　司　类

广东铁路集团文化广告总公司

地　址：广州市共和西路8号
邮　编：510600
电　话：(020)61321196　61321086
传　真：(020)87629259　87770595
网　址：www.rcagc.com
电子邮件：gzrcagc@public.guangzhou.gd.cn

广州铁路集团文化广告总公司是一家拥有铁路站车自有媒体和具备策划、设计、制作、代理、发布国内外各类广告业务以及书刊编辑发行、文化娱乐服务、贸易实业等经营权的综合性专业公司、公司遵循“质量第一、信誉第一”的原则，先后在广州、深圳、北京采用高新技术发布了“舒波乐啤酒、好孩子、消渴丸、富士胶卷、茅台酒、金拍得丽相机、柯尼卡”等大型国际国内名牌户外广告；开行了以企业产品和城市冠名的广告列车“健力宝号、蓝带号、华宝号、顺德号、南街村号”等；编辑发行了“广州市迈向现代化国际大都市、铁路货运指南、旅行指南”等书刊；组织了“俄罗斯普希金芭蕾舞剧团”的演出、全国铁路广告高新技术展示暨研讨会、“国门展国车汽车展”以及大连铁路旅游博览交易会等。深圳火车站“世界之窗”广告获得了广东省设计大赛银奖，“远离毒品、亲近美好人生”的公益广告受到国家禁毒委的表彰。1998－2001连续四年被评为广东省广告行业及全国铁路广告行业精神文明先进单位，连续荣获全国广告行业精神文明先进单位称号和广东省重合同守信用企业称号。

广铁集团文化广告总公司将竭尽全力，为各企业、团体提供最佳的服务。

广州市蓝色创意广告有限公司

地　址：广州市先烈中路69号东山广场2105室
邮　编：510095
电　话：(020)87320119
传　真：(020)87324300
网　址：www.blue－ad.com
电子邮件：blue10@blue－ad.com
负责人：柳　军
联系人：罗君毅

“享受创意的快乐”。

广州市鼎盛广告有限公司

地　址：广州市五羊新城寺右南二街三巷3—4号二楼（广兴华别野区）
邮　编：510600
电　话：(020)87365511　87365512
传　真：(020)87370029
网　址：www.topstars.com.cn
电子邮件：topstars@public.guangzhou.gd
负责人：陈　铨

专注户外媒体 追求完美主义 服务尽心尽力

广东平成广告有限公司

地　址：广州市二沙岛花城苑海棠阁三座7A
邮　编：510105
电　话：(020)87351480　87351481
传　真：(020)87353351
网　址：www.pingcheng.com
电子邮件：gzpcadgz@public1.guangzhou.gd.cn
负责人：吴晓波
联系人：赖椰丽

平成广告有限公司成立于1995年12月25日，公司总部位于广州，在北京和上海分别设有分公司和办事机构。

公司创建初期,针对当时国内广告业的状况,提出了“策略性创意”概念,作为客户提供专业广告服务的重要手段和工具。在这种概念的指导下,我们成功地帮助一些国内企业实现了品牌的跳跃。

喜之郎从平成成立的1995年开始到1999年,由一个地方性品牌成长为全国性的行业第一品牌;金正由影碟机生产企业中的挑战者,迅速在DVD品牌中抢占了领导地位;贵州醇在白酒市场日渐萎缩的环境中,成为一个不断创新,倍受关注的品牌,稳固了不可动摇的市场地位。

在帮助客户的品牌实现跳跃的同时,平成也给自己制定了三年为一个创业和创新的周期,通过第一年的创新,第二年的积累,第三年的酝酿,在第四年也就是新的一年实现新的突破。在三年一个循环的变化中,平成也实现了自身的跳跃。

深圳市口岸广告公司

地　址:广东省深圳市东门南路1006号文锦渡口岸大楼A座五楼
邮　编:518001
电　话:(0755)82295330　82324920　82198658
传　真:(0755)82289802
网　址:www.szport.com
电子邮件:shell@szport.com
负责人:庄少双
联系人:王　淼

深圳市口岸广告公司负责深圳一、二线关(罗湖、皇岗、南头、同乐、布吉、梅林等十二个口岸、检查站)的广告业务,每年有超过1亿人次的旅客经一线口岸,超过5亿人次经二线关,不但人流密集,而且滞留时间长。在口岸、检查站刊登广告,不但针对性强,且可以覆盖深港粤市场,为你的产品及服务提供良好的服务。现已有大量的客户在深圳口岸刊登广告。

深圳市机场广告有限公司

地　址:深圳市深南中1099号商业银行大厦20层
邮　编:518031
电　话:(0755)25878022
传　真:(0755)25879619
负责人:夏良军

深圳之光广告发展有限公司

地　址:深圳市罗湖区南湖路国贸商厦22楼A.H
邮　编:518014
电　话:(0755)82282638
传　真:(0755)82223206
电子邮件:szrays@21cn.net
负责人:洪　宏

深圳之光广告发展有限公司成立于1995年,系以企业形象设计、宣传推广策划为主的综合性传播机构。注册资金为人民币五百万元,自设加工厂及印刷厂,并拥有10000多平方米的自有户外媒体。

在工商各界朋友的关怀支持下,深圳之光得以成长壮大,逐步形成了包括市场调研、策划、广告创意、展示、设计、制作、媒体代理及发布等完善体系。并长期为国内外知名企业做品牌代理,一直受到好评。

1、“中国联通”深圳地区广告代理;

2、为“三九集团”策划、设计、制作南方制药厂厂区所有灯光工程及形象包装;

3、为“上汽集团”广东地区广告总代理;

4、为“麦当劳”深圳地区32分店的广告发布;

5、为“SONY”、“可口可乐”深圳地区促销总代理;

6、“别克”、“雷诺”汽车深圳地区广告总代理;

7、中国人民保险公司深圳地区户外广告制作及发布(100间分公司)。

……

创新、理想、理性与深刻的洞察力令我们之光在创意策划方面捕捉全新灵感,以独特的设想和紧密的构思结合千变万化的市场讯息,为各大商家创造无限商机。

佛山市敦煌广告公司

地　址:佛山市玫瑰东路2号七楼
邮　编:528000
电　话:(0757)3338600　3383881
传　真:(0757)3338600
电子邮件:info@asia-ci.com
负责人:陈荣彪
联系人:陈加华

招式的繁复和效果的热闹都不是目的

对准正确的受众和让广告主得益才是真正的目的

拥有13年历史的敦煌广告一直坚持

以策略带动传播

以精准的全局观为先导

所有传播的细微，均融人差异性系统性经络之中

CI 法则的活性化操作

策略规划的科学性和推广实施的有效性

延伸了十三个春秋

我们的客户

与我们一同成长和收获

佛山黄飞鸿世人皆知

同样 13 年佛山敦煌

用事实见证成功

茂名市正凌广告有限公司

地　址：茂名市人民南路 90 号

邮　编：525000

电　话：(0668)2293333

传　真：(0668)2273678

负责人：柯智文

联系人：柯智文

广告设计制作、彩色印刷、CI 形象设计、户外媒体、大型喷画、室内外装潢装修及营销策划等。

广州市天进广告有限公司

地　址：广州市先烈中路 73 号国威大厦 4 楼

邮　编：510095

电　话：(020)87326234

传　真：(020)87326224

电子邮件：admins@team-adv.com

负责人：冯帼英

联系人：林昳贤

做中国企业的"品牌园丁"是天进广告的经营理念。天进广告以为中国本土品牌提供综合性品牌服务为主导，在契合市场环境、洞悉消费者行为的基础上，以严谨规范的操作、积极创新的思考、高效到位的执行，为中国企业提供包括整体品牌规划、推广策略制定执行、影视制作、媒介策划等在内的全方位品牌服务。

天进广告服务过的品牌有海尔、科龙、TCL 电脑、金龙鱼、胡姬花、中国民生银行、美菱、美的、皇明太阳能、华丰、御苁蓉、德国朗步地板、中兴通迅……等，形成对本土消费市场的深刻洞察，积累了丰富的实战经验。

身为客户的行销伙伴，天进广告始终坚持以创造品牌为核心、以商品销售为目的，赋予品牌新面貌、新生命、新价值，创造品牌的强大生命力！

珠海柏宁广告

地　址：广东省珠海市梅华西路 1089 号柏宁集团综合楼四楼

邮　编：519070

电　话：(0756)8658802

传　真：(0756)8658802

网　址：www.boning.net

联系人：杨　生　唐　生

珠海柏宁广告隶属于珠海柏宁交通实业集团有限公司，是珠海市汽车车身广告设计、制作、发布、代理的专业广告公司。主要业务范围有：

◆珠海市出租小汽车车身广告总代理

◆珠海市长途客车车身广告总代理

◆汽车车身广告设计制作发布、代理申报

珠海市德邦广告事业有限公司

地　址：珠海市香洲区迎宾北路 1288 号朗晴居 9 栋 302 室

邮　编：519001

电　话：(0756)8895095　8895390

传　真：(0756)8895095

CIS 策划、品牌策划、平面设计、广告摄影、媒介代理。

行事以"德"为先，创造诚信，方才"邦"人。

与客户进行完美的沟通，为客户提供"德"心应手的服务。

探寻我们之间的契合点。

会产生意想不到的效果。

珠海市美术广告有限公司

地　址：广东省珠海市香洲兴业路 1 号 10 栋二层

邮　编：519001

电　话：(0756)2291689

传　真：(0756)2291699

珠海市美术广告有限公司是一家按国际先进管理模式运作的综合性专业广告公司。公司致力于国内外全面广告代理、CI 策划、整合营销传播(IMC)、大型公关推广、平面广告、影视广告、户外广告制作，公司立志成为一家国际、国内知名品牌的广告公司。

广州市天艺广告有限公司

地　址:广州市三育路44号东山宾馆5层
邮　编:510080
电　话:(020)87650630　87616139
传　真:(020)87602427
网　址:www.tianyi - ad.com
电子邮件:tianyi@public.guangzhou.gd.cn
联系人:韩小鹰
联系人:谭慧馨

广州市天艺广告有限公司成立于1992年,是国内卓有实力和地位的大型综合性代理广告公司,也是第一家在海外(澳洲、美国、香港)注册成立国际分部的广告公司。

天艺广告将自身定位在“整体品牌设计专家”的位置上,明确“设计,让企业策略看得见”的目标,务求每一分投放都为企业积累无形资产,塑造真正的中国品牌,并在国际舞台中绽放光彩。天艺通过为海内外知名品牌无以数计的成功案例,缔造出优异的佳绩与辉煌。

天艺整体品牌概念架构下的服务体系包括:市场策划、广告创意、平面设计、影视制作、CI设计、多媒体光碟设计、网页设计、媒介代理、印刷制作等。全方位、多功能的专业配套服务体系围绕着整体品牌运转,体现出真正的综合服务实力。

深圳市公交广告公司

地　址:深圳市福华路151号附楼二楼
邮　编:518033
电　话:(0755)83606427　83603727　83337645
传　真:(0755)83603880
负责人:陈基育

深圳市公交广告公司,成立于1993年2月17日,深圳市公交(集团)有限公司下属二级国有法人单位,是深圳市最早一家暨目前规模最大的专门从事公交媒体经营的广告企业,下设电脑喷绘车间及印刷厂,2001年广告营业额达3000余万元。

公司媒体资源雄厚,拥有70余条线路、1700余辆公交大巴、38个候车站亭灯箱、千余平方米场站户外招牌在内的较为全面的户外媒体网络。

多年来,公司不断向专业化迈进,为客户提供精心策划、创意设计、精良制作到发布效果监测及评估的全方位、高附加值的专业媒体服务。

以诚取信、规范经营,公司连续多年被评为全国及广东省行业精神文明先进单位,在广告界、工商客户群内享有良好的声誉。

广州市对外贸易广告展览有限公司

地　址:广州市麓景路七号发展大厦东八楼
邮　编:510091
电　话:(020)83573440　83573445　83573463
传　真:(020)83573447
电子邮件:gzftaeco@163.net
负责人:韩江南
联系人:郑渝翔

我公司成立于1986年,主要经营国内外各类广告、展览及室内设计装饰业务。

十多年来,公司先后发布众多知名品牌广告,包括:“雀巢”咖啡、“马爹利”洋酒、“东风”汽车、“标致”汽车、“高露洁”牙膏、“康佳”电子、“555”电池、“欧姆龙”医疗器械、“健伍”音响、“TOTO”洁具、“IBM - PC”电脑、“松下”电工、“广州浪奇”等。先后组织承办和策划了多个国内外大型展览,包括:1989年巴基斯坦“第六届亚洲广告大会及广告展”、1990年的“新加坡国际交易会”、1991年在意大利的“东方博览会”、1992和1995年在香港的“广州市对外经济技术合作项目介绍会”、1994年在莫斯科的“中国出口商品展览会”、1998年在广州的“广州市对外开放20周年成果展”和2000年“广州市技术引进和技术出口展示会”等。每年两届被称为“中国第一展”的广交会,本公司均为其中相当部分的展位设计布展。

广东国际影视制作有限公司

地　址:广州市环市东路331号一楼
邮　编:510066
电　话:(020)83325238
传　真:(020)83358090
电子邮件:gzgdivf@public.guangzhou.gd.cn
负责人:杨克光
联系人:曾丽雅

广东国际影视制作有限公司是广东电视台与香港电视企业集团的合资机构,专业从事影视广告、纪录片、资料片的设计、拍摄、后期剪辑、配音、配乐等相关制作业务及发布代理国内外各类广告业务。公司投资数以百万美元,引进最先进的影视制作设备,包括全球最先进的Rank URSA GOLD胶转磁设备,配以调色功能强劲的da Vinci Renaissance调色台;非压缩全数码式的Quantel Editbox非线性编剪系统;及flame非压缩数码实时特技制作系统;三维电脑动画制作系统;16 轨道 YAMAHA 数码调音台,SADIE 数码录音工作站;数码 Betacam 录像机等辅助设备一应俱全。一支高水准的专业技术人才队伍随时为海内外客户提供高素质、全方位的影视制作服务。

湛江市金枫广告有限公司

地　址:广东省湛江市霞山区解放东路 10 号
邮　编:524013
电　话:(0759)2202103
传　真:(0759)2202103
总经理:李　谷
经营范围:

设计、制作、发布国内外各类广告。

深视广告传播有限公司

地　址:深圳市华强北路 4002 号长兴大厦圣廷苑酒店 B 座 8 层
邮　编:518028
电　话:(0755)82076328
传　真:(0755)83784188
网　址:www.sztv.com.cn
电子邮件:sztvad@163.net
负责人:田毓华　刘作庚
联系人:汪海欣

深视广告传播有限公司是深圳电视台广告业务和市场经营的专业机构,负责制定全台广告运作规则和价格标准,所有广告时间和广告栏目的发布代理和节目、广告的策划及制作。合理的机构设置、雄厚的人才资源为公司的发展奠定了坚实的基础。目前公司下设六个部门:客户服务部、市场营销部、媒介策划部、创意制作部、计划财务部、办公室。

专业的广告策划、设计制作人员及目前世界上最先进的广告制作播出设备,可以为您制作包括胶片、三维动画的各类广告。良好的业绩和信誉使我们和全国各大广告公司和广东主要广告主均建立了良好的合作关系。我们的周到服务和专业能力为客户创造了显著的广告效果并带来了可观的收益。同时我们的广告收入也创下了每年超过 20% 的增长率。

为您服务,给您参谋是我们的宗旨。

"给我们一粒种子,我们把它培养成一棵大树。"

惠州市广告装饰公司

地　址:惠州市江北云山花园云旺阁一楼
邮　编:516001
电　话:(0752)2818938　2818833　2212938
传　真:(0752)2818328　2227435
电子邮件:hzgg328@21cn.com
负责人:郑启春
联系人:李正权

惠州市广告装饰公司成立于 1982 年,是开发惠州无烟工业——广告业最早、也是跨入中国首届广告业百强之列的广告公司。曾获广东省广告业"重信誉优质服务"先进单位称号,并先后被广东省广告协会和广东省工商局授予 1997、1998 年度全省广告业精神文明建设先进单位,有作品《社会呼唤医德医风》获广东省公益广告二等奖。

公司成立近 20 年来,磨合造就了一批策划、创意、制作、设计、发布精良的广告队伍,先后为"万宝路香烟"、"金味麦片"、"嘉士佰啤酒"、"TCL 王牌"、"美的空调"等数十家国内外知名企业、知名品牌做广告。同时在装饰装潢方面亦大显身手,一枝独秀。

20 年来,本公司以致力"现代广告与现代企业联姻、孕育市场经济骄子"为己任,竭心尽智,为客户创造市场优势。

信宜市广信广告有限公司

地　址:信宜市人民北路 88 号
邮　编:525300
电　话:(0668)8883748
传　真:(0668)8880863
负责人:陈仕坤
联系人:陈仕坤

广信广告有限公司成立于 1995 年,是粤西地区具有实力的综合型广告公司,形成多重经营格局,特别以大型灯光广告工程、设计、策划、施工等优势突出。本公司拥有一批多年从事广告专业、独具创意设计专业水准的技术人才,专业涉及经济管理、新闻、语言学、美学、力学、美术、灯光广告设计等多种学科。多来来服务于国内著名工商企业、行政、事业单位。经营范围:设计、策划、制作、发布、代理国内外广告、电脑刻石。

陆丰市新星广告装饰有限公司

地　址:陆城马街 285 号
邮　编:516500
电　话:(0660)8994655
网　址:www.xinxing.21sw.com

电子邮件:lfxingxing@21cn.com
负责人:陈丽冰
联系人:林俊绵

向广大客户和各界朋友致意

本公司是市第一家广告装饰工程专业公司,省广告协会会员单位。具有规范和完善的设计和施工管理水平,承接宾馆、商场、影剧院、园林、室内外装饰、水电、制冷空调等各类工程;霓虹灯专业生产、安装工程;设计、制作、发布国内各类广告业务。

本公司以“信守合同,质量第一”为宗旨,竭诚为客户服务。

化州市伯龙广告装潢公司

地　址:化州市桔城中路水尾路7号
邮　编:525100
电　话:(0668)7233311
传　真:(0668)7233311
负责人:颜彩龙
联系人:余华珍

伯龙广告为一间全方位,多功能的专业广告公司。集策划、设计、装潢、制作于一体,拥有先进的美国奥莱刻字机,日本罗兰600dpi高精密度大幅喷画机及电脑设备。1991年创立以来,为茂名地区各企业、事业单位制作过大量的广告、灯箱、铜字、铁字、招牌、装潢设计等工程。公司拥有毕业于高等院校的设计专业人员3人、熟练操作的专业电脑技术人员8人、和经验丰富的电工、焊工12人。

本公司恪守设计、制作高标准、高质量廉价为原则,努力为各企业的广告提供优质的服务,让我们真诚合作,共同创造一个全新的境界。

业务范围:

展览展示、丝网横标、灯箱广告、广告策划、电脑刻字、电脑喷画、电脑刻石、CI企业形象策划、商标包装设计印刷、大型路牌广告、铜字招牌、霓虹灯、室内外装饰工程、代理报纸广告

化州市广播电视广告公司

地　址:化州市宝山路39号
邮　编:525100
电　话:(0668)7232628　7235133
传　真:(0668)7232728
负责人:郭钧元

化州市位于广东省粤西地区的中心点,总面积2354.3平方公里,总人口125万。全市共有21个镇区,全部开通了有线电视,并实现全市联网。

化州市广播电视广告公司是化州市广播电视局直属单位,独家全权承办化州市电视台、化州市有线电视台、化州市人民广播电台所有广告业务。

英德市和平广告装修设计中心

地　址:广东省英德市浈阳路77号
邮　编:513000
电　话:(0763)2283968
传　真:(0763)2286888
负责人:朱建权
联系人:朱建权

超凡卓越　源自专业……

和平广告自1983年成立以来,秉承“遵循诚信之道,奉献真实服务”的经营理念,得到了广大客户的信赖与支持,经过了近二十年春风秋雨的洗礼,逐渐发展成本市一家有规模、有信誉的广告中心。1998年又成立了和平广告装修设计中心,真正给每一位客户提供更快捷、优质、完善的室内外装饰、大型户外喷绘、霓虹灯工程、广告招牌、反光标志、现代激光雕刻印章、印刷等服务。和平人以“追求卓越　完美体现”为己任,为您创造一个全新的艺术化、自然化、个性化、现代化的展示空间……。

茂名市飞鹿广告装潢有限公司

地　址:茂名市双山三路69号
邮　编:525000
电　话:(0668)2276028　2898757
传　真:(0668)2278259
网　址:www.feilu.com.cn
电子邮件:feilu@21cn.net
负责人:彭德治
联系人:李　采

本公司是一家综合型专业广告公司,拥有众多专业人才,长期以来注重人才梯队建设和系统培训,保证了公司整体实力和员工综合素质的稳步提升。

飞鹿广告拥有立柱、路牌、绿化带、候车亭灯箱等户外媒体,以及大型写真喷绘设备,室内外装修业务和铜字、霓虹灯制作也是强项。1999年,本公司设计制作发布的“怡宝纯净水”大型霓虹灯广告获得“广东省第六届广告优秀作品评比户外类铜奖”。本公司是工行、农行标识更换工程的指定单位,被茂名市人民政府授予“重合同守信用”荣誉称号。

飞鹿广告传播网络覆盖面广,投放形式丰富多

样,信息到达率高,设计、策划能力在业界占有举足轻重的地位,愿意与广大商家建立友好合作关系,为开拓茂名及周边市场做出突出贡献。

海丰县三元广告有限公司

地　址:广东省海丰县城二环西路
邮　编:516400
电　话:(0660)6626458
传　真:(0660)6689039
电子邮件:sygg@21cn.com
负责人:张胜长

广东省海丰县三元广告有限公司是一家集策划设计、制作发布、代理户外广告的专业广告公司,广东省广告协会会员单位,办公场地一千多平方米,在324国道(广汕公路)和深汕高速公路海陆丰路段拥有视觉效果好的广告位50多个。创办十余年来,坚持"专业、优质、高效"的服务精神,为外地商品进入海陆丰及本土产品推介外地市场铺设信息通道和架设商海桥梁。

公司坚持以诚信为本和伙伴双赢的服务理念,同广大客户建立了持久友好的合作关系。可口可乐、康佳电视、椰岛鹿龟酒等国内外知名品牌都是我们的服务对象;我们热心公益,《广告经营要合法》、《为你打开这道门》等作品荣获广东省第七、八届广告作品评比优秀奖。我们深感广告业与商家唇齿相依,衷心感谢广大客户长期以来的支持和信任,让我们携手共同开拓生存和发展的新空间。

海丰县包浩斯广告装饰工程有限公司

地　址:海丰县海城镇政府对面
邮　编:516400
电　话:(0660)6627983
传　真:(0660)6684848
电子邮件:baohaos@163.met
负责人:蔡学明

我公司成立于1990年,设计、制作、发布、代理国内外广告业务,承接室内外装饰工程设计及施工,在省内各城市及公路主干道拥有黄金户外广告位。服务过国内外许多知名品牌,欢迎各商家来电垂询洽谈。

海丰县兴业装饰材料经营部

地　址:广东海丰县三角站广富路
邮　编:516400
电　话:(0660)6684750
传　真:(0660)6684750
负责人:黄文平
联系人:黄文平

兴业装饰材料经营部位于海丰县三角站广富路,处于市中心的繁华路段,是一家广告制作及经营各类广告装饰材料的经营部。

本部拥有一定实力,早期就购进美国大型喷绘机、大型奥莱刻字机和激光机等设备,主要设计制作电脑喷画,电脑割字和各式招牌、灯箱等。

本部以信誉为主,每时每刻为顾客提供优质服务,"顾客至上,价格合理"是本经营部的承诺,欢迎各界人士光临和来电洽谈业务。

信宜市新形象广告有限公司

地　址:信宜市人民北路32号
邮　编:525300
电　话:(0668)8881777
负责人:何奕才
联系人:何世平

信宜市新形象广告有限公司拥有高素质的广告专业人才,拥有多个理想的户外广告牌位,具有丰富的户外广告设计制作经验。主要经营范围:代理、设计、制作、发布国内各类广告。本公司的服务宗旨是:以我的新形象创造您的新形象。

信宜市新时代广告有限公司

地　址:广东省信宜市人民南路46号
邮　编:525300
电　话:(0668)8816919　8823321　3882891
传　真:(0668)8816919
电子邮件:xy8816919@21cn.com
负责人:林世任
联系人:林雪玲

信宜市新时代广告有限公司是一家综合性广告公司,主要经营范围:设计制作发布报纸广告、印刷品广告,代理电视、电台、杂志广告。承办审查、登记注册、发布印刷品广告业务。兼营路牌、横标、户外广告业务。公司以重信誉、创优质服务为宗旨,全方位为客户服务,几年来,已为客户在10多个省100多个媒体发布广告业务。公司承办发布印刷品广告规范有序,有内容上严格审查,根据客户要求采用黑白、套红、彩色设计制作,受到了社会各界的广泛赞誉。2001年公司被信宜市人民政府授予:"重合同守信用企业”。

汕头市恒泽广告策划有限公司

地　址:汕头市长平路金泰庄23幢写字楼二层
邮　编:515041
电　话:(0754)8889097　8852897　8852989
传　真:(0754)8850197-815　8852697
电子邮件:hengze2@21cn.com
负责人:陈奕群
联系人:李晓清

汕头市恒泽广告策划有限公司成立于1994年,是具有一定实力的综合型广告公司,主要代理汕头、揭阳、潮州、梅州、汕尾、澄海、潮阳、兴宁、海丰、陆丰、普宁、饶平、惠州一带的电视广告及报纸广告业务,并购买部分电视台一定的时段和部分报纸的版面。有平面设计、包装设计、橱窗设计、室内装饰设计、制服设计和网页网站设计制作业务。可为企业策划各类大型活动、礼仪、礼品、邮送广告、夹报、车体广告、横幅制作等,欢迎咨询。

珠海市北合广告制作有限公司

本公司成立于1994年8月28日,经过多年的开拓进取,现已独树一帜,成为珠海市最具规模的户外广告公司之一。

“好招牌、北合做”——6个字概括了本公司是以户外广告设计、制作、发布为主的专业性广告公司,独家代理珠海市观光巴士车身广告、工商广告栏、候车亭广告、市区各大市场户外广告等,拥有珠海最多固定的广告资源。

“专业经营、实力为本”是我们一直的经营理念,一步一脚印的踏实精神,巩固了众多知名企业客户,为可口可乐、海珠啤酒、嘉实多机油、中国移动、中国联通、工商银行、交通银行等知名品牌设计制作了大量的户外广告。业务范围覆盖了广东省各大城区。

“九运会”珠海赛区广告总代理——这名衔让我们再一次得到肯定,使我们在珠海同行中更进了一步!但我们最渴望得到的仍然是你给予我们的荣誉!

珠海市广大广告公司

地　址:珠海市吉大景乐路电子大厦
邮　编:519015
电　话:(0756)3366127　3366114
传　真:(0756)3378990
网　址:www.vastad.com.cn
电子邮件:info@vastad.com.cn
负责人:刘静宇

本公司创立于1992年,是珠海特区唯一集广告策划、市场推广、平面设计、活动展示、影视广告、高档彩印、礼品制造为一体的专业化综合型广告公司。公司下设十二部二中心(影视制作中心、户外制作中心)二司(广大·白斯特彩印有限公司、雅琪精品制造有限公司)一部(东方硅谷科学家俱乐部)一站(123.met.cn雅琪礼品在线)及十一个办事处。

十年来,我们坚持推崇品牌建设与培养、完美策划与创意、形象设计与推广,我们尤为注重市场,注重广告策略与市场的针对性。从客户的创意伙伴转变为客户的创意营销伙伴,我们创作的成功广告案例无一不体现了令人信服的市场销售力。十年耕耘,十年收获。我们在珠海日益根深叶茂,以专业的精神、诚信的态度、优良的服务先后成功地为国内外八十多家知名企业提供了优质的综合性服务,赢得了众多客户与同仁的依赖与支持。

广州市广告协会

地　址:广州市天河路112号12楼1203室
邮　编:510620
电　话:(020)85596566-1203　85592483
传　真:(020)85593557　85592483
负责人:杨忠愚
联系人:林兆经

广东电白汉山锁业有限公司

地　址:电白县岭门镇汉山路1号
邮　编:525435
电　话:(0668)5460036
传　真:(0668)5460168
负责人:黄德明
联系人:黄荣祯

广东电白汉山锁业有限公司创建于1987年,位于电白县岭门镇,面临广湛公路(国道325线)。南近水东港码头,北接茂名火车站,交通十分方便。公司具有科学的现代化管理水平,依靠科技发展生产,致力拓宽经营渠道,以优质产品赢得客户,业务蒸蒸日上。公司拥有两个厂区,占地面积11670平方米,其中建筑面积30000平方米,现有员工1100多人,其中专业技术人员90多人。制锁生产线43条,机械设备3900多台(套),固定资产3600多万元,自有资金率100%。产品计有铁顶锁、铜顶锁、铁挂锁、铜挂锁、横开锁等三大系列5个品种50多个规格的“汉山”品牌,产品合格率100%,“汉山”牌系列锁不但在全国各地十分畅销,而且远销东南亚、澳洲、北美洲、欧洲等国家和地区,成为粤西地区最大最具有实力的锁业生产基地。

公司连续十年被县政府授予“重合同、守信用单位”;市委、市政府授予“精神文明单位”;省工商行管理局授予“重合同、守信用企业”;并是省民营企业质量工作先进单位及省环保先进单位;广东省委、省政府授予“先进集体”光荣称号;获国家轻工业部颁发“出口机电产品质量许可证书”和轻工业部中国中轻产品质量保证中心监制产品质量信得过企业荣誉嘉奖。“汉山”版系列锁通过了中国方园标志认证委员会质量认证中心(CQM-QCC)和中国进出口商品质量认证中心(CQC)的审核,在1999年8月和2000年2月先后荣获两大中心的ISO9002国际标准质量体系认证证书。

为了满足国内外市场及客户的更高需求,公司将推出更多、更好、更新颖、更高档的锁类产品,秉承“团结协作,科技兴厂,创一流品牌”的“汉山”精神,竭诚为广大客户服务。

中国石油化工股份有限公司茂名分公司南海高级润滑油公司

地　址:广东省茂名市红旗北路150号
邮　编:525011
电　话:(0668)2227428
传　真:(0668)2227428
网　址:www.nhgr.com
电子邮件:nhgr@nhgr.com
负责人:陈　忠

中国石油化工股份有限公司茂名分公司南海高级润滑油公司是从事润滑油、润滑脂和石蜡生产及销售的专业公司。

公司生产销售润滑油、润滑脂、石蜡等系列产品,品种牌号达200多个,年产销30多万吨,是我国润滑油、润滑脂和石蜡的重要产销基地。

“南海牌”润滑油是中国五大名牌之一,“南海牌”是广东省著名商标,产品质量位于中国同行业的前列,是替代进口同类产品的理想品牌。

公司部分产品分别获得国内外厂家和行业机构的认证,并指定为专用油。

公司通过QS9000和ISO9002质量体系认证。

公司产品由中国人民保险公司承保。

汕头市民生集团有限公司

地　址:汕头市达濠区达濠安丰巷37号
邮　编:515071
电　话:(0754)7380250
传　真:(0754)7380249
网　址:www.minshenggroup.com
电子邮件:minsheng@pub.shantou.gd.cn
负责人:李科生
联系人:郑良锐

汕头市民生集团有限公司创建于1980年,是广东省第一家私营企业。现已发展成为一家以工业为主、工贸结合的企业集团,是目前中国生产经营服装辅料档次高、品种齐全的厂商,是广东省民营科技企业,享有全国自营进出口经营权。

企业主要产品有各款塑料珠(包括七彩电镀珠、金银珠、仿珍珠、磨砂珠、夜光珠等),亚加力胶石,亮片,玻璃珠,尿素珠、木珠,各式塑料首饰品、纽扣,珠袋、工艺饰盒、圣诞饰品、亮片面具、万能花、人造丝花、抽纱品、花边等。

公司产品出口占95%以上,远销欧洲、南北美洲、非洲、澳洲、中东、东南亚、日本、韩国、港澳台等40多个国家和地区。

广东十八宝医药保健品有限公司

地　址:广东省高州市河西路25号
邮　编:525200
电　话:(0668)6613832
传　真:(0668)6613782
负责人:罗泽勤
联系人:卢　辉

广东十八宝医药保健品有限公司成立于1994年,八年来,十八宝公司利用高州特产桂圆肉加入日本ED-AC(要素膳)、美国EN-SURE(加营素)和深海动物提取液等高能营养素进行深加工,经美国加州营养学会品质监制,成功研制出领先国内先进水平的高科技产品“生命一号”,以其显著的功效、优良的品质赢得全国消费者一致好评和信赖,产品供不应求。目前,十八宝公司继续抓好新产品的研发和生产,“十八宝生物钙”、“十八宝胶囊”、“爱素非”、“美琪片”等产品已开发成功,将在近期推出市场。

一年一大步,步步上台阶,十八宝公司已发展成为员工过千人,固定资产和流动资金超亿元,年税利超千万元的粤西地区龙头企业。十八宝公司正以新的步伐横向综合性地配套发展，形成名牌企业集团的架构，跨入国内先进企业行列。

高州碧臣矿泉饮料有限公司

地　址：广东省高州市大坡镇平云山脚下
邮　编：525238
电　话：(0668)6980055　6980056
传　真：(0668)6980055
负责人：吴茂初
联系人：吴茂初

碧臣优质天然矿泉水来自广东粤西著名的高州平云山，平云山位于全国第二大的高州水库上游，最高主峰达海拔1200米，方圆百里群山环水，山青水秀，无工业污染。平云群山内赋存大量珍稀优质天然矿泉水源。在工业发达、但环境严重受污染的广东，平云山优质天然矿泉水源正是人们渴求的天然清泉！

平云山上有一形似乌龟的巨型岩石，岩石下涌出一股清澈的泉水，水质甘醇清热，冬暖夏凉，终年潺潺不息，因此有“神龟水”之美誉。

据专家考证，此泉赋存于震旦裂隙出露。测试结果表明，水质特征完全符合饮用天然矿泉水国家标准(GB8537－87)，水中偏硅酸的质量浓度为34.72mL/L、钠3.84mL/L、矿化度80mL/L，PH7.24，并含有对人体非常有益的锶、锰、锌等18种珍稀微量元素，属低钠低矿化度重炭酸钠型偏硅酸矿泉水。

珠海市广之龙广告有限公司

清远北晨广告装饰有限公司

广播电视类

广东电视台广告部

地　址：广州市环市东路331号首层
邮　编：510066
电　话：(020)83313318
传　真：(020)83313318－31
电子邮件：adv@gdtv.gov.cn
网　址：www.gdtv.com.cn
负责人：仇绍强
联系人：苏志伟

我们始终站在中国电视传媒最前沿。

广东人民广播电台

地　址：广州市人民北686号
邮　编：510012
电　话：(020)86662723－5266
传　真：(020)86662640
负责人：高　原

广东人民广播电台，是中国南方最具规模的省级电台。1986年首创的全国第一个经济电台——珠江经济台蜚声海外，影响深远。目前，广东电台属下有八个系列台、两份报纸及太平洋影音公司。

今年，一座以“世界先进、国内一流”为标准设计建造的跨世纪现代化建筑——广播中心已投入使用，新的播出将全部采用先进的数字化、网络化的播控系统和采编录制系统，高科技的大量投入使广东电台如虎添翼。

作为现代大众传播媒介的广播，具有时效快、传播广、、渗透力强的特点。而通过广播进行的广告传播，更具投资少、受众广、收效大的优势。无论在繁华的都市，还是边远的地区，重复密集的广播广告都会收到理想的效果。

广东南方电视台

地　址：广州市环市东路331号
邮　编：510066
电　话：(020)83595199　83495188
传　真：(020)83595199
负责人：曾广星
联系人：杨德建　文建平

中山人民广播电台

地　址：广东省中山市兴中道中山电台大楼一楼
邮　编：528403
电　话：(0760)8311891
传　真：(0760)8337121
网　址：www.zhongshanradio.com
联系人：李志行

中山市人民广播电台成立于1985年11月23日，每天播音20个小时，播出频率FM96.7兆赫，发射功率是3千瓦，发射信号覆盖珠江三角洲地区。中山电台广告部拥有雄厚的广告策划实力，历年来，他们策划的广告屡次获奖。其中：

◆1993年荣获广东省首届优秀广播广告评比二等

奖

◆1995年荣获广东省广告评比广播类银奖

◆1997年荣获广东省广告评比广播类铜奖

◆1998年荣获广东省广告评比广播类铜奖

◆1999年荣获全国广告评比广播类铜奖

◆1999年荣获广东省广告评比广播类银奖

◆2000年荣获全国优秀广播广告评比银奖

◆2001年荣获广东省广告优秀作品评比广播类金奖

佛山电视台

地　址:佛山市卫国路5号

邮　编:528000

电　话:(0757)3359921　3338218

网　址:www.fstv.com.cn

负责人:罗乐生

佛山电视台共播出三套节目。

第一套节目信号覆盖珠江三角洲、广州、深圳、江门、肇庆、中山、清远等地。覆盖面积25000平方公里,可收视人口达1000多万人。每天上午7时开播到晚上12时结束,共17小时,日均制作节目能力2小时。以新闻资讯为架构,粤语电影、粤剧为特色。

第二套节目信号覆盖佛山市区,现有用户15万户,以播放电视剧为特色,一天连续播放十集连续剧。

第三套节目主要有三大块,一是综合信息;二是股市实时行情;三是电视互动点播。

佛山电视台,每天推出18个自制栏目的节目,拥有广东金梭奖、金话筒奖获得者等一大批电视专业人才,并产生中国新闻奖、中国电视"星光奖"等一大批优秀作品。

佛山电视台,具有较强经营和制作能力,广告客户遍布全国各地及港澳地区,以优质高效和优良服务承接广告业务,为客户达到最佳的宣传效果,开设多种类别、时段和价格不同的广告服务。同时,承办各种大型文艺活动,其中,1990年起创办的"佛山新年音乐会",更成为电视台的品牌和佛山文化盛事,是全国第一个创办和连续举办"新年音乐会"的城市。

罗定广播电视台

地　址:广东省罗定市迎宾路广播电视中心

邮　编:527200

电　话:(0766)3810633　3839528

传　真:(0766)3839528

负责人:林超荣

联系人:吴迪泰

罗定广播电视台位于广东西部,与广西毗邻。罗定广播电视台是罗定这座历史文化名城的重要宣传阵地。

罗定广播电视台分设有线台、转播台、发射台、电台和总编室、电视新闻部、电视广告部、电台广告部、电视专题部、网络技术部等,全市23个镇建立了广播电视站,行政村建立了广播电视室。

罗定广播电视台摄制、编辑播出设备先进,市区光纤网传输25套节目,还开通了视频点播、股市信息、远程教育、远程医疗、电子报刊、数据广播和局域网等。

罗定广播电视台伴随着改革开放不断发展。目前,已建立了以市区为中心,以镇村广播电视站(室)为基础的广播电视覆盖网络,广播电视惠及千家万户,辐射半径达150公里,受众超过500万人。而且,采用先进的电脑数字设备摄制播出,更具有一支优秀的职业队伍。吸引着省内和港澳、广西以及其它省、市的广告客户,争夺粤西的市场,赢得了极具潜力的商机,更赢得了良好的经济效益和社会效益。在罗定广播电视台发布广告,是双赢的合作。

罗定广播电视台本着服务经济、服务社群的宗旨,将继续努力,热诚为广大观众、听众服务,携手创造美好的明天。

佛山电台

地　址:广东省佛山市季华六路

邮　编:528000

电　话:(0757)3380167

传　真:(0757)3380125

负责人:叶汉英

联系人:曹河广

佛山电台地处经济发达的广东珠江三角洲腹部,地理位置优越,电波覆盖范围达3000多万人。

1991年8月19日,佛山电台在中国广播界率先实行全天24小时播音。

1996年12月15日,佛山电台在亚洲首先实行数字音频广播(DAB)试播。

1999年10月13日,佛山电台在中国率先试播数字多媒体广播(DMB),并取得成功。

佛山电台拥有两套无线节目和一套有线节目,

即：

FM94.6(全天24小时播音)，着重反映城市生活，展示佛山特点，体现岭南文化，强调给听众以美的享受。

FM98.5(全天24小时播音)，以清新、富有活力的都市时尚节目吸引年青人，着重展示当今中外流行音乐潮流。

有线广播(全天12小时播音)，以社区服务和具有地方特色的传统文化节目为龙头，创办了一系列深受中老年听众欢迎的生活、服务信息节目。

佛山电台还拥有互联网站、报纸、杂志、影音商场以及经营户外展览、户外演出等，已成为省内最具影响力的跨媒体经营的实力媒体之一。

佛山电台多年来坚持探索一条广告节目化，节目以听众为依归的路子，运用自身拥有的多种媒体，立体地为客户的企业形象、产品进行宣传推广，使客户获得了丰厚的回报。佛山电台旗下的天龙广告公司拥有一群广告精英，他们创作、制作的广播广告在国内累获大奖，他们策划的活动在社会上获得了广泛的反响。

创新——是佛山电台永恒的主题。

广州人民广播电台

地　址：广州市环市中路231号广播大厦
邮　编：510010
电　话：(020)86191212　86191207
传　真：(020)86191155
网　址：www.radioguangzhou.com.cn
电子邮件：yanzhao_a@163.net
负责人：迟明秀
联系人：赵　雁

广州电台是我国首家全天24小时播音的省会城市调频立体声电台。FM96.2兆赫与FM102.7兆赫两套内容都市特色，五年来涌现了一大批深受听众欢迎的名牌节目和名牌主持人，真正做到与广大听众“声声相关、时时相伴”，成为广州地区和珠江三角洲收听率最高的电台之一。

2001年12月1日开播的第三台(AM1098兆赫)“经济环保广播”，以“探索经济新潮、引领都市时尚；关注民生、服务大众”为宗旨。

广州电台属下的天韵广告公司，以媒介服务为先导，为客户提供全方位的宣传策划服务。将客户的事业当作自己的事业，投注无限的热忱与关心。与客户一起：时势造英雄、联手赴成功。

广东揭阳电视台广告部

地　址：广东省揭阳市新兴东路17号
邮　编：522016
电　话：(0663)8669510
传　真：(0663)8669510
负责人：周悦群

揭阳电视台(21频道)，由粤东第一高山塔大功率发射，覆盖揭阳市、汕头市、梅州市、汕尾市及闽西部分地区，覆盖人口近一千五百万人。

揭阳电视台目前自办节目有：分别以潮汕话和普通话播出的《揭阳新闻》；反映社情民意、追踪热点问题的《大众视角》；提供经济决策参考的《信息走廊》；纵观国际国内要闻趣闻的《新闻网站》；展示富有揭阳特色文化含量的《热土一方》；贴近生活、服务大众的《生活大观》；拓宽知识视野的《专家话题》；给快节奏现代生活带来美感和笑声的《休闲20’》。

全新理念的节目包装，收视热点此起彼伏的版面设计，每天二集以上强档剧的推出力度，使揭阳电视台保持当地最高的收视率。

清远市电视广告中心

地　址：清远市新城人民路广播电视中心大楼首层
邮　编：511515
电　话：(0763)3381220　3374772　3371661
传　真：(0763)3374210
负责人：欧红伟

清远市电视广告中心是市广播电视局的下属部门，是清远电视台、清远文娱频道的广告业务专营单位，拥有一批经验丰富的广告策划、制作、经营专业人员，配备有完善、先进的摄录、特技、编辑机等设备，专门为清远市内、外广告大客户提供电视广告的设计、制作和播出服务。

清远电视台　清远文娱频道广告价目表

长度(秒)	播出费(元/次)	制作费(元)
5	200	2000
15	600	4000
30	1000	5000
45	1200	6000
60	1400	6000
文字信息(字)	4	500

陆丰市广播电视局(台)

地　址:陆丰市区北堤路9号
邮　编:516500
电　话:(0660)8883866
传　真:(0660)8883866
负责人:郑文城
联系人:曾晓峰

陆丰市地处广东省东南部碣石湾畔,南濒南海,毗邻港澳,介于深圳和汕头两个经济特区之间,广汕公路和深汕高速公路穿城而过。全市总面积1681平方公里,总人口130多万人,海岸线125公里。陆丰是粤东经济较为发达地区,交通便利,商贸活跃,市场蕴藏量大。

陆丰市城区人口25万人左右,有线电视用户近4万户,通过光纤和微波传输将香港频道信号、自办频道信号送往下属各镇。节目覆盖面10万户以上。

陆丰市广播电视事业局实行局台合一,陆丰市广播电视事业局(台)广告部是陆丰地区唯一一家电视媒体广告发布单位。

报刊类

南方日报社广告部

地　址:广州大道中289号
邮　编:510601
电　话:(020)87373998-8102
传　真:(020)87379179
网　址:www.nanfangdaily.com.cn
　　　　www.southcn.cn
电子邮件:gdnfgg@21cn.com
负责人:李迪生

媒体军团　创新未来
整合实力　彰显魅力
吸引最好的人才　成就完美的人生
倾力打造中国强势媒体军团
迎接入世挑战
探究深刻奥秘
永立时代潮头

深圳商报

地　址:深圳市福田区景田商报路
邮　编:518034
电　话:(0755)83900820
传　真:(0755)83906540
负责人:董剑鸣
联系人:陈弋乐

深圳商报社拥有以经济报道为主的大型综合性日报——《深圳商报》及子报刊《深圳晚报》、《深圳都市报》、《焦点》杂志、《游遍天下》杂志等三报两刊和深圳新闻网。净资产超过12亿元,广告收入居报业十强之列。

深圳商报社倾力打造中国发达地区主流媒体形象,不仅着力经营每日报纸的精彩,更致力于开展多项社会活动:

2001年主办全球脑库论坛,汇集全球智慧精英,缔造知识界"财富论坛"。

2001年主办"深圳商报之夜"罗大佑演唱会,三万余名观众冒雨到场,邂逅雨中激情。

2001年10月,深圳商报社更是在与大连、南京、桂林、成都等知名城市的竞争中脱颖而出,一举夺得第九届中国广告节独家承办权,开创媒体承办中国广告节的先河。

深圳特区报业集团

地　址:深圳市深南大道6008号深圳特区报业大厦
邮　编:518009
电　话:(0755)83518888(总机)83518775(直线)
传　真:(0755)83518984
网　址:www.szszd.com.cn
电子邮件:shwu@szszd.com.cn
负责人:吴松营
联系人:伍尚红

南方都市报广告部

地　址:广东省广州市广州大道中289号
邮　编:510600
电　话:(020)87373998-3638、3633
传　真:(020)87374149
网　址:www.southad.com
电子邮件:nfgz@nfdsbad.com
负责人:喻华峰
联系人:唐红斌

全新改版的《南方都市报》,结构更合理,资讯更丰富,内容更精彩!

佛山期刊出版总社

地　址:佛山市季华路发展大厦26楼E室

邮　编:528000
电　话:(0757)3208356
传　真:(0757)3208357
网　址:www.foshanwenyi.com
电子邮件:guanggao@dadao.net
负责人:郗　选
联系人:罗莉萍

佛山期刊出版总社是华南地区最负盛名的期刊社之一,也是全国率先走进市场的文学期刊社之一。目前拥有著名的期刊品牌:《佛山文艺》文学半月刊,《打工族》综合文化类半月刊及“大道中文期刊网www.dadao.net”。

佛山日报社信息广告部

地　址:佛山市卫国路1号二楼
邮　编:528000
电　话:(0757)3368348　3334232　3320815
传　真:(0757)3352321　3328552
网　址:www.fsonline.com.cn
电子邮件:fsrbad@163.com
负责人:黄始钊
联系人:梁夏园

《佛山日报》是中共佛山市委机关报,与《佛山晚报》配套发行,全面详尽报道国内外及佛山本地最出色的新闻,紧密贴近佛山人丰富多彩的日常生活。

对开16版,彩色印刷的《佛山日报》不但是市内发行量最大、辐射面最广、权威性最强,而且是地区受众最多、读者群最阔的商品广告诉求的最佳媒体之一。

更多信息、更多特色,尽在佛山日报。

佛山报业广告公司是《佛山日报》、《佛山晚报》的广告总代理。我们更真诚期待与各路朋友广泛合作。

珠海特区报

地　址:珠海市九洲大道中段
电　话:(0756)3334329　3335816
传　真:(0756)3320000

潮州日报社

地　址:潮州市枫春路
邮　编:521011
电　话:(0768)2286899
传　真:(0768)2265586
网　址:www.chaozhoudaily.com
电子邮件:czrbgs@163.net
负责人:陈　央
联系人:李伟浩

潮州市位于韩江中下游,是广东省东部沿海港口城市。东与福建省的漳州市、厦门市交界,毗邻汕头经济特区。又是国家历史文化名城,素享有“海滨邹鲁”、“岭海名邦”之称。是我国著名的侨乡。

《潮州日报》是中共潮州市委机关报,天天彩版,对开八版,国内外发行。主要发行潮汕地区及周边县级市,辐射海内外。每天发行6万多份,是潮州市唯一一份大报。

《潮州日报》是潮州市机关、企事业单位必备的报纸,也是广大市民激浊扬清的一个窗口。它时时强化服务、关注热点。开辟了展示潮人业绩、敦睦乡情乡谊“港澳台传真”、“天下潮人”;沟通医患联系,普及保健知识的“卫生保健”。“经济大观”、“服饰精品”、“今日车友”、“楼市家居”、“今日城乡”、“休闲度假”、“美食世界”、“视听天地”、“商海潮汐”、“通信空间”和“现代电器”等不同的内容,已成为服装、汽车、开发商、旅游、电器等企业厂商必选的广告投资媒体。

潮阳报社

地　址:潮阳市中山东路
邮　编:515100
电　话:(0661)8830208　8844876　8838016
传　真:(0661)8830208
负责人:陈振通
联系人:张昆英

《潮阳报》是中共潮阳市委机关报。是一份富有潮阳特色、内容丰富、信息量大、可读性强的综合性地方报纸。

《潮阳报》每周三报,本市各地邮局均可订阅。

国内统一刊号:CN44-0025

欢迎来稿,欢迎订阅,欢迎刊登广告。

广东建筑装饰杂志社

地　址:广州市东风西路132号流花广场园景中心16楼
邮　编:510170
电　话:(020)81366699　81365669
传　真:(020)81366699
电子邮件:gd-admagazine@163.net

负责人:江荣宇
联系人:孙超美

《广东建筑装饰》始创于1985年,原名《装饰总汇》,1995年经国家新闻出版署和科委批准更名为《广东建筑装饰》。本杂志为双月刊,逢双月出版,由邮局统一向全国发行。杂志正页64码,选用157克进口铜版纸彩色印刷,版面活跃、设计新颖、图文并茂、装饰精美,既有实用和参考价值,更具欣赏和收藏价值,深受读者喜爱。

《广东建筑装饰》内容丰富多彩,重点介绍国内外先进的装饰技术和最新潮流动态;选刊国内外装饰界权威、专家和教授的专业论著;弘扬装饰界成功人士和知名企业的经验及业绩。以较多篇幅推出商业环境和家居设计的作品实例并精心奉献专家论坛、百家争鸣、物料面面观、环境艺术、饰海拾贝等二十个栏目,为业内提供全方位的服务。

邮发代号:46－163
国内刊号:CN44－1411/TU
国际刊号:ISSN1008－7893
广告许可证:4401004000012

广西壮族自治区

公 司 类

南宁市久久营销广告公司

地　址:广西南宁市江南路17号国际经贸大厦9楼
邮　编:530031
电　话:(0771)4831017
传　真:(0771)4812999
电子邮件:joyou@163.net
负责人:戴海林
联系人:朱小湘

南宁市久久营销广告公司成立于1994年。如今,公司已发展成为拥有30多名员工,300多万元固定资产,年营业额排名广西同类公司前列的综合、全面代理广告公司。

公司员工平均年龄24岁,90%大专以上文化,拥有专业职称人员占35%,高学历技术人才占52%。总经理室下辖创意企划部、电脑设计部、制作部、业务拓展部、客户品牌部、行销礼品部、财务部、媒介部、行政部9大部门,建立了广告创意、设计、制作、发布及活动实施的完整服务体系。

公司主要经营广西区内各类媒体代理及知名品牌客户广西广告总代理。经营区域覆盖广西六大城市30多个县镇,拥有广西一流的专业行销推广队伍和现代化设计制作设备,是目前广西首屈一指的综合性专业广告公司。

桂林华顿广告策划公司

地　址:桂林市解放东路1号环球大酒店二楼
邮　编:541001
电　话:(0773)2859450　2859455
传　真:(0773)2862233
负责人:邬永柳
联系人:翁印岚

桂林华顿广告策划公司成立于1991年。几年来华顿公司一直坚持以"客户至上"、"创意至上"为理念,为广告大客户提供全方位的服务,从平面广告设计、包装设计到营销、广告策划、形象策划,甚至广告制作、发布代理,业务涉及企业的方方面面。华顿的业务以广西为中心,形成覆及全国的客户网络,主要客户:"玉柴机器"、"两面针"、"桂林西瓜霜"、"武汉健民"、"南方黑芝麻糊"、"柳工机械"、"河南宛西制药"、"广东奇星制药"、"北京啤酒"、"恒安集团"、"华力电器"、"西麦阳光早餐"。

由于公司注自身素质的培养,拥有一大批业务、策划、设计方面的专才。在近几届全国优秀广告作品评选中,华顿屡获殊荣:1990年作品入选参加美国冬季设计大奖赛,获平面设计最高水平大奖——金羽奖;1992年作品荣获"平面设计在中国展"金奖一项及佳作奖、优秀奖共7项;1995年作品首次参加第四届全国广告大赛,获平面类唯一金将及银奖、优秀奖和佳作奖共7项;1995年作品代表中国大陆入选世界顶级专业赛事美国"天下第一"(THE ONE SHOW)广告大赛;1996年作品选送参加法国戛纳国际广告节;1996年作品荣获首届"中华好风尚"公益广告政府奖;1995年公司事迹辑录中国中央电视台大型专题片《广告·中国》;1995年中国中央电视台对华顿进行专访并在《商桥》节目中进行专题报道;1996年公司当选广西广告协会理事单位;1997年参加第五届全国广告大赛获平面设计类一项最佳公益广告奖、一项银奖、五项铜奖,并获佳作奖、优秀奖一共15项;1998年获首届"亚太广告节"铜奖。

梅高广告策划有限责任公司
梅高形象设计策划有限公司
梅高营销企划有限责任公司
梅高印务礼品公司

地　址:广西桂林市龙隐路18号21栋
邮　编:541004
电　话:(0773)5811586　5811516　5816766
传　真:(0773)5812833　5817647　5816799
法人代表:高　峻
联系人:覃慧榕

梅高体系是中外合资、综合性智能型专业服务公司,在全国首届广告公司综合实力评选50强名列22位。本着"人才为本,创意先行、卓越沟通、奉献社会"的理念,运用"调查分析"、"策略建议"、"操作推广"三大优势服务系统,我们不断为客户提供全方位的广告策划、整合营销、形象设计、资讯顾问等服务。1996、1997年代表华人首获当今世界著名广告节——"纽约节"广告与营销效果AME国际奖项。现已在桂林、沈阳、北京、上海形成全国性服务网络。

代理、承办国内外广告策划、设计、制作、发布;营销诊断和规划、营销培训、顾问资讯;大型公关活动的策划、实施、设计、制作;企业形象策划、设计;印刷制版;商标、广告业务咨询服务;商标、包装装璜设计;代销本公司广告商品。

柳州铁路局广告公司

地　址:广西柳州市南站路19号
邮　编:545007
电　话:(0772)3614889(市电)
　　　24510　21405(路电)
法　人:叶秋江

柳州铁路局广告公司成立于1984年8月,是柳州铁路局唯一一家广告专营公司。本公司以铁路为依托,辐射全国,1993年起连年广告营业额突破千万元。在由国家工商行政管理局和中国企业评价委员会共同举办的"首届中国广告公司实力排序"活动中,本公司以较强的综合实力进入全国50强。1997年评为全国广告行业"文明单位"。现为中国广告协会直接会员;中广协铁路委员会常务理事公司。

本公司竭诚为您奉献以下服务项目:中央及各省市电视、电台、报刊广告代理;旅客列车内各式广告、列车广播广告、各火车站台、通道、候车厅标牌、路牌、霓虹灯、灯箱、城市户外广告等广告设计、制作和发布。

柳州市美术广告公司

地　址:柳州市中山东路22号(文化大院)
邮　编:545001
电　话:(0772)2856514　2827408
负责人:覃金源

本公司成立于1980年,是柳州市、柳州地区一家经营广告业务的专业广告公司,设备先进,技术力量雄厚,拥有一批经过专业培训的技术人员。

本公司为企业进行广告整体策划,电脑设计;承接路牌、霓虹灯广告制作,各类有机玻璃制品,橱窗及各类展览陈列布置,立体模型制作,商标设计、包装装潢、产品样本设计,室内外装饰工程。代理全国各地各类广告业务及外商来华各类广告业务。

兼营美术绘画用品,书画作品,工艺美术品、复印、打字服务,霓虹灯材料零售。

广西对外经济贸易广告公司

地　址:南宁市七星路137号
邮　编:530022
电　话:(0771)2809867
传　真:(0771)5869380
电　挂:2723
负责人:覃丽初
联系人:关玉华

梧州市美术广告策划总公司
(梧州市美术广告公司)

地　址:广西梧州市五七方路五号
邮　编:543000
电　话:(0774)2823620
负责人:李　坚
联系人:谢祥穗

主营:广告策划、代理国内广告业务、CI设计、路牌广告、霓虹灯广告,印刷广告、旗帜广告、灯箱招牌,装饰装修、平面设计、各类绘画、锦旗制作。

广播电视类

北海电视台

地　址:北海市贵州南路广播电视大院
邮　编:536000
电　话:(0779)3035424　3055766
负责人:徐敦廉
联系人:卫焕崇
经营范围:
　　策划、制作、发布电视广告,播发经济信息。

广西人民广播电台广告信息部

地　址:广西南宁市民族大道75号
邮　编:530022
电　话:(0771)5866075　5854181-272
电　报:9288
负责人:覃理爱
联系人:危文彦

南宁人民广播电台

地　址:南宁市朝阳路7号
邮　编:530012
电　话:21717

广西有线电视台

地　址:广西南宁市七星路123号(区广播电视厅内)
邮　编:530022
电　话:(0771)2837232
传　真:(0771)2804500
负责人:何　丹
联系人:雷守华
电　话:(0771)2837176
经营范围:
　　发布国内各类广告;承办分类广告。

广西电视台

地　址:南宁市民族大道14号
邮　编:530022
电　话:42118

南宁电视台

地　址:南宁市朝阳路7号
邮　编:530012
电　话:24376

报刊类

南国早报广告部

地　址:广西南宁市民主路21号
邮　编:530026
电　话:(0771)5645863　5690157
传　真:(0771)5645863
电子邮件:ggb@gxrb.com.cn
负责人:吴昌敬
联系人:梁慧萍

《南国早报》是广西日报社主办的省级晚报,日四开32版,彩色印刷。《南国早报》自1995年10月19日创刊以来,以信息丰富,社会新闻及时,版面精美赢得了广大读者的喜爱,迅速进入了全国发行量较大的晚报行列。她立足南宁市,面向全广西,天天向市民提供国内外政治、经济、娱乐、体育、生活等最新信息。心系千家万户,"广、快、深、情"是该报的办报宗旨。

发布、承办、报纸广告(含外商来华广告)。

广西日报社广告部

地　址:广西南宁市民主路21号
邮　编:530026
电　话:(0771)5628600　5690179
传　真:(0771)5628600
电子邮件:ggb@gxrb.com.cn
负责人:吴昌敬
联系人:梁慧萍

《广西日报》1949年12月3日创刊,是中共广西壮族自治区委员会机关报。她及时、准确宣传党和国家的方针、政策、法律、重大部署、中心工作,迅速传递国际、国内和广西经济、政治、文教、社会等各方面重要信息,尤其注重报道广西改革开放和建设西南出海大通道的新进展、新成就、新经验。她立足广西,面向全国,国内外公开发行。《广西日报》从1996年元旦起彩色印刷,对开8版,新闻信息容量大,专刊、副刊多样,适应多层次读者需要,集指导性、权威性、科学性、服务性、实用性、知识性和趣味性为一体。《广西日报》是你认识、了解广西的窗口,是各级领导和企业家的参谋、助手,是社会各界读者的忠实朋友！

当代生活报广告部

地　址：广西南宁市民主路21号
邮　编：530026
电　话：(0771)5690169
传　真：(0771)5690779
电子邮件：ggb@gxrb.com.cn
负责人：吴昌敬
联系人：梁慧萍

《当代生活报》由广西日报社主办，1997年12月25日正式出版，为对开12版日报。《当代生活报》是广西第一份生活类彩印报纸，是一份紧追时代，展示当今社会生活，进入百姓家庭的市民化报纸。《当代生活报》报道生动、深入，版式设计新颖，照片视觉冲击力强。她反映社会，正面引导，扬清抑浊；贴近生活，服务百姓，深入家庭；有趣可读，知识实用，雅俗共赏。《当代生活报》是广大读者的生活之友。

柳州铁道报社

地　址：广西柳州市鹅岗路二区16号
邮　编：545007
电　话：(0772)3622380
负责人：周本盛
广告业务负责人：马　柳
联系人：马　柳

《柳州铁道》是中共柳州铁路局委员会机关报，于1953年2月7日创刊。报纸为四开四版，周三刊，每星期二、四、六出版，国内统一刊号CN45－0019。发行面广，覆盖广西、广东、湖南、贵州四省区铁路沿线，其月末版《旅途大观》在全局20多个主要车站、30多趟旅客列车发行，并在北京、武汉等全国大、中城市设有100多个发行网点，其广告的影响面及渗透度有独特的优势。热忱欢迎管内外各企业、公司、各界朋友在《柳州铁道》报及其月末版《旅途大观》上刊登各类广告。同时承办国内报纸广告。

人民保健报社

地　址：广西南宁市天桃路31号
邮　编：530022
电　话：(0771)2802723　2724337
负责人：古秋娥
联系人：周东程

人民保健报是由广西壮族自治区卫生厅主办，创刊于1988年1月28日，是全国五个少数民族自治区唯一公开发行的卫生报，1995年前是四开四版，1996年改为对开四版，1999年改为四开八版，周报，每周二出版。它立足大西南出海通道的广西，面向全国，全方位向读者介绍卫生信息，防病治病和科学生活知识。

经营范围：药品、保健品、医疗、医疗器械、食品、信息、公告等广告。

广西工商报社

地　址：南宁市保爱路42号
邮　编：530021
电　话：(0771)2828264
负责人：黄耀坤
联系人：黄坚坚
经营范围：

本报为周二刊，全国发行，承办工商广告业务。

海　南　省

公　司　类

海南东视广告有限公司

地　址：海口市海秀大道52号宝成大厦707
邮　编：570206
电　话：(0898)66710587　66786576
传　真：(0898)66786576
电子邮件：Tianniu0858@sina.com
负责人：李晓燕
联系人：周迅东

本公司是海南省最早从事专业电视广告操作和电视节目交流的公司之一。主要是在海南各大电视台购买积累大量黄金广告时间，为广大客户（包括省外广告公司）下单播出广告。每年为数十家品牌在海南地区各电视台投播广告和电视剧贴片广告，深得广大客户的信赖和好评。

公司周迅东先生自92年以来在海南市场营销方面、媒体组合方面积累了丰富的实战经验,为若干品牌进军海南市场出谋划策,树立了良好的口牌。公司编印的《海南销售市场营销人工作手册》深得广大市场营销人员的盛赞。

主要优势:

1、在海南各电视台拥有大量黄金广告时间。

2、广告价格绝对惠廉超值,出乎您的意料。

3、合理组合媒体,让您的广告投入更加合理。

欢迎加盟东视广告客户体系,共享海南市场成功的喜悦!

欢迎广大外省广告同仁合作、交流!

海口市广告装饰公司

地　址:海口市博爱北路119号四楼
邮　编:570101
电　话:(0898)6229936
负责人:陈成家
联系人:梁桃庆

本公司设备先进,技术力量雄厚,质量可靠,承接国内各类广告、美术设计、商标装潢,宾馆商场装饰工程,灯箱、霓虹灯招牌制作安装,展览布置,图片拍摄等业务。

海南中视广告有限公司

地　址:海南海口市龙昆里62号C座二层
邮　编:570102
电　话:(0898)6753687　6784205
传　真:(0898)6718905

海南建国广告公司

地　址:海口市人民大道26号华联大厦一楼全层
邮　编:570208
电　话:(0898)6259990
寻　呼:(0898)6755523406

海南金建广告公司

地　址:海口市金贸区国贸大厦A座1103房
邮　编:570206
电　话:(0898)6793518
传　真:(0898)6779650

海南国语广告有限公司

地　址:海口市滨海大道世界贸易中心E座19层
邮　编:570125
电　话:(0898)8520673　8520069
传　真:(0898)8520069

广播电视类

海南电视台广告部

地　址:海口市海秀路1号
邮　编:570206
电　话:(0898)6772252
负责人:丘海明
联系人:王　勉

海南人民广播电台广告部

地　址:海口市海秀路1号
邮　编:570005
电　话:(0898)774509

海口电视台广告部

地　址:海口市海秀路市委招待所大院内
邮　编:570005
电　话:(0898)777127

报 刊 类

海南特区报社广告部

地　址:海口市金宇路23号金宇大厦A座3楼
邮　编:570206
电　话:(0898)6772320　6772301
负责人:唐凤林
联系人:章群英
经营范围:

承办海南特区报国内报纸广告业务,代理国内报纸广告。

海口晚报广告部
海口报人广告公司

地　址:海口市新华南路22号
邮　编:570102

电　话:(0898)6212642　6212640
负责人:彭铁林
联系人:张　川

经营方式:设计、制作、代理、发布

经营范围:承办《海口晚报》国内报纸广告、代理国内外报纸广告业务。

海南声屏报社广告部

地　址:海口市海秀大道1号
邮　编:570206
电　话:(0898)6799791
负责人:周昌彪
主营:利用海南声屏报设计、制作、发布、代理国内外各类广告业务。

大科技杂志社

地　址:海南省海口市海府路89号
邮　编:570203
电　话:(0898)5335059
传　真:(0898)5331281
电子邮件:super@dost.hainan.gov.cn
负责人:王亦军
联系人:陈玉华

最奇趣的科普月刊《大科技》

《大科技》是面向国内外发行的大型综合性科普月刊。原国务委员、国家科委主任宋健同志为本刊亲笔题写刊名。

本刊以激发青少年的科学想像力和创新精神为宗旨,以培养青少年的科学思维和科学精神为己任,深受广大读者的欢迎。本刊设有“宇宙探索”“自然谜踪”“科技前沿”“电脑世界”“科坛秘闻”“生命奇观”“科幻天地”等十几个栏目,主要探索天地奥秘、生命和自然之谜、介绍国内外最新科学理论和科技成果。文章融科学性、知识性、趣味性于一体,达到了完美的结合,是广大读者的良师益友。

《大科技》是科普期刊界的一匹“黑马”,发行面广、发行量正在飞速增长,在国家大力加强科普教育的宏观背景下,有着极为广泛的发展前景。

国内统一刊号:CN46-103ON
国际标准刊号:ISSN　1004-7344
发行:北京报刊发行局
邮发代号:82-907

四　川　省

公　司　类

四川西南航空广告策划有限公司

地　址:四川成都市人民南路四段领事馆路2号南谊大厦七楼
邮　编:610041
电　话:(028)85210992　85224388
传　真:(028)85210985
网　址:www.cswaad.com
电子邮件:cswaad@mail.sc
负责人:陈　波　秦　君
联系人:余　乔
经营范围:

●设计、制作、发布和代理各种媒体的国内外广告

●经营航空公司所属场所的路牌和灯箱广告

●经营飞机票、飞机票套、登机牌、时刻表、机上闭路电视、航机杂志、安全须知、桌板、头片、饮料杯等航空媒体广告

●经营广告礼品和印刷业务

四川神韵传播有限责任公司

地　址:成都市西安中路42号
邮　编:610072
电　话:(028)87797755
传　真:(028)87763131

四川电视台的全资公司,拥有我们,您就拥有最优质服务。

四川省巴蜀新形象广告股份有限公司

地　址:四川·成都鼓楼南街117号世界贸易中心A座20F
邮　编:610015

电　话:(028)86758811　86782266
传　真:(028)86758855
网　址:www.bsnia.com
电子邮件:bashu@mail.sc.sninfo.net
联系人:张　翔　刘明君

四川省巴蜀新形象广告股份有限公司,于2000年11月由四川省人民政府批准成立,由"巴蜀新形象"品牌所属全资和控股子公司共同注资,在四川省巴蜀新形象广告策划公司基础上组建。在经营管理、服务理念、专业实力等各个方面均有极大提升。"巴蜀新形象"已经成为西南地区资深的广告及营销服务品牌。

本公司是中央电视台西南地区资深广告代理,中国广告协会会员单位,中广协《现代广告》杂志理事单位,1998—1999年度全国广告行业文明单位,1999年中国广告公司100强第52位,1999—2000年度四川省暨成都市"重合同、守信用"单位。在2000年"大贺杯"全国青年人平面广告现场命题创作大赛中获得金奖。

四川省巴蜀新形象广告股份有限公司拥有市场营销、创意设计、媒介服务、客户服务、影视广告制作等五大专业机构,下属全资子公司有:成都开创市场研究广告营销有限公司、北京跨越明天广告有限公司、巴蜀新形象商贸公司,各专业机构以国际化的操作水准为标准,不遗余力地为客户提供高效优质的专业化服务。

作为一家专业广告运作和营销咨询服务企业,一直致力于为客户提供全方位、深层次的综合服务。

公司的经营重心是中央级媒体购买销售服务,营销广告市场一体化服务,业界资本运营、资产重组。

公司坚信以人为本的经营管理之道,90%以上的员工具有大学本科以上学历,员工队伍年轻、充满朝气、思维敏捷、团结实干、责任心强。

AP·我们的服务目标:连接品牌与消费者,将广告活动置身于消费者的视点之中

北京跨越明天广告有限公司

地　址:北京市海淀区车公庄西路甲19号华通大厦A座533室
邮　编:100044
电　话:(010)68475145
传　真:(010)68482640
电子邮件:bsbeijing@263.net
网　址:www.bsnia.com
联系人:熊　霏　陈筱芝

成都开创市场研究广告营销有限公司

地　址:成都市石灰街6号国贸广场8F801—803
邮　编:610031
电　话:(028)87719595　86618383
图文传真:(028)86611515
网　址:www.bsnia.com
电子邮件:marketing@bsnia.com
联系人:肖　奎　李　武

四川大方广告有限公司

地　址:四川省成都市提督街88号22楼
邮　编:610016
电　话:(028)86767326　86767087　86766910
传　真:(028)86766436
联系人:李　蓉

四川大方广告有限公司是具有全面综合服务实力的专业广告公司。公司推行全案策划、全程控制的广告运作机制,科学设置内部组织架构,实行规范的广告作业流程,与媒体保持着良好的合作关系。近年来创作的多幅平面作品在省市及全国优秀广告作品评选中荣获多项一、二、三等奖。

四川大方广告有限公司与四川大方物业营销公司联手,汇聚众多资深广告人才及房地产业内精英,能够为客户提供长期的专业化服务,在品牌管理、营销策划及房地产项目策划中,有若干影响广泛的成功案例,为诸多客户塑造了良好的企业形象和品牌形象。

西南国际广告公司

地　址:成都太升北路58号江信大厦24楼F座
邮　编:610017
电　话:(028)86911688　86933636　86938686(总机)
传　真:(028)86911588
董事长、总经理:萧景勋
联系人:黄建章、王海鹰

西南国际广告公司经国家工商局和四川省有关部门批准成立,跨省经营国内外广告业务的专业国际广告公司。该公司系中国广告协会会员、国际广告协会IAA中国分会会员、中国广告联合总公司成员、四川省广告协会副秘心长及四川省广告公司委员会副主任单位。

公司经营范围:设计、制作、发布、代理国内外各类媒介广告业务、企业形象(CI)策划、室内外装饰;

各类演展服务、礼仪公关服务、信息咨询服务等综合广告业务。1995年经四川省人民政府批准,该公司总代理成渝高速公路户外广告媒体,现已开发有大型单立柱广告牌15座,跨路天桥广告60座,户外路牌广告面积达3万M^2。成渝高速公路是国家规划的"两纵两横"国道主干线上海至成都的组成路段,每昼夜通车3万多辆,日客流量越过20万人次。成渝高速公路庞大的受众群和广阔的传播、辐射效应,深受国内外广告主的青睐和关注。

"沟通、价值、创造、求实"是公司经营管理的理念和宗旨。多年来,公司始终如一追求高质量的广告创意水准和制作水平,深得客户好评。公司在做好广告主业的同时,还积极参与和投资房地产开发,兴办多种经济实体,并已形成相当的经营规模。

公司渠道畅通、网络健全、协调能力强、信息传递快,目前已在北京、沈阳、郑州、太原、西安、包头、乌鲁木齐、杭州、武汉、兰州、昆明等十一个城市投资建立了业务网络,并与国内外200多家广告主和广告人建立了友好合作关系。公司将不断开拓进取,竭诚为海内外客户提供全方位服务,也希望与海内外广告同仁携手合作,共同开发大西南广告媒体资源,为中国广告业的发展做出应有贡献。

成都市美术广告有限责任公司

地　址:成都市祠堂街16号
邮　编:610015
电　话:(028)86121883　86143804
传　真:(028)86120875
http://www.cdaadc.com
E-mail:cdaadc@mail.sc.cninfo.net
董事长、总经理:王世明
副总经理:肖之云、张传林、邓先荣、易　斌
联系人:谭楚芳　马晋功

成美是一家具有深厚本土文化底蕴的专业广告公司,现为国际广告协会会员、中国广告协会理事、中广协广告公司委员会副秘书长、四川省广告协会及成都市广告协会副会长。1997年被中国广告协会命名为"全国广告行业文明单位"。1998年9月,在全国广告行业率先完成国有企业向有限责任公司的转变,实现了内部资源重组,在广告经营方面设置了企划传播和商务制作两个运营中心,成为以设计、制作、发布、代理国内外各类广告为龙头,集装饰、旅游、摄影、商贸于一体的集团性公司。

近年来,成美在整合营销、广告策划方面投入了大量财力和物力,延揽了一大批专业人才,将卓有成效地为客户提供一体化、全方位优质服务。同时,成美还是美国3M等8家广告物料及广告器材生产制造企业的授权经销商和加工商,拥有先进的电脑设计制作设备。

秉承优良传统,超越陈规束缚,成美将以更新的经营机制和理念,尽心尽力地走好每一步。

中广联四川广告有限公司

地　址:四川成都市祠堂街16号
邮　编:610015
电　话:(028)86127881　86120474　86121883
传　真:(028)86120875　86126003
负责人:肖之云
联系人:余义晓

本公司是中国广告联合总公司(简称"中广联")在四川的分支机构,由"中广联"和成都市美术广告有限公司合资经营。"中广联"系新华通讯社直属企业,现有79家成员公司分布于全国60个大中城市。

本公司以大型专业公司的综合服务能力与专心敬业之精神,履行对您的所有承诺。

经营范围:设计、制作、发布、代理国内外各类广告兼营室内装饰,展览设计制作。

成都华顿广告有限公司

地　址:成都市西安中路60号一幢302室
邮　编:610031
电　话:(028)87737088　87737017　87715041
传　真:(028)87737088
负责人:赵克毅
联系人:刘莫哓

本公司由成都市美术广告有限公司与香港华光广告有限公司合资组建,引进国际现代广告运作机制和广告制作新技术,以"创新、诚信"为本,充分依托两公司的专业优势,设计和制作、代理国内外各类广告,发布路牌、灯箱、霓虹灯广告;承接室内装饰和各种展览工程,竭诚为广大客户服务。

成都铁路广告公司

地　址:成都市人民北路二段二十五号六楼
邮　编:610081
电　话:(028)83173212　83173320
传　真:(028)83173187
负责人:廖明杰

联系人:江润

四川省对外广告公司

地 址:四川省成都市府青路一段34号
邮 编:610082
电 话:(028)83335953
传 真:(028)8333896
负责人:张东锐
联系人:蒋 奕

四川省对外广告公司成立于1980年,具备了较完善的国际国内业务网络,拥有一批经验丰富的广告专业人员,已形成市场调查、创意制作、媒介发布、展示促销、公共关系、信息反馈、装饰工程、广告礼品、广告器材及与之相关的进出口贸易等服务体系。公司以雄厚的资本实力,独具匠心的创意策划,先进的广告制作设备,快捷准确的媒体发布以及全面周到的其它服务,成功地为一百多家国内外客户提供了广告服务,获得了良好的社会效益和经济效益。

成都市公交广告装饰公司

地 址:四川成都市上西顺城街45号
邮 编:610015
电 话:(028)86622508 86626797
传 真:(028)86781151
负责人:周正如
联系人:张宣英

广播电视类

四川电视台广告部

地 址:四川省成都市西安中路42号
邮 编:610072
电 话:(028)87775967 13980590896
传 真:(028)87763131
网 址:www.sctv.com
负责人:罗贵生
联系人:马 键

1979年8月13日,四川电视台播出了建台近20年来的第一条商业广告,成为继上海、广东电视台后全国第三家开办广告业务的电视台。11月,设立"广告组",正式对外开展广告业务,当年实现广告收入25万元。

随着我国商品经济的发展和社会主义市场经济的确立,四川电视台广告经营随之而快速发展,广告经营机构经历了广告组、对外经济部到广告部几个不同的发展阶段。特别是近年来,我台的广告经营步入了相对快速的发展时期,2000年广告收入已超过2.3亿元,是1979年的1000倍,2001年可望达到3亿元,就广告收入而言,四川电视台已成为名副其实的西部大台。

今日的四川电视台广告部,已发展成为在全国具有雄厚实力和相当知名度的广告经营单位,也是"全国广告行业文明单位"。

今日的四川电视台广告部,拥有各类专业技术人才,具有大专以上学历的员工占员工总数的90%以上,各类中、高级职称员工占有相当比例,为客户提供高质量、高品位的CI形象策划、广告创意和制作奠定了基础;建立了较为完备的广告微机管理系统和广告监播系统,与央视索福瑞、国家统计局美兰德信息公司、AC尼尔森等著名信息咨询服务机构建立了长期合作关系,能够更加有效地为客户提供准确真实的广告评估和广告投放策略,帮助客户取得低成本、高收益的媒介投放效果;广告部拥有当今最先进的非线型编辑系统、数字摄录设备、虚拟演播室和3600多平方米的工作场地,为客户制作各种复杂的广告成品提供了硬件保障。

21世纪伊始,四川电视台广告部为适应市场经济,和新技术带来的变革,迎接全球经济一体化的挑战,拓展了除电视广告以外的其他广告经营业务,"神韵在线"网站脱颖而出。广告部全体同仁正以全新的经营理念和管理模式、更加先进完善的技术手段致力于为广大工商企业开拓市场提供最佳的服务。

四川人民广播电台

地 址:四川省成都市红星中路119号附1号
邮 编:610017
电 话:(028)86526629 86526271
传 真:(028)86526629
负责人:何 东
联系人:李世华

四川省位于中国西部,自古享有"天府之国"之美誉。面积48.5万平方公里,人口8600多万,分别居全国第五位和第三位,高速公路通车里程名列中国第二、西部第一,是中国的人口大省、农业大省、科技大省、旅游资源大省。四川省是中国西部经济较为发达、市场最为活跃的地区之一。全省经济总量占全国的第十位，名列西部十省市区第一。进入新世纪，全省人民在中共四川省委、省政府的领导下，在实施西部大开发战略中，正以追赶型、跨越式的思路加速建设经济强省。

四川人民广播电台成立于1952年10月1日，是四川省的主要传媒之一。办有四套节目，每天播音73小时40分。这四套节目各具特点，第一套是以新闻为主覆盖全省的综合节目；第二套（金桥之声）是使用藏语、彝语和汉语播出的民族节目；第三套是经济（金融）节目；第四套是音乐节目。第三、四套节目专业性极强，均是覆盖以成都地区为中心及周边经济发达城乡地区，各自拥有一个听众群的强势媒体。四川人民广播电台的节目通过微波和卫星传输，第一、二套节目于1995年11月16日上星，节目源梯次覆盖成都、四川、中国、东南亚和欧洲部分地区。在四川有效人口的覆盖率达97%以上。

充满朝气的四川人民广播电台是四川地区有权威有影响的传媒之一。她以其权威性、覆盖面广、收听率高、广告价位实惠等而独具魅力，其品牌效应已被众多成功商家所共识。

四川人民广播电台广告中心和四川电台直属的四川广视广告有限公司，负责四川人民广播电台四套节目的广告业务经营，是四川省、全国广告行业文明单位和重信誉优质服务先进单位。中心和公司竭诚为省内外、国内外客商提供优质服务。她将是您传播信息、拓展市场的良好伙伴。

四川省有线广播电视台

地　址：四川成都市武侯祠大街266号华达商城17楼

广告部地址：四川成都市金河街18号金河大酒店二号楼二楼

邮　编：610031

电　话：(028)86695887　86633749　86699821　86770562

传　真：(028)86695887　86633749　86699821

电子邮件：cl_wu@sina.com

负责人、台长：王潞明

联系人：伍昌邻

四川有线广播电视台——为您扬名　助您成功！

四川有线广播电视台采用多路微波传输系统及光纤宽带传输网络系统向成都和周边地区以及全省各地、市、州传送新闻综合、影视文艺、图文信息、运动休闲、妇女儿童等5套自办节目及转播中央台体育、电影、文艺等多套卫星加密节目。覆盖了全省人口聚集区和经济发达地区的16个地市州及所辖各区、县，目前收视用户达500多万户，信号覆盖人口达3000万以上。由于充分发挥突出了各频道的专业化特色优势，节目办得新颖精彩，据AC尼尔森资料表明：收视率一直居成都地区电视媒体之榜首，媒体市场份额占有率达到了近50%。因此，吸引了全国一大批颇具实力的厂商及广告媒体长期与之合作。在四川众多的媒体，尤其是电视媒体中，四川有线广播电视台必将成为您开拓中国西部——四川市场（尤其是成都市场）的首选媒体！四川有线广播电视台广告部定将竭诚为您服务！

四川省达州电视台广告部

地　址：四川省达州市张家湾

邮　编：635000

电　话：(0818)2372883

传　真：(0818)2372881

负责人：杜钦明

达州市位于四川东北部，是川东北的重要交通枢纽和川、陕、鄂、渝结合部的物质集散商贸中心，面积16788平方公里，辖五县一（市）一（区），六百多万人口。

达州电视台是经广播电影电视部批准建立的市级电视台。节目覆盖全市及毗邻的南充、重庆、万县、涪陵、广安、巴中、安康、汉中等城市的部分地区，收视观众愈一千多万。

达州电视台拥有一批思想过硬、业务素质好的人才队伍，现开办了“达州新闻”、“达州经济报道”、“今晚视点”、“七彩文艺”、“影视剧场”、“下周荧屏”、“晚间报道”、“荧屏导视”、“达州天气预报”等十余个栏目。此外，达州电视台还与全国一百多家城市电视台建立了广泛的节目交流，是四川省城市电视广告联播体的成员单位。达州电视台以讲求信誉为服务宗旨，是广大厂家和商界在川东北地区开拓市场必不可少的、值得信赖的伙伴。

四川省自贡电视台

地　址：四川自贡市汇东新区文化路

邮　编：643000

电　话：(0813)2202435

传　真：(0813)2201430

台　长：张立宪

广告部主任:王安银

成都人民广播电台广告部

地　址:成都市双林路99号

邮　编:610051

电　话:(028)84336955　84341759

负责人:赵　平

报 刊 类

四川日报广告处

地　址:成都市红星中路二段70号

邮　编:610012

电　话:(028)86758900－3086　86747676
86742700

电　报:1557

广告业务负责人:刘国熙

联系人:吕　兵　袁　伟

经营范围:

承办《四川日报》、《四川农村报》《文摘周报》的国内报纸广告及《四川日报》外商来华广告业务,代理国内报纸广告。承办《新闻界》国内杂志广告业务。

四川工人日报社经济部

地　址:四川省成都市一环路东三段31号

邮　编:610066

电　话:(028)84328129　84317265　84325906

负责人:邱明斤

联系人:刘绍书

《四川工人日报》是四川省总工会机关报,1950年创刊。是四川省唯一单独面向全省10万家企业和全省1000多万工薪职工的对开日报。国内外公开发行。

本报办报方针:坚持机关报性质,兼有晚报风格,突出维权特色。

本报宗旨:宣传工人阶级,维护职工权益,展示企业风貌,服务社会读者。

应用与环境生物学报

地　址:成都市人民南路4段9号

邮　编:610041

电　话:(028)5229903　5237341

联系人:刘东渝

贵 州 省

公 司 类

贵阳市美术广告公司

地　址:贵州省贵阳市中华中路44号

邮　编:550001

电　话:(0851)5823086　5866826　5866525

负责人:齐荫清

联系人:邵培倩

贵州中亚广告公司

地　址:贵州省贵阳市北京路18号

邮　编:550004

电　话:(0851)6850259　6825912

负责人:彭学军

经营范围:

设计、制作、代理、发布国内广告业务。

贵州广告公司

地　址:贵州省贵阳市北京路21号

邮　编:550004

电　话:(0851)6823572

传　真:(0851)6823572

负责人:徐联科

联系人:申鸿方

承办对外经济贸易广告业务,广告礼品,摄影器材的进出口业务,国内广告及代理电视报刊、印刷广告业务,三类商品进出口贸易业务及三来一补业务。

贵州商业广告有限责任公司

地　址:贵州省贵阳市陕西路2号

邮　编:550001
电　话:(0851)6825093　6816866
传　真:(0851)6816866
负责人:林　坚
联系人:王德榕

贵州商业广告有限责任公司(前身是贵州商业广告公司),1991 年成立,是省内最早成立的广告公司之一。我公司拥有贵阳市繁华商业地段喷水池、紫林庵一千多平方米的广告媒体,以及延安东路等绿化带的广告发布权,能为客户提供市内黄金地段的广告位置,使厂商的产品在此得到完美的再现。

为使用新科技提高广告水平,我公司已购进美国苹果 9600 型设计电脑、大力神照排机、多霸扫描仪,结合最新的设计软件,卓越的中英文字库,完美的设计风格,精湛的制作技艺,能迅速表达客户所需的作品。

公司经营范围:设计、制作、发布、代理国内广告业务;代理策划、制作国内电视、广播、报纸、杂志广告;产品包装设计及印刷;设计、印制画册及其它各类宣传品;园林雕塑、工艺礼品、室内装饰装潢。

贵州惠通广告有限公司

地　址:贵阳市中华中路金凤凰大厦 A 座 21 楼
邮　编:550001
电　话:(0851)5833111　5833222

广播电视类

贵州省六盘水市电视台广告部

地　址:六盘水市向阳南路 24 号
邮　编:553001
电　话:(0858)8205673
传　真:(0858)8205673
电子邮件:wangpincom@21cn.com
负责人:刘立权
联系人:宋学勇

六盘水电视台

无线(11 频道)　有线(16 频道)

广告收费标准

广告播出费　　长度:秒　　价格:元/次

时段＼价格＼长度	5	10	15	30	45	60
A 特段	250	450	700	1200	1600	2000
A 段	120	180	250	400	600	800
B 段	200	350	500	800	1200	1600
C 段	150	250	400	700	1000	1200
D 段	150	250	400	700	1000	1200
E 段	200	350	500	800	1200	1600
F 段	150	250	400	700	1000	1200
G 段	120	180	250	400	600	800

六盘水电视台

节目播出表

18:30	动画片	20:35	视点
18:50	广告(A 段)	20:45	广告(D 段)
18:55	节目预告	20:50	心心桥广告文艺
19:00	转播中央台新闻	21:25	广告(E 段)
19:30	广告(A 特段)	21:30	第一集电视剧
19:35	转播贵州台新闻	22:15	广告(F 段)
19:55	六盘水新闻	22:20	第二集电视剧
20:10	广告(B 段)	22:30	重播六盘水新闻
20:20	天气预报	23:15	广告(G 段)
20:23	广告(C 段)	23:20	第三集电视剧

说明:各时段广告指定位置第一条或最后一条,加价 50%,其余指定位置加价 30%。

注:本价格从 1999 年 10 月 1 日起执行。

贵州人民广播电台
贵州银河广告公司

地　址:贵州省贵阳市青云路 259 号
邮　编:550002
电　话:(0851)5860899　5822308
传　真:(0851)5860899
广告负责人:姚世权
法　人:梅应福
联系人:吴　钢

贵州人民广播电台在全省 80 多个县(市)、广播台(站)定时转播节目,并连接乡镇广播站 1000 多个,通广播的村已有 3500 多个,同时,上百家军工企业和遍布全省各地的中央直属企业和地方企业均常年定时转播本台节目,据统计,全省城乡有 180 多万部收音机、收录机和 200 万只有线广播喇叭。本台节目自 1989 年通过卫星转播以来覆盖面更为广阔,西南地区各省市和两广、两湖、海南等 17 个省、自治区均能清晰地收听到本台节目,本台还常收到新加坡、澳大利亚、日本、美国、法国、瑞典、芬兰等国家和地区收听本台节目的听众来信。

本台广告部承办企业产品和各类商品广告宣传,设有广告专题节目,广告部为工商企业提供广告策划,设计与制作,同时提供市场调查、信息反馈、产品推广等综合性服务。

贵阳人民广播电台广告部

地　址:贵州省贵阳市遵义路工人文化宫内
邮　编:550002
电　话:(0851)515764

贵州电视台广告部

地　址:贵州省贵阳市青云路261号
邮　编:550002
电　话:(0851)529108

贵阳电视台

地　址:贵阳市延安中路21云岩区少年宫(临时办公)
邮　编:550001
电　话:(0851)525951　523903　523907

报刊类

遵义日报社广告部

地　址:贵州省遵义市红花岗路39号
邮　编:563000
电　话:(0852)8233190
传　真:(0852)8233190
负责人:龚新生

历史文化名城遵义,是贵州省第二大城市,位于省会贵阳和直辖市重庆市之间。作为西南地区的重要工业基地,拥有门类齐全的近三万家企业。境内商业网点密布,有近百个各类大型综合、专业市场,辐射周边20多个县市,市场覆盖人口一千万以上。

遵义是全国著名的酒乡,有享誉世界的茅台酒、老八大名酒之一的董酒,以及珍酒、习酒、鸭溪窖酒、湄窖、怀酒、长寿长乐酒等一大批国家名优酒。

遵义日报社是本地最具权威的一家新闻机构,市委机关报《遵义日报》是一张全国发行的对开大报,发行量近10万份,覆盖14个县(市、区)700万人口,是全省地市报中发行最多、影响最广、最受群众欢迎的新闻媒体。报社广告部设备先进,力量雄厚,具有以多种形式制作、发布各类广告的实力,可为企业、商家拓展市场实施整体策划。

经济信息时报

地　址:贵阳市西湖路8号
邮　编:550002
电　话:(0851)5893449　5892170
传　真:(0851)5822486
电　报:1873

贵州日报社广告发行处

地　址:贵阳市外环城东路360号
邮　编:550001
电　话:(0851)627859

贵阳晚报社广告部

地　址:贵州省贵阳市中山东路169号
邮　编:550001
电　话:(0851)513530

贵州广播电视报社广告科

地　址:贵阳市青云路271号
邮　编:550002
电　话:(0851)529626

农技服务杂志社

地　址:贵阳市金竹镇省农科院
邮　编:550006
电　话:(0851)3761720
传　真:(0851)3761720
联系人:杨会能

云 南 省

公 司 类

昆明恒通广告公司

地　址:昆明市北站信通大楼4楼
邮　编:650051
电　话:(0871)5153750　5152247
传　真:(0871)5153750
负责人:郭洪明

昆明恒通广告公司1995年被国家工商局、中国企业家评价协会评定为中国五十家最大广告公司之一。

昆明恒通广告公司所代理的广告客户中有三家名列中国五百家最大企业之中。

云南省广播电视广告公司

地　址:昆明市人民西路73号
邮　编:650031
电　话:(0871)5320426
传　真:(0871)5310349
负责人:蔡洪根
联系人:王凤坤

昆明市广告公司

地　址:昆明市青年路小花园
邮　编:650021
电　话:(0871)3191520
传　真:(0871)3160921
负责人:陆林珍
联系人:刘宗琪

昆明风驰广告(集团)有限责任公司

地　址:昆明市翠湖西路1号
邮　编:650031
电　话:(0871)5329411
传　真:(0871)5329411
负责人:李　践

昆明白宇现代广告有限公司

地　址:云南省昆明市省体育馆4号门4楼
邮　编:650041
电　话:(0871)3148198　3139809
传　真:(0871)3102694
法人代表:倪文贵
联系人:汤兴萍

一、主要服务范围:

客户服务:为客户提供企业形象策划、产品广告、SP、PR、DM、EM策划与实施建立和巩固客户名牌的领导地位,以促进销售。

创意设计制作服务:在广告策略的指导下,为客户提供具销售力的卓越创意、设计、制作。

媒介服务:运用先进的媒介理论和实际操作经验,提供媒介计划、媒介分析、媒介代理、控制和监督。

市场服务:提供专用的市场分析,各类消费者调研、广告测试等,为广告策划、创意和媒介计划提供坚实的作业基础。

二、理念系统

宗旨:以创名牌为己任,你的成功才是我的成功。

准则:整合行销传播——各种工具,一种声音。

广播电视类

云南人民广播电台

地　址:昆明市人民西路广电中心
邮　编:650031
电　话:(0871)2122458　4141203

昆明人民广播电台

地　址:昆明市北京路601
邮　编:650032
电　话:(0871)3334963　3334969

云南电视台

地　址:昆明市人民西路47号
邮　编:650031
电　话:(0871)2124568

昆明电视台

地　址:昆明市大观路50号
邮　编:650032
电　话:(0871)4141490

报 刊 类

云南日报社广告处

地　址:昆明市新闻路51号
邮　编:650032
电　话:(0871)4192197
电　报:1632
负责人:曹水秀
联系人:秦廷学

云南日报社广告处主要经营广告设计,广告制作,发布国内外报纸广告。在云南日报社“报纸系列化、报业集团化、管理规范化”的总体布局中,拥有《云南日报》及其晚刊《春城晚报》、副页《文摘周刊》《语言美》、《农村信息导报》等广告发布媒体。同时,云南日报社广告处还代理云南日报在美国《国际日报》、澳大利亚《澳洲新报》、法国《欧洲时报》、香港《大公报》上创办的云南新闻专版的广告。

云南日报社广告处恪守发布质量第一的原则,热忱为广大客户服务,积极扩大与国内广告界同仁的合作,共创广告业的美好未来。

云南经济日报社

地　址:云南昆明东风东路延长线曙光小区
邮　编:650041
电　话:(0871)3316873　3335523
传　真:(0871)3331263
负责人:杨析民
联系人:王祖鞭

《云南经济日报》是向国内外公开发行的对开套红大报,它及时传播准确度高、实用性强的经济信息,是云南经济的窗口,是沟通云南与全国及东南亚经济的桥梁,是经济工作者的良师益友,是领导决策的参谋。它拥有遍及全国的通联网,发行已覆盖全国30个省、市、自治区。通过中国图书进出口总公司和国际直邮,报纸已发行至香港特区和泰国、新加坡、越南、老挝、缅甸等东南亚、南亚以及欧美部分国家。

云南经济日报国际副刊、航空版《亚太风》,随正报发行外,还在云南民航53条国内国际航线各航班发行。

云南经济日报广告部拥有一支业务素质较强,能全心全意为广大客户服务的广告专业人员,能采用现代化手段,进行先进的广告创意和设计制作,满足客户的各种需求。1991年被评为云南省“重信誉创优质服务”先进单位。广告部主要经营范围是:策划、设计、制作、发布国内、外各类报纸广告及各类经济信息。

云南科技报

地　址:昆明市北京路179号
邮　编:650051
电　话:(0871)3125638

健康时报

地　址:昆明市东风路27号
邮　编:650011
电　话:(0871)3146583

云南交通报

地　址:昆明市环城西路1号
邮　编:650031
电　话:(0871)5358204

云南经济信息报

地　址:昆明市东风东路155号
邮　编:650041
电　话:(0871)3176640

云南省广播电视报

地　址:昆明市人民西路73号
邮　编:650031
电　话:(0871)5310082

陕 西 省

公 司 类

西安沙龙广告装饰有限公司

地 址:长安北路34号高尔夫花园6-9-2
邮 编:710061
电 话:(029)5262588 5262191
传 真:(029)5262281

西安沙龙广告装饰有限公司于1993年4月成立,下设市场部、工程部、财务部、办公室、媒介部、媒体管理部六个部门和霓虹灯加工厂,公司拥有四十八名专业技术人才。办公面积和加工车间两千八百多平方米,拥有先进的计算机和加工设备等。共计固定资产、流动资金三千八百多万元。

公司最早以户外广告作为主项发展,逐步确立了西安市户外广告的领先地位,领导着西安市户外广告的新潮流。截至2001年底,在西安市各繁华地段共计拥有户外广告媒体叁万多平方米,擎天柱广告设施50多个。固定大客户90多家。每年营业收入稳步超过叁千万元,并以每年20%—40%的速度递增,成为西北五省最大的户外广告媒体公司之一。

在发展户外广告的同时,带动着公司整体策划、平面设计、媒介代理、印刷、企业CI、及整合营销等业务的全面发展,先后为多家大企业成功地进行了VIS设计。

西安元中广告有限公司

地 址:西安市环城南路西段29号运通大厦3楼
邮 编:710068
电 话:(029)8417139 8416923
传 真:(029)8411180-8003
电子邮件:yuanzhon@public.xa.sn.cn
网 址:www.xian-adv.com

我们最具实力

2000年度中国广告协会百强排序中名列第62位,位居西北第一,是西北最具实力的广告公司。

我们最有经验

1993年初成立,经过9年的不懈努力,积累了相当丰富的经验。

我们最优秀

在同行业当中,元中已成长为能够为大型客户提供全方位服务的综合性公司。

我们最为全面

9年来,我们为众多的产品拓展了市场,树立了品牌。我们打造出西北最为科学的管理模式与工作流程。

我们有80多位各类英才与您共同进步。

这就是我们——西安元中广告有限公司

陕西泰伦广告有限责任公司

地 址:陕西省西安市碑林区安东街四号
邮 编:710054
电 话:(029)2220051
负责人:肖 白
联系人:潘 勇

我们有密布全国的媒体网络

在省内:

陕西电视台、西安电视台、有线电视台、《陕西日报》、《西安晚报》、《西安广播电视报》、《华商报》、西安音乐台等(均为一级代理)

在西北:

甘肃省电视台、兰州市电视台、青海省电视台、西宁市电视台、新疆自治区电视台、乌鲁木齐市电视台、宁夏自治区电视台、银川市电视台及以上各地具有影响力的报纸、杂志。

在全国:

京津沪及30个省级电视台、全国120个以上的市级电视台。

我们有丰富的现场执行经验

泰伦广告凭借自身的市场调研队伍及各种媒体合作机构,已成功地在陕西省内城市和农村地区以及西北五省其它重要城市执行过多项市场调查与终端POP工作。

陕西省内9个地区,20多个县,西安市200多家药店的终端POP工作。

我们所做的一切是在追求完美的业绩,我们的成功永远发生在客户成功的后面,这是我们所从事的事业的规律，所以我们的期望就是客户取得最大的成功，我们说：客户第一。

陕西巨象广告有限责任公司

地　址：西安市五星街甲字1号
邮　编：710002
电　话：7614176　7614160
传　真：7614351
负责人：王　辉

陕西巨象广告有限责任公司是以策划设计、整体代理为主的专业化广告公司。公司成立四年来，注重对市场的开拓和对客户的服务，凭借对创意的孜孜追求，现已全面代理的客户遍及全国各地及多个行业。

由于实行科学的管理方法，使公司汇聚了一大批充满活力蕴涵潜力的行业人才。公司的广告营业额连续三年稳居西北行业之首。1997、1998、1999年公司被陕西省工商局和陕西省广告协会连续评为“陕西广告公司十八强”单位。

至今公司已有多幅作品获得国家、省市级奖励，1999年参加“宁城杯”西安市首届公益广告大奖赛获得一等奖。

公司现设：设计部、电脑部、客户服务部、创意部、房地产策划部、装饰工程部和财务部、行政部八个部。

“做有效广告、对客户负责”永远是巨象的宗旨。未来日子里，巨象愿与更多朋友携手，共写华章！

西安华圣广告有限责任公司

地　址：西安市含光北路177号含光大厦4楼
邮　编：710068
电　话：(029)7895849　8414494
传　真：(029)7895849
负责人：郑旭光

- 西安华圣广告有限责任公司前身为1992年8月成立的西安华侨电脑广告公司，1995年12月改制为有限责任公司。
- 西安华圣广告有限责任公司是中国广告协会会员单位，西安市广告协会执行理事单位。
- 西安华圣广告有限责任公司连续数年被评为西安市广告公司综合实力第一名，作品屡获全国，省市级大奖。
- 西安华圣广告有限责任公司与陕西省各大主流媒体有着良好的媒体关系，同西安市、陕西省乃至西北地区发行量最大的报纸《华商报》同为华圣集团文化 传播业的重要组成部分。
- 西安华圣广告有限责任公司有自己经营的媒体《百姓周刊》及初具规模的“OK99”网站。
- 西安华圣广告有限责任公司有丰富的整合营销传播及大型活动策划组织实施经验。1998年10月全面代理全国第九届书市的广告宣传及票务工作，协助组委会使第九届书市成为历届书市中最成功，最火爆，关注度最高的一届，被公认为是陕西省近年来举办的最成功的一项全国性活动。
- 西安华圣广告有限责任公司有一流的影视设备及专业的制作人员，作为姊妹公司的华圣影视公司出品100集电视剧，为广告公司提供了广阔的业务天地。
- 西安华圣广告有限责任公司有丰富的品牌广告代理经验，愿为各企业提供西安市场开发广告运作策划服务。

西安市美术广告总公司

地　址：西安雁塔路中段5号
邮　编：710054
电　话：(029)5521285　5521670
传　真：(029)5521670　5527606
法定代表人：王　乐
联系人：王源清

直属公司：西安市集美广告公司　董事长：林安令

电话：(029)5511889　5521670
西安文宝斋旅游购物中心　董事长：王丕义
电话：(029)5512020　5529115
西安影视制片公司　出品人：王　乐
电话：(029)5523293　5530777
西安影视制片公司图片社　经理：石　黛
西安都友环艺有限公司　总经理：周绍华
电话：(029)5523766
陕西潼关县高桥金矿　法定代表人：王　乐
电话：(0913)3827176
(0913)3990007(矿山)

西安市集美广告公司

地　址:西安雁塔路中段5号
邮　编:710054
电　话:(029)5511889　5521670　5531583
传　真:(029)5521670
网　址:jimei@pub.xaonline.com
董事长:林安令
总经理:石红娟

1996年西安地区广告公司综合实力18强之一;

1998——1999年度陕西地区广告公司综合实力20强之一;

创意、制作、代理、发布国内外各类广告业务。

西安伊卡罗丝广告公司

地　址:西安市红专南路8号
邮　编:710061
电　话:(029)5212457　5265999转3603、3613
传　真:(029)5212457
电子信箱:ikarus@pub.xaonline.com
经　理:齐治平
联系人:李翠琴

西安伊卡罗丝广告公司诞生于中国广告业蓬勃发展时期,是隶属于中国石油天然气总公司的国有企业。公司有优秀的广告策划、设计、制作、摄影、市场调研等各类专业技术人员,其中80%具有高级和中级专业技术职称,并取得了广告岗位资格证书。

主要业务范围是:设计、制作、发布、代理国内各类广告业务。

西安伊卡罗丝广告公司凭借国有企业的实力和员工们优秀的技术业务素质,虔诚的敬业精神,为客户提供了完美的广告服务,取得了客户的赞誉,同广告媒介建立了良好的伙伴关系。顽强的拼搏使公司得到美好的回报。1997年在西安市工商局和广告协会对500余家广告公司的综合实力评价中,西安伊卡罗丝广告公司被评为1996年度西安市广告公司18强企业。1999年又被陕西省广告协会评为陕西省广告公司综合实力20强企业。

广播电视类

西安经济广播电台

地　址:陕西省西安市连湖路许士庙街4号
邮　编:710003
电　话:(029)7310574
传　真:(029)7345245
电子邮件:jjt006@pub.xaonline.com
网　址:www.ers.com.cn
　　　　www.fm104xa.com(国际域名)
负责人:刘殿昌
联系人:张小强

西安经济台是我国西北地区首家24小时直播的调频立体声广播电台,信号覆盖整个关中地区。该台拥有全套进口设备和计算机网络系统,可以制作和播出高保真立体声广播节目;拥有陕西第一家立体声广播直播车及在民生商厦建立的全透明商业直播室,构成直播室—现场—听众同步传播系统。该台的电子网络版《服务在线》内容丰富,以网上在线服务的特色深爱大家欢迎,已走向世界(首家DDN专线)。

"关注经济热点,贴近市民生活"是其办台宗旨。多档优秀节目和一批优秀节目主持人在西安地区有口皆碑。广告创收和"央视收听率调查"一直位居西安地区前列。

渭南人民广播电台

地　址:陕西渭南市东风街中段13号
邮　编:714000
电　话:(0913)2038961　2038962
热线电话:(0913)96781026　2038111
传　真:(0913)2038962
负责人:闫喜川
联系人:黄一平

渭南人民广播电台
——传播速度快、范围广、容量大,为您提供更新、更快、更全面的信息。

渭南人民广播电台是国家广播电影电视总局批准成立的市级综合广播电台,1998年12月28日开始播音。

渭南人民广播电台频率为中波747千赫,调频102.6兆赫,覆盖全市12个县(市、区)和周边地区。播控设备先进,发射功率大,信号清晰。每天播音1005分钟,自办节目850分钟。

渭南人民广播电台的节目设置分新闻、经济、社教、综艺四大类:新闻类节目有《渭南新闻联播》、《整点新闻》、《秦东热点追踪》;经济类节目有《空中大市场》、《热点星期三》、《东府商潮》;服务类节目有《大众生活》、《健康园地》、《车迷俱乐部》、《1026七彩连心桥》;文艺类节目有《欢乐调频》、《1026空中热线》、《今天有好戏》、《广播歌选》、《评书连播》、《广播剧场》等。

渭南人民广播电台愿为各界朋友架起一座传播知识、交流信息、传递友情的空中彩桥,与您携手共创辉煌。

播四海新闻　传东府佳音

渭南人民广播电台真诚为您服务

西安电视台广告部

地　址:西安市大南门外振兴路副7号
邮　编:710068
电　话:(029)8402388　8405842
国际传真(自动):(029)8403886
单位负责人:任晓冰
电　话:BP:(029)126—5055119
手　机:13909238913

西安,世界四大文明古都之一,丝绸之路的起点,欧亚大陆桥陇海兰新线上最大的中心城市。拥有人口650万,面积9983平方公里。璀璨的文化积淀和优越的地理环境,使西安成为中国西北部最大的商品流通中心与物资集散地。

由西安市人民政府开办的西安电视台是一座综合性省会电视台,发射功率10千瓦,使用10频道(无线)和有线电视网络周期播放履盖西安、咸阳、渭南及关中大部分地区。总覆盖人口1500万左右。

西安电视台(10频道)是中国省会城市电视台协作会会长台;中国城市电视台广告协会常务理事台。

西安电视台广告部全权承办全台各类广告业务,设立业务一部、业务二部、编辑制作部、财务部。

十多年来我部与海内外广告客户真诚合作,同舟共济,运作始终遵循热情、真诚、公平、优质、高效、客户至上的服务宗旨。愿与社会各界朋友携手合作,共创繁荣。

报 刊 类

安康日报社广告信息部

地　址:安康市金州南路60号
邮　编:725000
电　话:(0915)3212549
传　真:(0915)3201973
负责人:张　钧
联系人:张良奎　张延丽

安康居成渝、关中、江汉三大经济区几何中心,沟通南北,承启东西,环境、区位优势使信息辐射功能分外突出。

《安康日报》是中共安康市委机关报,创刊于1951年3月,周七对开四版。采用激光照排,胶版印刷,向全国发行。

《安康日报》为陕西省“十佳”媒体,订户和读者遍及全市的每一个党政机关、企事业单位和乡镇村组及广大群众,成为安康市联系最广的信息中介,也是安康市最权威、传播范围最广泛的新闻传播媒介之一。

本报坚持经济效益与社会效益并重的原则,服务好、设计精、制作美,公众形象日趋完美。1997年以来,本报广告信息部连续被评为陕西省广告行业精神文明先进单位,并推荐申报全国广告行业精神文明先进单位。本报广告信息部在陕西地市报中唯一担任中国地市报广告委员会常务理事职务。

甘肃省

公司类

兰州铁路广告艺术总公司

地　址:甘肃省兰州市火车站东街143号
邮　编:730000
电　话:(0931)8888068
负责人:王惠萍

本公司不仅拥有雄厚的技术力量,精良的制作工艺和专业的设计人员,而且拥有多种广告媒体:站内路牌霓虹灯箱、铁路民墙电子显示、美术设计有机制作、宾馆商场装饰装修、室内室外环境设计、目录标志设计印刷、艺术广告模特宣传以及列车时刻表、站台票、列车座卧号广告等。

本公司将一如既往地遵循"质量至上,信誉第一"的服务宗旨,继续与新老客户竭诚合作,共谋发展。

甘肃省广告美术公司

地　址:兰州市金昌路10号
邮　编:730030
电　话:(0931)8412071

甘肃省对外贸易广告公司

地　址:甘肃省兰州市定西路188号
邮　编:730000
电　话:(0931)8885609　8883494

中国西北航空宣传广告公司

地　址:兰州市东岗西路258号
邮　编:730000
电　话:23421－3029

兰州铁路广告美术公司

地　址:兰州车站东路143号
邮　编:730000
电　话:20752

国营兰州广告公司

地　址:兰州市天平街11号
邮　编:730000
电　话:26764　418281　27377

广播电视类

甘肃人民广播电台广告经营管理部

地　址:兰州市东岗西路226号
邮　编:730000
电　话:(0931)8821208
负责人:高树新
联系人:边　城

在本台发布各类国内、外广播广告。

甘肃电视台广告中心

地　址:兰州市东岗西路226号
邮　编:730000
电　话:(0931)8415009
电　报:4997
负责人:李平生

甘肃省城兰州古称金城,位于祖国版图的几何中心,自古就是西北政治、经济、文化的中心,人口三百多万,是闻名全国的瓜果城。

甘肃电视台现拥有两套节目。甘肃电视台一套节目现有20多个栏目,内容丰富多彩,多项节目曾夺得全国大奖。覆盖人口为2400多万,覆盖率80%左右。由于甘肃的狭长地理环境,内蒙、四川、宁夏、青海和陕西交界的部分地区都能收看到甘肃电视台的一套节目,甘肃电视台是大西北人民的知心朋友。

目前国家已确定将兰州市建成中国西部商贸城,这里将是中国西部物资、商品的集散地、旱码头,也是八方客商大显身手之地。谁赢得了甘肃的市场,谁就抓住了在大西北发展的机遇。我们热忱欢迎全国各地的朋友与我们携手并进、共图发展。

兰州电视台

地　址:兰州市庆阳路54号

邮　编:730030
电　话:(0931)8824347　8415101－3007(办)
负责人:李建国

兰州电视台有一个比较完善先进的电视节目采录、制作、多媒体编辑、遥控、传输、发射系统;两套节目每周各播出14次,日播出时间12小时;电视信号覆盖率为全市的82.5%。兰州以及榆中、皋兰、永登远郊等地区的260多万人中80%可以收看到两台的节目。

兰州电视台以"加强新闻、精办专题、搞好文艺、宣传经济、扩大服务"为编辑思想,努力提高整体节目质量,最大满足城市及其农村广大观众的需要。所办节目融思想性、知识性、娱乐性和服务性为一炉。在开办的40多个各类节(栏)目中,《兰州新闻》、《经济信息十分钟》、《轻松一刻》等十多个栏目在观众中产生影响颇大,许多节目在全国获奖,整体节目收视率近几年一直稳定在52%以上。

报刊类

甘肃日报

地　址:兰州市白银路47号
邮　编:730030
电　话:(0931)8124364
传　真:(0931)8124364
中继线:8127715
广告业务负责人:陈少沛
联系人:马亚瑞
广告业务范围:

承办报刊广告,代理国内、外同行业广告业务。

《甘肃日报》是中共甘肃省委机关报,是甘肃省最具权威、最具指导性、发行量最大、最为社会各界所关注的综合性日报。每逢周一、周三均出对开八版,其余时间为对开四版。本报广告处拥有专业策划创意人员及先进的平面设计设备,能为广大客户提供全面优质的服务。

甘肃科技报

地　址:兰州市庆阳路30号
邮　编:730030
电　话:(0931)8823654
广告部负责人:高晓军

《甘肃科技报》立足甘肃,面向全国,内容充实,栏目繁多,图文并茂,丰富多彩;发行范围广,广告收费合理,信息反馈准确、迅速;四开四版,每周二、五出版,国内统一刊号:CN62－0024,邮发代号:53－3。

代办各类广告业务,欢迎刊登广告。

旅游文化编辑部

地　址:兰州庆阳路258号国贸写字楼19楼
邮　编:730030

读者杂志社

地　址:兰州市中央广场邮局《读者》信箱
邮　编:730030
电　话:(0931)8773309
负责人:彭长城

《读者》是世界发行量排行第四名的综合性杂志,是中国最畅销杂志之一。一月两本,每本16彩页,64页内文,每本售价3.00元,质优价低。

《读者》内容涵盖文学、艺术、历史、人文、科普、经济、社会等各个领域,清新淡雅,亦庄亦谐,贴近时代,贴近生活。

永远的《读者》,永远的朋友!《读者》伴你走过最美丽的人生!

青海省

公司类

西宁包装装潢广告公司

地　址:西宁市解放路22号
邮　编:810000
电　话:(0971)8233386(直拨)　8233387
法人代表:吕士民
联系人:王伟华

国营西宁包装装潢广告公司是西宁地区集包装

装潢广告为一身的多功能经营服务型公司。设计制作各种户外广告，霓虹灯，路牌，灯箱等广告；包装设计印刷，样本印刷，商标装潢、设计展览，室内外装修。本公司技术力量强，业务辐射广，管理正规，经济状况好，是青海西宁地区有影响的专业公司。

青海省海天广告总公司
地　址：西宁市七一路211号
邮　编：810000
电　话：(0971)6142403
负责人：王海鹰

青海省金科广告艺术中心
地　址：西宁市胜利路1号
邮　编：810001
电　话：(0971)6145547
负责人：林成明

青海影视广告公司
地　址：西宁市花园北街14号
邮　编：810000
电　话：(0971)8148303
负责人：马建儒

青海省广告公司
地　址：西宁市七一路
邮　编：810000
电　话：(0971)8237993

青海省广告公司包装机械设备公司
地　址：西宁市七一路
邮　编：810000
电　话：(0971)8217766

广播电视类

西宁电视台
地　址：西宁市南关街43号
邮　编：810000
电　话：(0971)8230789
传　真：(0971)8230789

报刊类

青海日报
地　址：青海省西宁市七一路211号
邮　编：810000
电　话：(0971)6130830　6145358
电　报：3189
广告处负责人：何士荣
联系人：郜全意

《青海日报》是中共青海省委机关报，对开四版，星期五为八版，是青海省唯一的综合性大报，创刊于1949年10月20日，面向国内外公开发行。

青海日报广告处是青海省最大的一家报纸广告经营单位。主要代理省内外报纸、广播、电视、杂志等广告业务；策划、创意、设计和发布报纸广告。

青海日报广告处下设四部一室：广告接待部、编辑部、对外联络部、财务部、电脑室。

青海科技报
地　址：西宁市新宁路5－2号
邮　编：810008
电　话：(0971)6143746

青海青年报
地　址：西宁市北大街3号
邮　编：810000
电　话：(0971)8247696－382

青海法制报
地　址：西宁市南大街151号
邮　编：810000
电　话：(0971)8247440

青海经济报
地　址：西宁市五四大街39号副1号
邮　编：810008
电　话：(0971)6153012

宁夏回族自治区

公 司 类

银川市广告美术公司

地　址:银川市解放西街 66 号
邮　编:750001
电　话:5045201
传　真:6021508
电　报:0707
负责人:朱世德
联系人:冯茂源

我公司成立于 1983 年 6 月,中国广告联合总公司成员公司。本公司设计、制作发布国内户外广告业务,代理国内各类广告业务。

宁夏广告公司

地　址:银川市民族北街 18 号
邮　编:750001
电　话:(0951)6026121
传　真:(0951)6041413
负责人:马晓华
联系人:边文安

宁夏新达广告实业公司

地　址:银川市中山南街 109 号
邮　编:750004
电　话:(0951)6030829
负责人:姜爱丽

宁夏外贸广告公司

地　址:银川市南薰西路
邮　编:750001
电　话:(0951)4108645
传　真:(0951)5047814

宁夏新海印务广告展览有限公司

地　址:银川市湖滨西街 77 号
邮　编:750001
电　话:(0951)5013456

广播电视类

宁夏人民广播电台广告经理部

地　址:银川市新市区北京东路 16 号
邮　编:750021
电　话:(0951)6041323　6023313　6043894
经　理:李雪峰
联系人:陈丽雯

宁夏电视台广告经理部

地　址:宁夏银川新华西街 86 号
邮　编:750001
电　话:(0951)5045601

报 刊 类

宁夏日报广告部

地　址:宁夏银川市中山南街 109 号
邮　编:750004
电　话:(0951)6032801　6030829
　　6031497－321、320
传　真:(0951)6032801
电　报:1032

《宁夏日报》是宁夏回族自治区党委机关报,省级报纸,面向国内外发行,每天对开四版,周五对开八版,发行量 10 万多份。

宁夏日报广告部利用自有《宁夏日报》发布国内外报纸广告,为客户代理、策划、设计、发布各种报刊广告,承办分类广告业务。

宁夏日报广告部编排、策划、设计力量雄厚,激光照排,设备先进,是国内外工商企业宣传产品,提高知名度的理想媒介。

银川晚报社广告部

地　址:银川市中山南街 123 号
邮　编:750004
电　话:(0951)6032458

宁夏科技报

地　址:银川市凤凰北街44号

邮　编:750001

电　话:(0951)5048976

青年生活导报

地　址:银川市文化东街13号

邮　编:750001

电　话:(0951)6018224

宁夏法制报

地　址:银川解放西街217号

邮　编:750001

电　话:(0951)5043624

宁夏政协报

地　址:银川市文化西街8号

邮　编:750001

电　话:(0951)6014705

新疆维吾尔自治区

公司类

新疆人广告公司

地　址:新疆乌鲁木齐市场子江路1号

邮　编:830051

电　话:(0991)5820744　5818200－3399

负责人:贾兆新

联系人:贾兆新

新疆人广告公司成立于1993年,是《新疆日报》所属的全民所有制国营企业。现已成为能够为国内外广告客户进行各类广告的代理、市场调查、总体策划及各类广告的创意设计制作,护栏、布标、路牌广告的发布、宣传品的印刷、展览、展销等多功能的综合型广告公司。该公司拥有一支精悍的广告专业队伍和众多的户外广告媒体。

该公司优势:以《新疆日报》为媒体依托,拥有自己的创意设计制作系统,同时拥有自己的户外媒体——《新疆日报》新闻大楼。路牌面积1000米^{2}以上和阿勒泰路段400米^{2}的户外媒体。我公司还可在新闻大楼上楼顶约85米高处制作、发布大型豪华霓虹灯广告。

新疆准东广告公司

地　址:新疆阜康市石油基地准东电视台院内

邮　编:831511

电　话:(0994)3831018、3831004

负责人:寇保胜

联系人:朱盛举

经营范围:

制作、摄制、代理、发布国内电视广告,为工商企事业单位摄制各种规格的电视片和资料。

设计、制作、代理、发布路牌、灯箱、布展等户外广告。

广播电视类

乌鲁木齐电视台广告部

地　址:乌鲁木齐市红山路18号

邮　编:830002

电　话:(0991)2811827

负责人:王小宁、吴　锋

联系人:胡晓荣

新疆雪莲电视台广告部

地　址:新疆乌鲁木齐市团结路84号

邮　编:830001

电　话:(0991)2860449

电　报:6081

负责人:秦　玲

联系人:秦　玲

经营范围:

新疆电视台是全国唯一一家用汉、维、哈三种语言。五套节目(四频道维语,六频道汉语,八频道为文艺台,呼号为“雪莲电视台”,十二频道哈语,卫星电视)同时播出的电视台,电视覆盖率达73%,上星节目通过“中星五号”全天16小时播出,覆盖全国及亚洲、太平洋地区。

雪莲电视台隶属新疆电视台，每逢节假日增加一次维语节目播出，其它时间均为汉语节目时间，每天播出电视剧、电影精品、文艺片集数最多，时间最长，深受各族观众欢迎。

朋友，欢迎您到新疆来作客，我们愿与您真诚合作！

新疆有线电视台广告部

地　址：乌鲁木齐市团结路 84 号
邮　编：830001
电　话：(0991)2870717
负责人：兰　天
联系人：赵　辉　景　湛

新疆有线电视台是全国唯一一家同时用维、汉、哈语三种语言、四套节目同时播出的省级有线电视台。

新疆电视台广告部

地　址：乌鲁木齐市团结路 84 号
邮　编：830001
电　话：(0991)2861420

新疆人民广播电台广告信息部

地　址：乌鲁木齐市团结路 84 号
邮　编：830044
电　话：(0991)2861756

乌鲁木齐人民广播电台广告部

地　址：乌鲁木齐市新民路 36 号
邮　编：830002
电　话：(0991)2818840

报 刊 类

新疆日报社广告部

地　址：新疆乌鲁木齐市扬子江路 1 号
邮　编：830051
电　话：(0991)5850783　5859793　5858561
传　真：(0991)5850783
负责人：彭文明
联系人：梁晓莉

新疆日报是新疆维吾尔自治区党委机关报，是一张权威性高、新闻性强、生活性浓的综合性报纸，发行量近 20 万份，覆盖了天山南北的城乡牧区及兵团团场。

新疆日报是全国惟一一份用维吾尔、汉、哈萨克、蒙古四种文字出版的日报。“一张报纸，四种文版，统一领导，各有特色”的办报方针，使新疆日报独具特色，成为一份国内外关注的报纸。汉文新疆日报每周六至周一为对开四版，周二至周五为对开八版。

新疆日报是新疆发行量最大、覆盖面最广的报纸之一。欲关注西部开发中的新疆，请先关注新疆日报；欲在新疆树立企业、产品形象，在新疆日报刊登广告是最佳选择。

乌鲁木齐广播电视报

地　址：乌鲁木齐市建国路 9 号 3 楼
邮　编：830002
电　话：(0991)2615598
传　真：(0991)2618214
负责人：张全利
联系人：马玉清

伊犁日报社广告信息部

地　址：新疆伊宁市阿合头买提江街 117 号
邮　编：835000
电　话：(0999)8120945
传　真：(0999)8127393
负责人：周献民

新疆广播电视报广告部

地　址：新疆乌鲁木齐市团结路 84 号
邮　编：830044
电　话：(0991)2570047　2560784 转 8158
传　真：(0991)2561803
电　报：2330
主　任：张铁龙
联系人：张玉萍　梁丽芳

新疆昌吉报社广告部

地　址：新疆昌吉市延安中路 59 号
邮　编：831100
电　话：(0994)2343036
负责人：杨春辉
联系人：王新斌　王艳华

新疆经济报

地　址:乌鲁木齐人民路 5 号
邮　编:830002
电　话:(0991)2811587
负责人:邓光泽

老年康乐报(汉)

地　址:乌鲁木齐光明路 26 号
邮　编:830002
电　话:(0991)2822814

新疆法制报(汉)

地　址:乌鲁木齐健康路 11 号
邮　编:830002
电　话:(0991)2826027

广告经营单位名录索引

北京市

公司类

广播电视类

报刊类

上海市

公司类

广播电视类

报刊类

天津市

公司类

广播电视类

报刊类

重庆市

公司类

广播电视类

报刊类

河北省

公司类

广播电视类

报刊类

山西省

公司类

广播电视类

报刊类

内蒙古自治区

公司类

报刊类

辽宁省

公司类

广播电视类

报刊类

吉林省

公司类

广播电视类

报刊类

黑龙江省

公司类

广播电视类

报刊类

江苏省

公司类

广播电视类

报刊类

浙江省

公司类

广播电视类

报刊类

安徽省

公司类

广播电视类

报刊类

福建省

公司类

广播电视类

报刊类

江西省

公司类

广播电视类

报刊类

山东省

公司类

广播电视类

报刊类

河南省

公司类

广播电视类

报刊类

湖北省

公司类

广播电视类

报刊类

湖南省

公司类

广播电视类

报刊类

广东省

公司类

广播电视类

报刊类

广西壮族自治区

公司类

广播电视类

报刊类

海南省

公司类

广播电视类

报刊类

四川省

公司类

广播电视类

广播电视类

报刊类

青海省

公司类

广播电视类

报刊类

宁夏回族自治区

公司类

广播电视类

报刊类

新疆维吾尔自治区

公司类

广播电视类

报刊类

广告刊户索引

ToFindtheTarget
ToFoundthewholenewVision

FARVISION

国务院发展研究中心主办

管理世界 月刊简介

《管理世界》杂志是由国务院发展研究中心主办的国家级经济管理类权威刊物，是反映中国经济理理论与政策研究的一家著名刊物。

旨：从多角度、多层次、多领域、多学科综合反映中国的经济社会管理问题的研究成果，广开言路、博采众长，为中国经济改革和发展服务。

点：着眼于中国经济发改革和经济发展的热点、难点问题进行理论与实践相结合的前瞻性分析和研究，具有政策性、学术性、实证性、资料性的风格。

刊主要栏目：

刊专稿：每期有一、两篇由国家省部级以上领导为本刊撰写的文章。

国宏观经济管理研究：本栏目主要刊登国家权威部门、著名学者所做的中国宏观经济形势分析和宏观管理热点问题的实证性研究，具有对国家宏观经济政策前瞻性的特点。

国金融·财政研究：本栏目本着理论性和实证性相结合的办刊方针，对我国金融、财政体制改革、金融机构经营管理、资本市场发展等热点问题进行研究，并及时探讨现实中出现的难点问题。

国农村经济论坛：主要刊载有关我国农业经济和农村发展问题的理论探讨、政策研究、案例分析等研究成果。

国公共管理论坛：本栏目主要围绕中国公共管理现实问题进行理论性研究，以及针对中国公共管理现实问题进行实证性的案例分析。

国工商管理评论：以中国企业管理的案例分析形式，探索、总结、推广符合我国企业管理实际的经营理论与经营战略、组织结构与组织行为，以及管理方法等，是中国首家以工商管理案例形式推出的栏目。

02 年本刊每月 15 日出版，每期 160 页，25 万字，每期定价 11.50 元，全年 138 元。

地址：北京市海淀区大钟寺 8 号东楼三层　邮编:100086

邮发代号:82-203

单位：管理世界编辑部　电话:010-62112235　62115760

四平市广播电视广告节目中心

四平人民广播电台　四平电视台（一套、二套）　视听导报地区版

四平市广播电视广告中心成立于1997年1月1日，是集广播、电视台（一套、二套）、吉林省《视听导报》四平地区专版广告为一体的广告经营单位。媒体广告可覆盖市区及所辖梨树县、公主岭市、双辽市、伊通县及辽宁省昌图县部分地区，多路微波电视可覆盖农村千家万户。辖区总人口460万人。

中心本着“客户第一、质量第一、服务第一、信誉第一”的宗旨，竭诚为广大新老客户提供最为方便快捷、更为优质的服务。

视听导报广告收费标准

通　　栏	3000元(期)7.5×23
信 息 窗	600元(月)
小 方 块	1200元(月)3.5×6.5

电视台一套广告收费标准(新闻综合频道)

段　类	播出时间	次数	5"	10"	15"	30"	45"	60"
特段	19:30-19:35	1	300元	500元	700元	1400元	1600元	2200元
天气预报前	19:51-19:52	1	300元	500元	700元	1400元	1600元	2200元
特别导购	19:54-19:59	1	300元	500元	700元	1400元	1600元	2200元
A	20:16-20:21	1	300元	500元	700元	1400元	1600元	2200元
B	20:36-20:41	1	300元	500元	700元	1400元	1600元	2200元
C	21:44-21:47	1	300元	500元	700元	1400元	1600元	2200元
D	17:50-18:00	1	200元	300元	450元	600元	900元	1200元

电视台二套广告收费标准(经济生活频道)

段　类	播出时间	次数	5"	10"	15"	30"	45"	60"
A1	电视剧前	1	150元	300元	400元	700元	850元	1000元
A2	电视剧中	1	150元	300元	400元	700元	850元	1000元
A3	19:35-19:40	1	150元	300元	400元	700元	850元	1000元
A4	21:00-21:19	1	150元	300元	400元	700元	850元	1000元

广播电台广告收费标准

项　目	价	格
广告段	300元/30秒	3次/天
天气预报版	300元/30秒	2次/天
现场直播 30分8000元		
坐台 周一至周五30分1500元 周六至周日30分2000元		

播发须知

凡在本中心播发的广告，内容必须符合中华人民共和国广告法要求。

本中心有权审查广告内容及有关批件，对不符合法律、法规的广告（包括文稿样带）有要求客户做出修改的权力，客户作出修改前，本中心有权拒绝发布。

客户提供的广告文字稿（样带）必须真实清楚，如因原稿（样带）不实出现差错由客户负责，如系中心工作中造成差错，本中心负责更正。本中心所发的广告一律先收款后播出，否则不予播出。

地　　址：吉林省四平市铁西区南新华大街56号　　邮　　编：136000
广告负责人：高建新　　联 系 人：杨兆勇　王英豪
电　　话：0434-3223357　　传　　真：0434-3223357
户　　名：四平市广播电视广告节目中心　　帐　　号：6010149036224

MEGACOM
IDEA
用料新鲜，保证原汁原味。预订电话：(8610)65978768
ADVERTISING LTD
MEGACOM
美格广告有限公司